北京市人民代表大会文献资料汇编

2003 —2008

北京市人大常委会办公厅　编

北京出版社

北京市第十二届人民代表大会第一次会议会场

出席北京市第十二届人民代表大会的代表
注视着大屏幕上的表决结果并鼓掌

北京市人大常委会主任于均波在北京市第十二届人民代表大会
第二次会议上作工作报告

在北京市第十二届人民代表大会第五次会议上，杜德印同志当选为
北京市人民代表大会常务委员会主任

主　编　唐　龙

副主编　赵传民　张　杨　刘凤仪　张凤华
常荣华

编　委　唐　龙　赵传民　张　杨　刘凤仪
张凤华　常荣华　郭　彦　李淑华
白华山　丁　旭　董立柱　李明新

编辑说明

为进一步完善人民代表大会制度，保存和利用北京市人民代表大会历史资料，继出版《北京市人民代表大会文献资料汇编 1949—1993》、《北京市人民代表大会文献资料汇编 1993—2003》之后，现编辑出版《北京市人民代表大会文献资料汇编 2003—2008》。

本书收录的资料包括北京市第十二届人民代表大会历次会议的会议决议，政府工作报告，国民经济和社会发展计划执行情况与国民经济和社会发展计划草案的报告，财政预算执行情况和预算草案的报告，市人大常委会工作报告，市高级人民法院和市人民检察院工作报告，代表议案的审查报告，会议议案目录，北京市市长、副市长名单及简历，北京市出席全国人民代表大会代表名单，市人大常委会组成人员名单，市人大常委会主任、副主任简历，代表大会各项名单和大事记等，同时还收录了部分历史照片。

为方便读者查阅，本书正文后还编制了“文献资料分类索引”。

本书资料来源于北京市人大常委会保存的档案资料。

2008 年 8 月

目　录

北京市第十二届人民代表大会第一次会议

北京市第十二届人民代表大会第二次会议

北京市第十二届人民代表大会第三次会议

北京市第十二届人民代表大会第四次会议

北京市第十二届人民代表大会第五次会议

北京市第十二届人民代表大会

第一次会议

北京市第十二届人民代表大会第一次会议议程

（2003 年 1 月 12 日北京市第十二届人民代表大会第一次会议预备会议通过）

一、听取并审议北京市市长刘淇关于北京市人民政府工作报告

二、听取并审议北京市发展计划委员会主任沈宝昌关于北京市 2002 年国民经济和社会发展计划执行情况与 2003 年国民经济和社会发展计划草案的报告

审查和批准北京市 2002 年国民经济和社会发展计划执行情况的报告与 2003 年国民经济和社会发展计划

三、听取并审议北京市财政局局长吴世雄关于北京市 2002 年财政预算执行情况和 2003 年财政预算草案的报告

审查和批准北京市 2002 年财政预算执行情况的报告和 2003 年财政预算

四、听取并审议北京市第十一届人民代表大会常务委员会主任于均波关于北京市人民代表大会常务委员会的工作报告

五、听取并审议北京市高级人民法院院长秦正安关于北京市高级人民法院的工作报告

六、听取并审议北京市人民检察院检察长许海峰关于北京市人民检察院的工作报告

七、审议《北京市第十二届人民代表大会第一次会议关于设立北京市第十二届人民代表大会专门委员会的决定（草案）》

八、选举北京市出席第十届全国人民代表大会代表，北京市第十二届人大常委会主任、副主任、秘书长、委员，北京市人民政府市长、副市长，北京市高级人民法院院长，北京市人民检察院检察长；通过北京市第十二届人民代表大会专门委员会组成人员人选

北京市第十二届人民代表大会第一次会议关于政府工作报告的决议

（2003 年 1 月 19 日北京市第十二届人民代表大会第一次会议通过）

北京市第十二届人民代表大会第一次会议，听取并审议了刘淇市长代表市人民政府所作的《政府工作报告》。会议认为，报告对过去 5 年工作的回顾是实事求是的，所提出的今后 5 年的主要任务和 2003 年工作的建议，是鼓舞人心和切实可行的。会议决定批准这个报告。

会议认为，过去 5 年，在中共北京市委领导下，全市各族人民坚持以经济建设为中心，深化改革，扩大开放，大力发展首都经济，推进社会主义民主政治和精神文明建设，团结奋斗，扎实工作，圆满完成了“九五”计划，提前实现了现代化建设前两步战略目标，取得了“十五”计划的良好开局，赢得

了2008年奥运会举办权，向全国和世界展现出北京新的进步和新的风貌。

会议指出，未来5年，是实现“新北京、新奥运”构想的关键时期。必须把发展作为第一要务，以改革创新为强大动力，以提高人民生活水平为根本出发点，实施科教兴国和可持续发展战略，抓住机遇，全面优化发展环境，推动首都经济持续快速健康发展，正确处理改革发展稳定的关系，促进社会主义物质文明、政治文明和精神文明协调发展，为首都全面建设小康社会，率先基本实现现代化奠定坚实基础。

会议强调，2003年是全面贯彻中国共产党第十六次全国代表大会精神的第一年，又是新一届政府的届首之年。做好今年的各项工作，具有十分重要的意义。新一届政府及其工作人员，要不断解放思想、实事求是、与时俱进，保持和发扬谦虚谨慎、不骄不躁的作风，保持和发扬艰苦奋斗的作风，勤奋学习，恪尽职守，依法行政，廉洁奉公，密切同人民群众的血肉联系，不断把人民群众的利益维护好、实现好、发展好。

会议号召，全市各族人民在以胡锦涛同志为总书记的中共中央领导下，以邓小平理论和“三个代表”重要思想为指导，全面贯彻中共十六大精神，认真落实中共北京市第九次代表大会的部署，奋发图强，开拓创新，加快发展，全面建设小康社会，为在2008年举办一届历史上最出色的奥运会，率先基本实现现代化，为把首都北京建成现代化国际大都市而努力奋斗！

政府工作报告

——2003年1月13日在北京市第十二届人民代表大会第一次会议上

北京市市长　刘　淇

各位代表：

现在，我代表北京市人民政府向大会作工作报告，请予审议，并请市政协各位委员提出意见。

一、5年工作的回顾

北京市第十一届人民代表大会第一次会议以来，全市各族人民在中共北京市委领导下，坚持以邓小平理论和“三个代表”重要思想为指导，坚决贯彻中央重大决策和对北京工作的一系列指示精神，坚持大力发展首都经济的正确方向，抓住机遇，开拓创新，加快发展，圆满完成了“九五”计划，提前实现了现代化建设的第二步战略目标，取得了“十五”计划良好开局，向率先基本实现现代化的目标又迈进了一步。

经济发展步入新阶段，综合实力迈上新台阶。认真贯彻扩大内需的方针，克服世界经济波动带来的不利影响，国民经济持续快速健康发展，经济总体实力显著增强，宏观经济效益不断改善。5年来，国内生产总值年均增长10.5％，2002年，实现3130亿元，同比增长10.2％，人均国内生产总值达到3355美元。5年累计完成全社会固定资产投资6960亿元，实现社会消费品零售额7290.1亿元，年均分别增长12％和10.7％。地方财政收入由1997年的182.3亿元增加到534亿元，年均增长 25.7%。社会发展水平总指数和信息化水平总指数均居全国首位。经济结构调整成效显著，三次产业发展确立新格局，结构优化对经济增长的拉动效应日益突出。中关村科技园区“三年大变样”的目标全面实现，2002 年增加值、上缴税金和出口创汇分别完成 537 亿元、110 亿元和 31 亿美元，分别比三年前增长 1.4 倍、1.7 倍和 2.2 倍。全市高新技术产业增加值占工业增加值的比重达到 28.9%。振兴现代制造业已经起步。现代都市农业迅速发展，农村城市化进程加速推进。现代服务业蓬勃兴起，新的增长点不断涌现，第三产业增加值占国内生产总值的比重由 1997 年的 54.5%提高到 61.3%。首都经济现代化步伐明显加快、增长方式开始发生重大转变，抗风险能力和综合竞争力得到较大幅度的提升。

社会主义市场经济体制初步建立，对外开放水平进一步提高。国有企业改革脱困三年目标如期实现，公有制经济进一步壮大，私营个体特别是民营高科技企业等非公有制经济加快发展。政府机构改革取得阶段性成果，政府职能转变步伐加快。市政府部门由 67 个减少到 54 个，内设机构减少 118 个，行政编制精简 50%。行政审批制度改革稳步推进，市级审批事项共精简 587 项，精简比例达 45%。公共财政框架体系初步构建，市与区县财政分税体制为经济发展注入了新的活力。市场体系建设全面展开，经济秩序得到改善。社会保障体系框架基本形成。投融资体制改革持续深化，基础设施投资补偿机制逐步完善，融资渠道不断拓宽。经营性土地供应进入市场化运作。体制和机制创新对经济社会发展的促进作用更加明显。投资贸易环境显著改善，利用外资的观念、模式和领域实现新突破，5 年实际利用外资累计达到 103.1 亿美元，是上 5 年的 1.5 倍；地方外贸出口累计实现 213.9 亿美元，是上 5 年的 2.1 倍。对外交往日益活跃，成功举办了一系列大型国际活动。年接待入境旅游者突破 300 万人次。对外开放朝着全方位、多层次、宽领域的方向深入发展。

城市建设日新月异，现代化国际大都市面貌初步显现。始终坚持基础设施优先发展，5 年累计完成基础设施投资超过 1700 亿元，是上 5 年的 2.1 倍。四环路、广安大街等相继通车，城区路网加密步伐加快，全市道路总长度达到 4400 公里，高速公路总长度达到 463 公里。复八线、城市铁路西线（十三号线）投入运营，轨道交通运营里程达到 74 公里。水、电、气、热、通信等基础设施的供应能力大幅度提高。商务中心区等城市功能区和重点商业街区建设步伐加快，一批文化设施和大型标志性建筑建成。城市布局继续完善，承载能力和服务功能迈上新台阶。制定了《历史文化名城保护规划》，健全了历史文化名城整体保护、历史文化保护区和文物保护单位三个层次的保护体系，实施“3.3 亿元文物抢修计划”，带动相关资金的投入，圆明园、明城墙遗址、菖蒲河等文物抢险修缮和腾退整治取得重大突破，古都风貌得到有效保护。开展了大规模的环境污染治理和生态建设。自 1998 年以来，政府和社会各界共投入 466 亿元，实施了八个阶段的大气污染控制措施，2002 年空气质量二级和好于二级的天数占全年的 55.6%，比 1998 年提高了 28.2 个百分点。城市污水处理率为 45%，垃圾无害化处理率 86.5%，分别比 1997 年提高了 23 和 47.5 个百分点。城区建成 51 处集中大绿地，市区绿化隔离带建设 3 年时间实现 10 年绿化目标，绿化面积达到 110 平方公里，环绕京城的三道绿色生态屏障基本形成，全市林木覆盖率和城市绿化覆盖率分别达到 44.5%和 40.2%，生态环境显著改善。以街道、社区建设为重点，不断深化城市管理体制改革，推行城市管理重心下移。组建城管监察队伍，城市管理综合执法得到加强。城市规划、建设和管理的水平进一步提高，适应现代化大都市发展需要的城市管理新格局初步确立。

大力发展社会主义民主，确保首都社会的安全稳定。坚决执行人大及其常委会决议，政府组成人员向人大常委会述职，自觉接受人大监督。加强与人民政协联系，完善与人民群众联系渠道，提高了决策民主化、科学化水平。5 年共办复全国和市人大代表议案、建议以及政协委员提案 15330 件。加强村民自治、社区自治组织建设，政务、村务、厂务公开逐步规范化、制度化，扩大了基层民主。民族、宗教、侨务和对台工作取得新进展。坚持依法治市，切实推进政府法制建设，5 年共提请市人大常委会审议通过地方性法规和法规性决定 68 项，制定政府规章 210 项，依法行政水平不断提高。廉政建设进一步加强。“三五”普法教育取得明显成绩，“四五”普法教育进展顺利，法律服务体系日益健全，公民法律意识得到加强，为首都各项事业发展创造了良好的法律氛围。加强社会治安综合治理，依法严厉打击各种严重犯罪活动，社会治安形势保持稳定。大力实施科技强警战略，提高反恐防暴能力，首都公安警务保障迈上了新台阶。与“法轮功”邪教组织的斗争取得决定性胜利。建立维护首都安全稳定的长效机制，深入开展人民内部矛盾纠纷排查调处工作，有效遏制了重大安全事故的发生，确保了首都政治稳定和社会安定。

各项社会事业全面进步，精神文明建设成绩显著。“首都二四八重大创新工程”取得重要成果，区域创新体系框架基本形成，科技持续创新能力明显增强。科技体制改革进一步深化，与中央在京科技力量的合作更加广泛深入，市属科研院所转制工作基本完成。积极推进教育改革和布局调整，全面实施素质教育，基础教育向高标准、高质量的目标迈进，率先普及了高中阶段教育，实现了高等教育大众化。五年共投入教育经费 306.2 亿元，办学条件明显改善。高校后勤社会化改革稳步推进，大学生公寓建设三年竣工 83 万平方米。文化事业繁荣活跃，5 年共有 42 部作品获全国“五个一工程”奖。文化产业初具规模。群众文化生活更加丰富多彩。卫生、体育和计划生育事业都有长足发展，城乡居民健康水平明显提高。在广大干部群众中深入进行邓小平理论和“三个代表”重要思想的学习教育，“三讲”集中教育取得明显成效。认真贯彻《公民道德建设实施纲要》，开展一系列群众性精神文明创建活动，6 个区县、三个行业先后被评为全国文明区县和文明行业，涌现出一大批文明社区、文明村镇和文明单位。广泛开展“双拥”共建活动，国防教育、征兵工作和国防后备力量建设不断加强，优抚安置政策得到落实，驻京部队在首都现代化建设中发挥了重要作用。

城乡居民收入大幅增加，人民生活质量明显改善。2002 年，城镇居民人均可支配收入 12453.3 元，农民人均纯收入 5880.1 元，分别比 1997 年增长 59.4% 和 56.3%。农民增收致富和扶贫开发成效显著，人均纯收入 1500 元以下的低收入村全部消除，边远山区农民人均纯收入比 1997 年翻了一番。居民消费层次逐步升级。食品放心工程进展顺利。2000 年以来加快了危旧房改造步伐，3 年共拆除危旧房 409 万平方米，相当于前 10 年的总和。加大了住宅建设力度，城镇居民人均住房使用面积达到 18 平方米。高度重视并做好就业工作，5 年新增 64.8 万个就业岗位，安置 30 万下岗职工，2002 年城镇登记失业率为 1.35%。困难群众的基本生活得到保障。坚持每年办 60 件实事，人民群众越来越感到方便和舒心。人民生活提前实现了由温饱到小康的历史性跨越。

5 年来，我们圆满完成了新中国成立 50

周年庆典和党的十六大服务保障工作等一系列重大政治任务。百年奥运，中华圆梦，赢得2008年奥运会举办权，激发了全市和全国人民的爱国热情。这一切转化为首都改革开放和现代化建设的强大精神动力，全市上下呈现出“人心齐、抓机遇、求发展”的可喜局面。

可以说，过去的5年，是首都经济取得突破性进展，综合经济实力大幅度跃升，人民群众得到实惠最多的5年；是城市面貌日新月异，服务功能日益增强，现代化水平不断提高的5年；也是各项社会事业全面发展，社会主义精神文明和民主法制建设不断取得新进步的5年。这一切成绩的取得，离不开党中央、国务院的亲切关怀和正确领导，离不开全国方方面面的大力支持和帮助，是全市各族人民辛勤劳动和团结奋斗的结果。在这里，我代表市政府，向全市各族人民，向人大代表、政协委员，向各民主党派、各人民团体、社会各界人士，向中央在京单位、人民解放军和武警部队以及各兄弟省、区、市，向所有关心支持首都建设的香港特别行政区同胞、澳门特别行政区同胞、台湾同胞、海外侨胞和国际友人，表示崇高的敬意和衷心的感谢！

在充分肯定成绩的同时，必须清醒地看到，在全市经济和社会发展过程中仍存在着不少矛盾和问题。主要是经济发展水平与建设现代化国际大都市的目标有很大差距，观念、体制、机制和科技创新的任务还很艰巨。部分地区发展水平相对落后。工业结构不合理的矛盾比较突出，支撑经济发展的产业基础还不牢固。社会保障体系还不健全，部分群众生活比较困难，就业压力很大。交通拥堵没有得到有效缓解，资源保护、环境治理与生态建设任务繁重，城市管理的长效机制有待巩固和完善。城市文明程度与首都的地位仍不相适应。社会不稳定因素依然存在。政府机关及公务员的工作作风、服务质量有待进一步改进和提高。我们要高度重视这些问题，并采取有效措施切实加以解决。

过去5年的实践，进一步深化了我们对首都现代化建设规律的认识，积累了许多宝贵的经验。

第一，始终坚持以经济建设为中心，聚精会神搞建设，一心一意谋发展。这是实践“三个代表”重要思想的根本途径。必须从首都的性质地位出发，立足于发挥北京的比较优势，着眼于我国和世界科技进步、结构调整的大趋势，整合首都生产力资源，大力实施首都经济发展战略，不断深化认识、丰富内涵，走出一条具有时代特征、中国特色、首都特点的发展路子，努力为先进生产力发展开辟道路，推动全市经济实力和综合竞争力不断迈上新台阶。

第二，始终坚持全心全意为人民服务的宗旨，立党为公、执政为民。实现人民生活的富裕幸福，是我们一切工作的根本出发点和归宿。必须时刻把人民的利益放在心中，凡是涉及群众利益的事情，都应当尽心尽力尽快办好。要深入群众开展调查研究，勤政廉洁，艰苦奋斗，为人民群众多办实事，认真解决好就业、出行、住房、环境、安全等与人民群众利益直接相关的热点、难点问题，尽力使人民群众在改革与发展中得到更多实惠。

第三，始终坚持抓住机遇、把握大局，调动一切积极因素，实现跨越式发展。抓住机遇，是加快首都发展的必然要求。必须牢固树立机遇意识，紧紧抓住一切有利于加快发展的大好时机，用足用好机遇带来的发展条件，创造性地开展工作。做好“四个服务”是首都工作的大局。必须竭尽全力履行“四个服务”的职责，积极争取中央各部门和在京单位对北京工作的指导和帮助。加强与各省区市的联系与合作，凝聚和调动各方面的积极性，实现首都建设与发展的新飞跃。

第四，始终坚持改革开放，维护首都稳定，为首都现代化建设提供强大动力和坚实保障。必须与时俱进、开拓创新，坚持社会主义市场经济改革方向，消除束缚生产力发展的体制障碍，适应经济全球化和我国加入世贸组织的新形势，在更大范围、更广领域、更高层次上参与国际经济合作与竞争。要把转变政府职能和提高办事效率作为改革的重要环节，不断改进政府工作作风，不断提高管理效能和服务水平，不断为经济增长、城市发展和人民群众安居乐业创造良好的社会环境。要把维护首都安全稳定作为第一位的政治任务，正确处理改革发展稳定的关系，把改革的力度、发展的速度和社会的可承受程度有机统一起来，在社会稳定中推进改革与发展，在改革发展中促进社会稳定，夺取首都改革开放和现代化建设的新胜利。

第五，始终坚持科教兴国和可持续发展战略，促进经济社会发展与人口资源环境相协调。必须充分发挥科学技术作为第一生产力的决定性作用，以及教育的先导性、全局性、基础性作用，加强科技教育同经济的结合，加快科技成果向现实生产力转化。环境也是生产力。必须把控制人口、节约资源、保护环境摆在十分突出的位置，大力推进环境污染治理和生态建设，全面加强水、土地等资源管理和利用，不断提高首都可持续发展能力，向空气清新、资源节约、环境优美、生态良好、人居和谐的现代文明城市的目标迈进。

第六，始终坚持大力发展先进文化，推动物质文明和精神文明协调发展。大力推进民主法制建设，切实加强精神文明建设，是社会主义现代化建设的重要内容和保证。必须坚持依法治国与以德治国相结合，以“建首善、创一流”为目标，“两手抓、两手都要硬”，在抓好物质文明建设的同时，大力发展先进文化，不断丰富人们的精神世界，提高市民的文明素质和城市的文明程度，为首都经济社会发展提供强大的精神动力和智力支持，使广大人民在建设现代化国际大都市的征程上，始终保持奋发有为、昂扬向上的精神风貌。

二、今后5年的主要任务和2003年工作的建议

党的十六大确立了全面建设小康社会的奋斗目标，指出有条件的地方可以发展得更快一些，率先基本实现现代化，明确要求努力办好2008年奥运会，这是对北京极大的鼓舞和鞭策。我们要全面贯彻十六大精神，认真落实市第九次党代会的部署，全面建设小康社会，为实现“新北京、新奥运”的构想，为在2008年人均国内生产总值达到6000美元，率先基本实现现代化而努力奋斗。

面对这样重大的历史任务，必须把发展作为第一要务，抓住机遇，加快发展。我国正处在一个重要战略机遇期。今后5年，首都发展具备许多有利条件，特别是举办奥运会，就是一个十分难得并且可以大有作为的历史性机遇。机遇稍纵即逝，必须及时抓，才能取得主动权，赢得发展优势；机遇只是发展的良好时机和条件，必须抓紧抓实，才能转化为发展的实际成果。我们一定要牢固树立强烈的机遇意识，用足用好机遇，充分发挥主观能动性，去争取最大的效果。

面对这样重大的历史任务，我们必须突出抓好优化发展环境，特别是投资和消费环境，大力改善首都的政策、法制、服务和舆论等环境，尤其要注重制度建设和创新，坚决纠正一切妨碍发展的认识和做法，坚决废除一切束缚发展的政策和规定，坚决革除一切影响发展的体制障碍和机制弊端，进一步调动一切积极因素，真正实现一切劳动、知

识、技术、管理和资本的活力竞相迸发，一切创造社会财富的源泉充分涌流，造福于人民，贡献于现代化。

今后5年，政府工作的总体要求是：以邓小平理论和“三个代表”重要思想为指导，全面贯彻党的十六大精神，认真落实中央的一系列重大决策和部署，继续落实市第九次党代会提出的各项任务，以“新北京、新奥运”为主题，以加快发展为总的基调，以改革创新为强大动力，以提高人民生活水平为根本出发点，实施科教兴国和可持续发展战略，保持首都经济持续快速健康发展，加快城市现代化建设和城乡一体化进程，促进社会主义物质文明、政治文明和精神文明协调发展，正确处理改革发展稳定的关系，在全面建设小康社会的基础上，努力率先基本实现现代化，为把北京建成现代化国际大都市奠定坚实的基础。

2003年，是全面贯彻党的十六大精神的第一年，又是新一届政府的届首之年。做好今年的各项工作，对于加速首都现代化进程，实现“新北京、新奥运”的战略构想，具有十分重要的意义。全市经济和社会发展的主要预期目标是：国内生产总值增长9%以上，地方财政收入增长15%左右；城镇居民人均可支配收入和农民人均纯收入实际增长6%以上；城镇登记失业人员就业率保持在60%以上，城镇登记失业率控制在2.5%以内；居民消费价格指数为101%左右。

（一）加强就业和社会保障工作，增加城乡居民收入，提高人民生活水平

就业是民生之本。扩大就业，增加收入，提高人民生活水平是政府工作的根本任务，要切实抓紧抓好，着力解决群众生活中的突出问题，使城乡居民生活得更方便、更舒心、更幸福。

突出抓好就业和再就业工作，促进城乡居民增收。要多渠道、多层次、多形式开发20万个以上的就业岗位，培育社区服务组织，鼓励并扶持发展劳动密集型产业、服务业、中小企业和非公有制经济，扩大就业门路。鼓励弹性就业、自谋职业和自主创业。高度重视高校毕业生的就业指导和服务。落实各项促进就业政策，启动“三年百万技能培训计划”，强化就业服务，改善创业环境。建立失业预警体系，对困难群体实施就业援助。要把增加农民收入与加强农村就业有机结合起来，拓宽劳务输出渠道，帮助5万农村富余劳动力实现就业。实施绿色生态富民工程纲要，全部消除年人均纯收入2500元以下的低收入村。理顺分配关系，完善和落实劳动、资本、技术和管理等生产要素按贡献参与分配的制度和机制。再分配要注重公平，强化公共财政职能，规范收入分配秩序，努力扩大中等收入者比重，提高低收入者收入水平，促进共同富裕。

深化社会保障制度改革，改善低收入群众生活。继续推进基本医疗保险制度改革，落实企业补充医疗保险，认真执行特困人员医疗救助办法，把农村特困居民纳入医疗救助范围，完善多层次医疗保险体系。力争自收自支事业单位全部参加养老保险。加快推进农转居人员参加社会保险的试点工作，扩大农村养老保险覆盖面。进一步加大扩面征缴力度，使各项社会保险基金收缴率达到95%以上。加强城乡最低生活保障的规范化和动态管理，符合条件的城乡低收入人员全部纳入最低生活保障范围。做好“两个确保”与“三条保障线”的衔接工作。建立市、区临时救助资金，构建最低生活保障、临时救助、生活补助和社会捐助相结合的社会救助模式，切实保障困难群众基本生活。

积极推进危旧房改造和住宅建设，办好60件实事。全年动迁居民5万户，拆除危房65万平方米。加大经济适用住房建设力度，力争全年竣工200万平方米，优先提供给旧

城区危改和历史文化保护区拆迁居民认购。建设好廉租房小区，将具备条件的空置商品住宅转为廉租房屋，努力扩大廉租房源，解决更多双低家庭住房困难。继续办好60件实事，把群众在看病就医、社会治安、劳动就业、交通环保、物业管理等方面的突出问题解决好，使广大城乡居民在改革和发展中得到更多的实惠。

（二）坚持消费和投资双重拉动，发挥筹办奥运会的促进作用，推动首都经济持续快速健康发展

认真贯彻扩大内需的方针，逐步调整投资和消费的关系，把扩大消费摆到更加突出的位置，继续改善投资环境，优化投资结构，以奥运促发展，确保实现全年经济增长的预期目标。

促进潜在消费转化为现实消费，提高消费在国内生产总值中的比重。不断完善鼓励和引导消费的各项政策措施，加快个人信用制度建设，扩大消费信贷规模。推进银行卡工程，力争使持卡消费额占社会消费品零售额的比重提高到15%。积极推进住房分配货币化，房地产二三级市场的发展务必取得实质性进展。拓宽已购公房上市渠道，完善换房、租赁等住房消费政策，促进住房消费稳步增长。建成一批重点流通设施，加快发展连锁经营等新型商业业态，推进特色商业功能区建设。开发新的消费领域和空间，重点完善休闲消费等服务体系，促进服务性消费的快速增长，推动教育培训、旅游会展、文化体育、信息服务等消费向深层次发展。推进新型商业进农村，不断扩大农村市场规模。实现社会消费品零售额增长10%以上，力争达到2000亿元。

调整和优化投资结构，改善投资环境，降低投资成本。当前，投资仍是推动首都经济增长的主要力量。要充分发挥财政资金的引导和带动作用，广泛吸引社会投资和境外投资，全社会固定资产投资突破2000亿元。要以完善投资结构为主要着力点，拓宽资金来源渠道，发行好奥运建设企业债券，积极申请环保专项资金。搭建投资服务平台，研究控制工业用地价格的办法，降低在京投资特别是制造业投资成本，努力为各类投资主体创业和发展营造一流的环境。支持在京中央单位的建设与发展，吸引全国各类社会投资和外资参与首都现代化建设。引导社会资金的投向，把资金重点投向轨道交通和奥运场馆的建设，投向环境治理、危旧房改造，投向现代制造业、高新技术产业、现代服务业和传统产业的技术改造，投向郊区工业化和城市化建设，夯实经济增长的基础。

大力发展奥运经济，发挥奥运会对首都经济的加速器作用。奥运经济是首都经济发展在特定阶段的集中体现，筹办奥运会将大大促进消费和投资的增长。要认真实施《北京奥运行动规划》，制定实施“以奥运促发展”的具体措施，创新工作思路，加快发展步伐。抓住奥运会市场开发启动的有利契机，以拉动产业发展为目标，制定相关优惠政策，整合有实力的企业参与奥运赞助、供应和特许经营。加大奥运宣传，引导国内外企业全方位参与首都现代化建设，扩大奥运效应。积极实施奥运品牌战略，支持引导企业创世界级品牌和国内名牌，争取国内产品和技术在奥运会上应用推广。精心设计、宣传和经营城市，挖掘和丰富首都城市的独特魅力，着力培育城市品牌，塑造北京现代化国际大都市的形象。

（三）坚持首都经济的发展方向，加快产业结构调整，走新型工业化道路

坚定不移地走符合新型工业化道路要求、具有首都特点和时代特征的首都经济发展之路，壮大高新技术产业，振兴现代制造业，大力发展现代服务业和现代农业，在结构调整上迈出更大的步伐，实现经济增长速度与

结构、质量、效益相统一。

推进中关村科技园区建设，培育高新技术产业群。落实《中关村科技园区五年上台阶行动纲要》，加快推进专业园和产业基地建设，软件园、上地北区等要初步具备企业大规模进驻的条件。建立和完善风险投资进入退出机制，建成中关村技术产权交易所。实施重点产业化项目，加速培育具有首都特色和竞争优势的高新技术产业群，逐步形成多元化发展的群体结构优势。继续把信息产业做大做强，抓住具有自主知识产权的关键技术，重点打造和延伸网络计算机、大规模图形图像专用芯片等产业链。高度重视软件产业的发展，重点支持一批具有相当规模的软件产业集团，扶持软件出口，加强软件人才培养。坚持以信息化带动工业化，加速“数字北京”工程建设，推进电子政务和电子商务，鼓励支持企业应用信息技术，保持首都信息化在全国的领先地位。

以汽车和微电子产业为龙头，进一步加大技术改造投入，振兴现代制造业。加速以顺义为中心的汽车生产基地建设，全力推进现代汽车合资项目，加快吉普车产品升级换代，推动北汽福田优化产品结构，尽快形成整车和零部件产品开发、生产销售、服务贸易为一体的产业发展格局。确保中芯国际集成电路生产线按期投产，加快京东方液晶显示器件项目建设，搞好集成电路设计园和国家集成电路研发中心建设，建成国内一流的集成电路产业基地，巩固发展北京微电子产业的领先地位。立足基地建设，促进生物工程和新医药、光机电一体化产业加快发展。推动高新技术和先进适用技术改造提升传统制造业，抓好北一大限、燕化等一批重点项目。加快发展都市型工业。完成 20 家污染扰民企业的调整搬迁，压缩和淘汰落后生产能力。

大力发展现代服务业，促进第三产业优化升级。加快“三地一港”物流园区建设，全面启动招商引资，积极引进国际著名物流企业，整合现有物流资源，大力推行第三方物流，优化布局，构建现代流通业的基本框架。支持金融企业改革与发展，推进农村信用社改革，促进金融业务的扩展和创新。搞好商务中心区、金融街等重点功能区建设，吸引国内企业和各类金融机构来京投资金融产业。做好银行保险业利用外资试点准备工作，开展风险投资、基金运作等领域的对外合作。开发新型旅游方式和产品，树立北京旅游品牌，壮大旅游产业。扩大会展业规模。着力发展通信、网络、咨询等信息服务业。

统筹城乡协调发展，加速推进农业现代化、郊区工业化和城市化。按照增加农民收入，提高农业竞争力和可持续发展的要求，深化农业结构调整，切实做好退耕还林，大力发展都市型现代农业。推进农业产业化经营，重点扶持加工和贸易龙头企业，培育壮大优势主导产业，不断提高农业综合效益。促进农业标准化生产，全面实施“无公害食品行动计划”，深入开展农产品质量安全专项整治活动。搞好农村税费改革试点，推进集体资产产权制度改革，积极发展农产品行业协会和农民专业合作组织，加快农业科技推广体系和社会化服务体系建设。优化郊区产业布局，加大市级和区县工业开发区建设力度，适当整合规模较小的工业区，促进二、三产业快速发展，使郊区成为首都重要的产业基地和新的经济增长点。按照城乡一体化要求，加大基础设施和生态环境建设的投入，加快发展卫星城和具备条件的中心镇。完善农村土地征用制度，研究解决农业人口户籍、就业和社会保障等问题，切实保障农民利益，加快农村劳动力转移，推进农村城镇化。

（四）科学规划，加速建设，提升城市现代化管理水平

今年是奥运工程建设的启动之年，也是

城市环境质量再上新台阶的关键一年。要全面实施“绿色奥运”战略，高标准规划、高质量建设、高效能管理、高水平经营城市。

切实提高城市规划设计和管理水平。修订《北京城市总体规划》，编制完成城市近期建设规划。改革规划编制体制，推行规划设计市场化运作，广泛引进国际国内一流规划设计力量，加快编制速度，提高编制水平。完善专家参与机制，提高规划决策的科学化和民主化。改革规划审批体制，实现由串联审批向并联审批转变，提高审批效率。依法加强规划监督管理，制止违法建设，查处违法建设行为。

着眼于从根本上缓解交通问题，实施300公里轨道交通建设规划。确保城市铁路东线和地铁八通线通车，加快地铁五号线工程实施和地铁四号线等新线开工建设。推进城市快速道路系统和城区路网加密工程建设，重点搞好交通节点的改造，建成五环路等重点道路，尽快缓解中心区交通压力。加快东直门、西直门等交通枢纽建设。坚持“公交优先”，扩大公交专用车道及公交优先车道，建成20条准快速公交线路，优化调整公共汽车、电车线网。推进出租汽车企业运营机制改革，建立良好经营秩序。坚持建管并举，加快建立智能化交通体系，加强静态交通管理，不断提高城市交通效率，使群众出行更加方便、快捷。

以启动奥运场馆建设为契机，高质量建设城市。加快奥运场馆项目法人招标、设计方案招标、建设用地拆迁平整等前期工作，确保奥林匹克公园市政配套和国家体育场、国家游泳中心等按期开工。务必做好重大工程建设的前期准备工作，开工建设国贸三期、第十水厂等一批新项目，推进国家大剧院、中央电视台、北京电视台、首都博物馆新馆等工程的建设。要加快电力设施建设和城网改造，着重抓好旧城平房区和新建集中居住区水、电、气、热、通信等设施的建设，进一步提高供给能力和服务水平。以南中轴路建设为契机，加大基础设施建设向南城倾斜力度，为加快南城发展提供条件。妥善处理好保护与发展的关系，搞好皇城的整体保护，修缮正觉寺等文物古迹，推进朝阜路、大栅栏等历史文化保护区整修试点。

以改善大气质量为重点，进一步加大环境治理和生态建设力度。采取更加严格有效的措施，力争市区空气质量二级和好于二级的天数达到60%。加大清洁能源使用比重，增加天然气供应能力，发展城市集中供热面积300万平方米，4个城区基本完成20吨以下燃煤锅炉改造。对新增机动车执行相当于欧洲2号排放标准，在用机动车排放达不到简易工况标准不允许上路。支持首钢完成调整和压产任务。削减市区工业用煤100万吨。加强道路交通和工地扬尘防治，基本完成城市裸露地面整治。继续实施水系治理工程。加快建设污水处理厂及中水回用工程，使市区污水处理率达到50%，中水回用日均达到24万吨。抓好园林、公共绿地节水设施改造，推广雨洪利用技术，加快建设节水型城市。加大固体废弃物、危险废弃物、噪声等污染的防治力度。搞好节能工作，提高资源利用率。加快以林业为重点的生态环境建设，基本完成第一道绿化隔离带125平方公里绿化和“五河十路”绿色通道建设任务，启动第二道绿化隔离带建设，加强湿地的恢复和保护工作。城市绿化要与改善人民群众生活条件、治理脏乱差、保护文物和美化环境相结合，每个区至少建设一处一公顷以上大绿地。继续治理城市中的脏乱点，完成100项重点环境整治项目，建设一批环境精品、亮点工程，展现北京更加亮丽的风采。

继续深化城市管理体制综合改革，全面推进社区建设。加强对城市管理工作的领导，进一步推动城市管理重心下移和事权下放，在城管、公安、工商、社保等工作进社区方面取得明显进展。加强社区自治组织建设，提高社区自我管理能力，强化社区服务功能，健全市、区、街相互衔接、合理分工和规范高效的城市管理框架，完善“统一领导、各司其职、规范管理、强化基层”的城市管理格局。推进行政处罚权相对集中，加大城市管理综合执法力度，建立社区城管监察执法“一区一员”联系人制度，全面实行责任监督，将严密到位的日常管理覆盖到全市各个方面，健全长效管理机制。

（五）优化发展环境，深化体制改革，扩大对外开放

首都经济的发展方向、核心和重点确立之后，改善和优化发展环境，已经成为当务之急。今年，要下决心把优化发展环境作为贯彻落实执政兴国第一要务的重大举措来抓，作为把握机遇的实际措施来抓，作为各级政府部门和工作人员改进作风、提高管理和服务水平的重要任务来抓。

不断改善和优化体制机制环境，深化国有资产管理体制和国有企业改革。按照十六大确定的国有资产管理体制改革方向和国家的法律法规，研究设立国有资产管理机构、改组调整国有资产授权经营公司的方案。打破部门和行业界限，重组、盘活经营性国有资产，实现国有资产保值增值。深化国有大型企业的股份制改造，着力完善法人治理结构，改进和加强监管机制。鼓励用国有企业的优良资产，吸引、嫁接、置换外资和民间资本，实现投资主体多元化，大力发展混合所有制经济。支持国内外大企业特别是跨国公司收购兼并国有企业。推进垄断行业改革，积极引入竞争机制。加快国有企业上市步伐，提高直接融资比重。推进高新技术企业股权激励试点。认真执行《中小企业促进法》，实施中小企业金融支持工程，进一步放开搞活国有中小企业。完善企业退出机制。

不断改善和优化公平竞争环境，推动非公有制经济发展壮大。毫不动摇地鼓励、支持和引导非公有制经济发展。凡是允许外资进入的领域，都向民间资本开放。私营企业在市场准入、上市融资、进出口、使用外汇、参与政府采购和招标投标、高新技术企业认定、申报政府计划项目、科技奖励、取得许可证和资质等级证书以及引进人才等方面，享受与国有、集体企业同等待遇。依法加强监督和管理，改善服务，尽一切可能使非公有制经济在首都经济社会发展和城市建设中发挥更为重要的作用。

不断改善和优化人才发展环境，发挥首都的人才优势。紧紧围绕首都经济和社会发展的目标及其对人才的总体要求，实施首都人才战略，抓住培养人才、吸引人才、用好人才三个关键环节，努力形成广纳群贤、人尽其才、充满活力的用人机制。开发利用国际国内人才资源，着力建设行政管理、企业经营和专业技术人才队伍。鼓励支持留学人员回国创业，广泛吸引国内优秀人才来京发展，承认和尊重外来务工人员的劳动贡献，发挥所有首都建设者的聪明才智，调动一切积极因素，为首都现代化建设服务。

不断改善和优化管理服务环境，提高政府工作效率。完善政府的经济调节、市场监管、社会管理和公共服务职能，努力实现经济增长、就业增加、物价稳定的经济调控目标。继续推进政府机构改革，完善公务员制度，切实转变作风，加大督查考核力度，提高办事效率和服务水平。坚决纠正行业和部门不正之风，坚持标本兼治，注重治本，从源头上预防和解决腐败问题。调整机构设置，理顺部门分工，进一步清理和精简行政审批事项，科学设定并规范审批程序，缩短审批时限。建立行政审批投诉制度和社会评价制度。大力培育各类行业协会，健全和规范社会中介组织，转移政府承担的社会职能。抓

好中关村科技园区管理体制改革，吸收高新技术企业代表进入园区决策机构，使企业逐步成为园区管理的主体。完成有关规划、交通等管理体制改革方案的研究、实施工作。深化投融资体制改革，规范政府投资范围，改进政府投资项目管理，完善固定资产投资项目审批方式。强化部门预算改革，推进国库集中收付制度改革。集中财力办大事，提高财政资金使用效益。坚决制止铺张浪费，切实做好增收节支工作。建立全市企业信用信息系统和不良记录公示制度，加快建设市场经济的社会信用体系，改善信用环境。完善工程项目招投标、政府采购、经营性土地交易和国有资产产权交易等市场，健全现代市场体系，进一步整顿规范市场经济秩序，确保食品药品安全、金融安全和安全生产。优化结构，调控总量，保持房地产市场健康稳定发展。

不断改善和优化对外经贸环境，提高利用外资和外贸出口水平。认真实施《我国加入世界贸易组织过渡期北京行动计划纲要》，抓住外资大量进入我国的机遇，提高法规和政策透明度，全面优化投资环境，提高对外资的吸引力。逐步开放服务领域，扩大服务业利用外资规模。推广“星网工业园”引资经验，推动外资进入现代制造业，进入北京经济技术开发区等各类工业园区。继续吸引跨国公司在京设立地区总部、研发中心和采购中心。鼓励以存量引增量，扩大现有外商投资企业的投资规模。推进财政、税务、海关、商检、外汇管理等部门通力协作，巩固“大通关”成果。发挥进出口贸易预警机制的作用，维护产业安全。进一步完善落实各项出口政策，扩大高新技术产品和机电产品出口，提高服务贸易和技术贸易出口比重，力求实现出口市场、主体、产品和方式的多元化。解决企业对外投资中的项目申报和资金支持等问题，支持有比较优势的企业“走出去”，带动本市产品、技术出口和劳务人员输出。广泛开展国际交流与合作，多办并办好高水平的国际活动。深度参与西部大开发，进一步加强与兄弟省区市的交流与合作。

（六）大力发展社会主义文化，切实加强社会主义精神文明建设

强化首都文化中心功能，牢牢把握先进文化的前进方向，把精神文明建设摆在更加突出的位置抓紧抓好，努力建设学习型社会，使市民的思想道德素质、科学文化素质和健康素质有新的提高，为首都建设与发展提供强大的精神动力和智力支持。

积极推进教育改革和发展。坚持把教育放在优先发展的地位，适应首都经济社会发展需要，加大教育创新力度，深化教育教学改革，全面推进素质教育。发挥优质教育资源的辐射、带动作用，进一步提升各级各类教育的质量和水平。保证教育经费“三个增长”，提高使用效益。继续加大学校布局调整力度，大力改善办学条件，促进基础教育均衡发展。积极发展高中教育，扩大优质高中教育规模。加快良乡和沙河高教园区建设，稳步发展高等教育。大力加强职业教育、成人教育和社区教育，努力构建终身教育体系。注重师德教育，加强骨干教师队伍建设。学习贯彻《民办教育促进法》，鼓励社会力量以多种形式参与办学。扩大教育对外开放。

加快科技创新步伐。完善首都区域创新体系，继续抓好“首都二四八重大创新工程”，整合首都科技资源。大力发展科技服务体系，加强生产力促进中心建设。以专业孵化器和大学科技园为重点，完善创业孵化网络。继续深化科研机构转制，提高转制院所在市场环境下的生存和发展能力，加速科技成果向现实生产力转化。加强知识产权保护。普及科学知识，弘扬科学精神。坚持社会科

学和自然科学并重，充分发挥哲学社会科学在经济和社会发展中的重要作用。

全面繁荣文化卫生体育事业。大力实施文化精品战略，努力创作一批叫得响、传得开、留得住的精品力作。积极扶持民族艺术，引进国外优秀文化艺术。支持和保障文化公益事业，建设一批文化设施，开展丰富多彩、健康向上的群众文化活动。深化文化体制改革，制定完善相关政策，广泛吸引各类资金、人才和企业进入文化产业，进一步把新闻出版、广播影视、文化娱乐等产业做大、做强。加大对文化市场的整治力度，坚持开展“扫黄打非”斗争，确保文化市场的繁荣、健康、有序。努力提高医疗质量和服务水平，加大公共卫生经费投入，健全疾病预防和急救系统，加快实施农村初级卫生保健发展纲要，逐步建立以大病统筹为主要形式的新型农村合作医疗制度，完善社区卫生保健功能，以低廉的价格为群众提供比较优质的服务。搞好计划生育工作，提供优质生殖保健服务，提高出生人口素质。广泛开展全民健身活动，继续配建“全民健身工程”，提升竞技体育水平，争办高水准的国际体育赛事，大力发展体育产业。高度重视和积极支持老龄工作，加快发展残疾人事业，切实保障妇女和未成年人的合法权益。

扎实推进首都精神文明建设。深入进行党的十六大精神和“三个代表”重要思想的宣传教育，切实把全市人民的积极性、创造性凝聚到率先基本实现现代化的奋斗目标上来。弘扬和培育以爱国主义为核心的民族精神，教育和引导全市人民树立中国特色社会主义共同理想，树立正确的世界观、人生观、价值观。切实开展好“首都公民道德实践年”活动，引导人们在遵守基本行为准则的基础上，追求更高的思想道德目标。广泛进行热爱祖国、热爱首都的群众思想教育，增强市民的首都意识和首善意识。加强国防教育，增强市民国防观念，高标准做好征兵和民兵预备役工作。广泛开展“双拥”共建活动，严格落实优抚安置政策，巩固和发展军政军民团结。深入开展文明区县、文明村（镇）、文明社区等创建活动。进一步做好乘车秩序、旅游环境、文明赛场等整治工作，下大气力治理随地吐痰、乱扔垃圾、随意张贴小广告等顽症。把市民讲外语活动引向深入。

（七）建设社会主义政治文明，确保首都安全稳定

坚持依法治国与以德治国相结合，扩大民主，健全法制，巩固和发展首都长期和谐稳定的良好局面，努力建设社会主义政治文明和精神文明的首善之区。

发展社会主义民主。各级政府要坚决贯彻人大及其常委会决议，坚持重大事项报告制度，自觉接受人大监督。加强与政协的联系，把政治协商纳入政府决策程序，为民主监督和参政议政创造良好条件。完善人民群众建议征集制度、与群众利益密切相关的重大事项社会公示制度和社会听证制度，政府的重大政策、重大规划和重大改革方案的制定都要有专家参与，促进决策民主化、科学化。扩大政府决策及实施的社会基础，保障群众的知情权和参与权。积极支持工会、共青团、妇联等群众团体开展工作。完善村民自治，推进社区自治，搞好社区居委会换届选举，扩大基层民主。全面贯彻党和国家的民族、宗教、侨务政策，开展民族团结进步创建活动，依法加强宗教事务管理，做好对台工作。

提高依法治市水平。加强行政立法，使立法工作不断适应首都改革发展稳定的要求。加强行政执法监督和行政复议工作，提高执法人员素质，提高依法行政的能力和水平。拓展和规范律师、公证、仲裁等法律服务，

积极开展法律援助。加强法制宣传教育，将“四五”普法引向深入，认真学习宪法，树立宪法意识，维护宪法权威，增强全体市民的法律意识和法制观念，各级政府和领导干部要成为遵守宪法和法律的模范。

确保首都安全稳定。高度警惕、严密防范和坚决粉碎境内外敌对分子的各种颠覆破坏活动，突出反恐防暴，打击各类恐怖活动和民族分裂活动。坚持不懈地开展与“法轮功”邪教组织的斗争，坚决取缔、防范和依法打击各类邪教组织。坚持打防并举、预防为主，依法严厉打击各类犯罪活动，巩固严打斗争成果，强化社会治安综合治理，搞好基层安全创建活动，推进“科技创安”工程，加强社会面巡逻防控，提高社会整体防范能力和突发事件应变能力。狠抓安全生产责任制的落实，有效防止重大事故发生。做好信访、排查调处和人民调解工作，妥善处理好新时期人民内部矛盾纠纷，促进社会和谐稳定。

各位代表，本届政府任期已满，新一届政府即将产生。面对“新北京、新奥运”光荣而艰巨的任务，我们务必继续保持谦虚、谨慎、不骄、不躁的作风，务必继续保持艰苦奋斗的作风。牢记全心全意为人民服务的宗旨，密切同人民群众的血肉联系，廉洁奉公，为最广大人民的根本利益而不懈努力，不断把人民群众的利益维护好、实现好、发展好。

各位代表，中国共产党第十六次全国代表大会，掀开了我国社会主义现代化建设的新篇章，首都现代化建设在新世纪、新起点上，开启了一个新的历史征程。让我们在以胡锦涛同志为总书记的党中央领导下，高举邓小平理论伟大旗帜，全面贯彻“三个代表”重要思想，认真落实党的十六大和市第九次党代会精神，再接再厉，团结奋斗，与时俱进，开拓创新，加快建设现代化国际大都市的步伐，共同创造我们的幸福生活和美好未来！

北京市第十二届人民代表大会第一次会议关于北京市2002年国民经济和社会发展计划执行情况与2003年国民经济和社会发展计划的决议

（2003年1月19日北京市第十二届人民代表大会第一次会议通过）

北京市第十二届人民代表大会第一次会议经过审议，并根据本次会议国民经济、社会发展计划和财政预算审查委员会的审查报告，决定批准北京市人民政府提出的2003年国民经济和社会发展计划，批准市发展计划委员会主任沈宝昌所作的《关于北京市2002年国民经济和社会发展计划执行情况与2003年国民经济和社会发展计划草案的报告》。

关于北京市 2002 年国民经济和社会发展计划执行情况与 2003 年国民经济和社会发展计划草案的报告

——2003 年 1 月 14 日在北京市第十二届人民代表大会第一次会议上

北京市发展计划委员会主任　沈宝昌

各位代表：

我受北京市人民政府的委托，向大会报告 2002 年国民经济和社会发展计划执行情况与 2003 年国民经济和社会发展计划草案，请予审议。

一、2002 年国民经济和社会发展计划执行情况

2002 年是首都现代化建设全面推进并取得明显成效的一年。全市上下认真贯彻“三个代表”重要思想，坚决落实中央的大政方针和市委的工作部署，开拓创新，扎实工作，较好地完成了市十一届人民代表大会第五次会议审议通过的国民经济和社会发展计划，为率先基本实现现代化奠定了更为坚实的基础。

（一）经济总量实现新突破，增长质量进一步提高。全市国内生产总值突破 3000 亿元，达到 3130 亿元，同比增长 10.2%。其中，第一产业实现增加值 95.5 亿元，增长 5%；第二产业实现增加值 1114.4 亿元，增长 8.8%；第三产业实现增加值 1920.1 亿元，增长 11.4%。地方财政收入突破 500 亿元，完成 534 亿元，增长 25.9%，连续 8 年保持 20%以上增速，占国内生产总值的比重同比提高 2 个百分点。全市工业经济效益综合指数同比提高 7 个百分点左右。

（二）新增长格局初步形成，结构调整向纵深推进。旅游休闲、文化教育、商贸物流、信息咨询等新兴服务业发展迅猛。第三产业增加值占国内生产总值的比重达到 61.3%，引领经济增长的主体地位进一步强化。以振兴现代制造业为目标的工业结构战略性调整全面展开，汽车工业资产重组取得重大突破，集成电路产业链开始形成，光机电一体化、生物工程和新医药等一批重大项目相继启动，科技园区和开发区规模逐步壮大，经济发展的产业基础和生产力布局明显改观。农产品安全生产体系建设加快实施，现代农业发展提速，养殖业成为支撑农业增长的主导。

（三）固定资产投资增势强劲，消费结构加速升级。全社会固定资产投资预计完成 1800 亿元，增长 18%。全年争取国债资金 13.7 亿元，安排国债建设项目 40 项，重点支持了城市基础设施、环境治理、农林水利、高新技术产业和社会发展等领域的建设，发挥了良好的引导和带动作用。政府投资继续增加，民间投资日趋活跃。非国有投资增长 25%以上，占全社会固定资产投资的比重达到 60%左右。消费需求保持较高增长，实现社会消费品零售额 1744.8 亿元，增长 9.5%。汽车、住宅销售额均保持两位数增长；医疗保健、文化教育等服务性消费占居民消费支出的比重达到 48.2%，比上年提高了 9.4 个

百分点。

（四）重大工程建设顺利实施，城乡面貌焕然一新。轨道交通建设全面展开，贯通城市北郊的轻轨铁路基本建成，地铁八通线建设加快。城市快速路、主干路和城区路网加密工程加快实施，德外大街、五环路三期、六环路一期、京承高速路一期等工程陆续建成通车，全年新建、改扩建城市道路 50 公里，高速公路 128 公里。中关村科技园区基础设施和产业基地建设成效明显，3 年大变样目标全面实现。第一道绿化隔离带已完成建设任务的 85%，“五河十路”绿色通道、京津风沙源治理、退耕还林等重点工程推进迅速。明城墙遗址公园、菖蒲河公园等一批城市景观亮点工程相继建成开放。大气污染防治和环境治理力度加大，全年天然气供应量达到 18 亿立方米，空气质量二级和好于二级天数达到 55.6%，城市污水处理率达到 45%，垃圾无害化处理率达到 86.5%，生态环境进一步改善。奥运筹备全面展开，项目前期工作进展顺利。

（五）开放型经济加速发展，外资外贸大幅度增长。全年实际利用外资额 50.3 亿美元，增长 25.3%。汽车租赁、融资担保等现代服务业利用外资取得实质性进展。京东方收购韩国现代液晶显示器等境外投资项目实现重要突破，对外承包工程和劳务输出都有较大增长。地方外贸出口达到 58 亿美元，增长 19.1%。海关大型监控设施竣工投入使用，京津陆海口岸实现直通，进出口货物通关效率明显提高。涉外旅游发展平稳，接待海外游客达到 310.4 万人次，增长 8.7%。积极落实国家西部大开发战略，与中西部地区的经济技术合作更加活跃。

（六）行政审批制度改革步伐加快，经济调控手段和方式创新取得初步成效。继续削减了行政审批事项，清理、废止了一大批不符合市场经济规则要求的法规和政策性文件，行政行为进一步规范。电子政务建设快步推进，网上审批试点工程顺利运行，提高了政务透明度和办事效率。积极探索投融资体制改革，建立信息披露制度，投资导向作用得到加强。试行非政府投资项目备案制，调动了社会投资积极性。推行政府投资项目“代建制”试点，加强招标投标管理，提高了资金使用效益。实行经营性土地公开招标、拍卖和挂牌交易管理，实现了城市国有土地管理制度的重大转变。进一步完善价格听证会制度，初步建立了调价收益分配机制。

（七）坚持经济与社会协调发展，各项社会事业全面进步。强化基础教育重中之重的战略地位，促进了义务教育高质量、均衡化发展；进一步扩大了普通高中和高等院校招生规模；推进职业教育布局结构调整，促进了职业教育与经济建设、社会发展的紧密结合；高等教育管理体制和办学体制改革进一步深化，高教园区建设正式启动，各项支持政策全面落实；以大学生公寓建设为重点的高校后勤社会化改革取得新的进展。文化事业单位体制改革稳步推进，资源整合力度加大，文化市场的管理与监督得到加强，文化产业迅速发展，首都博物馆等一批标志性文化设施正在加快建设，文物抢险修缮工程取得明显进展。医药卫生体制和医疗卫生服务体系改革继续向前推进，城乡医疗卫生网络和急救网络逐步完善。体育教学训练基地和产业开发基地建设步伐加快，305 所学校操场整治工作有了明显进展。全面推进社区公益性服务设施和信息网络建设，对提高社区管理水平发挥了积极作用。

（八）就业形势保持稳定，人民生活水平显著提高。社会保障体系进一步完善，各项社会保险基金征缴率达到 98%以上，城市特困人员医疗救助办法开始实施，下岗职工基本生活费和离退休人员养老金做到了按时足额发放，城乡居民最低生活保障制度得到落实。大力加强职业技能培训，开发社区就业岗位12.3万个，促进了下岗职工和失业人员再就业，实现了下岗职工基本生活保障制度向失业保险制度的平稳并轨，失业人员就业率达到69.8%，城镇登记失业率控制在1.35%。城乡居民收入水平稳步提高。城镇居民人均可支配收入达到12453.3元，增长13.4%，农民人均纯收入达到5880.1元，增长11.5%。危旧房改造进展顺利，拆除房屋232.4万平方米，其中危房89.9万平方米，动迁居民7.4万户。

首都各项事业取得的成果来之不易，给予我们的启发和教益十分深刻。第一，必须把“三个代表”的重要思想作为统领发展计划工作的灵魂，敢于和善于突破阻碍发展的陈规旧制，注重发挥首都的比较优势，积极探索社会主义市场经济和首都现代化建设的客观规律，不断开辟加快发展的新路子。第二，必须把握全局，突出重点，坚持扩大内需的根本方针，以结构调整为主线，将中长期战略与即期调控措施、综合规划与专项规划、十五计划和年度计划相互融合、紧密衔接，抓住重大项目运作、重点资源平衡、重要调控措施等关键环节，集中精力解决关系全局和长远发展的突出问题，始终抓住工作的主动权，不断提高驾驭全局的本领。第三，必须始终保持与时俱进、开拓进取的精神，坚持在发展中不断创新，在创新中求得发展，大胆引入新体制，构造新机制，实现新突破。第四，必须着眼于调动多方面的积极性，自觉搞好部门间的协调配合，积极支持各区县建设，形成加快发展的合力。第五，必须始终坚持依法行政，勤政为民，兢兢业业地落实好事关全市发展和群众利益的每一个项目、每一项政策、每一件事情。

回顾过去一年计划执行情况，在经济发展、社会变革的过程中，结构性和体制性矛盾仍然比较突出。当前的主要问题是：（1）高新技术产业以至制造业增长点单一，技术改造投资不足，占全部投资的比重过低，工业经济增长基础还不稳固。（2）国有经济比重过高，所有制结构不尽合理，国有资产管理体制改革力度不大，运营缺乏活力，一些国有企业面对调整改造、人员分流等多重压力，生产经营困难，亏损增加。（3）就业压力加大。企业减员和新生劳动力仍然处于高峰期，特别是近年扩招的学生将陆续毕业进入劳动力市场，农转非人员的就业需求增加，外来劳动力增多，就业形势不容乐观。预计全年需要安置就业的城镇劳动力总量达到41万余人，岗位缺口较大。（4）价格水平持续14个月负增长，通货紧缩趋势明显，使企业盈利空间变小和投资回报预期下降，对扩大内需产生不利影响。（5）面对新形势，发展计划工作综合调控作用有待加强，工作作风、工作方式、工作效率都需要进一步改进和提高。对于上述问题，我们将深入研究并采取有力措施逐步加以解决。

二、2003年经济社会发展预期目标和主要措施

2003年是全面贯彻党的十六大精神、深入落实市九次党代会各项战略部署、加快推进“十五”计划的关键一年，也是奥运工程建设实施的奠基之年。安排好2003年国民经济和社会发展计划，对于加速首都现代化进程，落实“新北京、新奥运”的目标，具有重要意义。计划编制的要点，一是坚持把发展作为第一要务，继续贯彻扩大内需方针，既要保持投资增长的力度，更要注重消费的直接拉动，着重培育促进需求持续稳定增长的内在机制，形成经济发展的持久动力。二是坚持以提高经济增长质量和效益为目标，优先发展具有高增长潜力的产业，在优化结构的同时，进一步壮大经济总量，促进城乡

建设和社会发展提速。三是抓好奥运经济开发，加紧奥运相关项目建设，充分运用市场手段，促进奥运投资的产业带动效应。四是坚持以开放促改革、促发展，努力在体制创新、制度创新、管理创新上再进一步，增强经济发展的活力。五是坚决落实就业扶持政策，努力提供更多的就业机会和创业发展机会，促进城乡居民收入水平进一步提高，切实保障低收入群体的基本生活，不断扩大中等收入群体的比重。

2003年全市国民经济和社会发展的主要预期目标是：国内生产总值按可比价格计算增长9%以上。地方财政收入增长15%左右。全社会固定资产投资增长13%以上。社会消费品零售额增长10%以上。地方企业外贸出口增长10%。居民消费价格指数为101%左右。新增就业岗位20万个，城镇登记失业率控制在2.5%以内。城镇居民人均可支配收入和农民人均纯收入实际增长6%以上。人口自然增长率控制在1.1‰。力争市区空气质量二级和好于二级天数达到60%。为确保完成计划，我们将着力做好以下六个方面的工作。

（一）坚持消费和投资双重拉动，促进经济发展提速

保持经济快速增长的关键在于增强内需的拉动作用，尤其要更多地发挥消费的促进作用，逐步提高消费在国内生产总值中的比重，形成需求持续稳定增长的内在机制。

采取多种措施，为扩大消费营造良好环境。一是完善鼓励政策。继续规范和整顿各类收费，清理抑制消费的不合理规定。激活住房二、三级市场，减少公房上市限制，加快产权证办理速度，调整已购公房出售收益分配办法，降低相关税费。大力推进银行卡工程，加紧出台持卡消费鼓励政策，提高持卡消费量。二是改进服务设施。加快沃尔玛等大型零售和购物中心项目实施，推进特色商业功能区和旅游景区商业设施建设，大力培育连锁超市业、现代百货业等六大现代商业，进一步完善社区便民服务设施。多方加大投入，搞好农村地区特别是小城镇基础设施和商业服务设施建设，为农村居民扩大消费创造有利条件。三是引导消费升级。进一步扩大消费信贷规模，促进住房、家居、装修等信贷服务发展，积极向旅游、教育等新领域拓展。深入推进社会信用体系建设。鼓励居民增加信息通信、教育培训、旅游会展、文化体育、卫生保健等方面的消费，培育消费热点。四是拓展消费市场，促进流入购买力的实现。加强医院及特色专科建设，满足来京患者的就医需求。加快发展留学生教育，积极吸引外省市生源在京学习，扩大教育外来消费份额。搞好节假日促销，促使旅游者更多地在京消费。五是净化消费环境。继续大力整顿和规范市场秩序，严厉打击制售假冒伪劣商品、价格欺诈等不法行为，有针对性地开展农村市场整治，坚决制止假冒伪劣产品下乡。坚持一手抓专项整治，一手抓制度建设，使这项工作法制化、经常化，力争全年社会消费品零售额达到2000亿元。

加强投资引导和调控，着重在优化结构、改善环境、提高效益上下工夫。第一，优化政府投资结构，增强带动效应。按照实施积极财政政策和稳健货币政策的要求，继续保持财政投资必要增长，集中力量办好一批事关城乡发展全局的大事。切实把握资金投向，重点支持有利于增强城市服务功能，提高可持续发展能力的基础设施、环境治理和生态建设项目；有利于促进产业升级和布局调整，增强国际竞争力的工业园区配套、高新技术产业化和信息化项目；有利于提高公共服务水平和居民生活质量的文化教育卫生、公安政法、危旧房改造市政配套项目；有利于带动郊区城市化，改善农村生产生活条件的项目；有利于扩大就业和增加居民消费的服务设施项目。严格控制新建办公楼、培训中心

和内部高档娱乐设施装修。第二，创造具有竞争力的投资环境，吸引更多的社会投资参与首都建设。继续清理和取消不利于社会投资的各项规定，进一步放宽民间投资领域，扩大市场准入，降低投资成本，鼓励和支持社会投资以独资、合作、参股、特许经营等多种形式，进入经营性基础设施和公益性事业领域，特别是切实加大技改扶持力度，引导社会投资投向具有长期增长能力的产业部门。采取资本金注入、贷款贴息、税费优惠、协助发行股票和企业债券等多种措施，帮助企业降低投资风险，扩大投资规模，获得合理收益。发展产业投资基金和为民间投资服务的各类担保组织，健全投资社会化服务体系。第三，调整房地产投资结构，促进房地产业科学合理、健康有序发展。重点支持危旧房改造和经济适用房建设，继续大力推进旧城区和关厢地区的危旧房改造，实现全年动迁居民 5 万户，拆除危房 65 万平方米的目标。同时，高度注意处理好与历史文化风貌保护的关系，抓好南中轴路、朝阜路、大栅栏、琉璃厂、国子监等历史文化保护区整修和建设。严格控制高档房地产开发规模。继续改进住宅建设计划管理，搞好中长期规划，保持房地产市场供求关系相对平衡。充分发挥年度土地供应计划的调控作用，对未取得土地供应计划的建设用地，不得进入土地市场交易。规范房地产市场管理，严厉打击违法建设和房屋销售欺诈行为。

（二）促进高增长潜力产业优先发展，带动产业升级

按照首都经济发展方向和走新型工业化道路要求，充分发挥信息化与工业化的相互促进作用，集中力量支持高增长潜力产业发展壮大，加快形成多支柱均衡化发展，把经济结构战略性调整引向深入。

抓好基地建设和重大项目实施推进，打牢振兴现代制造业的基础。一是全力支持汽车及相关产业发展。大力推进现代汽车合资项目，实现 3 万辆轿车的产销目标。促进吉普车产品的升级换代，尽快形成以帕杰罗为代表的越野车系列产品。优化品种、提高性能、挖掘潜力，推进福田商用车发展。通过加快基地建设，促进汽车工业的战略重组和产品升级，逐步形成整车和零部件产品开发、生产销售、服务贸易为一体的产业格局。二是加速壮大微电子、光机电一体化、生物工程和新医药产业。搞好集成电路设计园和研发中心建设，抓紧建成中芯国际集成电路生产线并确保按期投产，完成林河工业开发区两条具有自主知识产权的半导体材料生产线建设，延伸集成电路产业链条，扩大产业规模。加快通州光机电产业基地开发，发挥重大项目示范效应。推进生物工程和新医药基地建设，抓好化学制药、中药和天然药物、生物技术等领域重大项目启动实施，促进生物工程和新医药产业成长。三是加强运用高新技术和先进适用技术改造传统产业，实施好燕山石化、北一大隈等一批重点技术改造项目，提高产业素质和市场竞争力。搞好压产与新上项目的衔接，促进劳动力在产业之间的转换。继续淘汰落后生产能力，完成 20 家污染扰民企业的调整搬迁。

依托中关村科技园区，积极培育高新技术产业新的增长点。按照“五年上台阶”要求，继续推进中关村科技园区软硬件建设，争取在体制创新和创业环境改善上实现新的突破。通过加紧专业园区和产业基地建设，创新园区经营管理模式，健全风险投资和产权流动机制，畅通人才流入渠道，为高新技术成果产业化提供更加有利的条件。抓好关键技术应用和产业化，打造新的产业链条。落实网络计算机实施方案，以示范工程和政府采购的方式，开拓市场，形成规模。加强混合动力车产业链、第三代数字通信系统产

业链、高清晰度数字电视产业链的前期研究，加速产业化进程。大力扶持软件产业发展，通过扩大政府采购和出口，巩固提高市场占有份额。进一步做大做强电子信息产业。

积极推动现代流通方式和现代服务业加快发展。加速发展现代物流业。抓紧制定马驹桥、天竺、良乡—王佐、十八里店等物流园区的详细规划，加快基础设施建设，争取一批专业化的物流经营企业入园。抓好物流业利用外资试点，大力吸引国际知名物流企业来京整合资源，积极引进国外先进的流通技术、组织方式和管理经验。鼓励从事信息服务、配送、仓储等领域的第三方物流企业加快发展。加强规划引导和政策扶持，完善促进服务业发展的政策措施。积极争取国家服务业引导资金和服务业国债专项资金，采取补助、贴息、参股等方式，扩大服务业投入，支持有良好市场前景的服务业项目发展。进一步清理服务业市场准入方面的不合理政策规定，推进公共服务领域的产业化和后勤服务的社会化，改善服务业发展环境，保持现代服务业发展的良好态势。

巩固提高现代农业发展水平。推进农业标准化生产和规范化管理，加强安全生产体系、检验检测体系和认证体系建设，增加安全绿色食品的生产供应，全面提升农产品质量。大力发展林果业、养殖业和蔬菜、花卉、药材等经济作物，扩大饲料饲草种植，巩固粮、经、饲三元结构。深入推进农业产业化经营，壮大龙头企业，扶植农民专业合作组织和优质农产品基地建设。加快发展籽种、创汇、观光等现代农业，培育新增长点。加大山区综合开发力度，积极发展高效种植业、绿色养殖业和休闲旅游业，带动山区农民增收致富。

（三）集中力量抓好重大工程，推进城乡现代化建设

着眼于增强城市服务功能，提高可持续发展能力，加快城乡一体化进程，继续推出和抓好一批事关全局的重大项目。

全面启动实施300公里轨道交通建设规划，构建快速公共交通体系。确保地铁八通线工程按期竣工通车，加快地铁五号线工程实施，开工建设地铁四号线、十号线、奥运支线工程，加紧郊区轨道交通前期论证工作，争取今后几年平均每年新增轨道交通40公里以上。

推进城市快速道路系统建设，提高车辆通行能力。加紧五环路、六环路、京承路等高速公路建设。继续实施城市主干道、联络线和路网加密工程，重点抓好快速环路之间的联络通道建设及交通节点改造，年内建成朝阳北路、首体南路等主干道和联络线，开工建设金宝街东段等八条路网加密工程，解决好一批断头路问题，缓解城市中心区交通压力。继续搞好东直门、西直门等交通枢纽建设及周边路网改造。力争全年新建、改扩建城市道路80公里，高速公路40公里，使城市交通状况得到进一步改善。

继续加强环境治理和生态建设，增强可持续发展能力。建成陕北天然气市内管网扩建工程，开工建设第二条长输管线，使天然气供应能力达到22亿立方米。通过支持首钢按计划调整压产、基本完成四城区燃煤锅炉置换、强化汽车尾气管理等多项措施，使市区空气质量有新的改善。抓紧建设小红门、卢沟桥、吴家村和清河二期等污水处理厂，完成转河综合整治，开工建设温榆河流域污水处理和永定河上游综合整治工程，进一步改善城市水环境。启动第二条绿化隔离带建设，加快实施京津风沙源治理和退耕还林工程，基本完成“五河十路”绿色通道和沙地播草覆盖建设任务。开工建设第十水厂，建成应急备用地下水源工程联络线，配合做好南水北调工程前期工作，增加城市水资源供给。

组织好重点功能区建设，提升城市整体水平。着重抓好以中关村科技园、商务中心区、奥林匹克公园等为代表的功能区建设，增强面向国际国内的服务功能，为产业发展提供广阔空间。继续实施一批城区景观改造亮点工程，改善城市形象。进一步加大对南城支持力度，搞好相关基础设施项目实施，为加快南城发展创造条件。

加快卫星城和小城镇建设，推进城乡一体化进程。以基础设施建设和产业基地培育为重点，通过投融资机制创新，吸引社会资金以多种形式参与开发建设。完善卫星城镇总体规划和控制性详规，合理确定城镇规模和建设标准，积极开展城市设计，搞好“绿化、美化、净化”，塑造各具特色的发展形象。大力发展小城镇经济，加快工业小区建设，引导二、三产业聚集，培育壮大主导产业，增强小城镇发展的经济基础和人口聚集能力。

全面启动奥运场馆及主要设施项目实施。加快项目法人招标、规划设计方案招标、建设用地平整拆迁等前期工作，确保奥林匹克公园土地开发及市政配套和国家体育场、国家游泳中心等奥运场馆项目按期开工建设。

（四）坚持以开放促改革促发展，增强经济发展活力

充分运用好世贸组织规则，营造更为宽松的投资贸易环境。积极应对反倾销、反补贴诉讼，用好中小企业开拓国际市场资金，落实好各项鼓励政策，促进出口规模扩大。在巩固拓展传统市场的同时，努力增加对俄罗斯、拉美等新兴市场的出口。发挥天竺出口加工区优势，大力发展加工贸易，带动出口增长。加紧实施“大通关”，增加节假日报关服务，显著提高通关效率。不断扩大服务贸易规模，优化贸易结构。密切关注国际市场变化，组织好关系生产、生活和市场紧缺的商品及资源性产品进口。积极稳妥地实施“走出去”战略，重点做好三元牛奶到澳大利亚投资、双鹤药业收购意大利比埃尔医疗公司股权等一批大项目，带动商品和劳务出口。积极参与西部大开发，加强与兄弟省市区的经济交流与合作。

认真落实加入世贸组织过渡期北京行动计划纲要，进一步减少和规范行政审批，提高政策透明度，不断增强对国内外资本的内在吸引力。更加积极有效地利用外资，提高利用外资质量和水平。扩展服务业利用外资，重点引进现代理念、先进经验、技术手段和市场运作方式。积极探索通过收购、兼并和投资基金、证券投资等多种方式利用国外中长期投资，选择一批国有大中型企业，有计划地向外商转让股权或资产。鼓励跨国公司投资农业、制造业、高新技术产业和兴办研发机构。继续做好利用国际金融组织贷款和国外政府贷款工作。

加快国有企业的改革和重组，大力推进规范的股份制改造。积极进行基础设施建设领域国有独资企业改革试点，引入权益资本，优化产权结构，促进政企分开。按照中央统一部署，深化国有资产经营管理体制改革，探索建立管资产和管人、管事相结合的新型管理体制，实现国有资产的保值增值。推进国有经济布局调整，积极引进外资和国内民间资本参与国有企业改组改造，逐步降低国有资产在一般竞争领域的比重。继续放手发展壮大非公有制经济，创造公平竞争环境，完善各项政策，鼓励和支持非公有制企业向高新技术产业、现代制造业、社会服务业等领域扩展，充分发挥在扩大就业、活跃市场、增加税收等方面的作用。进一步放开搞活中小企业。

（五）落实就业扶持政策，确保低收入群体基本生活

就业和再就业是首都现代化建设全局中的重大问题，是扩大中等收入群体的根本途

径。要把加强就业调控、改善创业环境、增加就业机会，作为发展计划的重大目标和重点工作，切实抓紧抓好。同时在完善社会保障体系的基础上，使城乡居民的收入和生活水平有新的提高，从发展中得到更多的实惠。

健全促进就业责任体系和市场导向机制，创造更多的就业机会。加大对就业再就业的资金投入，确保在税费减免、小额担保贴息贷款、社会保险补助等方面的优惠政策落到实处，积极支持企业招用下岗职工和失业人员。把发展服务业、非公有制经济和劳动密集型产业作为主攻方向，千方百计增加就业岗位。完善就业管理和服务网络，加强和规范职介服务，组织开展有针对性的职业培训，启动“三年百万技能培训计划”，为新生劳动力就业和下岗失业人员再就业创造条件。全面建立实施就业援助制度，巩固就业托底机制，搞好公益性岗位开发，帮助困难群体就业。统筹考虑城乡就业，大力引导支持农村劳动力就业，把农转非人员就业统一纳入劳动力市场，实行与城镇下岗失业人员同等的优惠政策。加强对就业的宏观指导与调控，把控制失业率和增加就业岗位纳入发展计划，协调各方面政策，在全社会形成促进就业的合力。改进失业登记统计及监测预警，妥善解决好重点调整转制企业和重点地区的失业问题。

完善社会保障网络，保障人民群众的基本生活。推进城镇基本医疗保险制度改革，重点将公务员和事业单位职工纳入改革范围，鼓励企业建立补充医疗保险，抓好特困人员医疗救助办法的落实。深化养老保险制度改革，加快实施自收自支事业单位参加养老保险，进一步扩大农村养老保险的覆盖面。扩展农转非人员参加社会保险的试点范围，妥善解决政策衔接和历史遗留问题，逐步纳入统一的城镇社会保障体系。继续加强社会保险扩面征缴，推行社会保险“统一征缴、一单托收”模式，强化基金征收与管理，增加财政社会保障支出，提高社会保障资金的支撑能力。规范城乡居民最低生活保障工作，合理确定低保标准和补助水平，适时调整相关待遇标准，切实做到应保尽保。积极解决低收入群体的实际困难。建立和完善对低收入者的救助制度，落实廉租房政策，积极帮助解决城市特困家庭在住房、子女入学、医疗和取暖等方面遇到的问题。

（六）大力发展社会事业，提高公共服务水平

社会现代化是首都现代化不可或缺的重要组成部分。要坚持以人的全面发展为中心，积极探索体制和机制创新，促进科技、教育、文化、卫生、体育等各项社会事业更快发展，不断满足市民日益增长的公共服务需求。

加快科技创新步伐。抓好“首都二四八重大创新工程”，完善区域创新体系；进一步深化科技体制改革，发挥市场需求对创新的导向作用，鼓励大专院校和科研机构以不同形式同企业合作，引导支持企业加强技术创新和技术改造，提高创新能力；建立风险投资退出机制，发展中介与技术服务，完善知识产权保护，培育技术市场和产权交易市场；建设好北京天文馆新馆等一批科普教育基地，在全社会弘扬科学精神；继续大力支持基础科学、应用科学和哲学社会科学研究，为首都经济社会发展提供技术和智力支持。坚持教育优先发展。多渠道增加投入，改善农村中小学办学条件和教学设施，促进义务教育均衡化发展；逐步开放非义务教育市场，继续加强高中示范校建设，鼓励采取多种办学形式，举办优质教育；加紧建设良乡、沙河高教园区，促进高校办学体制改革深化；加大职业教育资源整合和布局调整力度，着重搞好专门人才和劳动技能培养，更

好地满足实际发展需要；加强师资队伍建设，提高各级各类教育的水平和质量。积极推进医疗卫生体制改革，加大公共卫生投入，鼓励社会多元投入，发展多种形式的办医模式，提高医院服务水平，满足不同层次的医疗需求；继续组织实施好区域卫生规划，基本完成远郊区急救网络建设；加快老年病防治体系和社区卫生服务体系建设，积极应对人口老龄化挑战。继续稳定低生育水平，搞好对外来人口的管理和服务。优化文化设施布局结构，搞好国家大剧院、首都博物馆、中国电影博物馆、汽车博物馆等一批重点文化设施建设，强化首都文化中心功能，大力发展文化产业，丰富群众精神文化生活。抓好芦城等体育基地建设，注重专业人才培养，促进竞技体育和群众性体育活动水平进一步提高。完善社区综合服务体系，合理安排引导资金，支持社区基础设施和服务设施建设，扩展服务领域，创造更为便利、舒适的生活环境。

三、解放思想，厉行创新，为计划实施提供有力保障

实现全年经济和社会发展预期目标，开创首都社会主义现代化建设的新局面，发展计划工作责任重大、至关紧要。我们一定以党的十六大精神为指针，紧紧抓住难得的重要战略机遇期和首都特有的发展优势，充分估计面临的严峻挑战和可能遇到的各种困难，努力实现计划职能的新转变和各项改革的新突破。

（一）坚持抓大事谋全局，力求发展计划工作重点的新转变。适应形势发展要求，着眼于增强发展计划的宏观性、战略性和政策性，使日常工作的重心从偏重微观、具体事务管理，向加强经济综合调控、引导市场主体行为转变。集中精力搞好战略研究、规划制定、资金运作、项目策划、运行监控和信息导向。进一步增强市场分析的预见性和规划、政策的系统性，把即期调控与战略导向更加紧密地结合起来，着力抓好重大经济社会发展规划的实施推进、重大政策的研究制定、重大项目的策划运作及投融资方案落实。

（二）搞好战略资源平衡，力求经济调控重点的新转变。根据市场变化和长远发展要求，使经济调控的重点从偏重一般生产要素平衡，向注重战略资源平衡转变。着重抓好土地资源、水资源等关系全局和长远的战略性资源的综合平衡，促进经济和社会的可持续发展。通过编制实施好土地供应计划，完善土地储备和供给体系，适时调节供给总量和结构，更好地服务于首都建设需要。开展水资源综合规划研究，加紧相关政策措施制定和项目实施，促进水资源的合理开发利用。搞好劳动力资源平衡，完善农转非管理政策和体制，引导农村富余人员合理流动。加强国民经济动员工作，组织好重要国防物质储备。

（三）强化信息引导和法规落实，力求调控手段的新转变。把握现代市场经济的发展趋势，使经济调控手段从单纯依靠行政直接干预，向综合运用经济、法律、行政和信息手段转变。进一步健全和完善信息披露制度，紧密围绕重点产业的投资情况、重点领域的市场供求情况、重大政策的调整变动情况以及宏观经济运行走势和政策措施取向等，搞好相关信息的发布，及时将政府的政策意图传递出去，给市场主体以合理预期和正确导向。落实《北京市招标投标条例》及相关规定，严格执法监督，依法保障市场准入和公平竞争。抓紧政府投资管理规章的制定工作，依法规范政府投资行为。有效运用政府采购、土地储备、项目策划、价格调整等资源配置手段，积极调控市场和支持重点产业，促进资源优化配置。建立与金融机构的磋商协调

机制，用好用足金融工具。完善价格听证制度和项目专家论证制度，广泛听取意见，推进决策的科学化、民主化。

（四）牢固树立经营城市理念，力求投融资机制的新转变。通过深入推进投融资管理体制改革，搞好制度设计，使投资管理从主要偏重项目审批和资金分配，向着重搞好全社会投资调控引导和投融资机制创新转变。建立社会投资引导机制，放宽对非政府投资的项目审批，建立健全登记备案制度，拓宽各类社会资本投入领域，完善投资收益补偿机制，以吸引社会投资和外商投资，优化投资结构。在具备经营条件的基础设施领域健全市场化融资机制，按照“政府主导、市区共建、多元化运作、多渠道融资”的方向，搞好存量资产盘活和增量资本运营，通过优化资本结构，拓展融资渠道，运用特许经营权等多种方式，广泛吸引海内外企业投资建设。以推进污水处理、垃圾处理建设运营市场化为重点，通过公开招标投标方式，选择建设及经营者。探索建立土地升值收益分享机制，对由于政府基础设施建设投入带来的土地升值，研究采取相应办法进行回收，再投入于基础设施建设。

（五）加强重大项目策划运作，力求项目管理模式的新转变。以高效益、规范化为目标，使项目管理从被动认可和偏重审批，向积极策划运作项目和加强协调监督转变。根据首都经济社会发展战略实施的需要，搞好一批重大项目的前期研究和储备。积极试行项目法人招标投标，一方面在政府投资的经营性基础设施领域，选择若干项目，打破垄断，通过实行项目法人招标，引入新的竞争主体；另一方面对非政府投资领域选择部分项目，进行项目法人招标试点。推行政府投资项目“代建制”，在非经营性基础设施和公共服务领域进一步扩展项目代建范围。改进政府投资项目管理，强化责任制和投资风险约束，搞好项目稽查工作，切实降低投资成本，提高投资效益。

（六）推行网上审批，力求服务方式的新转变。主动适应形势发展和改革创新的要求，着眼于为企业和社会公众提供更为便利的服务，通过加快电子政务建设，使服务方式从传统的单向交流为主，向利用现代网络技术的多向在线交流服务转变。在总结一期试点经验的基础上，组织实施电子政务网上审批二期工程，以提高服务效率、增强监管能力为目标，集中搞好一批应用服务系统和关键共享数据库的开发建设，进一步扩展网上审批服务范围，健全网上监督机制，对政府投资项目试行网上实时监控，形成新型政务管理服务模式，提高行政效能和服务水平。

（七）加强队伍建设，力求观念、作风的新转变。根据发展的需要，不断强化市场观念、开放观念、创新观念和法制观念，破除传统观念和陈规旧习的束缚，实现思想认识的升华，以与时俱进的精神状态开展工作；牢固树立公仆意识和服务意识，勤政为民，廉洁奉公，不断提高政治和业务素质，提高工作质量和效率。

各位代表，新的一年，首都现代化建设必将实现更大的飞跃。形势催人奋进，使命光荣神圣，我们一定高举邓小平理论伟大旗帜，认真贯彻和实践“三个代表”重要思想，奋发图强，扎实工作，恪尽职守，开拓创新，努力完成2003年国民经济和社会发展计划的各项任务，为首都率先基本实现现代化作出新的贡献。

北京市第十二届人民代表大会第一次会议国民经济、社会发展计划和财政预算审查委员会关于北京市 2002 年国民经济和社会发展计划执行情况与 2003 年国民经济和社会发展计划草案的审查报告

王维城

（2003 年 1 月 17 日北京市第十二届人民代表大会第一次会议主席团第四次会议通过）

主席团：

北京市第十二届人民代表大会第一次会议国民经济、社会发展计划和财政预算审查委员会，根据代表们的审查意见，同时参考了北京市第十一届人大常委会财经委员会对 2002 年计划草案主要内容的初步审查意见，审查了北京市 2003 年国民经济和社会发展计划草案及市发展计划委员会主任沈宝昌所作的《关于北京市 2002 年国民经济和社会发展计划执行情况与 2003 年国民经济和社会发展计划草案的报告》。现将审查结果报告如下：

一、2002 年，北京市人民政府坚持以邓小平理论和“三个代表”重要思想为指导，以加入世界贸易组织和筹办奥运会为契机，带领全市人民齐心协力，扎实工作，较好地完成了市十一届人大五次会议审议通过的 2002 年国民经济和社会发展计划各项指标。审查委员会认为，北京市 2002 年国民经济和社会发展计划执行情况是好的。

审查委员会指出，北京市在 2002 年的经济运行和社会发展中仍然存在一些问题：所有制结构、工业结构和布局不合理的矛盾突出；政府职能转变和观念创新亟待加强；失业人员增加，就业形势不容乐观；城市建设和管理存在薄弱环节，与现代化国际大都市的要求有较大的差距。对于这些问题，市人民政府要高度重视，采取有效措施，切实加以解决。

二、审查委员会认为，北京市 2003 年国民经济和社会发展计划草案贯彻了中国共产党第十六次全国代表大会、中央经济工作会议和中国共产党北京市第九次代表大会精神，符合北京市实际情况。建议北京市第十二届人民代表大会第一次会议批准市人民政府提出的 2003 年国民经济和社会发展计划草案，批准市发展计划委员会主任沈宝昌所作的《关于北京市 2002 年国民经济和社会发展计划执行情况与 2003 年国民经济和社会发展计划草案的报告》。

三、为保证 2003 年国民经济和社会发展计划的顺利实施，审查委员会提出以下意见和建议：

（一）进一步扩大内需，加大经济结构调整力度，推进首都经济加快发展。要坚定不移地执行中央扩大内需的各项方针政策，不断提高国债资金使用效益，引导群众科学、合理消费，实现投资和消费双拉动。认真研究工业增长点单一问题，加快工业结构和产

品结构调整，引导和鼓励企业加大技术改造资金的投入。积极整合首都科技资源，发挥科技资源综合优势，建立科技创新体系，组织重大科技项目联合攻关，努力将科技资源优势转化为首都经济和社会发展优势。广泛采用高新技术和先进适用技术改造传统产业，振兴现代制造业。积极运用现代经营方式、服务技术和管理手段促进传统服务业升级，大力发展以现代物流业和信息服务业为重点的现代服务业。扶植和壮大一批适合首都特点、具有增长潜力的主导产业，培育拥有自主知识产权、竞争力强的大企业、大集团，鼓励发展劳动密集型中、小企业。积极推进外贸主体和出口市场多元化，优化出口结构，不断提高出口商品和服务的竞争力。进一步推进农业产业化经营，建立农产品质量安全体系，逐步形成结构合理，功能完善，生态良好的都市型郊区经济，促进农业增效，农民增收，农村稳定。

（二）继续推进体制创新，营造富有活力的发展环境。要进一步解放思想，更新观念，转变政府职能，提高服务意识，加强宏观调控。积极推进投融资体制改革，不断改善投资环境。在鼓励外商及民间资本进入经营性基础设施建设领导的同时，积极引导资金投向高新技术产业、现代制造业和现代服务业，为首都经济持续快速健康发展积蓄力量。大力发展产权、土地、资本、技术、人才等要素市场，推动生产要素的合理流动和优化配置。加快建立个人和企业信用制度，构建首都社会信用体系框架。进一步深化国有企业改革，加强国有资产管理，促进国有资产合理流动并保值增值。采取有力措施，大力调整所有制结构，发展多种所有制经济，深入贯彻《北京市促进私营个体经济发展条例》，营造公开、公平、公正的市场竞争环境，促进非公有制经济快速健康发展。

（三）以奥运促发展，加快首都城市现代化进程。要把握奥运场馆及相关设施建设进入实质性启动的契机，显著改善城市环境和生态状况。建立城市长效管理机制，着力解决影响首都形象、困扰城市发展的脏乱差等问题，加大大气和水污染防治力度，保护水资源，改善人民生活环境，提高人民生活质量。全面提高城市管理的科技含量和公共服务水平，加快北京现代化国际大都市的建设进程。

（四）加强就业和社会保障工作，努力提高人民生活水平。要高度重视困难群众的生产、生活问题，积极发展符合首都要求的劳动密集型产业，拓宽就业渠道，完善就业服务体系，实行就业援助，使困难群众切实得到基本生活保障。加快廉租房和经济适用房建设，改善低收入居民的住房条件。在不断完善城镇社会保险制度的同时，积极探索建立农村新型合作医疗、养老保险和最低生活保障制度。进一步改进山区扶贫开发方式，注重开发效果。

（五）加强精神文明建设，推动各项社会事业发展。要大力推进教育创新，狠抓城乡义务教育整体水平的提高，扎实推进成人教育和职业技术教育，重视抓好特殊教育。继续深化教育改革，加强师资队伍建设，着力提高各级各类教育的水平和质量，培养大批首都经济和社会发展需要的紧缺人才。大力发展文化、体育产业，积极开展群众性的文化、体育活动。全面推进文明城市、文明社区、文明城镇、文明行业等各种形式的创建活动，加强社区卫生服务、急救及公共卫生应急体系建设，努力提高全体市民的健康水平和综合文明素质。

北京市第十二届人民代表大会第一次会议关于北京市 2002 年预算执行情况和 2003 年预算的决议

（2003 年 1 月 19 日北京市第十二届人民代表大会第一次会议通过）

北京市第十二届人民代表大会第一次会议经过审议，并根据本次会议国民经济、社会发展计划和财政预算审查委员会的审查报告，决定批准北京市人民政府提出的北京市2003 年市级预算，批准市财政局局长吴世雄所作的《关于北京市 2002 年财政预算执行情况和 2003 年财政预算草案的报告》。

关于北京市 2002 年财政预算执行情况和 2003 年财政预算草案的报告

——2003 年 1 月 14 日在北京市第十二届人民代表大会第一次会议上

北京市财政局局长　吴世雄

各位代表：

我受北京市人民政府委托，向大会提出北京市 2002 年财政预算执行情况和 2003 年财政预算草案的报告，请予审议。

一、2002 年财政预算执行情况

2002 年，在党中央、国务院和市委的领导下，全市人民坚持以“三个代表”重要思想为指导，全面贯彻中央各项方针政策，认真执行市人民代表大会通过的各项决议，迎难而上，扎实工作，首都经济持续增长，城市建设日新月异，人民生活不断改善，财政预算执行情况良好。

（一）2002 年财政收支情况

全市地方财政收入 534.0 亿元，为预算的 109.5%，比上年增长 25.9%，其中：市级财政收入 282.9 亿元，为预算的 110.9%，比上年增长 28.3%。全市地方财政支出594.1 亿元，为预算的 102.6%，比上年增长17.7%，其中：市级财政支出 330.2 亿元，为预算的 107.2%，比上年增长 22.6%。

根据《预算法》和《北京市预算监督条例》的规定，下面重点报告市级财政预算执行和超收收入安排情况：

市级财政收入 282.9 亿元，加上中央税收返还及补助、中央追加、区县上解、专项政策性结转和上年结余 220.0 亿元，收入总计502.9 亿元。市级财政支出 330.2 亿元，加上上解中央支出、区县税收返还、转移支付和结转下年使用等172.5亿元，支出总计502.7亿元。收支相抵，市级财政结余0.2亿元。

市级主要收入项目的完成情况是：增值税35.3亿元，为预算的102.3%，比上年增长13.6%；营业税117.8亿元，为预算的109.3%，比上年增长25.0%；企业所得税53.4亿元，为预算的95.6%，比上年增长10.0%；个人所得税61.3亿元，为预算的105.3%，比上年增长21.1%；行政性收费等非税收入19.3亿元，为预算的156.2%，比上年增长57.6%。

市级主要支出项目的完成情况是：基本建设支出37.5亿元，为预算的108.7%，比上年增长20.0%；农业投入11.8亿元，为预算的105.4%，比上年增长20.0%；教育支出33.2亿元，为预算的107.2%，比上年增长22.7%；科技投入11.3亿元，为预算的100.0%，比上年增长20.0%；卫生支出10.4亿元，为预算的107.3%，比上年增长22.7%；社会保障支出36.2亿元，为预算的113.5%，比上年增长31.9%；行政管理费6.2亿元，为预算的104.2%，比上年增长26.1%；公检法司支出31.0亿元，为预算的124.1%，比上年增长37.0%。

市级预算超收收入的安排使用情况是：2002年市级财政收入比预算超收增加财力20.66亿元。根据《北京市预算监督条例》中关于"市级预算超收收入应当优先用于农业、教育、科技、社会保障等重点项目和其他必要的支出"的规定，以及首都社会经济发展的实际需要，市级财政增加财力主要用于：依法安排支出和专项支出4.3亿元，其中农业支出0.6亿元，教育支出2.06亿元，文化支出0.29亿元，计划生育支出0.04亿元，卫生支出0.66亿元，排污费等支出0.65亿元；社会保障支出3亿元，其中拨付再就业资金2亿元，公费医疗超支补助1亿元；南城危房改造居民搬迁经济适用房建设资金补助4亿元；增加基本建设支出3亿元；政法部门经费补助0.5亿元；消防车辆设备购置补助0.5亿元；建设居民"肉菜放心工程"检测系统补助0.1亿元；以及行政性收费纳入预算内管理相应安排支出5.26亿元等。

需要说明的是，上述数字是根据预算执行情况初步汇总的，在地方财政决算编审后，还会有些变化。

总的看，2002年预算执行情况是好的。财政收入超额完成年度预算，连续八年保持快速增长的态势；财政支出结构进一步优化，重点突出，公共保障能力增强，超收收入依法安排，财政收支保持平衡。这些成绩的取得是来之不易的。2002年随着我国经济融入世界的步伐加快，首都经济发展受国际影响的程度进一步加深，经济增长难度加大，价格水平持续走低，一定程度上削弱了财政增收的基础；而支出需求十分旺盛，特别是要做好社会保障工作，妥善解决就业问题，维护社会稳定，推进城市建设和加强环境保护等，需要增加支出的重点项目相当多，所以财政收支压力非常大。市委、市政府对财政收支情况非常重视，多次专门研究财税问题，先后两次召开增收节支工作会并提出明确的要求。各区县、各部门积极行动，认真落实，财税部门严格征管，依法理财，使我市财政收支继续呈现良好的运行态势。

（二）2002年为完成预算所做的主要工作和5年的基本经验

1. 坚持与时俱进，积极发挥财政职能，支持首都可持续发展。

强化财政政策和资金的导向作用，推进首都经济现代化。继续安排15亿元专项资金，支持中关村科技园区全面实现"三年大变样"的目标，促进高新技术产业发展。设立软件产业发展专项资金，提升软件产业发展的整体水平。安排结构调整资金9.8亿元，振兴现代制造业，推动现代服务业发展，加快农业产业化步伐，促进经济结构优化升级。建立外经贸发展和反倾销专项资金，支持企业扩大出口。加快小城镇基础设施建设，逐步形成结构合理、功能完善、生态良好的都市型郊区经济，促进农业增效、农民增收和农村稳定。

加大基础设施和环境保护的投入，推进首都城市现代化。多方面筹措资金 135 亿元，支持城市轻轨、地铁“五号线”和二环路道路改造等城市交通工程的建设，确保首都博物馆、儿童医院、天文馆新馆等重点项目的资金需要。及时拨付资金，推动全市危旧房改造，改善了居民的住房条件。加大环境整治力度，安排资金专项用于城市环境综合整治和大气污染治理，显著改善首都环境质量。落实奥运行动规划，加快绿化隔离地区建设，美化生态环境，全面提升首都城市功能。

集中财力落实“科教兴国”战略，推进首都社会现代化。对 10 个远郊区县和城近郊区“低保户”接受义务教育的约 60 万名学生实行免收杂费制度，促进义务教育均衡发展。按照高质量和适度超前发展的思路，启动第二批优质高中贷款项目，增添教学设备，落实扩招政策。增加高等教育投入，推动首都高校建设一批国际知名的重点学科。完善以政府资金为引导的全社会科技投入机制，推进实施“首都二四八重大创新工程”。落实首都文物保护规划，支持圆明园遗址、先农坛等重点文物单位的修缮，确保明城墙遗址公园、菖蒲河公园按时建成开放。加大投入，改善体育后备力量训练条件，促进体育事业的发展。

2. 立足改革创新，强化预算管理，首都公共财政体系初步建立。

加强预算管理，大力推进预算改革。健全部门预算体系，规范定额标准，细化项目支出，完善项目库建设，严格项目文本制度，所有项目支出都要具备项目申报书、项目论证书和项目评审书。积极宣传《政府采购法》，进一步扩大政府采购规模，实行市级行政事业单位车辆统一保险，全市完成政府采购 48.4 亿元，比上年同期增长 95.2%，节约资金 2.7 亿元。推进国库集中收付制度改革，制定《北京市财政国库管理制度改革试点实施方案》，扩大公务员工资统一发放范围，实行政府采购资金财政直接支付，确保财政资金规范、高效、安全运行。

进一步加大支出结构调整力度，增强公共财政保障能力。支出重点转移到满足政府履行职能和社会公共需要方面，为可持续发展创造更为有利的条件。优先安排财力，保证了党政机关正常运转和农业、教育、科技等重点支出依法增长。认真落实资金，支持“科技强警”和“从优待警”，加大对政法部门的经费保障力度，维护社会稳定。拨付资金 61.4 亿元，确保廉租房建设、残疾人服务设施、食品和农产品安全检测体系建设等与人民群众利益密切相关的 60 件实事圆满完成。

支持完善社会保障体系，确保首都社会稳定，维护人民群众根本利益。落实再就业工作会议精神，增加对促进再就业的投入，确保下岗职工基本生活费和离退休人员养老金的按时足额发放。稳步推进城镇医药卫生体制改革，大力支持公共卫生事业发展，健全社区卫生服务体系。出台《北京市城市特困人员医疗救助暂行办法》和破产企业实行社会化管理的退休人员参加基本医疗保险的有关规定，解决特困人员的医疗救助问题。提高城镇企业退休人员养老金标准，落实养老保险基金征缴责任制。初步建立农村居民最低生活保障制度，调整城市居民最低生活保障等相关标准，切实保障低收入群体的基本生活。支持救灾工作，安排资金 2910 万元，帮助灾区人民恢复生产，及时做好扶贫济困工作。

3. 坚持依法理财，加强基础建设，财政财务监督机制进一步完善。

认真贯彻《北京市预算监督条例》，推进财政法制建设。制定《北京市市级项目支出预算管理办法》和《北京市市级基本支出预算管理办法》，严格预算管理，经费按预算支出，不得随意追加。强化机关和事业单位预算审批和审计监督，完善预算编制、执行的监督机制，使其覆盖财政资金使用的各个环节，提高依法理财水平。

认真落实从源头治理腐败的各项措施，全面加强预算外资金管理。进一步推动“收支两条线”改革，我市法院、公安、工商、环保、计划生育等部门的收费已全部纳入预算管理。做好行政事业单位银行账户的管理工作，严格账户审批，取消各种“收入过渡户”，保证预算外资金及时、足额缴入财政专户。继续清理整顿行政事业性收费项目，实行收费公示制度，强化社会监督，促进依法行政。

夯实基础工作，提高财政监管工作效能。积极宣传贯彻《会计法》，修订《北京市会计基础工作规范》，健全单位内部控制制度。规范工作程序，深入开展会计信息质量检查，认真查处会计信息失真的问题。建立财政资金绩效考评机制，强化对财政资金使用过程的监督和使用效益的考核分析，并将考评结果作为以后年度项目经费安排的参考依据，真正做到财政资金的分配和管理并重。

必须清醒地看到，我们工作中还存在一些突出问题：一是财政在“改革、发展、稳定”中承担的责任很重，但财政收入受多方面因素的制约，在高基数的基础上大幅度增长存在困难，尤其是中央和地方所得税分享改革后，我市财政收入增量又要多上解中央一块，直接影响了可支配财力的增长，财政收支矛盾相当突出。二是个别部门和单位市场意识不强，一些本应通过市场运作的项目仍然依赖政府投入。三是部门预算等支出管理制度改革虽然取得积极进展，但基础工作还需要进一步加强，预算编制的准确性有待进一步提高。四是财经秩序不够规范，“增收节支”的观念在一些单位还没有牢固树立并转为实际行动。上述问题需要引起高度重视，通过加快经济发展，深化财政改革，强化预算管理，着力加以解决。

各位代表，2002 年的工作成绩，是在 1998 年以来不断改革的实践基础上取得的。5 年来，全市思想统一，目标明确，工作扎实，首都经济建设和社会发展取得了巨大成就，财政改革和发展也取得了较大成绩。过去 5 年的实践，加深了我们对如何把邓小平理论和“三个代表”重要思想同首都经济和财政实践相结合，建立稳固、平衡、强大的首都财政的认识，并积累了一定的经验。

一是必须以经济建设为中心，牢牢把握首都经济发展的正确方向。发展是硬道理。5 年来，我们牢固树立机遇意识，认真贯彻中央关于扩大内需、西部大开发、加入世贸组织等重大决策，吃透市情，确立了以知识经济为方向、以高新技术产业为核心的首都经济发展战略，全市经济持续快速健康发展，经济结构调整成效显著，“三、二、一”的产业格局进一步巩固，高新技术产业发展迅猛，工业资产重组和布局调整步伐加快，现代服务业蓬勃兴起，首都综合经济实力和竞争能力大幅度提升，为财政收入的持续稳定增长打下了坚实的基础。

二是讲大局，算活账，谋长远，是理财的基本原则。经济决定财政。5 年来，我们摒弃单纯财政观点，从首都的大局出发，从经济和社会发展的实际需要出发，从积极发挥财政宏观调控的职能作用出发，研究新情况，解决新问题，相机抉择财政政策的取向和力度。集中财力办大事，紧紧抓住中央实施积极财政政策的有利契机，5 年共争取中央国债资金 155.03 亿元，市财筹基建投资累计完成 446.07 亿元，加大基础设施建设和环境保护投入，极大地改善了城市功能和环境状况，促进了首都可持续发展。积极推进社会保障制度改革，认真实施“两个确保”工作方针，推动了国有企业改革，维护了首都社会稳定，低收入群体的基本生活保障水平逐步提高，有首都特色的、适应社会主义市场经济发展需要的社会保障体系正在日臻完善。

三是改革和创新是财政事业发展的根本动力。5 年来，在全国率先实行了彻底的市对区县分税制财政管理体制改革，建立起相对规范的转移支付制度，增强了政府宏观调控能力，促进了全市经济协调发展。大力实施以部门预算、国库集中收付、政府采购和收支两条线为主要内容的预算管理制度创新，支出结构不断调整和优化，首都公共财政体系初步建立。改革财政资金使用方式，注重发挥财政政策和资金的导向作用，采取贴息、担保等多种形式，支持经济结构的战略性调整；聚集社会资金加大对科技项目的投入；推动建立非义务教育成本分担机制；积极促进银农合作，引导金融资金投向农业项目，促使农业项目按照市场化机制运作。财政资金“四两拨千斤”的效应得到充分发挥。

四是注重法制建设，强化监督管理，狠抓基础工作是做好财政工作的关键环节。5 年来，在不断强化财政宏观调控职能的同时，依法行政意识不断增强，制定了一大批财政法规和制度，财会基础工作日趋扎实，依法理财水平取得了突破性进展。财政监督的重点已从事后监督逐步向事前、事中监督前移；监督方式也从简单的行政监督向法制监督、中介机构监督与行政监督相结合的综合监督体系发展，财经秩序不断规范，促进了经济持续、稳定、健康发展。

财政改革和发展的这些经验，归根到底，就是贯彻邓小平理论和“三个代表”重要思想，用邓小平理论和“三个代表”重要思想来指导和推动财政工作的结果。新形势下，要坚决把“三个代表”重要思想贯彻到经济建设的各个领域，体现在财政改革的各个方面，使财政工作始终与时代发展同步伐，与人民群众根本利益相一致。

二、2003 年财政预算草案

2003 年是我市“十五”计划顺利实施的关键一年，做好今年财政工作，完成全年预算任务，具有十分重要的意义。综合分析国内外政治经济形势变化对财政收支的影响，2003 年财政预算草案编制的指导思想是：以邓小平理论和“三个代表”重要思想为指导，认真贯彻党的十六大和市第九次党代会精神，以促进首都率先基本实现现代化为目标，以深化财政改革，加强预算管理为手段，认真做好增收节支工作，严格税收征管，保持财政收入稳定增长；进一步优化支出结构，集中财力办大事，确保重点支出需要；提倡勤俭节约，严禁铺张浪费，强化支出管理，努力提高财政资金使用效益。根据上述指导思想，2003 年财政预算草案是：

全市地方财政收入 576.9 亿元，同口径比上年增长 15.0%，其中：市级财政收入 301.0 亿元，比上年增长 16.0%。全市地方财政支出 673.0 亿元，比上年增长 13.3%，其中：市级财政支出 373.0 亿元，比上年增长 13.0%。需要说明的是，区县人代会正陆续召开，区县预算是代编的，全市正式汇总后的预算会有变化。现根据《预算法》和《北京市预算监督条例》的规定，重点报告 2003 年市级预算草案的编制情况。

市级财政收入 301.0 亿元，加上中央税收返还及补助、区县上解、专项政策性结转等 211.8 亿元，收入总计 512.8 亿元。市级财政支出 373.0 亿元，加上上解中央支出、区县税收返还和转移支付等 139.8 亿元，支出总计 512.8 亿元。收支相抵，市级财政预算平衡。

2003 年市级预算安排考虑的主要因素是：

（一）财政收入增长率高于经济增长

当前，我市正在全面实施“新三步走”战略，积极筹办 2008 年奥运会，呈现出“人心齐、抓机遇、求发展”的大好局面。2003 年首都经济将继续朝着良性循环的方向发展，经济增长的质量和效益将整体趋好，这将为财政收入的增长打下坚实的基础。但也应该看到，国际国内竞争日益激烈，经济运行过程也更加复杂，国际市场需求萎缩和跨国公司调整投资战略对于经济增长的负面影响将增强，价格总水平在一定时期内仍将低位运行；中央所得税分享改革集中东部省市财力的力度也进一步加大。综合考虑上述因素，按照积极稳妥的原则，2003 年市级财政收入增长率安排为 16.0%，高于全市经济增长的水平。

（二）集中财力办大事，加大基础设施建设和经济结构调整的投入，努力推动首都经济的持续发展

为巩固和发展当前良好的经济形势，贯彻集中财力办大事的原则，加大对城市基础设施建设的投入，安排资金 45 亿元，重点用于轨道交通、道路建设等，保持政府投资对经济的拉动作用；安排奥运专项资金 10 亿元，加快推进奥运承办工作；安排中关村科技园区发展专项资金 18 亿元，加快培育高新技术产业群，提升经济增长质量；安排结构调整专项资金 14.5 亿元，推动经济结构优化升级，振兴现代制造业，加快发展现代服务业。

（三）确保政权建设和各项法定支出依法增长，支持首都各项事业发展

保证党政机关正常运转和政法部门履行职责的资金需要，根据有关法律、法规的规定，结合财力可能，2003 年市级财政相应增加农业、教育、科技等方面的支出，促进各项事业的发展，其中农业投入 13.7 亿元，比上年增长 16.2%；教育支出 38.6 亿元，比上年增长 16.1%；科技投入 13.5 亿元，比上年增长 20%。安排文物及历史文化保护区专项资金 5 亿元，强化首都文化中心的功能。

（四）增加社会保障支出，加大环境治理力度，维护人民群众根本利益

安排社会保障资金 40.9 亿元，支持基本医疗保险制度改革，确保企业离退休人员养老金的及时足额发放，做好再就业工作，推进农村卫生事业发展，提高人民群众医疗和社会保障水平。认真落实为群众办 60 件实事的财政资金，并安排专项资金 21 亿元，加强城市综合整治，推进大气污染等环境治理，不断提高首都人民生活质量。

《国务院关于编制 2003 年中央预算和地方预算的通知》中，提出了细化预算编制、加大综合财政预算改革力度的要求。按照“个人经费按实际、公用开支按定额、专项支出按财力”的原则，2003 年市级 161 个一级预算部门，1261 个基层预算单位全部编制了部门综合预算。现提交市人民代表大会审议的市级预算草案，是按照《预算法》和《北京市预算监督条例》规定编制的，部门预算作为补充，请各位代表审阅。

三、全面落实“三个代表”重要思想，深化财政改革，强化财政管理，严格依法理财，促进首都率先基本实现现代化

党的十六大为首都各项工作迎接新挑战、经受新考验、实现新目标、赢得新发展，提供了强大的理论指导和精神动力。深入学习贯彻党的十六大精神，全面落实“三个代表”

重要思想，是加快首都各项事业发展和建立稳固、平衡、强大的首都财政的根本要求，也是扩大就业、增加收入、维护稳定，不断提高人民生活水平，实现人民根本利益的现实需要。要切实按照“三个代表”的要求，坚持把发展作为第一要务，认真做好财政增收节支工作，该收的钱一定要收上来，不该花的钱一个也不能花，确保圆满完成全年预算任务。

（一）大力发展首都经济，保持财政收入稳定增长

要牢牢抓住解放和发展生产力这个根本任务，坚定不移地履行好促进先进生产力发展的职责，努力使财政政策、财政改革及其他各项财政工作符合生产力发展规律，体现推动先进生产力发展的要求。通过发展生产力不断提高首都经济的质量和效益，进一步壮大财源，增强首都财政实力。为此要坚决贯彻中央扩大内需的方针，充分发挥财政政策和资金的引导和带动作用，广泛吸引社会投资和境外投资，扩大拉动效应。优化投资结构，合理安排投资项目，将资金重点用在能够增强城市功能、提高现代化水平的基础设施建设和对举办奥运会以及提高人民生活水平能够发挥重要作用的项目，保持投资对经济增长的拉动作用。继续安排财政专项资金，全力推进中关村科技园区建设，使高新技术产业发挥对经济增长的突破性带动作用。增加经济结构调整资金投入，推动高新技术和先进适用技术改造提升传统产业，振兴现代制造业。以物流业和金融业为重点，加快资源整合，大力发展现代服务业，促进第三产业优化升级。围绕国有经济布局和结构调整，深化国有资产管理体制改革，建立国有资产经营预算，认真履行出资人职责，实行所有权与经营权的彻底分离，实现国有资产的保值增值。加大所有制结构调整力度，积极发展混合所有制经济，推进投资主体多元化。利用政策、资金等多种手段，继续支持和帮助多种所有制企业共同发展，大力促进非公有制经济的规模壮大和质量提高，充分发挥其在促进经济增长、扩大就业和增加财政收入等方面的重要作用。

在加快经济发展的基础上，要千方百计增加财政收入。雄厚的财力是政府执行公共管理职能的物质保证，是党和政府为人民办实事、谋福利的重要基础。要进一步加大财政增收的力度，严格执行《税收征管法》，加强税法宣传，整顿规范税收秩序，推进依法治税。严格企业财务制度和会计监督，严厉打击做假账等违法犯罪行为。大力清缴欠税，确保应收尽收。

（二）优化财政支出结构，集中财力办大事，支持首都发展战略的顺利实施

围绕首都率先基本实现现代化，立足首都先进文化的发展方向和要求，科学安排财政预算，进一步调整财政支出结构，努力推动首都各项事业发展走在全国前列。坚持集中财力办大事，推进城市快速道路系统和路网加密工程建设，形成现代化交通体系。安排专项资金，全力搞好以南中轴路为重点的城市综合整治，加快大气污染治理，启动第二道绿化隔离带建设，推进城乡绿化美化，显著改善城市环境质量和生态状况。落实向南城倾斜政策，推动城区危旧房改造，为实现 2005 年基本完成城区危旧房改造的目标奠定基础。继续实施科教兴国战略，坚持教育适度超前发展，在增加教育投入的同时进一步调整支出结构，整合教育资源，加大学校布局调整力度，改善农村中小学办学条件，促进义务教育学校均衡发展；坚持社会科学和自然科学并重，支持高等学校改革与发展，注重提高高等教育质量，培养创新人才。进一步支持科技体制改革，加强科技与经济的结合，完善科研成果转化机制，以体制创新推动技术创新，提高科技竞争能力。加快文化体制改革，把深化改革同调整结构和促进

发展结合起来，努力推进文化创新，支持基层文化设施建设；落实《北京历史文化名城保护规划》，增强文化产业的整体实力和竞争力。认真实施《人文奥运文物保护计划》，从2003年开始用5年时间，每年投入1.2亿元用于全市重点文物的保护修缮，推进旧城内历史文化保护街区的整体保护。投入资金大力发展体育事业，广泛开展全民健身活动，支持培养竞技运动一流项目和拔尖人才，提高首都体育的整体实力。

（三）进一步完善社会保障制度，增加对再就业的投入，维护人民群众根本利益

社会保障是关系到改革、发展、稳定大局的一件大事。社会保障制度改革的顺利推进，对于支持各项改革、促进社会经济发展和维护首都社会稳定起着重要的作用，更是实践“三个代表”的重要体现。要积极筹措资金，确保企业离退休人员养老金按时足额发放。进一步完善社会保障体系，建立和完善对低收入者的救助制度。切实加强城乡居民最低生活保障工作，实行保障资金专户管理和社会化发放，实现应保尽保。稳步推进基本医疗保险制度改革，加强城乡卫生工作，增加公共卫生经费投入，开展农民大病统筹试点，逐步建立和完善农村合作医疗制度和医疗救助制度。重视人口老龄化趋势，投入资金加强老龄人口工作。关心弱势群体生活，支持残疾人事业发展。切实加强社会保障资金管理，增强规范性和透明度，逐步建立事权清晰、责任明确、保障有力、运转高效的社会保障管理体系。继续围绕农民增收推进农业结构调整，以农业产业化经营为重点，加快发展现代农业；加强小城镇建设，支持农村生态环境保护，加快农村的工业化和城镇化进程，提高农民收入水平。认真落实60件实事资金，把群众在看病就医、社会治安、养老服务等方面的突出问题解决好，使广大城乡居民在改革和发展中得到更多的实惠。

就业是民生之本。要认真落实《关于进一步做好下岗失业人员再就业工作的通知》要求，增加对促进再就业的投入。要进一步完善就业支持机制，对从事下岗失业人员职业介绍和从事个体经营、创办小企业的相关收费实行减免政策。增加职业教育投入，提高就业者劳动技能。加强社区建设，完善社区服务功能，充分运用税收、贷款贴息等财税政策，鼓励发展社区服务业和新兴服务业，扩大就业渠道，缓解就业压力，维护社会稳定。

（四）继续深化预算管理改革，提高财政资金使用效益

推进预算改革，对加强财政管理，提高财政资金使用效益，规范政府行为，从源头上、制度上预防和治理腐败都具有重要意义。要继续深化部门预算改革，进一步改进和规范预算编制。结合深化“收支两条线”管理改革，部门的预算外收入要全部纳入预算管理或财政专户管理，收支不挂钩，支出要规范；合理核定各部门支出标准，编制综合财政预算。支出的安排首先要保障基本支出需要，项目支出优先安排急需、可行的项目，严格项目文本制度，并对其实施过程和结果追踪问效，建立健全项目验收制度，通过绩效考评等手段，实行全方位管理，切实提高资金使用效益。加快推进财政国库管理制度改革，初步建立国库单一账户体系，收入“直达”国库或财政专户，支出通过国库单一账户体系“直达”商品和劳务供应者或用款单位，减少资金周转环节，从机制上防止截留、挤占和挪用财政资金的行为。积极推行政府采购制度，进一步扩大政府采购的范围和规模，完善政府采购工作程序，细化政府采购预算，提高政府采购工作效率。规范和强化政府资产管理，建立预算单位资产动态管理系统，逐步制定统一的预算单位资产配置标准，打破部门界限，实现资源共享，提高国有资产使用效益。

（五）依法强化财政财务监督，进一步规范财经秩序

规范财经秩序是整顿和规范市场经济秩序的重要方面，也是加强财政法制建设的重要内容。要进一步完善财政监督体系，健全财政监督机制，把财政监督管理贯穿于财政工作的各个环节。认真执行《预算法》、《北京市预算监督条例》等法律法规，加强预算资金使用的监督，形成包括财政部门、主管部门、资金使用单位、审计部门在内的相互制约、相互补充的预算监督体系，对重大预算支出的申报、使用的全过程进行监督，加大财政政策落实情况的检查力度，确保专款专用。要切实贯彻《会计法》，进一步完善会计制度和法规，健全会计信息质量抽查公告制度，加强会计基础工作，严厉打击做假账等违法行为，提高会计信息质量。积极推进会计集中核算试点，加强全社会的会计监督。大力支持社会中介组织的培育和发展，依法加强对会计师事务所等社会中介机构的监管和查处力度，对严重违法违规、弄虚作假的事务所，坚决予以取缔，维护良好的社会经济秩序。

各位代表，当前首都经济建设和社会发展正处在关键时期，需要办的大事急事很多，财力还比较紧张。但是，无论在生产建设还是日常消费中，都还存在一定的铺张浪费现象。为此，必须大力提倡艰苦奋斗、厉行节约、勤俭办事的作风，坚决制止各种铺张浪费行为。政府部门要带头艰苦奋斗，以实际行动做出表率。预算安排要精打细算、科学合理，严格控制一般性支出，禁止各种不必要的支出；预算执行要严格把关、追踪问效，使每一笔钱都花在“刀刃”上；要强化财政监督，严厉查处各种违反规定乱花钱的行为，最大限度地减少财政资金的损失和浪费，把取之于民的财政收入高效率高效益地用之于全心全意为人民服务的事业中去。

各位代表，今年的预算任务繁重而艰巨。我们一定要以“三个代表”重要思想为指导，认真贯彻党的十六大精神，在市委的领导下，在市人大的监督下，认清形势，明确任务，坚定信心，狠抓落实，努力完成今年的预算任务，推进首都率先基本实现现代化，迎接首都人民美好的明天！

谢谢各位代表。

北京市第十二届人民代表大会第一次会议国民经济、社会发展计划和财政预算审查委员会关于北京市 2002 年财政预算执行情况和 2003 年财政预算草案的审查报告

王维城

（2003 年 1 月 17 日北京市第十二届人民代表大会第一次会议主席团第四次会议通过）

主席团：

北京市第十二届人民代表大会第一次会议国民经济、社会发展计划和财政预算审查委员会，根据代表们的审查意见，同时参考

了北京市第十一届人大常委会财经委员会对2003年预算草案主要内容的初步审查意见，审查了北京市2003年总预算和市级预算草案及北京市财政局局长吴世雄所作的《关于北京市2002年财政预算执行情况和2003年财政预算草案的报告》。现将审查结果报告如下：

一、北京市人民政府报告的2002年市级预算执行情况：财政收入282.9亿元，比上年增长28.3%，加上中央税收返还及补助、中央追加、区县上解、专项政策性结转和上年结余220.0亿元，收入总计502.9亿元；财政支出330.2亿元，比上年增长22.6%，加上上解中央支出、区县税收返还、转移支付和结转下年使用172.5亿元，支出总计502.7亿元。收支相抵，市级财政结余0.2亿元。

审查委员会认为，2002年预算执行情况是好的。市人民政府及其财政部门认真执行市十一届人大五次会议通过的2002年市级预算，努力组织收入，财政收入继续保持稳定增长；依法保证各项重点支出的需要；进一步深化预算管理改革，加强财政监督管理，认真执行《北京市预算监督条例》，不断提高依法理财水平。同时，预算执行中也存在收支矛盾比较突出，财政资金的使用效益需要进一步提高，财经秩序不够规范等问题。

审查委员会认为，过去的5年，是北京市经济和社会发展取得巨大成就的5年，也是财政改革和发展取得显著成绩的5年。市人民政府及其财政部门以邓小平理论和“三个代表”重要思想为指导，坚持以经济建设为中心，财政收入实现了持续增长。努力构建公共财政框架，财政宏观调控功能得到加强。实行了分税制财政体制改革，规范了市与区县分配关系，促进了首都经济发展。部门预算、政府采购、国库集中收付和收支两条线等各项改革不断深入。坚持依法理财，加强服务，强化监管，财政工作向科学化、规范化、法制化迈进。建议市人民政府及其财政部门认真总结5年来的经验，发扬成绩，改进不足，与时俱进，使我市的财政工作更上新台阶。

二、市人民政府提出的2003年市级预算草案：财政收入301.0亿元，同口径比上年增长16.0%，加上中央税收返还及补助、区县上解、专项政策性结转211.8亿元，收入总计512.8亿元；财政支出安排373.0亿元，比上年增长13.0%，加上上解中央支出、区县税收返还和转移支付139.8亿元，支出总计512.8亿元。市级财政预算收支安排平衡。

审查委员会认为，2003年市级预算编制贯彻了中国共产党第十六次全国代表大会、中央经济工作会议和中国共产党北京市第九次代表大会精神，符合有关法律、法规的规定。预算收入安排与经济增长相适应，组织收入的措施可行。按照公共财政框架的要求，进一步优化了支出结构，依法保证了教育、科技、农业等支出的增长，增加了社会保障支出，加大了基础设施建设和环境保护的投入。总的来看，市级预算的安排符合本市实际情况，是积极可行的。

审查委员会建议，北京市第十二届人民代表大会第一次会议批准市人民政府提出的2003年市级预算草案，批准市财政局局长吴世雄所作的《关于北京市2002年财政预算执行情况和2003年财政预算草案的报告》。

三、为确保北京市2003年市级预算顺利实现，审查委员会提出以下意见和建议：

（一）依法治税，努力组织财政收入。积极涵养税源，增强服务意识，进一步创造公开、公平、公正的税收环境，提供优质的税收服务。加大对偷逃税款等违法行为的稽查和惩处力度，制止不正当引税等破坏税收秩序的行为。要加强对各种非税收入的征收管理，保证财政收入持续稳定增长。

（二）优化财政支出结构，提高财政资金的使用效益。进一步完善公共财政体制，集中财力办大事，保证法定支出和重点支出的需要。发扬艰苦奋斗、勤俭节约的作风，坚决制止各种铺张浪费行为。在预算执行中，不得随意追加新的支出项目，维护预算的严肃性。

（三）加强预算管理，深化预算体制改革。进一步完善部门预算管理改革，加强对专项资金使用的管理。推进国库集中收付制度改革，建立国库单一账户体系，扩大公务员工资统一发放试点。依法推行政府采购制度，规范政府采购行为，实行政府采购资金直接支付。

（四）加强财政监督，提高依法理财水平。增强依法理财意识，加强制度建设，规范工作程序，加快信息化建设步伐。强化会计基础管理工作，提高会计信息质量。加强国有资产监督管理，努力实现国有资产保值增值。

北京市第十二届人民代表大会第一次会议关于北京市第十一届人民代表大会常务委员会工作报告的决议

（2003 年 1 月 19 日北京市第十二届人民代表大会第一次会议通过）

北京市第十二届人民代表大会第一次会议听取并审议了于均波主任代表北京市第十一届人民代表大会常务委员会作的工作报告，决定批准这个报告。

会议认为，市十一届人大常委会在中共北京市委领导下，坚持以邓小平理论和“三个代表”重要思想为指导，认真履行宪法和法律赋予的职责，全面执行市人民代表大会决议，解放思想，锐意进取，在坚持和完善人民代表大会制度，推进首都改革开放和现代化建设中，发挥了地方国家权力机关的重要作用。

会议强调，今后 5 年，是本市全面建设小康社会、全力筹办奥运会的重要时期。市十二届人大常委会要认真贯彻中国共产党第十六次全国代表大会和中国共产党北京市第九次代表大会精神，把发展社会主义民主政治，建设社会主义政治文明作为根本任务，围绕改革发展稳定大局和“新北京、新奥运”主题，加强立法工作，提高立法质量；加强法律监督和工作监督，促进依法行政和公正司法；加强常委会自身建设，紧紧依靠代表，密切联系群众，继往开来，与时俱进，不断开创全市人大工作的新局面，为首都率先基本实现现代化作出新贡献。

北京市人民代表大会常务委员会工作报告

——2003 年 1 月 16 日在北京市第十二届人民代表大会第一次会议上

北京市人大常委会主任 于均波

各位代表：

我受北京市第十一届人民代表大会常务委员会的委托，向大会报告工作，请予审议。

市十一届人大常委会任期的 5 年，是首都改革开放和现代化建设取得辉煌成就的 5 年。5 年来，市人大常委会在中共北京市委的领导下，坚持以邓小平理论和“三个代表”重要思想为指导，围绕全市中心工作和改革发展稳定大局，认真履行宪法法律赋予的职责，全面执行市人民代表大会决议，解放思想，实事求是，不断探索，开拓创新，为坚持和完善人民代表大会制度，推进首都改革开放和现代化建设，作出了积极的贡献。

一、加强立法工作，提高立法质量，为首都改革发展稳定提供法制保障

5 年来，常委会共制定和修订地方性法规 63 项，废止 15 项。截至 2002 年底，本市现行有效的地方性法规已有 126 项，连同市人民政府制定的规章，与国家法律、行政法规衔接配套，基本上适应了首都现代化建设的需要。

（一）围绕中心、服务大局，坚持立法决策与改革发展稳定决策相结合。常委会根据首都现代化建设的实际需要，重点加强了四个方面的立法：

1. 以经济建设为中心，把经济立法摆在突出位置。为推进首都经济发展，加速经济结构调整，维护市场秩序，常委会制定和修订了《中关村科技园区条例》、《促进私营个体经济发展条例》、《招标投标条例》、《农业承包合同条例》等 13 项法规，对本市经济持续快速健康发展发挥了引导、推进和保障作用。加快中关村科技园区建设，是党和国家实施科教兴国战略的重大决策，为首都经济的发展提供了历史性机遇。常委会不失时机地制定了《中关村科技园区条例》，为园区创造了良好的法制环境，促进了园区建设的快速发展。

2. 以建设现代化国际大都市为目标，加强城市管理和环境保护方面的立法。建设一个空气清新、环境优美、生态良好的首都，是全市和全国人民的共同愿望，是申办和承办 2008 年奥运会的要求。常委会制定和修订了《实施大气污染防治法办法》、《实施水污染防治法办法》、《市容环境卫生条例》等 7 项法规，为城市管理提供了有力的法律支持。常委会还制定了人民防空条例、实施防洪法办法、实施防震减灾法办法，修订了消防条例，对于增强城市防灾能力，保护人民生命财产安全，具有重要作用。

3. 以繁荣先进文化为方向，加强精神文明方面的立法。在全面提高公民科学文化素质方面，制定了《科学技术普及条例》、《学前教育条例》，修订了《专业技术人员继续教育规定》；在繁荣首都文化事业、弘扬中华民族优秀传统文化方面，制定了《博物馆条例》、《图书馆条例》、《中医发展条例》；在倡

导良好道德风尚方面，制定了《见义勇为人员奖励和保护条例》、《动员组织公民献血条例》。这些法规对建设“首善之区”，强化首都文化中心功能，提高市民素质和社会文明程度发挥了积极作用。

4. 以发展社会主义民主为己任，加强建设民主政治、维护公民权益方面的立法。制定了《实施村民委员会组织法若干规定和村民委员会选举办法》，修订了《区、县、乡、民族乡、镇人民代表大会代表选举实施细则》，推动了本市基层民主政治建设。制定了《少数民族权益保障条例》、《宗教事务条例》，修订了《实施工会法办法》，维护和保障了公民合法权益。

（二）发扬民主，集思广益，推进立法的民主化科学化。常委会坚持立法工作走群众路线，把民主立法向前推进了一步。

1. 充分发挥代表作用。5 年来广大代表以高度的责任感，认真履行职责，在深入调查研究，广泛听取社会各方面意见的基础上，提出了 180 件立法议案、8 件法规案，本届有 12 项法规是在代表提出立法议案的推动下完成的。在法规制定过程中，代表们积极参加讨论，提出了很多重要的修改意见，对提高法规质量发挥了重要作用。

2. 拓宽市民参与立法的渠道。在立法过程中，常委会采取多种形式听取市民意见，并把一些与群众切身利益直接相关、广大市民密切关注的法规草案在媒体上公之于众，公开征集意见。例如，市容环境卫生条例草案公布后，在社会上引起强烈反响，短短 12 天共收到意见和建议 4400 多条，使条例比较充分地集中了民智，较好地反映了人民群众的意愿。

3. 注重发挥专家学者在立法中的作用。常委会聘请了一批法学界专家学者和有丰富实践经验的法律工作者担任法制建设顾问，在审议各项法规草案前召开顾问会议进行研究和论证，一些重点立法项目吸收专家学者直接参加法规起草工作。

（三）坚持把提高立法质量放在立法工作的首位。常委会采取有效措施，切实保证立法质量。

1. 维护国家法制统一，努力突出地方特色。常委会在立法中自觉维护国家法制统一，切实做到立法不越权、不与国家法律和行政法规相抵触。同时，把解决北京的实际问题作为提高立法质量的重要标准，从选题、调研论证和增强针对性、可操作性等方面加强工作，使法规更加符合北京实际，便于施行。

2. 建立和完善统一审议制度，立法工作进一步制度化、规范化。市十一届人大四次会议根据立法法的规定，设立了法制委员会，实行统一审议制度，规范了立法程序，为提高立法质量提供了制度保证。在充分发挥法制委员会统一审议职能的同时，注意发挥常委会工作机构的作用。在市政府提出法规议案、常委会各工作机构审查、法制委员会统一审议、常委会审议决策四个主要环节上，形成了共同提高立法质量的合力。

3. 根据形势发展需要，加快法规修改和废止工作。常委会在着力抓好新法规制定的同时，对现行有效的法规集中进行了两次全面清理，根据形势发展的要求，分别轻重缓急，分期分批加快修改，适时废止，提高了法规的整体质量。

4. 转变立法观念，适应改革发展的要求。从注重政府配置社会资源作用，向加强宏观调控、注重发挥市场机制作用转变；从注重强化公民义务和国家机关权力，向保障公民权利和强化国家机关的责任转变；在注重立法的现实性和本市经验的同时，也注重立法的前瞻性、与国际惯例衔接，发挥法规的引导和推动功能。

二、加大监督力度，增强监督实效，推进依法行政和公正司法

加强法律监督和工作监督，是常委会的重要职责，对于贯彻依法治国方略，建设法治城市，推动“一府两院”的工作具有重要作用。5 年来，常委会不断加大监督力度，积极探索强化监督的有效途径。

（一）认真开展执法检查，保证法律法规的有效实施。5 年来共检查法律法规实施情况 130 多项次，其中常委会听取审议执法情况的报告 30 项。在认真调查研究、全面分析法律法规执行情况的基础上，确定执法检查的重点。主要检查了维护市场秩序、促进经济快速健康发展，提高城市管理水平、完善城市整体功能，推动科学技术发展、提高教育水平，维护人民群众切身利益、保护公民合法权益等方面法律法规的实施情况。广大代表积极参加执法检查，发挥了骨干作用。

为把执法检查引向深入，常委会不断改进检查方式，实行全面检查与专项检查相结合、集中检查与分散检查相结合、明查与暗访相结合、定点检查与随机抽查相结合。对一批涉及改革发展全局和人民群众切身利益的重要法律法规，年年进行检查，不断推进整改，跟踪检查落实情况。一些执法检查采取市和区县人大统一组织、统一部署、统一行动的方式进行，同时注意发挥新闻媒体和基层干部群众的监督作用，形成合力，加大了监督力度。例如，针对一些餐馆脏乱差、蔬菜污染和熟食制品卫生质量差等情况，常委会连年检查食品卫生法实施情况，两次听取审议了市政府执法情况的报告。围绕食品安全问题，常委会三个委员会联合组织执法检查，检查范围从餐桌、市场一直到食品生产的源头，涉及了生产、加工、运输、储存、销售以及监督检测各个环节，推动政府严格执法，受到了群众的欢迎。

（二）切实加强工作监督，推动“一府两院”提高工作水平。5 年来，常委会审议了 39 项专题工作报告，听取了 22 项重大事项的报告，促进行政、审判和检察机关依法行使职权。

1. 财政预算监督取得较大进展。一是进一步完善预算监督制度。常委会适时修订了预算监督条例，加大了对预算主要内容、预算执行、超收收入使用、预算外资金管理等方面的审查监督力度，提高了预算监督的规范化水平，促进了财政体制和预算管理改革的深化。二是加强预算审查监督机构建设，充实预算监督力量。常委会聘请了预算监督顾问，组建了预算监督处，提高了预算审查监督的专业化程度。三是不断改进和加强预算监督工作。常委会工作机构每季度听取预算执行情况报告，注意综合分析全市经济运行情况，衡量预算执行效果。常委会每半年听取预算执行情况报告，审批决算前先行听取审计工作报告。提请代表大会和常委会审议的预算和决算文件，内容更加详实、清晰，增加了透明度。

2. 监督司法工作稳步推进。常委会着力督促司法机关健全内部监督制约机制，认真审议市高级人民法院落实公开审判和人民陪审员制度、加强内部监督工作进展情况等 5 项报告，市人民检察院开展执法监督、干部人事制度改革、查办与预防职务犯罪等 4 项报告；受理公民对司法机关的申诉、控告、检举 1386 件；组织百余名人大代表分别参加“两院”纪律作风教育整顿和廉政建设监督工作，促进了司法公正水平和司法效率的提高。

3. 议案督办取得新的进步。5 年来，广大代表围绕首都改革发展稳定大局和人民群众关心的热点难点问题，向代表大会提出了 1846 件议案，其中经大会主席团决定立案、交由市政府办理的 166 件，合并为 36 项。鉴

于不少议案涉及面广、综合性强、办理难度大，常委会加强对议案办理的监督检查，完善了议案督办和审议制度。审议前，组织委员和代表检查办理情况；审议时，由原来的主管部门负责人报告改为由主管副市长报告，听取意见；审议后，及时将审议意见交市政府研究办理并反馈，促进了办理质量的提高，推动了政府工作和一批热点难点问题的解决。例如，在督办山区教育议案的过程中，常委会与区县人大联合组织各级代表 480 多人次，采取乡乡进、校校查方式，对山区 49 个贫困乡镇 270 多所中小学，连续 3 年跟踪检查，推动市和区县政府部门增加专项教育经费，使山区办学条件得到很大改善，教育质量有了较大提高。

（三）积极开展述职评议，推动国家机关工作人员依法履行职责。对由市人大及其常委会选举和任命的国家机关工作人员进行述职评议，是本届常委会加大监督力度的一种新探索，对于促进国家机关工作人员增强法律意识、公仆意识和执政为民的责任感，具有重要意义。从 1999 年开始试点，先后评议了 2 名副市长、4 名市政府职能部门负责人、1 名中级人民法院院长。为了提高评议质量，增强评议实效，常委会着力抓好五方面工作：一是依法确定评议内容。着重评议述职者在任职期间依法履行职责的情况。二是周密组织安排。每次评议都成立工作小组，由一位副主任负责，制订方案，认真实施。三是深入调查研究。采取组织委员和代表到述职者所在单位及相关部门座谈、发放调查问卷等方式，广泛深入了解各方面意见，为搞好评议奠定基础。四是充分发扬民主。评议中发挥组成人员主体作用，评议认真负责，热诚中肯；并采取无记名投票方式，当场对述职报告满意度进行民主测评。五是注重整改实效。推动述职者及其所属部门边评边改、集中整改，把整改贯穿于述职评议全过程；要求述职者在评议后三个月内，将整改方案及实施情况向常委会作出书面报告；常委会工作机构跟踪检查整改措施落实情况。实践证明，述职评议不仅使述职者受到深刻教育，而且取得了推动工作的明显效果。

三、依法行使重大事项决定权和人事任免权

5 年来，常委会根据改革发展的需要，认真讨论本市重大事项，分别就首都经济发展、城市建设与管理、申办和筹备奥运会等问题，作出了 34 项决议决定。本届人大四次会议作出关于支持北京申办 2008 年奥运会的决议后，常委会三次听取了申办和筹备奥运会情况的报告，对于动员全市人民万众一心、团结奋斗，取得申办奥运成功和筹办奥运会，作出了应有的贡献。常委会还听取审议了关于大气污染治理情况的报告，作出“关于进一步落实大气污染防治措施、努力改善环境质量的决议”，对市政府加大整治力度给予了有力的支持；听取审议了关于“三五”法制宣传教育规划实施情况和“四五”法制宣传教育工作报告，作出“关于贯彻实施法制宣传教育第四个五年规划的决议”，推动了法制宣传教育的深入开展；在昌平、大兴、怀柔、平谷撤县设区后，分别及时作出了关于召开上述各区第一届人民代表大会若干问题的决定；还就批准各年度财政决算、加强法院执行工作等作出相应的决议决定。

常委会认真依法行使人事任免权。5 年来，接受 2 位常委会副主任、5 位常委会委员、3 位副市长的辞职请求，任免国家机关工作人员 1410 人，从组织上保证了国家机关正常运行。同时，在总结多年实践经验的基础上，制定了《任免国家机关工作人员条例》，使人事任免工作进一步规范化、法制化。

四、尊重代表民主权利，努力为代表提供服务，代表作用得到进一步发挥

人大代表是国家权力机关的组成人员，代表人民参与国家事务的管理。为保证代表民主权利得到落实，常委会从多方面加强了工作。

（一）努力为代表履行职责提供服务和保障。主要做法是：组织代表学习法律法规，了解人大的性质、地位、职权和工作特点，明确代表的权利和义务；召开报告会、专题座谈会，向代表通报全市重要工作情况，帮助代表知情知政；建立常委会主任、副主任接待代表日制度，加强与代表的经常联系；坚持代表列席常委会会议制度，列席会议的代表共有731人次；推荐代表担任“一府两院”特邀监督员，参加廉政专项检查和行风评议；在市人代会开会前组织询问活动，加强代表与“一府两院”的沟通和联系；要求代表所在单位依法保障代表参加闭会期间的活动，支持代表履行职责；深入宣传代表法，为代表履行职责营造良好的舆论氛围和社会环境。

（二）加大代表建议督办力度。代表提出建议是依法履行职责、监督国家机关的重要形式。5年来，代表共提出建议9717件，其中在代表大会期间提出7412件，比上届增加31.6%。这些建议体察社情、表达民意，涉及全市经济社会生活的方方面面。常委会从四方面加强了督办工作：一是每年人代会后，及时召开由“一府两院”及有关部门负责人参加的办理建议工作会，交付办理任务，提出具体要求，培训承办人员。二是逐件审核建议办理报告，发函征询代表意见，代表对办理不满意的，区别不同情况处理，必要时责成承办部门重新办理。三是建议办复后，组织代表检查承办部门的办理情况，5年来共组织31次，参加代表560余人次，有力地促进了建议办理的落实。四是对代表多年提出、办理难度大的建议，加强跟踪检查。“和平里邮局拆建十年未回迁”、“房山区河北镇9个村村民吃水难”、“海淀区小月河综合整治”和“落实宗教房产政策”等许多问题，都是经过代表多次提出、常委会跟踪督办、市政府积极努力才得以解决的。经过各方面共同努力，市十一届人大历次会议期间代表提出的建议，已按规定全部办复；闭会期间代表提出的2305件建议，已办复1928件。这些建议的办理，解决了群众工作和生活中的一些具体困难，增强了党和政府与人民群众之间的血肉联系，对推动改革发展，维护社会稳定，促进全市各方面工作，起到了重要的作用。

5年来，广大代表以“人民选我当代表，我当代表为人民”的饱满政治热情和高度责任感，依法履行职责。在代表大会期间，认真行使审议、选举、表决、提出议案和建议等职权，发挥了参与决策和监督执行的作用；在代表大会闭会期间，积极参加视察、调研、立法、执法检查等活动，联系群众，反映民意，宣传法律法规和政策，积极参与管理国家事务，为推进首都的改革开放和现代化建设事业，为完善人民代表大会制度，倾注了大量心血，作出了重要贡献。

五、加强自身建设，不断完善制度，努力提高常委会工作水平

5年来，常委会始终把自身建设放在重要位置，不断提高思想水平、法律水平和议事水平，提高整体素质。

（一）加强学习，提高履行职责的能力。常委会坚持学习马列主义、毛泽东思想、邓小平理论和“三个代表”重要思想，增强了

执行党的基本理论、基本路线、基本纲领的自觉性。认真开展了“三讲”教育，增强了责任感和使命感，精神和工作面貌发生了深刻变化。深入学习贯彻市委人大工作会议精神，有力地推进了人大制度建设和工作的开展。认真学习宪法法律、市场经济和现代科技知识，举办法律知识和相关业务知识讲座15次，使组成人员依法履行职责水平不断提高。

（二）加强制度建设，规范工作程序。在总结多年工作经验的基础上，常委会完善了立法程序、预算监督程序、人事任免程序，制定了述职评议暂行办法，修订了议事规则和组成人员守则，履行职责进一步规范化、制度化。

（三）加强调查研究，改进工作作风。常委会高度重视调查研究工作，每年围绕全市和人大的重点工作确定一批调研课题，研究人大工作和建设中的新情况、新问题。为提高审议质量，每次常委会前，组织委员结合议题深入调研，为审议和决策提供可靠依据。近些年来，区县人大在加强监督、决定重大事项、代表工作、自身建设等方面创造了许多新鲜经验。常委会主任、副主任及工作机构及时调查研究，总结推广区县人大工作的新经验，共同推进人民代表大会制度建设。

（四）适应常委会工作发展的需要，加强机关干部队伍建设。健全机关干部政治理论和业务知识学习制度。推进干部人事制度改革，开展干部交流轮岗、挂职锻炼、竞争上岗，改进干部培养选拔任用工作，择优录用一批高学历人才，提高了干部队伍整体素质。进行机构改革，理顺机构设置，规范工作职能，促进了机关服务水平和工作效率的提高。

此外，从1999年常委会第十四次会议开始，实行了公民旁听制度，增强了常委会工作的公开性和透明度，拓宽了人民群众了解全市重要工作和参与管理国家事务的渠道。几年来，共有665位公民旁听了26次常委会会议，提出了440条书面意见和建议。一些市民反映，通过旁听，不仅深切感受到做国家主人的自豪，也受到了生动具体的民主法制教育。常委会主持了第十二届市人大代表换届选举，指导了1998年区县人大和1999年、2002年乡镇人大换届选举；重视信访工作，受理来信来访和申诉23113件次，促进了一些关系群众切身利益问题的解决；大力加强人民代表大会制度和人大工作的宣传，召开纪念现行宪法实施20周年座谈会，提高全社会的宪法意识；加强与其他省级人大的联系，交流地方人大工作经验；扩大与外国地方议会的友好交往，增进了相互之间的了解和友谊。

各位代表！本届常委会任期的5年，是积极探索、锐意创新，坚持和完善人民代表大会制度取得较大成绩的5年；是发展民主、健全法制，民主法制建设进展较快的5年；是体察民情、集中民智，代表作用发挥较好的5年；是围绕中心、服务大局，人大在首都现代化建设中作用越来越明显的5年。5年成绩的取得，是在中共北京市委的领导下，常委会组成人员、市人大代表共同努力的结果，是社会各方面和全市人民热情帮助的结果。在此，我代表市第十一届人大常委会，向所有关心、支持、帮助人大工作的同志们、朋友们，表示衷心的感谢！

在充分肯定成绩的同时，我们也清醒地看到，常委会的工作同宪法法律的规定和党的要求、人民的期望相比，还有不少差距。主要问题是：对新时期人大工作的规律研究不够，一些工作还不适应形势发展的要求；有些法规的制定和修改不够及时，尚不能满足首都改革开放和现代化建设发展的需要；法律监督和工作监督仍显薄弱，工作不够规范，实效需要进一步增强；有些代表建议的督办不够得力，对代表和委员的学习培训抓得不紧；常委会有些工作制度还不够完善，审议质量需要继续提高。这些都影响常委会整体效能的发挥，需要认真加以解决。

各位代表！总结5年来的工作实践，我们深深体会到，做好人大工作，必须坚持以下几点：

必须坚持以邓小平理论和“三个代表”重要思想为指导，牢牢把握人大工作的正确方向。邓小平理论和“三个代表”重要思想，是指导一切工作的行动纲领，是做好人大工作的强大思想武器。几年来，常委会在履行职责过程中，高举邓小平理论伟大旗帜，努力实践“三个代表”要求，为促进先进生产力的发展、促进先进文化的繁荣、维护人民群众的根本利益做出了积极贡献。实践证明，只有用邓小平理论和“三个代表”重要思想统一认识，凝聚力量，指导工作，人大工作才能坚持正确的方向，才能抓住依法行使职权的根本，才能激发不断开拓创新的力量。

必须坚持党的领导，这是坚持和完善人民代表大会制度的根本保证。中国共产党是中国特色社会主义事业的领导核心，党的领导是完成新时期各项任务的根本保证。几年来，常委会工作局面不断拓展，思想建设、组织建设、制度建设逐步完善，地方国家权力机关的作用显著增强，最基本的一条，就是坚持和依靠党的领导。前年市委专门召开人大工作会议，作出了加强人大工作的决定，为开创本市人大工作新局面提供了新的动力。实践证明，只有把坚持党的领导、人民当家作主和依法治国有机统一起来，把加强党的领导同发挥国家权力机关的作用统一起来，及时把党的主张转化为国家意志，保证党的路线方针政策的顺利贯彻实施，人民代表大会制度才能不断加强和完善。

必须紧紧围绕中心，服务大局，根据首都现代化建设的需要开展工作。发展是执政兴国的第一要务。人大依法履行职责的目的，就是确保人民当家作主，把中国特色社会主义事业不断推向前进，共同创造幸福生活和美好未来。具体到北京，当前就是要加快首都的现代化建设，不断促进社会主义物质文明、政治文明、精神文明协调发展，率先基本实现现代化。几年来，常委会自觉服务于首都改革发展稳定大局，紧紧围绕发展首都经济这个中心，依法履行职责，既不失职，又不越权，全面推进各项工作，较好地发挥了地方国家权力机关的作用。实践证明，人大及其常委会只有服务大局、围绕中心开展工作，才能真正体现人民的意愿，把工作落到实处，取得实效。

必须依靠广大人民群众，努力体现和实现好人民群众的根本利益。国家一切权力属于人民，人民通过人民代表大会行使管理国家事务的权力，人大及其常委会对人民负责，受人民监督，在连民心、集民智方面具有不可替代的作用。几年来，常委会在充分发挥代表作用，加强与人民群众的联系，拓宽人民群众参与管理国家事务的渠道方面，进行了积极探索和实践，提高了决策民主化科学化水平。实践证明，只有加强与代表和人民群众的联系，畅通民主渠道，健全完善深入了解民情、充分反映民意、广泛集中民智、切实珍惜民力的决策机制，把人民群众的根本利益维护好、实现好、发展好，才能最大限度地调动人民群众的积极性和创造性，为首都改革开放和现代化建设提供不竭的力量源泉。

必须与时俱进、开拓创新，不断开创人大工作的新局面。发展社会主义民主政治，建设社会主义政治文明，健全完善人民代表大会制度，是前无古人的创造性事业，是一个不断探索、逐步发展的过程。几年来，常委会适应形势发展变化的要求，在历届人大工作的基础上，不断解放思想，努力开拓进取，在提高立法质量、增强监督实效、发挥代表作用、加强自身建设等方面，积极稳妥地进行了一些探索和改革，给人大工作注入了新的生机和活力。实践证明，只有始终坚持解放思想、实事求是、与时俱进的思想路线，始终保持奋发有为的精神状态，人大工作才能在探索中前进，在开拓中发展，在创新中提高，不断开辟新的境界和新的局面。

各位代表！具有划时代意义的中国共产党第十六次全国代表大会，向全党全国人民发出了全面建设小康社会，开创中国特色社会主义事业新局面的伟大号召。首都北京也进入了加快发展、全面建设小康社会、率先基本实现现代化、全力筹办奥运会的新的时期。党的十六大和市九次党代会对首都人大工作提出了更高的要求。希望新一届人大及其常委会，在中共北京市委领导下，高举邓小平理论伟大旗帜，坚持以“三个代表”重要思想为指导，认真学习贯彻十六大精神，紧紧依靠广大人民群众，紧密结合首都现代化建设的实际，围绕中心，服务大局，继往开来，与时俱进，不断开创首都人大工作的新局面。

在新的形势下，人大及其常委会必须把发展社会主义民主政治，建设社会主义政治文明作为根本任务。发展社会主义民主政治，最根本的是要把坚持党的领导、人民当家作主和依法治国有机统一起来。要按照党的十六大的要求，深刻认识人大在民主法制建设中肩负的重要使命。依照宪法法律的规定行使好各项职权，发挥好国家权力机关的作用。适应社会主义市场经济发展、社会全面进步和加入世贸组织的新形势，加强立法工作，提高立法质量，充分发挥立法对首都现代化建设的引导、推进和保障作用。加强法律监督和工作监督，健全和完善执法检查、民主评议等监督制度，确保法律的严格实施，促进依法行政和公正司法。全面加强常委会自身建设，不断提高整体素质和工作水平，改革和完善决策机制，加强调查研究，注重研究新形势下人大工作的新特点、新规律，总结新经验，作出新概括。建立健全社情民意反映制度、社会听证制度和专家咨询制度，推进决策的民主化、科学化。健全民主制度，丰富民主形式，畅通民主渠道，充分发挥代表作用，扩大公民对人大工作的知情权和有序参与，凝聚各方面力量，调动一切积极因素，切实保障和实现人民当家作主，使人大工作更好地代表人民的意志，符合最广大人民群众的根本利益。

各位代表！北京市第十二届人大常委会即将依法产生。展望未来，任重道远。我们相信，新一届人大及其常委会一定能够紧密团结在以胡锦涛同志为总书记的党中央周围，在中共北京市委的领导下，以昂扬的精神、创造性的工作，不负全市人民的厚望和重托，谱写出首都民主法制建设辉煌壮丽的新篇章，为首都改革开放和现代化建设做出新的贡献！

北京市第十二届人民代表大会第一次会议关于北京市高级人民法院工作报告的决议

（2003 年 1 月 19 日北京市第十二届人民代表大会第一次会议通过）

北京市第十二届人民代表大会第一次会议批准北京市高级人民法院院长秦正安作的《北京市高级人民法院工作报告》。

北京市高级人民法院工作报告

——2003 年 1 月 16 日在北京市第十二届人民代表大会第一次会议上

北京市高级人民法院院长　秦正安

各位代表：

现在，我就 5 年来北京市法院的主要工作和对 2003 年工作的建议向大会报告，请予审议。

5 年工作的回顾

市第十一届人民代表大会的 5 年，是首都改革开放和现代化建设取得辉煌成就的 5 年，也是本市法院各项工作全面发展的 5 年。5 年来，全市各级法院在市委、最高法院和市人大及其常委会的领导、指导和监督下，以邓小平理论为指导，认真贯彻十五大精神和“三个代表”重要思想，坚持为党和国家的工作大局服务，紧紧围绕“公正与效率”主题，不断强化审判工作，大力加强队伍建设，稳步推进各项改革，努力为首都改革、发展、稳定提供有力的司法保障。

一、大力加强审判和执行工作，充分发挥职能作用

5 年来，北京市法院全面加强立案、刑事审判、民商事审判、行政审判、审判监督、国家赔偿和执行工作，职能作用进一步强化，审判领域进一步拓展，审判质量和效率进一步提高。共受理各类案件 1065153 件，办结 1068178 件，解决诉讼标的额 2238.32 亿元，与前 5 年比，分别上升 113.1%、114.3% 和 640.9%。

（一）严厉打击刑事犯罪，全力维护首都社会稳定

全市各级法院共审结各类一审刑事案件 63298 件，判处罪犯 77607 名，其中，判处 5 年以上有期徒刑、无期徒刑和死刑（含死缓，下同）的 19051 名。

依法从重从快打击严重危害社会治安的犯罪。5 年来，特别是 2001 年 4 月开展“严打”整治斗争以来，全市法院从首都的实际情况出发，紧紧把握打击重点，严格依法从重从快，先后对危害群众面广的多发性街头暴力、流氓恶势力、盗窃机动车、毒品、破坏电力设备、抢劫抢夺等严重危害首都社会治安的犯罪开展了专项斗争，予以了坚决打击。共审结 22494 件，判处罪犯 31665 名，其中判处 5 年以上有期徒刑、无期徒刑和死刑的 16302 名，占 51.5%。特别是通过对“扎针案”、“打闷棍案”等一批有较大影响案件的及时审判，有效地震慑了犯罪，一定程度上增强了人民群众的安全感。

严惩严重破坏市场经济秩序的犯罪。全市法院根据中央整顿和规范市场经济秩序的工作部署，不断调整打击重点、加大打击力度，重点对走私、套汇、伪造货币、虚开伪造倒卖增值税专用发票、骗取国家出口退税、制售假冒伪劣产品犯罪和金融、财政、证券领域中的诈骗犯罪以及侵犯知识产权犯罪等各种破坏社会主义市场经济秩序犯罪进行了严厉惩处。共审结上述案件 2604 件，判处罪犯 3183 名，为国家、集体挽回了经济损失，

一定程度上净化了首都经济发展环境。

严惩涉及腐败的犯罪。5 年来，本市法院审判的大案要案，在数量和难度上都比以前有较大增加。全市法院按照中央和市委的部署，加强对大案要案的审判，严惩了一批发生在党政领导机关、行政执法机关、司法机关和金融等经济管理部门中的贪污、贿赂、挪用公款等涉及腐败的犯罪分子，并充分运用财产刑，不让犯罪分子在经济上占便宜。共审结贪污、受贿、挪用公款案件 774 件，判处罪犯 882 名。其中，有成克杰、李纪周等部级以上干部 8 人，局级干部 17 人，处级干部 56 人。对涉及腐败犯罪予以从严打击，有力地推进了反腐败斗争的深入开展。

此外，全市法院还坚决贯彻中央的方针政策，严格执行全国人大常委会决定和“两高”司法解释，共依法审结涉“法轮功”案件 109 件，判处罪犯 243 名。涉“法轮功”案件的及时、顺利审判，为维护首都稳定做出了积极贡献。

（二）大力加强民商事审判工作，为首都经济发展和社会进步提供司法保障

随着社会主义市场经济的快速发展，我国加入世贸组织，各种民商事新类型案件不断涌现。房地产、金融、证券、破产、物业管理、农村承包案件和知识产权案件以及电信、邮政等方面案件的出现或增多，使审判领域不断拓宽，审判职能的重要作用更为突出。5 年来，全市法院共受理各类一审民商事案件 604834 件，占全部一审案件总数的 89.9%；通过依法判决、调解等方式共审结 400178 件。

及时处理婚姻家庭纠纷案件。全市法院共审结此类案件 181096 件，占民商事案件总数的 29.9%。在审理中，注重运用调解方式，化解矛盾、增进团结，引导当事人树立正确的婚姻家庭观念，努力弘扬社会主义道德风尚；特别注意妥善处理涉及下岗职工等社会弱势群体的纠纷案件，依法保护其合法权益。同时，在审判工作中，注意保护军人及其家属的合法权益，保护妇女、儿童、老年人、残疾人的合法权益，对各种侵权行为及时依法制裁。

认真审理各类商事纠纷案件。全市法院不断加强对建立社会主义市场经济体制过程中出现的各种纠纷的审理工作，及时运用法律手段调节各种经济关系。共审结涉及金融领域的借贷、融资租赁、财产保险、股票、债券、票据等纠纷案件 14560 件，解决诉讼标的额 774.21 亿元；审结企业破产案件 179 件；审结农村承包合同纠纷案件 2796 件；审结房地产案件 46456 件，解决诉讼标的额 191.96 亿元。同时，审结了一批涉外、涉台、涉港澳商事案件。上述案件的审判，有力地促进了本市经济结构调整及金融、住房、社会保障体制改革等项工作的顺利进行，有效地维护了市场经济秩序，一定程度上为对外开放营造了良好的法制环境。

依法审理知识产权案件。随着知识产权审判领域的不断拓展，本市法院相继开展了技术合同、商业秘密、不正当竞争、商标、专利、著作权、计算机软件、数据库、计算机网络等案件的审判工作，共审结各类知识产权一审案件 2893 件。通过对国内外有重大影响的典型案件和一批涉外案件进行公开审判、参加“北京高新技术产业国际周”等活动，大力宣传了我国对知识产权的司法保护，促进了首都的科技创新和高新技术产业的发展。

（三）积极稳妥地开展行政审判工作，促进依法行政

5 年来，本市法院行政审判的案件种类已增加到 50 多种，几乎覆盖了所有行政管理领域。从切实保护公民合法权益、监督和支持行政机关依法行政出发，全市法院不断加强行政审判工作，共审结涉及城市规划、拆迁、

治安等与社会、经济生活密切相关的一审行政案件 4998 件，比前 5 年上升了 187.6%。其中，全部撤销或部分撤销行政机关决定等方式处理的占 33.3%，因行政机关改变具体行政行为等原因原告申请撤诉的占 24.6%，维持行政机关决定和裁定驳回起诉的占 42.1%。

随着我国加入世贸组织，过去由专利、商标行政机关终局裁决的专利行政、商标行政等纠纷的处理全部转为司法最终救济，本市法院已承担对此类案件的司法审查，并将承担对涉及世贸规则的反倾销、反补贴、海关估价等新类型案件的司法审查工作。为适应入世后的需要，在行政和知识产权审判工作中，高级法院加强了对入世后有关问题的专门研究，规定了案件主管和审级管辖，有针对性地开展了相应的培训，为入世后有关案件的妥善处理做了积极、充分的准备。

（四）采取措施，加大力度，切实做好执行工作

执行工作是群众关注的热点问题之一，党中央对此给予了高度重视，1999 年 7 月就解决执行难问题专门下发了 11 号文件，市委及时予以转发，市人大常委会就加强执行工作作出了决议，各区县党委、人大加强了对执行工作的领导和指导。与此同时，本市各级法院不断探索，以创新的姿态开展工作：建立并完善了执行工作统一管理和协调的新机制，初步形成了全市法院统一行动、上下联动的执行网络，进一步增强了全市法院的整体执行效能；探索出了强制托管、拍卖股权、转让股票、债转股、委托经营、共享权益、执行案外收益、以经营权抵债、以房屋使用权抵债等新的、行之有效的执行方法；推行了主执行官负责制、执行实施权与裁决权相分离制度以及排期执行、执行听证等措施；改革了执行收费办法，不再预收执行费，充分保护执行申请人和被执行人的切身利益。共执结各类案件 296766 件，比前 5 年上升了 156.7%；执结标的额 652.82 亿元，比前 5 年增长了 11.9 倍。

（五）认真调处群体纠纷，积极参与综合治理

随着改革的不断深入、市场经济的不断健全和发展、城市建设和管理力度的加大，一些因企业转制、房屋拆迁、农村承包、出租汽车合同以及金融领域内集资、债券、存储等引发的涉及群众利益的群体纠纷大量增加，对首都的社会稳定、经济发展和城市建设造成了不利的影响。对此，各法院高度重视立案、审判、执行和来访等各个环节影响稳定的问题，努力做好相关工作，及时化解了大量群体纠纷。同时，全市法院还通过指导人民调解组织、参与法制共建、走进企业学校社区进行普法宣传、向有关单位提出司法建议等多种形式，积极参与首都社会治安综合治理。

二、以公正与效率为目标，积极稳妥地推进各项改革

实现司法公正，提高司法效率，是人民群众对审判工作的迫切要求。5 年来，全市法院紧紧围绕“公正与效率”这一主线，从实际出发，与时俱进、开拓创新，积极稳妥地进行了一系列改革，取得了一定进展。

（一）审判方式改革进一步深化

为适应司法公正的要求，5 年来，本市法院积极探索审判方式改革。一是为增加审判工作的公开性和透明度，全面落实了公开审判制度，依法应当公开审理的案件切实做到公开审理，全部案件公开宣判，允许公民旁听和新闻记者采访；裁判文书以各种方式向社会进行公开。二是针对诉讼证据制度在实践中存在的突出问题，制定出台了办理各类案件有关证据问题的规定，强化了当事人举

证的诉讼意识，规范了诉讼证据行为，一定程度上保证了诉讼的公开、公正、民主和透明。三是从进一步提高审判效率出发，积极探索简便快捷的办案机制。在保障当事人各项诉讼权利的前提下，对简化适用刑事普通程序、充分适用刑事简易程序、扩大民事简易程序适用范围、加强对民商事案件的调解等工作进行了积极探索。四是为增强裁判的公信度，提高裁判文书的整体水平，繁简相宜改革裁判文书制作，对适用普通程序审理的案件，进一步增强了说理性，增加了当事人举证情况、法院对证据的采用情况、裁判理由的论述等；对适用简易程序审理的部分民事案件的裁判文书推行简易化样式。

（二）审判组织形式进一步完善

为了逐步建立符合形势发展和审判工作规律要求的审判组织运行机制，5年来，全市法院努力探索审判组织形式改革。一是为更好地落实法律规定的合议庭负责制和独任制，保证优秀审判人员在一线审判案件，确保办案的质量和效率，全面开展了审判长和独任审判员选任工作，近700名审判经验丰富、业务水平较高、责任心强的审判人员被选任为审判长和独任审判员。二是认真落实法律规定的各审判组织的职权，逐渐使审判权和行政权相分离，制定了审判委员会、审判庭庭长、审判长和独任审判员职责与工作规则，强化了对审判长、独任审判员工作的评查、管理与监督，初步探索了既能充分发挥审判长作用，又能集中合议庭智慧的审判组织运行机制。三是为了切实保障人民群众的民主权利，体现现代司法审判的民主化，全市法院不断加强人民陪审员工作，对人民陪审员的产生程序、任职条件、权利义务和陪审案件范围等问题进行了积极探索，使人民陪审员制度在本市得到进一步完善。

（三）审判管理制度进一步科学

为切实提高审判质量和效率，全市法院按照审判工作规律的要求，积极探索建立科学、高效的审判工作管理制度。一是为切实解决群众反映的案件久拖不决等问题，先后建立了案件审限管理制度和案件审理流程管理制度，并引入计算机管理等现代科技手段，对各类案件的办理全程跟踪督办，初步形成了符合审判工作规律的案件审理流程运行机制。二是对应刑事、民事、行政三大诉讼法律体系，结合机构改革，调整了审判庭和有关机构的设置，基本形成了比较科学的审判新格局。三是按照职业化分工、专业化管理的要求，初步建立了对审判人员及其他各类人员分类管理的制度。

三、以“三个代表”重要思想为指导，全面提升队伍整体素质

做好法院的审判工作和其他各项工作，关键在于要有一支高素质的队伍。5年来，本市法院针对群众关注的审判作风、审判纪律等问题，积极采取措施，大力加强队伍建设，重点抓了以下几个方面工作：

（一）整顿审判纪律作风，大力增强服务意识

5年里，本市法院坚持每年有针对性地确定一个整顿重点，先后深入开展了“整肃审判纪律作风”、“严肃审判纪律落实回避制度”、“一教育三整顿”、“职业道德教育”等活动。在整顿活动中，各法院围绕人民法官为谁掌权、为谁服务和如何用好手中的权力等问题，主动征求社会各界的意见，针对存在的问题制定整改措施；高级法院还邀请人大代表、政协委员、特邀监督员和新闻记者先后对各法院进行明察暗访。通过整顿活动的深入开展，全市法院的工作作风有了一定转变，广大干警为人民服务的宗旨意识进一步增强，“首问责任制”、“值班法官”和“便民法庭”等一批方便群众诉讼的举措相继推

出并在全市法院推广。同时，为有效解决多年来人民法庭盖章不便而使当事人为领取裁判文书来回奔波的问题，为54个人民法庭统一研制并配备了“司法文书电子签章系统”。

（二）实施人才战略，打牢队伍基础

实施人才战略，培养一批高素质法官，是优化审判队伍、夯实审判基础、提高审判质量与效率的一项具有重要意义的基础性工作。5年来，全市法院通过机构改革、考试考核等多种方式共分流人员1300余人，约占干警总数的27%；通过统一招考引进高学历及各类专业人员800余人，队伍在年龄、知识结构等方面得到了优化。高级法院还制定了近期和远期培训规划，有计划地逐步开展了一系列素质培养工程，使一批高学历人员逐步担起了审判重任；同时也使一批经验丰富的在职人员增强了法学理论功底，审判专业知识水平明显提升。目前，全市法院大学本科以上学历的达2999人，其中，研究生以上学历的426名，分别是1997年的2.57倍和9.9倍。与此同时，全市法院领导班子建设得到了加强，班子进一步优化；一支数量充足、结构合理、素质优良的院级和中层后备干部队伍以及人才库已建立起来。广大干警在实践能力提高的同时，加强了理论研究的力度，有一批调研成果和学术论文在全国法院系统获得较高奖项，一批审判案例被指导全国审判工作的最高法院《公报》、《中国审判案例要览》、《人民法院案例选》选用，一定程度上体现了本市法院干警的业务素养。

（三）树立典型、弘扬正气、凝聚人心

全市法院在深入开展争创首都先进法院和先进法官活动中，采取讲座、研讨、知识竞赛以及读书班、法官仪容仪表展示、创建法院文化、丰富文体活动等多种形式，树立典型、弘扬正气、凝聚人心，增强了队伍整体战斗力，展现了首都法院、法官的良好形象，涌现了一大批优秀法官和先进集体。5年来，全市法院有910名个人和244个集体分别受到中央级、市级和本市法院系统的表彰，极大地激发了全市法院干警的工作热情，有力地促进了法院各项工作的顺利进行，一些基层法院已跨入全国一流法院行列。

（四）狠抓廉政建设，严肃查处违法违纪行为

5年来，本市法院坚持从严治院、从严治警，坚持把查处违法违纪工作同法院各项工作同一部署、同一检查、同一考核。一是进一步完善相关制度，明确了各级领导和监督机构应履行的监督职责。二是建立举报中心、公布举报电话，形成了较为完善的监督网络。三是认真落实党风廉政建设责任制。四是深入开展一系列警示教育活动，组织干警对典型违法违纪案件进行讨论，汲取教训。五是坚决查处了一批违法违纪案件，共处理违法违纪人员124人，其中，依法受到刑事追究的7人。上述措施的实施，进一步提高了广大干警清正廉洁、自我约束的意识，群众投诉率明显下降。1998年群众通过各种渠道反映干警审判作风、违法违纪等问题的信访投诉率为2.32%，2002年为0.96%，降低了1.36个百分点。

四、努力完善监督制约机制，确保审判公正、廉洁、高效

人民法院掌握的国家审判权，必须受到必要的监督才能更好地发挥职能作用。为此，全市法院积极采取措施，主动接受人大监督，不断完善法院内部监督制约机制，取得了一定进展。

（一）主动接受人大的监督

5年来，全市法院采取邀请代表视察法院工作、旁听案件审理和参加法院重要会议等多种方式，主动自觉接受监督；特别是通过落实市委关于加强人大工作的决定和市人大

常委会对市第一中级法院院长马艾地的评议，进一步增强了对人大负责的宪法意识，加大了接受人大监督的工作力度，并完善了相应的规章制度。高级法院还先后向市人大常委会就开展纪律作风教育整顿和落实《监督司法工作条例》、全面落实公开审判制度、进一步加强法院执行工作、落实人民陪审员制度、加强法院内部监督工作、改革和完善诉讼证据制度等情况作了专题报告。

为进一步提高接受人大监督的自觉性，高级法院专门设立了负责与人大常委会及人大代表经常性联系、办理人大及人大代表建议等项工作的代表联络室，制定了工作规则，对联络工作的职责、程序、主要方式和任务作了明确、具体的规定；各级法院也相继制定了一些较为完善的联络工作规章制度。5年来，全市法院共办结代表建议 322 件。

在加强接受人大监督工作的同时，从促进严肃执法和廉政建设出发，自 1998 年 7 月起，全市法院相继建立了特邀监督员制度，目前从社会各界共聘请了 317 名特邀监督员，其中有人大代表 128 名。为确保特邀监督员全面了解法院工作、充分履行监督职责，高级法院先后制定了特邀监督员工作规程、办理特邀监督员意见建议工作规则。

（二）全面加强法院内部监督工作

全市法院在认真做好二审程序、审判监督程序的审级监督工作的同时，特别注重建立健全内部监督制约制度和机制。一是建立案件评查制度。由专人负责对已结案件采取随机抽样等方式进行全面评查，及时发现审判工作中存在的问题，对需要改判的，依照审判监督程序处理。二是建立审判工作的监督制约机制。为彻底解决审判庭自立自审、自审自监、自审自执的问题，减少法官与当事人的庭外接触，根据明确职责、分工合理、相互制约、运转高效的原则，全面实行了“立案、审判、监督、执行”相互分立的制度，对保证审判工作的公正、廉洁、高效起到了积极的推动作用。三是对办案中易出现问题的环节加强监督、健全制度。为严格各类案件的办理期限，就案件的审限管理作了严格的规定；为有效解决执行工作中的不规范行为，实行了执行实施权与裁决权的分离，规范了委托评估、拍卖和变卖工作，加强了执行机构内部的监督制约机制；为进一步堵塞工作中的漏洞，对审判和执行中的有关司法鉴定工作进行规范，探索实行审判与鉴定分离，改变以往由审判人员直接对外委托的做法。

各位代表，5 年来，全市法院在各方面所取得的成绩，离不开各级党委、人大、政府、政协及有关方面的正确领导、有效监督和大力支持。在此，我代表全市各级法院，对各位代表和各有关方面给予我们的关心、支持和帮助，表示衷心的感谢！

回顾 5 年来首都法院的发展，我们深深体会到，法院工作必须始终坚持党的领导，以邓小平理论和“三个代表”重要思想为指导，紧紧围绕党和国家工作大局开展工作；必须始终围绕“公正与效率”工作主题，加强审判工作、狠抓队伍建设、推进法院改革；必须不断提高思想认识，坚持自觉接受人大监督。同时，我们也清醒地看到，5 年来首都法院工作中还有诸多的问题和困难：审判人员的司法观念从整体上还不能完全适应经济和社会发展的要求，大局意识、居中裁判意识、平等保护各类诉讼主体的意识还有待于进一步加强；执行难的问题由于多种原因仍然比较突出，法院在运行机制、执行方法等方面采取的措施还不能适应形势发展的需要；证据制度的改革还有待于进一步深化；再审工作中还存在着一些监督不力和监督不当问题；少数审判人员审判作风拖拉、态度冷漠，个别审判人员以权谋私，“人情案”、“关系案”还时有发生；法院自我评价与社会评价尚有一定差距；案件数量迅速上升、审理难度不断增大与审判人员的数量和素质难以适应的矛盾日益加大，导致个别案件审判质量不高，一些案件超审限；改革已经触及深层次问题，一些改革措施尚需相互衔接与协调，有些改革措施还有待于审判规律的进一步检验。上述问题和困难需要在今后的工作中认真研究，不断加以解决。

2003年的主要工作建议

党的十六大向全党和全国人民提出了全面建设小康社会的奋斗目标，把加强社会主义法制建设，推进司法体制改革作为政治建设和政治体制改革的重要内容，作出专门部署。这给首都法院的工作提出了更高的要求。为此，2003年，建议全市法院要深入贯彻党的十六大精神，以邓小平理论和“三个代表”重要思想为指导，紧紧围绕“公正与效率”工作主题，全面推进各项审判和执行工作，充分发挥职能作用；积极探索司法体制和审判机制改革，促进司法文明建设；稳步推进法官职业化建设，提高队伍整体素质。为全面建设小康社会，为首都率先基本实现现代化提供有力的司法保障。重点抓好以下几个方面的工作：

着眼于首都稳定，依法严厉打击各种刑事犯罪。从维护首都政治稳定和社会安定出发，严厉打击境内外敌对势力、暴力恐怖破坏活动，依法审判涉“法轮功”犯罪案件；认真总结“严打”整治斗争经验，继续保持高压态势，严惩严重危害人民群众生命财产安全的涉枪涉爆犯罪和故意杀人、抢劫、强奸、重大盗窃等犯罪；从严打击严重破坏市场经济秩序的犯罪，促进整顿和规范市场经济秩序工作的深入开展；严惩贪污、贿赂、挪用公款等腐败犯罪；积极探索各种新类型犯罪在证据采信、法律适用和财产刑执行等方面的突出问题，加大研究和指导力度；坚持教育、感化、挽救的方针，做好未成年人审判工作，以各种形式积极参与社会治安综合治理。

着眼于社会进步，依法及时妥善调处社会矛盾。依法审理好婚姻家庭、劳动争议、金融债权等各类民商事案件，努力化解社会矛盾，促进安定团结；依法及时审理涉外、涉台、涉港澳案件，为首都创造良好的投资环境；精心审理各类知识产权案件，保护知识产权人的合法权益；依法稳妥审判行政案件，支持、监督行政机关依法行政，维护人民群众的合法权益；采取切实有效措施，高效处理人民群众的来信来访；全面加强执行工作，探索新方法、新途径，努力解决人民群众关注的执行难问题，切实保证当事人合法权益的实现；认真落实中央关于加强新时期人民调解工作的精神，切实加强对人民调解工作的指导和支持，认真审理好涉及人民调解协议的案件。

着眼于公正高效，进一步深化法院各项改革。按照十六大提出的司法体制改革的任务，认真落实最高法院新的改革要求，巩固已有的改革成果，加强调查研究，努力解决实际问题；进一步改革普通程序中制约审理效率提高的内容，进一步探索民事简易程序的适用，推行部分刑事案件普通程序的简化适用；对专业化较强的案件试行专业化审判；全面推行和规范院庭长办案制度；加强民事案件的审前准备工作；探索诉讼调解制度的改革；进一步改进裁判文书的制作，加强针对性；不断完善执行机制改革，进一步提高执行工作质量和效率。

着眼于素质提高，不断加大队伍建设力度。以提高素质、优化结构、改进作风和增强团结为重点，加强各级法院领导班子建设；加大教育培训力度，提高法官的法律素养和审判能力；重视作风建设和法官职业道德教育，切实改进审判作风，树立良好的司法形象；严格准入条件、优化知识结构和年龄结构，推进法官职业化建设；加强党风廉政建设，努力在广大干警中形成自我教育、自我约束、自觉向上的风气，进一步建立健全法院内部监督制约机制，防止以权谋私、枉法裁判等腐败现象的发生。

各位代表，全市法院将在市委的领导和市人大及其常委会的监督下，与时俱进，开拓创新，依法履行宪法和法律赋予的职责，为全面建设小康社会，为首都率先基本实现现代化，为改革、发展、稳定提供有力的司法保障！

北京市第十二届人民代表大会第一次会议关于北京市人民检察院工作报告的决议

（2003 年 1 月 19 日北京市第十二届人民代表大会第一次会议通过）

北京市第十二届人民代表大会第一次会议批准北京市人民检察院检察长许海峰作的《北京市人民检察院工作报告》。

北京市人民检察院工作报告

——2003 年 1 月 16 日在北京市第十二届人民代表大会第一次会议上

北京市人民检察院检察长　许海峰

各位代表：

现在，我代表北京市人民检察院向大会报告工作，请予审议，并请市政协委员提出意见。

一、过去 5 年的工作

自北京市第十一届人民代表大会第一次会议以来，全市检察机关在市委和最高人民检察院的领导下，在市人大及其常委会的监督下，以邓小平理论和“三个代表”重要思想为指导，忠实履行宪法赋予的法律监督职能，努力维护司法公正和法制统一，在服务首都改革发展稳定大局中发挥了积极作用。

（一）严格履行刑事检察职责，积极维护首都社会稳定

5 年来，我们认真按照中央、市委和最高人民检察院关于各个时期维护稳定工作的部署和要求，积极参加各项集中行动和专项斗争，与有关部门紧密配合，依法正确行使批捕权和公诉权，严厉打击严重刑事犯罪、破坏市场经济秩序犯罪，依法办理“法轮功”邪教组织犯罪案件，积极参与社会治安综合治理，等等。5 年来，共批准逮捕各类刑事犯

罪55357件79337人，提起公诉61901件89678人，其中批准逮捕“法轮功”邪教组织犯罪520人，提起公诉399人，为维护首都社会稳定发挥了积极作用。

特别是开展“严打”整治斗争以来，我们认真贯彻全国治安工作会议精神、全国整顿和规范市场经济秩序工作会议精神，结合北京实际，把握打击重点，突出打击带有黑社会性质的有组织犯罪，流氓恶势力犯罪，严重暴力犯罪和盗窃、抢夺等严重影响群众安全感的多发性犯罪。对重大疑难案件实行挂牌督办，依法从重从快审查批捕、审查起诉和提起公诉。“严打”以来，共批准逮捕各类犯罪32344人，提起公诉37955人。如，对“京城首例涉黑案”、“京城第一盗车案”、“打闷棍案”、“蓝极速网吧纵火案”等一批重大恶性案件都依法快捕快诉，及时有力地打击了犯罪分子的嚣张气焰，维护了社会安定，增强了人民群众的安全感。

在打击犯罪的同时，我们注意依法保障人权，坚持打击犯罪与保障人权并重。严格依照法定的批捕和公诉标准，严把事实关、证据关、程序关和运用法律关，慎重行使批捕权和公诉权，切实避免错捕错诉，保障无罪的人不受刑事追究。5年中，共决定不批准逮捕3490人，不起诉1408人，确保刑事检察权依法公正行使，全面维护社会稳定。

（二）认真履行职务犯罪侦查职责，积极促进反腐败斗争深入开展

查办贪污贿赂、渎职侵权等职务犯罪，是法律赋予检察机关的一项重要职责。5年来，我们坚决贯彻中央关于反腐败斗争的总体部署，认真依法查办各类职务犯罪，在反腐败斗争总体格局中发挥了重要职能作用。

一是健全制度，反贪侦查工作进一步规范化。按照“规范、提高、建设、发展”的思路，加强了职务犯罪侦查工作的规范化建设。根据侦查工作需要，各级检察院相继成立了反贪局，市院组建了大案要案侦查指挥中心，健全了组织，强化了统一领导和指挥协调机制。加强了反贪队伍专业化建设，积极组织侦查技能的专业培训，队伍的专业素质和办案能力得到提高。严格办案纪律，规范了办案程序和侦查行为。对职务犯罪的举报、立案侦查、批准逮捕、提起公诉四个职能部门实行分设，职责分明，互相制约。对讯问、搜查、扣押、冻结等强制措施实行严格的审批程序等。采取以上措施，使职务犯罪侦查工作逐步走向专业化、制度化、规范化。

二是明确重点，突出查办大案要案。5年来，我们始终把人民群众关注、社会反映强烈、有震动有影响的职务犯罪大案要案作为查办的重点。突出查办了一批发生在党政机关、司法机关、行政执法机关和经济管理部门的职务犯罪案件和县处级以上领导干部犯罪案件。同时查办了在国有企业转制、重组过程中私分、侵吞国有资产的贪污贿赂犯罪案件。5年来，共立案侦查贪污贿赂、渎职侵权犯罪案件1917件。其中贪污贿赂、挪用公款百万元以上大案262件，千万元以上大案77件；立案侦查县处级以上领导干部犯罪要案483人，其中厅局级以上干部犯罪要案118人；立案查办国家工作人员渎职侵权犯罪115件148人，其中，司法人员犯罪56件83人；深挖了一批职务犯罪的“窝案”、“串案”；及时抓捕了一批潜逃的贪污、受贿、挪用公款的犯罪分子41人。在突出查办受贿犯罪的同时，还注意查办行贿犯罪。查办了华润瑞琛进出口有限公司副总经理邹秀海等人挪用公款2.4亿元案、原机械工业部经济调节与国有资产监管司企财处处长陈洪喜贪污、挪用公款2215万元案等一系列重大案件。圆满完成了对成克杰、李纪周等部级以上干部犯罪案件的审查起诉任务。这对于净化社会风气，

促进廉政建设和反腐败斗争深入开展起到了积极作用。

三是把握原则，确保办案的质量和效果。在查办职务犯罪过程中，我们坚决扭转了过去重数量轻质量、重查处轻保护的错误倾向，正确处理查处与保护、办案与服务的关系，确保办案的质量和效果。我们严格遵循“一要坚决，二要慎重，务必搞准”的原则，对构成职务犯罪的，坚决依法查处，对查明不构成犯罪的，及时澄清是非，依法保护当事人的合法权益。同时，我们本着围绕中心、服务大局的精神，通过办案，尽可能为国家和发案单位挽回经济损失。5年中，共为国家和集体挽回经济损失近13亿元，取得了较好的社会效果。

（三）充分发挥职能优势，积极开展预防职务犯罪工作

在查处职务犯罪的同时，我们认真贯彻中央关于标本兼治、从源头上预防和治理腐败的方针，进一步明确了在市场经济条件下做好预防犯罪工作的重大现实意义，充分发挥检察职能优势，积极广泛地开展预防职务犯罪工作。一是通过办案，开展个案预防。根据发案单位存在的问题，及时发出有针对性的检察建议600多条，被采纳386条，促使发案单位进一步完善制度，加强管理，堵塞漏洞。同时，结合典型案例，采取多种形式，广泛开展警示教育，做到警钟长鸣，努力从思想上筑起防线。二是以点带面，开展行业和系统预防。我们与工业、城建、金融、医疗卫生等行业，共同建立行业系统预防机制，注意总结带有行业性特点的职务犯罪规律，制定有针对性的防范措施。三是结合重点工程，开展专项预防。在一些重点工程、重点项目实施之前和全过程，实行同步预防，努力实现工程优质、干部优秀的预防效果。四是拓展领域，开展网络预防。积极把职能预防与社会预防结合起来，形成了由区县委统一领导，有关部门共同参与，检察机关在其中发挥职能作用的社会大预防网络。这样，逐步形成了以个案预防为基础，以行业预防为重点，以网络预防为依托的点、线、面结合的预防工作格局。几年来的预防工作，得到了各级党委、人大、政府及有关部门的大力支持，对教育警示、挽救保护干部产生了积极影响，对有效防止和减少职务犯罪起到了重要作用，得到了社会各界的充分肯定。

（四）依法履行诉讼监督职责，努力维护司法公正和法制统一

诉讼监督是维护司法公正，实现社会公平与正义的重要保障，是宪法和法律赋予检察机关的根本职责。5年来，我们始终围绕“强化监督、公正执法”这一检察工作主题，依法行使诉讼监督权，各项检察工作都取得了新的进展。

立案监督和侦查监督全面开展。在立案监督方面，我们加大了对“有案不立”、“压案不办”、“以罚代刑”的监督力度。5年来，我们对应当立案而没有立案的案件，要求侦查机关说明不予立案理由208件，要求侦查机关立案33件。同时，对侦查机关依据刑事诉讼法的规定不应当立案的，坚决予以维护和支持。在侦查监督方面，深挖了一批漏捕、漏诉的犯罪嫌疑人，追捕、追诉了一批犯罪分子，并对作案后在逃和另案处理的犯罪嫌疑人及时登记造册，建立了未到案犯罪嫌疑人备案制度，由专人负责督促侦查结果，对没有进行处理或追捕追逃的，及时提出检察意见。对批准逮捕的案件，我们重点监督了侦查机关是否及时执行了逮捕，执行中是否改变了强制措施。对不批准逮捕的案件，是否立即释放了犯罪嫌疑人，没有立即释放的是否改变了其他强制措施，改变强制措施的

是否合法等情况进行检察监督。通过以上措施，努力保证严格依法侦查，既不允许任何犯罪分子逍遥法外，也不允许侵犯犯罪嫌疑人的合法权利。

审判监督和刑罚执行监督得到强化。坚持实体监督与程序监督并重，依法对审判机关的判决、裁定以及审判活动是否合法进行检察监督，坚决保障诉讼参与人的合法权益，发现侵权行为，及时提出纠正意见，全面维护司法公正。5年来，我们对刑事判决、裁定提出抗诉300件，改判35件。提出民事行政抗诉260件，改判54件。对审判机关违反诉讼程序的，及时提出书面检察纠正意见。同时，积极主动地做了大量的服判息诉工作，有力地维护了审判机关正确判决、裁定的法律权威。在刑罚执行监督方面，我们对监狱、看守所、劳教等执行场所加强了检察。实现了与监管场所的部分微机联网，采取同步动态监督，效果明显。对超期羁押犯罪嫌疑人的责任单位及时提出书面纠正意见，超期羁押现象明显减少。

控告申诉检察工作进一步加强。进一步健全了接待群众来信来访的各项工作规范和措施。开通了24小时举报电话，试行了网上举报，积极引导和鼓励正确举报、署名举报。始终坚持检察长接待日制度。全面开展了创建文明接待室活动。完善了控告申诉和刑事赔偿案件的管理工作机制。认真做好集体访、告急访和上访老户的工作。普遍实行了控告申诉工作首办责任制，增强了为群众服务的责任意识，力求将问题解决在基层，解决在首次办理环节中。5年来，共受理来信来访46235件，办结控告案件42342件，办结申诉案件4082件；受理刑事赔偿案件81件，办结66件，依法赔偿13件；积极稳妥地处理了集体上访案件345件，化解了不安定因素，维护了社会稳定。

（五）不断深化改革，为检察工作发展提供新动力

5年来，我们认真贯彻党的十五大、十六大关于推进司法改革的要求，按照市委和高检院的部署，紧紧围绕公正高效履行检察职责这一目标，结合实际，依法积极推进了各项改革。

一是稳妥推进机构改革。按照“精简、统一、效能”和有利于强化法律监督的原则，撤销了原市检分院，成立了市检一、二分院，理顺了与审判机关之间的业务对应关系，强化了业务指导功能；对全市检察系统内设机构进行了合理调整和规范，更有利于各项业务工作的统一有效运行。

二是积极探索检察工作科学化管理模式。全市检察机关普遍实行了岗位目标量化考核责任制，对检察业务、队伍和行政工作实行全方位定性定量考核，做到责、权、利相统一，有力地调动了检察人员的积极性和创造性，努力实现检察工作管理科学化、规范化、制度化。

三是普遍实行主诉检察官办案责任制。在检察长的领导下，在公诉部门实行以主诉检察官为责任人的办案制度，激发了主诉检察官办案的责任心和能动性，提高了办案质量和效率，培养了一支能够胜任首都检察工作的公诉骨干，圆满完成了一批重特大案件的审查起诉任务。

四是建立健全内外部监督制约机制。检察机关作为法律监督机关，自身执法，又监督执法，这种特殊地位必然要求正人必先正己，监督者更要接受监督。为此，我们坚持自觉接受外部监督。首先是自觉接受人大监督。认真执行市人大常委会制定的《监督司法工作条例》，不断拓宽与人大代表、政协委员及社会各界的联系渠道，建立人大代表联络室和督办室，主动邀请人大代表视察工作，

向人大代表汇报检务情况，认真依法办理代表建议和督办案件。其次是实行“检务公开”，以公开促公正，增加检务透明度，强化人民群众对检察工作的监督。第三是建立专家咨询监督员制度，广泛接受社会各界的监督。同时，我们进一步加大了检察机关内部监督制约力度。认真落实《北京市检察机关内部监督制约暂行办法》，强化检察业务各部门、各环节之间的监督与制约，初步取得较好效果。这样，使内外部监督制约逐步实现制度化、规范化，减少了执法过程中的违法违纪现象，确保检察权依法正确行使。

五是建立并实行了全面保障诉讼参与人合法权益的工作机制。为切实做到公正执法，实现人民满意，我们通过深入系统地研究论证，在广泛吸纳专家学者、人民群众和社会各界意见的基础上，建立并推行了全面保障诉讼参与人合法权益的工作制度和机制，从制度上保障检察官严格执法，杜绝出现侵犯诉讼参与人合法权益的不良执法作风和违法违纪行为。从而在检察环节上全面保障包括犯罪嫌疑人、被告人、被害人、辩护人、律师、证人等所有诉讼参与人的合法权益。这项改革是完善诉讼程序，保障公民和法人合法权益，促进司法公正的重要探索，符合党的十六大提出的在全社会实现公平和正义的要求，体现了尊重和保护人权的现代法治精神，得到了社会各界的重视和支持。

（六）坚持从严治检，全面提高队伍的整体素质

5年来，我们始终把队伍建设作为搞好检察工作的基础工程常抓不懈，以“结构合理、素质优良、富有活力”为目标，坚持从严治检方针，不断提高队伍整体素质，重点抓了以下几方面的工作：

一是突出抓好队伍的思想政治建设和纪律作风建设。在各级领导班子中，认真开展“三讲”教育，加强以邓小平理论和“三个代表”重要思想为核心内容的政治理论学习，提高了班子的思想政治水平，增强了解决问题和科学决策的能力。在干警中，普遍开展理想信念、职业道德教育，开展“为谁执法，为谁服务”、“立党为公，执法为民”大讨论，进行纪律作风集中教育整顿和执法执纪大检查，坚决查处少数违法违纪干警，5年来共查处35人，结合典型案例，开展经常性警示教育，使队伍的思想政治素质得到提高，纪律作风得到整肃和改进。

二是强化队伍的业务能力建设。根据新形势下检察工作发展的需要，结合队伍实际状况，制定并实施了北京市检察机关干部培训的中长期计划，按门类分层次进行轮训、岗前培训，继续发展后续学历教育，广泛开展岗位练兵和专业技能竞赛，使队伍业务素质明显增强，执法水平得到较大提高。

三是推行干部人事制度改革。通过开展竞争上岗实行择优录用，全系统共有566名年富力强的优秀干部走上各级领导岗位，各级领导班子结构明显改善。通过一般干部双向选择，合理配置检察人力资源，激发了队伍活力。同时，进行精简分流，疏通出口。引进高校及社会各类人才612人。目前，全系统具有大学本科以上学历的检察人员占总人数的75%，队伍的年龄、知识、专业结构得到较大改善和优化。

四是全面加强基层院建设。基层检察院是全市检察工作的前沿和基础。几年来，我们认真落实《人民检察院基层建设纲要》，全面加强基层院建设。按照高检院和市委政法委的部署，广泛开展争创“五好”、“两满意”活动，涌现出一批先进集体和先进个人，24个基层检察院已全部跨入最高人民检察院规定的“五好”达标行列。通过抓基层院建设，使队伍整体素质和执法水平不断提高，执法

作风也有了明显改进，为履行检察职能奠定了坚实的组织基础。

五是大力培养和宣传先进典型。通过多年努力，培养和造就了一批优秀检察官群体，有力展示了首都检察官的良好形象。市检一分院副检察长方工同志是其中最优秀的代表。特别是在党的十六大召开前夕，中央将方工同志定位为“公正执法的楷模”，作为重大先进典型在全国推出，社会反响很好。我们北京检察系统通过广泛开展学习方工活动，呈现出以方工为榜样，学先进、比贡献、团结向上、奋发进取的良好势头，有力推动了首都检察官队伍的健康成长。

此外，我们还十分注意做好检察后勤保障工作，在各级党委、人大和政府的关怀支持下，逐步改善了办案办公条件，努力增强了检察工作的科技含量，为公正高效履行检察职能提供了较好的物质保障。

各位代表，过去的5年，是首都改革开放和现代化建设取得重大成就的5年，也是全市检察机关以邓小平理论和“三个代表”重要思想为指导，全面履行检察职能，为首都改革发展稳定大局服务的五年；是解放思想，改革创新，团结奋斗，奋发进取的5年；是发展的5年、前进的5年。5年检察工作取得的成绩和进步，主要得益于市委和最高人民检察院的正确领导，得益于人大及其常委会的有效监督，得益于各级党委、政府、政协和社会各界的亲切关怀和大力支持。在此，我代表全市检察机关向一直关心我们工作的各位代表、政协委员及社会各界表示崇高的敬意和衷心的感谢！

回顾5年来的检察工作实践，使我们深深地体会到，要做好检察工作，必须坚持以邓小平理论和“三个代表”重要思想为指导，牢牢把握检察工作的正确方向；必须突出“强化监督、公正执法”的检察工作主题，自觉地为首都工作大局服务；必须坚持党的领导，自觉接受人大及其常委会的监督，确保检察工作健康发展；必须不断深化检察改革，为检察工作发展增添新动力；必须坚持从严治检，长期不懈地抓好队伍建设；必须着力抓好基层院建设，夯实检察工作基础，不断推进首都检察机关革命化、专业化和现代化建设。

同时我们也清醒地认识到，我们工作中还存在许多问题和不足，与宪法法律的规定和人民的期望相比，还有不小差距。主要表现在：一是按照《检察官法》的要求，队伍结构还不尽合理，整体素质还不够高，执法水平还不能完全适应新形势新任务的需要；二是有的检察人员执法能力较弱，工作效率不高，有些案件拖延时间较长，群众有意见。特别是仍有极少数检察人员执法思想不端正，执法作风较差，执法不力不公，甚至违法违纪；三是诉讼监督力度不够，办法不多，效果不很理想；四是主动宣传检察机关职能不够，不利于检察机关全面开展工作；五是检察工作的科技含量不够高，办案手段比较落后，等等。针对这些问题，我们将高度重视，深入分析产生问题的原因，积极采取有针对性的措施，认真加以改进和解决。

二、对今后工作的建议

各位代表，今后5年，是北京全面建设小康社会、全力筹办奥运会、为率先基本实现现代化而努力奋斗的重要时期。党的十六大对加强社会主义法制建设作出了新的部署，对司法工作提出了新的要求。我们检察机关必须认清形势，明确任务，振奋精神，充满信心，在市委和最高人民检察院的领导下，在市人大及其常委会的监督下，以邓小平理论和“三个代表”重要思想为指导，认真学习贯彻党的十六大精神，全面履行各项检察职能，继续深化检察改革，加强队伍建设和基本保障建设，不断推进首都检察工作创新发展，为首都率先基本实现现代化和成功举办奥运会创造稳定和谐的社会法治环境作出新的贡献！

（一）要深入学习贯彻党的十六大精神，牢固确立"三个代表"重要思想在检察工作中的指导地位。"三个代表"重要思想是党的十六大的灵魂，是我们党必须长期坚持的指导思想，是我们做好新时期检察工作的行动指南。我们要用"三个代表"重要思想武装检察干警头脑，牢固确立"三个代表"重要思想在检察工作中的指导地位；坚持以"三个代表"重要思想统揽检察工作全局，切实把维护人民群众的根本利益作为检察工作的出发点和归宿点，把人民满意不满意作为检验工作的标准，增强宗旨意识，自觉为人民执法，为人民服务，切实把"三个代表"重要思想贯穿于检察工作全过程，落实到各项工作当中去。

（二）要全面履行检察职责，更好地为首都工作大局服务。要进一步树立大局意识和责任意识，坚持以"强化监督、公正执法"为主题，认真做好各项检察工作。要始终把维护首都社会稳定摆在首位，继续坚持"严打"方针，正确履行刑事检察职责，严厉打击各类刑事犯罪和破坏市场经济秩序的犯罪，认真做好维护首都稳定的工作；要继续按照中央关于反腐败斗争的总体要求，认真查办职务犯罪的大案要案，同时积极做好预防职务犯罪工作；要以监督诉讼程序、惩治司法腐败为重点，以促进司法文明、实现社会公平和正义为目标，进一步强化诉讼监督，全面履行法律监督职责，努力维护司法公正，更好地为首都改革发展稳定大局服务。

（三）要不断深化检察改革，全面加强队伍建设，努力推动首都检察工作创新发展。要进一步增强改革创新意识，按照党的十六大以及全国检察工作会议、市政法工作会议关于司法改革的部署和要求，结合北京检察工作实际，着眼于依法独立公正行使检察权，着眼于提高队伍的整体素质和执法水平，着眼于提高工作效能，在认真总结和运用以往改革经验的基础上，依法积极稳妥推进检察工作体制和检察业务工作机制、队伍管理机制、保障机制等方面的改革，不断推动检察工作创新发展。我们要坚持不懈地全面加强队伍建设，不断提高队伍的整体素质和执法水平。要加强"三个代表"重要思想的学习，不断提高队伍的政治素质；要按照教育培训计划，加强领导素质、任职资格、检察实务和岗位技能的培训，不断提高队伍的业务素质；要坚持从严治检，加强作风纪律建设，不断改进执法作风，确保司法公正。我们要继续深入开展学习方工活动，以方工为榜样，全面推动队伍建设。要采取有效措施，继续改善队伍结构，提高素质，增强活力，按照党的十六大要求，努力建设一支政治坚定、业务精通、作风优良、执法公正的首都检察官队伍，以适应新时期新任务的需要。

各位代表，展望未来，任重道远。面对新形势新任务，我们将在市委和最高人民检察院的领导下，在市人大及其常委会的监督下，以邓小平理论和"三个代表"重要思想为指导，深入学习贯彻党的十六大精神，认真落实市九次党代会精神和本次会议的决议，以昂扬向上的精神状态，团结奋斗，与时俱进，努力开创全市检察工作新局面，为首都改革开放和现代化建设作出新的更大的贡献！

北京市第十二届人民代表大会第一次会议议案审查委员会关于代表议案的审查报告

（2003年1月18日北京市第十二届人民代表大会第一次会议主席团第六次会议通过）

北京市第十二届人大第一次会议议案审查委员会主任委员　张燕丽

大会主席团：

在主席团第一次会议通过的议案截止时间内，共收到议案392件，其中代表团提出的议案41件，10名以上代表联名提出的议案351件。按照内容分类，属于财政经济方面的105件；属于城市建设和管理方面的128件；属于教育、科技、文化、卫生和体育方面的81件；属于政法、民族、侨务及其他方面的78件。

代表们以邓小平理论和"三个代表"重要思想为指导，认真履行宪法和法律赋予的职责，从全面贯彻落实党的十六大精神和市九次党代会精神出发，立足北京市情和工作实际，紧紧围绕首都抓住机遇、加快发展、率先实现现代化、全面建设小康社会，积极提出议案。议案对扩大就业和做好下岗职工再就业工作，促进城乡居民增收，完善最低生活保障制度，切实保障困难群众的基本生活；对推进农业现代化和农村城市化进程，建立农民社会保障制度，促进城乡经济和社会协调发展；对优化发展环境，整顿和规范市场经济秩序；对加强城市建设和管理，加快基础设施建设，改善交通状况，开源节流保护水资源，治理环境，搞好生态建设；对加快教育、科技、文化、卫生、体育事业的改革和发展，促进社会全面进步；对落实党的民族、侨务政策，保护台胞投资者和归侨侨眷的合法权益，鼓励海外留学人员来京创业；对加强立法工作，推进民主政治建设以及市民关注、迫切需要解决的其他有关问题，提出了许多重要的意见和建议。

议案审查委员会对议案逐项进行了认真的审查，提出了审查意见，现报告如下：

一、交市人民政府办理，由市人大常委会审议的35件：

1. 吴守伦等15位代表提出的"北京水资源形势严峻，前所未有，'在水资源严重紧缺的情况下如何确保北京可持续发展'应列为常委会的重要议题"的议案（第1号）；

2. 吴守伦等14位代表提出的"革除北京市现行管水体制弊端，成立'北京市水务局'，建立统一管水的水务体制"的议案（第2号）；

3. 高扬等23位代表提出的"建设节水型城市，确保北京社会经济可持续发展"的议案（第3号）；

4. 高扬等23位代表提出的"北京市要认真研究逐步建立农村的养老、医疗和最低生活保障制度"的议案（第4号）；

5. 高扬等23位代表提出的"认真做好北京市的扩大就业和困难群体的社会保障工作"的议案（第5号）；

6. 石定果等12位代表提出的"采取切实有效措施，推进首都交通秩序的文明化"的议案（第8号）；

7. 范勇宏等16位代表提出的"关于努力

创造北京金融业良好发展环境，构造与首都国际大都市相称的现代金融业”的议案（第13号）；

8. 王功伟等32位代表提出的“依托金融街集中发展北京的金融区”的议案（第14号）；

9. 沈梦培等14位代表提出的“从交警蒋革清因公殉职说北京市的交通管理”的议案（第19号）；

10. 沈梦培等24位代表提出的“改革水管理体制，节约用水”的议案（第21号）；

11. 沈梦培等25位代表提出的“‘就业’和‘再就业’是保持社会稳定的重大问题，北京市政府要千方百计搞好‘就业’和‘再就业’工作”的议案（第23号）；

12. 包玉良等25位代表提出的“北京市的水管理必须适应严重缺水的现实，改变‘多龙管水’为统一高效的水务管理体制”的议案（第34号）；

13. 李敬等20位代表提出的“改革北京的交通管理体制，为改善和发展北京的交通而努力建立北京市交通综合管理委员会统一规划管理北京的交通”的议案（第57号）；

14. 赵增华等12位代表提出的“农民就业和社会保障问题突出，全市应尽快制定统一的政策，完善农村社会保障体系，缓解农民就业压力”的议案（第60号）；

15. 杨永安等18位代表提出的“农村城市化的社会保险问题”的议案（第77号）；

16. 廖春迎等11位代表提出的“关于北京市农村城市化过程中农民养老保障和就业问题”的议案（第88号）；

17. 包玉良等15位代表提出的“应将快速公交系统作为北京公交发展的基本模式之一优先发展”的议案（第127号）；

18. 吕晓霖等31位代表提出的“大力整治北京市交通秩序”的议案（第147号）；

19. 延庆县代表团提出的“关于加强延庆湿地资源保护”的议案（第180号）；

20. 延庆县代表团提出的“关于加大官厅水库周边保护力度”的议案（第181号）；

21. 李坤成等19位代表提出的“在全市各行各业开展交通法规专门学习”的议案（第201号）；

22. 王苗等17位代表提出的“充分利用金融优势，促进经济高速发展”的议案（第229号）；

23. 毛铮铮等21位代表提出的“加强对军警车辆的管理，建设文明之师”的议案（第276号）；

24. 李维昌等11位代表提出的“关于加强顺义汉石桥湿地保护”的议案（第277号）；

25. 石定果等14位代表提出的“公交车辆的管理亟待改善”的议案（第288号）；

26. 钱渊等17位代表提出的“加大法制力度，提高科学管理水平，更加有效地治理北京交通拥堵现象”的议案（第342号）；

27. 吴秀萍等11位代表提出的“‘巨无霸’18米长公交车深受市民青睐，建议市政府进一步加大对大型环保公交车辆的投资力度”的议案（第348号）；

28. 安丽娟等13位代表提出的“尽快落实全国和市再就业会议精神，出台北京市可操作性实施细则”的议案（第349号）；

29. 马润津等16位代表提出的“北京市应注意加强对地下水资源的保护，尽快制定并实施地下水源污染防治规划”的议案（第353号）；

30. 宛素春等16位代表提出的“加强交通管理，改善北京交通拥堵现状”的议案（第367号）；

31. 李素丽等14位代表提出的“建设北京快速公交系统，实现城市交通可持续发展”的议案（第370号）；

32. 李友元等15位代表提出的“加强静

态交通管理，增加对停车场所设施建设的投入”的议案（第 379 号）；

33. 李友元等 17 位代表提出的“制定北京大交通规则，提升北京市城市现代化管理水平”的议案（第 380 号）；

34. 哈图卓日克等 29 位代表提出的“建议彻底调整北京市水管理体制”的议案（第 381 号）；

35. 史际春等 22 位代表提出的“优化公交服务，诱导私家车主做‘星期日司机’，从根本上缓解交通问题”的议案（第 387 号）。

以上 35 件议案中，有 10 件（第 1 号、第 2 号、第 3 号、第 21 号、第 34 号、第 180 号、第 181 号、第 277 号、第 353 号、第 381 号）的内容属于水资源保护和管理问题，并为一项；有 4 件（第 4 号、第 60 号、第 77 号、第 88 号）的内容属于农民社会保障问题，并为一项；有 3 件（第 5 号、第 23 号、第 349 号）的内容属于城镇居民就业和再就业问题，并为一项；有 15 件（第 8 号、第 19 号、第 57 号、第 127 号、第 147 号、第 201 号、第 276 号、第 288 号、第 342 号、第 348 号、第 367 号、第 370 号、第 379 号、第 380 号、第 387 号）的内容属于交通管理问题，并为一项；有 3 件（第 13 号、第 14 号、第 229 号）的内容属于金融业发展环境问题，并为一项。

以上议案并案后，共为 5 项。

二、作为建议、批评和意见，交由本市有关部门研究办理并负责答复代表的 357 件（见议案目录）。

以上审查意见，建议主席团予以批准。

附件：

北京市第十二届人民代表大会第一次会议议案目录

编号	案由	提议案人	审议结果
1	北京水资源形势严峻，前所未有，“在水资源严重紧缺的情况下如何确保北京可持续发展”应列为常委会的重要议题	吴守伦等15人	交市人民政府办理由市人大常委会审议
2	革除北京市现行管水体制弊端，成立“北京市水务局”，建立统一管水的水务体制	吴守伦等14人	交市人民政府办理由市人大常委会审议
3	建设节水型城市，确保北京社会经济可持续发展	高　扬等23人	交市人民政府办理由市人大常委会审议
4	北京市要认真研究逐步建立农村的养老、医疗和最低生活保障制度	高　扬等23人	交市人民政府办理由市人大常委会审议
5	认真做好北京市的扩大就业和困难群体的社会保障工作	高　扬等23人	交市人民政府办理由市人大常委会审议
6	北京市应尽快出台“预防职务犯罪条例”	高　扬等21人	作为建议、批评和意见交市人民检察院研究办理
7	加快北京市小城镇建设步伐，促进城乡经济和社会的协调发展	高　扬等20人	作为建议、批评和意见交市人民政府研究办理
8	采取切实有效措施，推进首都交通秩序的文明化	石定果等12人	交市人民政府办理由市人大常委会审议
9	工伤保险应确立地方性法规，扩大受益面	石定果等12人	作为建议、批评和意见交市人民政府研究办理
10	北京市应出台《禁止价格欺诈行为规定》的实施细则	石定果等12人	作为建议、批评和意见交市人民政府研究办理
11	强化学位体系的考核和监督	石定果等13人	作为建议、批评和意见交市人民政府研究办理
12	北京高校岗位补贴和退休教工差距过大，应依据“创收共享”的原则公平分配	石定果等10人	作为建议、批评和意见交市人民政府研究办理

13	关于努力创造北京金融业良好发展环境，构造与首都国际大都市相称的现代金融业的议案	范勇宏等 16 人	交市人民政府办理由市人大常委会审议
14	依托金融街集中发展北京的金融区	王功伟等 32 人	交市人民政府办理由市人大常委会审议
15	广大职工对于《北京市基本医疗保险规定》强烈不满，要求北京市人民代表大会关注、北京市人民政府修改完善规定	沈梦培等 20 人	作为建议、批评和意见交市人民政府研究办理
16	北京市政府应加大对邮政基础设施投入	沈梦培等 17 人	作为建议、批评和意见交市人民政府研究办理
17	整治“摩的”	沈梦培等 19 人	作为建议、批评和意见交市人民政府研究办理
18	北京市出租车行业存在严重问题，必须对它的管理体制进行全面改革	沈梦培等 26 人	作为建议、批评和意见交市人民政府研究办理
19	从交警蒋革清因公殉职说北京市的交通管理	沈梦培等 14 人	交市人民政府办理由市人大常委会审议
20	尊重知识、尊重人才，获得国务院特殊津贴的科技专家应按劳动模范对待	沈梦培等 19 人	作为建议、批评和意见交市人民政府研究办理
21	改革水管理体制，节约用水	沈梦培等 24 人	交市人民政府办理由市人大常委会审议
22	警惕房地产过热	沈梦培等 22 人	作为建议、批评和意见交市人民政府研究办理
23	“就业”和“再就业”是保持社会稳定的重大问题，北京市政府要千方百计搞好“就业”和“再就业”工作	沈梦培等 25 人	交市人民政府办理由市人大常委会审议
24	电脑派位不符合“三个代表”思想，不要再搞下去了	沈梦培等 26 人	作为建议、批评和意见交市人民政府研究办理
25	迎接挑战，加大北京市商业连锁企业重组力度，实行强—强联合	沈梦培等 21 人	作为建议、批评和意见交市人民政府研究办理
26	严格执法、严格管理，创造良好的企业经营环境	沈梦培等 23 人	作为建议、批评和意见交市人民政府研究办理

27	北京市街头制假证的违法广告又沉渣泛起，管理部门应严惩不贷；我们同时提出北京市人大常委会修改《北京市市容环境卫生条例》	沈梦培等 18 人	作为建议、批评和意见交市人民政府研究办理
28	取消北京市内道路收费站，改革车辆上路收费办法	沈梦培等 27 人	作为建议、批评和意见交市人民政府研究办理
29	关于加快边远山区信息化建设的议案	刘增会等 10 人	作为建议、批评和意见交市人民政府研究办理
30	对关“五小”后农民就业增收应给予政策扶持	刘增会等 10 人	作为建议、批评和意见交市人民政府研究办理
31	关于加快山区公路建设的议案	刘增会等 10 人	作为建议、批评和意见交市人民政府研究办理
32	建议市政府对房山区基础设施建设给予政策和资金倾斜	马丽英等 12 人	作为建议、批评和意见交市人民政府研究办理
33	尽快制定《北京市少数民族权益保障条例的实施细则》	包玉良等 23 人	作为建议、批评和意见交市人民政府研究办理
34	北京市的水管理必须适应严重缺水的现实，改变“多龙管水”为统一高效的水务管理体制	包玉良等 25 人	交市人民政府办理由市人大常委会审议
35	加快羊坊店地区交通建设和西客站前旧房改造，提升环境水平	刘国祥等 12 人	作为建议、批评和意见交市人民政府研究办理
36	北京大学征用北京大学西侧畅春新园（原西苑草场）	胡　军等 12 人	作为建议、批评和意见交市人民政府研究办理
37	北京大学东门、西门、西侧机动车门门口交通秩序混乱问题	胡　军等 11 人	作为建议、批评和意见交市人民政府研究办理
38	为青少年建设一个良好的社会活动环境	臧铁军等 19 人	作为建议、批评和意见交市人民政府研究办理
39	刹住公办学校豪华建设之风	臧铁军等 18 人	作为建议、批评和意见交市人民政府研究办理
40	关于继续加快拓宽改造京周公路的议案	马丽英等 12 人	作为建议、批评和意见交市人民政府研究办理
41	提请市政府领导协调解决房山服装集团公司“绿援”工程问题	刘启文等 16 人	作为建议、批评和意见交市人民政府研究办理

42	关于建立区级农产品安全检测机构的建议	仉锁忠等 10 人	作为建议、批评和意见交市人民政府研究办理
43	关于发展农村基础教育应增加市转移支付的议案	赵淑雅等 14 人	作为建议、批评和意见交市人民政府研究办理
44	加快云居寺塔和石经申报世界文化遗产进程	安江华等 11 人	作为建议、批评和意见交市人民政府研究办理
45	抢救隋唐石经应尽快着手进行	安江华等 11 人	作为建议、批评和意见交市人民政府研究办理
46	关于批准崇文区建一个“社区服务中心”	严性慈等 16 人	作为建议、批评和意见交市人民政府研究办理
47	新建居民小区技防设施安装亟待纳入城市建设规划中	王仲伸等 15 人	作为建议、批评和意见交市人民政府研究办理
48	要求市政府尽快启动中坝河整治工程的议案	通州区代表团	作为建议、批评和意见交市人民政府研究办理
49	关于中石化通州区石油分公司储油库须迁址的议案	通州区代表团	作为建议、批评和意见交市人民政府研究办理
50	关于旧京榆路拓宽改造的议案	通州区代表团	作为建议、批评和意见交市人民政府研究办理
51	关于将京哈路通州西马庄收费站至北关环岛路段改建成高速公路的议案	通州区代表团	作为建议、批评和意见交市人民政府研究办理
52	请市政府将法政集团公司拟征 380 亩教育用地，继续安排给首都经济贸易大学使用，以满足学校规划用地需要	张理泉等 23 人	作为建议、批评和意见交市人民政府研究办理
53	解决望京地区交通问题	任　强等 13 人	作为建议、批评和意见交市人民政府研究办理
54	用“三个代表”的精神来指导医疗改革	李　敬等 13 人	作为建议、批评和意见交市人民政府研究办理
55	加强北京技术产权交易所建设	张　耘等 19 人	作为建议、批评和意见交市人民政府研究办理
56	工业拆迁要与城市功能空间布局、产业结构调整紧密结合，减少随意性	张　耘等 16 人	作为建议、批评和意见交市人民政府研究办理
57	改革北京的交通管理体制，为改善和发展北京的交通而努力——建立北京市交通综合管理委员会统一规划管理北京的交通	李　敬等 20 人	交市人民政府办理由市人大常委会审议

58	关于呼家楼地区中小学校舍资源能合理使用的建议	唐西兰等 15 人	作为建议、批评和意见交市人民政府研究办理
59	绿化隔离地区深层次矛盾突出，为顺利推进隔离地区建设，有关政策需要不断完善	闻惠友等 13 人	作为建议、批评和意见交市人民政府研究办理
60	农民就业和社会保障问题突出，全市应尽快制定统一的政策，完善农村社会保障体系，缓解农民就业压力	赵增华等 12 人	交市人民政府办理由市人大常委会审议
61	加强调查研究，出台有关政策，填补农村城市化进程中的政策空白	吴凤岐等 13 人	作为建议、批评和意见交市人民政府研究办理
62	关于西长安街延长线延至门头沟区的议案	闫永喜等 18 人	作为建议、批评和意见交市人民政府研究办理
63	关于启动永定河上游综合治理工程的议案	李清云等 18 人	作为建议、批评和意见交市人民政府研究办理
64	关于给予门头沟区危旧房改造政策的议案	李信勇等 18 人	作为建议、批评和意见交市人民政府研究办理
65	关于 2003 年启动阜石路西延拓宽工程的议案	李清云等 18 人	作为建议、批评和意见交市人民政府研究办理
66	关于 2003 年启动六环路门头沟段建设的议案	邓秀琴等 18 人	作为建议、批评和意见交市人民政府研究办理
67	关于尽快修通莲花池路西延工程四环至五环、至六环连接线的议案	董瑞龙等 19 人	作为建议、批评和意见交市人民政府研究办理
68	关于缩短控规调整的审批周期的议案	王　军等 10 人	作为建议、批评和意见交市人民政府研究办理
69	关于尽快出台《关于停止经营性国有土地使用权协议出让的有关规定》配套政策的议案	王　军等 10 人	作为建议、批评和意见交市人民政府研究办理
70	规范和整顿北京市医疗美容市场，严格医生执业资格专业审查，维护人民群众的生命质量	蔡国斌等 12 人	作为建议、批评和意见交市人民政府研究办理
71	改造地铁西段设施，尽快开通西部延线轨道交通，便民出行的议案	蔡国斌等 11 人	作为建议、批评和意见交市人民政府研究办理
72	完成人民渠的改造，使其尽快发挥效能	谢英华等 11 人	作为建议、批评和意见交市人民政府研究办理

73	加强电子游戏市场的管理和建设，保护未成年人健康成长	王维城等 27 人	作为建议、批评和意见交市人民政府研究办理
74	牢记“蓝极速”网吧的沉痛教训，北京必须认真贯彻实施《中华人民共和国未成年人保护法》和《中华人民共和国预防未成年人犯罪法》	吴守伦等 21 人	作为建议、批评和意见交市人大常委会办公厅研究办理
75	整顿市场经济秩序，必须打击价格欺诈	沈梦培等 17 人	作为建议、批评和意见交市人民政府研究办理
76	虚假医药广告误导患者及家属，严重干扰正规治疗导致不良后果	顾　晋等 21 人	作为建议、批评和意见交市人民政府研究办理
77	农村城市化的社会保险问题	杨永安等 18 人	交市人民政府办理由市人大常委会审议
78	关于北京市第十二届人民代表大会设立城建专门委员会的建议	王丽方等 23 人	作为建议、批评和意见交市人大常委会办公厅研究办理
79	请市有关部门尽快出台旧村改造法规和配套政策的议案	昌平区代表团	作为建议、批评和意见交市人民政府研究办理
80	要求尽快落实《市第十一届人大四次会议第 2197 号建议办理报告》的议案	昌平区代表团	作为建议、批评和意见交市人民政府研究办理
81	关于解决八达岭高速路回龙观出入口车辆堵塞情况的议案	昌平区代表团	作为建议、批评和意见交市人民政府研究办理
82	请市人大常委会尽快制定远郊区县卫星城房屋拆迁补偿法规的议案	昌平区代表团	作为建议、批评和意见交市人大常委会办公厅研究办理
83	要求对京密引水渠昌平段跨河桥尽快普查，规划逐年改造的议案	昌平区代表团	作为建议、批评和意见交市人民政府研究办理
84	要求恢复八达岭高速公路昌平段原收费标准的议案	昌平区代表团	作为建议、批评和意见交市人民政府研究办理
85	关于修改《禁止燃放烟花爆竹的规定》等三项法规的议案	李海英等 13 人	作为建议、批评和意见交市人民政府研究办理

86	关于进一步理顺关系，加强农业行政执法队伍建设，确保依法行政的议案	王 媛等 12 人	作为建议、批评和意见交市人民政府研究办理
87	建议市政府尽快批复长阳镇镇域规划	李淑媛等 14 人	作为建议、批评和意见交市人民政府研究办理
88	关于北京市农村城市化过程中农民养老保障和就业问题的议案	廖春迎等 11 人	交市人民政府办理由市人大常委会审议
89	完善政策，科学管理，切实做好城市低保工作	张恕贤等 11 人	作为建议、批评和意见交市人民政府研究办理
90	新建居住小区的物业管理工作亟待规范	张恕贤等 13 人	作为建议、批评和意见交市人民政府研究办理
91	北京市应制定《北京市零售商业服务业网点布局的规划指导意见》	阴建玲等 18 人	作为建议、批评和意见交市人民政府研究办理
92	北京市应制定《低保户管理条例》	阴建玲等 15 人	作为建议、批评和意见交市人民政府研究办理
93	关于解决工程欠款的意见	刘贵堂等 14 人	作为建议、批评和意见交市人民政府研究办理
94	关于亟须缓解 101 国道密云段的通行压力，尽快修通水源九场路作其辅路的议案	密云县代表团	作为建议、批评和意见交市人民政府研究办理
95	关于给予密云高新技术产业发展特别优惠政策的议案	密云县代表团	作为建议、批评和意见交市人民政府研究办理
96	关于加大生态建设力度，实施密云水库上游河道综合治理工程的议案	密云县代表团	作为建议、批评和意见交市人民政府研究办理
97	关于渴望 2003 年贯通京密高速公路的议案	密云县代表团 顺义区代表团 怀柔区代表团	作为建议、批评和意见交市人民政府研究办理
98	关于加强目前乡镇工业园区建设的议案	张振江等 12 人	作为建议、批评和意见交市人民政府研究办理
99	建议市政府对乡镇工业园区土地使用给予优惠政策	张振江等 12 人	作为建议、批评和意见交市人民政府研究办理

100	周口店镇保护世界文化遗产——周口店北京人遗址，恢复周边生态环境，建设蓝天、地绿、水清、人民富裕的小城镇，恳请市政府给予相关的政策	张振江等 28 人	作为建议、批评和意见交市人民政府研究办理
101	京石高速公路应取消对房山车辆收费	李淑媛等 21 人	作为建议、批评和意见交市人民政府研究办理
102	关于全国“三八”红旗手享受荣誉津贴问题的议案	李淑媛等 17 人	作为建议、批评和意见交市人民政府研究办理
103	关于落实《周口店北京人遗址公园保护发展规划》问题	安江华等 24 人	作为建议、批评和意见交市人民政府研究办理
104	关于将云居寺列入“人文奥运”保护计划的议案	安江华等 14 人	作为建议、批评和意见交市人民政府研究办理
105	关于将周口店北京人遗址列入“人文奥运”保护计划的议案	安江华等 14 人	作为建议、批评和意见交市人民政府研究办理
106	关于将琉璃河西周燕都遗址列入“人文奥运”保护计划的议案	安江华等 14 人	作为建议、批评和意见交市人民政府研究办理
107	关于将北京石花洞国家地质公园列入“科技奥运”计划的议案	安江华等 14 人	作为建议、批评和意见交市人民政府研究办理
108	建立以燕山为中心的北京化工园区	杜国盛等 26 人	作为建议、批评和意见交市人民政府研究办理
109	关于制定卫星城开发建设相应扶持政策的议案	马丽英等 17 人	作为建议、批评和意见交市人民政府研究办理
110	关于改革市政建设运行机制的议案	马丽英等 14 人	作为建议、批评和意见交市人民政府研究办理
111	关于建设北京西南石油化工深加工精细化工产业基地的议案	房山区代表团	作为建议、批评和意见交市人民政府研究办理
112	关于建良乡工业开发区 B 区京南生物工程新医药产业基地的议案	房山区代表团	作为建议、批评和意见交市人民政府研究办理
113	关于改造良坨公路的议案	房山区代表团	作为建议、批评和意见交市人民政府研究办理

114	关于建京石高速路良乡机场出入口互通式立交桥的议案	房山区代表团	作为建议、批评和意见交市人民政府研究办理
115	解决配套教育设施产权归属、规范统建小区设施标准、加强教育部门的职能，政府需要立法	郑佳珍等 12 人	作为建议、批评和意见交市人民政府研究办理
116	整治育新花园小区周边环境，还小区居民良好生存环境	郑佳珍等 11 人	作为建议、批评和意见交市人民政府研究办理
117	关于将抗排异药骁悉列入公费医疗的建议	李　刚等 13 人	作为建议、批评和意见交市人民政府研究办理
118	在义务教育阶段大力推行小班化教学	臧铁军等 11 人	作为建议、批评和意见交市人民政府研究办理
119	加强北京市艾滋病防治工作力度	臧铁军等 16 人	作为建议、批评和意见交市人民政府研究办理
120	尽快研究和制定“学习型社会”在北京市率先实现现代化任务中的内容和指标，以把北京建设成具有中国特色社会主义的“学习型城市”	孙　津等 27 人	作为建议、批评和意见交市人民政府研究办理
121	尽快研究和制定北京市新型城乡关系的机制规范，以保证北京市城乡协调发展，人民共同富裕	孙　津等 27 人	作为建议、批评和意见交市人民政府研究办理
122	进一步完善基本医疗保险制度	郭泰来等 16 人	作为建议、批评和意见交市人民政府研究办理
123	全面建设北京，使北京真正成为现代化的国际大都市——整治市区大型农贸市场和环境死角	顾畹仪等 19 人	作为建议、批评和意见交市人民政府研究办理
124	中央党校大有庄北里应设立公共汽车站	王伟光等 11 人	作为建议、批评和意见交市人民政府研究办理
125	制止北京市区县间“恶性引税”，有效解决连锁经营企业税收分配问题	王小兰等 14 人	作为建议、批评和意见交市人民政府研究办理
126	北京市现代物流业发展的问题与改进的根本途径	王丽梅等 16 人	作为建议、批评和意见交市人民政府研究办理
127	应将快速公交系统作为北京公交发展的基本模式之一优先发展	包玉良等 15 人	交市人民政府办理由市人大常委会审议

128	尽快治理二道沟河污染问题	张永红等11人	作为建议、批评和意见交市人民政府研究办理
129	请市政府尽早制定北京公共艺术投资百分比政策	王明明等18人	作为建议、批评和意见交市人民政府研究办理
130	北京市要在全国率先实现教育现代化，创建北京市高等教育品牌	张爱林等17人	作为建议、批评和意见交市人民政府研究办理
131	北京的户籍管理制度必须与时俱进尽快改革	李　敬等16人	作为建议、批评和意见交市人民政府研究办理
132	萧太后河污染严重，亟待治理	闻惠友等15人	作为建议、批评和意见交市人民政府研究办理
133	关于在农村城市化过程中，应给原农村经济组织在规划中留有发展空间的意见	张国栋等11人	作为建议、批评和意见交市人民政府研究办理
134	随意变更用户电话号码之危害不可估量，政府部门应当依法加强监管	朱崇君等16人	作为建议、批评和意见交市人民政府研究办理
135	五里坨地区急需建立污水处理厂	朱崇君等15人	作为建议、批评和意见交市人民政府研究办理
136	关于加快建设莲石路的议案	张岩松等14人	作为建议、批评和意见交市人民政府研究办理
137	关于拓宽阜石路西段的议案	张岩松等14人	作为建议、批评和意见交市人民政府研究办理
138	关于加快社区系统化建设的议案	张岩松等14人	作为建议、批评和意见交市人民政府研究办理
139	关于建设好北京市声音提示系统的议案	张岩松等11人	作为建议、批评和意见交市人民政府研究办理
140	北京市应当制定鼓励海外留学人员来京创业的地方性法规	刘　黎等22人	作为建议、批评和意见交市人民政府研究办理
141	北京市应当加快制定实施《台胞投资保护法》办法	刘　黎等21人	作为建议、批评和意见交市人大常委会办公厅研究办理
142	北京市人大及其常委会应尽快填补对市政府外事工作和执法情况进行监督的空白	刘　黎等20人	作为建议、批评和意见交市人大常委会办公厅研究办理
143	加快修改《北京市实施〈归侨侨眷权益保护法〉办法》	刘　黎等22人	作为建议、批评和意见交市人大常委会办公厅研究办理

144	市政府应接受市人大对于国民经济和社会发展计划执行情况进行“绩效审计”	石定果等15人	作为建议、批评和意见交市人大常委会办公厅研究办理
145	建议制定高大建筑环境影响评价法规	吕晓霖等33人	作为建议、批评和意见交市人民政府研究办理
146	政府帮助解决北京市中关村医院基建资金问题	吕晓霖等17人	作为建议、批评和意见交市人民政府研究办理
147	大力整治北京市交通秩序	吕晓霖等31人	交市人民政府办理由市人大常委会审议
148	普通居住小区物业管理收费问题急需解决，呼吁尽快出台有关法规	吕晓霖等31人	作为建议、批评和意见交市人民政府研究办理
149	积极推进平房区电采暖改造工作	王维平等13人	作为建议、批评和意见交市人民政府研究办理
150	关于完善产权交易手续费收费标准规定的问题	王功伟等11人	作为建议、批评和意见交市人民政府研究办理
151	恢复祭坛，实施月坛改造计划	孙跃进等31人	作为建议、批评和意见交市人民政府研究办理
152	关于对北京邮政实行减免税费的议案	胡　燕等26人	作为建议、批评和意见交市人民政府研究办理
153	关于请各区（县）政府加大“户箱工程”监督实施力度的议案	胡　燕等31人	作为建议、批评和意见交市人民政府研究办理
154	关于在实施《北京奥运行动规划》中充分考虑到“残奥会”和残疾人特殊需要的议案	吕争鸣等11人	作为建议、批评和意见交市人民政府研究办理
155	关于在经济较发达的区县对特困残疾人给予特殊救助的议案	吕争鸣等11人	作为建议、批评和意见交市人民政府研究办理
156	尽快解决德外大街交通拥堵问题	张　庆等31人	作为建议、批评和意见交市人民政府研究办理
157	尽快解决基层公务员廉租房问题	张　庆等17人	作为建议、批评和意见交市人民政府研究办理
158	改革和完善煤气入户的办法	张　庆等18人	作为建议、批评和意见交市人民政府研究办理
159	新建小区规划中应保证社区居委会办公用房使用	李　江等24人	作为建议、批评和意见交市人民政府研究办理
160	关于修建京平高速路的议案	平谷区代表团	作为建议、批评和意见交市人民政府研究办理
161	关于修建靠山集水库的议案	平谷区代表团	作为建议、批评和意见交市人民政府研究办理

162	关于郊区燃煤锅炉改烧清洁能源应给予补贴的议案	平谷区代表团	作为建议、批评和意见交市人民政府研究办理
163	关于加大农民专业合作组织支持力度的议案	平谷区代表团	作为建议、批评和意见交市人民政府研究办理
164	关于远郊区县应建立急救网络系统的议案	平谷区代表团	作为建议、批评和意见交市人民政府研究办理
165	关于制定鼓励发展文化事业、文化产业优惠政策的议案	平谷区代表团	作为建议、批评和意见交市人民政府研究办理
166	关于扶持北京市再生资源回收体系建设的议案	平谷区代表团	作为建议、批评和意见交市人民政府研究办理
167	关于制定税收优惠政策，鼓励城市居民到郊区贷款购房，推动郊区房地产业发展	平谷区代表团	作为建议、批评和意见交市人民政府研究办理
168	标准租私房问题亟待解决	费文勇等 40 人	作为建议、批评和意见交市人民政府研究办理
169	尽快协调选址建设粪便消纳站	李荣庆等 38 人	作为建议、批评和意见交市人民政府研究办理
170	加快朝内危改区居民拆迁及回迁安置工作	刘朋庆等 42 人	作为建议、批评和意见交市人民政府研究办理
171	解决城市居民最低生活保障制度管理中的问题	毛桂芬等 28 人	作为建议、批评和意见交市人民政府研究办理
172	尽快启动建内危改区三期居民拆迁工作	刘朋庆等 43 人	作为建议、批评和意见交市人民政府研究办理
173	解决东四三条至八条历史文化保护区煤改蓄能电采暖工程项目涉及的相关问题	李荣庆等 38 人	作为建议、批评和意见交市人民政府研究办理
174	建立和完善北京市社区专职工作者资格考试和管理制度	费文勇等 20 人	作为建议、批评和意见交市人民政府研究办理
175	关于统一规范北京市性用品销售网点布局	徐　帆等 16 人	作为建议、批评和意见交市人民政府研究办理
176	迁出传染病医院，切实保护文物地坛	王中华等 17 人	作为建议、批评和意见交市人民政府研究办理
177	逐步推行北京市人大工作信息化进程	张国初等 18 人	作为建议、批评和意见交市人民政府研究办理
178	政府要加大支持和扶植中医药事业发展的力度	王莒生等 15 人	作为建议、批评和意见交市人民政府研究办理
179	设置智能卡月票	靳光瑾等 18 人	作为建议、批评和意见交市人民政府研究办理
180	关于加强延庆湿地资源保护的议案	延庆县代表团	交市人民政府办理由市人大常委会审议
181	关于加大官厅水库周边保护力度的议案	延庆县代表团	交市人民政府办理由市人大常委会审议

182	关于提高昌赤路（昌平—永宁段）公路等级的议案	延庆县代表团	作为建议、批评和意见交市人民政府研究办理
183	关于110国道延庆段提高等级融资修路的议案	延庆县代表团	作为建议、批评和意见交市人民政府研究办理
184	关于八达岭高速公路改变车辆收费方式的议案	延庆县代表团	作为建议、批评和意见交市人民政府研究办理
185	关于进一步规范企业纳税行为的议案	延庆县代表团	作为建议、批评和意见交市人民政府研究办理
186	关于解决延庆县东部山区八个乡镇群众收看有线电视节目的议案	延庆县代表团	作为建议、批评和意见交市人民政府研究办理
187	关于加大退耕还林政策补贴力度的议案	延庆县代表团	作为建议、批评和意见交市人民政府研究办理
188	关于修建八达岭长城过境公路，保护长城的议案	延庆县代表团	作为建议、批评和意见交市人民政府研究办理
189	首都机场旅客航站楼前交通秩序亟待整顿	胡昭广等16人	作为建议、批评和意见交市人民政府研究办理
190	关于注重城市生物多样性发展的建议	胡昭广等16人	作为建议、批评和意见交市人民政府研究办理
191	建议采用中低速磁悬浮技术发展首都城市轨道交通	胡昭广等16人	作为建议、批评和意见交市人民政府研究办理
192	关于对下岗职工提供必要的社会保障问题	张　鸿等12人	作为建议、批评和意见交市人民政府研究办理
193	关于创造条件，加快分离企业办社会职能的建议	张　鸿等18人	作为建议、批评和意见交市人民政府研究办理
194	北京市房山区燕山办事处财政负担过重问题	史全富等11人	作为建议、批评和意见交市人民政府研究办理
195	应在北京市远郊区县推广使用替代型清洁燃料——水煤浆	叶晓明等11人	作为建议、批评和意见交市人民政府研究办理
196	尽快全面实施北京市紧急备用水源工程	吉章红等21人	作为建议、批评和意见交市人民政府研究办理
197	为保持社会稳定，要关注低收入人群的生活，制定完善相关政策，给予扶助	王秋鲜等13人	作为建议、批评和意见交市人民政府研究办理
198	北京市应制定《冬季取暖费管理办法》	刘　迎等12人	作为建议、批评和意见交市人民政府研究办理

199	筹办庆祝北京建都850周年系列活动，展示历史名城特有的文化风采，突现“新北京、新奥运”的主题	何贤景等21人	作为建议、批评和意见交市人民政府研究办理
200	关于迎接奥运加速北京师范大学附中运动场建设的建议	韩英英等15人	作为建议、批评和意见交市人民政府研究办理
201	在全市各行各业开展交通法规专门学习	李坤成等19人	交市人民政府办理由市人大常委会审议
202	在北京市率先建立医生医疗质量客观评估体系，便于病人选择医生的议案	李坤成等19人	作为建议、批评和意见交市人民政府研究办理
203	关于解决市划转企业遗留问题，加快企业改革的议案	李淑珍等10人	作为建议、批评和意见交市人民政府研究办理
204	关于解决绿化隔离带地区建设中存在若干问题的议案	王春兰等10人	作为建议、批评和意见交市人民政府研究办理
205	关于永外粮库拆除扰民赔偿问题	杨秀奇等10人	作为建议、批评和意见交市人民政府研究办理
206	关于解决西罗园地区暖气片老化问题	杨秀奇等10人	作为建议、批评和意见交市人民政府研究办理
207	加强对物业部门管理，使物业部门向着规范化发展	杨秀奇等10人	作为建议、批评和意见交市人民政府研究办理
208	把警务工作站建设纳入市政府工作日程	杨秀奇等10人	作为建议、批评和意见交市人民政府研究办理
209	关于解决西罗园一区污水管道问题	杨秀奇等10人	作为建议、批评和意见交市人民政府研究办理
210	关于西罗园石马坟部分居民吃水难问题	杨秀奇等10人	作为建议、批评和意见交市人民政府研究办理
211	关于西罗园一区公交宿舍环境改造问题	杨秀奇等10人	作为建议、批评和意见交市人民政府研究办理
212	请市领导重视关于小学教育课本里的美育课程和电视台关于美术教育的栏目建议	杨飞云等13人	作为建议、批评和意见交市人民政府研究办理
213	关于加强社区服务设施建设，扩大社区服务内容，安置下岗职工再就业	任　强等16人	作为建议、批评和意见交市人民政府研究办理

214	把“六十件实事”办得更扎实，让老百姓更受益	刘宪秋等12人	作为建议、批评和意见交市人民政府研究办理
215	关于充分发挥北京市已建高速公路效益的建议	刘宪秋等17人	作为建议、批评和意见交市人民政府研究办理
216	关于改变望京小区建设与开发的恶劣现状的紧急议案	刘宪秋等12人	作为建议、批评和意见交市人民政府研究办理
217	创造平等生存环境，促进中小企业健康发展	吴桂琴等18人	作为建议、批评和意见交市人民政府研究办理
218	启动“制度性基础设施”工程，完善北京经济发展环境	张　耘等13人	作为建议、批评和意见交市人民政府研究办理
219	推进政府投资工程项目管理专业化，确保高质量建设新北京	李维平等21人	作为建议、批评和意见交市人民政府研究办理
220	关于北京安定医院心理治疗中心楼经费投入的建议	马　辛等18人	作为建议、批评和意见交市人民政府研究办理
221	建议制定跨街道、跨区建立社区卫生服务站办法	张　丹等31人	作为建议、批评和意见交市人民政府研究办理
222	关于请市政府加大对邮政基础设施投入的议案	胡　燕等31人	作为建议、批评和意见交市人民政府研究办理
223	亟待研究制定“社区居委会公用设施”办法	王士良等16人	作为建议、批评和意见交市人民政府研究办理
224	依靠居民群众，充分发挥社区警务站职能，下决心抓好城市养犬工作	王士良等12人	作为建议、批评和意见交市人民政府研究办理
225	建议“白云观”观前街改造中，应考虑白云观社区居委会公用设施用房	王士良等12人	作为建议、批评和意见交市人民政府研究办理
226	统筹安排，全面加速提高计划生育（国策）工作管理水平	王士良等16人	作为建议、批评和意见交市人民政府研究办理
227	尽快制订特困群体医疗救护办法	王士良等16人	作为建议、批评和意见交市人民政府研究办理

228	月坛综合训练馆工程诉讼，因有关部门不配合造成此案进展不顺利的问题，应引起有关方面的重视，使该案早日得以解决	孙跃进等 31 人	作为建议、批评和意见交市人民政府研究办理
229	充分利用金融优势，促进经济高速发展	王　苗等 17 人	交市人民政府办理由市人大常委会审议
230	要求市有关部门简化小城镇建设项目审批手续，加快审批速度的议案	秦凤权等 12 人	作为建议、批评和意见交市人民政府研究办理
231	关于“禁止在北京市，尤其奥运工程等重点建设工程中使用石棉和石棉制品”的议案	刘学锋等 17 人	作为建议、批评和意见交市人民政府研究办理
232	逐步适当提高原居委会老积极分子享受的国家月生活补贴标准	张　冰等 14 人	作为建议、批评和意见交市人民政府研究办理
233	建议修订《北京市区、县、乡、民族乡、镇人民代表大会代表选举实施细则》	张　冰等 13 人	作为建议、批评和意见交市人大常委会办公厅研究办理
234	落后的户籍管理制度已不适应首都北京率先基本实现现代化的需要	张　冰等 15 人	作为建议、批评和意见交市人民政府研究办理
235	关于应急水源工程对怀柔发展造成影响应予补偿的议案	怀柔区代表团	作为建议、批评和意见交市人民政府研究办理
236	关于市有关部门继续深化行政审批制度改革的议案	怀柔区代表团	作为建议、批评和意见交市人民政府研究办理
237	关于改造 111 国道（京加路）怀柔北部山区段的议案	怀柔区代表团	作为建议、批评和意见交市人民政府研究办理
238	以生物多样性理念提升 2008 年“绿色奥运”	延庆县代表团	作为建议、批评和意见交市人民政府研究办理
239	关于北京市水源八厂水资源费部分返还顺义的议案	顺义区代表团	作为建议、批评和意见交市人民政府研究办理
240	关于制定加快北京空港物流园区建设相关政策的议案	顺义区代表团	作为建议、批评和意见交市人民政府研究办理

241	关于京密引水渠（顺义段）桥梁新建的议案	顺义区代表团	作为建议、批评和意见交市人民政府研究办理
242	关于尽快出台集体土地拆迁办法的议案	顺义区代表团	作为建议、批评和意见交市人民政府研究办理
243	关于加快启动潮白河奥运场馆规划区整治工程的议案	顺义区代表团	作为建议、批评和意见交市人民政府研究办理
244	学生出现伤害事故难处理的议案	顺义区代表团	作为建议、批评和意见交市人民政府研究办理
245	关于加大京津风沙源治理工程扶持力度的议案	冯维海等 11 人	作为建议、批评和意见交市人民政府研究办理
246	关于在“首善之区”对老年人进行关照的几点建议	孙毓敏等 10 人	作为建议、批评和意见交市人民政府研究办理
247	贯彻六部委国经贸企改〔2002〕267 号文件，加快推进中央在京企业办中小学义务教育社会职能分离工作	赵恒山等 16 人	作为建议、批评和意见交市人民政府研究办理
248	尽快为 4000 户居民解决用电问题	王广华等 11 人	作为建议、批评和意见交市人民政府研究办理
249	卢沟桥下放水，重现晓月盛景	王广华等 12 人	作为建议、批评和意见交市人民政府研究办理
250	关于取消或西移京石路杜家坎收费站的议案	吴　恒等 11 人	作为建议、批评和意见交市人民政府研究办理
251	增加高等教育投入，改善首都高校办学条件，扩大首都共建学校范围	金　莉等 23 人	作为建议、批评和意见交市人民政府研究办理
252	采取有效措施，加强旧家电的回收及处理工作	金　莉等 31 人	作为建议、批评和意见交市人民政府研究办理
253	关于打通右外大街和改造大灰厂路的议案	罗万梅等 19 人	作为建议、批评和意见交市人民政府研究办理
254	现行吃“低保”的政策应修改	严性慈等 13 人	作为建议、批评和意见交市人民政府研究办理
255	取消磁器口十字路口中的四片绿化区，增强路口通行能力，缓解崇外大街的堵车	马　琳等 20 人	作为建议、批评和意见交市人民政府研究办理
256	建议北京市人大常委会尽快制定《北京市预防未成年人犯罪条例》	尚秀云等 31 人	作为建议、批评和意见交市人大常委会办公厅研究办理
257	加速海淀北部地区城市化进程，为中关村科技园区提供发展空间	金幼菊等 24 人	作为建议、批评和意见交市人民政府研究办理

258	走出用人制度的某些误区，让优秀人才在竞争中脱颖而出	金幼菊等 24 人	作为建议、批评和意见交市人民政府研究办理
259	改革北京市城市建设规划审批制度	朱钦来等 16 人	作为建议、批评和意见交市人民政府研究办理
260	建立北京地区无形文化遗产名录的议案	韩　永等 16 人	作为建议、批评和意见交市人民政府研究办理
261	应尽快将本市宗教院校的教育纳入正规的教育体系	向红笳等 11 人	作为建议、批评和意见交市人民政府研究办理
262	关于《北京市基本医疗保险规定》门诊起付线过高问题	栾茂茹等 15 人	作为建议、批评和意见交市人民政府研究办理
263	事业单位退休职工退休金与企业单位退休养老金差距过大	栾茂茹等 22 人	作为建议、批评和意见交市人民政府研究办理
264	运用城管力量清除卫生死角，改善北京环境	廖理纯等 12 人	作为建议、批评和意见交市人民政府研究办理
265	不要因为公厕问题影响北京形象	廖理纯等 12 人	作为建议、批评和意见交市人民政府研究办理
266	关于收回北京大学医学部被北京市第三建筑公司占用土地的议案	李　刚等 27 人	作为建议、批评和意见交市人民政府研究办理
267	关于推进退休职工管理服务社会化的议案	林士昌等 13 人	作为建议、批评和意见交市人民政府研究办理
268	关于发行生态彩票的议案	魏凤彪等 12 人	作为建议、批评和意见交市人民政府研究办理
269	示范性普通高中校建设标准应更紧密结合中心城区的实际	钮小桦等 45 人	作为建议、批评和意见交市人民政府研究办理
270	要求北京通教寺也加入今年“优化发展环境”系列；希望建设部门支持本寺的建设	思　智等 11 人	作为建议、批评和意见交市人民政府研究办理
271	在率先基本实现现代化进程中应注意增强我市慢性病防治力度	向红丁等 20 人	作为建议、批评和意见交市人民政府研究办理
272	尽快在北京站西街建人行天桥	刘小平等 12 人	作为建议、批评和意见交市人民政府研究办理
273	尽快解决北京城市中心区的货物运输问题	王　曦等 21 人	作为建议、批评和意见交市人民政府研究办理

274	城市改造，要求在拆迁时遇到必须拆除的寺院，适量的移建或修建寺院	思　智等 12 人	作为建议、批评和意见交市人民政府研究办理
275	加强劳动保障日常巡查，增加劳动保障监察人员编制	毛铮铮等 22 人	作为建议、批评和意见交市人民政府研究办理
276	加强对军警车辆的管理，建设文明之师	毛铮铮等 21 人	交市人民政府办理由市人大常委会审议
277	关于加强顺义汉石桥湿地保护的议案	李维昌等 11 人	交市人民政府办理由市人大常委会审议
278	关于放宽对北京市属国有医疗机构引进人才限制的议案	韩德民等 13 人	作为建议、批评和意见交市人民政府研究办理
279	关于医疗收费标准不合理问题的议案	韩德民等 13 人	作为建议、批评和意见交市人民政府研究办理
280	关于医保患者选择重点学科就诊应不予限制的议案	韩德民等 14 人	作为建议、批评和意见交市人民政府研究办理
281	关于提高临终关怀医院护理费的建议	韩德民等 13 人	作为建议、批评和意见交市人民政府研究办理
282	关于尽快解决丰台区太平桥东里 10 号楼居民出行难问题的建议	韩德民等 10 人	作为建议、批评和意见交市人民政府研究办理
283	将武警北京总队干部随军家属住房纳入北京市经济适用房建设总体规划	檀建彬等 14 人	作为建议、批评和意见交市人民政府研究办理
284	房山区燕东路改造	陈德烨等 12 人	作为建议、批评和意见交市人民政府研究办理
285	关于加强郊区公路建设与管养工作的议案	房山区代表团 通州区代表团 大兴区代表团 怀柔区代表团 平谷区代表团	作为建议、批评和意见交市人民政府研究办理
286	关于在北京电子制造业中推广无铅焊接技术的建议	田麦久等 12 人	作为建议、批评和意见交市人民政府研究办理

287	地铁运营秩序必须切实维护，我市应制定相关法规	石定果等 11 人	作为建议、批评和意见交市人民政府研究办理
288	公交车辆的管理亟待改善	石定果等 14 人	交市人民政府办理由市人大常委会审议
289	我市应规定高新技术成果限时转化	石定果等 13 人	作为建议、批评和意见交市人民政府研究办理
290	北京市政府应重视农村改革农村建设问题（为什么昌平区阳坊镇白虎涧村民反对村干部出售耕地，阻止科技企业进驻建厂）	沈梦培等 19 人	作为建议、批评和意见交市人民政府研究办理
291	注重学生德育是全面推进素质教育的基础	沈梦培等 16 人	作为建议、批评和意见交市人民政府研究办理
292	人民代表关心中关村科技园区的发展	沈梦培等 17 人	作为建议、批评和意见交市人民政府研究办理
293	制定《振兴现代制造业规划纲要》	童志远等 12 人	作为建议、批评和意见交市人民政府研究办理
294	把海淀山后地区规划发展为世界级的高科技产业带	王文京等 15 人	作为建议、批评和意见交市人民政府研究办理
295	规范垃圾无害化处理过程中的市场行为	杨奋翮等 12 人	作为建议、批评和意见交市人民政府研究办理
296	市政府应尽快规范税收管理体制，抓紧落实属地纳税政策	丁志明等 11 人	作为建议、批评和意见交市人民政府研究办理
297	依法规范在京民工的管理和待遇	何光沪等 29 人	作为建议、批评和意见交市人民政府研究办理
298	加快首都文化事业、产业发展，全面建设现代化国际大都市	籍之伟等 33 人	作为建议、批评和意见交市人民政府研究办理
299	提供进一步政策支持，加快良乡、沙河高教园区建设	王涌天等 23 人	作为建议、批评和意见交市人民政府研究办理
300	政府机构改革不应“一刀切”	王玉梅等 12 人	作为建议、批评和意见交市人民政府研究办理
301	完善个人所得税制，带动消费、经济增长	王玉梅等 12 人	作为建议、批评和意见交市人民政府研究办理
302	关于对城市建设和危旧房改造占用中央国家机关土地实行置换的议案	寻寰中等 16 人	作为建议、批评和意见交市人民政府研究办理
303	建议将 310 路公交车延长到大灰厂村	王士良等 23 人	作为建议、批评和意见交市人民政府研究办理

304	关于鼓励科技开发、深化殡葬改革的建议	王士良等 12 人	作为建议、批评和意见交市人民政府研究办理
305	确立北京生态标志形象	翟京华等 11 人	作为建议、批评和意见交市人民政府研究办理
306	尽快解决西城区玉桃园小学操场问题	翟京华等 11 人	作为建议、批评和意见交市人民政府研究办理
307	解决四环路周边噪音问题	李昭玲等 16 人	作为建议、批评和意见交市人民政府研究办理
308	尽快制定北京市有关家庭教育的地方性法规	杨万里等 18 人	作为建议、批评和意见交市人民政府研究办理
309	关于尽快打通亚北地区交通瓶颈的建议	王萍兰等 13 人	作为建议、批评和意见交市人民政府研究办理
310	顺应 WTO 形势，加快开放北京设计市场	张文华等 17 人	作为建议、批评和意见交市人民政府研究办理
311	关于推进畜牧大产业建设，加快农民实现小康步伐的议案	王建华等 12 人	作为建议、批评和意见交市人民政府研究办理
312	大力发展和扶持农产品加工业，增加农民收入的议案	王建华等 12 人	作为建议、批评和意见交市人民政府研究办理
313	制定北京地区保障女大（研）学生平等就业的法规和政策	郑新蓉等 12 人	作为建议、批评和意见交市人民政府研究办理
314	对中小学教师进行性别与多元文化内容的培训	郑新蓉等 12 人	作为建议、批评和意见交市人民政府研究办理
315	为了海淀区北部地区旅游事业的发展，请把北魏太和造像归回原址	唐晓莉等 12 人	作为建议、批评和意见交市人民政府研究办理
316	关于制定《北京市实施〈中华人民共和国中小企业促进法〉办法》的议案	李建军等 13 人	作为建议、批评和意见交市人大常委会办公厅研究办理
317	关于加快地铁 4 号线向南延长线规划建设的议案	大兴区代表团	作为建议、批评和意见交市人民政府研究办理
318	关于加快京津塘经济技术产业带的议案	郭宝东等 11 人	作为建议、批评和意见交市人民政府研究办理
319	关于解决五环路沿路周边地区对外交通问题的议案	彭绪敏等 12 人	作为建议、批评和意见交市人民政府研究办理

320	为实现申奥报告中垃圾资源利用率达到30%的承诺，树立绿色奥运形象，科学处理垃圾，保护环境，推动垃圾处理产业化进程	赵爱兵等17人	作为建议、批评和意见交市人民政府研究办理
321	关于进一步完善社区低保政策的几点建议	曹秀东等12人	作为建议、批评和意见交市人民政府研究办理
322	修改北京市“节日禁放烟花爆竹”地方法规	李坤成等14人	作为建议、批评和意见交市人民政府研究办理
323	关于把郊区卫星城建设和经济发展纳入全市总体规划的议案	平谷区代表团	作为建议、批评和意见交市人民政府研究办理
324	关于完善政府向人大常委会报告重大事项的议案	平谷区代表团	作为建议、批评和意见交市人大常委会办公厅研究办理
325	关于公交职业司机享受提前退休的建议	马赤红等12人	作为建议、批评和意见交市人民政府研究办理
326	加速立法，推动公共艺术的发展，为北京作为中国政治文化中心的城市文化建设服务	李象群等21人	作为建议、批评和意见交市人民政府研究办理
327	制定《北京市城市雨水设施建设管理条例》	贺慧玲等13人	作为建议、批评和意见交市人民政府研究办理
328	制定《北京市科学技术协会条例》	贺慧玲等11人	作为建议、批评和意见交市人大常委会办公厅研究办理
329	制定《北京市科普设施条例》	贺慧玲等13人	作为建议、批评和意见交市人民政府研究办理
330	修改《北京市科学技术普及条例》	贺慧玲等13人	作为建议、批评和意见交市人民政府研究办理
331	尽快出台“促进转制院所进一步深化产权制度改革的指导性意见和实施细则”的议案	王小珂等16人	作为建议、批评和意见交市人民政府研究办理
332	关于解决各区县医学会（医疗事故鉴定机构）编制问题的议案	高　峰等21人	作为建议、批评和意见交市人民政府研究办理
333	从税收政策上支持文化艺术和公益事业，以提高民众素质和繁荣艺术创作	杨飞云等14人	作为建议、批评和意见交市人民政府研究办理
334	要实现现代化，要迎接奥运，必须提高全市人民的素质	李　敬等18人	作为建议、批评和意见交市人民政府研究办理

335	关于妥善解决外来人口子女入学问题的建议	赵　欣等 17 人	作为建议、批评和意见交市人民政府研究办理
336	律师参政议政，设定法律法规出台前的征询律师意见程序	刘红宇等 17 人	作为建议、批评和意见交市人民政府研究办理
337	尽快建立政府的相关职能部门的法律顾问制度	刘红宇等 17 人	作为建议、批评和意见交市人民政府研究办理
338	依法治市，最大限度地发挥法律服务业的作用，尽快建立人大常委会领导定期视察北京市律师协会工作的制度	刘红宇等 30 人	作为建议、批评和意见交市人大常委会办公厅研究办理
339	建立拖欠职工工资事件媒体曝光台，用公众的力量监督经营者行为	张　耘等 21 人	作为建议、批评和意见交市人民政府研究办理
340	加强领导、增大投入，为首都率先实现教育现代化而努力	李　敬等 31 人	作为建议、批评和意见交市人民政府研究办理
341	关于降低首都机场高速路收费标准的建议	付秀平等 13 人	作为建议、批评和意见交市人民政府研究办理
342	加大法制力度，提高科学管理水平，更加有效地治理北京交通拥堵现象	钱　渊等 17 人	交市人民政府办理由市人大常委会审议
343	坚持不懈，加大力度开展食品安全监测	元晓梅等 17 人	作为建议、批评和意见交市人民政府研究办理
344	关于在奥林匹克公园兴建北京奥林匹克剧院的议案	蒋效愚等 27 人	作为建议、批评和意见交市人民政府研究办理
345	关于在奥林匹克公园兴建中国（北京）体育博物馆的议案	蒋效愚等 26 人	作为建议、批评和意见交市人民政府研究办理
346	加快企业分离办社会职能工作步伐的议案	安丽娟等 12 人	作为建议、批评和意见交市人民政府研究办理
347	加大力度积极采取有效措施开放北京市二手房市场	安丽娟等 13 人	作为建议、批评和意见交市人民政府研究办理
348	“巨无霸”18 米长公交车深受市民青睐，建议市政府进一步加大对大型环保公交车辆的投资力度	吴秀萍等 11 人	交市人民政府办理由市人大常委会审议

349	尽快落实全国和市再就业会议精神，出台北京市可操作性实施细则	安丽娟等 13 人	交市人民政府办理由市人大常委会审议
350	大力发展民族零售产业	张文中等 10 人	作为建议、批评和意见交市人民政府研究办理
351	取消五环路收费	张文中等 12 人	作为建议、批评和意见交市人民政府研究办理
352	进一步加快非公经济的发展	张文中等 10 人	作为建议、批评和意见交市人民政府研究办理
353	北京市应注意加强对地下水资源的保护，尽快制定并实施地下水源污染防治规划	马润津等 16 人	交市人民政府办理由市人大常委会审议
354	加紧制定八宝山火化场搬迁方案，并付诸实施	刘　黎等 17 人	作为建议、批评和意见交市人民政府研究办理
355	严格按规划加速建设西郊砂石坑蓄洪回灌区，坚决制止向该区域排污	刘　黎等 19 人	作为建议、批评和意见交市人民政府研究办理
356	关于对首钢压缩钢产量、推进结构调整、改善首都环境给予政策和资金支持并将其列入市政府 2003 年 60 件实事之一的议案	钱　凯等 15 人	作为建议、批评和意见交市人民政府研究办理
357	关于加快首钢冷轧等结构调整项目实施的议案	钱　凯等 13 人	作为建议、批评和意见交市人民政府研究办理
358	关于将首钢非经营性资产移交地方政府管理的议案	钱　凯等 14 人	作为建议、批评和意见交市人民政府研究办理
359	关于五环路京原路口至阜石路增加辅路的议案	邸荣女等 14 人	作为建议、批评和意见交市人民政府研究办理
360	加大力度支持我市大型流通企业的成长	张文中等 16 人	作为建议、批评和意见交市人民政府研究办理
361	关于加强领导，重视北京西部地区经济发展，制定首钢产业结构调整方案的议案	王建国等 24 人	作为建议、批评和意见交市人民政府研究办理
362	为了优化北京的发展环境，深化体制改革，提高管理和服务水平，建议北京市政府建立市级经济服务大厅，实行“一站式”的办公体系	穆丽杰等 25 人	作为建议、批评和意见交市人民政府研究办理
363	减轻企业债务负担，创造条件，转机建制，寻求发展	吴可娟等 17 人	作为建议、批评和意见交市人民政府研究办理

364	修订《关于保障环卫工人道路清扫作业安全的通告》	侯世玲等16人	作为建议、批评和意见交市人民政府研究办理
365	关于提高冬季取暖温度的议案	魏　刚等11人	作为建议、批评和意见交市人民政府研究办理
366	加快回龙观小区医疗配套设施建设，以解决该地区二十多万居民看病难问题	郭栖栗等12人	作为建议、批评和意见交市人民政府研究办理
367	加强交通管理，改善北京交通拥堵现状	宛素春等16人	交市人民政府办理由市人大常委会审议
368	打破社区医疗的部门摊派，引进竞争机制，真正把社区医院办实办好，成为老年人乃至市民拥护、爱戴的医疗保障机构	王景英等12人	作为建议、批评和意见交市人民政府研究办理
369	关于进一步加大城市基础设施建设力度及急需解决的几个问题的议案	孙敏奇等39人	作为建议、批评和意见交市人民政府研究办理
370	建设北京快速公交系统，实现城市交通可持续发展的建议案	李素丽等14人	交市人民政府办理由市人大常委会审议
371	关于取消月票，推行IC卡的建议案	李素丽等14人	作为建议、批评和意见交市人民政府研究办理
372	关于加大对北京市街头乱贴小广告违法行为的治理建议案	李素丽等14人	作为建议、批评和意见交市人民政府研究办理
373	利用建地铁五号线这一契机，加大南城基础设施建设力度，为促进城南地区的发展奠定基础	肖亚平等10人	作为建议、批评和意见交市人民政府研究办理
374	关于对“北京戏曲艺术职业学院”照顾人才，户籍就业执行特殊政策的议案	孙毓敏等11人	作为建议、批评和意见交市人民政府研究办理
375	请求北京市各职能办对“北京市图书馆条例”进行视察与督办	孙毓敏等11人	作为建议、批评和意见交市人民政府研究办理
376	将城市学生的旧课本、旧参考书捐给贫困地区学生的建议	张　毅等14人	作为建议、批评和意见交市人民政府研究办理
377	关于降低医疗费报销起点的议案	刘艳玲等10人	作为建议、批评和意见交市人民政府研究办理

378	保安队伍应依法整肃	石定果等10人	作为建议、批评和意见交市人民政府研究办理
379	加强静态交通管理，增加对停车场所设施建设的投入	李友元等15人	交市人民政府办理由市人大常委会审议
380	制定北京大交通规则，提升北京市城市现代化管理水平	李友元等17人	交市人民政府办理由市人大常委会审议
381	建议彻底调整北京市水管理体制	哈图卓日克等29人	交市人民政府办理由市人大常委会审议
382	再次呼吁尽快制定防治噪声条例	哈图卓日克等31人	作为建议、批评和意见交市人民政府研究办理
383	再吁政府重视出租车行业存在问题，摒弃粗放、阻碍竞争、单纯行政手段的管理方式，采取立足于市场的法治手段来管理首都出租车市场	史际春等19人	作为建议、批评和意见交市人民政府研究办理
384	保护农民利益从政府做起：政府别再拖欠、平调农民了	史际春等21人	作为建议、批评和意见交市人民政府研究办理
385	再吁修例解禁烟花爆竹，别再人为地损害法治，摧残仅存的一点民族性征了	史际春等16人	作为建议、批评和意见交市人民政府研究办理
386	再吁解除养犬限制，变管卡压为服务	史际春等14人	作为建议、批评和意见交市人民政府研究办理
387	优化公交服务，诱导私家车主做“星期日司机”，从根本上缓解交通问题	史际春等22人	交市人民政府办理由市人大常委会审议
388	为代表配备笔记本电脑，促进人大工作现代化	刘　黎等39人	作为建议、批评和意见交市人大常委会办公厅研究办理
389	居民楼中餐馆扰民已引起广大居民强烈不满，希望有关部门加大力度，尽快解决	郭栖栗等11人	作为建议、批评和意见交市人民政府研究办理

390	制定《北京市关于驻京部队随军家属就业安置的规定》	王子彦等 12 人	作为建议、批评和意见交市人民政府研究办理
391	关于民兵高炮部（分）队经费保障办法	程志强等 11 人	作为建议、批评和意见交市人民政府研究办理
392	关于深化企业民兵工作改革	程志强等 11 人	作为建议、批评和意见交市人民政府研究办理

北京市第十二届人民代表大会第一次会议选举办法

（2003年1月14日北京市第十二届人民代表大会第一次会议通过）

第一条 根据《中华人民共和国全国人民代表大会和地方各级人民代表大会选举法》（以下简称选举法）、《中华人民共和国地方各级人民代表大会和地方各级人民政府组织法》（以下简称地方组织法）、《第九届全国人民代表大会第五次会议关于第十届全国人民代表大会代表名额和选举问题的决定》，结合北京市实际情况，制定本办法。

第二条 北京市第十二届人民代表大会第一次会议选举下列人员：

北京市出席第十届全国人民代表大会代表59人，其中中央名额13人，北京市名额46人；

北京市第十二届人民代表大会常务委员会主任1人、副主任8人、秘书长1人、委员53人；

北京市市长1人、副市长8人；

北京市高级人民法院院长1人；

北京市人民检察院检察长1人。

第三条 北京市出席第十届全国人民代表大会代表的候选人，中央和北京市各政党、各人民团体可以联合或者单独推荐，代表10人以上联名也可以推荐。

全国人民代表大会代表候选人的名额，应多于应选代表名额1/5至1/2（即多12人至29人），进行差额选举。

第四条 市人民代表大会常务委员会主任、副主任、秘书长、委员候选人，市长、副市长候选人，市高级人民法院院长、市人民检察院检察长候选人，由主席团提名或者代表30人以上联名提名。

市人民代表大会常务委员会主任、秘书长候选人，市长候选人，市高级人民法院院长、市人民检察院检察长候选人的人数，一般应比应选人数各多1人，进行差额选举；如果提名的候选人只有1人，也可以等额选举。市人民代表大会常务委员会副主任候选人，副市长候选人的人数，应比应选人数各多1人，进行差额选举。市人民代表大会常务委员会委员候选人的人数，应比应选人数多1/10（即多6人），进行差额选举。

市人民代表大会常务委员会主任、副主任、秘书长、委员候选人，必须从市第十二届人民代表大会代表中提名。

第五条 主席团提名的候选人人数，政党、团体推荐的候选人人数，每一代表与其他代表联合推荐、提名的候选人人数，均不得超过应选名额。

不同代表团的代表可以酝酿、联合提出候选人。

第六条 主席团应当将依法提出的全部候选人名单印发全体代表酝酿、讨论。

主席团应当向代表介绍候选人的情况。推荐者、提名者应当书面介绍候选人的情况，还可以在代表团或者代表小组会议上口头介绍候选人的情况。

第七条 提名、酝酿候选人的时间不得少于两天。

推荐、提名候选人的截至时间由主席团决定。

第八条 如果提出的候选人的人数符合本办法第三条第二款、第四条第二款规定的差额数，按照姓氏笔画顺序确定正式候选人名单，经全体代表酝酿、讨论后，直接进行投票选举。

如果提出的全国人民代表大会代表候选人的人数超过本办法第三条第二款规定的最高差额数，进行预选，根据预选时得票多少的顺序，按照比应选名额多 1/5 的差额比例(即比应选名额多 12 人)，确定正式候选人名单，经全体代表酝酿、讨论后，进行选举。

如果提名的市人民代表大会常务委员会主任、副主任、秘书长、委员候选人，市长、副市长候选人，市高级人民法院院长、市人民检察院检察长候选人的人数，超过本办法第四条第二款规定的差额数，进行预选，根据预选时得票多少的顺序，按照规定的差额数，确定正式候选人名单，经全体代表酝酿、讨论后，进行选举。

预选中如遇票数相等不能确定正式候选人时，由主席团决定就票数相等的候选人再次投票，或者在不超过选举法、地方组织法规定的最高差额比例或差额数的情况下，将票数相等的候选人一并列入正式候选人名单。

第九条　预选采取分代表团投票、统一计票的办法进行。预选由每个代表团各推荐预选监票人 2 人，并由主席团确定预选总监票人 2 人、监票人 38 人，对发票、投票和计票进行监督。

第十条　选举采用无记名投票方式。各项选举采取在大会上一次投票的办法进行。代表要亲自参加投票。

第十一条　选举采用计算机计票。如果计算机出现故障，采用手工计票。

第十二条　大会选举由主席团提名总监票人 2 人，每个代表团各推荐监票人 1 人，经主席团提交大会通过后，在主席团的领导下，对发票、投票和计票进行监督。

候选人不得担任监票人。

选举工作人员由大会秘书处指定。

第十三条　代表对于选票上的候选人，可以投赞成票，可以投反对票，可以另选他人，也可以弃权。表示反对的，可以另选他人，表示弃权的，不能另选他人。

第十四条　代表赞成选票上所列的某位候选人，该候选人姓名右边的两个椭圆形白圈不涂任何标记；反对某位候选人，就把该候选人姓名右边的第一个椭圆形白圈涂满黑色，两个椭圆形白圈均涂满黑色的也视为反对；对某位候选人弃权的，就把该候选人姓名右边的第二个椭圆形白圈涂满黑色。

代表如果另选他人，应当先把所反对的候选人姓名右边的第一个椭圆形白圈涂满黑色，然后，在另选他人栏内写上另选人的姓名。

第十五条　必须用大会统一发的写票专用笔，按写票注意事项的要求填写选票。

第十六条　投票结束后，由监票人和选举工作人员对各项选票的投票张数加以核对，作出记录，并由总监票人签字，报告大会执行主席。

收回的选票等于或者少于发出的选票，选举有效；多于发出的选票，选举无效，应重新进行选举。

第十七条　每张选票每项选举所选的人数，等于或者少于规定应选人数的有效；多于规定应选人数的无效。

第十八条　选票全部填写模糊无法辨认的，全部作废；部分填写模糊无法辨认的，无法辨认的部分作废。

第十九条　候选人获得全体代表过半数的选票，始得当选。

获得过半数选票的候选人人数超过应选名额时，以得票多的当选。如遇票数相等不能确定当选人时，应当就票数相等的候选人再次投票，以得票多的当选。

第二十条　选举全国人民代表大会代表

获得过半数选票的当选人数少于应选名额时，不足的名额另行选举。另行选举时，根据在第一次投票时得票多少的顺序，按照多于不足名额 1/5 至 1/2 的差额比例，确定候选人名单。如果只选 1 人，候选人应为 2 人。

选举市人民代表大会常务委员会主任、副主任、秘书长、委员，市长、副市长，市高级人民法院院长，市人民检察院检察长，获得过半数选票的当选人数少于应选名额时，不足名额的选举是在本次还是下一次人民代表大会会议上进行，由主席团提出意见，大会决定。

第二十一条 选举结果由总监票人向大会报告。主席团依法确定选举结果是否有效，并由大会执行主席在大会上宣布。

第二十二条 本办法由北京市第十二届人民代表大会第一次会议通过后施行。

关于《北京市第十二届人民代表大会第一次会议选举办法（草案）》的说明

——2003 年 1 月 12 日在北京市第十二届人民代表大会第一次会议主席团第一次会议上

北京市第十二届人民代表大会第一次会议秘书长 段柄仁

根据《中华人民共和国全国人民代表大会和地方各级人民代表大会选举法》（以下简称选举法）、《中华人民共和国地方各级人民代表大会和地方各级人民政府组织法》（以下简称地方组织法）、《第九届全国人民代表大会第五次会议关于第十届全国人民代表大会代表名额和选举问题的决定》和本次大会议程，结合北京市实际情况，大会秘书处草拟了《北京市第十二届人民代表大会第一次会议选举办法（草案）》（以下简称选举办法），现简要说明如下：

一、关于本次大会的选举事项及名额

根据大会议程，本次大会的选举事项有五项：1. 选举北京市出席第十届全国人民代表大会代表 59 人，其中中央名额 13 人，北京市名额 46 人；2. 选举北京市第十二届人民代表大会常务委员会主任 1 人、副主任 8 人、秘书长 1 人、委员 53 人；3. 选举北京市市长 1 人、副市长 8 人；4. 选举北京市高级人民法院院长 1 人；5. 选举北京市人民检察院检察长 1 人。选举办法第二条对本次大会的上述选举事项作了规定。

关于本次大会选举全国人民代表大会代表的名额，是根据九届全国人大第五次会议《关于第十届全国人民代表大会代表名额和选举问题的决定》和全国人大常委会的通知确定的。北京市的 46 个名额，是全国人大常委会根据北京市农村和城市人口数，以及北京市城市人口比较集中和各方面代表人士比较多的实际情况分配的。中央的 13 个名额是根据九届全国人大五次会议的决定分配到北京市选举的。九届全国人大五次会议关于十届全国人大代表名额和选举问题的决定中规定："为了保证人口特少的地区、人口特少的民族和各方面代表人士比较集中的地区都有适当的代表名额，在全国人民代表大会代表总名额中，应有一定的名额由全国人民代表大会常务委员会根据情况分配给有关的省、自治区、直辖市进行选举。”根据上述规定，北京市的46个代表名额和中央分配到北京市选举的13个代表名额不能互相占用。因此，选举办法第二条对选举北京市出席第十届全国人民代表大会代表的中央名额和北京市名额分别作了规定。

二、关于各项选举的候选人人数

关于全国人大代表的候选人人数。选举法第三十条第二款规定，“由地方各级人民代表大会选举上一级人民代表大会代表候选人的名额，应多于应选代表名额1/5至1/2。”根据上述规定，选举办法第三条第二款规定“北京市出席全国人民代表大会代表候选人的名额，应多于应选代表名额1/5至1/2”，即比59名应选名额多12人至29人。

关于市级国家机关领导人员候选人人数。地方组织法第二十二条第一款规定，“人民代表大会常务委员会主任、秘书长……人民政府正职领导人员，人民法院院长，人民检察院检察长的候选人数一般应多一人，进行差额选举；如果提名的候选人只有一人，也可以等额选举。人民代表大会常务委员会副主任……人民政府副职领导人员的候选人数应比应选人数多1人至3人，人民代表大会常务委员会委员的候选人数应比应选人数多1/10至1/5，由本级人民代表大会根据应选人数在选举办法中规定具体差额数，进行差额选举。”根据上述规定，选举办法第四条第二款规定，市人大常委会主任、秘书长、市长、市高级人民法院院长、市人民检察院检察长候选人的人数，一般应比应选人数各多1人，进行差额选举；如果提名的候选人只有1人，也可以等额选举。市人大常委会副主任、副市长候选人的人数，应比应选人数各多1人，进行差额选举。市人大常委会委员候选人的人数，应比应选人数多1/10，即多6人，进行差额选举。

三、关于候选人的推荐、提名和预选

1.关于全国人大代表候选人的推荐。选举法第二十九条第二款规定：“各政党、各人民团体，可以联合或者单独推荐代表候选人。选民或者代表，十人以上联名也可以推荐代表候选人。”根据上述规定，选举办法第三条第一款规定：“北京市出席全国人民代表大会代表的候选人，中央和北京市各政党、各人民团体可以联合或者单独推荐，代表10人以上联名也可以推荐。”

2.关于市级国家机关领导人员的提名。地方组织法第二十一条规定：县级以上的地方各级人民代表大会常务委员会的组成人员，市长、副市长，人民法院院长，人民检察院检察长的人选，“由本级人民代表大会主席团或者代表依照本法规定联合提名”；直辖市的“人民代表大会代表三十人以上书面联名……可以提出本级人民代表大会常务委员会组成人员，人民政府领导人员，人民法院院长，人民检察院检察长的候选人”。“不同选区或者选举单位选出的代表可以酝酿、联合提出候选人”。“主席团提名的候选人人数，每一代表与其他代表联合提名的候选人人数，均不得超过应选名额”。根据上述规定，选举办法第四条第一款和第五条，对市人大常委会组成人员，市长、副市长，市高级人民法院院长和市人民检察院检察长候选人的提名做了规定。

3.关于预选。根据选举法第三十一条关于代表候选人进行预选的规定和地方组织法第二十二条关于国家机关领导人员候选人进行预选的规定，选举办法第八条、第九条对本次代表大会的预选做了规定。

一是规定了如果提出的候选人的人数符合本办法规定的差额比例和差额数，由主席团提交代表酝酿、讨论后，直接进行投票选举。如果提出的全国人民代表大会代表候选人的人数超过本办法规定的最高差额比例数，提名的市人大常委会主任、副主任、秘书长、委员候选人，市长、副市长候选人，市高级人民法院院长、市人民检察院检察长候选人的人数超过本办法规定的差额数，则要进行预选。

二是规定了预选后如何确定正式候选人及人数，即全国人民代表大会代表正式候选人，根据预选时得票多少的顺序，按照比应选名额多 1/5 的差额比例，即比应选名额多 12 人确定正式候选人。市级国家机关领导人员候选人进行预选后，根据预选时得票多少的顺序，按照本办法第四条第二款规定的具体差额数，确定正式候选人名单。

三是规定了预选中如遇票数相等不能确定正式候选人时，由主席团决定就票数相等的候选人再次投票，或者在不超过选举法、地方组织法规定的最高差额比例数或差额数的情况下，将票数相等的候选人一并列入正式候选人名单。

四是规定了预选采取分代表团投票、统一计票的办法进行，并对预选总监票人、监票人的确定和人数做了规定。

四、关于写票、投票和计票

本次会议选举采用计算机计票，根据计算机计票技术上的要求，为了便于代表填写选票，准确地表达选举意愿，参照全国人大的做法，选举办法第十四条、第十五条对如何填写选票作了具体规定，即“代表赞成选票上所列的某位候选人，该候选人姓名右边的两个椭圆形白圈不涂任何标记；反对某位候选人，就把该候选人姓名右边的第一个椭圆形白圈涂满黑色，两个椭圆形白圈均涂满黑色的也视为反对；对某位候选人弃权的，就把该候选人姓名右边的第二个椭圆形白圈涂满黑色。代表如果另选他人，应当先把所反对的候选人姓名右边的第一个椭圆形白圈涂满黑色，然后，在另选他人栏内写上另选人的姓名”，“必须用大会统一发的写票专用笔，按写票注意事项的要求填写选票。”

选举办法还对候选人的酝酿、讨论，选举时的监票、计票，选举是否有效，选票的有效和无效，选举结果的确认和宣布，候选人的当选，以及另行选举等，也都依法作出了规定，这里就不一一说明了。

选举办法草案和以上说明，请主席团审议决定。

中国共产党北京市委员会推荐书

北京市第十二届人民代表大会第一次会议主席团：

根据中共中央颁布的《党政领导干部选拔任用工作条例》和《中华人民共和国地方各级人民代表大会和地方各级人民政府组织法》，经同北京市各民主党派、无党派代表人士和各人民团体民主协商，中共北京市委推荐于均波为北京市第十二届人民代表大会常务委员会主任候选人；推荐（按姓氏笔画排列）王维城、田麦久、范远谋、林文漪（女）、金生官、赵久合、赵凤山、索连生（满族）为北京市第十二届人民代表大会常务委员会副主任候选人；推荐柳纪纲为北京市第十二届人民代表大会常务委员会秘书长候选人；推荐于长隆等 53 人为北京市第十二届人民代表大会常务委员会委员候选人。推荐孟学农为北京市市长候选人；推荐（按姓氏笔画排列）牛有成、刘志华、刘敬民、孙安民、张茅、陆昊、范伯元、翟鸿祥（女）为北京市副市长候选人；推荐秦正安为北京市高级人民法院院长候选人；推荐许海峰为北京市人民检察院检察长候选人。

根据《北京市第十二届人民代表大会第一次会议关于设立北京市第十二届人民代表大会专门委员会的决定》，中共北京市委推荐索连生等 15 人为北京市第十二届人民代表大会法制委员会组成人员人选；推荐郑刚等 13 人为北京市第十二届人民代表大会内务司法委员会组成人员人选；推荐高佐之等 15 人为北京市第十二届人民代表大会财政经济委员会组成人员人选；推荐史炳忠等 15 人为北京市第十二届人民代表大会教育科技文化卫生体育委员会组成人员人选。

现提请大会主席团审议。

（名单及简历附后）

中国共产党北京市委员会
2003 年 1 月 10 日

中共北京市委、北京市各民主党派、无党派代表人士和各人民团体关于北京市选举的出席第十届全国人民代表大会代表候选人的联合推荐书

北京市第十二届人民代表大会第一次会议主席团：

根据《中华人民共和国全国人民代表大会和地方各级人民代表大会选举法》的规定和第九届全国人民代表大会第五次会议《关于第十届全国人民代表大会代表名额和选举问题的决定》，经中国共产党北京市委员会同北京市各民主党派、无党派代表人士和各人民团体民主协商，联合推荐于均波等 45 人为北京市选举的出席第十届全国人民代表大会代表候选人。同时，中央推荐贾庆林等 14 人为北京市选举的出席第十届全国人民代表大会代表候选人。以上共 59 名候选人，请提交全体代表进行酝酿、讨论。

（名单及简历附后）

中国共产党北京市委员会
中国国民党革命委员会北京市委员会
中国民主同盟北京市委员会
中国民主建国会北京市委员会
中国民主促进会北京市委员会
中国农工民主党北京市委员会
中国致公党北京市委员会
九三学社北京市委员会
台湾民主自治同盟北京市委员会
无党派代表人士
中国共产主义青年团北京市委员会
北京市总工会
北京市妇女联合会
北京市青年联合会
北京市工商业联合会

北京市科学技术协会
北京市台湾同胞联谊会
北京市归国华侨联合会
北京市文学艺术界联合会
北京市社会科学界联合会

2003年1月10日

北京市第十二届人民代表大会第一次会议总监票人、监票人名单

（21人）

（2003年1月19日北京市第十二届人民代表大会第一次会议通过）

总监票人：王　火　于雪鹰（女）

监 票 人：（按姓氏笔画排列）

马新云（回族）　王永军（女）　王红专　王秀芹（女）　乔荣祥　刘瑞芳（女）　刘　黎（女，彝族）　孙敏奇　李　江（满族）　李　泽（女）　李荣庆　杨永安　杨保红（女）　吴茜屏（女）　何继伶（女）　佟　旌（女，满族）　郑玉民　侯志光　廖春迎（女，壮族）

北京市出席第十届全国人民代表大会代表名单

（59名）

（北京市第十二届人民代表大会第一次会议2003年1月19日选出）

（按姓氏笔画排列）

于均波　马文普　王小谟　王文京　王永炎　王忠诚　王维城　毛达如　毛桂芬（女）　方　工（回族）　方　新（女）　龙新民　田　雄　朱继民　乔晓阳　刘长瑜（女）　刘正民　刘　冰（女）　刘　淇　闫傲霜（女）　江永华（女）　许智宏　纪宝成　杜国盛　李主其　李乾构　李铭陶　李福成　杨德安　邱苏伦（女）　何鲁丽（女）　沈宝昌　张凤朝　张钟宁　张恭庆　张燕丽（女）　陆善镇　陈文占　范远谋　林文漪（女）　林明美（女）　罗益锋　孟学农　赵凤桐　柳传志　段柄仁　秦正安　贾庆林　高丽朴（女）　唐大生（满族）　唐晓青（女）　葛晓音（女）　韩　平（女）　程　红（女）　傅铁山　强　卫　蔡瑶铣（女）　漆小瑾（女）　翟若愚

北京市第十二届人民代表大会常务委员会主任、副主任、秘书长、委员名单

（北京市第十二届人民代表大会第一次会议 2003 年 1 月 19 日选出）

主　任：于均波

副主任：范远谋　索连生（满族）王维城　林文漪（女）赵凤山　金生官　赵久合　田麦久

秘书长：柳纪纲

委　员：（53名，按姓氏笔画排列）

于长隆　马朝军（回族）　王小珂（女，回族）　王学勤　王嘉彦　文　喆　申　丹（女）　叶　捷　史际春　史绍洁　史炳忠　付卫红（女）　邢仲山　刘宝善　刘冠军　刘维林　许祥源　孙长泰　孙毓敏（女）　严晓燕（女）李小娟（女）　李坤成　李昭玲（女）杨德安　肖亚平（女）　吴秀萍（女）何建坤　汪明浩（满族）　张文敞　张志萍（女）　张家旺　张　毅　陈兴波（回族）罗　青（女）　郑　刚　郑树森　赵巨鹏　赵传民　郝如玉　胡　军　冒泽泉　晏懋洵　高佐之　高岩辉　郭栖栗（女）　崔凤鸣　梁　平　续伯聪　蓝天柱　虞　统　慕　平　薛天利（回族）　魏永德

北京市人民政府市长、副市长名单

（北京市第十二届人民代表大会第一次会议 2003 年 1 月 19 日选出）

市　长：孟学农

副市长：刘敬民　张　茅　翟鸿祥（女）　刘志华　孙安民　范伯元　牛有成　陆　昊

北京市高级人民法院院长名单

（北京市第十二届人民代表大会第一次会议 2003 年 1 月 19 日选出）

秦正安

北京市人民检察院检察长名单

（北京市第十二届人民代表大会第一次会议 2003 年 1 月 19 日选出）

许海峰

附件：

北京市第十二届人民代表大会常务委员会主任简历

于均波，男，汉族，1941 年 2 月出生，辽宁鞍山人，1977 年 6 月加入中国共产党，1966 年 8 月参加工作，大学毕业，工程师。先后任辽宁省海城县水利局技术员、管理组副组长、规划队队长、副局长、党组副书记，海城县上英水库民兵团团长、党委书记，海城县接文公社党委书记、海城县常务副县长、县委常委、副书记，辽宁省鞍山市副市长、中共辽宁省海城市委书记，中共辽宁省鞍山市委副书记，辽宁省锦西市筹备工作领导小组组长，中共辽宁省锦西市工委书记、市委书记、市人大常委会主任，中共辽宁省委组织部常务副部长、部长、省委常委，中共北京市委常委、组织部部长、市委副书记、北京市第十一届人大常委会主任、党组书记，第九届全国人大代表。

北京市第十二届人民代表大会常务委员会副主任简历

范远谋，男，汉族，1940 年 10 月出生，湖北汉川人，1960 年 4 月加入中国共产党，1962 年 10 月参加工作，大学毕业，高级经济师。先后任中国农业科学院农经所干部，北京市农经所办事组干事，北京市农林局政治组副组长，中共北京市委农村工作部干事、研究室副主任、经管处处长，北京市农工商总公司副经理、党委常委，北京市政府研究室副主任，北京市物价局局长、党组书记，北京市政府副秘书长、秘书长兼法制办主任，中共北京市国家机关工委书记，北京市第十一届人大常委会副主任、党组成员、党组副书记、市十一届人大法制委员会主任委员。

索连生，男，满族，1942 年 8 月出生，北京市人，1969 年 12 月加入中共，1962 年 9 月参加工作，中专毕业。曾在北京第一机床厂加工车间当工人，先后任北京第一机床厂教育科教员、团委副书记，中共北京市委组织部青年小组干部，共青团北京市委副书记，北京市“五讲四美三热爱”活动委员会办公室副主任，北京市文明城市建设协调办公室主任，首都精神文明建设领导小组办公室主任，北京市朝阳区副区长、区长、中共朝阳区委副书记，中共石景山区委书记，北京市第十一届人大常委会副主任、党组成员。

王维城，男，汉族，1936 年 12 月出生，河北徐水人，1986 年 5 月加入民盟，1961 年 2 月参加工作，大学毕业，工学博士，教授，博士生导师。先后任清华大学动力机械系、化工系、电力系助教、热能工程系讲师、副研究员、教授，清华大学校务委员会委员，民盟清华大学委员会主委、北京市委副主委、主委、民盟中央委员、常委、副主席，北京市第十一届人大常委会副主任，第九届全国人大代表。

林文漪，女，汉族，1944 年 9 月出生，台湾台南人，1990 年 12 月加入台盟，1968 年 1 月参加工作，研究生毕业，工学博士，教授，博士生导师。曾在新疆农垦厅农场劳动锻炼，先后任新疆仪表厂技术员，中科院合肥分院等离子体物理研究所研究实习员，清华大学工程力学系工程热物理专业硕士研究生、工程力学系助教、讲师、副教授、教研室副主任、系副主任、教授，北京市高教局副局长、北京市教委副主任，北京市市长助理、副市长，台盟北京市委副主委、主委、中央副主席，第九届全国政协委员。

赵凤山，男，汉族，1948 年 7 月出生，北京市人，1972 年 6 月加入中国共产党，1969 年 6 月参加工作，中央党校研究生毕业，高级经济师。曾在北京市顺义县后沙峪公社铁匠营村务农，天竺公社广播站当广播员，先后任北京市顺义县后沙峪公社回民营学校教师、公社团委书记、革委会副主任、主任、党委常委、副书记、书记，顺义县地方工业公司经理、党委书记，顺义县常务副县长、中共顺义县委常委、常务副书记、书记，中共北京市委农村工委书记、市农委主任，北京市第十一届人大常委会副主任、党组成员。

金生官，男，汉族，1946 年 11 月出生，江苏江阴人，1965 年 11 月加入中国共产党，1970 年 8 月参加工作，大学毕业，高级政工师。曾在北京矿务局门头沟煤矿机电科当工人，先后任技术科技术员、党委组干科干事、副科长，北京市工交办干事，市经委政治部干事，市委工业部干部处干事、副处长、处长，中共东城区委副书记，北京工美集团总公司党委副书记，北京市纺织工业总公司党委书记、副经理，北京纺织控股（集团）有限责任公司党委书记、副董事长，中共北京市委工业工委书记、市经济管理干部学院（市工业党校）党委书记，市经委主任、市国防科工办主任。

赵久合，男，汉族，1945 年 2 月出生，北京市人，1966 年 6 月加入中国共产党，1965 年 8 月参加工作，市委党校大专毕业。先后任北京市平谷县镇罗营学区团支部书记、公社组织干部、平谷县人大常委会干部、县政府办公室副主任，平谷县城关乡乡长、乡党委副书记、书记，平谷县副县长、中共平谷县委副书记，北京市门头沟区副区长、代区长、区长，中共门头沟区委副书记、书记，门头沟区人大常委会主任，中共北京市宣武区委书记，中共北京市东城区委书记、区人大常委会主任，中共北京市委委员。

田麦久，男，汉族，1940 年 7 月出生，山东龙口人，1985 年 2 月加入九三学社，1964 年 7 月参加工作，研究生毕业，体育学博士，教授，博士生导师。先后任北京体育学院田径教研室教师，北京市田径队教练，北京体育学院田径教研室讲师，运动训练教研室讲师、研究生部主任、副教授，北京体育学院副院长、教授，北京体育大学副校长、运动训练系教授、竞技体育学院教授，九三学社北京市委副主委、主委、中央常委，第九届全国政协委员。

北京市人民政府市长简历

孟学农，男，汉族，1949年8月出生，山东蓬莱人，1972年7月加入中国共产党，1969年3月参加工作，在职研究生毕业。曾在北京第二汽车制造厂当工人，先后任厂团委书记，北京汽车工业公司办公室干部，中共浙江省委组织部干部、省委办公厅秘书，北京汽车工业总公司团委副书记、书记，共青团北京市委副书记，北京市饭店联合公司总经理、党委书记，北京市工商行政管理局局长、党组书记，北京市副市长、常务副市长，市政府党组成员、副书记，中共北京市委常委、副书记，中共十六届中央委员。

北京市人民政府副市长简历

刘敬民，男，汉族，1952年1月出生，河北定州人，1972年11月加入中国共产党，1969年3月参加工作，在职研究生结业。曾在北京市六建公司四分部三连当工人，先后任六建公司四分部三连团支部书记、六建公司团委书记、六建公司机修厂党支部副书记、书记、六建公司三工区二队党支部书记、六建公司三工区党总支副书记兼长城饭店工地机关党支部书记，共青团北京市委宣传部干事、部长，共青团北京市委副书记，首都党政军民学共建文明城市协调委员会办公室副主任，中共北京市宣武区委副书记、书记、区长，北京市市长助理、副市长、市政府党组成员，中共北京市委委员。

张茅，男，汉族，1954年2月出生，山东巨野人，1973年9月加入中国共产党，1969年3月参加工作，研究生毕业，经济学博士，高级经济师。曾在北京玻璃仪器厂安瓿车间当工人，先后任车间党支部副书记、主任，北京玻璃总厂党委副书记兼玻璃器皿厂厂长、北京玻璃总厂党委书记兼副厂长，北京市一轻总公司副经理、党委常委，北京市外经贸委副主任，中共北京市委对外经贸工委委员，北京市海淀区常务副区长、区长、中共海淀区委副书记，北京市市长助理，北京市新技术产业开发试验区管委会主任、党组书记，北京市副市长、市政府党组成员，中共北京市委委员。

翟鸿祥，女，汉族，1946年6月出生，北京市人，1970年1月加入中国共产党，1968年7月参加工作，大学毕业，高级审计师，高级政工师。曾在解放军青海8061部队江西沟农场劳动锻炼，先后任北京市有机化工厂财务科科员、副科长、副厂长、党委书记，北京市化工二厂党委书记，北京市审计局副局长、局长、党组成员、党组副书记、党组书记，北京市财政局局长、党组书记兼市地方税务局局长、党组书记，北京市副市长、市政府党组成员，中共北京市委委员。

刘志华，男，汉族，1949年4月出生，辽宁盘锦人，1984年12月加入中国共产党，1968年8月参加工作，大学毕业，高级经济师。曾在北京矿务局木城涧煤矿、大安山煤矿当工人，先后任北京矿务局大安山煤矿人事科干部，北京市劳动局工资处干部、副处长、处长、局长助理兼工资一处处长、副局长、党组成员，劳动部工资所负责人、副所长、所联合管理委员会委员、综合计划司副司长、计划与工资司司长，北京市劳动局局长、党组书记，中共西城区委书记，北京市政府秘书长、党组成员兼中共北京市国家机关工委书记，北京市副市长，中关村科技园区领导小组成员、办公室主任、中关村科技园区管委会主任，中共北京市委委员。

孙安民，男，汉族，1948 年 11 月出生，北京市人，无党派，1969 年 2 月参加工作，大学普通班毕业，工程师。曾在陕西省富县张村驿公社广家寨大队插队，先后任北京重型机器厂设计科、检查科、总工程师室技术员、企管科助理工程师、工程师、副科长、副厂长，北京石景山区计划经济委员会负责人、主任，石景山区副区长，北京市外经贸委副主任，市外商投资服务中心副主任，北京市工商联副主委、常务副会长、会长，全国工商联执委、常委、副主席，北京市政协副主席，第九届全国政协常委。

范伯元，男，汉族，1945 年 9 月出生，天津市人，1985 年 10 月加入中国共产党，1968 年 12 月参加工作，在职研究生毕业，工学博士，教授。先后任青海省第二汽车修理厂技术员，交通部汽车运输总公司天津大型运输车队技术员，北京工业学院车辆工程系热工教研室讲师、副教授、内燃机实验室主任，北京理工大学车辆工程学院内燃机实验室主任、车辆工程学院副院长、北京理工大学副校长，北京市教委副主任、党组成员，北京市科委主任、党组书记。

牛有成，男，汉族，1955 年 3 月出生，北京市人，1974 年 9 月加入中国共产党，1971 年 12 月参加工作，市委党校研究生毕业，高级政工师。先后任北京市顺义县城关一中教师，城关中学党支部副书记、革委会副主任，共青团顺义县委学生部部长、宣传部部长、副书记，中共顺义县委宣传部副部长，顺义县平各庄乡党委书记，顺义县顺义镇农工商总公司总经理、党委副书记，中共北京市委农工委干部处副处级调研员、副处长、处长、农工委副书记，中共大兴县委书记，中共大兴区委书记，中共北京市委委员。

陆昊，男，汉族，1967 年 6 月出生，上海市人，1985 年 5 月加入中国共产党，1989 年 8 月参加工作，在职研究生毕业，高级经济师。先后任北京制呢厂厂长室干部、厂属金时代呢绒时装厂副厂长、北京制呢厂厂长助理、副厂长、厂长、党委副书记，北京纺织控股（集团）有限责任公司董事、副总经理、党委常委，中关村科技园区管委会副主任、常务副主任、主任、党组副书记、书记，中共海淀区委副书记。（曾挂职中国长江三峡工程开发总公司党组成员、总经理助理）

北京市高级人民法院院长简历

秦正安，男，汉族，1943 年 11 月出生，湖北汉川人，1976 年 12 月加入中国共产党，1966 年 9 月参加工作，大专毕业，二级大法官。曾在解放军 4657 部队锻炼，先后任北京市通县城关镇刘李庄学校教师、革委会副主任，北苑学校教导主任，通县教育局中教科副科长、科长、局长、党组书记，中共通县县委文教部副部长、部长，中共通县县委常委兼文教部部长、宣传部部长，中共北京市委、市政府信访办公室副主任、主任，中共北京市崇文区委副书记、区长，北京市高级人民法院党组书记、副院长、院长，中共北京市委委员。

北京市人民检察院检察长简历

许海峰，男，汉族，1939 年 9 月出生，山东威海人，1966 年 1 月加入中国共产党，1966 年 9 月参加工作，大学毕业，二级大检察官，高级工程师。先后任辽宁省大连石油七厂裂化车间技术员，北京东方红炼油厂技术员，北京石油化工总厂办公室秘书、秘书组组长、总厂办公室副主任、党支部书记、曙光化工厂党总支副书记、政治处主任，北京市医药总公司办公室副主任、组织干部处处长、经理、党委副书记、书记，北京市东城区区长、中共东城区委副书记、书记兼政法委书记，北京市人民检察院党组书记、副检察长、检察长，中共北京市委委员。

北京市第十二届人民代表大会第一次会议关于设立北京市第十二届人民代表大会专门委员会的决定

（2003 年 1 月 14 日北京市第十二届人民代表大会第一次会议通过）

北京市第十二届人民代表大会第一次会议根据《中华人民共和国地方各级人民代表大会和地方各级人民政府组织法》第三十条的规定，决定北京市第十二届人民代表大会设立法制委员会、内务司法委员会、财政经济委员会、教育科技文化卫生体育委员会。

北京市第十二届人民代表大会第一次会议通过北京市第十二届人民代表大会专门委员会组成人员人选办法

（2003 年 1 月 14 日北京市第十二届人民代表大会第一次会议通过）

根据《中华人民共和国地方各级人民代表大会和地方各级人民政府组织法》的规定，

北京市第十二届人民代表大会法制委员会、内务司法委员会、财政经济委员会、教育科技文化卫生体育委员会主任委员、副主任委员、委员的人选，由主席团在北京市第十二届人民代表大会代表中提名，大会通过。

本次会议通过北京市第十二届人民代表大会专门委员会组成人员的人选，采用按表决器的方式，分别对每个专门委员会整个名单合并表决，由全体代表的过半数通过。如表决器在使用中发生故障，改用举手表决的方式。

北京市第十二届人民代表大会法制委员会主任委员、副主任委员、委员名单

（15 人）

（2003 年 1 月 19 日北京市第十二届人民代表大会第一次会议通过）

主任委员 索连生（满族）

副主任委员 王嘉彦 张 引 应松年

委　　员（按姓氏笔画排列）

王江渝 史际春 刘明耀（土家族） 李小娟（女）

陈天立 郑树森 徐英豪

席文启 崔凤鸣 焦洪昌

谢朝华

北京市第十二届人民代表大会内务司法委员会主任委员、副主任委员、委员名单

（13 人）

（2003 年 1 月 19 日北京市第十二届人民代表大会第一次会议通过）

主任委员 郑 刚

副主任委员 续伯聪 吴森钟

委　　员（按姓氏笔画排列）

丁学济 王建国 冯文生 吕争鸣 刘文秀 吴秀萍（女）

吴 恒 汪明浩（满族）

张家旺 曹文广

北京市第十二届人民代表大会财政经济委员会主任委员、副主任委员、委员名单

（15 人）

（2003 年 1 月 19 日北京市第十二届人民代表大会第一次会议通过）

主任委员 高佐之

副主任委员 赵巨鹏　罗　青(女)李保仁

委　　员 (按姓氏笔画排列)

邓洪波　叶立毅(满族)　刘建华　刘　渊(满族)

安训生　李友元(女)杨书启　杨胜博　张文啟　郝如玉

韩景泉

北京市第十二届人民代表大会教育科技文化卫生体育委员会主任委员、副主任委员、委员名单

（15 人）

（2003 年 1 月 19 日北京市第十二届人民代表大会第一次会议通过）

主任委员 史炳忠

副主任委员 梁　平　何建坤　许祥源

委　　员 (按姓氏笔画排列)

马朝军(回族)　王莒生(女)　冯国元　刘冠军　江镜波(女)

邱济隆　张立华　晏懋洵　黄　欣　曹凤国　薛宝书

北京市第十二届人民代表大会第一次会议主席团和秘书长名单

（2003 年 1 月 12 日北京市第十二届人民代表大会第一次会议预备会议通过）

主席团 (83人，按姓氏笔画排列)

于长隆　于均波　马述宽　王大中　王文京　王建国

王振林　王维城　尤兰田(女)　文　喆　邓洪波　龙新民

叶　捷　田麦久　邢仲山

吉　林　吕争鸣　朱善璐
任月征(女)任宝贵　刘文秀
刘正民　刘明耀(土家族)
刘冠军　刘逢君　刘　淇
安训生　安丽娟(女)孙政才
孙维林　孙毓敏(女)阳安江
严晓燕(女)杜国盛　杜德印
李坤成　李昭玲(女)李炳华
李清云　李福成　杨书启
杨秀奇　杨胜博　杨德安
吴秀萍(女)邱济隆　汪其华
汪明浩(满族)　张文啟
张恕贤(回族)　张燕丽(女)
陈广文　陈天立
陈　军(女,高山族)　范进卯
范远谋　林文漪(女)孟学农
赵久合　赵凤山　赵如会
赵家骐　郝如玉　胡　军
胡桂枝(女)段柄仁　费文勇
贺慧玲(女)索连生(满族)
贾永生　晏懋洵　徐英豪
黄　欣　梅占山　曹凤国
曹文广　续伯聪
蒋光兰(女,满族)　程世峨(女)
强　卫　蔡赴朝　薛天利(回族)
魏　刚

秘书长　段柄仁

北京市第十二届人民代表大会第一次会议主席团常务主席名单

(14 人)

(2003 年 1 月 12 日北京市第十二届人民代表大会第一次会议主席团第一次会议推定)

刘　淇　于均波　龙新民　强　卫　范远谋　王大中　王维城　张燕丽(女)
杜德印　阳安江　孟学农　段柄仁　索连生(满族)　赵凤山

北京市第十二届人民代表大会第一次会议大会执行主席分组名单

(2003 年 1 月 12 日北京市第十二届人民代表大会第一次会议主席团第一次会议通过)

第一次大会
(2003 年 1 月 13 日上午)

刘　淇　于均波　龙新民　强　卫　杜德印
阳安江　孟学农　段柄仁　范远谋　王大中
王维城　张燕丽　索连生　赵凤山　陈广文
刘逢君　林文漪　田麦久　晏懋洵

第二次大会

（2003 年 1 月 14 日下午）

范远谋　段柄仁　于长隆　马述宽　王文京
王建国　王振林　尤兰田　文　喆　邓洪波
叶　捷　邢仲山　吉　林　吕争鸣　朱善璐
任月征　任宝贵　刘文秀　刘正民　刘明耀
刘冠军

第三次大会

（2003 年 1 月 16 日下午）

张燕丽　段柄仁　安训生　安丽娟　孙政才
孙维林　孙毓敏　严晓燕　杜国盛　李坤成
李昭玲　李炳华　李清云　李福成　杨书启
杨秀奇　杨胜博　杨德安　吴秀萍　邱济隆
汪其华

第四次大会

（2003 年 1 月 19 日上午）

段柄仁　汪明浩　张文啟　张恕贤　陈天立
陈　军　范进卯　赵久合　赵如会　赵家骐
郝如玉　胡　军　胡桂枝　费文勇　贺慧玲
贾永生　徐英豪　黄　欣　梅占山　曹凤国
曹文广

第五次大会

（2003 年 1 月 19 日下午）

刘　淇　于均波　龙新民　强　卫　杜德印
阳安江　孟学农　段柄仁　范远谋　王大中
王维城　张燕丽　索连生　赵凤山　程世峨
续伯聪　蒋光兰　蔡赴朝　薛天利　魏　刚

北京市第十二届人民代表大会第一次会议副秘书长名单

（12 人）

（2003 年 1 月 12 日北京市第十二届人民代表大会第一次会议主席团第一次会议决定）

刘正民　韩秀峰　安家盛　王力丁　任殿华　唐　龙　李　伟　吕实珉
史绍洁　肖　培　赵传民　魏永德

北京市第十二届人民代表大会第一次会议国民经济、社会发展计划和财政预算审查委员会主任委员、副主任委员、委员名单

（31 人）

（2003 年 1 月 12 日北京市第十二届人民代表大会第一次会议预备会议通过）

主任委员 王维城

副主任委员 王纯善 白正宇 王宗礼 林浦生

委员（按姓氏笔画排列）

叶立毅（满族） 史炳忠 朱继民 朱淑霞（女） 刘建华 孙长泰 李友元（女） 李保仁 李铁军 吴森钟 何建坤 宋艳（女） 张文中 张文敢 张志萍（女） 张毅 罗青（女） 赵巨鹏 赵仑 郝如玉 徐伟 韩景泉 韩德民 蓝天柱 廖国华 薛天利（回族）

北京市第十二届人民代表大会第一次会议议案审查委员会主任委员、副主任委员、委员名单

（27 人）

（2003 年 1 月 12 日北京市第十二届人民代表大会第一次会议预备会议通过）

主任委员 张燕丽（女）

副主任委员 徐仁发 谢步新 晏懋洵 梁平

委员（按姓氏笔画排列）

马朝军（回族） 王江渝 王嘉彦 卢全 年福纯 江镜波（女） 许祥源 李淑媛（女） 杨万里 杨心辉 吴秀萍（女） 汪明浩（满族） 张旭明 张志坚 陈兴波（回族） 郑树森 宛素春（女） 钱渊（女） 崔凤鸣 崔文荣（女，回族） 续伯聪 虞统

北京市第十二届人民代表大会第一次会议新闻发言人名单

（2003 年 1 月 12 日北京市第十二届人民代表大会第一次会议主席团第一次会议决定）

刘维林

在北京市第十二届人民代表大会第一次会议闭幕时的讲话

（2003 年 1 月 19 日）

刘　淇

各位代表，北京市第十二届人民代表大会第一次会议，在大会主席团的主持下，经过全体代表的共同努力，已经完成了预定的各项议程。

会议期间，与会全体代表以饱满的政治热情和高度的责任感，切实贯彻党的十六大和市九次党代会精神，依据宪法、法律赋予的庄严职责，认真审议各项报告，通过了各项决议，确定了本市的工作方针和任务，选出了新的市级国家机关领导人员和本市出席第十届全国人民代表大会的代表。我们这次会议没有辜负全市人民的信任和重托，确实开成了一个民主团结、求真务实、催人奋进的大会。

我们这次大会，得到了方方面面的大力支持。有关工作人员，不辞辛苦，做了大量繁重的工作，保证了大会的顺利进行。首都新闻单位对会议做了及时、生动、全面深入的报道。在此，我代表大会主席团，向所有为我们这次大会辛勤工作的同志们，表示衷心的感谢！

各位代表，这次大会即将胜利闭幕。我们相信，新的一届市人大常委会、市人民政府、市高级人民法院和市人民检察院，将在中共北京市委的领导下，以邓小平理论和“三个代表”重要思想为指导，紧密团结在以胡锦涛同志为总书记的党中央周围，认真贯彻执行党的十六大精神和本次代表大会各项决议，团结带领全市各族人民，为实现本次大会确定的各项任务，作出积极的贡献！

各位代表，本届人大任期的 5 年，是北京全力筹办 2008 年奥运会，全面建设小康社会，为率先基本实现现代化励精图治、奋力拼搏的 5 年！现在大政方针已经确定，关键在于贯彻落实。只要我们以只争朝夕的精神，聚精会神搞建设，一心一意谋发展，全面建设小康社会、率先基本实现现代化的目标就一定能够早日实现！

我国传统的新春佳节即将到来，给大家

拜个早年，祝各位代表、各位同志身体健康，工作顺利，生活愉快！

北京市第十二届人民代表大会第一次会议大事记

2003 年 1 月 12 日

上午 11 时前，出席北京市十二届人大一次会议的代表到北京会议中心、五洲大酒店驻地报到。本次会议应到代表 762 人，截止到中午 12 时 30 分，有 746 位代表报到。

代表报到后，阅读会议文件。

下午 2 时 30 分，在北京会议中心综合楼第一会议室召开了市十一届人大常委会第五十三次主任会议。会议听取了财经委员会关于对本市 2003 年市级预算草案主要内容、2002 年国民经济社会发展计划执行情况和 2003 年计划草案报告进行初步审查情况的汇报，并同意将这两个初步审查报告转送市十二届人大一次会议国民经济发展计划和财政预算审查委员会审查时参考；会议根据市十一届人大常委会第三十九次会议的授权，审定了市人大常委会向市十二届人大一次会议的工作报告；会议通报了关于各代表团在分团活动时对市十二届人大一次会议主席团等各项名单草案所提意见及个别调整情况，建议提请大会预备会议选举。

下午 4 时，在北京会议中心礼堂举行大会预备会议。应到代表 762 人，实到代表 713 人。受市人大常委会的委托，于均波主任主持了会议，段柄仁、洪绂曾、王大中、范远谋、王维城、张燕丽、索连生、赵凤山副主任和刘正民秘书长在主席台上就座。会议采取按表决器的方式，以 704 人赞成、9 人弃权通过了市十二届人大一次会议议程；以 696 人赞成、7 人反对、10 人弃权选举产生了大会主席团和秘书长，以 687 人赞成、10 人反对、16 人弃权选举产生了国民经济社会发展计划和财政预算审查委员会主任委员、副主任委员、委员，以 690 人赞成、12 人反对、11 人弃权选举产生了议案审查委员会主任委员、副主任委员、委员。

预备会议后，在北京会议中心第二十会议室举行了大会主席团第一次会议。主席团成员应出席 83 人，实到 77 人。按照市人民代表大会议事规则规定，会议由于均波主任主持。会议推选刘淇、于均波、龙新民、强卫、杜德印、阳安江、孟学农、段柄仁、范远谋、王大中、王维城、张燕丽、索连生、赵凤山为主席团常务主席；通过了会议日程；通过了大会执行主席分组名单；决定刘正民、韩秀峰、安家盛、王力丁、史绍洁、肖培、赵传民、魏永德、任殿华、唐龙、李伟、吕实珉担任大会副秘书长；决定刘维林为大会新闻发言人；决定大会表决各项议案时，除选举事项外，均采用按表决器方式，如果表决器发生故障，改为举手表决方式；决定代表提出议案的截止时间为 1 月 16 日 18 时；通过了市十二届人大一次会议选举办法草案，决定将这个草案提交各代表团讨论；通过设立市十二届人民代表大会专门委员会的决定草案，决定将这个草案提交各代表团讨论；通过北京市第十二届人民代表大会第一次会议关于通过北京市第十二届人民代表大会专门委员会组成人员人选办法草案，决定将这个草案提交各代表团讨论。

2003年1月13日

上午9时，北京市第十二届人民代表大会第一次会议在北京会议中心礼堂隆重开幕。实到代表754人，全国人大常委会副委员长何鲁丽参加了会议。主席团常务主席于均波及18位大会执行主席主持会议。刘淇市长作政府工作报告。部分北京市选出的第九届全国人大代表，出席北京市政协十届一次会议的全体委员，曾经在北京市担任市级领导职务的老同志，全国人大常委会办公厅有关部门的负责人，中共北京市委、市人大常委会、市人民政府有关部门、市高级人民法院、市人民检察院、各人民团体的负责人，部分中央部委和北京市双管单位的负责人列席了会议。

下午各代表团分别审议市人民政府工作报告、市十二届人民代表大会第一次会议选举办法草案、审议设立市十二届人民代表大会专门委员会的决定草案、审议通过专门委员会组成人员人选办法草案。

晚7时，在北京会议中心第二十会议室举行了大会主席团第二次会议。主席团成员实到77人。主席团常务主席王大中主持了会议。会议首先听取了各代表团讨论大会选举办法草案的情况汇报，通过了本次大会选举办法表决稿，提请大会表决；听取了各代表团讨论设立专门委员会的决定草案的情况汇报，通过了这个决定表决稿，提请大会表决；听取了各代表团讨论通过市十二届人民代表大会专门委员会组成人员人选办法草案情况的汇报，通过了这个办法的表决稿，提请大会表决。

2003年1月14日

上午各代表团继续审议市人民政府工作报告。

下午2时30分，在北京会议中心礼堂举行第二次全体会议。实到代表703人。主席团常务主席范远谋及20位大会执行主席主持会议。会议听取了市发展计划委员会主任沈宝昌作的《关于北京市2002年国民经济和社会发展计划执行情况与2003年国民经济和社会发展计划草案的报告》；市财政局局长吴世雄作的《关于北京市2002年财政预算执行情况和2003年财政预算草案的报告》；会议以656人赞成、15人反对、32人弃权表决通过了大会选举办法；以671人赞成、3人反对、29人弃权表决通过了关于设立北京市第十二届人民代表大会专门委员会的决定；以650人赞成、14人反对、39人弃权表决通过了关于通过北京市第十二届人民代表大会专门委员会组成人员人选办法。

大会结束后，在北京会议中心第二十会议室举行了大会主席团第三次会议。主席团成员实到79人，主席团常务主席索连生主持会议。会议听取了市委常委、组织部长赵家骐就推荐人选所作的说明，接受了中共北京市委、市各民主党派、无党派代表人士和各人民团体关于北京市选举的出席第十届全国人民代表大会代表候选人的联合推荐书，决定将联合推荐的代表候选人名单印发各代表团酝酿讨论；接受了中共北京市委关于市十二届人大常委会组成人员和市人民政府、市高级人民法院、市人民检察院领导人员候选人，市十二届人大专门委员会组成人员人选的推荐书，决定作为主席团提名的候选人和人选，发给各代表团酝酿讨论。会议还决定了候选人提名截至时间为1月16日20时。

2003年1月15日

各代表团以全天时间继续审议市人民政

府工作报告、国民经济社会发展计划和财政预算报告并就各项候选人进行酝酿、讨论。

上午 8 时 30 分，在北京会议中心第十四会议室召开了国民经济社会发展计划和财政预算审查委员会第一次会议。主任委员王维城主持了会议。会议审查了北京市 2002 年国民经济和社会发展计划执行情况与 2003 年国民经济社会发展计划草案的报告，北京市 2002 年财政预算执行情况和 2003 年财政预算草案的报告。

2003 年 1 月 16 日

上午各代表团继续就各项候选人进行酝酿、讨论，审议市人民政府工作报告、国民经济社会发展计划和财政预算报告并推选监票人。

上午 8 时 30 分，在北京会议中心第十四会议室召开了国民经济社会发展计划和财政预算审查委员会第二次会议，主任委员王维城主持了会议，审议通过了关于北京市 2002 年国民经济和社会发展计划执行情况及 2003 年计划草案的审查报告、关于北京市 2002 年财政预算执行情况和 2003 年预算草案的审查报告，并决定将以上两个报告提交主席团会议审议。

同时，在北京会议中心第五会议室召开了议案审查委员会第一次会议。主任委员张燕丽主持了会议，审查了已收到的议案。

下午 2 时 30 分，在北京会议中心礼堂举行第三次全体会议。实到代表 685 人，主席团常务主席张燕丽及 19 位大会执行主席主持了会议。会议听取了市人大常委会主任于均波所作的北京市人大常委会工作报告；会议听取了市高级人民法院院长秦正安所作的北京市高级人民法院工作报告；会议听取了市人民检察院检察长许海峰所作的北京市人民检察院工作报告。

2003 年 1 月 17 日

上午各代表团审议市人大常委会、市高级人民法院、市人民检察院工作报告。

上午 9 时，在北京会议中心第二十会议室召开了主席团第四次会议。主席团成员实到 80 人。主席团常务主席赵凤山主持了会议。会议听取了关于各代表团审议市人民政府三个报告情况的汇报，并审议通过了关于市人民政府工作报告的决议草案，决定发给各代表团讨论；会议听取并批准了国民经济社会发展计划和财政预算审查委员会主任委员王维城所作的《关于北京市 2002 年国民经济和社会发展计划执行情况与 2003 年计划草案的审查报告》和《关于北京市 2002 年预算执行情况和 2003 年预算草案的审查报告》，印发全体代表；会议审议通过了关于北京市 2002 年国民经济和社会发展计划执行情况与 2003 年国民经济和社会发展计划的决议草案；审议通过了关于北京市 2002 年财政预算执行情况和 2003 年财政预算的决议草案，并决定将上述决议草案提交各代表团讨论；会议听取了关于各项候选人酝酿讨论情况的汇报，提出了候选人名单，并决定印发各代表团讨论；会议还提名了总监票人，并通过了总监票人、监票人名单草案，决定提交大会表决。

下午各代表团继续审议市人大常委会、市高级人民法院、市人民检察院工作报告；讨论各项候选人名单；审议市人民政府工作报告决议草案。

下午 2 时 30 分，在北京会议中心第五会议室召开了议案审查委员会第二次会议，主任委员张燕丽主持了会议。截至 1 月 16 日 18 时，大会共收到代表团和代表 10 人以上联名提出的议案 392 件。会议对这些议案作了进一步审查，提出了处理意见，并通过了议案审查委员会关于代表议案的审查报告，决定提请主席团会议审议。

2003年1月18日

上午各代表团继续审议市人大常委会、市高级人民法院、市人民检察院工作报告。

上午11时，在北京会议中心第二十会议室举行大会主席团第五次会议。主席团成员实到77人，主席团常务主席范远谋主持会议，会议听取了关于市人民政府工作报告修改情况的汇报；听取了各代表团审议市政府工作报告决议草案情况的汇报；审议通过了关于市人民政府工作报告的决议修改草案，决定提交各代表团讨论。会议听取了关于各代表团审议市人大常委会、市高级人民法院、市人民检察院工作报告情况的汇报，并审议通过了关于这三个工作报告的决议草案，决定提交各代表团讨论；会议听取了各代表团酝酿讨论各项候选人情况的汇报，以表决的方式确定了各项正式候选人名单决定提交全体会议选举；会议还确定了关于市十二届人大专门委员会组成人员人选名单草案，决定提交全体会议表决。

下午，各代表团讨论大会各项决议修改草案。

晚7时，在北京会议中心第二十会议室举行了大会主席团第六次会议。主席团成员实到74人，主席团常务主席王维城主持会议。会议听取了各代表团讨论各项决议情况的汇报，通过了各项决议表决稿，提交大会表决。听取并审议通过了议案审查委员会主任委员张燕丽所作的关于代表议案的审查报告，决定印发全体代表。

2003年1月19日

上午9时，在北京会议中心礼堂举行第四次全体会议。实到代表753人，主席团常务主席段柄仁及20位大会执行主席主持了会议。会议首先以733人赞成、5人反对、15人弃权通过了北京市第十二届人民代表大会法制委员会主任委员、副主任委员、委员人选；以728人赞成、9人反对、16人弃权通过了北京市第十二届人民代表大会内务司法委员会主任委员、副主任委员、委员人选；以729人赞成、11人反对、13人弃权通过了北京市第十二届人民代表大会财政经济委员会主任委员、副主任委员、委员人选；以711人赞成、21人反对、21人弃权通过了北京市第十二届人民代表大会教育科技文化卫生体育委员会主任委员、副主任委员、委员人选；以742人赞成、3人反对、8人弃权通过了本次大会选举总监票人、监票人名单，决定王火、于雪鹰为总监票人，马新云等19人为监票人。会议以无记名投票方式选举北京市出席第十届全国人民代表大会代表；北京市第十二届人大常委会主任、副主任、秘书长、委员，北京市市长、副市长，北京市高级人民法院院长，北京市人民检察院检察长。投票结束后，在总监票人和监票人监督下清点票数，发出和收回选票相等，符合大会选举办法的规定，总监票人宣布本次选举有效。而后监票人和工作人员进行计票。

11时，在北京会议中心第二十会议室举行大会主席团第七次会议。主席团成员实到78人，主席团常务主席段柄仁主持了会议。会议听取了大会总监票人王火关于选举结果的汇报，确认选举结果有效，并决定将选举结果向大会宣布。

下午2时30分，在北京会议中心礼堂举行第五次全体会议。实到代表730人，主席团常务主席刘淇及19位大会执行主席主持了会议，新当选的市政协主席、副主席应邀参加了会议并在主席台上就座。会议首先按键表决通过了各项决议，结果是：以718

人赞成、1人反对、11人弃权通过了关于北京市人民政府工作报告的决议；以708人赞成、8人反对、14人弃权通过了关于北京市2002年国民经济和社会发展计划执行情况与2003年国民经济和社会发展计划的决议；以691人赞成、11人反对、28人弃权通过了关于北京市2002年预算执行情况和2003年预算的决议；以704人赞成、9人反对、17人弃权通过了关于市人大常委会工作报告的决议；以619人赞成、65人反对、46人弃权通过了关于北京市高级人民法院工作报告的决议；以603人赞成、68人反对、59人弃权通过了关于北京市人民检察院工作报告的决议。会议宣布了各项选举结果，宣读了北京市出席第十届全国人民代表大会代表，市十二届人大常委会主任、副主任、秘书长、委员，市长、副市长，市高级人民法院院长，市人民检察院检察长当选人名单。新当选的市十二届人大常委会主任于均波，副主任范远谋、索连生、王维城、林文漪、赵凤山、金生官、赵久合、田麦久，秘书长柳纪纲；市长孟学农，副市长刘敬民、张茅、翟鸿祥、刘志华、孙安民、范伯元、牛有成、陆昊；市高级人民法院院长秦正安；市人民检察院检察长许海峰，在主席台上与人大代表们见面。

在大会各项议程完毕后，市委书记、大会主席团常务主席刘淇讲话。

会议在雄壮的国歌声中胜利闭幕。

会后，新当选的市十二届人大常委会组成人员举行了见面会；新当选的市人民政府领导与中外记者见了面。

会议期间，代表提出询问事项22件，由市人民政府、市高级人民法院和市人民检察院分别派人到代表团汇报情况，回答询问，听取意见。

北京市人民代表大会常务委员会公告

（2002年11月28日）

按照《中华人民共和国全国人民代表大会和地方各级人民代表大会选举法》、《中国人民解放军选举全国人民代表大会和县级以上地方各级人民代表大会代表的办法》和北京市人民代表大会常务委员会关于北京市第十二届人民代表大会代表名额和选举时间的决定，北京市第十二届人民代表大会代表已经由区、县及中国人民解放军驻京部队等19个选举单位分别选举产生。共选出北京市第十二届人民代表大会代表762名。北京市人民代表大会常务委员会根据代表资格审查委员会提出的审查报告，确认762名代表的代表资格全部有效。现将北京市第十二届人民代表大会代表名单予以公布。

北京市第十二届人民代表大会代表名单

（762名，按姓氏笔画排列）

东城区（56名）

马延军（女，回族） 马　梅（女）
王中华 王　伟 王　红（女）
王莒生（女） 王俊杰 王　曦
毛桂芬（女） 毛铮铮（女） 叶　捷
冯新生 朱小彤（女） 向红丁（土家族）
危天倪（女） 刘小平（女） 刘朋庆
刘俊彩（女） 刘　淇 关德余（满族）
安路勤 李　山 李　坚（女）
李宗范 李荣庆 余晓辉（女）
闵秀娟（女） 张国初 张佩东（女）
张　毅（女） 陈　平 陈　生
陈济生（女，蒙古族） 金雅丽（女，满族）
周济谱（满族） 周　群（女） 赵久合
赵巨鹏 赵亚洲 赵岳嵩（满族）
思　智（女） 钮小桦（满族） 费文勇
徐　帆（女） 高静波 唐　龙
黄尔梅（女） 曹建军（女） 梁　伟
韩德民 靳光瑾（女） 蓝天柱
翟鸿祥（女） 潘和平 戴广翠（女）
檀建彬

西城区（70名）

马　辛（女，回族） 马振川
王士良 王大中 王长连
王功伟 王　茁 王萍兰（女）
王维平 王毓明 王德兴
文　喆 龙新民 付韶华
邢焕楼 曲　星 吕争鸣
吕锡文（女） 朱玉岭 朱福林
任月征（女） 任爱军 刘希模
刘冠军 许　槟（女） 寻寰中
孙跃进 孙维林 苏　玲（女）
李　江（满族） 李建国 李昭玲（女）
李炳华 李铁军 李维平
杨万里 杨胜博 吴森钟
邱济隆 应松年 张　丹（女）
张文华 张　庆 张建平
张　婷（女） 陈　蓓（女） 邵旭军（女）
环挥武 范伯元 范勇宏
林　旭 金星华（女，朝鲜族）
赵大恒 胡　敏（女） 胡　燕（女）
袁爱俊（女） 聂大华（女） 贾文勤（女）
铁　伟（回族） 徐家和 姬巧玲（女）
曹彦芳 常　宇 阎嗣烈
屠海令 覃　珊（女） 鲁杰民
谭维克 翟京华（女） 薛宝书

崇文区（37名）

于　跃（女） 马　可（女） 马艳荣（女）
马　琳（女） 王仲伸 化唯强
可立志 卢　全 付卫红（女）
吉胜久 成燕红（女） 刘永胜
刘贵堂 孙长泰 严性慈
李永红（女） 李庆江 李晓光
佟　旌（女，满族） 张天白
张立华 张旭明 张　冰（女）
张　军（女） 张志萍（女） 张晓林
张家旺 陈广文 陈　军（女，高山族）

林浦生　孟学农　赵继东
钟志玲(女)　秦正安　殷顺海
黄　欣　崔　放

宣武区（50 名）

弓爱清(女)　马士华　马丽霞(女)
马新云(回族)　王　火　王秀兰(女)
王秋鲜(女)　王银成　王敏荣(女)
孔　勇　朱金兴　刘　迎(女,回族)
刘敬民　齐　清(女,蒙古族)
安家盛　阴建玲(女)　苏建军
杜灵欣　杜德印　李坤成
李春英(女)　李　昭　李保群
李　跃　李燕京(女)　吴维刚
何贤景　沈安东　宋大中
张立方(女,蒙古族)　张恕贤(回族)
张澍田(回族)　范进卯　范远谋
范　宝(回族)　林抚生　松　岩(满族)
赵志良　赵爱兵　胡振敏
唐大生(满族)　曹秀东(女)　梁　平
韩英英(女)　鲁　勇　曾　芳(女)
静　云(女,满族)　蔡德军
薛天利(回族)　魏　健(回族)

朝阳区（100 名）

于均波　于晓冬　卫停战
马赤红(女)　马　瑛(女)　马　颖(女,回族)
王小珂(女,回族)　王东升
王明明　王晓霞(女)　王　健
王景英(女)　王嘉彦　元晓梅(女)
邓洪波　田锦和　付秀平(满族)
冯文生　冯亦娜(女)　吕明杰
任　强　刘正民　刘红宇(女)
刘宪秋　刘晓晨　刘淀生
刘　毅　关三多　江镜波(女)
安训生　孙乐新　孙　晔
李一经(女)　李士祥　李卫红(女)
李象群(满族)　李　敬　杨飞云
杨德安　吴凤岐　吴世民
吴可娟(女)　吴桂琴(女)　吴碧霞(女)
邱水平　何　维　佟克克
汪其华　汪学刚　沙万泉
宋大鹏　张文啟　张　宁
张礼栓　张永红　张洪仪(女)
张　耘(女)　张爱林　张理泉
张　维　张　静(女)　金小军(女,满族)
金生官　周凤英(女)　周华斌
宛素春(女)　屈素辉(女)　赵传民
赵宇光　赵　欣(满族)　赵增华(女)
胡泽君(女)　侯世玲(女)　闻惠友
姚　岚(女)　贺慧玲(女)　耿平安
聂启明　贾乃光　钱　渊(女)
倪晓建　徐世虹(女)　徐　伟
高　峰(女)　高　斌　郭栖栗(女)
席文启　唐西兰(女)　曹文飞
常　旭(女)　崔文荣(女,回族)
阎晓明　董　岸　蒋效愚
韩景泉　谢朝华　廖春迎(女,壮族)
潘　迎(女)　魏　刚　魏传忠

海淀区（100 名）

丁志明　于长隆　于　洋
马士起王　小兰(女)　王文京
王玉梅(女)　王伟光　王纪表
王丽方(女)　王丽梅(女)　王宗礼
王建民　王涌天　王维城
石定果(女)　申　丹(女)　田麦久
史际春　包玉良(蒙古族)
冯仁华(女)　吕晓霖(女)　吕　清(女)
朱　进　朱钦来　朱善璐
向红箭(女,土家族)　刘龙华
刘国祥　刘春梅(女)　刘宪苏(女)

刘浩军 齐 玉 许祥源
孙其信 孙 津 严晓燕(女)
李小文 李友元(女) 李 刚
李江虹(女) 李进山 李保仁
李贺林 杨永安 杨奋翮
杨建思(女) 杨思泽 吴亚梅(女,满族)
吴伟庆 吴守伦 吴 青(女)
何光沪 何建坤 沈梦培
迟惠生 张来芬(女) 张 青(女)
张 茅 张秋俭(女) 张 珩
张继平 陆国市(蒙古族)
陈其耀 尚秀云(女) 金幼菊(女)
周良洛 郑佳珍(女) 郑新蓉(女)
孟小红(女) 郝如玉 胡 军
胡桂枝(女) 哈图卓日克(蒙古族)
贾祥森 顾 晋 顾畹仪(女)
晏懋洵 徐 斌 栾茂茹(女)
高书平 高 扬(女) 高 煜
郭泰来 唐晓莉(女,蒙古族)
谈振辉 黄兆山 黄 霞(女)
葛忠兴(赫哲族) 葛剑平
韩 永 童志远 雷 达(壮族)
虞 统 路 达 臧铁军
廖国华 廖理纯 燕 瑛(女)
籍之伟

丰台区（63 名）

于雪鹰(女) 马泽平 王广华
王子生 王华强(女) 王纯善
王宗银 王春兰(女) 王 璇
艾金忠 白正宇 印红羽(女)
冯维海 刘红艳(女) 刘志远
刘逢君 刘 萍(女) 许 凯
孙敏奇 孙毓敏(女) 杜 涵(满族)
杜瑞琴(女) 李素丽(女) 李海滨
李淑珍(女) 杨秀奇 肖亚平(女)
肖国良 吴世雄(满族) 吴 恒
何 亮 吝宜宽 张大力
张志毅 张 杨 张福锁
陈 刚 林文漪(女) 罗万梅(女)
金 莉(女,俄罗斯族) 周 龙
郑树森 赵 仑 赵 平
赵 俭(女,满族) 赵恒山
郝有诗 冒泽泉 钟 和
段柄仁 娜 琪(女,蒙古族)
秦 刚 徐英豪 徐群渊
高岩辉 崔凤鸣 葛建明
董 扬 董玲汉(女,白族)
程 红(女) 詹成付 潘卫翔
薛 红(女)

石景山区（28 名）

马润津 王 军 王建国
朱继民 朱崇君 刘 黎(女,彝族)
安丽娟(女) 苏小记 李劲挺
吴秀萍(女) 邸荣女(女,满族)
张文中 张文华(女) 张国栋
张岩松 陈文占 欧阳文安
郑 刚 侯玉兰(女) 索连生(满族)
钱 凯 徐和谊(回族) 董双良
程世峨(女) 谢英华 强 卫
蔡国斌 穆丽杰(女)

门头沟区（20 名）

王惠芳(女) 邓秀琴(女)
史炳忠 付合年 邢惠芳(女)
闫永喜 许海峰 李 泽(女)
李建华 李信勇(回族) 李清云
张志坚 张欣庆 罗 青(女)
倪文驹 商雪梅(女) 续伯聪
董瑞龙 蔡赴朝 蔚 飞(回族)

房山区（37 名）

马士杰　马丽英(女,回族)
王纪平　王学勤　王淑红(女)
王　媛(女)　仉锁忠(回族)　叶晓明
田　雄　史全富　吉章红
刘文秀　刘永先　刘启文
刘建华　刘增会　安江华(女)
孙海燕(女)　阳安江　杜国盛
李淑媛(女)　杨德宏(女)　张振江
张效廉　张　鸿(女)　陆宇澄
陈兴波(回族)　陈德烨　郑玉民
赵　红(女)　赵淑雅(女)　郝文书
顾爱萍(女)　高维魁　郭先英(女)
黄雨蕊(女)　翟瑞元

通州区（28 名）

于海春　卫华诚　马彦玲(女)
王建华(女)　卢晓明　邢仲山
刘艳玲(女)　刘瑞芳(女)　李　宁(回族)
杨心辉　何志强(回族)　邹晓美(女)
宋　艳(女)　张　旭　张金英(女)
张原飞　张　毅　张燕丽(女)
陈学明　金文岭　赵玉影
赵家骐　禹学垠　曹文广
崔君乐　董维毅　韩克非(女)
韩振福

顺义区（22 名）

王　钢　王海臣　田建国
史绍洁　朱新礼　乔荣祥
刘海燕　孙政才　李小娟(女)
李　平　李维昌　李福成
杨培丽(女,白族)　吴耀新
周淑伶(女)　赵　义　赵如会
袁会文(女)　夏占义　夏　强
高凤兰(女)　翟若愚

昌平区（23 名）

王金玉　尤兰田(女)　任宝贵
刘学锋　刘慧勤(女)　李术元
李胜利(回族)　李海英(女)　杨保红(女)
佟根柱　张　峰(女)　金壮烈(朝鲜族)
周志军　赵凤桐　赵　军(回族)
洪起忠　秦凤权(女)　栾　军
高佐之　郭利民　黄福水
焦洪昌　魏永德

大兴区（24 名）

牛有成　甘连舫(回族)　乔东亮
刘月娥(女)　刘玉彬　刘国栋
刘维林　许　勇　李凤玲
李建军　李铁军　李爱芳(女)
杨书启　吴茜屏(女)　张　彤
陈瑞福(回族)　赵　力(女)　郭宝东
郭普金　彭绪敏(女)　蒋光兰(女,满族)
韩秀峰　焦向东　霍振祥

平谷区（20 名）

王少海　王振林　田云龙
史贵升　冯国元　朱　刚
刘志华　刘宝善　刘淑环(女)
沈煜民　张凤朝　张建国
屈淑平(女)　赵克忠　侯志光
贾树森　贾喜庚　曹凤国
阎仲秋　熊秀华(女)

怀柔区（20 名）

丁学济　马朝军(回族)　王江渝
王秀芹(女)　朱淑霞(女)　刘　勇
刘　渊(满族)　孙文利　张宝起
张崇国　林士昌　赵凤山

柳纪纲　梅占山　彭丽霞(女,满族)
董学军(女)　谢步新　雷德才
戴景珠　魏凤彪

密云县 (20名)

于桂芬(女)　王　宇　王丽娟(女)
王洪钟　王稳东　吉　林
李立琴(女)　李桂英(女)　杨文华
吴成全　吴春英(女,满族)
何继伶(女)　张　文　张玉良
陆　昊　陈天立　段　强
徐仁发　慕　平　裴铕才

延庆县 (20名)

王永军(女)　王国丰　王海平
邓行舟　叶立毅(满族)　吉晓春(满族)
朱来荣(女)　朱　岩　刘明耀(土家族)
李长栓　杨书海　吴辰英(女)
汪明浩(满族)　张　引　赵志萍(女)
胡昭广　侯林兴　姜立贵
郭同林　梅蕴新

中国人民解放军驻京部队 (24名)

马述宽　马品杰　王子彦
王红专　王冠中　文德功
孔庆新　田立娥(女)　史继明
冯维忠　年福纯　刘全喜
刘战勤　吴雪琼(女)　谷　卫
陈光龙　岳万英　庞　敏(女)
赵振庆　贾永生　郭养青
董尤心(女)　董明祥　程志强

北京市第十二届人民代表大会

第二次会议

北京市第十二届人民代表大会第二次会议议程

（2004 年 2 月 15 日北京市第十二届人民代表大会第二次会议预备会议通过）

一、听取并审议北京市代市长王岐山关于北京市人民政府的工作报告

二、听取并审议北京市发展和改革委员会主任丁向阳关于北京市 2003 年国民经济和社会发展计划执行情况与 2004 年国民经济和社会发展计划草案的报告

审查和批准北京市 2003 年国民经济和社会发展计划执行情况的报告与 2004 年国民经济和社会发展计划

三、听取并审议北京市财政局局长吴世雄关于北京市 2003 年财政预算执行情况和 2004 年财政预算草案的报告

审查和批准北京市 2003 年财政预算执行情况的报告和 2004 年财政预算

四、听取并审议北京市第十二届人民代表大会常务委员会主任于均波关于北京市人民代表大会常务委员会的工作报告

五、听取并审议北京市高级人民法院院长秦正安关于北京市高级人民法院的工作报告

六、听取并审议北京市人民检察院检察长许海峰关于北京市人民检察院的工作报告

七、选举事项

北京市第十二届人民代表大会第二次会议关于政府工作报告的决议

（2004 年 2 月 21 日北京市第十二届人民代表大会第二次会议通过）

北京市第十二届人民代表大会第二次会议，听取审议并批准王岐山代市长代表市人民政府所作的《政府工作报告》。

会议认为，2003 年，在中共北京市委的领导下，全市各族人民坚决贯彻党中央、国务院的各项方针政策和对北京市工作的一系列指示精神，首都改革开放和现代化建设取得了较大的成绩，夺取了防治非典的阶段性重大胜利，保持了经济社会全面发展的良好局面，较好地完成了市十二届人大一次会议确定的各项任务。会议对市政府过去一年的工作表示满意。

会议要求，做好 2004 年的工作，必须坚持以人为本，牢固树立全面、协调、可持续的科学发展观和正确的政绩观，大力弘扬求真务实的精神，紧紧围绕“新北京、新奥运”战略构想，以创新体制、调整结构、优化环境、全面发展为主题，加快推进各项改革，

大力发展首都经济，切实加强城市建设和管理，不断推进社会主义精神文明建设和民主法制建设，实现首都经济持续快速协调健康发展和社会全面进步。

会议号召，全市各族人民紧密团结在以胡锦涛同志为总书记的党中央周围，以邓小平理论和“三个代表”重要思想为指导，全面贯彻党的十六大和十六届三中全会精神，认真落实中共北京市委九届六次全会的部署，解放思想，与时俱进，开拓创新，扎实工作，以优异成绩迎接中华人民共和国成立55周年！

政府工作报告

——2004年2月16日在北京市第十二届人民代表大会第二次会议上

北京市代市长 王岐山

各位代表：

现在，我代表北京市人民政府向大会作政府工作报告，请予审议，并请市政协各位委员提出意见。

一、2003年工作的回顾

2003年是首都改革开放和现代化建设进程中很不平凡的一年，是全市各族人民经受严峻考验并取得较大成绩的一年。在中共北京市委的领导下，首都人民坚持以邓小平理论和“三个代表”重要思想为指导，坚决贯彻党中央、国务院的各项方针政策和对北京市工作的一系列指示精神，以实现“新北京、新奥运”战略构想为目标，以加快发展为总基调，以优化发展环境为着力点，万众一心，奋力拼搏，扎扎实实地推进各项工作，夺取了防治非典的阶段性重大胜利，保持了经济社会全面发展的良好局面，较好地完成了市十二届人大一次会议确定的各项任务。

坚持“两手抓”，取得“双胜利”。2003年年初，全市经济社会发展的开局很好。正当我们全面推进首都现代化建设的时候，发生了一场突如其来的非典型肺炎疫情。防治非典初期，工作一度被动。4月17日，中央果断决策，决定成立北京防治非典型肺炎联合工作小组，统一指挥北京地区非典防治工作。胡锦涛总书记多次就北京市防治非典工作作出重要指示，温家宝总理先后六次亲临北京防治非典一线检查指导工作。按照中央的决策和部署，落实早发现、早报告、早隔离、早治疗的方针，围绕提高收治率和治愈率、降低病死率和医护人员感染率，我们果断采取了一系列重大措施，依靠首都和部队医务人员舍生忘死的工作，广大市民的共同奋斗，全国人民的大力支持，在两个月之内有效控制了非典疫情，实现了“双解除”。与此同时，坚决贯彻“一手抓防治非典这件大事不放松，一手抓经济建设这个中心不动摇”的方针，坚持“外树形象、内聚人心”，及时制定实施针对性措施，千方百计促进经济增长，赢得了“防非典、促发展”的双胜利。

首都经济保持良好发展势头。北京市生产总值完成3611.9亿元，比上年增长10.5%。积极推进经济结构调整，以汽车制造为代表的现代制造业异军突起，高新技术产业稳步回升，工业成为拉动经济增长的重要力量，对经济增长的贡献率达到33.2%。第三产业平稳增长。现代都市农业持续发展。完成全社会固定资产投资2157.1亿元，增长18.9%。实现社会消费品零售额1916.7亿元，增长14.5%。地方企业出口73.7亿美元，增长24.9%；实际利用外商直接投资21.5亿美元，增长19.8%。经济运行的质量和效益进一步提高，全市规模以上工业企业实现利润219.5亿元，增长40.6%；地方财政收入592.5亿元，增长18.2%。人民生活水平不断提高，城镇居民人均可支配收入13882.6元，实际增长11.2%；农民人均纯收入6496.3元，实际增长11.5%；年人均纯收入2500元以下的低收入村已经消除。城乡社会救助工作取得成效，社会保障体系不断完善。就业形势保持稳定，城镇登记失业率为1.43%，失业人员就业率达到68.1%。

各项重大改革稳步推进。市政府机构改革顺利完成。议事协调机构和临时机构由97个减少到48个，精简比例达到50.5%。推进政府职能转变，取消56项行政审批事项，总结推广全程办事代理制，发展环境得到改善。国有资产管理体制改革迈出新的步伐，国有企业改革继续推进。非公有制经济健康发展。制定实施《城市基础设施特许经营办法》，投融资体制改革取得突破。中关村科技园区管理体制进一步完善。企业信用建设取得新的进展。农村税费改革全面推开。整顿和规范市场经济秩序取得阶段性成果。

城市建设和管理水平进一步提高。以交通为重点的城市基础设施建设步伐加快。地铁五号线建设全面铺开，八通线通车试运营，实现了轨道交通竣工通车40公里的目标。城市快速道路系统建设力度加大，五环路全线贯通。南水北调工程北京段顺利开工，转河和坝河得到治理。完成了北京城市空间发展战略研究工作。调整了危旧房改造的思路和模式，加强了历史文化名城保护，明十三陵列入世界文化遗产，元大都土城遗址公园建成开放。下大气力治理城乡环境卫生，完成158项环境整治重点项目，环境总体水平又有新的提高。采取严格的措施治理大气污染，市区空气质量二级和好于二级的天数达到61.4%。城近郊区污水处理率实现56%，生活垃圾无害化处理率达到91.3%。新增城区大型绿地213公顷，为前4年的总和。城近郊区绿化覆盖率达到41%，全市林木覆盖率达到47.5%。城市管理重心下移取得进展，行政处罚权相对集中，综合执法得到加强。奥运会筹备工作顺利推进，发布奥运会会徽，启动市场开发计划，国家体育场、国家游泳中心等重点场馆如期开工。60件实事全面落实。

各项社会事业不断进步。经过抗击非典斗争，高度重视经济社会协调发展。建立了可持续控制非典的工作机制。加强公共卫生基础设施的投入和建设，以大病统筹为主要形式的新型农村合作医疗制度试点顺利推进。“首都二四八重大创新工程”取得新的进展，创业孵化体系建设成效显著，创新服务体系初步建立。市属科研院所体制改革进一步深化，与中央在京科技力量的合作更加紧密。中小学布局调整加快，农村普通中学规范化建设全面完成，基础教育均衡化取得进展，高等教育整体水平有所提高，教育乱收费治理取得一定成效。文学艺术、新闻出版、广播影视和哲学社会科学事业不断进步，一批文化创作精品在全国获奖，文化市场繁荣、健康、有序，竞技体育发展势头良好，群众文化体育活动蓬勃开展。

首都精神文明建设成绩显著。在党的十六大精神鼓舞下，全市兴起学习贯彻“三个代表”重要思想新高潮，有力地促进了经济发展和社会进步。广泛开展了公民道德实践年活动。在创建文明区县活动带动下，群众性精神文明建设向广度和深度发展，社会陋习得到不同程度的改变，市民文明素质和城市文明程度有所提高。深入开展“双拥”共建活动，国防教育和国防后备力量建设取得新的进展，征兵工作和优抚安置政策得到较好落实，驻京部队在首都现代化建设中发挥了重要作用。老龄工作得到加强，妇女儿童工作稳步推进，残疾人事业加快发展。

民主法制建设进一步加强。人大及其常委会决议得到认真执行，重大问题通过政协广泛征求意见，自觉接受法律监督和民主监督，充分听取人民群众对政府工作的意见和建议。办复全国和市人大代表议案和建议1702件，政协委员提案1229件。社区居委会换届选举顺利完成。民族、宗教、侨务和对台工作取得新进展。坚持依法治市，政府法制建设进一步加强，全年提请市人大常委会审议通过地方性法规9项，颁布政府规章31项。深入开展“四五”法制宣传教育，积极拓展和规范法律服务。实施“阳光工程”，廉政建设得到加强。全面落实社会治安综合治理的各项措施，深入开展“严打”整治斗争，保持了治安形势的总体平稳。加大人民内部矛盾纠纷的排查调处力度，逐步完善维护稳定的长效机制，研究制定突发事件应急预案，全力维护首都的安全稳定。

各位代表，过去的一年，我们在发展中遇到的困难比预料的大，取得的成绩比预料的好，成绩来之不易。这是党中央、国务院和中共北京市委正确领导的结果，是全市各族人民团结奋斗，开拓进取的结果。在此，我代表市政府，向在各个领域和岗位上辛勤劳动、作出贡献的全市人民，向给予我们支持与监督的人大代表、政协委员、各民主党派、工商联和无党派人士、各人民团体、社会各界人士，向大力支持我们工作的中央在京单位、人民解放军和武警部队以及各兄弟省、自治区、直辖市，向所有关心支持首都建设的香港特别行政区同胞、澳门特别行政区同胞、台湾同胞、海外侨胞和国际友人，表示崇高的敬意和衷心的感谢！

回顾过去的一年，我们清醒地看到，全市经济社会发展和政府工作中还存在着不少困难和问题：一是经济体制改革相对滞后，市场化程度较低；二是经济增长方式转变比较缓慢，增长速度与结构、质量、效益不够协调；三是产业发展的结构性矛盾仍然比较突出，尚未形成多支柱支撑体系；四是远郊区县与市区差距明显，城市化进程亟须加快，农业产业化和技术进步、农村基础设施建设和社会发展、农民的富裕和文明任重道远；五是水和土地等资源约束加剧，节约保护与合理利用工作亟待加强；六是城市建设与公共管理方面存在着一些突出矛盾和薄弱环节，交通拥堵加重，公共卫生体系建设滞后，突发事件应急预案的落实和执行不到位成为重大安全隐患；七是市民文明素质、城市文明程度需要提高，公众的法律意识、遵守公共道德和公共秩序的意识需要增强；八是政府转变职能和改进工作作风、提高办事效率的任务艰巨，电子政务推进缓慢。对上述问题，我们将高度重视，立足长远，着眼当前，统筹考虑，通过发展和改革逐步加以解决。

二、2004年政府工作的总体要求和主要目标

2004年是中华人民共和国成立55周年，是全面落实党的十六大和十六届三中全会精神的重要一年，是实现“十五”计划目标的关键一年。当前，我国正处于重要的战略机遇期，全国经济处在发展周期的上升阶段；

中共中央作出《关于完善社会主义市场经济体制若干问题的决定》，为进一步解放和发展生产力指明了方向；特别是进入筹办奥运会的全面建设阶段，为首都扩大开放、加快发展提供了前所未有的历史机遇。当然，应当看到，国际国内经济发展仍然存在一些不确定因素，我们自身还有不少深层次问题亟待解决，首都现代化建设面临着众多挑战。我们必须切实增强责任意识、机遇意识和忧患意识，紧紧抓住、充分利用当前的大好机遇，切实保护好、引导好、发挥好各方面的积极性，全面履行“四个服务”职责，努力使首都的工作走在全国前列。

今年政府工作的总体要求是：以邓小平理论和“三个代表”重要思想为指导，认真贯彻党的十六大、十六届三中全会精神和中央对北京市工作的一系列重要指示，坚持以人为本，树立全面、协调、可持续的科学发展观，弘扬求真务实的精神，紧紧围绕“新北京、新奥运”战略构想，以创新体制、调整结构、优化环境、全面发展为主题，加快推进各项改革，大力发展首都经济，切实加强城市建设和管理，不断推进精神文明建设、民主法制建设，实现首都经济持续快速协调健康发展和社会全面进步。

经济和社会发展的主要预期目标是：北京市生产总值增长9%，地方财政收入增长13%；城镇居民人均可支配收入和农民人均纯收入分别增长6%以上；城镇登记失业人员就业率保持在60%以上，城镇登记失业率控制在2.5%以内；居民消费价格指数为102%左右；人口自然增长率控制在1‰以内。

实现上述预期目标，要认真按照“五个统筹”、“五个坚持”的要求，从首都实际出发，科学把握改革发展的正确方向。

第一，必须切实推动经济增长方式的转变，努力实现速度与结构、质量、效益相统一。加快发展，不等于单纯追求经济高增长。要由主要依靠外延式发展向内涵式发展转变，由粗放经营方式向集约经营方式转变，加快信息化带动工业化的进程。紧紧抓住结构调整这条主线，着力解决投资、产业、消费等方面的结构性问题。特别是要充分发挥首都人才、教育、科技、文化、卫生、体育等方面的优势，努力把资源优势转化为产业优势，在实践中不断丰富和深化首都经济的内涵。

第二，必须坚持社会主义市场经济的改革方向，加快改革步伐，优化发展环境，为首都经济社会发展提供强大动力。要着力推进体制创新、组织创新和制度创新，全面履行政府经济调节、市场监管、社会管理和公共服务职能，搭建符合市场经济规则的发展平台。调整不合理的利益格局，打破垄断，增强市场在资源配置中的基础性作用，使首都特有的经济决策、信息平台强势得到充分发挥。

第三，必须统筹城乡、区域和经济社会协调发展，促进人与自然的和谐。离开农民的小康就没有全市的小康，离开郊区的现代化就没有首都的现代化。要打破城乡分割的二元结构，引导要素资源向郊区倾斜，形成合理的产业布局，加快工业化、城市化、现代化进程。重视区域协调发展，促进南城与北城、城区与郊区、平原与山区、北京与周边的良性互动。重视社会发展，推动各项社会事业全面进步。重视可持续发展，把控制人口规模、节约资源和保护环境摆在突出位置，努力实现经济效益、社会效益、环境效益相统一。

第四，必须坚持城市建设和管理并重，不断提升城市现代化管理水平。管理是政府工作的永恒主题。要坚持以规划为龙头，抓住城市空间布局战略调整和筹办奥运会的机遇，综合考虑城市功能布局，拓展城市发展空间，保护历史文化名城，为根本解决城市发展中的难点问题奠定基础。大力推进城市管理体制的改革创新，建立长效机制，在规划、交通和环境卫生管理等方面实现新的突破。要把应急管理建立在完善的日常管理基础之上，不断提高城市管理和公共服务的水平。

第五，必须全力实现好、维护好、发展好人民群众的根本利益。牢固树立“群众利益无小事”的观念，把群众呼声和意愿作为指导工作的第一信号，把关心和服务群众作为第一职责，把群众的评价作为衡量工作政绩的第一尺度，统筹兼顾，正确处理局部利益和整体利益、眼前利益和长远利益的关系。在推进城市化过程中，维护好农民利益；在推进企业改革过程中，维护好职工利益；在推进城市建设过程中，维护好居民利益；关注照顾困难群体，着力解决涉及群众切身利益的突出问题，使广大群众在改革与发展中得到更多的实惠。

三、全面开创首都改革开放和现代化建设的新局面

按照今年经济和社会发展的总体要求，着重做好以下五个方面的工作。

（一）优化产业结构，转变经济增长方式，促进首都经济持续快速协调健康发展

根据首都经济发展的内在要求，坚持把经济结构的战略性调整作为主线，加快产业结构优化升级，夯实经济增长的基础，扩大经济总量，提高增长质量。

把促进消费作为扩大内需的关键环节，着力改善投资结构，实现消费和投资的“双拉动”。要充分发挥北京消费市场的优势，加快消费结构升级，增强城乡居民消费能力，扩大外来消费规模，促进消费总量扩张。引导企业围绕汽车、建材家居、数字化商品等消费热点，提高供给能力和服务质量。完善社区商业服务体系，开拓农村消费市场，倡导居民扩大旅游、体育健身和文化消费。搞好假日市场。密切关注粮油、燃料等重要商品供需变化情况，加强市场监测体系和应急体系建设，提高政府调控能力。继续发挥投资对经济增长的拉动作用，进一步增强投资的产业和区域导向，从主要集中在房地产领域，向高新技术产业、现代制造业和现代服务业等有潜力的领域转移；从过于集中在市中心区，向卫星城和中心镇转移。

不断扩大第三产业规模，加快服务业发展，全力提升质量和水平。充分利用首都财政金融等经济决策和信息平台的独特优势，发挥商务中心区、金融街的聚集效应和服务功能，吸引国内外企业和各类金融、服务贸易机构来京投资发展。推进市属金融资产的优化配置和金融企业改革，发展多种金融服务，探索农村信用社改革，巩固和提升金融服务贸易业的强势地位。发展新型商业业态，推进区域商业中心建设，优化大型购物中心布局，建设好商业、服务业特色街区。加快物流园区建设和招商引资工作，引进和培育现代化的第三方物流企业，使物流园区初具规模。巩固和拓展海外旅游市场，整合旅游资源，积极开发多档次的旅游产品，全面提升旅游会展行业素质和市场竞争力。将公益性文化事业与经营性文化产业适度剥离，完善文化产业政策，打破行业垄断，吸引民间资本投入，加强文化市场培育，将文化产业发展成为首都经济新的支柱。抓住奥运机遇，引导和促进体育产业发展壮大。

增强高新技术产业的先导地位，强化现代制造业的支撑作用。继续发挥中关村科技园区的带动作用，加快实施《五年上台阶行动纲要》，使之成为制度创新、组织创新、技

术创新的综合改革试验区。深入推进"首都二四八重大创新工程"，支持大企业带动中小企业开展专业配套的研发活动，深化科研院所企业化转制，促使企业成为创新主体，形成一批拥有核心技术与自主知识产权的知名产品。保持软件产业的领先地位，搞好软件产业基地的建设与招商工作。加快振兴现代制造业，支持汽车、微电子、光机电一体化、生物工程和新医药等产业发展，尽快形成多支柱的制造业集群。推动高新技术产业、现代制造业向郊区转移，合理布局，适当集中。积极稳妥地推进传统产业改造调整，扶植发展符合首都特点的都市型工业。全面启动奥运经济促进工作，抓紧建立相关信息服务平台，努力发展适应奥运需求的重点行业和重点产品。

坚持"多予、少取、放活"的方针，加快农村经济发展，促进农民增收。全面贯彻中共中央 2004 年一号文件精神，进一步解决好"三农"问题。深化农业结构调整，加大农业基本建设投入，落实现代农业"221 行动计划"，推动特色农产品生产向优势产区集中。积极发展农产品加工业，促进农业科技进步和推广，加强标准化生产和安全食品体系建设，实施产业化经营。积极发展农民专业合作经济组织。加强农村基础设施建设，完成 215 个行政村的通油路任务。推进乡镇企业结构调整和体制创新，大力发展农村二、三产业。加快实施山区移民搬迁工程，易地安置采空区和泥石流易发区的险村险户。完善农村土地制度，保障农民对土地承包经营的权利，稳步推进农用地承包经营权流转，促进规模经营。积极推进集体建设用地使用权流转试点。完善土地征用办法、补偿标准和补偿机制，健全征地与农转非挂钩的制度，维护其应享有的社会保障权利。推进农村集体资产产权制度改革，增强农村经济活力。对符合政策规定的农民现有宅基地和房屋发放土地使用权证和房产证。深化农村税费改革，免征农业税，巩固农民收入增长的良好势头。

充分利用两个市场、两种资源，在更大范围、更宽领域、更高层次上参与国际经济技术合作与竞争。建立符合国际惯例的投资促进体系和管理服务体系，积极扩大对内对外开放，努力把北京建成最具开放性的城市。加快经济技术开发区建设，提高出口加工区管理水平，搞好对外商投资企业的服务。积极吸引国际资本、民间资本以及先进技术和高素质人才，壮大高新技术产业和现代制造业。完善企业并购法规和操作办法，为中外投资者参与城市基础设施建设和国企改组改造创造条件。广泛吸引跨国公司、国内外金融机构、大企业、大集团来京设立总部、研发中心、营运中心、采购中心，发展总部经济。推进金融、商业、旅游、会展、物流等现代服务业和医疗、教育、文化等重点领域的对外开放，组织实施进一步促进京港更紧密经贸合作的若干措施。深化外贸体制改革，建立健全内外贸统一的管理机制和贸易促进服务体系，使之互相促进、协调发展。积极应对出口退税政策调整对外贸出口的影响，巩固和提高"大通关"成果，提高加工贸易出口的便利化程度，采取有效措施，确保出口稳步增长。继续搞好"科博会"等大型经贸活动。做好加入世贸组织过渡期的各项应对工作。落实境外投资项目贷款贴息等优惠政策，鼓励和支持有条件的企业向海外发展。加强同周边省区市的交流与合作，促进环渤海地区经济协调发展，积极参与振兴东北地区等老工业基地和西部大开发。

牢牢把握首都现代化建设的关键，全面落实人才强国战略。围绕培养、吸引、用好人才，完善人才政策体系，加快建立首都人才管理体制。着眼于人才总量的增长和素质的提高，加强人才资源能力建设，加大人力资本投资力度。开放首都人才市场，探索完善工作居住证等多种形式的人才引进制度。建立健全人才市场体系和服务体系，统筹人才资源整体开发，优化人才资源配置，实现人尽其才。

（二）统筹兼顾，突出重点，在经济体制改革方面取得新的突破

贯彻落实中央和市委关于完善社会主义市场经济体制的决定及意见，加快改革进程，为首都经济社会发展提供强有力的体制保障。

深入推进行政管理体制改革，坚持不懈地优化发展环境。加快政府职能转变，真正将工作重心逐步转到制定规则和标准，强化管理，加强监督和为市场主体提供优质服务上来，进一步推动政企分开、政事分开、政社分开，使政府各职能部门与所办企业和营利性事业单位彻底脱钩。深化行政审批制度改革，大幅度减少年检事项，继续推广全程办事代理制。创新工作机制，严格实行工作无缺位、主办负责和投诉举报等制度，完善公务员激励和监督机制。改革政府绩效考核制度，把政府部门的工作作风、服务态度、服务质量和服务效率作为督查考核的重要内容。推进电子政务建设，加大政务公开力度。清理解决严重影响发展环境的遗留问题。循序渐进地推动事业单位改革。不断完善土地、技术、劳动力等要素市场，大力发展资本市场，重点规范发展产权交易市场，促进生产要素自由流动。完善企业信用服务体系，加快建设个人信用服务体系。培育、规范各类行业协会和社会中介机构。加强知识产权保护，依法惩处盗版侵权行为。整顿和规范市场经济秩序，重点抓好食品、药品、家居建材等方面的专项整治，健全产品质量监管机制，严厉打击制假售假行为。强化旅游、文化市场监管。

加快投融资体制改革步伐。按照“增量改革、存量试点”的原则，开放污水垃圾处理、高速公路和轨道交通等市政公用事业和城市基础设施建设运营市场，打通社会资本进入通道。落实特许经营办法，完善投资回报补偿机制和基础设施产品定价制度，保护投资者合法权益。对经营性城市基础设施中由政府投资形成的经营权、股权，进行出让、转让。转变投资管理机制，除少数重大项目和限制类项目实行核准制外，对国家没有特殊规定的企业投资建设项目实行登记备案制，对非经营性政府投资项目试行“代建制”；除市政府投资和国家规定需市政府审批的项目外，审批权下放区县。转变投资调控方式，强化产业政策引导和信息披露，搞好项目储备、推介和协调服务，防止盲目投资和重复建设。转变政府投入形式和项目管理模式，建立政府投资监管和评价体系，增强政府投资的引导和放大作用，提高资金使用效益。深化财政管理改革，健全公共财政体系。转变政府资金投向，主要用于公益性和公共基础设施建设、生态环境保护等市场不能有效配置资源的领域，以及对经济结构调整有促进作用的方面。通过专项转移支付，支持南城、郊区和山区发展。

大力发展非公有制经济，积极推进国有资产管理体制和国有企业改革。加快清理和修订限制非公有制经济发展的规定和政策，进一步放宽市场准入，允许非公有资本进入法律法规未禁入的行业和领域，提高非公有制经济在制造业、基础设施和公共事业等领域的比重。建立健全投资服务体系，完善税收政策，发展适应中小企业需要的多层次金融服务。依法保护私有财产权。提倡具有一定规模的民营企业建立现代企业制度。更多地吸引非国有资本参与国有企业的股份制改

造，实现投资主体多元化。深化国有资产管理体制改革，进一步规范和完善国有资产授权经营制度。按照现代企业制度要求，完善法人治理结构。创新国有企业负责人管理体制，分类分层分步下放管理权限。加强对国有资产的监管，健全监督体系，防止国有资产流失。加快国有经济布局和结构调整。以现代制造业、建筑业、商业、旅游服务业和基础设施等领域的改革为突破口，通过兼并、重组等方式做强一批大公司和大集团。尚未完成改制的国有企业，要加快规范的股份制改造。搞好 104 户企业的并购工作。运用拍卖、租赁、股份合作等多种方式，进一步放开搞活国有中小企业。认真做好首次经济普查工作。

（三）充分发挥奥运带动作用，提升城市现代化水平

以奥运建设全面启动为契机，从解决最为突出的矛盾入手，统筹城市规划、建设和管理，加快城市现代化建设步伐。

调整城市空间布局，努力提高城市规划水平。按照“两轴—两带—多中心”城市空间新格局，确保年内完成《北京城市总体规划》修编，完善控制性详细规划。编制完成城市中心地区地下空间开发利用规划。按照“平原城市化、山区城镇化”方针，优先选择几个发展区位、产业基础和居住环境较好的卫星城，将其规划建设成各具特色的现代化新型城市，成为分流城区产业、人口和吸引农民进城的重要载体。创新规划编制方法，吸收经济、社会等领域专家参与规划编制全过程。坚持规划的科学性、公开性、权威性。对一些重点地区和重要建设项目的规划设计，采取方案征集、招投标等方式确定；实施城市规划公示制度，强化规划管理。合理控制房地产开发规模和布局。正确处理城市建设与古都风貌保护的关系，认真落实历史文化名城保护的各项规划、政策和措施，逐步做到保护有法可依、办事规范有序、资金保障有力。重点推进白塔寺、玉河等历史文化区的保护试点。切实加强世界文化遗产保护。全面实施《人文奥运文物保护计划》。

坚持“开放接轨、公开透明、节俭务实”筹办方针，切实搞好奥运场馆建设。认真贯彻“勤俭办奥运”，加大奥运场馆建设的组织协调力度，加强管理，确保安全、质量和工期。尽快完成尚未开工的新建和改扩建场馆的各项准备工作，力争早日开工。加紧进行奥林匹克公园中心区基础设施建设。严格落实项目法人责任制，规范业主行为，加强对工程质量和安全生产的监督管理，认真实施国家强制性质量标准，满足奥运会比赛要求，努力建成一流水平的建筑精品。实行市场化、公开化的运行机制，推进“阳光工程”，实现“廉洁奥运”。

加快交通设施建设速度，逐步缓解城市交通拥堵。编制《北京交通发展纲要》。建管并重，综合治理，全面完成缓解交通拥堵第一阶段各项任务。把发展轨道交通放在首位，安全、优质、高效建设地铁四号线、五号线、十号线、奥运支线和机场线。加快市区南北通道建设，建成多条城市快速联络线和动物园、六里桥综合客运枢纽。调动区县积极性，建设一批城市次干路和支路，加密城市路网，改善交通“微循环”。科学调整现有交通组织，完善交通管理设施，提高智能管理水平。坚持公交优先发展战略，完成南中轴路大容量快速公交试点。实施交通疏堵工程，重点改善望京、中关村等地区的交通状况，整顿崇文门路口等交通拥堵点段。继续治理机动车超限超载。加强停车规划和管理。加大交通宣传力度，提高市民交通文明意识。

围绕“绿色奥运”，进一步加大环境保护和生态建设力度。按照北京市生活垃圾治理

白皮书确定的目标和任务，治理四环路到五环路之间垃圾堆积点，建成医疗废物和餐厨垃圾集中处理设施，推进生活垃圾减量化、资源化，使生活垃圾无害化处理率城近郊区达到93%、农村达到30%。加快城市污水治理，建成卢沟桥等污水处理厂及配套管线工程。继续推进城近郊区公厕的改造和建设。加大固体废弃物、危险废弃物等污染防治力度。结合道路建设、文物修缮、拆除违法建设和农村环境治理，实施百项环境综合整治重点工程。抓好南北中轴线等地区的绿化美化，启动城市楔形绿地建设，巩固提高第一道绿化隔离地区的绿化水平，调整第二道绿化隔离地区的绿化用地规模，加快建设步伐。充分发挥林业在生态环境建设中的主体作用。大气污染治理进入攻坚阶段，奥运场馆及相关设施建设全面铺开，使治理难度加大。必须采取更加有效的措施，确保市区空气质量二级和好于二级的天数达到62%以上。

实行最严格的土地和水资源管理制度，建设节约型城市。坚决贯彻节约优先原则，把节地、节水和节能作为可持续发展的基本政策。严格保护基本农田，清理整顿各类开发区用地，进一步加大对土地违法问题的查处力度，依法处置闲置土地。实行土地垂直管理体制，规范控制建设用地协议出让范围，全面推行经营性土地使用权出让的招标、拍卖、挂牌制度。建立水资源统一管理体制，组建水务管理部门，采取严格措施对水资源进行合理配置使用，保护好饮用水源。高质量建设南水北调北京段工程。制定节约用水管理办法和分阶段工作方案，实施阶梯水价，推动再生水回用和雨水利用，推广和更新节水器具，强化节水管理。开展节水宣传教育，提高市民节水意识。突出抓好节能工作，积极开发利用新能源，搞好资源的综合利用，努力发展循环经济。

深化城市管理体制综合改革。以增强各级政府社会管理和公共服务职能、强化社区民主自治功能为突破口，逐步实现政府职能到位、市场作用入位、社区功能归位。明确划分城市管理系统中各部门的职能、管理幅度与管理层次，建立健全城市公共管理和服务体系。发挥区县在城市管理中的职能和作用，强化对城乡结合部的综合治理。加强街道的统筹协调和综合管理能力，把城市管理的各项基础工作落在实处。进一步搞好社区建设，完善社区功能，调动广大市民参与城市管理的积极性。做好对流动人口的服务和管理，改善外来务工人员的就业、子女就学和生活条件。稳定低生育水平，提高出生人口素质，把计划生育工作重心落实到社区。

各位代表，首都安全责任重于泰山，人民生命安全高于一切。各级政府要深刻汲取密云特别重大伤亡事故的惨痛教训，严格落实安全责任制，排查和消除各种重大事故隐患。建立城市统一的应急指挥系统，整合各类应急资源，完善各类突发事件应急预案，特别要切实解决预案落实和执行不到位的问题，提高防范和处置各类重大突发性事件的能力。

（四）关心群众切身利益，努力提高人民生活水平和质量

在全面建设小康社会的过程中，要不断提高城乡居民收入，不断满足人民群众的精神文化生活需要，更加重视人民群众的身体健康和生命安全，促进人的全面发展。

建立城乡一体化的就业服务体系，努力扩大就业规模。就业是民生之本。要着重发展第三产业和中小企业，注重发展个体、私营等非公有制经济，不断扩大就业容量。改善社区创业环境，再开发10万个社区就业岗位。完善市场导向的就业机制，建立城乡平等的就业制度，全面推行农村富余劳动力就

业登记服务制度，将农转非人员纳入促进就业优惠政策范围，逐步实现农村富余劳动力与城镇劳动力在就业管理、培训和服务等方面平等对待。高度重视再就业工作，认真落实各项优惠政策。抓好就业培训和指导，帮助失业人员转变就业观念，提高职业技能。组建创业指导中心，对失业人员创业提供“一站式”服务。建立公益性就业岗位定向分配制度，优先安置“4050”失业人员。街道开办的社区公益性就业组织对就业特困人员实行“托底”安置，确保安置率在95%以上。高度重视建设领域拖欠工程款和农民工工资问题，加大工作力度，为2005年基本解决这一问题打好基础。

建立城乡衔接的社会保障制度，保障城乡居民基本生活。依法扩大社会保障覆盖面。制定实施相关政策措施，解决当前反映比较突出的灵活就业人员和外来劳动力参保问题。继续推进基本医疗保险制度改革，采取措施减轻参保人员的医疗费用负担。完善事业单位参加养老保险政策，制定实施《北京市生育保险规定》。大力推进补充保险制度建设，鼓励有条件的企业建立补充养老保险，进一步落实和规范企业补充医疗保险，提倡个人参加商业保险，形成多层次的保险模式，提高保障水平。积极探索建立以区县为统筹单位的农村社会保障体系，重点解决失地农民的就业和社会保障问题。进一步完善以大病统筹为主的新型农村合作医疗制度，扩大试点范围。加快农村养老保险制度改革步伐，研究城镇与农村养老保险制度衔接办法。强化社会保险基金征缴和管理，确保基金安全。构建新型城乡社会救助体系。制定不同低保家庭的分类救助办法和家庭收入核实办法，确保符合条件的家庭进入保障范围。完善医疗、教育、住房等专项和临时救助政策，解决低收入家庭的特殊性、突发性困难。切实保障妇女、未成年人、老年人、残疾人的合法权益，在全社会形成尊老助残的氛围。

继续推进危旧房改造，不断改善市民居住条件。把解决群众的住房困难摆在政府工作的突出位置。旧城内危改项目，已完成拆迁、开工在施的，要加快建设进度，使居民早日回迁；尚处于规划阶段的项目，按照历史文化名城保护规划，抓紧论证；有保留院落的项目，必须采取有力的保护措施。旧城外具备条件的危改项目，力争早日开工。合理安排经济适用住房建设规模和进度，确定适当户型标准，实行购买申请审批公示制度，加强上市交易管理。扩大廉租住房覆盖面，解决好“双低家庭”的居住困难。注意处理好各种关系，基本解决标准租私房问题。坚决打击违法拆迁行为，依法实施文明拆迁。

强化政府公共卫生管理职能，提高群众健康水平。以建立健全城乡一体的公共卫生体系和突发公共卫生事件应急机制为重点，提升服务能力和水平。确保卫生事业投入有明显增长，将资金重点用于突发事件应急、农村卫生服务、城市基本医疗服务等领域。建设北京公共卫生应急指挥中心和紧急医疗救援中心，完善信息网络。高度重视农村卫生工作，加大对山区、半山区、偏远贫困地区的投入力度，把乡镇卫生院、村卫生室纳入公共卫生体系，重点加强建设，落实城市卫生资源支农措施。完善预防、治疗、保健等六位一体的社区卫生服务。整合优化现有医疗资源配置，加快办医主体多元化步伐。发挥中西医结合优势。加强爱国卫生工作，大力普及卫生常识和健康教育。落实《北京防治传染性非典型肺炎应急预案》，切实有效地防止疫情反复。依靠科学，依靠法律，依靠群众，严密防控高致病性禽流感疫情，全力以赴打赢这场阻击战。

推进教育文化体育事业发展，不断满足

人们日益增长的文化需求。坚持教育优先发展战略，全面推进素质教育，调整教育结构，深化教育改革，提高教育质量，统筹城乡、区域和各级各类教育协调发展。将义务教育特别是农村义务教育作为重中之重，加大对困难区县和农村地区的投入力度。颁布实施新的《中小学办学条件标准》，重点改善半山区和农村平原地区中小学的教学设施和校园环境。加快推进初中校建设工程，继续扩大普通高中招生规模。与经济社会发展紧密结合、与人才需求结构相适应，加快高等教育创新，增强学生的就业、创新和创业能力。大力发展城乡职业教育、成人教育，加强各类技能教育培训。积极发展多种形式办学，提高民办教育办学规模和水平，支持引进外国优质教育资源。强化师资队伍建设，努力提高整体素质。继续加大治理教育乱收费的力度。加快推进文化体制改革试点工作，按照扶持一批、转企一批、重组一批、剥离一批的原则，对文化企事业单位进行分类改革。以街道、乡镇文化中心和社区、村文化室为重点，搞好基层文化建设。建成首都博物馆、北京天文馆新馆等文化设施。广泛开展全民健身活动，办好亚洲杯足球赛等重大国际体育赛事，出色完成雅典奥运会火炬在京传递和奥运接旗活动，实施奥运夺金计划，建设国际化体育中心城市。

各位代表，办好直接关系群众生活的重要实事，是市政府解决群众实际问题的有效途径和手段。今年，确定了56件实事，我们将明确责任，保证投入，确保年底兑现。

（五）加强社会主义精神文明建设和民主法制建设，维护首都改革发展稳定大局

以建设社会主义政治文明和精神文明的首善之区为目标，扎实推进首都精神文明建设，坚持和完善社会主义民主制度，提高依法治市水平，巩固和发展首都奋发向上、社会和谐、安定团结的政治局面。

切实加强社会主义精神文明建设。继续深入开展“三个代表”重要思想学习教育活动，以邓小平理论和“三个代表”重要思想武装干部群众，努力使科学理论成为全市人民团结奋斗的共同思想基础和精神支柱。以迎接建国55周年为契机，以“建设新北京、办好新奥运”为主题，深入开展热爱祖国、热爱首都的群众性教育活动，培育和弘扬民族精神，强化广大市民的首都意识、法律意识和公德意识，切实提高市民文明素质。广泛普及奥运知识，继续开展市民讲外语活动。加强哲学社会科学研究和科普宣传教育，大力弘扬科学精神。深化国防教育，广泛开展“双拥”共建活动，加强国防后备力量建设，支持驻京部队后勤保障社会化。深入开展丰富多彩的群众性精神文明创建活动，全面推进文明社区、文明村镇、文明行业等建设，逐步形成良好的社会风气。

坚持完善社会主义民主制度。坚决贯彻人大及其常委会决议，自觉接受监督。坚持重大事项报告制度，根据市人大常委会的要求，准备好政府有关工作报告，接受审议。市政府组成人员要认真做好述职，虚心听取评议，及时加以整改。主动加强与政协及各民主党派、工商联和无党派人士的联系，在政府决策过程中广泛听取各界意见，认真研究采纳政协常委会和各民主党派建议案，接受民主监督。增强责任感和主动性，严肃负责地办理人大议案、建议和政协提案，提高质量和效率。全面落实党和国家的民族、宗教政策，切实做好侨务和对台工作。巩固和扩大基层民主，完善居民自治和村民自治，深化厂务公开，保障人民群众依法直接行使民主权利。

全面推进依法行政。认真落实《北京市依法治市工作规划》，增强依法行政意识，提

高政府的法治化管理水平。坚决执行《行政许可法》，按期完成行政许可事项、规定和实施主体的清理工作，严格按照法定权限和程序行使权力、履行职责，加快建立权责明确、行为规范、监督有效、保障有力的执法体制。进一步加大行政执法力度，加强执法队伍建设，端正执法思想，牢固树立执法为民观念，实施规范化管理和监督。建立行政投诉受理中心，坚决查处公务人员的行政违法行为。建立和完善重大问题集体决策制度、专家咨询制度、社会公示和听证制度，以及决策责任制度，深入开展调查研究，不断提高决策的民主化、科学化水平。健全教育、制度、监督并重的惩治和预防腐败体系，扎实推进廉政建设。大力弘扬求真务实精神，坚持正确的政绩观，脚踏实地，埋头苦干，切实做到“为民、务实、清廉”。

全力维护首都社会稳定。稳定是改革和发展的前提。要把改革的力度、发展的速度与社会可承受程度统一起来，把不断提高人民生活水平作为处理改革发展稳定关系的重要结合点，坚决维护首都改革发展稳定的大局。要以维护人民利益为根本出发点和落脚点，在各项决策及日常工作中高度重视并切实维护群众利益，认真解决群众最关心、最迫切需要解决的实际问题。努力做好人民来信来访和人民内部矛盾纠纷排查调处工作，力争把矛盾解决在基层，化解在萌芽状态。严密防范和坚决打击国际国内敌对势力的渗透、颠覆、分裂等破坏活动，坚持不懈地开展同“法轮功”等邪教组织的斗争。巩固和发展严打整治斗争成果，建设社会治安防控体系，切实维护首都的安全稳定。

各位代表，历史的经验证明，任何风险和挑战都无法阻挡首都现代化建设的前进步伐，任何困难和挫折都无法改变首都人民创造幸福生活的美好愿望。展望未来，我们充满信心。让我们紧密团结在以胡锦涛同志为总书记的党中央周围，高举邓小平理论伟大旗帜，全面贯彻“三个代表”重要思想，认真落实党的十六大、十六届三中全会和市第九次党代会精神，与时俱进，开拓创新，扎实工作，为实现“新北京、新奥运”战略构想，为率先基本实现现代化而努力奋斗！

北京市第十二届人民代表大会第二次会议关于北京市 2003 年国民经济和社会发展计划执行情况与 2004 年国民经济和社会发展计划的决议

（2004 年 2 月 21 日北京市第十二届人民代表大会第二次会议通过）

北京市第十二届人民代表大会第二次会议经过审议，并根据财政经济委员会的审查报告，决定批准北京市人民政府提出的北京市 2004 年国民经济和社会发展计划，批准市发展和改革委员会主任丁向阳受市人民政府委托所作的《关于北京市 2003 年国民经济和社会发展计划执行情况与 2004 年国民经济和社会发展计划草案的报告》。

关于北京市2003年国民经济和社会发展计划执行情况与2004年国民经济和社会发展计划草案的报告

——2004年2月17日在北京市第十二届人民代表大会第二次会议上

北京市发展和改革委员会主任 丁向阳

各位代表：

我受北京市人民政府的委托，向大会报告2003年国民经济和社会发展计划执行情况与2004年发展计划草案，请予审议。

一、2003年国民经济和社会发展计划执行情况

2003年是首都发展极不平凡的一年。全市人民认真贯彻落实党的十六大精神，开拓创新，扎实工作，战胜了突发疫情灾害的严重冲击，取得了“防非典、促发展”的双胜利。市十二届人大一次会议审议通过的计划目标全面超额完成，首都现代化建设和改革开放取得了新的成就。全年实现地区生产总值3611.9亿元，按可比价格计算增长10.5%。地方财政收入完成592.5亿元，增长18.2%。城镇登记失业率为1.43%，保持在较低水平。市场价格总水平基本稳定，居民消费价格指数为100.2%。计划执行的主要特点是：

(一）增长速度与质量、效益同步提高，经济社会发展势头良好。

在遭受非典灾害严重冲击的特殊形势下，坚持两手抓，通过采取减免税费支持、建立投资项目便捷审批通道等有力措施，努力降低疫情的不利影响。在非典影响经济增长1个百分点的情况下，全年实际增长比预期目标高1.5个百分点。宏观经济效益保持在较高水平，微观经济效益改善明显。工业综合效益指数达到155.4%，同比提高19.1个百分点；规模以上工业企业、批发零售贸易企业实现利润分别增长40.6%和24.4%。

(二）扩大内需和调整产业结构取得积极成效，经济自主增长动力增强。

投资、消费实现双拉动。完成全社会固定资产投资2157.1亿元，增长18.9%。其中，非国有投资增长35.4%，所占比重达到65.5%，比上年提高8个百分点，企业自主投资能力明显增强。实现社会消费品零售额1916.7亿元，增长14.5%，增速为近年最高水平。粮食等重要商品供求基本平衡。农业规模化生产和产业化经营水平不断提升，实现增加值增长3.3%。振兴现代制造业成效初步显现，汽车产业对全市工业增长的贡献率达到40%以上，四大产业基地和一批重点项目建设取得明显进展。全年完成工业增加值1017.3亿元，增长12%。现代服务业发展势头良好，新型服务业比重继续提高，第三产业实现增加值2218.2亿元，增长10%。

(三）各项改革有序推进，外向型经济快速发展。

围绕优化发展环境，制定出台了36条具体措施，在全市形成了良好的舆论导向和社

会氛围。政府机构改革顺利实施，行政审批事项继续减少。投融资体制改革取得重要突破，出台了城市基础设施投融资改革实施意见和特许经营办法，基础设施投资建设和运营市场全面开放。国有经济调整取得新进展，推出了一批国有工业企业进行并购重组。企业直接融资规模扩大，全年共有15家企业通过境内外股票市场融资333.1亿元。中小企业股份制改造配套政策和信用担保服务体系逐步完善。对外开放继续扩大。成功举办了一系列大型经贸活动，保险、零售、物流等服务业和现代制造业领域利用外资规模不断扩大，全市实际利用外商直接投资21.5亿美元，增长19.8%。实施“大通关”成效明显，对外贸易更为活跃。北京地区完成出口168.5亿美元，增长33.6%，其中地方企业出口73.7亿美元，增长24.9%。高新技术产品、机电产品和软件出口比重继续提高，出口结构趋于优化。

（四）重大工程建设顺利实施，城市服务能力继续提高。

奥运项目法人招标工作圆满结束，项目融资额174亿元。国家体育场、国家游泳中心等重点场馆如期开工，相关设施建设全面展开。道路交通建设取得新成果。城市轻轨全线贯通，地铁八通线已开始试运行，全市轨道交通通车里程达114公里。地铁四号线、五号线、十号线也相继开工。五环路全线贯通，三环路改造、西外大街西延等20多个项目建成通车。水环境治理取得新进展，肖家河、吴家村两座污水处理厂和酒仙桥中水处理厂正式运营，城近郊区污水处理率达到56%，比上年提高9个百分点。陕北天然气进京市内管线及扩建工程基本竣工，全市天然气年供气总量达到23.7亿立方米。深入实施第九阶段大气污染防治计划，基本实现了城四区无燃煤锅炉的目标，全年市区空气质量二级和好于二级天数达到61.4%。温榆河绿色生态走廊等重大生态保护项目陆续启动，全市林木覆盖率达到47.5%，比上年提高2个百分点。

（五）公共卫生建设得到加强，社会事业全面进步。

社区卫生服务、农村医疗体系和卫生设施建设取得新成果。特别是非典疫情发生后，迅速推进公共防疫和应急救治体系建设，完善了公共卫生体系，确保了秋冬季节没有发生新的非典病例。农村基础教育水平有新的提高，良乡和沙河高教园区建设进展良好，亦庄职业教育园区项目开工建设，社会力量办学积极性高涨。文化产业改革加快并取得实质性进展。高度重视和加强古都风貌保护，将14片共56万平方米危改项目重新划为文化保护区。群众体育蓬勃发展，经常参加体育锻炼的市民达480万人，大中小学生体育锻炼达标率达95%以上。

（六）就业形势保持稳定，人民生活继续改善。

促进就业的制度体系进一步完善，社保补贴、税费减免等各项政策得到较好落实。全年新增城镇就业42.2万人，有17.9万城镇登记失业人员实现了就业，就业率达68.1%，有7.1万农村富余劳动力实现了城镇就业。城镇基本养老和基本医疗保险覆盖面继续扩大，新型农村合作医疗制度试点稳步推进。低保工作扎实开展，15.8万城市低收入人员和6.7万农村困难群众得到了最低生活保障。城乡居民收入大幅度提高，城镇居民人均可支配收入达到13882.6元，实际增长11.2%，农民人均纯收入达6496.3元，实际增长11.5%。城乡居民储蓄存款余额比年初增加903.8亿元，增量比上年增长5.9%。

在看到成绩的同时，我们也清醒地认识到，全市发展中还存在一些不容忽视的矛盾和问题，主要是：经济体制改革相对滞后。

城乡差距、“三农”问题依然存在。城市空间布局不够合理。均衡稳固的多支柱产业体系尚待形成。水和土地资源约束逐步加剧。交通、环境等城市建设与公共服务方面存在着一些亟待解决的突出矛盾和薄弱环节。就业压力仍然较大，社会保障面临着城乡衔接、体制完善的艰巨任务。从实现“新北京、新奥运”战略构想和完善首都社会主义市场经济体制的客观要求出发，必须统筹考虑，用发展和改革的办法认真加以解决。

二、2004年经济社会发展计划总体考虑和初步安排

2004年是实现“十五”计划的关键一年，也是筹办奥运的全面启动之年。总的来看，尽管存在一些不确定因素，但宏观环境较为有利。特别是我们正处在历史上的重要战略机遇期，必须紧紧抓住，采取更加积极有力的措施，促进首都经济社会持续快速协调健康发展。

根据市委九届六次全会确定的全市工作的总体要求和部署，发展和改革工作的基本思路是，加快改革，调整结构，扶持产业，扩大总量。安排全年计划具体把握了以下几点：第一，实践科学的发展观，促进全面、协调和可持续发展。坚持搞好“五个统筹”，涵养山区、发展平原、优化市区，推动发展模式转变。第二，坚持以开放促改革、以改革促发展。抓住关键环节，加快经济体制改革和制度创新，增强发展的活力。第三，发挥奥运带动效应，增强总量扩张的内在动力。加强奥运经济的协调落实，提高城市综合竞争力和国际化水平。第四，坚持以结构调整为主线，培育和壮大支柱产业，推进国有经济结构战略性调整，促进非公有制经济更快发展，稳固经济增长基础。第五，坚持建设与管理并重，改进日常管理与完善应急机制并举，提高城乡公共服务和管理水平，缓解突出矛盾，促进城乡协调和区域均衡发展。第六，坚持以人为本，实施积极的就业政策，完善城乡社会保障体系，关心和保障低收入群体生活，让广大群众从发展和改革中切实得到更多的实惠。

今年全市发展主要预期目标的安排是：

1. 地区生产总值增长9%。经济增长预期目标按9%来安排，主要是考虑转变经济增长方式，把加快发展的注意力和着力点，引导到促进经济结构优化，提高增长的质量和效益上来。与经济增长9%相衔接，地方财政收入按可比口径增长13%；全社会固定资产投资增长10%；社会消费品零售额增长10%；地方企业出口额增长10%。

2. 就业和人民生活目标。城镇登记失业率控制在2.5%以内，失业人员就业率保持在60%以上。居民消费价格指数102%左右。城镇居民人均可支配收入和农民人均纯收入实际增长6%以上。

3. 可持续发展调控目标。人口自然增长率控制在1‰以内。市区空气质量二级和好于二级天数保证率在62%以上。万元地区生产总值综合能耗下降8%。全市城乡节水1亿立方米。

三、实现2004年经济和社会发展预期目标的主要措施

（一）改革投融资体制，调整和优化投资结构。

继续保持投资适度增长，着重优化投资结构，提高投资效益，引导全社会投资逐步实现两个转移：一是在空间结构上，从过于集中在市中心区向卫星城和中心镇转移，促进城乡协调和区域均衡发展。二是在产业方向上，从主要集中在房地产领域向高新技术产业、现代制造业和现代服务业等有潜力、有后劲的产业

领域转移，增强经济持续发展能力。

深化投融资管理体制改革，实现“两放开、四转变”。对企业投资建设的项目，除少数重大项目和限制类项目实行核准制外，其余全部实行登记备案制。在放开市场准入，放开非政府投资项目审批的基础上，转变投资管理机制、调控方式、政府资金投入形式和项目管理模式，从过去注重事前审批转向加强事后监管，强化产业政策引导和信息披露，搞好投资项目的前期研究和储备、推介，利用“投资北京”服务平台，加快培育投资服务中介组织，促进项目与资金的对接。按照“增量改革，存量试点”的原则，放开基础设施建设和运营市场，落实特许经营实施办法，打通民资、外资等社会资金进入的通道。对政府投资形成的经营性基础设施，出让、转让其经营权或股权，实现存量资产的再投入。开放非基本公共服务领域市场，满足巨大社会需求。

突出政府投资重点，增强引导和带动作用。一是加大郊区基础设施的投入，推进卫星城和小城镇建设，提升郊区发展水平。今年政府投资的增量全部投向远郊区县，投资安排比去年增加一倍以上。二是加强道路交通、环境治理等领域的项目建设，缓解突出矛盾。三是增加社会事业发展的投入，特别是农村公共卫生、基础教育等方面的投入。四是促进高新技术、现代制造业、现代服务业发展和结构升级，重点加强高端行业和优势领域的投资。五是支持资源节约和综合利用，特别是城乡节水，促进可持续发展。进一步加强政府投资管理，新批建设项目依法必须招标的，百分之百实行公开招标；非经营性政府投资项目试行代建制；对政府投资的重点项目实行全面稽查。建立和完善对重大项目的听证制度，健全专家咨询和评估机制。

加强资金引导和政策支持，扩大现代制造业投资。通过盘活国有资产、政府贷款贴息、完善融资担保体系等市场化运作方式，多元化增加制造业投资，重点支持产业基地和工业园区的基础设施建设，改善招商引资环境，力争全年工业投资增长20%以上。完善土地供应调控体系，增强土地供应计划的权威性，适度把握房地产开发规模，特别是三环路内新建房地产开发项目。在坚持古都风貌保护的同时，继续推进危旧房改造。

（二）进一步繁荣市场，增强消费拉动作用。

加快中高收入群体消费结构升级，增强低收入者消费能力，促进消费总量扩张。培育和做大汽车、住宅、数字产品、文化体育等新兴消费热点，提升服装、餐饮等消费档次和水平。继续完善最低生活保障、最低工资等相关调整机制，加强对困难群体的扶持，进一步完善消费信贷政策，提高中低收入者的消费水平。

激活存量房二、三级市场，扩大住房及相关产品消费。逐步推进二手房市场，使之成为中低收入者购买的主要房源。建立全市房屋交易信息平台，发布地区指导价。简化交易手续，整合交易税费。实现以二手房部分替代经济适用房，以节约土地资源，调整投资结构，有效扩大消费。

扩大外来消费。围绕筹办奥运，策划组织别具特色的旅游宣传活动，开发新型旅游产品，积极开拓海外旅游市场。积极吸引国外留学生来京就读。鼓励名牌特色医院到郊区扩大医疗规模，满足外地患者来京就医的需求。

推进现代流通组织体系建设。继续大力发展连锁经营、便利店等新型经营模式。加快农产品批发市场的升级改造。加强郊区商业、文化娱乐等服务设施建设，积极引导现代商业设施向城市外围扩展，进一步开拓农村市场。加强市场监管，营造放心消费环境。大力整顿市场秩序，严厉打击制售假冒伪劣商品、价格欺诈等不法行为，净化消费市场。加强社会信用体系建设。继续推进银行卡工程，为消费者提供更加便利的服务。

（三）培育壮大支柱，加快产业结构优化升级。

积极构建以高技术为支撑的先进制造业体系。做强汽车工业，围绕汽车整车和零部件产业发展，扩大现代、福田、吉普整车生产规模。做大电子工业，抓好中芯国际、液晶显示器等大型项目，推进网络计算机产业化，发展以微电子为基础的电子信息产业。提升装备制造业水平，加快光机电一体化、生物工程和新医药等基地建设。支持现代都市工业发展，重点是无污染、低能耗的轻型制造业。抓住研发、设计、营销等知识密集的高附加值环节，积极发展虚拟制造业，拓展总部经济。

加快培育知识型服务业。大力发展咨询、律师、审计、市场调研、人力资源开发等社会中介服务业，创造具有国际水准的专业优质高效服务环境。加快金融保险业、旅游业和会展业的发展。完善口岸设施，延伸并发展国际物流。推进非基本公共服务领域的开放，大力发展大众传媒，培育和壮大文化产业。

提升传统产业发展水平。继续推进钢铁、石化等传统产业改造调整。把传统产业改造升级与国有企业改革改组紧密结合起来，加快企业并购、资源整合步伐，进一步完善落实并购政策，积极引导外资和民间资本进入，推动混合所有制经济更快发展。力争用3年左右时间，基本完成国有企业重组和股份制改造，实现新的发展。

全面启动奥运经济开发与促进工作。制订实施奥运经济开发的具体行动计划和宣传推介计划，通过举办奥运经济市场推介会等多种形式，促进国际与国内，政府与企业的联系、沟通和互动，有针对性地培育市场、产业和品牌。

（四）协调推进城市建设，改进公共服务和管理。

坚决贯彻“勤俭办奥运”的要求，搞好组织协调，推进奥运场馆和相关设施建设，确保质量和工期。

综合治理交通拥堵。启动市区南北干路建设，打通二环至四环的联络线、放射线。抓好立交桥等交通节点的改造，打通城市微循环，改善重点区域交通状况。实施好地铁四号线、五号线、十号线、奥运支线和机场线等轨道交通工程，支持通向郊区的快速路建设。提高城市交通管理水平，落实好缓解交通拥堵的阶段性措施，做好重要路段路口的疏导工作。

加大环境整治力度，继续推进市场化运作机制和竞争机制，改革城市绿化、保洁、垃圾及污水处理等传统管理模式，加强城乡结合部重点地区的环境整治，改善环境卫生状况。实施好大气环境治理第十阶段措施，确保空气质量状况有新的提高。

健全城市公共安全维护机制。强化自然灾害及各种突发事件的预案管理，增强快速反应和防范处理能力，逐步建立起适应现代社会发展和公共管理要求的城市公共安全维护机制。

（五）严格资源管理，增强可持续发展能力。

实行最严格的土地管理制度，逐步改变粗放利用状况。认真落实土地供应计划，从源头上加强调控，严格禁止乱占耕地，优先保证工业用地和重大基础设施建设用地，压缩一般项目用地，依法处置闲置土地。改革土地征用方式，规范征地程序，区分公益性和经营性土地，全面推行经营性土地使用权出让的招标、拍卖、挂牌制度。

实行最严格的水资源管理制度，建设节水型社会。统筹地表水、地下水、再生水、域外调水，加强水资源保护和利用。制定水资源综合利用规划和节水实施纲要，落实阶段目标和措施。严格执行项目节水标准，推广节水器具和技术设备，实施好一批城乡节水项目。实行阶梯水价，促进城乡节水，特别是农村节水。加快中水厂及管线建设，提高中水回用率。积极探索域外调水，组织实施好南水北调工程。

强化能源和原材料节约技术的推广应用，大力发展循环经济。提高电网受电能力，确保电网安全稳定运行。统筹煤炭生产与消费政策，促进太阳能和地热应用技术的产业化。

（六）加快城市化步伐，促进城乡协调和区域均衡发展。

优先发展有区位和产业优势的卫星城。采取多种投融资方式，实施好快速路、水、电、气、热等基础设施建设，引导城区教育、文化、卫生和商业向卫星城发展，增强吸纳社会投资的能力。按照现代化生态城市的标准，公开招标确定高水平规划设计，建设几个适合 50 万以上人口居住、就业的新型城市，疏解城市中心区人口。继续推进小城镇综合开发试点，实现人口、环境、资源、产业和谐统一，发展别具特色的小城镇。

积极解决“三农”问题，切实保护农民利益。推进征占地方式改革，建立集体土地征用与农转非挂钩机制，把相关人员的就业和社会保障费用纳入征地成本。改革集体资产收益分配制度，落实集体经济组织成员的收益分配权和土地收益权，开展农村土地流转试点。加强农业安全生产体系、检验检疫体系建设，做好禽流感等疫病的防控工作。完善农业技术服务和农产品营销网络，把农业结构调整引向深入，大力推进农业规模化生产和经营，努力增加农民收入。加大对边远山区的扶持力度，搞好山区移民搬迁工程，改善山区生态、生产和生活环境。

推行区域功能定位。统筹产业布局，实行分类指导，细化区县产业发展定位。完善财税体制，改进考核评价体系，促进产业集聚和布局合理化，提高工业区开发利用效率，促进功能分区的落实。实施倾斜政策，加快南城地区和山区的发展步伐。

（七）实施积极的就业政策，提高社会保障水平。

扩大就业必须鼓励创业。进一步改善创业环境，建立健全创业服务体系，积极支持中小企业和民营企业发展，在税收、融资和市场准入等方面创造更加宽松的环境。加强大容量就业项目开发，落实社区就业岗位开发计划，促进困难群体就业。抓好调整、转制企业富余人员分流安置工作，缓解就业矛盾。

组织实施职业技能培训。继续落实好“三年百万”培训计划，建立与工业园区、大企业、大项目培训挂钩制度，重点抓好市场急需的高素质技术工人的培训，增强培训的有效性和针对性。鼓励高校毕业生到区县、乡镇工作，促进新增劳动力就业。统筹城乡劳动力市场，推行农村富余劳动力就业登记和培训制度，增强就业能力。

稳步推进社会保障制度改革。完善养老保险和基本医疗保险制度。逐步打破城乡分割，积极建立与发展水平相适应的农村社会保障制度。加快企业退休人员社会化管理服务工作，完善最低生活保障，搞好与就业政策的衔接。继续落实好医疗、教育、住房等专项救助政策，解决困难家庭的特殊性、突发性困难。进一步完善收入分配制度，增强分配激励与约束机制，强化个人所得税征管。

（八）加大改革和投入力度，推动社会事业全面发展。

加强城乡公共卫生和医疗服务体系建设。统筹规划和协调北京地区卫生资源，建设突发公共卫生事件医疗救治体系。积极发展社区卫生服务，逐步实现“小病在社区、大病进医院”。加大农村医疗卫生设施建设投入，通过托管等多种形式，将部分乡镇卫生院改制为市属综合医院的分院，增加卫星城、小城镇高等级医院数量，提高农村医疗条件和救治水平。扩大农村新型合作医疗制度试点，增强农民抗御疾病风险的能力。推进公立医院产权制度改革，探索运用市场化办法，扩大优质医疗资源有效供给。健全卫生监管体系，保证群众食品、药品和医疗安全。

促进城乡基础教育均衡发展。加大农村义务教育投入，新增教育经费主要用于农村义务教育，开展城区优质中小学在远郊区县举办分校的试点，切实改善农村中小学办学条件。推进学校间的合作、重组，提高办学质量和效益。大力推进高校改革，鼓励社会资金以多种形式参与办学。促进职业教育、各类技能培训和继续教育面向市场，加快学习型城市建设，构建终身教育体系。

深化科技管理体制改革，促进科研成果转化为现实的生产力。实施好中关村科技园区管理体制改革，大力保护知识产权，促进科技创新、成果孵化和企业发展，力求在高新技术产业链的高端，形成具有自主知识产权的核心技术，促进高新技术产业群的发展。分类推进科研机构改革，增强创新能力和发展活力。

推进文化体制改革和机制创新，把文化产业培育成为首都经济新的支柱产业。在加强公共文化基础设施投入的同时，拓宽文化体育产业融资渠道，按照公益性和经营性分开的原则，对文化企事业单位进行分类改革，扶持一批、转企一批、重组一批、剥离一批，鼓励社会资金参与改制。加强国际文化交流，塑造有国际知名度和竞争力的文化品牌。以筹办奥运为契机，努力提高竞技体育水平，发展体育休闲产业，继续搞好群众健身体育设施建设，促进全民健身计划实施。建立社区多元化投入机制，完善社区基础设施建设，提高社区综合服务能力。

（九）扩大对外开放，加强区域经济合作。

提高利用外资质量和水平。充分利用内地与港澳建立更加紧密经贸关系安排的实施，率先放开服务业市场。拓展利用外资新方式，支持高技术创业型企业在香港上市融资。推进外资并购国有企业。鼓励大型跨国企业和知名企业在京设立总部、合资公司、研发中心。以现代制造业、知识型服务业和基础设施建设为重点，力争实际利用外资规模有大幅度提高。支持有实力企业投资或并购有技术、有市场的境外企业。

继续实施以质取胜和市场多元化战略，积极适应出口退税政策变化，有效应对加入世贸组织过渡期各种可能的不利影响，健全贸易促进服务体系，调动企业出口积极性。完善出口加工区功能，大力发展加工贸易。进一步鼓励软件企业发展，扩大软件出口。继续加强口岸基础设施建设，扩大“便捷通关”适用范围。组织好重点关键技术、重要设备和战略性资源产品的进口。

创新区域合作机制，加速首都经济发展圈的形成。推动京津冀等区域合作，促进人才、资金等要素流动，实现产业衔接和互补，力争在资源开发与利用、基础设施建设、生态环境保护、产业结构调整等方面取得突破。积极参与西部大开发和振兴东北地区等老工业基地，实现优势互补、互惠多赢、协调发展。

（十）强化统筹协调和综合平衡，提高经济管理水平。

按照“五个统筹”、“五个坚持”的要求，围绕搞好发展平衡、利益平衡、市场平衡和资源平衡，着重加强重大投资项目的统筹安排，重大改革方案的研究设计，重大发展政策的衔接协调，统筹兼顾与正确处理好长远与当前、整体与局部以及不同社会群体间的利益关系，保护、调动和引导好各方面加快发展的积极性。

加快职能转变。以贯彻落实《行政许可法》为契机，切实搞好行政审批事项的清理，推进审批业务的整合和简化。继续推进电子政务建设，促进网上审批服务系统的开发与应用。推广全程办事代理制，提高行政效率。进一步清理和规范年检事项，取消不合理收费。

完善市场调控机制。加强经济动态监测分析和日常运行调节，积极创新综合调控手段，及时做好粮油、药品、能源等重要商品供求平衡和应急调节，完善预警和预案管理机制，增强政府调控市场的能力。发挥价格杠杆的调控作用，提高价格决策的科学性和透明度。进一步强化为市场主体服务的观念，灵活运用规划指引、政策导向、经济杠杆、法律规范、信息披露等多种办法，给市场主体以合理预期和正确导向，促进经济健康发展。

加强战略研究。搞好关系全局和长远的重大问题研究，健全决策支撑体系，更好地为决策服务。全面启动“十一五”规划的研究编制工作，广泛吸收社会各界力量参与，抓好总体规划、专项规划和区域规划的研究制订，促进决策的科学化和民主化。

各位代表，新的一年，我们将在“三个代表”重要思想指引下，全面贯彻落实党的十六大和十六届三中全会精神，按照市委的工作部署和要求，在市人大的监督和支持下，恪尽职守，扎实工作，确保 2004 年国民经济和社会发展计划各项任务的完成。

北京市第十二届人民代表大会财政经济委员会关于北京市 2003 年国民经济和社会发展计划执行情况与 2004 年国民经济和社会发展计划草案的审查报告

（2004 年 2 月 19 日北京市第十二届人民代表大会第二次会议主席团第五次会议通过）

北京市人大财政经济委员会主任委员　高佐之

大会主席团：

北京市第十二届人民代表大会财政经济委员会在对北京市 2004 年国民经济和社会发展计划草案主要内容初步审查的基础上，根据代表们的审议意见，审查了北京市 2004 年国民经济和社会发展计划草案及市发展和改革委员会主任丁向阳受北京市人民政府委托所作的《关于北京市 2003 年国民经济和社会发展计划执行情况与 2004 年国民经济和社会发展计划草案的报告》，现将审查结果报告如下：

一、2003 年，市人民政府认真贯彻落实党的十六大精神，坚持以“三个代表”重要思想为指导，带领全市人民齐心协力，扎实工作，取得了防治非典的阶段性重大胜利，保持了首都国民经济和社会各项事业全面发展的良好势头，较好完成了市十二届人大一次会议审议通过的 2003 年国民经济和社会发展计划各项目标。财政经济委员会认为，我市 2003 年国民经济和社会发展计划执行情况是好的。

财政经济委员会指出，当前我市经济运行和社会发展中仍然存在一些问题：经济结构不尽合理，经济体制改革相对滞后；城市可持续发展还存在一些制约因素；就业形势依然严峻；城乡发展和地区发展不平衡；交通拥堵严重，城市建设和管理中还存在一些突出矛盾等。对于这些问题，市人民政府要高度重视，认真研究，采取有效措施，切实加以解决。

二、财政经济委员会认为，北京市 2004 年国民经济和社会发展计划草案贯彻了中共北京市委九届六次全会精神，符合我市实际情况。建议北京市第十二届人民代表大会第二次会议批准市人民政府提出的 2004 年国民经济和社会发展计划草案，批准市发展和改革委员会主任丁向阳受市人民政府委托所作的《关于北京市 2003 年国民经济和社会发展计划执行情况与 2004 年国民经济和社会发展计划草案的报告》。

三、全面完成 2004 年国民经济和社会发展计划，必须切实抓好各项政策、措施和责任的落实。财政经济委员会提出以下意见和建议：

（一）坚持把经济结构的战略性调整作为主线，促进首都经济持续快速协调健康发展。加快产业结构调整步伐，逐步形成以高新技术产业为先导、现代制造业为支撑、现代服务业全面发展的产业格局，形成多支柱、多增长点的产业集群。深化投融资体制改革，调整和优化投资结构，突出政府投资重点，增强引导和带动作用。重视扩大消费需求，培育和创造新的消费热点，推动消费结构升级，拓宽消费品进入农村市场的渠道，发挥最终消费对经济增长的拉动作用。加快国有经济布局的战略性调整，深化国有资产管理体制改革，推进国有企业规范的股份制改造，加强国有资产的监督管理。大力发展非公有制经济，放宽市场准入，允许非公有资本投资国家法律法规没有禁止进入的行业和领域。优化区域结构，重视解决区域发展不平衡问题。

（二）进一步转变政府职能，优化发展环境，不断提高经济的市场化程度。加强市场监管，搞好社会信用体系建设。充分发挥首都优势，特别是人才资源的优势，研究制定切实有效的政策措施，为中外投资者参与城市基础设施建设和国有企业改组改造创造条件。加强同周边地区的交流与合作，广泛吸引著名跨国公司、国内外金融机构、大企业、大集团来京设立地区总部、研发中心、营运中心。做好加入世贸组织后过渡期各种应对工作，推进与港、澳、台的经济技术合作，增强参与国际合作和竞争的能力，全面推进对内对外开放。

（三）认真解决“三农”问题，统筹城乡协调发展。在城乡发展建设过程中必须关注农村、关心农民、支持农业。进一步深化农村改革，打破城乡分割的二元结构，促进城乡协调发展，着力推进工业化和城市化进程。深化农业结构调整，积极推进农业产业化经营。发挥郊区资源和市场优势，加快发展休闲旅游业等第三产业，使其成为郊区经济新的增长点。实行最严格的耕地保护制度，规范征地程序，完善征地办法和补偿机制。深化农村税费改革，提高农民收入，减轻农民负担，保护农民的合法权益。

（四）坚持可持续发展，加快首都现代化进程。抓住筹办 2008 年奥运会这一历史机遇，进一步加大城市环境保护和建设力度。严格实行土地和水资源管理制度，尽快建立水资源统一管理体制，切实抓好节水工作。大力发展循环经济，搞好资源综合利用，尽快把北京建成节约型城市。以垃圾、污水处理和大气污染治理为重点，全面改善首都城市环境和生态环境。提高城市管理和公共服务水平，继续推进危旧房改造，构造群众满意的生活环境。下大力气治理城市交通拥堵，在加强硬件建设的同时，特别要提高城市交通现代化管理水平。加大安全宣传，增强全民的安全意识，依法加强安全生产监督管理，不断提高应对突发事件的快速反应和防范处理能力，建立起适应现代社会发展和公共管理要求的城市公共安全维护机制。

（五）大力促进就业和再就业，完善社会保障体系。认真落实中央关于促进就业和再就业的各项政策措施，坚持劳动者自主择业、市场调节就业和政府促进就业的方针，努力改善创业和就业环境。加大社区就业岗位开发力度，千方百计促进困难群体的就业。开展多层次、有针对性、系统性培训，提高劳动者就业技能。完善收入分配制度和社会救助体系，加强社会救助政策与就业政策的配套和衔接，提高低收入群体的收入水平。完善各项社会保障制度，积极探索建立农村社会保障体系，健全社会医疗救助和多层次的医疗保障体系，不断提高社会保障水平。

（六）深化教育科技文化卫生体制改革，推进社会事业全面发展。加大教育结构调整和体制改革力度，加强职业教育和各类职业技能培训，鼓励社会力量办学，切实改善农村办学条件。分类管理，推进科技体制改革。完善文化产业政策，推进体制改革和机制创新，健全文化市场体系，促进文化事业和文化产业协调发展。构建群众体育服务体系，增强全民体质。强化政府公共卫生管理职能，建立健全城乡一体的公共卫生体系和突发公共卫生事件应急机制，突出抓好疾病预防控制体系建设，完善疫病报告网络。加强社区、农村卫生工作，加大政府投入，调整投入结构，改善服务设施，提高服务质量。健全卫生监管体系，保证群众的食品、药品和医疗安全。

以上报告，请予审议。

北京市第十二届人民代表大会第二次会议关于北京市 2003 年预算执行情况和 2004 年预算的决议

（2004 年 2 月 21 日北京市第十二届人民代表大会第二次会议通过）

北京市第十二届人民代表大会第二次会议经过审议，并根据财政经济委员会的审查报告，决定批准北京市人民政府提出的北京市 2004 年市级预算，批准北京市财政局局长吴世雄受市人民政府委托所作的《关于北京市 2003 年财政预算执行情况和 2004 年财政预算草案的报告》。

关于北京市2003年财政预算执行情况和2004年财政预算草案的报告

——2004年2月17日在北京市第十二届人民代表大会第二次会议上

北京市财政局局长 吴世雄

各位代表：

我受北京市人民政府委托，向大会报告北京市2003年财政预算执行情况和2004年财政预算草案，请予审议。

一、2003年财政预算执行情况

2003年是不平凡的一年。在党中央、国务院及市委的正确领导下，坚决贯彻党的十六大精神和“三个代表”重要思想，认真落实市人民代表大会通过的各项决议，与时俱进，知难而上，经受住了非典疫情的严峻考验，取得了“防非典、促发展”的双胜利。财政工作立足本职，顾全大局，以人为本，利民为先，注重发挥财政政策的宏观调控功能和财政资金的导向作用，财政预算执行情况良好，各项指标圆满完成。全市地方财政收入完成592.5亿元，比上年增长18.2%，全市地方财政支出完成701.1亿元，比上年增长17.4%。

现根据《预算法》和《北京市预算监督条例》的规定，重点报告市级财政预算执行和超收收入安排情况。

市级财政收入310.2亿元，为预算的103.0%，比上年增长19.4%，加上中央税收返还及补助、区县上解、专项政策性结转和上年结余等217.0亿元，收入合计527.2亿元。市级财政支出383.5亿元，为预算的102.8%，比上年增长16.2%，加上上解中央支出、区县税收返还及转移支付和结转下年使用等143.0亿元，支出合计526.5亿元。收支相抵，市级财政结余0.7亿元（此外，中央追加收支42.7亿元）。

2003年，市级财政收入比预算超收增加财力10.55亿元。根据《北京市预算监督条例》中关于“市级预算超收收入应当优先用于农业、教育、科技、社会保障等重点项目和其他必要的支出”的规定，市级财政增加财力主要用于：依法增长支出1.17亿元，其中教育支出0.5亿元，农业支出0.02亿元，卫生支出0.5亿元，文化支出0.13亿元，计划生育支出0.02亿元。此外，设立南城发展专项资金4.0亿元，增加基本建设支出1.0亿元，地铁专项资金2.36亿元，城市水资源费专项支出2.02亿元。

需要说明的是，上述数字是根据预算执行情况初步汇总的，在地方财政决算编审后，还会有些小的变化。

总体看来，2003年财政收入实现较快增长，财政保障能力明显增强；财政支出总量逐年上升，支出结构得到进一步优化；财政管理改革继续深化，资金使用效益有所提高；超收收入依法安排，重点事业得到保障；各项预算指标如期完成，全年财政收支保持平衡，取得了来之不易的工作成绩。

（一）紧急行动，精心组织，全力抗击非

典。面对突如其来的疫情，在党中央、国务院正确领导下，市委、市政府迅速做出工作部署，落实相关责任，紧张有序地投入到防治非典工作之中。财政部门启动紧急预案，加大经费投入，建立资金支付应急机制。本着急事急办、特事特办的原则，设立专用账户，开通资金拨付绿色通道，保证防治非典资金及时足额到位。设立防治非典医用物资储备专项资金，压缩会议、差旅、出国、培训、考察等一般性支出用于防治疫情，共投入防治非典资金 12.8 亿元。情系人民群众的生命安危，建立非典患者紧急救助制度，全力确保每一位患者的医疗救治。及时制定相关政策，对参与防治非典的医务工作者给予工作补助。本着对全社会认真负责的态度，建立严格的防治非典资金日报告制度，加强防治经费监督管理。对社会捐赠物品和收入，严格管理使用，确保专款专用。与此同时，着手建立北京市公共财政应急长效机制，提高财政处理突发事件的能力和效率。

针对非典疫情给经济生活造成的危害，积极研究对策，先后出台了一系列防治非典、支持经济增长的财税政策。对受非典疫情影响比较严重的餐饮、娱乐、饭店、旅游、集贸、公交、民航等行业，减免缓缴部分税收、行政事业性收费和政府性基金，共计 14.9 亿元，这对稳定人心，增强战胜非典疫情信心，保持社会安定，恢复经济发展活力起到了关键作用。

（二）优化结构，保证重点，促进首都经济社会各项事业发展。增加对产业结构调整的财政投入，促进高新技术产业、现代制造业和现代服务业的发展。发挥财政资金的杠杆作用，支持中小企业担保融资和民营企业发展。建立郊区发展专项资金，加大农业投入，重点用于设施农业、创汇农业、生态农业和休闲观光农业，促进农业发展、农民增收。全面推进农村税费改革，建立以大病统筹为主的新型农村合作医疗制度，维护农村稳定。

积极筹措资金，保障离退休人员养老金按时足额发放。完善社会保险基金征收管理体系，启动临时救助制度，加大再就业工作的投入，推进劳动力市场建设，帮助更多的失业人员实现自谋职业和自主创业。加快全市危旧房改造和廉租房建设，改善居民住房条件，切实维护人民群众根本利益。

加大以交通为重点的基础设施建设和环境保护的支持力度，安排资金专项用于城市环境综合整治和大气污染治理，改善首都环境状况。落实奥运行动规划，加快绿化隔离地区建设，美化生态环境，全面提升首都城市功能，促进可持续发展。

集中财力落实“科教兴国”战略，推进首都社会现代化。大力支持农村义务教育，缩小城乡教育差距。启动财政贴息的职业教育贷款项目，促进教育事业均衡发展。加强教育投入的科学论证和绩效考评，提高财政资金的使用效益。安排专项资金支持基层图书馆、文化馆建设和文艺精品创作，普及科学知识，弘扬科学精神，丰富人民群众的文化生活。

（三）依法行政，加强监督，财政改革逐步深入。认真执行《北京市预算监督条例》，严格依法理财。深化部门预算编审工作，加强项目库建设，严格项目文本制度，将专项业务费全部落实到具体项目，提高了预算批复率，强化了预算的约束力。建立国库单一账户体系，加快财政国库管理制度试点单位改革进度，扩大工资统一发放范围，确保财政资金公开、透明、规范、高效运行。落实《政府采购法》，规范采购程序，扩大政府采购规模，采购资金达到 67.4 亿元。深化行政审批制度改革，清理审批事项，简化办事程序，提高办事效率。取消涉及企业的行政事业性收费 77 项，减轻负担 4.75 亿元，优化了首都经济发展环境。按照以制度为保障、以责任促落实的原则，进一步加强财政专项资金的监督检查，不断扩大评审论证覆盖面，全年评审项目143项，节约资金3.9亿元。

各位代表，回顾2003年的财政工作，总的看是好的，但也存在一些不容忽视的问题：一是在支持首都经济与社会各项事业的发展过程中，一些本应通过市场运作的项目仍然依赖政府投入，公共财政职能的有效发挥需要进一步加强；二是在收支矛盾十分突出的情况下，调整支出结构的力度还不够大，支出责任不尽明确，财政资金安排重“增量分配”、轻“存量调整”；三是在推进财政改革的同时，财经秩序不够规范的现象依然存在，预算约束不强，资金使用效益仍需进一步提高。上述问题需要引起高度重视，通过深化财政改革，健全公共财政职能，强化财政监督管理，下大力气尽快加以解决。

第一，必须把真正为人民当好家、理好财作为衡量财政工作的唯一标准，加快构筑和完善适应市场经济要求的公共财政体系。公共财政要为最大限度地满足社会公共产品和服务提供财力保障。在这次抗击非典的斗争中有一定的财力准备和制度保证，就充分说明了近年来深化财政改革和加快公共财政体系建设的紧迫性和必要性。要坚持以人为本，树立全面、协调、可持续的发展观，逐步建立起财权事权清晰，服务社会公共需要，管理科学规范的公共财政体系。

第二，必须根据市场经济发展和政府职能转变的要求，坚定不移地推进财政改革和体制创新，提高政府理财水平。充分发挥市场在资源配置中的基础作用，凡是市场能解决的领域，财政不应介入，已介入的要逐步退出，没到位的要逐步到位。运用预算、税收、转移支付等财政手段，调整经济结构，优化资源配置和调节收入分配，统筹城乡、区域和经济社会协调发展，促进经济稳定增长和社会各项事业全面进步。

第三，必须加强财政监督，提高财政资金的安全性、规范性和有效性。只有实施有效的监督，财政职能、财政管理才能到位，及时发现运行中的偏差和问题并予以纠正，保证社会主义市场经济条件下财经秩序健康运行。要逐步完善包括科学的监管制度、先进的监管手段、规范的监管程序、严格的执法监管体系在内的相互协调、相互补充的财政预算监督体系。

二、2004年财政预算草案

根据《国务院关于编制2004年中央和地方预算的通知》精神，2004年财政预算草案编制的指导思想是：以邓小平理论和“三个代表”重要思想为指导，认真贯彻党的十六大和十六届三中全会精神，按照市委九届六次全会要求，完善公共财政体系，促进经济发展，保持财政收入稳定增长；优化财政支出结构，强化预算管理，提高资金使用效益；深化财政管理体制改革，充分发挥公共财政的职能作用，促进首都经济社会协调发展。根据上述指导思想，按照积极稳妥的原则，2004年全市地方财政收入安排648.4亿元，按可比口径比上年增长13.0%（依据国务院出口退税改革方案初步确定的基数和负担比例换算，2003年全市财政收入592.5亿元调减18.7亿元，为573.8亿元，2004年全市财政收入在此基础上增长13.0%）；全市地方财政支出764.6亿元，比上年增长9.1%。现根据《预算法》和《北京市预算监督条例》的规定，重点报告2004年市级预算草案的编制情况。

市级财政收入安排332.0亿元，按可比口径比上年增长13.9%（鉴于出口退税改革方案不确定因素较多，出口退税影响暂由市级财政负担，2003年市级财政收入310.2亿元调减 18.7 亿元，为 291.5 亿元，2004 年市级财政收入在此基础上增长 13.9%），加上中央税收返还及补助、区县上解、专项政策性结转和上年结余等 223.7 亿元，收入合计 555.7 亿元。市级财政支出安排 413.5 亿元，比上年增长 7.8%，加上上解中央支出、区县税收返还和转移支付等 142.2 亿元，支出合计 555.7 亿元。市级财政预算安排平衡。

2004 年，市级预算安排考虑的主要因素是：

一是财政收入增长率略高于经济增长。当前，经济发展势头良好，宏观政策保持稳定。奥运经济全面启动，进一步激发投资和消费增长。经济结构调整成效开始显现，新兴产业增势良好。经济的内在增长动力明显增强，经济效益进一步提高。这些都将为财政收入的持续增长奠定坚实的基础。但是，随着对外开放和市场化程度的逐步提高，竞争将会更加激烈，经济运行将面临更多复杂的不确定因素。从政策层面上看，出口退税制度和税费制度的改革都将使财政收入增长面临较大压力。综合考虑上述因素，按照积极稳妥的原则，2004 年市级财政收入增长率安排为 13.9%，略高于全市经济增长的水平。

二是加大经济结构调整的投入，促进首都经济的持续快速发展。安排经济结构调整资金 14.5 亿元，采用融资担保、贷款贴息等方式支持现代制造业和现代服务业，推进农业产业化。安排高新技术成果转化、软件发展和人才奖励资金 4.5 亿元，中关村科技园区发展专项资金 21.0 亿元，加快培育高新技术产业群，提升经济增长质量。

三是保证法定支出依法增长，支持首都各项事业全面发展。根据有关法律、法规的规定，结合财力可能，2004 年，市级财政相应增加了农业、教育、科技、卫生等方面的支出。农业投入 15.5 亿元，用于农业综合开发、农技推广、农产品安全和畜禽疫病防治体系建设。教育投入 44.2 亿元，在继续支持高等教育发展的同时，将资金以转移支付的形式重点用于农村基础教育、民办教育，加强城乡结合部外来务工人员子女学校建设，缩小城乡教育差距。科技投入 16.2 亿元，构建软件产业基地公共支撑体系，促进科研成果转化和科学普及。卫生医疗投入 14.2 亿元，促进公共卫生事业发展，建立疾病预防控制体系，加强卫生监督执法体系建设和重点医疗学科建设，提升社区卫生服务水平；推进以大病统筹为主的新型农村合作医疗制度，实施农村清洁饮用水工程，改善农民生活卫生条件。文化投入 5.1 亿元，加强文化设施改造和基层文化设施建设。安排文物及历史文化保护区专项资金 5.0 亿元，强化首都文化中心的功能。

四是加大基础设施和环境保护的投入，提升城市功能和管理水平。安排基本建设 44.8 亿元，奥运专项资金 10.0 亿元，保持政府投资对经济的拉动作用。安排城市维护经费 14.0 亿元，重点用于城市道路维修、路网加密和交通疏堵工程，缓解首都交通压力。安排 15.0 亿元专项资金重点用于整治道路周边环境，加快综合治理步伐，推动城乡一体化进程。安排 6.0 亿元大气污染治理资金，重点控制燃煤、机动车和扬尘污染。

五是确保政权建设和社会保障资金需要，维护社会稳定。保证党政机关正常运转，加大对社会治安治理的投入和科技强警，维护首都社会的长治久安。社会保障投入 22.4 亿元，主要用于就业和再就业工程、完善社会救助体系、抚恤和社会福利救济等，保障困难群体的利益。设立偿债资金和处理历史遗留问题资金 12.0 亿元，规避政府债务风险。安排预备费 8.0 亿元、公共突发事件应急专项资金 2.0 亿元，主要用于应对公共突发事件和救灾及其他难以预料的开支。

《国务院关于编制 2004 年中央预算和地

方预算的通知》中，提出了细化预算编制、加大综合财政预算改革力度的要求。按照“个人经费按实际、公用开支按定额、专项支出按财力”的原则，2004年，市级162个一级预算部门、1010个基层预算单位全部编制了部门综合预算。现提交市人民代表大会审议的市级预算草案，是按照《预算法》和《北京市预算监督条例》规定编制的，部门预算作为补充，请各位代表审阅。

三、深化财政管理改革，健全公共财政体系，促进首都经济社会全面、协调、可持续发展

2004年是全面贯彻落实十六届三中全会精神，首都率先基本实现现代化和实施“新北京、新奥运”战略发展目标非常重要的一年，圆满完成全年预算，对促进首都经济和各项事业健康发展具有举足轻重的意义。为此，要树立科学发展观，采取积极有力的措施，确保全年预算任务的圆满完成。

（一）完善财政调控机制，转变财政支持经济发展的方式，做到经济发展和财政收入增长并重。按照公共财政改革要求，建立财税政策制定、执行、管理、分析相互衔接的完整体系。加快调整国有经济布局和结构，适应经济市场化不断发展的趋势，大力推动国有资本、集体资本和非公有资本等参股的混合所有制经济发展，实现投资主体多元化。综合运用预算、税收、转移支付、贴息等多种调控手段，充分发挥财政政策在体制创新和结构调整方面的积极作用。打破所有制界限，鼓励民营经济通过购买、承包、租赁、联合、兼并等方式参与国有企业改制、改组、改造，拓展非公经济发展空间。积极培育新的消费热点，支持适应经济发展结构和特点的产业，推动经济适用住房、电子政务、网络教育等消费，促进消费结构优化升级。以出口退税改革为契机，深化外贸体制改革。发挥财政资金的引导作用，调整出口产品结构，增加高附加值产品出口，促进进出口主体和市场多元化。

严格执行《税收征管法》，加大纳税宣传，增强公民纳税意识。优化经济发展环境，推广全程办事代理制，提高财税部门的服务质量和工作效率。按照中央部署，稳步推进税费改革，建立起与公共财政相适应的收入运行机制，努力做到应收尽收。

（二）调整和优化财政支出结构，确保与人民群众利益相关的事业发展需要，做到社会与经济发展并重。进一步规范财政供给范围，调整支出结构，加大农业、教育、科学、文化、公共卫生等重点事业投入。着力完善公共卫生防疫体系和应急机制建设，加强医疗卫生资源整合，逐步提高公共卫生投入占医疗卫生经费投入的比重。大力扶持事关人民群众身体健康和生命安全的科技攻关项目和科技成果应用，实施食品放心工程，加强农产品质量检测体系和畜禽疫病防治体系建设，切实维护首都食品、药品安全。完善社会保障体系，关怀困难群体，努力造就社会的“减震网”和“安全阀”，对符合政策的最低生活保障对象，实现应保尽保。切实加强社会保障资金管理，增强规范性和透明度，逐步建立事权清晰、责任明确、保障有力、运转高效的社会保障管理体系。

认真落实直接关系群众生活的实事资金，着力解决基层群众居住区治安、垃圾、污水处理等问题。继续推进危旧房改造，扩大廉租房覆盖面，不断改善居民居住条件。高度重视并做好就业和再就业工作，统筹城乡就业管理，加快完善城乡一体化的就业服务体系。建立各级财政支持的公益性就业岗位定向分配制度，鼓励发展社区服务业和新兴服务业，扩大就业渠道，缓解就业压力。构建新型城乡社会救助体系，切实把扩大就业、

增加收入、改善生活落到实处。

（三）统筹兼顾，发挥政策效力，做到城区与郊区发展并重。充分发挥财政资金的导向作用，扩大财政投资的“乘数效应”，加快轨道交通、路网加密工程和奥运相关设施建设，提升城市功能。切实用好支持南城发展和文化保护区专项转移支付资金，改善南城、郊区、城乡结合部地区基础设施薄弱的状况。全力搞好城市综合整治，加快大气污染治理，推进城乡绿化美化，改善城市环境质量和生态状况，促进首都的可持续发展。

高度重视“三农问题”，按照党的十六届三中全会提出的“统筹城乡发展”的要求，新增农业、教育、卫生、科学等公共事业支出主要用于郊区和农村，增强郊区和山区提供公共服务的能力，逐步缩小城乡社会事业发展的差距。加大农业投入，支持小城镇建设，搞好银农合作，推进农业产业化进程。积极开展农村职业教育和培训，加快农村劳动力向二三产业转移，增加农民收入。依法保证财政对义务教育的投入，帮助农村学校提高教育水平。加强农村文化设施以及娱乐场所建设，大力开展健康活泼的城乡居民文化、体育活动。加强农村公共卫生体系和医疗急救体系建设，完善以大病统筹为主的农村合作医疗制度，提高农村卫生机构的服务水平。

继续深化农村税费改革，免征农业税，从体制上减轻农民负担。加大转移支付力度，支持村级公共事业发展，保障农村基层政权组织正常运转。完善财政管理体制，全面履行政府经济调节、市场监管、社会管理、公共服务方面的职能，促进全市区域之间全面协调发展。

（四）发挥财政职能，坚持依法理财，做到财政改革与管理监督并重。创新预算管理机制，完善预算决策机制，改进和规范预算分配关系，强化部门在预算编制和预算执行中的责任。加强政府非经营性资产统筹安排，提高资源配置效率。建立财政资金的追踪问效和反馈机制，对项目论证、资金拨付使用、效益评估实行全过程的监督，确保资金安全有效运行。强化政府债务监管，实行全口径预算管理和对或有负债的有效监控，规避财政风险。积极推进绩效考核制度，逐步建立起一套科学的财政支出绩效评价指标体系，增强各部门的效益观念，促进财政资金使用效益的提高。稳步推进国库集中收付制度改革，扩大试点范围，延伸集中支付的级次。加强政府采购制度建设，进一步扩大采购规模和范围，建立分工合理、协调运作的政府采购管理和监督体制。切实贯彻《行政许可法》，继续清理和规范行政事业性收费，坚决取消违规的收费项目，依法保留的行政事业性收费一律实行收支两条线管理，并逐步纳入财政预算。加强会计信息质量检查，严肃查处违规违纪行为，规范财经秩序。认真执行《预算法》、《北京市预算监督条例》等法律法规，坚持依法理财。积极主动接受市人民代表大会及其常务委员会对政府预算的审查和监督。加快构建预算审查、执行监督、绩效评价相结合，涵盖资金运行全过程的预算编制和执行的制衡机制。

各位代表，在全面建设小康社会，率先基本实现现代化的进程中，无论是改革、发展还是维护社会稳定方面，急需花钱的地方很多。在相当长的时期内，各方面的需求与财政供给的可能性会有较大的差距，财政收支之间的矛盾将长期存在。因此，对于有限的财政资金，一定要倍加珍惜，精打细算，妥善使用。政府部门要带头坚持艰苦奋斗、勤俭办一切事情的方针，增强忧患意识，居安思危，戒奢以简，大力增收节支，把财政资金高效率、高效益地用于为人民群众所办的实事之中，真正做到“取之于民，用之于民”。

各位代表，2004年的预算任务十分繁重和艰巨，我们要以“三个代表”重要思想为指导，全面贯彻党的十六届三中全会精神，在市委的领导下，在市人大的监督和支持下，统一思想，坚定信心，扎实工作，务求实效，全面完成今年的预算任务，为首都率先基本实现现代化，人民群众的健康幸福生活作出更大的贡献。

北京市第十二届人民代表大会财政经济委员会关于北京市2003年财政预算执行情况和2004年财政预算草案的审查报告

（2004年2月19日北京市第十二届人民代表大会第二次会议主席团第五次会议通过）

北京市人大财政经济委员会主任委员　高佐之

大会主席团：

北京市第十二届人民代表大会财政经济委员会在对北京市2004年市级预算草案主要内容初步审查的基础上，根据代表们的审议意见，审查了北京市2004年总预算和市级预算草案及市财政局局长吴世雄受市人民政府委托所作的《关于北京市2003年财政预算执行情况和2004年财政预算草案的报告》，现将审查结果报告如下：

一、北京市人民政府提出的2003年市级预算执行情况：全市地方财政收入592.5亿元，比上年增长18.2％；市级财政收入310.2亿元，比上年增长19.4％，加上中央税收返还及补助、区县上解、专项政策性结转和上年结余等217.0亿元，收入合计527.2亿元；市级财政支出383.5亿元，比上年增长16.2％，加上上解中央支出、区县税收返还、转移支付和结转下年使用等143.0亿元，支出合计526.5亿元。收支相抵，市级财政结余0.7亿元。

财政经济委员会认为，2003年预算执行情况是好的。市人民政府及其财政部门认真执行市十二届人大一次会议通过的2003年市级预算，财政收入增长较快，财政保障能力加强，支出安排符合有关法律法规的要求，发挥了财政政策的宏观调控功能和财政资金的导向作用，为促进首都的社会稳定和经济发展作出了积极贡献。特别是针对突如其来的非典疫情，一方面加大经费投入，确保了防治资金及时足额到位；一方面积极研究对策，出台了一系列政策措施，对夺取防治非典的阶段性重大胜利，恢复和促进经济发展，保持社会安定起到了重要的作用。

财政经济委员会指出，在2003年市级预算执行中也存在一些值得注意的问题：公共财政职能尚未充分发挥；支出结构需要进一步优化；在收支矛盾突出的情况下，部分财政资金使用效益不高，浪费现象依然存在等。对此，市人民政府及其财政部门要高度重视，切实加以改进。

二、市人民政府提出的2004年市级预算草案：全市地方财政收入648.4亿元，按可比口径比上年增长13％；市级财政收入332.0亿元，按可比口径比上年增长13.9％，加上中央税收返还及补助、区县上解、专项政策性结转和上年结余等 223.7 亿元，收入合计 555.7 亿元；市级财政支出安排 413.5 亿元，比上年增长 7.8%，加上上解中央支出、区县税收返还和转移支付等 142.2 亿元，支出合计 555.7 亿元。市级财政预算安排平衡。

财政经济委员会认为，2004 年市级预算编制贯彻了中共北京市委九届六次全会精神，符合有关法律、法规的规定。预算收入安排既考虑了有利因素，又充分估计了可能出现的困难，符合国务院关于财政收入增幅略高于地区生产总值增幅的要求，组织收入的措施得当。预算支出安排体现了公共财政的要求，确保了农业、教育、科学等支出依法增长，进一步完善了财政对社会保障的投入机制，提高了对社会公共突发事件的资金保障能力。总的来看，市级预算的安排符合本市实际情况，是稳妥可行的。

财政经济委员会建议，北京市第十二届人民代表大会第二次会议批准市人民政府提出的 2004 年市级预算草案，批准市财政局局长吴世雄受市人民政府委托所作的《关于北京市 2003 年财政预算执行情况和 2004 年财政预算草案的报告》。

三、为确保 2004 年预算任务的顺利完成，财政经济委员会提出以下意见和建议：

（一）支持经济发展，建立持续稳定的财政收入增长机制。遵循市场经济规律，转变支持经济发展的方式，不断增强经济发展的内在动力，壮大财政实力。积极涵养税源，依法治税，应收尽收。禁止越权减免税，杜绝不正当引税行为，严厉打击偷税等违法犯罪。继续加强税收信息化建设，为纳税人提供高效、快捷、方便的服务。积极应对出口退税改革和其他税制调整可能给我市财政收入带来的影响，保证财政收入持续稳定增长。

（二）优化支出结构，充分发挥公共财政职能。坚持科学的发展观，统筹兼顾，在继续依法保证重点支出增长的基础上，加大基础设施建设、环境保护、社会保障、公共卫生等方面和社会公共突发事件的资金保障力度。增加对农业的投入，新增教育、科学、卫生、文化等公共支出应当主要用于郊区和农村社会事业的发展。大力弘扬艰苦奋斗、勤俭建国精神，制止铺张浪费。

（三）深化预算制度改革，加强预算管理。改进和完善部门预算编制方法，完善公用经费定额标准体系，提高预算的科学性和透明度。严格专项资金项目库的管理，加强支出项目的论证评审工作，避免资金的沉淀和浪费。加快推进国库集中收付制度改革，扩大试点范围。进一步扩大政府采购规模和范围，建立科学、规范的政府采购管理和监督体制。

（四）强化监督机制，提高财政资金使用的安全性、规范性和有效性。进一步完善财政管理制度和管理方法，规范财经秩序，严肃财会纪律，提高财政监督管理水平。加强对预算执行情况的审计监督，推进部门决算审签制度试点，积极开展财政资金绩效审计工作。建立健全专项资金绩效考评制度，提高资金使用效益。加强对政府或有负债的监控，规避财政风险。

市人民政府及各部门要严格执行市十二届人大二次会议批准的预算，狠抓落实，务求实效，圆满完成全年预算任务。

以上报告，请予审议。

北京市第十二届人民代表大会第二次会议关于北京市人民代表大会常务委员会工作报告的决议

（2004 年 2 月 21 日北京市第十二届人民代表大会第二次会议通过）

北京市第十二届人民代表大会第二次会议，听取并审议了于均波主任受市十二届人大常委会委托作的工作报告，决定批准这个报告。

会议认为，2003 年，市人大常委会在中共北京市委领导下，以邓小平理论和“三个代表”重要思想为指导，全面执行市十二届人大一次会议决议，紧紧围绕改革发展稳定大局和全市中心工作，认真履行宪法和法律赋予的职责，在立法、监督、讨论决定重大事项、人事任免、代表工作及自身建设等方面都取得了新的成绩，为坚持和完善人民代表大会制度，推动首都社会主义物质文明、政治文明和精神文明协调发展，维护人民群众根本利益，发挥了地方国家权力机关的作用。

会议要求，2004 年，市人大常委会要全面贯彻党的十六大、十六届三中全会和市委九届六次全会精神，把坚持党的领导、人民当家做主和依法治国有机统一起来，围绕实现“新北京、新奥运”战略构想，突出“创新体制、调整结构、优化环境、全面发展”的主题，求真务实，开拓进取，进一步开创人大工作新局面，为推动首都经济社会协调发展作出新贡献。

北京市人民代表大会常务委员会工作报告

——2004 年 2 月 19 日在北京市第十二届人民代表大会第二次会议上

北京市人大常委会主任　于均波

各位代表：

我受北京市第十二届人民代表大会常务委员会委托，向大会报告工作，请予审议。

2003 年的主要工作

2003 年是全市各族人民在党的十六大精神指引下，团结一心，奋力拼搏，赢得抗击非典阶段性重大胜利，首都改革开放和现代化建设迈出新步伐的一年。在中共北京市委领导下，市人大常委会以邓小平理论和“三个代表”重要思想为指导，深入贯彻党的十六大精神，全面执行市十二届人大一次会议决议，紧紧围绕全市工作大局，认真履行宪法和法律赋予的职责，为坚持和完善人民代表大会制度，推动首都社会主义物质文明、政治文明和精神文明协调发展，维护人民群众根本利益，发挥了地方国家权力机关的作用。

一、大力加强立法工作，为首都改革发展稳定提供法制保障

一年来，常委会认真履行立法职责，主要做好两个方面的工作：第一，按照党的十六大提出的“到2010年形成中国特色社会主义法律体系”的目标，根据首都现代化建设的实际需要，坚持全面、协调、可持续的科学发展观，制定了2003－2007年立法规划。常委会审议通过这个规划后，及时召开立法协调会，要求各部门本着“落实当年、计划来年、准备后三年”的思路，密切配合，通力协作，抓好规划实施工作。第二，完成了全年的立法任务，共审议通过法规13项，其中制定7项、修订4项、废止2项。同时，加强调研、协调，为今年的立法工作做了比较扎实的准备。

常委会加强和改进立法工作，提高立法质量，注重把握以下4点：

（一）维护法制统一，突出首都特色。这是立法工作必须遵循的重要原则。常委会在立法工作中，自觉维护国家法制统一，严格依照法定权限和程序，不与宪法、法律和行政法规相抵触。同时，紧紧围绕“新北京、新奥运”的战略构想，着眼于首都改革发展稳定大局，着眼于维护人民群众根本利益，着眼于符合北京实际、切实解决问题。常委会编制的五年立法规划，坚持从首都城市性质出发，突出重点，统筹兼顾，对重要的、亟须的、条件成熟的立法项目，优先列入规划。这个规划共安排立法项目54项，调研项目11项。其中，推动首都经济发展方面有18项，促进城市现代化建设方面有15项，维护人民群众切身利益方面有13项，推进首都社会全面进步方面有13项，加强民主法制建设方面有6项，较好地体现了首都特色。

（二）推进立法民主，广泛集中民智。常委会坚持走群众路线，紧紧依靠人民群众，进一步扩大市民对立法工作的有序参与，把发扬民主贯穿于立法的全过程，使制定的法规充分反映民情、体现民意、集中民智。一是把民主立法扩展到立法源头，公开征求市民对5年立法规划草案的意见。规划草案在新闻媒体上公布后，社会反响强烈，市民积极参与，短短10天，就收到群众来信、电话和电子邮件2000多件，提出立法项目建议98项。经过认真研究，将其中36项纳入立法规划。二是对于涉及群众切身利益、社会普遍关注的法规，广泛征求人民群众的意见。在制定养犬管理法规时，常委会委托市统计局对5000户居民进行抽样调查，就管理方针、执法主体、收费标准等问题征求市民意见，并将草案修改稿在新闻媒体上公布，7天时间收到市民意见、建议5300多件次，切实做到集思广益。同时，还召开座谈会、论证会，直接听取人大代表、基层组织和专家学者的意见，为常委会制定法规提供依据。三是发挥首都专家学者在立法中的作用，常委会聘请18位著名专家学者作为法制建设顾问。审议各项法规草案前，请顾问研究论证，使常委会的立法更具有科学性，更符合首都实际。

（三）坚持立法为民，维护人民群众根本利益。常委会坚持以人为本，把维护人民群众根本利益作为立法工作的出发点和落脚点，努力使法规符合人民群众意愿。第一，注重对行政权力的规范、制约和监督。既规定行政机关相应权力和行使程序，又明确规定应承担的法律责任，切实保障公民、法人和其他组织的合法权益。第二，妥善调节各种利益关系。在制定中小学生人身伤害事故预防

与处理条例时，本着既要有利于预防和妥善处理事故，又不妨碍正常教学活动的原则，对学校、学生和家长方面的责任作出明确规定，收到了较好的社会效果。第三，注重保护特殊群体的合法权益。为优化未成年人成长的法制环境，修订了未成年人保护条例。为保障老年人、残疾人的权益，审议了无障碍设施建设管理条例。在制定人口与计划生育条例时，增设了独生子女伤残或死亡后，对其父母的经济帮助条款。

（四）立足贯彻实施，着力增强法规的可操作性。可操作性是衡量立法质量的重要标准，也是地方立法必须遵循的重要原则。在选择确定立法项目时，常委会根据现实需要，注重针对性和实用性。设定法规条款，做到执法主体明确、责任具体、程序清楚、切实可行、便于监督。在制定预防和查处窃电行为条例时，针对窃电行为认定难、窃电量计算难的情况，列举了十几种表现形式，明确了窃电行为的法律责任和窃电量的计算方法，并对电力管理部门的责任和执法程序进行了规定。另外，一些法规颁布后，常委会还督促市政府及有关部门制定配套规章或规范性文件，以保证法规的顺利实施。

常委会还加强了立法工作的制度建设，制定了立法计划编制、法规起草等 9 项规程，进一步规范了立法工作。

二、不断加大监督力度，推进“一府两院”依法行政、公正司法

常委会坚持把监督工作放在与立法同等重要的位置，抓住本市现代化建设的重点问题、城市管理的突出问题和人民群众普遍关心的热点问题，加大监督力度，改进监督方法，增强监督实效。

（一）深入开展执法检查。常委会以优化首都发展环境为重点，加大执法检查力度，共检查了 26 项法律法规的实施情况。为维护市场经济秩序，改善首都投资环境，检查了招标投标条例、台湾同胞投资保护法的实施情况；为改善首都科技创新环境，推动高新技术产业发展，检查了中关村科技园区条例、技术市场条例的实施情况；为加强环境建设，提高城市管理水平，检查了大气污染防治法、市容环境卫生条例、人民防空条例的实施情况；为促进教育、文化、卫生事业发展，保护人民群众身体健康和权益，检查了食品卫生法、教育法、图书馆条例、工会法实施办法等法律法规的实施情况。针对近年来群众对食品卫生和安全问题反映较为强烈的情况，常委会改进执法检查方式，成立由 3 个部门组成的执法检查组，实行集中检查与分散检查、定点检查与随机抽查、明查与暗访相结合，与区县人大密切配合，对食用农产品生产源头、食品市场准入、卫生监督管理等环节进行检查。这次检查历时两个多月，共有市和区县、乡镇人大代表 1000 多人次参加。市政府根据执法检查组建议和常委会审议意见，进行了认真整改，使本市食品卫生与安全的总体状况进一步改善。

（二）切实加强预算监督。常委会着重从三个方面强化预算监督：一是认真贯彻预算监督条例。在政府有关部门编制财政预算过程中，常委会根据本市经济发展和近年财政收支的实际情况，提出优化支出结构、发挥公共财政职能等建议，保证预算收支安排更为合理。同时要求财政部门编制预计超收收入使用方案，并专门听取工作报告。二是把握经济运行动态，增强监督的针对性。根据非典疫情对本市工业、商业、旅游、外经贸、财政税收等方面的影响，提出意见和建议。开展本市卫生防疫经费投入情况的专题调研，督促政府加强和改善卫生防疫机构基础设施建设。三是拓宽预算监督范围。在预算初审前，听取重点单位部门预算编制情况的汇报，

将监督工作延伸到具体部门，深化了预算审查监督。

（三）加大代表议案督办力度。水资源保护和管理、金融业发展环境、农民社会保障、城镇居民就业再就业和交通管理5项议案，是去年一次会议主席团交付常委会审议的重要议案。这些议案，是广大代表以高度的责任感和主人翁精神，在深入调查研究，广泛听取人民群众意见，反复论证后提出来的；是事关全市工作大局，涉及广大市民切身利益的重大问题。对此，常委会高度重视，加强督办。首先，深入调研，摸清情况。在督办城镇居民就业再就业议案时，组织委员和提议案代表走访部分群众，并会同市政府对18个区县的工作情况进行检查。在督办交通管理议案时，一些组成人员乘坐公交车和出租车暗访，听取群众对交通问题的意见和建议。其次，加强议案办理报告的初审。在报告提交常委会审议之前，专门委员会和常委会工作机构都进行了认真初审，推动有关部门提高议案办理质量。再次，抓好常委会审议。审议交通管理议案办理情况报告时，组成人员和列席代表针对交通管理体制、交通设施建设、发展公共交通、公民守法意识等方面存在的问题，提出了很多有价值的意见和建议，推动政府改进工作。最后，督促政府部门认真整改。经过各方面共同努力，这5件议案办理工作都取得了进展。市政府已决定采取措施，加强对全市水资源的统一管理和有效保护；市人大常委会已将水法实施办法列入今年的立法计划。为解决交通拥堵问题，市政府提出了阶段性目标和计划，加强了综合整治。

（四）认真受理人民群众来信来访。人民群众到人大上访，是因为人大既是立法机关，又是监督机关，更是权力机关。他们到人大反映问题，是对人大的信任。为此，常委会把做好信访工作当作联系人民群众、了解社情民意、为民排忧解难的一条重要的经常性渠道，当作人大加强监督工作的重要内容，作为地方国家权力机关的重大责任，予以高度重视。全年共接待人民群众来访1400多人次，办理人民群众来信3000多件次。在信访工作中，热情接待每一位来访群众，认真办理每一封群众来信，在非典疫情严重的时期，接待工作也没有停止，保持了信访渠道的畅通。为提高人民群众来信来访的办理质量，常委会加强了与有关方面的协调，加大督办力度，诚心诚意办实事，尽心尽力解难事，督促解决了一批人民群众最现实、最直接、最迫切的实际问题。

三、坚持重大事项报告制度，讨论、决定本行政区域内的重大问题

一年来，常委会围绕本市改革发展稳定的大局和事关人民群众切身利益的重大问题，认真实施市政府向市人大常委会报告重大事项的规定，听取了市政府关于防治非典工作、信息化建设、实施加入世贸组织过渡期行动计划纲要、中关村科技园区发展、2003年重大工程进展、农村基础教育等21项重大事项的报告，依法作出了关于区县人民代表大会换届选举等6项决议或决定。

去年在突如其来的非典疫情面前，常委会坚决贯彻中央和市委的重要决策，把维护人民群众身体健康和生命安全作为头等大事来抓。在抗击非典的关键时刻，决定听取市政府关于防治非典工作的专题报告，全力支持市政府依法加强防治工作。会议要求，市政府要从实践“三个代表”重要思想的高度，切实抓好各项防治措施的落实，将防治工作纳入法制化轨道，依法行政、依法管理；要认真总结经验教训，加大公共卫生事业投入，建立应对突发事件的长效工作机制；要坚持“两手抓”方针，掌握工作主动权，夺取防治

非典和经济建设双胜利。中央电视台和北京电视台对会议进行了现场直播，使人民群众了解北京防治非典工作进展情况，增强了战胜非典的信心。在防治非典斗争中，常委会组织委员和代表深入防治非典第一线，视察防控措施落实情况，推动传染病防治法、突发公共卫生事件应急条例等法律法规的贯彻落实。常委会还及时将代表对防治工作提出的100多条意见和建议，交付市政府办理。市政府对代表的意见高度重视，认真研究，采取措施，解决实际问题，发挥了代表在防治非典中的积极作用。

城乡一体化是事关首都现代化建设的重大问题，为审议好这项报告，常委会在听取市政府8个相关部门的汇报后，组织委员和代表深入到7个区县调查研究；审议时，委员们提出要站在建设首都现代化国际大都市的高度，围绕增加农民收入这个中心任务，加强规划、调整结构、合理布局，进一步明确区县功能定位，统筹城乡经济社会协调发展。市政府高度重视这些建议，采取有力措施，全面推进城乡一体化建设进程。

常委会还审议了市高级人民法院关于进一步解决执行难问题的报告，市人民检察院关于职务犯罪侦查工作的报告。审议中，委员们建议抓紧司法体制改革，加强司法队伍建设，加大职务犯罪侦查力度，切实维护司法公正。同时，常委会还组织委员和代表对本市司法工作进行了视察和检查，旁听了一些案件的审理。

四、依法行使人事任免权，切实加强任后监督

一年来，常委会共任免国家机关工作人员215人次，其中，常委会工作机构负责人68人次，市政府组成部门负责人40人次，“两院”工作人员107人次。在市十二届人大一次会议闭幕不久，及时集中任命新一届市人大常委会工作机构、市政府组成部门和市中级人民法院、市检察院分院领导人员；根据政府机构改革的变动情况，依法适时任命有关机构负责人，保障了常委会和“一府两院”工作的顺利开展。

为加强对人大及其常委会选举或任命的国家机关工作人员的任后监督，常委会对市国土资源和房屋管理局局长苗乐如、市人民检察院第二分院检察长马剑光进行了述职评议。在开展述职评议过程中，坚持实事求是，客观公正，注重实效。一是突出重点，增强针对性。对苗乐如同志的评议，主要抓住建设用地管理、房地产市场管理、房屋拆迁管理、物业管理和住房制度改革5个重点。对马剑光同志的评议，紧紧围绕强化法律监督、维护公平正义这个主题进行。评议既肯定述职者依法履职的成绩，也指出存在的问题。二是改进方法，简化程序。采取专题调研、个别访谈、现场察看等方式，广泛征求意见；通过暗访、旁听公诉案件庭审，了解实际情况；实行综合发言与专题发言相结合，讲求评议效果。三是强化对评议后整改的监督，坚持评议后3个月内提交整改情况报告，巩固评议成果。常委会还审议了张茅副市长述职评议1年后整改情况的报告。

五、加强和改进代表工作，充分发挥代表作用

一年来，常委会认真贯彻代表法，加强和改进代表工作，积极为代表履职提供服务。

（一）加强培训工作，增强代表的责任感和履职能力。换届后，常委会举办了代表培训班，采取专家辅导、代表交流、小组研讨等方式，认真学习“三个代表”重要思想，学习宪法、地方组织法、代表法等法律法规，学习执行代表职务的有关知识。参加培训的

代表反映，这次培训内容丰富，贴近实际，针对性强，非常必要，对增强代表的政治意识、大局意识、群众意识，履行好代表职责很有帮助。

（二）建立常委会组成人员联系代表制度，加强与代表的沟通。组成人员通过座谈、走访等多种形式联系代表，通报情况、交流思想、听取意见和建议。这项制度的建立和实行，进一步密切了与代表的联系，有助于代表知情知政，充分发挥主体作用，有助于常委会广泛集中民智，提高决策的科学化、民主化水平。同时，常委会继续坚持主任接待代表日、组成人员参加代表团活动、代表列席常委会会议等制度。

（三）改进视察方式，增强代表活动实效。一是围绕优化发展环境和食品卫生与安全问题，有组织地开展代表持证视察。代表在视察中共提出300多条意见和建议，对帮助政府改进工作起到了积极作用。二是结合常委会议题，在审议前组织委员和代表进行专题视察，以利于准备审议发言，提高审议质量。三是改进人代会前的集中视察方式。围绕加快首都现代化建设、推进城乡统筹协调发展、加强城市管理、促进司法公正与效率等重大问题，集中听取有关部门汇报，分专题实地视察，与“一府两院”负责同志座谈，为代表知情知政，在会议期间行使职权做准备。

（四）加强督办，推动难点建议的办理。市十二届人大一次会议期间，代表提出的1373件建议，都如期办复。其中建议被采纳、对工作有推动的占46%，问题得到解决或基本解决的占28%，一大批关系人民群众切身利益的实际问题得到了解决。如对代表提出的关于改善公厕卫生状况的建议，市长办公会专题进行了研究，颁布了《北京市公共厕所设计建设标准》，准备近期投入4000万元新建和改建公厕200座，并于2008年前完成全市公厕升级改造。又如对解决西罗园石马坨居民吃水难问题的建议，市政府有关部门高度重视，重新为该地区铺设了供水管线，安装了公共取水设施，受到了广大群众的好评。代表在闭会期间提出的556件建议，已办复382件，其余正在办理中。常委会加强对建议办理的全程监督，坚持办复后逐件审查，对办理不合格的建议重新补办。芍药居群众出行不便、南口镇部队营区垃圾场搬迁等建议，是代表提出多年而又没有彻底解决的问题，常委会加强组织领导，逐一进行督办，要求政府有关部门限期解决，取得了良好成效。

六、全面加强自身建设，进一步提高常委会工作水平

针对届首之年的特点，常委会注重订规划、抓培训、建制度、打基础，全面加强了自身建设。

（一）适应新形势，加强思想、组织和制度建设。换届后，常委会及时举办组成人员学习班，学习“三个代表”重要思想、十六大精神和有关法律法规，增强组成人员的责任意识，提高履职能力。坚持日常政治学习制度，对中央和市委重要精神及时传达学习。结合形势发展需要和常委会议题，举办有关宪法、行政许可法等法制讲座。4个专门委员会设立后，为理顺工作关系，常委会及时调整工作机构，完善法制建设顾问、预算监督顾问制度，加强各专门委员会和常委会工作机构的规范化建设，基本上形成了良性工作机制，为各项工作的正常开展提供了保证。

（二）实行分组审议，提高常委会审议质量。常委会改进审议方式，实行全体会议审议与分组会议审议相结合。一年来，主要对法规草案和一些专题报告进行分组审议。实践证明，这种审议方式，增加了发言人数和

机会，扩大了发言范围，还可以相互探讨，把意见讲得更充分、更透彻，有利于调动组成人员和列席代表的积极性，发扬民主、集思广益，使常委会审议质量明显提高。

（三）加强机关建设，提高办事效率和服务水平。常委会制定了2003年工作要点，以“折子工程”的形式，落实到各个工作部门，增强了工作的计划性和时效性。完善各部门工作规程，提高了工作质量。积极推行干部人事制度改革，加强了干部队伍建设。强化机关为代表大会、常委会和代表服务的职能，提高了工作效率。

另外，常委会加强对区县人大工作的指导和联系。去年下半年，区县人大代表进行换届选举，这是全市人民政治生活中的一件大事。常委会根据近年来人户分离日益突出的情况，修订了区县、乡镇人大代表选举实施细则，方便了选民参加选举；并深入基层，调查研究，加强对选举工作的检查指导。在市委领导下，经过各方面共同努力，选出的4403名区县人大代表，结构得到改善，整体素质进一步提高。常委会召开区县人大主任座谈会，对人大工作的一些重点、难点问题，共同研究探讨。还协助市委召开会议，专题总结推广东城、海淀、石景山等区建立人大街工委的经验。

常委会加强和改进人大新闻宣传工作，增加对常委会会议实质内容的报道，对一些重要议题进行直播和录播；通过北京电视台《议案追踪》栏目，对30多件代表议案和建议的办理工作进行追踪报道，产生了积极的社会效果。完善公民旁听制度，全年共有市民240多人次旁听了常委会会议，130多条旁听意见和建议得到了及时处理，扩大了公民对人大工作的有序参与。加强与兄弟省市人大工作交流和与外国地方议会友好交往，全年共接待兄弟省市人大来京考察近300批次，接待十几个国家和地区的团组来访，密切了工作联系，增进了友谊，宣传了人民代表大会制度。

各位代表，一年来，常委会各项工作取得的成绩，是中共北京市委正确领导，常委会组成人员、市人大代表共同努力的结果，是社会各方面和全市人民支持帮助的结果。在此，我代表市人大常委会，向所有关心、支持、帮助人大工作的同志们、朋友们，表示衷心的感谢！

在肯定成绩的同时，我们清醒地看到，常委会的工作与党和人民的要求还有差距，不少方面需要加强和改进，主要表现在：立法工作还不能完全适应首都经济社会发展的实际需要，一些重要法规亟待研究制定，一些已经制定的法规也需进行修改，有的立法项目调研论证不够充分，立法工作制度不够完善，立法质量还应进一步提高；监督工作仍显薄弱，有些执法检查不够深入，听取和审议专题工作报告后，督促有关部门进行整改缺乏力度，监督实效有待增强；组成人员联系代表并接受监督、代表联系群众并接受监督的机制尚需探索，一些代表建议的督办不够得力，为代表履职的服务工作仍需改进；人大理论研究和工作调研不够深入，机关信息化建设亟待加强。这些问题，都需要认真对待，加以改进。

2004年的主要任务

各位代表：2004年是新中国成立55周年，也是人民代表大会成立50周年。做好今年的工作，对于抓住机遇，加快发展，实现“新北京、新奥运”战略构想，对于坚持和完善人民代表大会制度，具有重要意义。常委会要在中共北京市委领导下，以邓小平理论和“三个代表”重要思想为指导，全面贯彻党的十六大、十六届三中全会和市委九届六次全会精神，坚持把党的领导、人民当家做主和依法治国有机统一起来，紧紧围绕首都改革发展稳定大局和全市中心工作，求真务实，积极进取，努力开创人大工作新局面，为推动首都经济社会协调发展作出新贡献。

在立法工作方面：按照5年立法规划，今年拟安排立法项目12项，重点制定水法实施办法、历史文化名城保护条例、道路交通管理条例、安全生产条例、动物防疫条例等法规，并根据需要，做好旅游管理条例、文物保护条例等法规的修订工作，进一步优化首都现代化建设的法制环境。继续推进民主立法，向社会公布年度立法计划，认真做好法规草案公开征集意见工作。建立立法听证制度，就涉及群众切身利益的法规，举行立法听证会，直接听取利害相关群体的意见。认真贯彻行政许可法，做好已有法规清理工作，加强对市政府规章的备案审查。继续完善立法工作规程，着手研究立法质量评估体系。在充分发挥法制建设顾问作用的基础上，筹建首都立法咨询专家库，进一步完善常委会立法咨询机制。

在监督工作方面：制定年度监督工作计划，加强对监督工作的统筹协调。以改革行政管理体制、转变政府职能、加强城市建设与管理、维护人民群众根本利益为重点，主要检查行政许可法、传染病防治法、动物防疫法、食品卫生法、市容环境卫生管理条例、促进私营个体经济发展条例、养犬管理规定等法律法规的实施情况。进一步改进执法检查方式，加大监督力度，推动政府部门依法行政。继续加强对交通管理、农民社会保障等议案办理情况的跟踪检查，增强监督实效。认真贯彻预算监督条例，不断深化预算监督。积极探索加强监督司法工作的途径和方法，促进公正司法，维护公平正义。进一步加强和改进信访工作，使信访工作更加规范化、制度化，提高信访办理质量。

在讨论决定重大事项和人事任免方面：按照“五个统筹”、“五个坚持”的要求，围绕全市“创新体制、调整结构、优化环境、全面发展”的主题，着重听取审议市政府关于经济体制改革、城市近期建设规划编制工作、公共卫生体系建设、畜禽检疫防疫、土地规划和管理、奥运场馆建设等重大事项的报告，必要时，作出相应的决议或决定。依法做好人事任免工作，改进述职评议办法，加大任后监督力度，提高评议水平。

在代表工作方面：结合新形势新任务，继续搞好市人大代表培训，加强对区县人大代表培训的指导。进一步完善常委会组成人员联系代表、常委会主任接待代表日、代表列席常委会会议等制度。重视发挥代表小组的作用，抓好代表视察工作。加强对代表议案、建议办理情况的监督检查，狠抓落实，讲求实效，提高办理质量。继续加强代表建议电子政务管理系统建设，为代表履行职责提供更好的服务。

在自身建设方面：深入学习贯彻中央和市委精神，组织好宪法和行政许可法的学习。完善分组审议制度，提高审议水平。建立健全常委会、专门委员会工作制度和规则。加强人大理论研究和工作调研，为常委会科学决策提供服务。采取多种形式，纪念人民代表大会成立50周年，大力宣传人民代表大会制度。加大对机关工作人员教育、管理、培养力度，提高干部队伍整体素质，增强凝聚力和创造力，不断提高机关服务水平。

各位代表：党的十六大提出了全面建设小康社会的宏伟目标，十六届三中全会作出了完善社会主义市场经济体制的历史性决策，首都现代化建设掀开了新的篇章，对人大工作提出了新的更高的要求。形势催人奋进，使命光荣神圣。让我们紧密团结在以胡锦涛同志为总书记的党中央周围，与时俱进，开拓创新，以更加昂扬的斗志，更加扎实的工作，积极推进民主法制建设，为促进首都社会主义物质文明、政治文明和精神文明协调发展而努力奋斗！

北京市第十二届人民代表大会第二次会议关于北京市高级人民法院工作报告的决议

（2004年2月21日北京市第十二届人民代表大会第二次会议通过）

北京市第十二届人民代表大会第二次会议，批准北京市高级人民法院院长秦正安作的《北京市高级人民法院工作报告》。

北京市高级人民法院工作报告

——2004年2月19日在北京市第十二届人民代表大会第二次会议上

北京市高级人民法院院长　秦正安

各位代表：

现在，我代表北京市高级人民法院向大会报告全市法院2003年的主要工作，请予审议，并请各位政协委员提出意见。

2003年的主要工作

2003年，全市法院在邓小平理论、“三个代表”重要思想和十六大精神的指引下，围绕维护首都社会稳定、服务首都经济发展，认真做好审判工作，狠抓自身建设，全面落实司法为民工作要求，各项工作取得了新的进展，为优化首都发展环境做出了积极的努力。

一、进一步强化审判职能，为首都稳定和经济发展服务

过去的一年，全市各级法院在案件继续攀升的情况下，审判工作取得新的进展。全年，全市法院共受理刑事、民商事、行政和执行等各类案件272724件，办结271800件，同比分别上升6.3%和6%。在审结的案件中，解决诉讼标的额有较大幅度增长，达576.3亿元，上升21.2%。

（一）依法严惩各类严重刑事犯罪，维护首都社会稳定

去年4月，为期两年的“严打”整治斗争取得显著成效后，全市法院在认真总结经验的基础上，继续加大力度，依法严惩各类严重刑事犯罪。全年共判处各类罪犯18038名，其中判处5年以上有期徒刑、无期徒刑和死刑（含死缓，下同）的3163名。

严惩严重危害社会治安犯罪。对危害群众面广的多发性街头暴力等严重危害社会治安的犯罪予以了坚决打击，对重大案件挂牌督办、限期审结，全年共审结此类案件4788件，判处罪犯6362名，其中判处5年以上有

期徒刑、无期徒刑和死刑的 2640 名。同时，坚决惩处利用邪教组织破坏法律实施的犯罪活动，共审结此类案件 57 件，判处罪犯 81 名。

严惩严重破坏市场经济秩序犯罪。继续积极参与整顿和规范市场经济秩序工作，重点严惩了利用合同进行诈骗的犯罪，房地产市场、建筑市场中的犯罪，涉及食品、药品、农资、医疗器械等生产、销售伪劣商品犯罪，走私、金融诈骗、偷税以及制贩假币等犯罪。共审结上述案件 597 件，判处罪犯 825 名，同比分别上升 23.6%和 61.8%，一定程度上优化了首都经济发展环境。

严惩贪污贿赂等职务犯罪。对危害严重、群众反映强烈、社会影响较大的大案要案进行审判，共判处贪污、受贿、挪用公款案件 144 件，判处罪犯 165 名。其中，有处级干部 13 名，局级以上干部 9 名。对滥用职权、玩忽职守给国家和集体造成重大损失的国家工作人员坚决依法追究刑事责任。对贪污、受贿等职务犯罪在依法追究刑事责任的同时，坚决运用财产刑等刑罚手段，不让犯罪分子在经济上占便宜，尽可能减少国家和集体经济损失。

（二）高度重视民商事审判，促进经济发展和社会进步

历年来，民商事案件占法院全部案件的 90%左右。去年，全市法院共受理各类民商事案件 177803 件，审结 177090 件，同比分别上升 7.2%和 7.1%。通过民商事审判，努力促进家庭和睦和社会文明进步，保护公平、自由、有序的市场竞争，维护经济安全和经济秩序。

积极稳妥地审理婚姻家庭、劳动争议等案件。全年审结婚姻家庭案件 37061 件，通过对离婚、抚育、赡养、扶养、继承等案件的审理，注重保护妇女、老年人、未成年人、残疾人、军人和军属等的合法权益，弘扬社会主义道德风尚；审结劳动争议案件 3908 件，同比上升 4.6%，通过对辞退、工资、福利和拖欠民工工资等案件的审理，既加强对各类劳动者合法权益的保护，又依法保护企业的用人自主权；审结房地产案件 3948 件，同比上升 39.6%，通过对拆迁安置、工程款纠纷、商品房交易、物业管理等案件的审理，努力促进房地产市场健康发展；审结财产及人身损害赔偿案件 14287 件，同比上升 9.8%，通过对环境污染、产品质量、医疗事故、交通事故等案件的审理，维护正常的生产和生活秩序。

依法审理涉企、涉农和金融等案件。去年，全市法院受理此类案件数量虽有所下降，但涉案标的额较大的大案要案增多。在审判工作中，注重依法平等保护市场各类主体的合法权益，维护首都市场经济秩序。全年审结深化国有企业改革中出现的企业兼并、破产重组、产权转让等案件 129 件，努力保障国有企业和国有资产管理体制改革的顺利进行；审结涉及农村土地流转引起的承包经营权等案件 942 件，努力维护农村稳定；审结涉及金融领域的金融债权、期货、保险、证券等案件 11711 件，努力维护国家金融安全；审结涉外和涉港澳台案件 335 件，积极促进首都投资、发展环境的改善。

进一步加强对知识产权案件的审判。加入世贸组织以来，知识产权的审判领域不断拓展，案件类型除原有的专利、商标、著作权、不正当竞争等纠纷外，涉及计算机软件著作权、网络域名、数据库等纠纷大量增加。全年审结各类知识产权一审案件 861 件，同比上升 27.6%。一些大案要案的审判，不仅取得了良好的社会效果，而且在全国法院产生了较大影响。通过审理各类知识产权案件，依法保护了合法的知识产权权益，制裁了侵犯知识产权行为，为促进科技进步、加快首都知识经济发展作出了积极的努力。

（三）认真审理行政案件，促进依法治市

近年来，涉及城市建设等各类行政案件大幅度上升，案件审理难度增大。全市法院积极稳妥地开展行政审判工作，既依法保护公民、法人和其他组织的合法权益，又维护和促进行政机关依法行政。全年共审结行政一审案件1879件，同比上升39.1%。在审结的案件中，全部或部分撤销行政机关决定、判决行政机关履行职责等方式处理的以及因行政机关改变具体行政行为等原因原告申请撤诉的占36.1%，维持行政机关决定和裁定驳回起诉的占45.1%，判决驳回诉讼请求、终结、移送等其他方式处理的占18.8%。

（四）不断加强和改进执行工作，努力解决执行难

努力解决执行难是去年本市法院着力开展的一项重点工作。一年来，全市法院进一步加大执行工作力度，不断强化适用法律赋予的强制执行手段；同时，积极探索新的执行方法，灵活运用指定执行、集中执行、提级执行等方式，成功地执结了一批疑难案件。全年共执结各类案件74780件，执行标的额226.6亿元，同比分别上升4.1%和15.4%。高级法院与检察、公安机关会签了贯彻刑法313条立法解释的联合通知和会议纪要，强化了惩处和制裁拒不执行裁判犯罪的工作；各法院不同程度地对执行权运行的监督制约机制继续进行探索，并严格规范查封、扣押、冻结等各项执行措施，保证了执行工作顺利开展。

（五）积极参与综合治理，及时化解各种矛盾

一年来，全市法院充分发挥审判在社会治安综合治理中的重要作用，积极开展工作。一是充分发挥调解在平复人民内部矛盾、促进社会稳定方面的重要作用，尽力通过调解方式化解矛盾。全年，在审结的一审民商事案件中，近1/3通过调解解决。在做好诉讼调解工作的同时，采取多种方式，对人民调解员和调解组织进行业务指导，促进了人民调解工作水平的提高。二是积极落实涉及审判工作的各项综合治理措施。针对审判中发现的治安隐患和管理漏洞等，及时向有关单位提出书面司法建议420条，并督促落实整改，对预防和减少犯罪等发挥了积极作用；开展多种形式的法制宣传，扩大审判效果；依法适用非监禁刑，配合社区对缓刑人员进行矫正等。

（六）全力为防治非典尽职尽责，职能作用进一步发挥

非典期间，全市法院坚持“两手抓”。一方面严格落实防控的各项要求；另一方面采取各种方式，积极做好审判和其他各项工作。如一些法院采取在看守所设置刑事审判临时法庭、在农村当事人家中和田间地头就地审理、通过互联网传送证据等多种方式，努力保证审判任务的完成。非典肆虐的第二季度，全市法院受理各类案件64722件，同比上升2.6%；审结各类案件61068件，同比下降8.4%；接待来访124720人次，同比上升23.2%。

非典期间，全市法院将严厉打击妨害防治非典犯罪及其他利用疫情实施的犯罪作为重点，依法惩处了编造、故意传播涉及非典虚假恐怖信息的黄群威和冒充非典患者寻衅滋事的张月新等一批妨害防治非典的罪犯。同时，积极稳妥地开展涉及非典纠纷民商事审判工作。对涉及非典因素的出租车承包合同、房屋租赁合同、旅游合同、演出合同、损害赔偿等纠纷尽可能通过调解方式解决，为本市非典善后工作的顺利进行做出了积极的努力。

二、不断加强法院自身建设，努力实现“公正与效率”

“公正与效率”是人民法院永恒的工作主题，也是人民群众对审判工作的殷切希望。一年来，全市法院围绕“公正与效率”工作主题，不断加强自身建设，取得了明显成效。

（一）采取措施，不断提高审判工作质量和效率

为确保司法公正和高效，各法院不断深化改革，进一步强化案件质量意识，努力提高审判效率。一是全市法院大力推行了院、庭长办案制度，通过院、庭长在审判一线办理重大疑难或新类型案件，发现和解决立案、审判、执行、申诉复查以及再审中的各种问题，有针对性地对法官加强指导，不断提高法官整体适用法律、驾驭庭审、制作法律文书的能力，确保案件质量。二是建立案件评查、抽查制度。各法院对所有审结的案件定期进行评查、抽查，通过评查、抽查、分析，解决案件存在的一些质量问题。三是注意严把案件事实关、证据关和适用法律关。刑事审判工作，在坚持依法惩处犯罪分子的同时，依法保护被告人的合法权益，对不构成犯罪的 34 名被告人宣告无罪；民商事、行政审判工作，加强了高级法院对全市法院的依法指导和监督，努力维护执法的统一。四是就被告人对指控的基本犯罪事实无异议并自愿认罪的一审公诉案件，推行简化适用刑事普通程序的审理方式，加快审理节奏，尽快结案。五是一些法院在民事简易程序的基础上，对于争议不大的婚姻案件、标的额较小的财产案件等，探索了快速立案、快速审理、快速裁判的方式，大大降低了当事人的诉讼成本，提高了审判效率。六是加强审判监督，切实依法维护当事人的合法权益；对检察机关依照审判监督程序提出抗诉的刑事和民事案件认真进行审理，对其中原判确有错误的 32 件依法予以了改判。

（二）加强审判作风和廉政建设，确保司法廉洁

一年来，全市法院在自身建设方面着力加强审判作风和廉政建设。在“执法为民、公正审判、服务发展”专项教育和“公正与效率”司法大检查等活动中，围绕保障当事人诉讼权利、加强审判纪律作风建设等问题，各法院开门纳谏，采取召开座谈会、走访群众、发放调查问卷等多种方式共征求社会各界的意见和建议 1300 多条。高级法院领导班子成员全部深入到基层倾听群众的意见。针对群众反映强烈的问题和社会关注的热点、焦点问题，认真组织法官讨论，举一反三查找问题，制定行之有效的改进措施，进一步解决掌好、用好审判权这一问题，切实在审判工作中依法维护群众的合法权益。与此同时，全市法院积极进取，努力争先创优，涌现了宋鱼水、马子荣和房山区法院等全国模范法官和模范法院。

为确保司法公正廉洁，全市法院采取有力措施，进一步加强廉政建设。对接受当事人、委托代理人的宴请和钱物，私自会见所承办案件的当事人及其委托人等与法官身份不符的行为，进一步作出禁止性规定，并规定了惩罚措施；规范了执行工作，全市法院普遍实行了案款执行与发还的有效分离。与此同时，对严重违反审判纪律，特别是在审判和执行工作中以权谋私的违纪违法行为加大了主动查处力度，做到有案必查、查实必处。全年共处理违纪违法人员 15 人，其中，有 3 人被追究刑事责任。

（三）进一步强化接受监督意识，努力改进工作

一年来，全市法院深入落实市委关于加强人大和政协工作的决定，自觉接受人大以及各方面的监督，不断改进和完善各项工作。

一是坚持向同级人大及其常委会报告法院全面工作情况，定期或不定期专题汇报重要工作安排和审判工作中的突出问题，主动接受监督。二是通过定期走访人大代表和政协委员、召开座谈会、邀请旁听案件审理、征求对法院工作的意见和建议等形式，自觉接受人大和政协的监督。三是进一步完善与人大代表、政协委员的联络制度。高级法院出台了《关于与人大代表、政协委员联络及办理交办事项工作规则》，使此项工作更加规范化；全市法院统一使用代表建议等交办事项管理软件，努力提高建议办理效率；各法院均确定了与人大代表、政协委员联络的专门机构和人员。此外，我们还聘请了新一届本市法院特邀监督员，同时诚恳接受社会各界的监督，广泛听取批评和建议。通过自觉主动接受监督，及时发现和解决了工作中存在的一些问题，人大代表、政协委员和社会各界的许多富有建设性的意见和建议，已经或正在转化为各级法院改进工作的决策和措施。

三、全面落实司法为民要求，切实保障人民群众合法权益

司法为民是实现公平与正义的本质要求。全市法院围绕司法为民本质在“为民”、核心在“公正”，努力把司法为民的要求全面落实到审判工作和法院其他工作中去。与此同时，针对群众反映强烈的问题，各法院从群众不满意的地方改起，制定具体措施，在保障当事人诉讼权利、方便人民群众诉讼、文明司法等方面，结合自身实际情况，进行了探索。在此基础上，为使司法为民的要求更加制度化、规范化，高级法院出台了50条具体措施。去年，在落实司法为民过程中，我们主要在以下几方面积极进行了探索和实践。

（一）切实保障当事人诉讼权利，方便群众诉讼

为切实保障当事人充分行使诉讼权利，全市法院统一实施了民事、行政诉讼指南和诉讼权利义务告知制度，以指导当事人正确行使委托代理、申请回避、举证和质证、上诉、申诉以及申请执行等诉讼权利。为避免或降低当事人不必要的诉讼风险和成本，推行了统一的诉讼风险提示制度，就诉讼请求不当、超过诉讼时效、不能提举证据等可能导致的不利后果在当事人诉讼时及时提示。为便于人民群众到法院参加诉讼活动，各法院普遍实行了值班法官制。值班法官负责接待、解答当事人和其他群众提出的有关问题，负责联系有关部门和人员进行接待。为方便一些特殊群体参加诉讼，采取措施对其予以特殊照顾。如设立专门立案窗口，对残疾人、老年人、孕妇等当事人的起诉优先接待；增设无障碍通道或采取其他措施，方便残疾人和老年人等行动不便的当事人参加诉讼；一些法院设立假日法庭，方便正常工作期间无时间诉讼的当事人及时进行诉讼。部分区县法院，针对辖区交通不便、当事人出行困难的情况，在试行人民法庭远程网络立案、方便当事人就近起诉的同时，到田间地头和山区巡回办案，既及时化解了纷争，又减轻了当事人诉累，便利了当事人诉讼。一些法院还积极创造条件，设立休息场所，为当事人等参加诉讼活动提供便利条件。

（二）切实做好对困难群众的司法救助工作

为了加强对困难群众合法权益的保护，让合法权益受到侵犯但经济困难的群众打得起官司，各法院对因交通、医疗、工伤等事故要求赔偿，但经济确有困难的受害人，在进行民事、行政诉讼立案时不预收诉讼费；对因追索抚育费、赡养费、扶养费、抚恤金、养老金、社会保险金、劳动报酬且经济确有困难的老年人、未成年人、残疾人、下岗职工、民工和国家规定的优抚对象等，免收其

应负担的诉讼费。与此同时，各法院坚持对实行司法救助的案件，特别是民工追索劳动报酬的案件，及时审理、及时执行，保障困难群众及时实现合法权益。全年实施司法救助的案件共 4297 件，减缓免诉讼费 602.9 万元。

（三）坚持在审判工作中体现司法文明

在刑事审判中，各法院既坚持严格执法，惩处犯罪，又注意维护被告人的合法权益，体现司法的人文关怀。一是严格执行最高法院《关于清理超期羁押案件有关问题的通知》，加大力度清理超期羁押案件，认真分析超期羁押的原因，有针对性地采取措施，在全国法院中提前完成了全部审结超期羁押刑事案件的任务。二是法庭审判时，被告人一律不带手铐、脚镣；司法警察提解、看押被告人时使用告知词。三是对罪犯执行死刑前，应死刑犯或其近亲属的请求，安排死刑犯与其近亲属会见，体现人道主义。此外，严格规范警灯、警报器和警械具的使用。执行公务时不得无故使用警灯、警报器；民事案件的审判和执行中，需要依法采取人身强制措施的，慎用警械具。

各位代表，过去的一年是首都发展史上极不平凡的一年，也是全市法院经受住繁重任务和非典疫情考验，取得新成绩、实现新发展的一年。成绩的取得，离不开全体法官及工作人员的不懈努力，更离不开市委、市人大、市政府、市政协及有关方面的正确领导、有效监督和大力支持。在此，我代表全市各级法院的全体法官及工作人员，对各位代表和各有关方面给予我们的关心、理解和帮助，表示衷心的感谢！

在肯定成绩的同时，我们清醒地看到，全市法院工作中还存在着一些与人民群众的要求和形势不相适应的问题，需要我们在今后的工作中采取有效措施，下大力气努力加以解决。一是在一些法官思想中宗旨意识、群众观念尚未牢固树立，群众关注的一些突出问题还没有得到完全解决，少数法官特权思想严重、工作作风粗暴，对当事人生、冷、硬、横、推的现象依然存在。二是少数案件处理不公，诉讼时间拖得过长，执行难问题依然存在，引起群众不满。三是有的法官不能自觉抵制干扰和诱惑，极少数人滥用审判权和执行权，违纪违法现象时有发生。四是一些法官的政治和业务素质还不高，不注意办案的法律效果与社会效果的有机统一。特别是在当前审判任务越来越重、案件持续增长与人力不足的矛盾日趋突出、司法裁判对社会影响增加、法院工作面临巨大压力的情况下，更需要我们进一步认真研究、制定措施努力加以解决。

2004 年的工作思路

2004 年，全市法院将在邓小平理论和“三个代表”重要思想指引下，全面落实十六大和十六届三中全会以及市委九届六次全会精神，紧紧围绕“公正与效率”主题，坚持司法为民，扎实推进审判工作，巩固和深化各项改革，大力提高队伍整体素质，为首都全面、协调、可持续发展和“新北京、新奥运”战略构想的顺利实施提供坚实的司法保障。

第一，打击犯罪，努力营造稳定的社会环境。不断完善“贯彻严打方针经常性工作机制”，继续保持高压态势，依法严惩危害国家安全和严重危害社会治安等犯罪，进一步巩固严打整治斗争成果。依法惩处侵犯国有资产犯罪、破坏环境和自然资源犯罪、职务犯罪等。严格执行法律，防止发生超期羁押现象。

第二，全面加强民商事、行政审判和执行工作，努力创造公正高效的法治环境。民事审判要切实强化调解工作，积极平复矛盾，努力维护当事人的合法权益，倡导良好的社会风尚；商事审判要注重平等保护市场各类主体的合法权益，为完善社会主义市场经济体制提供强有力的司法保障；知识产权审判要依法支持科技成果向现实生产力的转化，促进首都知识经济的健康发展。行政审判要正确认识新形势下行政审判工作的职能作用，既要充分保护相对人的合法权益，又要依法支持行政机关的行政行为。执行工作要继续争取党委领导和人大监督，加大执行力度，努力解决执行难；同时，进一步完善监督机制、规范强制措施，确保公正执行、文明执行。

第三，继续巩固和深化法院改革，确保司法公正与高效。按照巩固、完善、统一、规范的指导思想，认真总结改革经验，巩固已有成果。加强人民陪审员工作，不断拓展人民陪审员参与法院工作的覆盖面；在确保案件质量的前提下，进一步探索建立民事速裁方式，提高效率，便利当事人诉讼。最高法院今年将出台人民法院第二个五年改革纲要，届时，我们将及时制定实施意见，在全市法院统一落实。

第四，继续深化司法为民措施，充分体现司法人文关怀。以贯彻落实最高法院和本市法院司法为民有关措施为切入点，重点在方便诉讼、保护诉权、改进作风等方面进行深化。在物质建设中进一步体现人文关怀，切实改善接访等条件。进一步实施司法救助，拓宽司法救助途径，对追索职工、民工工资等司法救助案件，在审限内尽快审结。依法实行巡回办案、就地审理，方便交通不便、行动不便的当事人参加诉讼。

第五，加强队伍建设，造就一支合格的法院队伍。按照“为民、务实、清廉”的要求，积极落实中央关于人才强国的工作思路和要求，大力加强人才培养、吸引和用好工作。着力在审判实践中培养年轻法官，促进其尽快成长；着力树立、宣传一批先进典型，大力弘扬正气；着力提高领导干部综合素质，严格落实党风廉政建设责任制和廉洁自律的各项规定。同时，进一步加大查处违纪违法行为的力度。

各位代表，2004 年，全市法院将以邓小平理论和“三个代表”重要思想为指导，在市委的领导和市人大及其常委会的监督下，始终保持奋发向上的精神风貌，始终坚定战胜困难的信心，求真务实，与时俱进，为推动全市法院工作全面进步，为促进首都经济和社会全面、协调、可持续发展作出新的、更大的贡献！

北京市第十二届人民代表大会第二次会议关于北京市人民检察院工作报告的决议

（2004 年 2 月 21 日北京市第十二届人民代表大会第二次会议通过）

北京市第十二届人民代表大会第二次会议，批准北京市人民检察院检察长许海峰作的《北京市人民检察院工作报告》。

北京市人民检察院工作报告

——2004 年 2 月 19 日在北京市第十二届人民代表大会第二次会议上

北京市人民检察院检察长　许海峰

各位代表：

现在，我代表北京市人民检察院向大会报告工作，请予审议，并请北京市政协各位委员提出意见。

2003 年，全市检察机关在中共北京市委和最高人民检察院的领导下，在市人大及其常委会的监督支持下，深入学习贯彻“三个代表”重要思想和党的十六大、十六届三中全会精神，认真落实市第九次党代会和市第十二届人民代表大会第一次会议要求，突出“强化法律监督，维护公平正义”主题，全面开展各项检察工作，为首都改革发展稳定大局作出了积极贡献。

一、依法履行刑事检察职能，努力维护社会稳定

维护首都社会稳定是我们肩负的重要职责。全市检察机关紧紧围绕首都工作大局，把维护社会稳定作为压倒一切的任务，认真履行对刑事案件的审查逮捕和审查起诉职能，依法打击刑事犯罪。全年依法批捕各类刑事犯罪 12166 件 17158 人，提起公诉 13983 件 19518 人。我们与公安、国家安全、法院等部门密切合作，重点惩治危害国家安全犯罪、利用“法轮功”等邪教组织破坏法律实施的犯罪、严重暴力犯罪以及盗窃、抢劫等严重影响群众安全感的多发性犯罪；认真开展打击涉毒、涉枪等专项斗争；依法打击制售假冒伪劣商品、虚开增值税专用发票等破坏社会主义市场经济秩序的犯罪，努力维护社会稳定和人民群众的人身财产安全。

在非典肆虐期间，全市检察机关紧紧围绕首都抗击非典的大局，坚持“一手抓抗击非典，一手抓检察工作”，对防治非典过程中出现的制售假冒伪劣药品、哄抬物价、编传虚假信息、盗窃、抢劫、诈骗等犯罪行为，坚决依法从快予以批捕和起诉。我们还深入监区，积极配合支持监管部门采取防范措施，确保了 3 万余名在押人员无一受到感染，维护了监区的安全稳定。

同时，我们积极参与社会治安综合治理。结合办案共发出检察建议 800 多份，促进案发单位加强管理，堵塞漏洞；与公安、司法局、区县街道等配合，开展社区矫正活动，帮助监外执行罪犯尽快回归社会；选派 100 多名检察官到中小学担任法制副校长，开展法制宣传教育，提高未成年人的知法、守法意识；认真做好控告申诉和群众来访的接待工作。对人民群众来访，做到听谈耐心、疏导细心、办案公心，全年共办理来信来访 13642 件，妥善处理群体访 78 件，对特殊紧急来访快办速结，及时化解矛盾，在维护人民群众利益的同时，努力创造和谐稳定的社会环境。

二、积极查办和预防职务犯罪，推动反腐败工作不断深入

随着改革和发展的推进，职务犯罪更加

复杂，出现了国内犯罪国际化、作案手段智能化、犯罪种类新型化的现象，导致查处犯罪取证难、突破难、追赃难。面对这种形势，我们切实增强责任感和紧迫感，认真履行法律赋予检察机关对职务犯罪案件进行侦查的职责，加强侦查对策研究，开展侦查技能训练，进行侦查机制创新，着力提高侦查水平。按照“一要坚决，二要慎重、务必搞准”的原则，我们重点查办了国家工作人员贪污、贿赂、挪用公款等职务犯罪大案要案和司法人员职务犯罪，查办了借国有企业改革之机贪污、挪用、私分国有资产的犯罪，查办了国家机关工作人员玩忽职守、滥用职权致使公共财产、国家和人民利益遭受重大损失的渎职侵权犯罪。全年共立案侦查贪污贿赂、挪用公款等职务犯罪335件386人，渎职侵权职务犯罪34件。其中，县处级干部犯罪要案63人，局级以上干部犯罪要案20人，司法人员犯罪9人，百万元以上大案79件，共挽回经济损失2.9亿元。我们通过查办北京白菊电器集团董事长兼总经理刘启超挪用公款210万元、受贿53万元、行贿3万元案，国家自然科学基金委员会会计卞中贪污1262万元、挪用公款2.16亿元案等一批重大案件，惩治了腐败，促进了发展。根据刑事诉讼法有关案件管辖的规定，我们查办的案件中，既包括市属单位和中央驻京单位的职务犯罪，也包括最高人民检察院指定管辖的职务高、难度大、案情复杂的职务犯罪大案要案。我们集中力量，审查起诉了最高人民检察院指定管辖的中国建设银行原行长王雪冰、云南省原省长李嘉廷、广东省原高级法院院长麦崇楷等案。贵州省原省委书记、人大常委会主任刘方仁案正在办理之中。我们承办这些备受全国关注的大案要案，为国家反腐败工作大局作出了积极贡献。

在查处职务犯罪的同时，我们认真开展职务犯罪预防工作。按照中央关于建立健全教育、制度、监督并重的惩治和预防腐败体系的要求，深化和拓展预防职务犯罪工作，努力使国家工作人员少犯错误，经济少受损失，改革少受影响，确保法律效果和社会效果相统一。在各级党委的重视支持下，全市检察机关充分发挥在社会大预防网络中的职能作用。结合办案发出检察建议，督促案发单位建章立制，堵塞漏洞，开展个案预防；在金融、工商、税务等重点行业和领域开展系统预防；与市纪委、市城建工委密切配合，认真开展奥运场馆等重大工程建设的专项预防，共同打造“阳光工程”，实现“廉洁奥运”；开展讲课进村、送法下乡活动，加大对涉及“三农”问题的职务犯罪预防；以讲座、展览、互联网宣传等形式，扩大预防宣传面，促进预防工作社会化，为深入推进反腐倡廉工作发挥了重要作用。

三、认真开展诉讼监督，努力维护公平正义

诉讼监督是检察机关履行宪法赋予的法律监督职责的核心内容。强化诉讼监督，维护公平正义，是贯彻宪法精神的具体体现，也是人民群众的强烈呼声。我们深刻认识到肩负法律监督职责的重要性，牢固树立打击犯罪与保护人权并重、实体监督与程序监督并重、维护司法公正与维护司法权威并重的观念，依法对刑事、民事、行政诉讼活动实行法律监督，努力维护公平正义。

依法开展立案监督和侦查监督。对侦查机关的刑事立案活动实行监督，重点纠正“有案不立、有案不查、不该立案而立案”等违法行为，全年共监督立案30件44人。同时，对侦查机关的侦查活动是否合法实行监督，对违法取证、超期羁押等行为提出纠正意见74次。按照法定的批准逮捕、提起公诉标准，严把案件事实关、证据关、程序关，

对证据不足、事实不清，不构成逮捕、起诉条件的，依法作出不批捕、不起诉决定。对符合法定逮捕、起诉标准而又没有提请逮捕、起诉的，依法追捕追诉。全年共不批捕 580 人，不起诉 417 人，追捕 54 人，追诉 78 人，既不冤枉无罪的人，也不放纵犯罪，确保司法公正。

强化刑事审判监督和刑罚执行监督。对审判机关所作的刑事判决、裁定在认定事实、适用法律上是否正确，以及审判活动有无违法行为实行监督。对确有错误的判决、裁定，坚决依法提起刑事抗诉。法院对检察机关的抗诉案件很重视，现已改判 17 件。同时，我们对审判机关不及时立案、不按时送达法律文书、庭审中限制当事人合法权益等违法行为依法提出纠正意见。在刑罚执行监督方面，我们集中开展了对超期羁押案件的专项检查，清理出超期羁押案犯 44 人，在有关部门的共同努力下，这些超期羁押案件已得到解决。我们派驻的监所检察室普遍与看守所、监狱实行联网，加强了对监管活动的同步监督和动态监督。对减刑、假释、保外就医执行情况进行监督，对不符合法律规定的，及时提出检察建议，有效地维护了监管秩序和刑罚执行的严肃性。

加强民事行政诉讼监督。近年来，民事行政申诉案件大幅上升，这些案件与群众和单位利益密切相关。我们本着对人民群众、国家和集体利益高度负责的精神，认真办理民事行政申诉案件。去年共受理民事行政申诉案件 1865 件，同比增长 31%，现已审结 1215 件。对裁判显失公平、确有必要再审以及涉及下岗职工、妇女、儿童、残疾人权益的申诉案件优先审查，重点办理，努力维护当事人的合法权益。对确有错误的民事、行政判决、裁定提出抗诉，法院经审理已改判 15 件。对认定事实清楚、适用法律正确的判决、裁定积极予以维护，努力做好息诉服判工作，维护司法权威，确保法律统一正确实施。

依法办理刑事申诉和刑事赔偿案件。认真复查刑事申诉案件，对服刑人员申诉案件进行专项检查，维护服刑人员的合法权益。我们还坚持实事求是、有错必纠的原则，对检察环节出现错误的案件，均依法给予赔偿，还当事人以清白。去年对 3 起错误案件进行赔偿，取得了较好效果。

四、积极推出便民维权措施，切实维护人民群众合法权益

为了行使好人民赋予我们的检察权，全市检察机关牢固树立“立检为公、执法为民”的意识，增强人权保障观念，采取有效措施，把维护人民群众的根本利益作为检察工作的出发点和落脚点。一是建立维护诉讼参与人合法权益机制。检察工作与人民群众联系最为密切的社会群体，就是与案件有利害关系的诉讼参与人。为了保障当事人、法定代理人、诉讼代理人、辩护人、证人等诉讼参与人的合法权益，我们广泛吸纳专家学者和社会各界的意见，制定了《北京市检察机关全面维护诉讼参与人合法权益工作规则 69 条》，内容涵盖检察业务的各个方面，包括主动让当事人了解诉讼进程、及时安排律师会见犯罪嫌疑人等具体事项。这项制度在市检一分院先行试点后，已在全市检察系统推开。后来，我们又制定并公开了《北京市检察机关便民维权 20 条》，进一步巩固和深化了维护诉讼参与人合法权益工作，社会反响较好。二是实行检务公开，推出便民举措。设置检察宣传专栏，印制检务宣传手册，借助新闻媒体宣传检察职能和检察工作情况，扩大检务公开范围，方便人民群众诉讼；实行检察长预约接待制，改善接待条件，开设残疾人接待通道，安装查询检察职责、案件诉讼程

序的触摸屏，对署名举报及时答复等等，切实为群众提供司法服务。三是对部分民事行政申诉案件实行简易程序审理，提高办案效率，及时帮助群众解决问题，维护其合法权益。

五、主动接受人大及社会各界监督，不断改进检察工作

宪法规定，检察机关受人大监督，对人大负责。实践表明，只有自觉地把检察工作置于人大的监督之下，牢固树立监督者首先要接受监督的观念，不断加强和改进工作，提高执法水平，才能更好地公正执法、为民服务。为此，我们不断增强自觉接受人大监督的意识，坚持定期向人大常委会和人民代表大会报告工作，接受审议。依法办理人大交办案件、事项和人大代表的议案与建议。认真办理好代表转来的人民来信，接待好代表来访。按照要求，二分院检察长向市人大常委会述职并接受了评议。进一步健全了与人大代表联络的机构，充实了人员，完善了联系制度。聘请部分人大代表为检察机关的特约监督员，主动邀请人大代表视察指导检察工作，及时、经常地听取代表的意见和建议，改进工作，提升水平。同时，我们主动接受社会各界监督。聘请部分政协委员、专家学者及群众为检察机关的特约检察员和专家咨询监督员，借助他们的经验和智慧不断改进检察工作。市院、分院、区县院领导班子经常深入社会各界座谈交流、走访代表，广泛征求社会各界对检察工作的意见和建议。去年，共征得意见和建议600余条，其中关于加强法律监督、职能宣传、预防犯罪和队伍建设等方面的宝贵意见，对促进检察工作起到了重要作用。

在重视接受外部监督的同时，我们进一步强化了内部的监督制约。在原来制定的《北京市检察机关加强内部执法监督若干办法》的基础上，进一步完善了内部监督制度，并狠抓落实，确保在各个检察环节中严格执行程序法和实体法，真正做到公正执法，廉洁办案。

六、进一步加强队伍建设，着力提高整体素质和执法水平

全市检察机关以提高队伍整体素质和执法水平为目标，采取多种措施，坚持不懈地紧抓队伍建设。

坚持政治建检，牢固树立宗旨意识。认真组织广大检察人员兴起学习贯彻“三个代表”重要思想的新高潮，在学习中结合开展“强化法律监督，维护公平正义”和“执法为民树形象，服务发展做贡献”教育活动，进一步强化思想政治教育，切实增强用“三个代表”重要思想统领首都检察工作的自觉性和坚定性，以确保检察工作实现“立检为公、执法为民”的宗旨。

坚持从严治检，确保队伍清正廉洁。以“忠诚、公正、清廉、严明”为标准，认真落实党风廉政建设责任制和廉洁自律的各项规定，对队伍严格要求，严格教育，严格管理，严格监督。对有违法违纪问题的人员，坚决查处，毫不手软。去年严肃处理了5名有违纪问题的干警，有效地促进了队伍严格执法，公正清廉。

坚持人才强检，不断提高队伍的素质和能力。按照中央提出的干部“四化”方针和德才兼备的原则，根据市委和最高人民检察院的要求，从实际出发，坚持以人为本，继续按照“结构合理、素质优良、富有活力”的队伍建设目标，建设高素质、专业化的检察官队伍。首先是加强班子建设。区县检察院检察长进行了换届，市、分院班子进行了适当调整和交流，合理配置检察领导人才。

二是加强教育培训，提高素质能力。采取集中办班、脱产学习、以老带新、以岗代训、上下挂职、基层锻炼等办法，提高干警的岗位实践能力。三是积极引进人才。去年又从高校和社会引进 140 名应届毕业生和专业人员，近几年共引进高学历人员已达 780 多名。目前，队伍的知识结构、年龄结构、专业结构明显改善，整体素质和执法能力普遍提高，一支富有活力的检察官队伍正在成长。

坚持改革兴检，充分调动检察官的积极性和创造性。推出和完善主诉检察官办案责任制，建立公诉人才库，形成了一支骨干公诉队伍。在第二届全国十佳公诉人评比中，我们再次荣获第一，展现了首都检察官的良好素质和整体水平。推开主侦检察官办案责任制，完善侦查办案机制，提高侦查水平，增强破案能力。我们还以改革的精神，健全制度，规范管理。普遍推行岗位目标量化考核责任制，建立案件质量考评制度。开展工作总结和研究，取得了一批检察工作理论成果，为首都检察工作长远发展提供了宝贵经验。

坚持典型引路，全面提升队伍的整体水平。充分发挥“公正执法的楷模”方工同志和东城、丰台等全国模范检察院的示范、辐射作用，引领全市检察机关不断前进，涌现出了一批新的先进典型。在首都政法系统开展的人民满意的政法单位（干警）评选中，丰台、海淀检察院和 2 名检察官分别当选人民满意的政法“单位标兵”和“干警标兵”。尤其是方工同志在被中政委、中宣部、最高人民检察院和北京市委树立为“公正执法的楷模”之后，又被中纪委、中宣部、中组部推举为“立党为公、执政为民”的六名先进典型之一在全国宣讲，展示了首都检察官队伍公正执法的形象，为首都和全国检察系统赢得了荣誉，进一步激发和调动了全市检察干警学习先进、崇尚先进的积极性，学方工精神、做方工式检察官的热潮正在形成，为造就一支“政治坚定、业务精通、作风优良、执法公正”的首都检察队伍奠定了良好基础。

另外，我们在市委、市人大的关怀下，进一步加强了检察保障建设，办公办案条件有了很大改善。

一年来，检察机关的成绩和进步，主要是在市委的正确领导和市人大及各位代表的有效监督下，在市政府和政协的大力支持下，在各区县委、人大、政府和政协的关心帮助下取得的。对此，我代表市人民检察院表示衷心的感谢！

在肯定成绩的同时，我们清醒地看到全市检察工作与党和人民的要求还有差距，工作中还存在一些不足和问题。主要有：一是法律监督工作离职责要求还有不小距离，对司法机关执法不严、徇私枉法等问题监督力度不够，监督效果还不能令人满意；二是检察队伍的整体素质和能力还不完全适应形势发展的需要，部分检察人员的执法观念、执法水平亟待更新和提高；三是检察改革和管理还不深不细，有些影响工作发展的问题尚未得到有效解决；四是检察宣传力度不大，影响了广大群众对检察工作的了解，一定程度上也制约了我们更好地为人民群众服务；五是检察工作中科技含量不够高，办案现代化手段仍需加强。对这些问题，我们要认真研究，努力解决。

各位代表：2004 年，是首都北京抢抓机遇，加快发展，实践“新北京、新奥运”战略构想的关键一年。在新的一年里，我们要在中共北京市委和最高人民检察院的领导下，在市人大的监督下，在市政府和市政协的支持下，认真学习贯彻“三个代表”重要思想和党的十六大、十六届三中全会精神，按照市第九次党代会精神和本次会议的要求，进一步统一思想，落实行动，在服务首都大局中作出新贡献。

一、深入学习贯彻“三个代表”重要思想，正确把握首都检察工作发展方向。要组织干警深入学习贯彻“三个代表”重要思想，用“三个代表”重要思想武装头脑，指导实践，推进工作。要贯彻“立党为公、执政为民”的本质要求，牢固树立大局意识、忧患意识、责任意识，进一步落实便民维权措施，做到立检为公、执法为民，切实维护人民群众的根本利益，积极为首都全面、协调、可持续发展贡献力量。

二、突出“强化法律监督，维护公平正义”主题，为优化首都发展环境服务。要全面履行法律监督职责，突出工作重点，狠抓办案质量和效率。要依法打击刑事犯罪，维护社会稳定；坚决查办职务犯罪案件，积极拓展预防犯罪工作，推动反腐败斗争不断深入；加大诉讼监督力度，改进监督方法，拓宽监督途径，增强监督实效，确保司法公正，努力为首都改革发展创造和谐稳定的社会环境和公正高效的法治环境。

三、深化改革和管理，为推进检察工作注入新的动力。要完善主诉、主侦检察官办案责任制，深化干部人事制度改革，积极探索检察体制改革和机制创新。要强化管理，健全案件质量考评体系和目标量化考核责任制，促进检察工作规范高效运行。

四、推进人才强检和科技强检方略，为检察工作发展提供坚实保障。要树立科学的人才观，继续引进人才，改善队伍结构，加强教育培训，提高队伍的专业实践能力和执法水平。充分发挥方工同志的典型作用，弘扬方工同志“堂堂正正做人、清清白白做官、扎扎实实做事、公公正正执法”的精神，大力培养优秀的首都检察官队伍。继续增强检察工作的科技含量，改善办公办案条件，为实现检察工作现代化打好基础。

五、加强调查研究，努力改进作风，不断提高首都检察工作水平。要按照“为民、务实、清廉”的要求，牢固树立求真务实和清正廉洁的作风，深入实际，深入群众，加强检察工作实践和理论研究，进一步强化内外部监督制约机制，自觉接受人大监督，广泛听取意见，不断改进工作，提高水平，确保首都检察工作走在全国检察系统的前列。

各位代表，伴随着时代发展的铿锵脚步，我们将迎来建国55周年。新的一年，首都检察机关要高举邓小平理论和“三个代表”重要思想的伟大旗帜，切实履行好法律和人民赋予的神圣职责，求真务实，奋发进取，为首都加快发展和社会全面进步作出新的贡献！

北京市第十二届人民代表大会第二次会议议案审查委员会关于代表议案的审查报告

（2004年2月20日北京市第十二届人民代表大会第二次会议主席团第六次会议通过）

北京市第十二届人大第二次会议议案审查委员会主任委员　赵凤山

大会主席团：

在主席团第一次会议通过的议案截止时间内，共收到议案392件。其中，代表团提出的议案38件，10名以上代表联名提出的议案354件。按照议案内容分类，属于财政经济方面的66件，属于农业、农村和农民方面的34件，属于城市建设和管理方面的154件，属于教育、科技、文化、卫生和体育方面的73件，属于内务司法方面的60件，属于民族、侨务及其他方面的5件。

代表们以邓小平理论和“三个代表”重要思想为指导，认真履行宪法和法律赋予的职责，从全面贯彻落实党的十六大、十六届三中全会和中共北京市委九届六次会议精神出发，按照“五个统筹”、“五个坚持”的要求，围绕实现“新北京、新奥运”的战略构想和“创新体制，调整结构，优化环境，全面发展”的主题，为促进首都社会主义物质文明、政治文明和精神文明建设，推动经济社会协调发展，从多方面积极提出议案。代表们在议案中，对贯彻《劳动法》，切实保障劳动者权益；对解决好“三农”问题，促进农民增收，保障农民的合法权益；对加强城市规划建设，改革城市管理体制，改善居民生活环境和交通拥堵状况；对提高疾病预防控制水平，建立强有力的公共卫生体系；对深化改革，发展教育、科技、文化、卫生、体育事业，促进社会全面进步；对加强中关村科技园区建设，推动高新技术产业发展；对认真抓好安全工作，提高对突发事件的防范和处置能力，确保人民群众生命财产安全；对进一步落实宗教政策，保障归侨的合法权益；对转变政府职能，建立社会信用体系，优化发展环境；对加强立法工作，推进民主政治建设以及市民关注、迫切需要解决的其他有关问题，提出了许多重要的意见和建议。

议案审查委员会根据《北京市人民代表大会议事规则》的有关规定，对议案逐件进行了认真审查，提出了审查意见，现报告如下：

一、交市人民政府办理，由市人大常委会审议的65件，合并为五项议案：

（一）关于贯彻《劳动法》，保障劳动者合法权益问题（共7件）

1. 石定果等10位代表提出的“加强对企业执行《劳动法》情况的督察，切实关注劳动者的弱势地位”的议案（第23号）；

2. 沈梦培等30位代表提出的“保护弱势群体利益”的议案（第30号）；

3. 吴秀萍等11位代表提出的“加强女职工劳动权益保护”的议案（第82号）；

4. 包玉良等19位代表提出的“收入差距拉大，企业职工退休费偏低的问题亟待解决”的议案（第213号）；

5. 吴伟庆等15位代表提出的“关于请劳动部门协助做好宗教教职人员上‘三险’问题”的议案（第231号）；

6. 李宗范等12位代表提出的“关于提高退休职工待遇的问题”的议案（第264号）；

7. 高斌等13位代表提出的“事业单位与企业单位退休职工退休工资增长标准差距明显，从长期稳定的角度考虑，应加以调整，使其增长幅度趋于一致”的议案（第367号）。

（二）关于统筹城乡发展，促进农民增收，保障农民合法权益问题（共24件）

1. 延庆县代表团提出的“完善农村养老保险制度”的议案（第4号）；

2. 杨永安等12位代表提出的“关于解决占地农转工自谋职业人员社会保障问题”的议案（第12号）；

3. 怀柔区代表团提出的“关于采取更加有力的措施加快城乡一体化步伐”的议案（第19号）；

4. 高扬等16位代表提出的“加快农村经济发展，推进城市化进程，全面落实促进农民增收的各项政策”的议案（第25号）；

5. 沈梦培等30位代表提出的“再度提出北京市应重视农村改革农村建设问题”的议案（第29号）；

6. 张爱林等14位代表提出的“关注低收入群体，缩小贫富差距”的议案（第42号）；

7. 张国栋等11位代表提出的“尽快解决农转居人员社会保险”的议案（第47号）；

8. 张国栋等11位代表提出的“尽快完善出台北京市建设征地补偿办法”的议案（第48号）；

9. 张国栋等11位代表提出的“急需解决农转居后集体经济组织发展空间”的议案（第49号）；

10. 杨永安等26位代表提出的“认真落实中央关于‘三农’的一号文件精神，解决好我市城市化过程中‘三农’问题”的议案（第53号）；

11. 吴秀萍等11位代表提出的“加大对城市化进程中农村失地妇女技能培训”的议案（第80号）；

12. 通州区代表团提出的“关于尽快解决京沈路、六环路占地补偿费到位问题”的议案（第89号）；

13. 赵增华等11位代表提出的“城市化进程中农民就业、社会保障、农转居自谋职业人员社会保障问题亟须解决”的议案（第110号）；

14. 崔文荣等11位代表提出的“绿化隔离地区绿地养护政策、绿色产业政策需要完善，绿地内中央、市属单位搬迁难度大，影响隔离带建设”的议案（第150号）；

15. 王毓明等11位代表提出的“关于完善‘征收农民工养老保险政策’问题”的议案（第177号）；

16. 王玉梅等20位代表提出的“在城市化进程中应切实关心农民的长远利益失地农民的就业培训”的议案（第237号）；

17. 石定果等11位代表提出的“落实中央‘一号文件’精神，解决城乡协调发展的几个问题”的议案（第273号）；

18. 廖春迎等14位代表提出的“关于北京市农村社会养老保险制度改革”的议案（第281号）；

19. 通州区代表团提出的“关于农民工权利保护问题”的议案（第297号）；

20. 大兴区代表团提出的“关于保证农村税费改革后集体经济低收入村正常运转”的议案（第303号）；

21. 马丽英等18位代表提出的“关于京石公路两侧绿化占用农民耕地予以补偿”的议案（第319号）；

22. 李淑媛等15位代表提出的“降低农民用电资费，城乡居民享受同等待遇”的议案（第369号）；

23. 马丽英等12位代表提出的“关于农民整建制转居后加入新型合作医疗”的议案（第372号）；

24. 马丽英等11位代表提出的“关于尽快解决农转居人员的社会保险问题”的议案（第386号）。

（三）关于新建、改建居住区配套设施的规划、建设和管理问题（共5件）

1. 邱济隆等13位代表提出的“市政府要下大力解决新建、改建居住区基础教育配套设施在规划、建设和管理中所存在的突出问题”的议案（第65号）；

2. 胡燕等37位代表提出的“把好两道关口，使邮政配套设施问题落到实处”的议案（第72号）；

3. 邸荣女等12位代表提出的“制定我市中小学幼儿园用地保护条例，彻底解决新建改建居住小区配套学校建设中普遍存在的问题”的议案（第84号）；

4. 薛红等11位代表提出的“北京的小区必须科学合理地规划教育配套”的议案（第112号）；

5. 蓝天柱等12位代表提出的“关于依法落实居住区配套体育设施建设”的议案（第263号）。

（四）关于公共卫生体系建设问题（共17件）

1. 延庆县代表团提出的“关于加强山区医疗基础设施建设和投入”的议案（第3号）；

2. 沈梦培等15位代表提出的“建立强有力的公共卫生体系”的议案（第6号）；

3. 高扬等29位代表提出的“加强农村卫生工作，建立和完善新型农村合作医疗制度”的议案（第9号）；

4. 高扬等28位代表提出的“整合资源，加大投入，加快首都公共卫生事业发展”的议案（第10号）；

5. 李坤成等11位代表提出的“关于北京市加速构建公共卫生体系，组建医院集团，合理规划医院地理位置，推进医院体制改革”的议案（第167号）；

6. 吕晓霖等17位代表提出的“将食品安全与卫生纳入公共卫生体系中”的议案（第212号）；

7. 韩德民等30位代表提出的“立法加强首都公共卫生事业建设”的议案（第252号）；

8. 余晓辉等14位代表提出的“加强疫苗宣传及将部分扩大免疫疫苗费用纳入医保”的议案（第255号）；

9. 余晓辉等13位代表提出的“加强基层疾病预防控制中心建设”的议案（第267号）；

10. 李卫红等12位代表提出的“建立公共卫生体系，加强公共卫生监管力度”的议案（第311号）；

11. 刘迎等13位代表提出的“推进健康教育与健康促进系统建设，加快法制化进程管理”的议案（第317号）；

12. 李敬等15位代表提出的“严格食品准入制度，为保障北京的食品卫生而努力”的议案（第343号）；

13. 钱渊等17位代表提出的“加强和完善北京市公共卫生体系建设”的议案（第346号）；

14. 元晓梅等17位代表提出的“加强公共卫生体系中食品安全的监管”的议案（第348号）；

15. 高峰等16位代表提出的“加强基层卫生监督执法体系建设”的议案（第358号）；

16. 高峰等16位代表提出的“解决卫生监督机构办公条件”的议案（第359号）；

17. 孙海燕等15位代表提出的“增加市公共财政对农村卫生、郊区公共卫生资金投入”的议案（第381号）。

（五）关于提高防范和处置重大突发事件能力，保障公共安全问题（共12件）

1. 石定果等11位代表提出的“必须高度重视涉及城市公共安全的‘风险管理’密云‘二五’事故的警示”的议案（第13号）；

2. 沈梦培等29位代表提出的“为办好2008年奥运会，基础消防设施很重要，市民消防意识也很重要”的议案（第35号）；

3. 印红羽等11位代表提出的“整合各类应急资源，建立高效完善的北京市灾害救援体系”的议案（第140号）；

4. 王建民等34位代表提出的“广泛开展危机管理素质教育活动”的议案（第222号）；

5. 王玉梅等18位代表提出的“完善突发事件应急预警体系”的议案（第234号）；

6. 王丽梅等12位代表提出的“建立北京市政府预警机制”的议案（第241号）；

7. 郑新蓉等12位代表提出的“确保各居民小区防火救护通道畅通”的议案（第276号）；

8. 刘学锋等12位代表提出的“落实市政府工作报告，建立统一机构，抢险、救援、救灾、防范和处置各类灾害事件”的议案（第283号）；

9. 马艳荣等36位代表提出的“首都安全

责任重于泰山，人民生命安全高于一切根本解决前门地区重大火灾隐患”的议案（第310号）；

10. 黄雨蕊等17位代表提出的“开展城市应急避险场地建设工作”的议案（第320号）；

11. 张耘等18位代表提出的“近期外省市连续发生了一些建筑物意外垮塌事件，这应引起我们高度重视，在本市进行使用25年以上旧楼的安全状况普查”的议案（第347号）；

12. 张静等11位代表提出的“加强全面安全教育和公共场所的安全督察”的议案（第365号）。

二、作为建议、批评和意见的327件，交由本市有关部门研究办理并负责答复提议案的代表（见议案目录）。

以上审查意见，建议主席团予以批准。

附件：

北京市第十二届人民代表大会第二次会议议案目录

编号	案　由	提议案人	审议结果
1	加大野鸭湖湿地保护投入力度	延庆县代表团	作为建议、批评和意见交市人民政府研究办理
2	加大北京市远郊区县农村地区教育投入力度	延庆县代表团	作为建议、批评和意见交市人民政府研究办理
3	加强山区医疗基础设施建设和投入	延庆县代表团	交市人民政府办理由市人大常委会审议
4	完善农村养老保险制度	延庆县代表团	交市人民政府办理由市人大常委会审议
5	延庆县白河堡灌区引洪入渠雨洪利用项目	延庆县代表团	作为建议、批评和意见交市人民政府研究办理
6	建立强有力的公共卫生体系	沈梦培等 15 人	交市人民政府办理由市人大常委会审议
7	抓紧抓好城管立法工作	沈梦培等 15 人	作为建议、批评和意见交市人民政府研究办理
8	北京市政府应继续抓好缓解交通工作	沈梦培等 15 人	作为建议、批评和意见交市人民政府研究办理
9	加强农村卫生工作，建立和完善新型农村合作医疗制度	高　扬等 29 人	交市人民政府办理由市人大常委会审议
10	整合资源，加大投入，加快首都公共卫生事业发展	高　扬等 28 人	交市人民政府办理由市人大常委会审议
11	认真研究解决高技术产业发展中的新问题，更好地把北京的科技优势转换成经济优势	高　扬等 29 人	作为建议、批评和意见交市人民政府研究办理
12	解决占地农转工自谋职业人员社会保障问题	杨永安等 12 人	交市人民政府办理由市人大常委会审议
13	必须高度重视涉及城市公共安全的“风险管理”—密云“二五”事故的警示	石定果等 11 人	交市人民政府办理由市人大常委会审议
14	“禁放令”受严重冲击的思考——要建立现代政府意识与现代公民意识，以有效维护社会秩序与法制权威	石定果等 11 人	作为建议、批评和意见交市人民政府研究办理

15	街道与社区的管理工作应实现标准化	石定果等 11 人	作为建议、批评和意见交市人民政府研究办理
16	城市管理综合执法工作亟须得到进一步支持与保障	石定果等 11 人	作为建议、批评和意见交市人民政府研究办理
17	全方位打造“人文奥运”的优良环境	石定果等 11 人	作为建议、批评和意见交市人民政府研究办理
18	加快城乡总体规划编制修编进程	怀柔区代表团 密云县代表团 平谷区代表团	作为建议、批评和意见交市人民政府研究办理
19	采取更加有力的措施加快城乡一体化步伐	怀柔区代表团	交市人民政府办理由市人大常委会审议
20	北京绿色奥运建设慎用火炬树	胡昭广等 11 人	作为建议、批评和意见交市人民政府研究办理
21	组建“北京市食品药品监督管理局”	殷顺海等 16 人	作为建议、批评和意见交市人民政府研究办理
22	中关村必须保持核心竞争力，以高新科技研发带动产业发展	石定果等 11 人	作为建议、批评和意见交市人民政府研究办理
23	加强对企业执行《劳动法》情况的督察，切实关注劳动者的弱势地位	石定果等 10 人	交市人民政府办理由市人大常委会审议
24	抓住机遇，有效整合首都的会展业资源，为促进其发展创造必要条件	石定果等 11 人	作为建议、批评和意见交市人民政府研究办理
25	加快农村经济发展，推进城市化进程，全面落实促进农民增收的各项政策	高　扬等 16 人	交市人民政府办理由市人大常委会审议
26	建立代表信箱制度，广泛接受人民群众的建议、批评和意见	沈梦培等 32 人	作为建议、批评和意见交市人大常委会办公厅研究办理
27	全面整治老、旧居住区	沈梦培等 31 人	作为建议、批评和意见交市人民政府研究办理
28	抓紧抓好商业企业改革重组	沈梦培等 29 人	作为建议、批评和意见交市人民政府研究办理
29	再度提出北京市应重视农村改革农村建设问题	沈梦培等 30 人	交市人民政府办理由市人大常委会审议
30	保护弱势群体利益	沈梦培等 30 人	交市人民政府办理由市人大常委会审议
31	全面整治老旧居住区	王纪表等 31 人	作为建议、批评和意见交市人民政府研究办理

32	建立社会信用体系	沈梦培等 31 人	作为建议、批评和意见交市人民政府研究办理
33	加强对上市国资投资公司管理，降低金融风险——从北京中关村科技发展（控股）股份有限公司即将被 ST 说起	沈梦培等 27 人	作为建议、批评和意见交市人民政府研究办理
34	规范商品交易规则	沈梦培等 30 人	作为建议、批评和意见交市人民政府研究办理
35	为办好 2008 年奥运会，基础消防设施很重要，市民消防意识也很重要	沈梦培等 29 人	交市人民政府办理由市人大常委会审议
36	弘扬中华民族优秀传统，发展社会主义文化	沈梦培等 29 人	作为建议、批评和意见交市人民政府研究办理
37	加快电子政务系统开发建设	沈梦培等 27 人	作为建议、批评和意见交市人民政府研究办理
38	重新规划北京市商业布局	沈梦培等 31 人	作为建议、批评和意见交市人民政府研究办理
39	以政府为主导建设健全北京市个人信用体系	严晓燕等 18 人	作为建议、批评和意见交市人民政府研究办理
40	进一步加强社区建设，强化社区民主自治功能，调动居民参与城市管理的积极性	吕　清等 13 人	作为建议、批评和意见交市人民政府研究办理
41	首都北京应参加全国隆重纪念“九一八”，北京以“七月七日”作为纪念日	吴　青等 22 人	作为建议、批评和意见交市人民政府研究办理
42	关注低收入群体，缩小贫富差距	张爱林等 14 人	交市人民政府办理由市人大常委会审议
43	进行城市管理体制改革	任　强等 20 人	作为建议、批评和意见交市人民政府研究办理
44	抓住人文奥运契机，规划传统文化产业区，突出首都文化中心地位	金小军等 15 人	作为建议、批评和意见交市人民政府研究办理
45	加强人民法院审判力量，增加人民法院人员编制	马　瑛等 14 人	作为建议、批评和意见交市人民政府研究办理
46	全面加强和完善城管执法工作	刘宪秋等 14 人	作为建议、批评和意见交市人民政府研究办理
47	尽快解决农转居人员社会保险	张国栋等 11 人	交市人民政府办理由市人大常委会审议
48	尽快完善出台北京市建设征地补偿办法	张国栋等 11 人	交市人民政府办理由市人大常委会审议
49	急需解决农转居后的集体经济组织发展空间	张国栋等 11 人	交市人民政府办理由市人大常委会审议

50	加快农村城市化中旧村改造	张国栋等 11 人	作为建议、批评和意见交市人民政府研究办理
51	在北京市立法节水，对用水实施量化收费，充分利用中水	蔡国斌等 15 人	作为建议、批评和意见交市人民政府研究办理
52	进一步加大力度，切实解决拖欠工程款问题	王　军等 11 人	作为建议、批评和意见交市人民政府研究办理
53	认真落实中央关于“三农”的一号文件精神，解决好我市城市化过程中“三农”问题	杨永安等 26 人	交市人民政府办理由市人大常委会审议
54	广泛对禁放问题进行深入调查研究	沈梦培等 37 人	作为建议、批评和意见交市人大常委会办公厅研究办理
55	再次提出北京市出租车行业存在严重问题，必须对它的管理体制进行全面改革	沈梦培等 37 人	作为建议、批评和意见交市人民政府研究办理
56	调整中关村科技园区规划，将中关村东区恢复为科学研究区	沈梦培等 32 人	作为建议、批评和意见交市人民政府研究办理
57	迎奥运，北京市必须完善邮政设施	沈梦培等 20 人	作为建议、批评和意见交市人民政府研究办理
58	建议尽快制定《北京市禁止未成年人吸烟条例》	尚秀云等 22 人	作为建议、批评和意见交市人大常委会办公厅研究办理
59	建议尽快修改《中华人民共和国未成年人保护法》	尚秀云等 15 人	作为建议、批评和意见交市人大常委会办公厅研究办理
60	宗教院校教育体制改革势在必行	向红笳等 15 人	作为建议、批评和意见交市人民政府研究办理
61	北京市交通管理措施应当体现以人为本	吴亚梅等 15 人	作为建议、批评和意见交市人民政府研究办理
62	积极促进“大北京经济圈”的形成和发展，努力使“环渤海”地区成为我国最具竞争力地区之一	何建坤等 12 人	作为建议、批评和意见交市人民政府研究办理
63	尽快解决立法问题，加强行业协会建设	郭泰来等 16 人	作为建议、批评和意见交市人民政府研究办理

64	2008年奥运会离我们越来越近，食品安全、营养、卫生将是其成功的重要保障之一，奥运食品应早准备、高标准、严要求	马丽霞等12人	作为建议、批评和意见交市人民政府研究办理
65	市政府要下大力解决新建、改建居住区基础教育配套设施在规划、建设和管理中所存在的突出问题	邱济隆等13人	交市人民政府办理由市人大常委会审议
66	尽早明确北京金融产业发展定位，提出分阶段金融产业的发展目标	王功伟等12人	作为建议、批评和意见交市人民政府研究办理
67	在北京实施不低于上海、深圳促进金融产业优惠政策	王功伟等12人	作为建议、批评和意见交市人民政府研究办理
68	搬迁月坛公园内电视发射台，修复祭月拜台古迹	王维平等17人	作为建议、批评和意见交市人民政府研究办理
69	加快城管立法工作	王维平等11人	作为建议、批评和意见交市人民政府研究办理
70	正确处理四合院保护和实现道路交通规划关系	李建国等15人	作为建议、批评和意见交市人民政府研究办理
71	解决德外大街交通问题	王功伟等11人	作为建议、批评和意见交市人民政府研究办理
72	把好两道关口，使邮政配套设施问题落到实处	胡　燕等37人	交市人民政府办理由市人大常委会审议
73	尽快实施北京邮政2008年奥运规划推动首都建设全面发展	胡　燕等38人	作为建议、批评和意见交市人民政府研究办理
74	减免邮政车辆过路过桥费问题	胡　燕等39人	作为建议、批评和意见交市人民政府研究办理
75	加强我市建设监理行业管理，实行监理行业从业人员全员备案制度，确保首都建设高峰期建筑质量和安全	李维平等14人	作为建议、批评和意见交市人民政府研究办理
76	改革规范现有政府投资工程管理模式，制定《北京市政府投资工程项目管理条例》	李维平等14人	作为建议、批评和意见交市人民政府研究办理
77	学校体育设施对社会开放	李劲挺等11人	作为建议、批评和意见交市人民政府研究办理

78	对居民区内交通管理归属的立法	李劲挺等 11 人	作为建议、批评和意见交市人民政府研究办理
79	加强 0—3 岁儿童学前教育工作	吴秀萍等 11 人	作为建议、批评和意见交市人民政府研究办理
80	加大对城市化进程中农村失地妇女技能培训	吴秀萍等 11 人	交市人民政府办理由市人大常委会审议
81	切实采取有效措施，提高婚前医学检查率	吴秀萍等 11 人	作为建议、批评和意见交市人民政府研究办理
82	加强女职工劳动权益保护	吴秀萍等 11 人	交市人民政府办理由市人大常委会审议
83	为实现城市现代化和迎接 2008 奥运会，北京市应认真解决轻薄塑料包装袋白色污染问题	马润津等 15 人	作为建议、批评和意见交市人民政府研究办理
84	制定我市中小学幼儿园用地保护条例，彻底解决新建改建居住小区配套学校建设中普遍存在的问题	邸荣女等 12 人	交市人民政府办理由市人大常委会审议
85	新建大型公共建筑、住宅小区的审批，应把增加公交场站作为考核条件	刘小平等 14 人	作为建议、批评和意见交市人民政府研究办理
86	加大力度建设多层自动停车场，解决二环内停车难	刘小平等 13 人	作为建议、批评和意见交市人民政府研究办理
87	改善北京投资环境，推动首都金融业的发展	周济谱等 11 人	作为建议、批评和意见交市人民政府研究办理
88	被拆迁邮政局所还建问题	张国初等 13 人	作为建议、批评和意见交市人民政府研究办理
89	尽快解决京沈路、六环路占地补偿费到位问题	通州区代表团	交市人民政府办理由市人大常委会审议
90	对通州区旧城改造项目简化审批手续	通州区代表团	作为建议、批评和意见交市人民政府研究办理
91	紧急停止使用北神树垃圾场，改建成绿化公园	通州区代表团	作为建议、批评和意见交市人民政府研究办理
92	旧京榆路拓宽改造	通州区代表团	作为建议、批评和意见交市人民政府研究办理
93	机场噪音扰民补偿问题	通州区代表团	作为建议、批评和意见交市人民政府研究办理
94	将京哈通州西马庄收费站至北关环岛路段改建成高速公路	通州区代表团	作为建议、批评和意见交市人民政府研究办理
95	拓宽通香路，重建沙古堆大桥	通州区代表团	作为建议、批评和意见交市人民政府研究办理
96	加大通州物流园区政策支持	通州区代表团	作为建议、批评和意见交市人民政府研究办理

97	加快通州物流产业园区口岸建设	通州区代表团	作为建议、批评和意见交市人民政府研究办理
98	废止“禁止燃放烟花爆竹规定”	张　旭等 13 人	作为建议、批评和意见交市人民政府研究办理
99	筹建北京自然博物馆新馆	卢晓明等 30 人	作为建议、批评和意见交市人民政府研究办理
100	支持南城发展，扶植北京传统工艺美术保护基地，创造人文奥运新景观	张志萍等 36 人	作为建议、批评和意见交市人民政府研究办理
101	尽快将北京市少年儿童图书馆迁出国子监	马　可等 20 人	作为建议、批评和意见交市人民政府研究办理
102	继续加大对南城的倾斜力度，加快南城发展的步伐	严性慈等 15 人	作为建议、批评和意见交市人民政府研究办理
103	以人为本，公交优先，缓解首都道路拥堵	陈　军等 16 人	作为建议、批评和意见交市人民政府研究办理
104	坚持以人为本，建设文明社会，为首都交通管理献计献策	王　苗等 13 人	作为建议、批评和意见交市人民政府研究办理
105	建立首都城市管理新机制，保障城管执法人员的人身安全	李　江等 11 人	作为建议、批评和意见交市人民政府研究办理
106	建立北京油气战略储备，应对能源危机	付韶华等 10 人	作为建议、批评和意见交市人民政府研究办理
107	加快应急水源地建设，应对水资源危机	付韶华等 10 人	作为建议、批评和意见交市人民政府研究办理
108	亟待构筑以社区为依托的养老体系	王士良等 15 人	作为建议、批评和意见交市人民政府研究办理
109	亟待加强社区居委会文化基础设施建设	王士良等 12 人	作为建议、批评和意见交市人民政府研究办理
110	城市化进程中农民就业、社会保障、农转居自谋职业人员社会保障问题亟须解决	赵增华等 11 人	交市人民政府办理由市人大常委会审议
111	尽快建立我市森林生态效益补偿制度	张志毅等 19 人	作为建议、批评和意见交市人民政府研究办理
112	北京的小区必须科学合理地规划教育配套	薛　红等 11 人	交市人民政府办理由市人大常委会审议
113	尽快出台《北京市技术市场条例》优惠政策实施细则	潘卫翔等 11 人	作为建议、批评和意见交市人民政府研究办理
114	对丰台区予以专项资金补助用于办学困难校改造	薛　红等 12 人	作为建议、批评和意见交市人民政府研究办理

115	西客站南广场交通枢纽建设	冯维海等 11 人	作为建议、批评和意见交市人民政府研究办理
116	适当提高丰台区建筑控制高度	冯维海等 10 人	作为建议、批评和意见交市人民政府研究办理
117	北京市政总公司占用莲花池公园规划用地拆迁问题	孙敏奇等 14 人	作为建议、批评和意见交市人民政府研究办理
118	解决丰台区长辛店天主教堂宗教房产落实政策问题	孙敏奇等 10 人	作为建议、批评和意见交市人民政府研究办理
119	潮白河密云段综合治理资金	密云县代表团	作为建议、批评和意见交市人民政府研究办理
120	八达岭高速路回龙观铁桥路段交通拥堵亟须治理	昌平区代表团	作为建议、批评和意见交市人民政府研究办理
121	要求对京密运河昌平段跨河桥在普查的基础上，按管辖权分别给予拓宽	昌平区代表团	作为建议、批评和意见交市人民政府研究办理
122	要求降低八达岭高速路收费标准和给予周边单位群众年票、月票	昌平区代表团	作为建议、批评和意见交市人民政府研究办理
123	要求尽快拓宽温南路昌平路段	昌平区代表团	作为建议、批评和意见交市人民政府研究办理
124	要求将北清路向东延伸和立汤路交接，形成横贯京北地区的一条交通干线	昌平区代表团	作为建议、批评和意见交市人民政府研究办理
125	要求解决昌平西关环岛西南侧无非机动车道	昌平区代表团	作为建议、批评和意见交市人民政府研究办理
126	尽快改善风貌保护区内老百姓居住环境现状	费文勇等 11 人	作为建议、批评和意见交市人民政府研究办理
127	尽快批复和启动《北京邮政奥运启动规划》	费文勇等 12 人	作为建议、批评和意见交市人民政府研究办理
128	解决退养人员生活待遇问题	费文勇等 12 人	作为建议、批评和意见交市人民政府研究办理
129	将市场经济的运营方式引入社区卫生服务体系的建设	张　丹等 12 人	作为建议、批评和意见交市人民政府研究办理
130	加强对我市民办残疾人服务机构扶持和管理	吕争鸣等 12 人	作为建议、批评和意见交市人民政府研究办理
131	将北京心理卫生工作纳入北京举办奥运会计划工作	马　辛等 19 人	作为建议、批评和意见交市人民政府研究办理

132	加快北京首钢综合利用科技开发公司的搬迁，尽快处理该单位所属位于丰台区卢沟桥北路堆存的渣粉，解决当地严重污染问题	罗万梅等12人	作为建议、批评和意见交市人民政府研究办理
133	北京交通必须进行综合治理	金　莉等13人	作为建议、批评和意见交市人民政府研究办理
134	尽快启动马家堡三期危改	罗万梅等12人	作为建议、批评和意见交市人民政府研究办理
135	调整丰台区卢沟桥乡卢沟桥村宛平物流二级枢纽中心与宛平旅游区规划的桥史公园用地规划方案	李淑珍等11人	作为建议、批评和意见交市人民政府研究办理
136	丰台区王佐、长辛店地区制定污水排放规划，修建污水处理厂，实施河道截污工程	吴　恒等12人	作为建议、批评和意见交市人民政府研究办理
137	撤销或南移京石高速路杜家坎收费站	吴　恒等11人	作为建议、批评和意见交市人民政府研究办理
138	给予丰台区河西地区王佐中心镇建设扶持政策	吴　恒等11人	作为建议、批评和意见交市人民政府研究办理
139	解决丰台区卢沟桥新桥及杜家坎交通严重拥堵问题	赵恒山等11人	作为建议、批评和意见交市人民政府研究办理
140	整合各类应急资源，建立高效完善的北京市灾害救援体系	印红羽等11人	交市人民政府办理由市人大常委会审议
141	交通拥堵现象背后存在着严重的社会不公平现象，应在充分考虑社会公平的原则下，端正交通理念，解决交通问题	张　耘等14人	作为建议、批评和意见交市人民政府研究办理
142	分散中心城区功能，改革道路收费体制，缓解北京交通压力的两个重要途径	张　耘等15人	作为建议、批评和意见交市人民政府研究办理
143	应对城市公众信息系统进行社科论证	张　耘等15人	作为建议、批评和意见交市人民政府研究办理
144	对外来流动人口实施市民化管理	张　耘等14人	作为建议、批评和意见交市人民政府研究办理
145	北京中小企业发展面临四大问题	张　耘等15人	作为建议、批评和意见交市人民政府研究办理

146	政府、人大、法院分别独立行使职能是解决拆迁纠纷的根本途径	张　耘等15人	作为建议、批评和意见交市人民政府研究办理
147	实施“绿色奥运战略，推进可再生能源利用”	胡昭广等13人	作为建议、批评和意见交市人民政府研究办理
148	“制服三乱”亟待整治	高静波等11人	作为建议、批评和意见交市人民政府研究办理
149	加快朝内建内危改工程建设，确保居民回迁	李荣庆等13人	作为建议、批评和意见交市人民政府研究办理
150	绿化隔离地区绿地养护政策、绿色产业政策需要完善，绿地内中央、市属单位搬迁难度大，影响隔离带建设	崔文荣等11人	交市人民政府办理由市人大常委会审议
151	将北京—平谷高速路建设列为2004年市政府重点工程	平谷区代表团	作为建议、批评和意见交市人民政府研究办理
152	改善平谷区道路交通基础设施	平谷区代表团	作为建议、批评和意见交市人民政府研究办理
153	平谷区急需新建一座220千伏变电站	平谷区代表团	作为建议、批评和意见交市人民政府研究办理
154	在全市总体规划中对平谷工业和现代物流业明确定位	平谷区代表团	作为建议、批评和意见交市人民政府研究办理
155	加快靠山集水库立项进度	平谷区代表团	作为建议、批评和意见交市人民政府研究办理
156	帮助平谷区保护水源，关闭污染企业和矿山	平谷区代表团	作为建议、批评和意见交市人民政府研究办理
157	建设北京—平谷天然气管道	平谷区代表团	作为建议、批评和意见交市人民政府研究办理
158	将北京—平谷轻轨铁路建设纳入2010年《北京交通发展纲要》	平谷区代表团	作为建议、批评和意见交市人民政府研究办理
159	对“北京平谷轩辕黄帝陵”进行开发建设	平谷区代表团	作为建议、批评和意见交市人民政府研究办理
160	调整北京医疗优质资源，实现优质医疗资源的合理布局	何贤景等18人	作为建议、批评和意见交市人民政府研究办理
161	健全城市功能，在南二环至南四环广大地区实现人与自然的和谐共存	何贤景等19人	作为建议、批评和意见交市人民政府研究办理
162	京密引水渠（顺义段）桥梁改造	吴耀新等10人	作为建议、批评和意见交市人民政府研究办理

163	加大对水源八厂水源地保护力度	吴耀新等 10 人	作为建议、批评和意见交市人民政府研究办理
164	京密路改造	田建国等 10 人	作为建议、批评和意见交市人民政府研究办理
165	协调解决北京首都国际机场扩建征地拆迁资金缺口问题	田建国等 10 人	作为建议、批评和意见交市人民政府研究办理
166	进一步完善便民（包括投诉、举报）电话体系，建立统一的信息服务平台	张立方等 12 人	作为建议、批评和意见交市人民政府研究办理
167	北京市加速构建公共卫生体系，组建医院集团，合理规划医院地理位置，推进医院体制改革	李坤成等 11 人	交市人民政府办理由市人大常委会审议
168	全民加强法制观念，提高精神文明水平，学习法律法规	李坤成等 11 人	作为建议、批评和意见交市人民政府研究办理
169	中国零售业正在受到外资前所未有的挑战，在一大批世界商业巨头进攻中国之际，中国商业亟待解决立法滞后问题	阴建玲等 14 人	作为建议、批评和意见交市人民政府研究办理
170	建议北京市率先实行十二年义务教育制	庞　敏等 15 人	作为建议、批评和意见交市人民政府研究办理
171	增加归国华侨退休人员临时生活补贴等	李昭玲等 16 人	作为建议、批评和意见交市人民政府研究办理
172	贯彻“三个代表”重要思想，关注历史文化保护区内居民的生活状况	徐家和等 28 人	作为建议、批评和意见交市人民政府研究办理
173	加强地下通道、过街天桥相关设施、环境的维护与管理	铁　伟等 12 人	作为建议、批评和意见交市人民政府研究办理
174	加强收费网站的管理	铁　伟等 12 人	作为建议、批评和意见交市人民政府研究办理
175	美化陶然亭公园西门，治理龙爪槐胡同、里仁东街脏乱差问题	曹彦芳等 27 人	作为建议、批评和意见交市人民政府研究办理
176	打通拓宽德内大街	李　江等 23 人	作为建议、批评和意见交市人民政府研究办理
177	完善“征收农民工养老保险政策”	王毓明等 11 人	交市人民政府办理由市人大常委会审议
178	在平安大街两侧规划分时停车位	王毓明等 14 人	作为建议、批评和意见交市人民政府研究办理

179	均衡教育资源，缩小中小学校差距	贾文勤等 17 人	作为建议、批评和意见交市人民政府研究办理
180	提高城市道路综合管理水平，努力改善北京交通状况	刘红艳等 20 人	作为建议、批评和意见交市人民政府研究办理
181	加速卢沟桥下放水，重现卢沟晓月景观	王广华等 11 人	作为建议、批评和意见交市人民政府研究办理
182	改造科丰桥	于雪鹰等 16 人	作为建议、批评和意见交市人民政府研究办理
183	加快公交枢纽建设和停车场建设	李素丽等 14 人	作为建议、批评和意见交市人民政府研究办理
184	解决香山地区路堵问题	李素丽等 14 人	作为建议、批评和意见交市人民政府研究办理
185	给予燃料供应分公司油罐车、天然气转运车优先政策	李素丽等 13 人	作为建议、批评和意见交市人民政府研究办理
186	增加中途站港湾建设	李素丽等 14 人	作为建议、批评和意见交市人民政府研究办理
187	加大对北京市街头乱贴小广告违法行为治理	李素丽等 14 人	作为建议、批评和意见交市人民政府研究办理
188	增加公交专用道和延长公交专用道使用时间	李素丽等 14 人	作为建议、批评和意见交市人民政府研究办理
189	加强对城市交通运输行业的整顿和治理力度	李素丽等 14 人	作为建议、批评和意见交市人民政府研究办理
190	全面治理小龙河	李素丽等 14 人	作为建议、批评和意见交市人民政府研究办理
191	尽快修通蒲黄榆南延路	李素丽等 15 人	作为建议、批评和意见交市人民政府研究办理
192	加大北京市地面公共交通投入	李素丽等 14 人	作为建议、批评和意见交市人民政府研究办理
193	加强南中轴路木樨园至南苑段的规划和建设	冯维海等 10 人	作为建议、批评和意见交市人民政府研究办理
194	加大调研力度，充分发挥首都科技优势	潘卫翔等 11 人	作为建议、批评和意见交市人民政府研究办理
195	加快南中轴路城市规划设计速度，促进南苑镇地区改造，改善居民生活环境	杨秀奇等 11 人	作为建议、批评和意见交市人民政府研究办理
196	对流动人员管理，应该向着专业化发展	杨秀奇等 11 人	作为建议、批评和意见交市人民政府研究办理
197	社区诊所何日能参加医保	杨秀奇等 11 人	作为建议、批评和意见交市人民政府研究办理
198	让老百姓生活有安全感	杨秀奇等 11 人	作为建议、批评和意见交市人民政府研究办理
199	对居委会待遇给予适当提高	杨秀奇等 11 人	作为建议、批评和意见交市人民政府研究办理

200	尽快拓宽改造全长 1400 米的马家堡东路和相连的槐房路	杨秀奇等 11 人	作为建议、批评和意见交市人民政府研究办理
201	木樨园西人行过街天桥亟须改造	杨秀奇等 11 人	作为建议、批评和意见交市人民政府研究办理
202	关于绿化隔离地区的问题	王春兰等 10 人	作为建议、批评和意见交市人民政府研究办理
203	加快南中轴路城市规划设计速度，促进大红门服装商业街建设发展和周边地区危房改造及环境改善	王春兰等 10 人	作为建议、批评和意见交市人民政府研究办理
204	给予汽车博物馆项目建设支持	王春兰等 10 人	作为建议、批评和意见交市人民政府研究办理
205	支持丰台区道路建设	王春兰等 10 人	作为建议、批评和意见交市人民政府研究办理
206	请市政府支持南城发展和丰台区经济建设	王春兰等 10 人	作为建议、批评和意见交市人民政府研究办理
207	全国发行生态彩票，培养公民生态环保意识，举全民之力加快我国生态环境建设	魏凤彪等 16 人	作为建议、批评和意见交市人大常委会办公厅研究办理
208	将北京大学第三医院改扩建后续工程纳入 2008 年北京奥运会建设工程项目	于长隆等 11 人	作为建议、批评和意见交市人民政府研究办理
209	加强行业立法	刘春梅等 10 人	作为建议、批评和意见交市人民政府研究办理
210	设立北京环境日，发展环境文化	童志远等 11 人	作为建议、批评和意见交市人民政府研究办理
211	治理污水大坑	朱钦来等 14 人	作为建议、批评和意见交市人民政府研究办理
212	将食品安全与卫生纳入公共卫生体系中	吕晓霖等 17 人	交市人民政府办理由市人大常委会审议
213	收入差距拉大，企业职工退休费偏低的问题亟待解决	包玉良等 19 人	交市人民政府办理由市人大常委会审议
214	市政府需要决断，东郊殡仪馆不能搬迁	包玉良等 13 人	作为建议、批评和意见交市人民政府研究办理
215	建立爱乐博物馆，弘扬博大精深的中国音乐文化传统和成果	雷　达等 16 人	作为建议、批评和意见交市人民政府研究办理
216	大力发展首都经济，抓好中关村科技园区最重要	沈梦培等 38 人	作为建议、批评和意见交市人民政府研究办理

217	应当立即将北京市道路建设列入重点议题	栾茂茹等22人	作为建议、批评和意见交市人民政府研究办理
218	减轻内资商业企业“企业所得税”税赋负担	栾茂茹等25人	作为建议、批评和意见交市人民政府研究办理
219	放宽对与百姓生活密切相关车辆的限制	栾茂茹等23人	作为建议、批评和意见交市人民政府研究办理
220	加强转河水系环境的维护	顾畹仪等21人	作为建议、批评和意见交市人民政府研究办理
221	北京市的规划工作应与时俱进	顾畹仪等22人	作为建议、批评和意见交市人民政府研究办理
222	广泛开展危机管理素质教育活动	王建民等34人	交市人民政府办理由市人大常委会审议
223	研究、试行专职人大代表制度	王建民等33人	作为建议、批评和意见交市人大常委会办公厅研究办理
224	认真总结社区工作，强化社区民主自治功能，使北京城市基层管理工作再创新业绩	高　扬等18人	作为建议、批评和意见交市人民政府研究办理
225	大力推行节水技术，将节水型城市的建设落到实处	黄　霞等12人	作为建议、批评和意见交市人民政府研究办理
226	整合信息资源，建立高校毕业生就业信息网	葛剑平等22人	作为建议、批评和意见交市人民政府研究办理
227	大力发展首都研究生教育，应把保证培养质量放在首位	金幼菊等22人	作为建议、批评和意见交市人民政府研究办理
228	进一步完善首都农产品质量安全体系建设	金幼菊等22人	作为建议、批评和意见交市人民政府研究办理
229	尽快建立股权质押登记制度，维护交易安全	王玉梅等18人	作为建议、批评和意见交市人民政府研究办理
230	加强对涉及宗教活动场所开发项目管理	吴伟庆等11人	作为建议、批评和意见交市人民政府研究办理
231	劳动部门协助做好宗教教职人员上“三险”问题	吴伟庆等15人	交市人民政府办理由市人大常委会审议
232	后八家周边环境综合治理	吴伟庆等15人	作为建议、批评和意见交市人民政府研究办理
233	西三旗街道道路合理布局	吴伟庆等15人	作为建议、批评和意见交市人民政府研究办理
234	完善突发事件应急预警体系	王玉梅等18人	交市人民政府办理由市人大常委会审议
235	年轻检、法人员的职业教育应制度化	王玉梅等19人	作为建议、批评和意见交市高级人民法院和市人民检察院研究办理

236	不动产登记与公示制度急需完善	王玉梅等 17 人	作为建议、批评和意见交市人民政府研究办理
237	在城市化进程中应切实关心农民的长远利益——失地农民的就业培训	王玉梅等 20 人	交市人民政府办理由市人大常委会审议
238	检、法人员不宜片面强调年轻化	王玉梅等 19 人	作为建议、批评和意见交市高级人民法院和市人民检察院研究办理
239	北京治理交通拥堵工程中，综合考虑 2008 年奥运会交通需求	李小文等 11 人	作为建议、批评和意见交市人民政府研究办理
240	建议市人大常委会尽快制定《北京市预防未成年人犯罪条例》	尚秀云等 37 人	作为建议、批评和意见交市人大常委会办公厅研究办理
241	建立北京市政府预警机制	王丽梅等 12 人	交市人民政府办理由市人大常委会审议
242	完善北京市公共交通体系	王丽梅等 12 人	作为建议、批评和意见交市人民政府研究办理
243	加强青少年德育教育，开设公民道德职责课程	廖理纯等 11 人	作为建议、批评和意见交市人民政府研究办理
244	北京市政府应加快研究关于阻碍企业职工工资增长税费过高的问题	栾茂茹等 23 人	作为建议、批评和意见交市人民政府研究办理
245	应针对北京的情况调整“城市流动乞讨人员”的管理办法	孙　津等 13 人	作为建议、批评和意见交市人民政府研究办理
246	应该规范“电子政务”的运作方式	孙　津等 12 人	作为建议、批评和意见交市人民政府研究办理
247	建立实施“人才强国战略”的运作机制	孙　津等 13 人	作为建议、批评和意见交市人民政府研究办理
248	紧急抢修门头沟区革命历史文物	李　泽等 16 人	作为建议、批评和意见交市人民政府研究办理
249	在永定河门头沟段修建永久性防汛工程	李清云等 16 人	作为建议、批评和意见交市人民政府研究办理
250	2005 年完成阜石路西延拓宽工程	董瑞龙等 16 人	作为建议、批评和意见交市人民政府研究办理
251	给予门头沟区和京煤集团在危旧房改造中享受城八区危旧房改造政策	倪文驹等 16 人	作为建议、批评和意见交市人民政府研究办理
252	立法加强首都公共卫生事业建设	韩德民等 30 人	交市人民政府办理由市人大常委会审议
253	金融体制改革要循序渐进	周济谱等 33 人	作为建议、批评和意见交市人民政府研究办理

254	规范艺术类普通高中收费标准	张　毅等14人	作为建议、批评和意见交市人民政府研究办理
255	加强疫苗宣传及将部分扩大免疫疫苗费用纳入医保	余晓辉等14人	交市人民政府办理由市人大常委会审议
256	建议搬迁地坛医院	王　红等31人	作为建议、批评和意见交市人民政府研究办理
257	加快我市落实宗教房产政策进度	思　智等14人	作为建议、批评和意见交市人民政府研究办理
258	公共汽车站设置秩序乱，站牌设立不均衡	曹建军等15人	作为建议、批评和意见交市人民政府研究办理
259	“五七”退养人员提高工资待遇享受医疗保障	曹建军等16人	作为建议、批评和意见交市人民政府研究办理
260	改善和修建通教寺周边环境	思　智等14人	作为建议、批评和意见交市人民政府研究办理
261	进一步治理“故宫”外围环境	闵秀娟等30人	作为建议、批评和意见交市人民政府研究办理
262	适当改善和提高原国民党起义人员待遇	叶　捷等20人	作为建议、批评和意见交市人民政府研究办理
263	依法落实居住区配套体育设施建设	蓝天柱等12人	交市人民政府办理由市人大常委会审议
264	提高退休职工待遇	李宗范等12人	交市人民政府办理由市人大常委会审议
265	安外大街（地坛公园西门外）原过街桥重建和新建过街桥	王中华等11人	作为建议、批评和意见交市人民政府研究办理
266	北京市商品房物业收费与管理应相匹配	徐　帆等21人	作为建议、批评和意见交市人民政府研究办理
267	加强基层疾病预防控制中心建设	余晓辉等13人	交市人民政府办理由市人大常委会审议
268	发扬国子监、孔庙历史文化，创建国学社区	陈济生等21人	作为建议、批评和意见交市人民政府研究办理
269	将邮政车辆列入特种车管理，给予特别通行权并免交过路过桥费	毛铮铮等23人	作为建议、批评和意见交市人民政府研究办理
270	建立财政预算和其他行政工作的论证和询问程序	何光沪等14人	作为建议、批评和意见交市人民政府研究办理
271	加强北京市下岗职工的就业能力培训，增加下岗职工的再就业信心和机会	杨建思等11人	作为建议、批评和意见交市人民政府研究办理
272	对北京火车南站进行全面治理	杨建思等12人	作为建议、批评和意见交市人民政府研究办理

273	落实中央“一号文件”精神，解决城乡协调发展的几个问题	石定果等 11 人	交市人民政府办理由市人大常委会审议
274	尽快解决人口密集、公交进人不便的小区居民出行问题	郑新蓉等 10 人	作为建议、批评和意见交市人民政府研究办理
275	修改地铁 4、9 号线，方便更多高校教师出行	郑新蓉等 10 人	作为建议、批评和意见交市人民政府研究办理
276	确保各居民小区防火救护通道畅通	郑新蓉等 12 人	交市人民政府办理由市人大常委会审议
277	建立简便节约的青年民工补偿教育和考试制度	郑新蓉等 12 人	作为建议、批评和意见交市人民政府研究办理
278	密云水库一级保护区内居民搬迁	郭栖栗等 16 人	作为建议、批评和意见交市人民政府研究办理
279	老龄化已成为北京的主要社会特征之一，应尽早制订应对规划	郭栖栗等 15 人	作为建议、批评和意见交市人民政府研究办理
280	严格执行房屋装修法，完善监督检查机制，避免公共安全隐患	王景英等 11 人	作为建议、批评和意见交市人民政府研究办理
281	北京市农村社会养老保险制度改革	廖春迎等 14 人	交市人民政府办理由市人大常委会审议
282	北京应率先成立外来人员宏观控制系统，规范外来人员的管理与控制	李海英等 15 人	作为建议、批评和意见交市人民政府研究办理
283	落实市政府工作报告，建立统一机构，抢险、救援、救灾、防范和处置各类灾害事件	刘学锋等 12 人	交市人民政府办理由市人大常委会审议
284	支持和加强北京西部城区经济发展，积极稳妥推进首钢产业结构调整	张燕生等 18 人	作为建议、批评和意见交市人民政府研究办理
285	迅速建立公开的交通规划模型及管理方法	聂大华等 11 人	作为建议、批评和意见交市人民政府研究办理
286	完善城市规划的实施运作机制，建设我们美好的家园	许　槟等 28 人	作为建议、批评和意见交市人民政府研究办理
287	从实际出发逐步调整、完善工程建设项目勘察设计招投标办法	张　婷等 13 人	作为建议、批评和意见交市人民政府研究办理

288	从北京城市的具体情况出发，实施历史文化名城保护规划	许　槟等 28 人	作为建议、批评和意见交市人民政府研究办理
289	强制出租车司机实行定期体检	张　青等 13 人	作为建议、批评和意见交市人民政府研究办理
290	建议组建北京市水务委员会	哈图卓日克等 37 人	作为建议、批评和意见交市人民政府研究办理
291	“以人为本，综合治理，加快公共交通人性化步伐”是提高现代化大都市精神文明水平和公交作用的重要措施	籍之伟等 22 人	作为建议、批评和意见交市人民政府研究办理
292	完善社区卫生服务，解决卫生服务中的困难	吕晓霖等 24 人	作为建议、批评和意见交市人民政府研究办理
293	改革市政交通管理体制，从解决市政交通入手，切实提升首都行政管理水平	史际春等 19 人	作为建议、批评和意见交市人民政府研究办理
294	从打破出租汽车行业垄断，引入竞争机制入手，建立、完善本市公用事业特许经营制度	史际春等 23 人	作为建议、批评和意见交市人民政府研究办理
295	从政府“亲民”着手，推动首都政治文明建设	史际春等 21 人	作为建议、批评和意见交市人民政府研究办理
296	参与营造“年味”，保护年文化遗产，疏导市民自发燃放烟花爆竹，杜绝高爆、高危烟花爆竹的流通和燃放是政府义不容辞的职责	史际春等 14 人	作为建议、批评和意见交市人民政府研究办理
297	农民工权利保护	通州区代表团	交市人民政府办理由市人大常委会审议
298	进一步完善禽业、畜牧业管理体系，预防禽流感入侵	王建华等 12 人	作为建议、批评和意见交市人民政府研究办理
299	强烈要求给予通州经济发展政策支持，取消“京通快速路”收费	通州区代表团	作为建议、批评和意见交市人民政府研究办理
300	全面树立启动奥运经济意识，加大对北京市品牌企业的扶持力度	王建华等 12 人	作为建议、批评和意见交市人民政府研究办理
301	加快北京生物工程与新医药产业基地建设	大兴区代表团	作为建议、批评和意见交市人民政府研究办理
302	解决京开高速公路拥堵问题	大兴区代表团	作为建议、批评和意见交市人民政府研究办理

303	保证农村税费改革后集体经济低收入村正常运转	大兴区代表团	交市人民政府办理由市人大常委会审议
304	加快地铁四号线南延长线轻轨建设工程	大兴区代表团	作为建议、批评和意见交市人民政府研究办理
305	对我市法规规章中规定的行政许可事项内容进行清理修订	李铁军等 12 人	作为建议、批评和意见交市人民政府、市人大常委会办公厅研究办理
306	研究制定相关经济政策，促进城市交通与环境可持续发展	李铁军等 12 人	作为建议、批评和意见交市人民政府研究办理
307	为北京奥运配套，积极筹建龙潭湖体育产业园	张立华等 32 人	作为建议、批评和意见交市人民政府研究办理
308	提高社区工作者工作待遇，稳定社区建设队伍，发展社区建设	张　军等 13 人	作为建议、批评和意见交市人民政府研究办理
309	对龙潭湖进行清淤，净化水质	严性慈等 34 人	作为建议、批评和意见交市人民政府研究办理
310	首都安全责任重于泰山，人民生命安全高于一切——根本解决前门地区重大火灾隐患	马艳荣等 36 人	交市人民政府办理由市人大常委会审议
311	建立公共卫生体系，加强公共卫生监管力度	李卫红等 12 人	交市人民政府办理由市人大常委会审议
312	加强宏观调控，改变观念，全市一盘棋，为改善北京的交通状况而努力	李　敬等 12 人	作为建议、批评和意见交市人民政府研究办理
313	完善电子政务之行政审批系统	曹文飞等 13 人	作为建议、批评和意见交市人民政府研究办理
314	生于自然，还于自然，使荒漠再生	李象群等 14 人	作为建议、批评和意见交市人民政府研究办理
315	保留一个老工业的建筑遗产，保留一个正在发展中的文化艺术区——“718”联合厂	李象群等 15 人	作为建议、批评和意见交市人民政府研究办理
316	提高社区专职工作者待遇	曹秀东等 14 人	作为建议、批评和意见交市人民政府研究办理
317	推进健康教育与健康促进系统建设，加快法制化进程管理	刘　迎等 13 人	交市人民政府办理由市人大常委会审议
318	京石高速路贷款额度收齐后，应取消收费和将收费站移至市界	李淑媛等 16 人	作为建议、批评和意见交市人民政府研究办理

319	京石公路两侧绿化占用农民耕地予以补偿	马丽英等18人	交市人民政府办理由市人大常委会审议
320	开展城市应急避险场地建设工作	黄雨蕊等17人	交市人民政府办理由市人大常委会审议
321	建设北京石油化工新材料产业基地	陈德烨等14人	作为建议、批评和意见交市人民政府研究办理
322	缩小城南和城北差距，市政府应加大丰台区规划和建设力度	冯维海等11人	作为建议、批评和意见交市人民政府研究办理
323	什刹海地区居民人居环境亟待改善	杨万里等12人	作为建议、批评和意见交市人民政府研究办理
324	关心群众疾苦，加快城区危旧房改造步伐	王毓明等13人	作为建议、批评和意见交市人民政府研究办理
325	尽快在现有“北京市药品监督管理局”的基础上组建“北京市食品药品监督管理局”	赵岳嵩等14人	作为建议、批评和意见交市人民政府研究办理
326	完善最低生活保障工作的几点意见	毛桂芬等32人	作为建议、批评和意见交市人民政府研究办理
327	再生水用于城市园林绿化的水质问题	王中华等12人	作为建议、批评和意见交市人民政府研究办理
328	尽快修订北京市城市绿化条例	王中华等11人	作为建议、批评和意见交市人民政府研究办理
329	推进公务用车制度改革	毛铮铮等39人	作为建议、批评和意见交市人民政府研究办理
330	将药品价格审定权放到药品监督管理局统一管理	赵岳嵩等13人	作为建议、批评和意见交市人民政府研究办理
331	加快医保定点零售药店联网启动工程	赵岳嵩等16人	作为建议、批评和意见交市人民政府研究办理
332	完善北京市城市居民最低生活保障制度和工作机制	安丽娟等18人	作为建议、批评和意见交市人民政府研究办理
333	建立法规、完善政策、加大力度，促进再就业工作	安丽娟等21人	作为建议、批评和意见交市人民政府研究办理
334	尽快实施八宝山火化场搬迁，将八宝山革命公墓建成现代化公墓园林景区	刘　黎等17人	作为建议、批评和意见交市人民政府研究办理
335	加速实施对西郊砂石坑防洪蓄水区的治理和建设，尽快全面实现规划	刘　黎等23人	作为建议、批评和意见交市人民政府研究办理
336	北京市婚介市场亟待整顿规范	吴秀萍等10人	作为建议、批评和意见交市人民政府研究办理

337	推动我市法制建设，普法进社区，建立实习律师和社区法律服务有机结合的制度	刘红宇等 18 人	作为建议、批评和意见交市人民政府研究办理
338	物业管理亟待得到规范，业主的权利亟待得到救济	刘红宇等 19 人	作为建议、批评和意见交市人民政府研究办理
339	儿童身高免票线应相应提高	刘红宇等 20 人	作为建议、批评和意见交市人民政府研究办理
340	专项维修基金由业主共同共有，用于居住环境的改善；北京市居住小区管理办公室应依法行政，建立公开透明的财务制度	刘红宇等 17 人	作为建议、批评和意见交市人民政府研究办理
341	加强领导，增大投入，积极进行教育体制改革，为北京率先实现教育现代化而努力	李　敬等 26 人	作为建议、批评和意见交市人民政府研究办理
342	节约用水，为我市的可持续发展提供必要的保证	李　敬等 12 人	作为建议、批评和意见交市人民政府研究办理
343	严格食品准入制度，为保障北京的食品卫生而努力	李　敬等 15 人	交市人民政府办理由市人大常委会审议
344	优先发展公共交通	刘宪秋等 12 人	作为建议、批评和意见交市人民政府研究办理
345	“北京公共交通设施艺术化、人性化设计”的建议	王明明等 14 人	作为建议、批评和意见交市人民政府研究办理
346	加强和完善北京市公共卫生体系建设	钱　渊等 17 人	交市人民政府办理由市人大常委会审议
347	近期外省市连续发生了一些建筑物意外垮塌事件，这应引起我们高度重视，在本市进行使用 25 年以上旧楼的安全状况普查	张　耘等 18 人	交市人民政府办理由市人大常委会审议
348	加强公共卫生体系中食品安全的监管	元晓梅等 17 人	交市人民政府办理由市人大常委会审议
349	改进医保门诊医药费报销办法	王东升等 19 人	作为建议、批评和意见交市人民政府研究办理
350	在北京地区推广低谷电采暖	贺慧玲等 20 人	作为建议、批评和意见交市人民政府研究办理
351	加强区县科技馆建设与管理工作	贺慧玲等 18 人	作为建议、批评和意见交市人民政府研究办理

352	严重危害北京城市整体形象的不法小广告这一顽症非根治不可	徐世虹等15人	作为建议、批评和意见交市人民政府研究办理
353	健全统筹机制，促进北京区域经济发展	廖春迎等12人	作为建议、批评和意见交市人民政府研究办理
354	切实加强对闲散青少年的管理工作，促进我市社会经济持续、快速、健康、协调发展	邓洪波等15人	作为建议、批评和意见交市人民政府研究办理
355	加强打击盗版行为的惩处力度	吴碧霞等16人	作为建议、批评和意见交市人民政府研究办理
356	立法禁止在北京市捕杀、销售、食品加工和食用野生动物	何　维等11人	作为建议、批评和意见交市人民政府研究办理
357	政府相关部门重视开发“浅层地能”可再生能源	邓洪波等18人	作为建议、批评和意见交市人民政府研究办理
358	加强基层卫生监督执法体系建设	高　峰等16人	交市人民政府办理由市人大常委会审议
359	解决卫生监督机构办公条件	高　峰等16人	交市人民政府办理由市人大常委会审议
360	尽快解决朝阳区南磨房乡绿化隔离带地区集体土地上所建中央市属企业职工宿舍搬迁问题	高　峰等12人	作为建议、批评和意见交市人民政府研究办理
361	重新审定北京市计量检定、收费标准	高　峰等15人	作为建议、批评和意见交市人民政府研究办理
362	建设旅游基地，规范旅游市场，推动旅游经济发展	汪其华等13人	作为建议、批评和意见交市人民政府研究办理
363	京沈高速路白鹿收费站西侧应增设出口	闻惠友等15人	作为建议、批评和意见交市人民政府研究办理
364	东五环路段应尽快修建辅路	闻惠友等15人	作为建议、批评和意见交市人民政府研究办理
365	加强全面安全教育和公共场所的安全督察	张　静等11人	交市人民政府办理由市人大常委会审议
366	北京应该继续严格执行禁放、限放烟花爆竹的规定	阎晓明等11人	作为建议、批评和意见交市人民政府研究办理
367	事业单位与企业单位退休职工退休工资增长标准差距明显，从长期稳定的角度考虑，应加以调整，使其增长幅度趋于一致	高　斌等13人	交市人民政府办理由市人大常委会审议

368	农民无偿献血的负担调查的思考	李淑媛等 13 人	作为建议、批评和意见交市人民政府研究办理
369	降低农民用电资费，城乡居民享受同等待遇	李淑媛等 15 人	交市人民政府办理由市人大常委会审议
370	发挥社区作用，提高居委会干部待遇	李淑媛等 13 人	作为建议、批评和意见交市人民政府研究办理
371	严肃法纪，坚决“禁放”	李淑媛等 11 人	作为建议、批评和意见交市人民政府研究办理
372	农民整建制转居后加入新型合作医疗	马丽英等 12 人	交市人民政府办理由市人大常委会审议
373	采矿区采矿许可证到期延续问题	刘增会等 14 人	作为建议、批评和意见交市人民政府研究办理
374	关闭实心黏土砖厂，关闭“五小”企业，加大结构调整力度，市政府应给予政策和资金支持	张振江等 27 人	作为建议、批评和意见交市人民政府研究办理
375	将云居寺周边环境整治列入市政府重点工程	安江华等 15 人	作为建议、批评和意见交市人民政府研究办理
376	将云居寺塔及石经申报世界文化遗产列入市政府工作日程	安江华等 15 人	作为建议、批评和意见交市人民政府研究办理
377	2004 年雅典奥运圣火传递途经并滞留周口店北京人遗址	安江华等 15 人	作为建议、批评和意见交市人民政府研究办理
378	将 2008 年奥运会圣火与人类文明之火融合	安江华等 15 人	作为建议、批评和意见交市人民政府研究办理
379	加快对云居寺隋唐石经保护	安江华等 15 人	作为建议、批评和意见交市人民政府研究办理
380	尽快落实周口店北京人遗址博物馆和周口店北京人遗址历史文化景区规划与建设问题	安江华等 15 人	作为建议、批评和意见交市人民政府研究办理
381	增加市公共财政对农村卫生、郊区公共卫生资金投入	孙海燕等 15 人	交市人民政府办理由市人大常委会审议
382	农村税费改革后，乡村两级公共事业费用支出需市财政加大转移支付力度	仉锁忠等 13 人	作为建议、批评和意见交市人民政府研究办理
383	加快建设北京良乡物流园区	马士杰等 14 人	作为建议、批评和意见交市人民政府研究办理
384	加强养路费征稽工作	翟瑞元等 25 人	作为建议、批评和意见交市人民政府研究办理
385	在区县民政执法纳入综合执法队伍	李淑媛等 12 人	作为建议、批评和意见交市人民政府研究办理
386	尽快解决农转居人员的社会保险问题	马丽英等 11 人	交市人民政府办理由市人大常委会审议

304	关于鼓励科技开发、深化殡葬改革的建议	王士良等 12 人	作为建议、批评和意见交市人民政府研究办理
305	确立北京生态标志形象	翟京华等 11 人	作为建议、批评和意见交市人民政府研究办理
306	尽快解决西城区玉桃园小学操场问题	翟京华等 11 人	作为建议、批评和意见交市人民政府研究办理
307	解决四环路周边噪音问题	李昭玲等 16 人	作为建议、批评和意见交市人民政府研究办理
308	尽快制定北京市有关家庭教育的地方性法规	杨万里等 18 人	作为建议、批评和意见交市人民政府研究办理
309	关于尽快打通亚北地区交通瓶颈的建议	王萍兰等 13 人	作为建议、批评和意见交市人民政府研究办理
310	顺应 WTO 形势，加快开放北京设计市场	张文华等 17 人	作为建议、批评和意见交市人民政府研究办理
311	关于推进畜牧大产业建设，加快农民实现小康步伐的议案	王建华等 12 人	作为建议、批评和意见交市人民政府研究办理
312	大力发展和扶持农产品加工业，增加农民收入的议案	王建华等 12 人	作为建议、批评和意见交市人民政府研究办理
313	制定北京地区保障女大（研）学生平等就业的法规和政策	郑新蓉等 12 人	作为建议、批评和意见交市人民政府研究办理
314	对中小学教师进行性别与多元文化内容的培训	郑新蓉等 12 人	作为建议、批评和意见交市人民政府研究办理
315	为了海淀区北部地区旅游事业的发展，请把北魏太和造像归回原址	唐晓莉等 12 人	作为建议、批评和意见交市人民政府研究办理
316	关于制定《北京市实施〈中华人民共和国中小企业促进法〉办法》的议案	李建军等 13 人	作为建议、批评和意见交市人大常委会办公厅研究办理
317	关于加快地铁 4 号线向南延长线规划建设的议案	大兴区代表团	作为建议、批评和意见交市人民政府研究办理
318	关于加快京津塘经济技术产业带的议案	郭宝东等 11 人	作为建议、批评和意见交市人民政府研究办理
319	关于解决五环路沿路周边地区对外交通问题的议案	彭绪敏等 12 人	作为建议、批评和意见交市人民政府研究办理

北京市第十二届人民代表大会第二次会议选举办法

（2004 年 2 月 17 日北京市第十二届人民代表大会第二次会议通过）

第一条　根据《中华人民共和国地方各级人民代表大会和地方各级人民政府组织法》，结合北京市实际情况，制定本办法。

第二条　北京市第十二届人民代表大会第二次会议补选北京市市长 1 人，实行等额选举。

第三条　北京市市长候选人为 1 人，由大会主席团或者代表 30 人以上书面联名提名。

如果提名的候选人只有 1 人，由主席团提交全体代表酝酿、讨论后，直接进行投票选举。如果提名的候选人人数超过应选名额，由主席团提交全体代表酝酿、讨论后，进行预选。预选采取分代表团投票、统一计票的办法进行，根据预选时得票多少的顺序，按照应选名额确定正式候选人名单，进行选举。

第四条　选举采用无记名投票方式。代表须亲自参加投票。

第五条　代表对于选票上所列的候选人，可以投赞成票，可以投反对票，可以另选他人，也可以弃权。表示反对的，可以另选他人；表示弃权的，不能另选他人。

第六条　代表对选票上所列的候选人，赞成的在其姓名左边的空格里画一个“○”；反对的在其姓名左边的空格里画一个“×”；在候选人左边的空格里既不画“○”又不画“×”的为弃权。

代表如果另选他人，在反对的候选人姓名左边的空格里画一个“×”，在其姓名右边的空格里写上另选人的姓名。

每张选票所选的人数等于或者少于应选人数的有效。

第七条　填写选票应当用钢笔或者签字笔，符号要准确，字迹要清楚，书写模糊无法辨认的视为废票。

第八条　大会选举前，由主席团提名总监票人 2 人，每个代表团推荐监票人 1 人，经主席团提交大会通过后，在主席团领导下，对发票、投票和计票进行监督。

候选人不得担任监票人。

选举工作人员由大会秘书处指定。

第九条　投票结束后，由总监票人向大会执行主席报告清点选票结果。收回的选票张数等于或者少于发出的选票张数，选举有效；多于发出的选票张数，选举无效，应重新进行选举。

第十条　候选人获得全体代表过半数的选票，始得当选。

第十一条　计票完毕，由总监票人向主席团报告选举结果，由主席团依法确认选举结果是否有效，并由大会执行主席在大会上宣布。

第十二条　本办法由北京市第十二届人民代表大会第二次会议通过后施行。

关于《北京市第十二届人民代表大会第二次会议选举办法（草案）》的说明

——2004年2月15日在北京市第十二届人民代表大会第二次会议主席团第一次会议上

北京市第十二届人民代表大会第二次会议秘书长　范远谋

根据《中华人民共和国地方各级人民代表大会和地方各级人民政府组织法》（以下简称地方组织法）和本次大会的议程，结合北京市实际情况，大会秘书处在本次大会前听取各代表团意见的基础上，草拟了《北京市第十二届人民代表大会第二次会议选举办法（草案）》（以下简称选举办法草案），现简要说明如下：

一、关于本次大会的选举事项和候选人人数

根据大会议程，本次大会的选举事项有一项，即：补选北京市市长。关于补选北京市市长的候选人人数，地方组织法第二十五条规定：地方各级人民代表大会补选市长时，“候选人数可以多于应选人数，也可以同应选人数相等，选举办法由本级人民代表大会决定”。根据上述规定，选举办法草案第二条规定，“北京市第十二届人民代表大会第二次会议补选北京市市长1人，实行等额选举”；第三条规定，“北京市市长候选人为1人”。

二、关于市长候选人的提名和确定

地方组织法第二十一条规定：市长的人选，由本级人民代表大会主席团或者代表依照本法规定联合提名；直辖市的人民代表大会代表三十人以上书面联名，可以提出本级人民政府领导人员的候选人。根据上述规定，选举办法草案第三条第一款规定了市长候选人“由大会主席团或者代表30人以上书面联名提名”。

关于正式候选人的确定，地方组织法第二十二条规定：“如果提名的候选人数符合选举办法规定的差额数，由主席团提交代表酝酿、讨论后，进行选举。如果提名的候选人数超过选举办法规定的差额数，由主席团提交代表酝酿、讨论后，进行预选，根据在预选中得票多少的顺序，按照选举办法规定的差额数，确定正式候选人名单，进行选举。”根据地方组织法对差额选举时确定正式候选人的上述规定，选举办法草案第三条第二款规定：“如果提名的候选人只有1人，由主席团提交全体代表酝酿、讨论后，直接进行投票选举”。选举办法草案同时对预选做了规定。

选举办法草案还依法对监票、投票、选举是否有效、选票的有效和无效、计票、候选人的当选、选举结果的确认和公布等，都作出了规定，这里就不一一说明了。

我就做以上说明。选举办法草案已经印发主席团，请审议。

中国共产党北京市委员会推荐书

北京市第十二届人民代表大会第二次会议主席团：

根据中共中央颁布的《党政领导干部选拔任用工作条例》和《中华人民共和国地方各级人民代表大会和地方各级人民政府组织法》，经同北京市各民主党派、无党派代表人士和各人民团体民主协商，中共北京市委推荐王岐山为北京市市长候选人。

现提请大会主席团审议。

（名单及简历附后）

中国共产党北京市委员会

2004 年 2 月 4 日

北京市第十二届人民代表大会第二次会议总监票人、监票人名单

（21 人）

（2004 年 2 月 21 日北京市第十二届人民代表大会第二次会议通过）

总监票人：王　火　燕　瑛（女）

监 票 人：（按姓氏笔画排列）

王永军（女）　王红专　王秀芹（女）
刘瑞芳（女）　刘　黎（女，彝族）
李　泽（女）　李素丽（女）杨永安
杨保红（女）　吴茜屏（女）何继伶（女）
佟　旌（女，满族）　张　庆
范　宝（回族）郑玉民　侯志光
徐　帆（女）　高凤兰（女）
廖春迎（女，壮族）

北京市第十二届人民代表大会第二次会议补选北京市市长名单

（2004 年 2 月 21 日）

王岐山

附件：

北京市市长简历

王岐山，男，汉族，55岁（1948年7月生），山西天镇人。1983年2月加入中国共产党，1969年1月参加工作，大学普通班（西北大学历史专业），高级经济师。现任中共十六届中央委员，十届全国人大代表，中共北京市委副书记、市长。曾任中央书记处农村政策研究室正局级研究员、国务院农村发展研究中心联络室主任兼全国农村改革试验区办公室主任、国务院农村发展研究中心发展研究所代所长、所长，中国农村信托投资公司总经理、党委书记，中国人民建设银行副行长、党组成员，中国人民银行副行长、党组成员，中国人民建设银行、中国建设银行行长、党组书记，广东省委常委、副省长，国务院经济体制改革办公室主任、党组书记，中共海南省委书记、省人大常委会主任，中共北京市委副书记、副市长、代市长。

北京市第十二届人民代表大会第二次会议主席团和秘书长名单

（2004年2月15日北京市第十二届人民代表大会第二次会议预备会议通过）

主席团（81人，按姓氏笔画排列）

于长隆　于均波　马述宽
王文京　王莒生（女）　王振林
王敏荣（女）　王维城　尤兰田（女）
文　喆　邓洪波　石进贤
龙新民　叶　捷　田麦久
邢仲山　吉　林　吕争鸣
朱家麒　朱善璐　任月征（女）
任宝贵　刘全喜　刘朋庆
刘冠军　刘逢君　刘　淇
安丽娟（女）　孙政才　孙维林
孙毓敏（女）　阳安江　严晓燕（女）
杜国盛　杜瑞琴（女）　杜德印
李坤成　李昭玲（女）　李炳华
李晓光　李清云　李福成
杨秀奇　杨德安　吴秀萍（女）
汪其华　汪明浩（满族）　张文敢
张书领　张国玉　张燕生
陈天立　陈　军（女，高山族）
范进卯　范远谋　林文漪（女）
金生官　赵久合　赵凤山
赵如会　赵家骐　赵淑君（女）
郝如玉　胡　军　胡桂枝（女）
柳纪纲　费文勇　贺慧玲（女）
袁爱俊（女）　索连生（满族）　晏懋洵
郭先英（女）　梅占山　曹凤国
续伯聪　蒋光兰（女，满族）
程世峨（女）　强　卫　蔡赴朝

薛天利(回族)　魏　刚　　　　**秘书长**　范远谋

北京市第十二届人民代表大会第二次会议主席团常务主席名单

(14 人)

(2004 年 2 月 15 日北京市第十二届人民代表大会第二次会议主席团第一次会议推定)

刘　淇　于均波　龙新民　强　卫　王维城　林文漪(女)赵凤山　金生官
杜德印　阳安江　范远谋　索连生(满族)　赵久合　田麦久

北京市第十二届人民代表大会第二次会议大会执行主席分组名单

(2004 年 2 月 15 日北京市第十二届人民代表大会第二次会议主席团第一次会议通过)

第一次全体会议
(2004 年 2 月 16 日上午)

刘　淇　于均波　龙新民　强　卫　杜德印
阳安江　程世峨　范远谋　索连生　王维城
林文漪　赵凤山　金生官　赵久合　田麦久
叶　捷　刘逢君　晏懋洵　薛天利

第二次全体会议
(2004 年 2 月 17 日上午)

王维城　范远谋　于长隆　马述宽　王文京
王莒生　王振林　王敏荣　尤兰田　文　喆
邓洪波　石进贤　邢仲山　吉　林　吕争鸣
朱家麒　朱善璐　任月征　任宝贵　刘全喜
刘朋庆

第三次全体会议
(2004 年 2 月 19 日上午)

林文漪　范远谋　刘冠军　安丽娟　孙政才
孙维林　孙毓敏　严晓燕　杜国盛　杜瑞琴
李坤成　李昭玲　李炳华　李晓光　李清云
李福成　杨秀奇　杨德安　吴秀萍　汪其华
汪明浩

第四次全体会议
(2004 年 2 月 21 日上午)

索连生　范远谋　张文啟　张书领　张国玉
张燕生　陈天立　陈　军　范进卯　赵如会
赵家骐　赵淑君　郝如玉　胡　军　胡桂枝
柳纪纲　费文勇　贺慧玲　袁爱俊　郭先英

梅占山

第五次全体会议

（2004 年 2 月 21 日上午）

刘　淇　于均波　龙新民　强　卫　杜德印

阳安江　范远谋　索连生　王维城　林文漪

赵凤山　金生官　赵久合　田麦久　曹凤国

续伯聪　蒋光兰　蔡赴朝　魏　刚

北京市第十二届人民代表大会第二次会议副秘书长名单

（11 人）

（2004 年 2 月 15 日北京市第十二届人民代表大会第二次会议主席团第一次会议决定）

柳纪纲　安家盛　王力丁　夏尚武

史绍洁　肖　培　赵传民　刘维林

唐　龙　李　伟　丁世伟

北京市第十二届人民代表大会第二次会议议案审查委员会主任委员、副主任委员、委员名单

（29 人）

（2004 年 2 月 15 日北京市第十二届人民代表大会第二次会议预备会议通过）

主任委员　赵凤山

副主任委员　魏永德　崔凤鸣　晏懋洵

梁　平

委　　员　（按姓氏笔画排列）

马朝军（回族）　王江渝

王嘉彦　史炳忠　年福纯

刘宝善　许祥源　李海滨

李淑媛（女）杨万里　吴世民

吴秀萍（女）汪明浩（满族）

张　毅　陈兴波（回族）

郑　刚　郑树森　宛素春（女）

钱　渊（女）高佐之　高岩辉

崔文荣（女，回族）　续伯聪

虞　统

北京市第十二届人民代表大会第二次会议新闻发言人名单

（2004 年 2 月 15 日北京市第十二届人民代表大会第二次会议主席团第一次会议决定）

刘维林

在北京市第十二届人民代表大会第二次会议闭幕时的讲话

（2004 年 2 月 21 日）

刘　淇

各位代表、同志们：

北京市第十二届人民代表大会第二次会议，在全体代表的共同努力下，胜利完成了预定的各项任务。会议期间，代表们以高度的政治责任感，认真履行职责，审议并通过了北京市人民政府的工作报告、国民经济社会发展计划报告、财政预算报告和人大、“两院”的工作报告，选举王岐山同志任北京市市长。这次会议开得很好，发扬了民主，统一了思想，明确了任务，是一次民主团结、求真务实、催人奋进的大会。全面贯彻落实这次会议通过的各项决议，必将进一步推动首都的改革开放和现代化建设事业。我代表中共北京市委对大会的圆满成功表示热烈的祝贺。

过去的一年，市人大及其常委会，坚持以邓小平理论和“三个代表”重要思想为指导，认真贯彻党的十六大和十六届三中全会精神，积极履行宪法和法律赋予的职责，在立法、监督、代表工作、人事任免及自身建设等方面取得了新的进展，发挥了地方国家权力机关的作用，为推动首都社会主义物质文明、政治文明和精神文明协调发展，促进首都改革开放和现代化建设，作出了重要贡献。在新的历史阶段，加强人大工作对于推进社会主义政治文明建设具有至关重要的作用。市人大及其常委会要认真贯彻“三个代表”重要思想和党的十六大、十六届三中全会精神，认真履行宪法和法律赋予的职责，与时俱进，扎实工作，努力开创人大工作的新局面。要加强立法工作，不断为“新北京、新奥运”创造良好的法制环境，加强法律监督和工作监督，加强社会主义民主政治建设，充分发挥人民代表的作用。市委将全力支持人大的工作，支持和保证人大及其常委会依法行使职权，不断把人大工作提高到新的水平。

当前，首都改革开放和现代化建设事业

进入了一个新的发展阶段，树立和落实科学的发展观，实现“新北京、新奥运”的战略构想，任务十分繁重。这次大会审议通过的政府工作报告，进一步明确了今年工作的各项任务。实现这些目标，要靠各级政府转变职能，加大工作力度，靠全市人民的共同努力，特别是要靠各位代表的积极参与。全市上下都要紧紧围绕着大会确定的目标、任务，求真务实、开拓奋进、加快发展，不断开创首都各项工作的新局面。

做好首都的各项工作，必须牢固夯实求真务实的思想基础。求真务实，就是要坚持辩证唯物主义、历史唯物主义的科学精神和党的思想路线，力戒浮躁、力戒空谈、扎扎实实地工作，老老实实地办事，严格管理、严格要求、严格纪律。事实告诉我们，坚持了求真务实，工作才能有实效；忽视了求真务实，工作就会出问题、出偏差，就会损害人民群众的利益。坚持求真务实，要按照首都发展的客观要求，坚持两个务必，搞好“四个服务”，扎扎实实地推进“新北京、新奥运”的战略构想；要牢固树立和落实科学的发展观和正确的政绩观，坚持以人为本，实现全面、协调、可持续发展；要更加关注民生，始终把最广大人民的根本利益放在各项工作的首位。当前，我们大兴求真务实之风，结合首都实际，必须牢牢抓住落实、落实、再落实这个关键，层层抓“求真”，抓“务实”，把求真务实的精神融入首都工作的全局，贯穿于发展任务的全过程，体现在每一个单位的工作中，落实到每个干部的行动上。要强调落实、重视落实、狠抓落实。把抓落实作为全市上下大兴求真务实之风的着眼点和突破口。做好工作，既要定原则，还要有细则；既要有部署，还要有检查；既要有承诺，还要有兑现；既要定纪律，还要严执行。一个好作风的形成，不仅要靠思想认识的提高，还要靠制度来保证。创新干部的业绩考核制度，建立完善的监督制度和落实责任追究制度，保证各项工作扎扎实实地落在实处。坚持以求真务实的精神去抓好各项工作的落实，在抓好各项工作落实的实践中不断提高坚持求真务实的自觉性和坚定性，使求真务实的精神在首都形成浓厚的氛围。

做好首都的各项工作，必须保持开拓奋进，昂扬向上的精神状态。开拓奋进，就是要弘扬首都人民在现代化建设实践中特别是在申办奥运和抗击非典斗争中形成的万众一心，迎难而上的伟大精神。牢固树立责任意识、机遇意识和忧患意识，倍加珍惜当前的大好机遇，始终保持奋发有为、昂扬向上的精神状态。开拓奋进，必须坚持解放思想、实事求是、与时俱进，努力做到思想上不断有新解放，实践上不断有新创造，工作上不断有新成就，不断开创首都工作的新局面，使首都的各项工作更好地体现时代性，把握规律性，富于创造性。开拓奋进，必须要有争创一流的责任意识。牢记首都工作的责任和使命，抓住历史性的大好机遇，不断加快首都改革开放和现代化建设的进程，创造一流的业绩。要提倡勇于创新的精神。创新，要敢为人先，凡是看准的事情，就要大胆地试，大胆地闯，绝不能徘徊不前，贻误时机。要有创新的意识、创新的思路，创新的办法，善于在创新中求发展，靠不断的创新努力使各项工作走在全国的前列。要提倡奋力拼搏的精神。万众一心、众志成城，勇于战胜一切困难，排除一切艰难险阻，永不懈怠，永不停步。要提倡实干敬业的精神。以奋不顾身的精神状态，忠诚地履行职责，恪尽职守，兢兢业业、扎扎实实地做好工作，以可能达到的最高标准完成党和人民交给的每一项任务。

要紧紧抓住 21 世纪头 20 年的重要战略机遇期，紧紧抓住筹办 2008 年奥运会这一难得的机遇，切实加快发展。树立求真务实之风，发扬开拓奋进的精神，都是为了实现加快发展。坚持发展这个党执政兴国的第一要务，在创新体制、调整结构、优化环境、全面发展上不断有新的作为。创新体制，就是必须不失时机地加快改革，通过体制和机制创新，消除体制性障碍，完善社会主义市场经济体制，为首都的发展创造更好的体制条件。调整结构，就是紧紧抓住结构调整这条主线，通过扎实有效的工作，优化投资结构、优化区域经济结构、优化所有制结构、优化产业结构，推进高新技术产业、现代制造业和现代服务业的发展，不断提高首都经济的增长质量和效益。优化环境，就是要认真贯彻“行政许可法”，抓住深化行政管理体制改革这个关键，切实转变政府职能。以推广全程办事代理制为切入点，围绕着改进作风、提高效率、降低成本，不断增强对资金、人才、技术等要素的吸引力和凝聚力。全面发展，就是按照科学发展观的要求，在加快经济发展的过程中，始终坚持“五个统筹”、“五个坚持”，更加重视解决民生问题，更加重视社会全面进步，更加重视南城和郊区农村的发展，更加重视城市和社会管理，更加重视人口、资源、环境的可持续发展。要高质量地完成首都城市总体规划的修编工作，推动城市空间布局的调整，为首都发展提供新的空间，促进城乡统筹协调发展。

今年是新中国成立 55 周年，也是我们抓住机遇、加快发展，实现“新北京、新奥运”战略构想的重要一年。完成今年的工作任务，全市上下都要始终保持和发扬好的作风、好的精神状态、好的发展势头，求真务实、开拓奋进、加快发展，全力做好今年的各项工作。

各位代表、同志们！让我们紧紧团结在以胡锦涛同志为总书记的党中央周围，以邓小平理论和“三个代表”重要思想为指导，全面贯彻落实党的十六大、十六届三中全会精神和本次代表大会的各项决议，大力弘扬求真务实精神，大兴求真务实之风，夺取首都改革开放和现代化建设的新胜利。

北京市第十二届人民代表大会第二次会议大事记

2004 年 2 月 15 日

上午 11 时前，出席北京市十二届人大二次会议的代表到北京会议中心、五洲大酒店驻地报到。本次会议应到代表 772 人，截止到 11 时，有 761 位代表报到。

代表报到后，阅读会议文件。

下午 2 时 30 分，在北京会议中心综合楼第 1 会议室召开了市十二届人大常委会第十六次主任会议。会议听取了财经委员会关于对本市 2004 年市级预算草案主要内容、2003 年国民经济社会发展计划执行情况和 2004 年计划草案报告进行初步审查情况的汇报；会议根据市十二届人大常委会第九次会议的授权，审定了市人大常委会向市十二届人大二次会议的工作报告；会议听取了关于各代表团在分团活动时对市十二届人大二次会议主席团等各项名单草案讨论情况的通报，决定将这两项名单草案提请大会预备会议选举。

下午 4 时，在北京会议中心礼堂举行大会预备会议。应到代表 772 人，实到代表 653 人。受市人大常委会的委托，于均波主任主持了会议，范远谋、索连生、王维城、林文漪、赵凤山、金生官、赵久合、田麦久副主任和柳纪纲秘书长在主席台上就座。会议采取按表决器的方式，以 649 人赞成、1 人反对，3 人弃权通过了市十二届人大二次会议议程；以 633 人赞成、7 人反对、13 人弃权选举产生了大会主席团和秘书长；以 634 人赞成、8 人反对、11 人弃权选举产生了议案审查委员会主任委员、副主任委员、委员。

预备会议后，在北京会议中心第 20 会议室举行了大会主席团第一次会议。主席团成员应出席 81 人，实到 77 人。按照市人民代表大会议事规则规定，会议由于均波主任主持。会议推选刘淇、于均波、龙新民、强卫、杜德印、阳安江、范远谋、索连生、王维城、林文漪、赵凤山、金生官、赵久合、田麦久为主席团常务主席；通过了会议日程；通过了大会执行主席分组名单；决定柳纪纲、安家盛、王力丁、夏尚武、史绍洁、肖培、赵传民、刘维林、唐龙、李伟、丁世伟担任大会副秘书长；决定刘维林为大会新闻发言人；决定大会表决各项议案时，除选举事项外，均采用按表决器方式，如果表决器发生故障，改为举手表决方式；决定代表提出议案的截止时间为 2 月 18 日 18 时；通过了市十二届人大二次会议选举办法草案，决定将这个草案提交各代表团讨论。

晚 7 时，在北京会议中心，大会秘书处组织市人大常委会厅办委室，市政府有关部门以及市法院、市人民检察院等 50 个单位的负责人设点接受代表询问，共接待代表 693 人次，回答和解决了代表提出的 586 个问题。

2004 年 2 月 16 日

上午 9 时，北京市第十二届人民代表大会第二次会议在北京会议中心礼堂隆重开幕。实到代表 740 人，全国人大常委会副委员长何鲁丽、傅铁山参加了会议。主席团常务主席于均波及 17 位大会执行主席主持会议。王岐山代市长作政府工作报告。部分北京市选出的第十届全国人大代表，出席北京市政协十届二次会议的全体委员，曾经在北京市担任市级领导职务的老同志，全国人大常委会办公厅有关部门的负责人，中共北京市委、市人大常委会、市人民政府有关部门、市高级人民法院、市人民检察院、各人民团体的负责人，部分中央部委和北京市双管单位的负责人列席了会议。

下午各代表团分别审议市人民政府工作报告、市十二届人民代表大会第二次会议选举办法草案。

下午 5 时，在北京会议中心第 20 会议室举行了大会主席团第二次会议。主席团成员实到 75 人。主席团常务主席金生官主持了会议。会议听取了各代表团讨论大会选举办法草案的情况汇报，通过了本次大会选举办法表决稿，提请大会表决。

2004 年 2 月 17 日

上午 9 时，在北京会议中心礼堂举行第二次全体会议。实到代表 691 人。主席团常务主席王维城及 19 位大会执行主席主持会议。会议听取了市发展和改革委员会主任丁向阳作的《关于北京市 2003 年国民经济和社会发展计划执行情况与 2004 年国民经济和社会发展计划草案的报告》；市财政局局长吴世雄作的《关于北京市 2003 年财政预算执行情况和 2004 年财政预算草案的报告》；会议以 675 人赞成、5 人反对、14 人弃权表决通过了大会选举办法。

大会结束后，在北京会议中心第 20 会议室举行了大会主席团第三次会议。主席团成员实到 73 人，主席团常务主席赵久合主持会议。会议听取了市委副书记杜德印就推荐人选所作的说明，接受了中共北京市委关于北京市市长候选人的推荐书，决定作为主席团提名的北京市市长候选人，提交代表酝酿讨论。会议还决定了候选人提名截止时间为2月18日18时。

下午，各代表团继续审议市人民政府工作报告、审议国民经济社会发展计划和财政预算报告，并就市长候选人进行酝酿、讨论。

下午3时30分，在北京会议中心第20会议室召开了关于“推进国企改革、加快股份制改造步伐”专题座谈会，主席团常务主席金生官主持会议，市委常委、常务副市长翟鸿祥、副市长陆昊及市政府有关部门负责人到会，介绍有关情况，听取代表的意见。

同时，在北京会议中心第19会议室召开了“加强食品安全与公共卫生管理”专题座谈会。主席团常务主席林文漪主持会议，副市长刘志华、牛有成，市人大常委会秘书长柳纪纲，市政府有关部门负责人到会，介绍有关情况，听取代表的意见。

晚上7时，在北京会议中心第14会议室召开了财政经济委员会第一次会议。会议审查了北京市2003年国民经济和社会发展计划执行情况与2004年国民经济社会发展计划草案的报告，北京市2003年财政预算执行情况和2004年财政预算草案的报告。

2004年2月18日

各代表团以全天时间继续审议市人民政府工作报告、国民经济社会发展计划和财政预算报告，对市长候选人进行酝酿、讨论，并推荐监票人。

上午9时，在北京会议中心第5会议室召开了议案审查委员会第一次会议。主任委员赵凤山主持了会议，审查了已收到的议案。

下午2时30分，在北京会议中心第19会议室召开了“加强城市交通管理，进一步改善交通拥堵状况”专题座谈会。主席团常务主席赵久合主持会议，市委副书记、代市长王岐山，副市长刘敬民、刘志华，市人大常委会秘书长柳纪纲、市政府秘书长刘晓晨，市政府有关部门负责人到会，介绍有关情况，听取代表的意见。

同时，在北京会议中心第20会议室召开了“促进城乡协调发展，妥善解决好三农问题”专题座谈会。主席团常务主席赵凤山主持会议，副市长孙安民、牛有成，市政府有关部门负责人到会，介绍有关情况，听取代表的意见。

同时，在北京会议中心第14会议室召开了财经委员会第二次会议，审议通过了关于北京市2003年国民经济和社会发展计划执行情况及2004年计划草案的审查报告、关于北京市2003年财政预算执行情况和2004年预算草案的审查报告，并决定将以上两个报告提交主席团会议审议。

晚上7时，在北京会议中心第20会议室召开了主席团第四次会议。主席团成员实到70人。主席团常务主席范远谋主持了会议。会议听取了关于各代表团审议市人民政府三个报告情况的汇报，并审议通过了关于市人民政府工作报告的决议草案，决定发给各代表团讨论；会议听取了关于北京市市长候选人酝酿讨论情况的汇报，确定了正式候选人名单，决定将名单印发全体代表，提交全体代表酝酿讨论。会议还提名了总监票人，并通过了总监票人、监票人名单草案，提交大会表决。

2004年2月19日

上午9时，在北京会议中心礼堂举行第三次全体会议。实到代表677人，主席团常务主席林文漪及19位大会执行主席主持了会议。会议听取了市人大常委会主任于均波所作的北京市人大常委会工作报告；会议听取了市高级人民法院院长秦正安所作的北京市高级人民法院工作报告；会议听取了市人民检察院检察长许海峰所作的北京市人民检察院工作报告。

下午各代表团审议市人大常委会、市高级人民法院、市人民检察院工作报告；讨论市人民政府工作报告决议草案；讨论市长候选人名单。

下午2时30分，在北京会议中心第5会议室召开了议案审查委员会第二次会议，主任委员赵凤山主持了会议。截至2月18日18时，大会共收到代表团和代表10人以上联名提出的议案392件。会议对这些议案作了进一步审查，提出了处理意见，并通过了议案审查委员会关于代表议案的审查报告，决定提请主席团会议审议。

同时，在北京会议中心第15会议室召开了法制委员会会议，主任委员索连生主持了会议。截至2月18日18时，大会共收到代表团和代表10人以上联名提出的法规案13件。会议经过审查，提出了处理意见，并通过了法制委员会关于法规案的审查报告，决定提请主席团会议审议。

晚上7时，在北京会议中心第20会议室举行大会主席团第五次会议。主席团成员实到69人，主席团常务主席赵凤山主持会议，会议听取了关于市人民政府工作报告修改情况的汇报；听取了各代表团审议市政府工作报告决议草案情况的汇报；审议通过了关于市人民政府工作报告的决议修改草案，决定提交各代表团讨论；会议听取并批准了财经委员会所作的《关于北京市2003年国民经济和社会发展计划执行情况与2004年计划草案的审查报告》和《关于北京市2003年预算执行情况和2004年预算草案的审查报告》，印发全体代表；会议审议通过了关于北京市2003年国民经济和社会发展计划执行情况与2004年国民经济和社会发展计划的决议草案；审议通过了关于北京市2003年财政预算执行情况和2004年财政预算的决议草案，并决定将上述决议草案提交各代表团讨论；会议听取了各代表团讨论市人大常委会、市高级人民法院和市人民检察院工作报告情况的汇报，并审议通过了关于市人大常委会、市高级人民法院、市人民检察院工作报告决议草案，决定将这三项决议草案提请各代表团讨论。

2004年2月20日

上午各代表团继续审议市人大常委会、市高级人民法院、市人民检察院工作报告；讨论大会各项决议草案（或修改草案）。

上午10时，在国际会议中心举行了关于加快前门大栅栏地区发展有关问题的专题座谈会，主席团常务主席赵久合主持了会议，市委副书记、代市长王岐山，市委副书记杜德印，副市长刘敬民，市高级人民法院院长秦正安和市政府秘书长刘晓晨，市政府有关部门负责人到会，介绍有关情况，听取代表意见。

下午各代表团继续讨论大会各项决议草案（或修改草案）。

下午4时30分，在北京会议中心第20会议室举行了大会主席团第六次会议。主席团成员实到74人，主席团常务主席田麦久主持会议。会议听取并审议通过了议案审查委员会主任委员赵凤山所作的关于代表议案的审查报告，决定印发全体代表；听取并审议通过了法制委员会关于代表法规案的审议意见报告，决定印发全体代表；会议听取了各代表团讨论各项决议情况的汇报，通过了各项决议表决稿，提交大会表决。

2004年2月21日

上午8时30分，在北京会议中心礼堂举行第四次全体会议。实到代表753人，主席团常务主席索连生及19位大会执行主席主持了会议。会议首先以746人赞成、2人反对、5人弃权通过了本次大会选举总监票人、监票人名单，决定王火、燕瑛为总监票人，王永军等19人为监票人。随后，会议以无记名投票方式选举了北京市市长。投票结束后，在总监票人和监票人监督下清点票数，发出和收回选票相等，符合大会选举办法的规定，总监票人宣布本次选举有效。而后监票人和工作人员进行计票。

10时30分，在北京会议中心第20会议室举行大会主席团第七次会议。主席团成员实到79人，主席团常务主席索连生主持了会议。会议听取了大会总监票人关于选举结果的汇报，确认选举结果有效，并决定将选举结果向大会宣布。

11时，在北京会议中心礼堂举行第五次全体会议。实到代表753人，主席团常务主席范远谋及19位大会执行主席主持了会议，全国人大常委会副委员长傅铁山参加大会。市政协副主席也参加了大会。会议宣布了选举结果。新当选的北京市市长王岐山在主席台上与人大代表们见面。随后，按键表决通过了各项决议，结果是：以732人赞成、4人反对、17人弃权通过了关于北京市人民政府工作报告的决议；以721人赞成、8人反对、24人弃权通过了关于北京市2003年国民经济和社会发展计划执行情况与2004年国民经济和社会发展计划的决议；以701人赞成、14人反对、38人弃权通过了关于北京市2003年预算执行情况和2004年预算的决议；以714人赞成、10人反对、29人弃权通过了关于市人大常委会工作报告的决议；以636人赞成、62人反对、55人弃权通过了关于北京市高级人民法院工作报告的决议；以650人赞成、47人反对、56人弃权通过了关于北京市人民检察院工作报告的决议。

在大会各项议程完毕后，市委书记、大会主席团常务主席刘淇讲话。

会议在雄壮的国歌声中胜利闭幕。

会后，新当选的北京市市长王岐山与中外记者见了面。

会议期间，代表提出询问事项10件，由市人民政府、市高级人民法院和市人民检察院分别派人到代表团汇报情况，回答询问，听取意见。

北京市第十二届人民代表大会

第三次会议

在北京市第十二届人民代表大会第三次会议闭幕时的讲话

刘 淇

（2005 年 1 月 27 日）

各位代表、同志们：

北京市第十二届人大三次会议，在全体代表的共同努力下，胜利完成了预定的各项任务。会议期间，代表们以高度的政治责任感和认真负责的态度，审议了政府工作报告、国民经济社会发展计划报告、财政预算报告和人大常委会、法院、检察院的工作报告，提出了许多中肯的意见和积极的建议。刚才，大会通过了各项决议，完成了各项议程。这次会议开得很成功，是一次民主团结的大会，求真务实的大会，催人奋进的大会。全面贯彻落实这次会议精神，对于进一步团结和动员全市各族人民，全面完成“十五”计划，实现“新北京、新奥运”战略构想，必将起到重要的作用。我代表中共北京市委对大会的圆满成功表示热烈的祝贺，向为开好会议付出心血和智慧的全体代表表示衷心的感谢！

在过去的一年里，市人大及其常委会，坚持以邓小平理论和“三个代表”重要思想为指导，按照胡锦涛总书记在全国人大成立50周年纪念大会上的重要讲话要求，深入贯彻党的十六大和十六届三中、四中全会精神，牢固树立和落实科学发展观，认真执行市十二届人大二次会议决议，积极履行宪法和法律赋予的职责，坚持和完善人民代表大会制度，各方面工作都取得了新的成绩。坚持围绕中心、服务大局，立法工作取得新的进展；法律监督和议案督办工作收到明显成效；依法讨论决定重大事项的水平有了新的提高；人事任免和任后监督工作稳步推进；代表工作不断得到加强；人大机关的自身建设也有新的提高。通过这些富有成效的工作，充分发挥了地方国家权力机关的作用，为发展社会主义民主政治，推进依法治市，推动首都社会主义物质文明、政治文明和精神文明协调发展，作出了重要贡献。

当前，首都的改革开放和现代化建设事业正处在一个关键时期。落实科学发展观正在逐步深入，首都进入了一个较高水平的发展阶段。全面落实北京城市总体规划，首都进入了一个按照“两轴、两带、多中心”的新规划，推动城乡协调发展的阶段。构建社会主义和谐社会的首善之区，为首都的改革发展稳定指明了新的方向、提出了新的任务。首都的发展面临着一个新的重要的机遇期。面对复杂的国际国内形势；面对加强党的执政能力建设，不断提高科学执政、民主执政、依法执政能力的要求；面对实现“新北京、新奥运”战略构想的繁重任务；面对首都各方面工作努力要走在全国前列的目标，迫切需要进一步加强和完善人民代表大会制度，切实做好人大工作，发挥好人民代表大会制度的重要作用。

一是希望市人大及其常委会坚持以邓小平理论和“三个代表”重要思想为指导，认真贯彻党的十六大，十六届三中、四中全会精神，抓紧落实这次会议的各项安排和部署，把坚持党的领导、人民当家做主和依法治国有机统一于首都社会主义现代化建设的实践之中，紧紧围绕“新北京、新奥运”战略构想，不断提高履行职责的能力和水平，为推动首都物质文明、政治文明、精神文明建设作出新的贡献。

二是要充分发挥人大在推进首都民主法制建设中的重要作用，进一步加快法制建设步伐，通过立法，完善社会主义市场经济体制，推进社会文明进步，落实科学发展观，实现首都和谐稳定、长治久安。

三是要充分发挥人大的监督职能，不断健全和完善监督机制，加强对权力的监督和制约，确保宪法和法律在首都得到有效实施，确保行政权和司法权得到正确行使，确保公民、法人和其他组织的合法权益得到尊重和维护。

四是要充分发挥全市各级人大代表的重要作用，了解人民群众关心的热点、难点问题，倾听群众的呼声，代表人民的意愿，维护人民的利益，为人民群众排忧解难，不断密切党同人民群众的血肉联系，维护首都的稳定。

五是要不断提高常委会工作水平，使人大工作更加充分地体现时代性、把握规律性、富于创造性。市委将一如既往地关心和支持人大工作。今年，市委将召开第二次人大工作会议，不断完善人大工作的体制、机制和制度，为充分发挥人大及其常委会的作用创造各种有利条件。为了加强党的执政能力建设，中央决定从今年开始，在全党开展保持共产党员先进性教育活动。全市各级人大党组和广大党员代表要按照中央的要求和市委的部署，积极投身先进性教育活动，自觉学习实践“三个代表”重要思想，坚定共产主义理想和中国特色社会主义信念，围绕实现“新北京、新奥运”战略构想，展示新形象，作出新贡献。

同志们，北京城市总体规划（2004—2020）已经国务院批准。这是首都规划工作的重要成果，是广大规划工作者和诸多专家历时两年多努力的结果，是在首都规划委员会的指导下，中央部门大力支持的结果。规划以科学发展观为指导，采用“政府组织、专家领衔、部门合作、依法办事、公众参与、科学决策”的方针，创新编制工作方式，体现了科学执政、民主执政、依法执政的精神。这个规划是市委市政府落实科学发展观的重要举措，是实现城市核心功能、保护历史文化名城、推进城乡协调发展、拓展城市发展空间、发展首都经济的根本依据。当前要抓紧做好后续工作，广泛宣传规划的内容，尽快完成控制性详规和土地利用总体规划。要按照总体规划的要求，科学划分各区县的功能定位。通过调整发展思路，调整相关政策，引导各区县按照规划的要求来发展，实现城市发展的总体目标。要特别注意解决好人口问题和空间布局问题。实现1800万人口的控制目标，既有控制人口数量的要求，又有提高人口素质的任务。实现“两轴、两带、多中心”的空间布局，建设城市发展新区，既有保护好耕地、控制好限建区建设的要求，又有挖掘土地使用潜力、提高土地使用效率的任务。要按照城市总体规划的要求，大力发展现代服务业、高新技术产业、现代制造业，大力发展循环经济，坚持走新型工业化道路，努力构建有活力的首都经济体系。市人大作为地方国家权力机关，要紧紧围绕发展这个党执政兴国的第一要务，履行职能，开展各项工作。要加快立法步伐，保证总体规划提出的国家首都、国际城市、历史名城、宜居城市的性质和发展目标得以完整的落实。要运用立法、监督和决定重大事项的方式推动科学发展观的落实，解决发展中的突出矛盾，实现可持续发展。

同志们，办好奥运会是首都工作的一件大事。各位代表十分关心奥运筹办工作，会议期间，提出了很好的意见和建议。借这个机会，我向大家通报一下奥运筹办工作的有关情况，号召和动员全市各级党委政府和全市人民，积极行动起来，全力做好奥运筹办工作。

一、3 年来筹办工作的进展情况

2001 年 7 月 13 日北京获得 2008 年奥运会举办权后，3 年多的时间里，在党中央、国务院的关怀和领导下，在首都人民和全国人民的热情支持、积极参与下，奥运会筹办工作进展顺利。

奥运场馆建设稳步推进。36 个竞赛场馆（含外地 5 个），截止到 2003 年年底，国家体育场、国家游泳中心等 7 个场馆已开工建设。从场馆建设的规划、方案设计开始，我们就根据中央的指示，提出了“节俭办奥运”的方针，确定了以企业为场馆投资主体，充分利用现有设施、充分考虑赛后利用和节省投资、注重经济效益的原则。2004 年，我们按照安全、质量、功能、工期、成本相统一的要求，进一步对原计划的部分场馆建设方案进行了优化调整。

积极开展奥运宣传和文化活动。我们成功征集和发布了 2008 年奥运会和残奥会会徽；成功组织了雅典奥运火炬传递活动；出色完成了接旗仪式和闭幕演出；举办了奥林匹克文化节；组织了一系列对内对外的新闻宣传；出版了面向中小学生的奥林匹克知识读本；征集宣传口号、奥运歌曲、吉祥物等方面的工作也在全面展开。

奥运市场开发初见成效。在汽车、金融、通信、航空、石油等 10 余个行业开展了征集奥组委合作伙伴的工作。目前已有 7 家中外大型企业成为奥组委合作伙伴。综合各方面资金来源，初步预计，筹资总额可达 20 亿美元以上，超过原预算 16. 25 亿美元的目标。

竞赛组织工作逐步展开。我们与 28 个国际单项体育联合会建立了稳定的工作联系。培养 28 个竞赛项目管理人员的计划正在稳步实施。当前正在抓紧制定奥运会各项赛事日程。奥组委还与中国残疾人联合会密切合作，2008 年残奥会的筹办工作也已启动。

积极开展与国际奥委会的合作。与国际奥委会合作成立的北京奥林匹克转播有限公司。与国际奥委会合作伙伴保持了良好的合作关系，有效保护了赞助企业的合法权益。加强了对奥运工程和奥组委的监督审计，加强制度建设，确保廉洁办奥运。北京奥组委的工作得到了国际奥委会的充分肯定和良好评价。

加强了基础设施建设、环境治理和历史文化名城保护等方面的工作。以交通为重点的城市基础设施建设步伐加快。4 条地铁线路已全面开工，计划在奥运会前投入运营。规模宏大的首都国际机场三期工程已经动工。深入开展大气污染治理和水系治理工作，城市空气质量稳步改善，城市河湖水质明显提高，全市林木覆盖率提高到了 47.5%。不断加大对历史文化名城的保护力度，增加历史文化保护区的数量，对重点名胜古迹积极进行保护和修缮恢复。

二、筹办奥运会面临的形势和任务

今天距奥运会开幕还有 1287 天，各项筹办任务十分繁重，时间越发紧迫。我们必须以只争朝夕的精神，全力抓好奥运的各项筹办工作。

党中央、国务院高度重视奥运筹办工作。胡锦涛总书记、温家宝总理多次对奥运筹办工作作出重要指示。去年年底，中央政治局常委会和国务院常务会议分别听取了北京奥运会筹办工作的汇报。对筹办奥运3年来的工作给予了充分肯定，要求我们在总结工作成绩的基础上，落实科学发展观，贯彻“绿色奥运、科技奥运、人文奥运”三大理念，继续努力做好各项工作，把2008年奥运会办成有特色、高水平的奥运会。

为了进一步加强对奥运筹办工作的领导，中央加强了对奥组委的领导。充实了组委会执委会。鉴于奥运会安全保卫和宣传舆论工作的重要性，中央确定了由中央统筹领导下的协调工作体制。建立了奥运安全保卫协调小组和奥运宣传舆论工作协调小组。奥运筹办工作的领导得到全面加强。

为了把中央提出的办一届有特色、高水平奥运会的要求具体化，在北京奥组委第二次全体会议上，我们提出北京奥运会的特色，就是要充分反映我们国家的基本特征和北京奥运会的时代背景。2008年奥运会是在一个有着5000年文明史、13亿人口、56个民族和5000多万海外华人华侨的大家庭举办奥运会；是在一个快速迈向全面建设小康社会的社会主义大国举办奥运会；是在一个以和平与发展为主题的世界和我国取得举世瞩目的发展成就的时代背景下举办奥运会。

有特色，概括起来，就是“中国风格、人文风采、时代风貌、大众参与”。所谓“中国风格”，就是要充分展示中华民族5000年悠久历史和灿烂文化，体现浓郁的中国韵味，让2008年奥运会成为世界人民更充分地了解和体验中国的历史、文化、人民和自然风光的最佳窗口。所谓“人文风采”，就是要突出人文奥运的理念，表现奥林匹克的精神。倡导人们陶冶情操，实现人的身心和谐发展。奥运是体育与文化艺术相结合的社会活动，是以体育为载体的文化盛典。要充分尊重和集中展示世界各国各民族的优秀文化，展示精彩纷呈的多元文化，推动中外文化的交流。要使奥运会成为增强公民文明素质、提高公共道德水平的舞台，展示中华儿女和谐至美的优良传统。所谓“时代风貌”，就是要表达当代中国人民自强不息、奋发有为的精神风貌，中华儿女积极进取、昂扬向上的朝气和活力，与世界人民共同追求和平、友谊、进步的强烈愿望。中国作为发展中的大国，作为一个负责任的国家，奉行国与国之间不分大小、一律平等的原则，以广阔的胸怀，与各国人民和谐相处，我们尊重、欢迎、帮助各国年轻人、运动员，并尽力帮助有困难的参赛运动员。所谓“大众参与”，就是要展现占世界人口五分之一的13亿中国人民和广大港澳台同胞和海外侨胞积极参与奥林匹克运动的风采。北京奥运会既是在世界人口最多的国家举办的一届奥运会，也会成为人民群众参与程度最广泛的一届奥运会。我们不仅有众多的观众，还有众多的愿为奥运会作贡献的广大民众和各国朋友。人们将会看到朝气蓬勃的中国人民，通过参与志愿者活动和丰富多彩的文化体育活动，使身心得到锻炼，体质得到增强，意志得到磨砺，品德得到提高。

怎样才能实现高水平，根据国际奥运史的经验和我国的实际情况，应该表现在8个方面，一是要有高水平的体育场馆设施和竞赛组织工作。使各国运动员能够充分展示他们的才华，使各个国际体育组织满意。二是要有高水平的开幕式及文化活动。一个好的开幕式意味着成功的开端，给数十亿电视观众精彩的第一印象，以丰富多彩的文化活动来体现奥林匹克的精神，实现体育与文化的结合。三是要有高水平的媒体服务和良好的舆论评价。要精心安排好为各国媒体的服务，发挥媒体对奥运会的积极影响。四是要有高水平的安全保卫工作。不发生危及安全的任何事故是办大型活动的基本要求。五是要有高水平的志愿者队伍和服务。奥运会需要数万名志愿者，热情、友好地欢迎各国各地的朋友。志愿者的笑脸将成为 2008 年奥运会“名片”。六是要有高水平的交通组织和生活服务。使奥运会官员、运动员和广大观众能够享受到舒适、便捷、高效的服务。七是要有高水平的城市文明形象。这是我们应该全力做好的基础工作，让运动员得以在一个满意的环境中进行比赛，给观众留下良好的印象。八是我国运动员取得出色成绩也是一个重要的方面。

实现“有特色、高水平”的目标，总的指导思想是，在邓小平理论和“三个代表”重要思想指导下，贯彻以人为本、全面、协调、可持续的科学发展观，落实绿色奥运、科技奥运、人文奥运三大理念，坚持两手抓，坚持创新、开放，坚持节俭办事，发挥优势，团结协作，群策群力，埋头苦干，为举办有特色、高水平的奥运会，实现“新北京、新奥运”的战略构想作出贡献。

下一阶段的主要任务。一是要积极做好奥运场馆建设的各项工作。按照节俭办奥运的方针，按照安全、质量、功能、工期、成本相统一的要求，抓好场馆建设，确保各主要场馆在 2007 年年底基本竣工。二是要继续做好下一轮的市场开发工作，继续加强与国际奥委会及其协调委员会等国际组织的良好合作关系。三是要认真搞好竞赛组织服务保障工作。充分借鉴历届奥运会的经验和教训，加强与奥运会举办城市的交流和合作，不断加强和改进安全和服务保障工作。认真做好志愿者队伍的组织工作，加强专业知识和服务技能的培训，提高服务保障的工作水平。四是积极推进“人文奥运行动计划”。以创建优美环境、优良秩序、优质服务为重点，加强首都精神文明建设，提高全体市民文明素质，营造文明、祥和的城市氛围。要围绕“人文奥运”，深入开展文明礼仪教育实践活动。五是加大环境综合整治力度，提升城市的整体形象。要按照《北京市城市环境建设规划》的要求，下大力气重点抓好城市景观和城市环境综合整治工作，为奥运会创造良好的城市环境。

三、举全市之力做好奥运筹办工作

奥运筹办工作是一项庞大、复杂的系统工程，涉及全市工作的方方面面。筹备奥运不仅是奥组委的事，而且是全市各级党委、政府的事，是全市人民共同的责任。全市上下都要振奋精神，扎实工作，创造性地完成好筹办任务。要以筹办奥运为契机，全面推进各项事业，实现好、维护好、发展好最广大人民的根本利益。

一是要进一步加深对筹办 2008 年奥运会重大意义的认识。奥运会是当今世界最具规模、最具影响的国际体育盛事。同时，它也是一个以体育为载体的文化盛典，具有巨大的经济效益和社会效益。百年奥运，中华圆梦，举办 2008 年奥运会是中华民族的百年企盼。筹备和举办奥运会，不仅有利于推进奥林匹克运动在我国的普及，增进我国同世界各国人民的了解和友谊，向世界展示改革开放社会主义中国的崭新形象，而且有利于进一步增强中华民族的自豪感、自信心和凝聚力，有利于促进我国经济和社会发展，有利于提高我国的国际地位，有利于促进北京更快更好的发展。筹办奥运不仅是办好一次体育盛会，更是我们按照以人为本的要求，立足北京、服务全国、全面发展的重要进程。我们一定要高度重视奥运会的筹办工作，把申奥成功后的满腔爱国热情转化为扎扎实实的筹办工作。全市各级各部门都要不断增强做好筹办工作的自觉性、责任感和紧迫感，把支持和参与奥运筹办工作与本地区、本部门、本单位的各项任务结合起来，推动经济社会的协调发展。要抓紧落实科技奥运行动计划、奥运环保计划、奥运绿化计划等各项奥运行动计划。抓住筹办奥运的机遇，充分挖掘奥林匹克精神的丰富内涵，不断完善"绿色奥运、科技奥运、人文奥运"三大理念，通过对奥运相关活动和市各部门、各区县重大活动的整合、充实，逐步形成迎接奥运的氛围。要把筹办奥运，作为创一流工作水平的过程，作为努力使首都各方面工作走在全国前列的过程，作为落实科学发展观，实现首都城市功能，推动经济社会协调发展的过程，在筹办好奥运会的过程中，使首都的各项工作得到新的提升。

二是全力搞好奥运场馆及配套设施的建设。要按照节俭办奥运的方针，积极推进奥运场馆及设施建设，并统筹考虑建设、管理和赛后利用，加强对资金使用和工程建设的监督。奥运场馆建设的任务十分繁重，工期已经十分紧张。不仅是正式场馆还是临建场馆都要在确保安全、质量、功能、工期、成本相统一的前提下，加快工作节奏。为了搞好工程的统一指挥协调，市委市政府已经成立了2008指挥部，要加大工作力度，搞好施工组织，确保工程质量。同时，要加快与奥运建设相配套的水电气热路的建设。各区县要大力支持、积极配合奥运工程建设，为奥运建设创造良好的施工环境。确保新建和改扩建场馆的建设在2007年年底基本竣工，满足举行测试赛和举办奥运会、残奥会的要求，保证两个运动会同样有特色、高水平。

三是积极开展城市环境综合整治工作。为奥运会创造良好的城市环境，要按照《北京市城市环境建设规划》的安排，突出重点，分步推进，2007年之前使首都城乡环境有一个大的改观。要加大对"城中村"的改造，完善市政基础设施，消除安全隐患，加强道路、绿地、生活设施的建设。加大无障碍设施建设。在交通部的支持下，在3年内，按照安全、舒适、美观、和谐、耐久的要求，加快郊区公路建设和整治，实现村村通油路，让农民走上舒心路，让市民休闲有好去处。要加大对奥运场馆周边地区、重大政治活动场所、重要景观、重要道路周边的整治力度。同时，要按照绿色奥运的要求，努力搞好城市景观的绿化美化净化工作。要明确各区县、各部门的工作任务、要求和职责，总体规划，分步实施，每年都要有成效，确保2008年前有一个良好的城乡环境面貌。

四是要大力推动人文奥运工程。人文奥运涉及的内容很多。办好奥运，难度最大，但最能够展示特色的是人文奥运。广大代表对人文奥运非常关心，提出了许多很好的意见建议，在这次人代会提出了办好人文奥运的议案，希望各级政府采取有效措施切实推动人文奥运工作。市委、市政府决定从抓文明礼仪入手，用3年多的时间，在生活、社会、赛场、校园和涉外活动等方面广泛开展文明礼仪教育实践活动。目前这项工作已经开始。要结合首都精神文明建设的"三大"创建活动，大兴移风易俗之风，摒弃陈规陋习，提倡讲文明、讲礼貌、讲社会公德。以此为突破口，提高全市人民的文明素质和城市的文明程度，"当好东道主，欢迎八方客"。全市上下要围绕着这个任务，创造性地开展工作。文明礼仪教育实践活动要进社区、进工地、进农村、进校园、进家庭，做到全面覆盖、全民参与。社区作为城市居民的自治组织，要围绕开展文明礼仪活动，积极组织开展社区教育，宣传倡导邻里和睦、尊老爱幼，并通过开展社区服务，搞好社区环境，构筑和谐社区，不断提高社区居民的文明素质，为筹办奥运创作良好社会环境。郊区农村要把开展文明礼仪活动同组织和动员广大群众推动郊区经济发展结合起来，搞好村镇建设，改善农民群众的生产生活条件，提高农民群众的文化素质和文明习惯，维护好农村稳定，以崭新的面貌迎接2008年奥运会。文明礼仪活动要进校周。要结合加强青少年思想道德建设，组织大、中、小学生开展各种文明礼仪教育活动，培养文明礼仪习惯。要在各施工工地广泛开展文明礼仪活动。提倡相互礼让、讲究卫生、遵守秩序，树立文明形象。党的基层组织要组织广大党员在实现“新北京、新奥运”的战略构想中，发挥共产党员的先锋模范作用，展示新形象，作出新贡献。广大党员要积极参加文明礼仪活动，做讲文明的表率，用自己的模范行动，带动广大群众，为筹办奥运作出贡献。工会、共青团、妇联等群团组织在筹办奥运的工作中大有作为。要积极开展文明礼仪活动，组织志愿者队伍工作。要采取多种形式，充分调动各方面的积极性和热情，围绕着提高市民文明素质和城市文明程度，创造性地开展活动。

成功举办一届有特色、高水平的奥运会，是党中央、国务院和全国人民交给我们的一项光荣任务。希望各位代表继续关心支持奥运筹办工作，积极参与奥运筹办工作，带头做好相关各项工作。我们坚信，在党中央、国务院的领导下，在全国人民的支持下，在全市人民的共同努力下，我们一定能够不辱使命，圆满完成这一光荣的历史使命。

各位代表，同志们，让我们紧密团结在以胡锦涛同志为总书记的党中央周围，以邓小平理论和“三个代表”重要思想为指导，认真贯彻党的十六大，十六届三中、四中全会精神，落实本次代表大会的各项决议，解放思想，与时俱进，扎实工作，开拓进取，在实现“新北京、新奥运”战略构想的征程中，不断作出新的成绩，夺取新的胜利！

北京市第十二届人民代表大会第三次会议议程

（2005 年 1 月 22 日北京市第十二届人民代表大会第三次会议预备会议通过）

一、听取并审议北京市市长王岐山关于北京市人民政府的工作报告

二、审议北京市发展和改革委员会主任丁向阳关于北京市 2004 年国民经济和社会发展计划执行情况与 2005 年国民经济和社会发展计划草案的报告

审查和批准北京市 2004 年国民经济和社会发展计划执行情况的报告与 2005 年国民经济和社会发展计划

三、审议北京市财政局局长吴世雄关于北京市 2004 年预算执行情况和 2005 年预算草案的报告

审查和批准北京市 2004 年预算执行情况的报告和 2005 年预算

四、听取并审议北京市第十二届人民代表大会常务委员会主任于均波关于北京市人民代表大会常务委员会的工作报告

五、听取并审议北京市高级人民法院院长秦正安关于北京市高级人民法院的工作报告

六、听取并审议北京市人民检察院检察长许海峰关于北京市人民检察院的工作报告

北京市第十二届人民代表大会第三次会议关于政府工作报告的决议

（2005年1月27日北京市第十二届人民代表大会第三次会议通过）

北京市第十二届人民代表大会第三次会议，听取并审议了王岐山市长代表市人民政府所作的《政府工作报告》，决定批准这个报告。

会议要求，市人民政府要全面落实科学发展观，切实加强行政能力建设，加快政府职能转变，依法行政，勤政廉政，努力完成本次大会确定的各项任务。

会议号召，全市各族人民紧密团结在以胡锦涛同志为总书记的党中央周围，以邓小平理论和“三个代表”重要思想为指导，加快推进奥运会筹备工作，圆满完成“十五”计划，努力构建社会主义和谐社会的首善之区，为实现“新北京、新奥运”战略构想而努力奋斗！

政府工作报告

2005年1月23日在北京市第十二届人民代表大会第三次会议上

北京市市长　王岐山

各位代表：

现在，我代表北京市人民政府，向大会作政府工作报告，请予审议，并请市政协各位委员提出意见。

一、2004年工作的回顾

过去的一年，在中共北京市委的领导下，首都人民坚持以邓小平理论和“三个代表”重要思想为指导，认真贯彻党的十六大和十六届三中、四中全会精神，以及中央对北京市工作的一系列重要指示，树立和落实科学发展观，推进实施“新北京、新奥运”战略构想，首都改革开放和现代化建设又迈出了新的步伐。市十二届人大二次会议确定的各项目标基本实现。

首都经济平稳较快发展。北京市生产总值达到4283.3亿元，比上年增长13.2%，是近10年来经济增长最快的一年。地方财政收入744.5亿元，增长29.7%。居民消费价格指数为101%。

——人民生活水平稳步提高。城镇居民人均可支配收入15638元，实际增长11.5%；农民人均纯收入7172元，实际增长9.2%。城镇登记失业率1.3%。人口自然增长率为0.7‰。

——环境质量进一步改善。空气质量实现了控制目标，达到62.5%；城八区污水处理率达到 58%，生活垃圾无害化处理率达到 93.8%；城八区绿化覆盖率达到 41.8%，全市林木覆盖率达到 49.5%。

一年来，我们按照科学发展观的要求，转变发展思路，调整工作部署，注重统筹协调发展，注重结构调整与优化，注重增长方式的转变，注重强化城市管理，切实加强经济社会的薄弱环节，主要做了以下几个方面的工作：

高度重视“三农”问题，切实保护农民利益。大幅增加对郊区的投入，用于基础设施建设的政府投资达到 26.2 亿元，增长 1.4 倍；用于社会事业的财政资金 20.5 亿元，增长 1.1 倍。深化农村改革，免征农业税及其附加，基本完成农村土地确权工作，修订建设征地补偿安置办法，妥善解决拖欠农民征地补偿款、建设征地转工自谋职业人员参加社会保险等历史遗留问题。加大对农民的直接补贴，落实粮食生产直补政策，建立山区生态林补偿机制，对乡镇和村级组织给予直接补贴和补助，提高城市绿化隔离地区、绿色通道生态林建设占地补偿和养护补助标准，对防控禽流感期间禽类被扑杀受损失的农户给予了直接补助。重新启动山区搬迁工程。216 个村铺通了柏油路。2004 年是近年来制定实施“三农”政策最多、力度最大、农民得到实惠最多的一年。

坚决贯彻落实中央宏观调控政策措施，促进经济增长速度与质量、效益相统一。各类开发区由 470 个减少到 28 个，撤销 94%，核减规划面积 4.7 万公顷。依法清理在建和拟建项目，规范土地出让方式，处理了一批历史遗留问题。固定资产投资和信贷投放得到有效控制。加强经济运行调节，保持了煤电油运供需基本平衡，确保了粮食等重要商品的市场供应。加快高新技术产业和现代制造业发展，工业投资大幅增加，多点支撑的增长局面初步形成，工业增速达到近年来最高水平。现代服务业增势良好，文化产业初具规模，会展经济稳步增长。实际利用外商直接投资 30.8 亿美元，增长 43%；地方企业出口完成 106.1 亿美元，增长 44%。入境旅游人数创历史新高。经济运行质量和效益进一步提高，全市规模以上工业企业利润增长 32%，商业企业利润增长 1.1 倍。

加大投入和调整力度，均衡发展各项社会事业。市级财政用于全市社会事业的资金达到 132.8 亿元，增长 27.8%。加强公共卫生体系建设，城乡一体的紧急医疗救援体系建设稳步推进，乡镇卫生院和村卫生室的改造加快，农村药品供应网络得到完善。积极推进中小学布局调整，安排 4.8 亿元支持农村中小学信息化和办学困难学校建设。投入专项经费帮助困难家庭子女完成义务教育，基本解决来京务工人员子女义务教育问题。调整科技投入结构，支持企业科技创新与成果转化，一批科研院所转制稳步推进。文化事业繁荣发展，文化体制改革试点工作进展顺利，中法文化年北京承办活动取得成功。古都风貌得到进一步保护，“3.3 亿元文物古建抢险修缮工程”完工。群众体育活动蓬勃开展，竞技体育取得可喜成绩，北京体育健儿在雅典奥运会上勇夺 5 枚金牌。落实人才强国战略，制定实施吸引文化、体育等领域人才的政策措施。人口和计划生育工作稳步开展。

统筹规划建设管理，促进城市可持续发展。按照政府组织、依法办事、专家领衔、部门合作、公众参与、科学决策的方针，创新规划编制方式，集中各方面智慧，完成了城市总体规划的修编，确定了到 2020 年北京城市建设和发展的规划蓝图。编制了城市环境建设规划和交通发展纲要。在加快轨道交通和城市道路建设的同时，调整存量，挖掘潜力，加强管理，取消五环路收费，打通一批断头路，改善城市道路微循环，四环路以内道路通行能力提高了15%。第一座医疗废物集中处理厂一期投入运行，卢沟桥污水处理厂和清河污水处理厂二期建成。实施控制大气污染第十阶段措施，二氧化硫年均浓度首次达到国家空气质量二级标准。完成城区绿化1000公顷，实施112项重点环境整治项目。全方位推进节约用水工作，机井装表率达到96%，压缩社会单位供水指标5400万立方米。加强社会宣传，发布致市民公开信，全社会的资源节约意识有所增强。

全面落实“节俭办奥运”方针，稳步推进奥运筹备工作。确立奥运场馆建设“安全、质量、功能、工期、成本”五统一原则，优化调整了比赛场馆的选址、规模、标准和规划设计方案，完成所有新建场馆设计方案的征集评审工作。成立“2008”工程建设指挥部，加大奥运工程建设组织协调力度，与31个比赛场馆业主或责任单位签订承诺书。配合奥组委成功组织雅典奥运会火炬在京传递活动，制定了人文奥运行动计划实施意见。

加大改革力度，优化发展环境。国有企业改革全面推进，国有资产监管进一步加强。组建了北京产权交易所。继续推进基础设施建设运营市场开放，一批项目通过特许经营实现市场化融资。开展公益性政府投资项目代建制试点，社会投资项目审批逐步放开。建立全市集中统一的水资源管理体制，推进国土资源垂直统一管理，完成区县政府机构改革。全面实施《行政许可法》，本市设定的行政许可事项精简59.3%，行政性收费项目取消14项。深化政务公开，大力推广全程办事代理制和“一站式”办公，成立北京市行政投诉中心。进一步清理和精简企业审批、收费、年检事项。降低企业准入门槛，新增企业数量创历史新高。加强知识产权保护，深入开展专项整治，初步建立了食品安全监管体系，整顿规范市场经济秩序取得明显进展。

认真做好就业和社会保障工作，着力改善人民生活。56件实事全面落实。完善促进就业政策，将有劳动能力的农转居人员、残疾人员和城镇低保人员纳入失业登记和就业服务范围，新增城镇就业23.4万人。加大帮扶力度，5.3万“4050”失业人员实现再就业，5.5万农村富余劳动力实现转移就业。健全社会保障体系，23.6万名城乡低收入人员纳入最低生活保障范围，实现了应保尽保。实施城市低保分类救助政策，上浮了特困人员救助标准。扩大整建制农转居人员参加社会保险试点，确立了农村养老保险制度模式和筹资方式，新型农村合作医疗覆盖面达到64%。提高了城镇基本医疗保险的保障水平，实施了来京务工人员参加工伤和医疗保险办法。危旧房改造在调整中继续推进，拆除危房近30万平方米，动迁居民2.4万户。基本完成标准租私房承租户腾退工作。改善城乡居民饮用水水质，解决19万人安全饮水问题。改造、新建了400座标准公共厕所，考虑到洗浴水价调整给一部分低收入群众带来的困难，在市区布局建设了57家便民低价浴池。

强化城市安全工作，维护首都安全稳定。打赢了防控高致病性禽流感和非典疫情阻击战，保障了人民生命健康安全。深入排查多年积累的生产安全和社会公共安全隐患910项，消除828项，尚未消除的正在加快整改。明确了政府部门安全监管职责，逐级落实安全责任制和责任追究制。建立了全市统一的应急指挥系统，制定实施《北京市突发公共事件总体应急预案》以及各类专项应急预案，加强各类专业化应急队伍建设，防灾减灾能力显著增强。认真开展人民内部矛盾纠纷排查调处工作，积极化解集体访及各类重点社会矛盾，切实维护人民群众合法权益。依法严惩各种违法犯罪行为，强化社会治安综合治理，加大反恐防暴工作力度，严密防范、坚决打击境内外各类敌对势力的图谋和破坏活动。民兵、预备役部队建设和征兵工作进一步加强。

切实搞好精神文明建设和民主法制建设。按照中央和市委的统一部署，狠抓了“三个代表”重要思想和党的十六届三中、四中全会精神的学习教育活动，社会主义精神文明建设取得新的进步。在全社会广泛征集新童谣，创造了加强未成年人思想道德建设的新方式。廉政建设和反腐败斗争深入开展。普法工作得到加强。民族、宗教、侨务和对台工作稳步发展。对外交往与合作更加广泛。国防教育、双拥共建继续推进，军政、军民团结进一步加强。更加重视妇女儿童和老龄工作。通过无障碍示范城市验收，残疾人事业又有新的发展。

认真执行市人大及其常委会的决议，坚持重大事项向市人大常委会报告制度和向市政协通报制度。市政府一名副市长和 3 名部门负责人向人大常委会述职。办复全国和市人大代表议案和建议 1841 件、政协委员提案 1422 件，全面有力地推动了政府工作。全年提请市人大常委会审议通过地方性法规 12 项，颁布政府规章 14 项。

各位代表，一年来首都改革开放和现代化建设所取得的成绩，离不开党中央、国务院的正确领导，离不开各个方面的关心、支持和帮助，是全市人民共同奋斗的结果。在此，我代表市政府，向在各个领域和岗位上辛勤劳动、作出贡献的全市人民，向给予我们支持与监督的人大代表、政协委员、各民主党派、工商联和无党派人士、各人民团体、社会各界人士，向大力支持我们工作的中央在京单位、人民解放军和武警部队以及各兄弟省、自治区、直辖市，向所有关心支持首都建设的香港特别行政区同胞、澳门特别行政区同胞、台湾同胞、海外侨胞和国际友人，表示崇高的敬意和衷心的感谢！

回顾过去一年，我们也清醒地看到，贯彻落实科学发展观刚刚起步，实现“五个统筹”在认识上需要不断深化，在实践中需要不断探索；与举办有特色、高水平奥运会和各项工作走在全国前列的要求相比，不少方面还存在相当大的差距。一是水、土地和能源等资源约束进一步加剧，资源利用效率不高，转变增长方式刻不容缓。二是经济体制改革相对滞后，发展的软环境差距较大，招商引资中的遗留问题迫切需要解决；社会事业资源整合、布局调整进展缓慢。三是随着城市化进程加快，城市管理难度加大，重建设、轻管理的问题仍然突出，环境污染、交通拥堵和环境脏乱的治理任务艰巨，生产安全和社会公共安全形势依然严峻，统筹协调旧城区风貌保护、人口疏散和危房改造的难度大，流动人口管理工作薄弱，城市管理水平亟待提高。四是建设社会主义和谐社会面临许多挑战，就业的结构性矛盾比较突出，区域、行业、群体之间的收入差距明显，农民增收的基础不稳，低收入群体生活比较困难；城市建设发展中的征地和房屋拆迁矛盾不容忽视；一些地区和场所社会治安问题突出，侵财违法犯罪增多；群体性事件呈现上升势头。五是社会守法意识、公德意识有待增强，精神文明建设总体水平亟须进一步提高。六是政府职能转变尚未到位，基础工作薄弱，办事效率不高；极少数干部以权谋私、腐败堕落。上述问题，我们将高度重视并认真研究解决。我们真诚期望各位代表、政协委员，各民主党派、工商联和无党派人士以及广大人民群众给予批评和监督，帮助我们把政府工作搞得更好。

二、2005 年工作的主要任务

2005 年是实施“十五”计划的最后一年，是筹办奥运的关键之年。现在距离举办北京奥运会仅有3年多的时间，搞好各项筹办工作，加快首都改革开放和现代化建设，任务艰巨，时不我待。今年，市政府工作总的要求是：以邓小平理论和“三个代表”重要思想为指导，认真贯彻党的十六大、十六届三中、四中全会和中央对北京市工作的一系列重要指示精神，全面落实市委九届九次全会部署，以科学发展观统领全局，协调城乡发展，推进体制创新，提高开放水平，调整经济结构，转变增长方式，发展首都经济，强化城市管理，构建社会主义和谐社会，推进精神文明建设和民主法制建设，为实现“新北京、新奥运”的战略构想奠定更加坚实的基础。

为充分体现上述工作要求，树立正确的政绩观，市政府对今年经济社会发展的预期目标设置进行了改革和调整。主要调控目标是：城镇登记失业率控制在2.3%以内，地方财政收入增长13%，居民消费价格指数控制在103%以内，万元生产总值能耗下降5%；主要预测指标是：北京市生产总值增长9%，城镇居民人均可支配收入和农民人均纯收入分别实际增长6%以上。

今年，要重点抓好以下几个方面的工作。

（一）紧紧抓住奥运机遇，全面提升城市建设管理水平

按照举办一届有特色、高水平奥运会的要求，全市建设管理工作必须充分体现“绿色奥运、科技奥运、人文奥运”三大理念，倒排工期，周密部署，确保各项筹备工作准时、高质量地完成。

全力搞好奥运场馆及配套设施建设。严格遵循“五统一”原则，按照计划安排，全面开工新建场馆和国家会议中心、奥运村、记者村等设施，适时启动改扩建项目，抓紧落实临时设施建设方案。加快场馆周边道路及市政配套设施建设，启动奥林匹克中心区广场、水系、绿地等景观工程。加强监督、审计，实施“阳光工程”，确保“廉洁办奥运”。全力配合奥组委做好各项筹备工作。

切实搞好城市基础设施建设。加快建设4条轨道交通线路，新建机场北线等高速公路，建设莲花池西路、通惠河北路等城市快速路，以及朝阳路等城市主干路。继续改善城市道路微循环系统，推进回龙观等8个重点地区的道路及公共客运系统建设，做好五环路内道路交通组织优化工作，完成南中轴路大容量快速公交建设。促进能源供应结构调整，重点抓好陕京天然气二线市内配套工程、公主坟和车公庄地区热力管网西延工程，发展天然气用户12万户、集中供热面积300万平方米。加快5座污水处理厂建设，完成40公里城市河段治理任务。开工建设南水北调重点控制性工程。城八区、郊区生活垃圾无害化处理率分别达到94%和40%，污水处理率分别达到70%和40%。

进一步加强大气污染治理和生态建设。制定实施第十一阶段控制大气污染措施，继续削减重点企业污染物排放总量，2000台燃煤锅炉改用清洁能源，淘汰3800辆老旧柴油公交车，按照欧Ⅲ排放标准更新2万辆出租车，加强工地扬尘污染监管，巩固治理成果，市区空气质量二级和好于二级的天数达到63%。继续抓好山区、平原、绿化隔离地区三道绿色生态屏障建设，加强抚育管护，全市林木覆盖率达到50%。结合城市防灾避险设施建设和节水、集水的需要，积极推进公园绿地和园林景观道路等绿化美化工程建设，城八区绿化覆盖率达到42.5%。

大力推进城市环境建设。认真落实《北京市城市环境建设规划》，从城市中心逐步向外围推进，确保2007年完成环境建设各项任务。今年重点整治三环路以内及奥运场馆周边69个城中村，完成272个直管公房小区的整治改造，整顿309处街区户外广告，在100条重点大街开展创建“六无”示范活动。统

一规划主要大街临街建筑墙体清洁工作。改造、新建标准公厕700座。

标本兼治，构建城市管理长效机制。按照职权法定、权责一致的原则，清理和规范行政执法主体，建立协调机制，落实责任制，继续推进城市管理综合行政执法。强化日常监管，夯实基层管理，综合治理黑车、游商等群众反映强烈的问题，下大力气排查“脏、乱、差、险”等管理盲点，维护管理好各类市政设施。从方便市民出发，做好各项公共服务设施的规划建设。广泛开展交通安全和法规宣传教育，培养市民遵守交通秩序的良好习惯。加强对流动人口的服务和管理。

各位代表，新的北京城市总体规划已经国务院原则通过。国务院的批复进一步明确了首都城市建设的指导思想、发展方向和总体部署，是指导首都建设与发展的纲领性文件。今年，要严格按照国务院批复和总体规划要求，完成教育、医疗等公共服务设施专项规划，组织编制中心城和新城控制性详细规划，加紧编制近期建设规划，明确建设时序和近期建设重点。从管理体制、机制上研究控制人口规模的方式和手段，着力提高人口素质。在市场配置资源的基础上，明确各区县的功能定位，探索制定新的评价指标体系，加强对各区县经济社会发展的宏观指导。强化规划实施监督，坚决维护城市规划的严肃性、权威性。

（二）切实抓好结构调整，加快推进经济增长方式转变

认真贯彻中央宏观调控的政策措施，保持固定资产投资的合理规模，增强消费对经济增长的拉动作用，着力解决经济发展中存在的重外延轻内涵、重增量轻存量、重数量轻质量、重速度轻效益、重引资轻服务等问题，进一步提高经济增长的质量和效益。

加快拥有自主知识产权的核心技术产业化步伐，提升高新技术产业和现代制造业发展水平。加大扶持力度，全面完成“五年上台阶”各项任务，进一步发挥中关村科技园区综合改革和创新示范的作用。完善智力要素参与分配的企业产权激励机制，抓紧解决中小科技企业融资难的问题。巩固软件和集成电路设计产业的国内领先地位，加快中关村软件园等产业基地建设。促进制造业集群化、集约化发展，加快北京经济技术开发区等重点产业基地建设，推动新增和搬迁改造的工业项目按产业类别和技术层次向开发区集中。抓好优势产业重点项目建设，促进汽车、电子等产业群和产业链的发展。制定并实施时装、食品、包装印刷行业发展纲要，扶持都市型工业的发展。

加快第三产业结构升级。抓住人民币业务对外资银行放开的机遇，加快商务中心区和金融街建设，积极吸引国内外各类金融机构及业务中心来京落户。推进地方性金融机构重组改革，在农村信用社基础上筹建市农村商业银行。按照支柱产业的目标要求，制定文化产业发展规划和支持政策，把文艺演出、出版发行和版权贸易、影视节目制作交易、动漫和互联网游戏研发制作、文化会展、古玩艺术品交易等优势行业做大、做强。积极推进国有文化企事业单位改革，鼓励社会资本兴办文化企业。促进高新技术产业和服务业融合，大力发展电子商务、信息增值服务、综合技术服务等新型服务业。全方位优化旅游环境，以高端产品带动旅游业、会展业快速发展。将影响交通和环境、存在重大安全隐患的小商品批发市场逐步调整出市中心区。加快连锁超市、便利店向郊区和新建社区延伸，鼓励和扶持社区服务业发展，满足城乡居民消费需求。

促进开放型经济发展。切实抓住并利用好当前有利的机遇，把扩大开放与加快优势产业发展、转变经济增长方式有机结合起来，吸引境内外资本向北京聚集，提高利用外资

的质量。加快金融、文化、教育、旅游等领域对外开放，积极承接国际服务业的外包转移，促进服务贸易发展。充分发挥北京产权交易所的平台作用，制定相关政策，促进跨国公司以多种方式参与国有企业改组改造。完善和落实城市基础设施对外开放的政策措施，加快吸引外资步伐。从体制机制创新入手，依托重大工程项目，引进先进技术，提高消化、吸收和创新水平。对重点高新技术产品生产企业给予政策扶持和定期跟踪服务，提高产品技术含量和附加值，优化出口产品结构。建立健全以市和区县两级政府为主、相关中介机构配合的贸易促进工作机制，为中小企业开拓国际市场提供支持和帮助。创新对外经济合作方式，支持企业发展海外投资业务。

大力发展循环经济，建设节约型城市。坚持最严格的土地和水资源管理制度。完成全市土地利用总体规划修编，编制土地利用和供应计划，推行土地储备和开发，节约和集约用地，新上项目优先利用存量土地。加强用水总量控制和定额管理，充分运用水价机制，推动节水工作，万元生产总值水耗下降9%。建设亦庄节水示范区。加快推进平房区水、电一户一表改造。城区新建70公里再生水管线，推进园林绿化、道路降尘、景观用水、洗车等利用再生水工作，建设再生水灌区，全市再生水利用率达到30%。严格执行新的建筑节能标准，制定节约型居住区指标并开展试点工作。加大资金投入，加快推广资源节约利用新技术、新材料、新器具。加强宣传教育，增强全社会的节约意识。探索建立有利于循环经济发展的体制和规划，抓紧制定实施产业用地、水耗、能耗、环保、就业容量、带动效应等方面的标准，建立产业筛选和综合评价机制，使消耗高、污染大的产业和企业逐步退出。制定清洁生产审核强制性产品目录和实施细则，在医药等行业的典型企业做好试点示范工作。

加强经济运行调节。根据首都经济社会发展的能源需求，研究制定重点能源战略平衡规划，推进区域开发与合作。统筹协调能源结构调整与环境保护的关系，把握总量，优化结构，提高能源需求侧管理水平，完善应急预案，做好储备工作，缓解煤、电、油、气、运紧张状况，保证能源供应。搞好粮食、食用油等重要商品的储备、调运和供应调节，保障市场稳定。

精心编制好《北京市国民经济和社会发展第十一个五年规划》。继续做好第一次经济普查工作。积极参与国家京津冀地区战略规划的编制工作。

（三）稳定、完善和强化扶持政策，认真解决“三农”问题

切实保护农民利益。今年，各项支农措施的力度只能加大，已经给农民的实惠不能减少。坚持财政投入向郊区倾斜，做好现有各项政策的集成和落实，使政策发挥更大效应。全面完成农村土地承包经营权确权工作，推进农户土地承包经营权流转，促进经营主体多元化，发展适度规模经营。完成农村集体土地地籍调查，开展核发农村集体土地所有权证、农村集体建设用地使用权证的试点工作，研究制定农村集体建设用地使用权流转管理办法。按照“近郊区逐步推开，远郊区扩大试点”的思路，加快推进农村集体经济产权制度改革。

提高农业综合生产能力。实行最严格的耕地保护制度，确保基本农田总量不减少、质量不下降、用途不改变，落实到地块和农户。深化农业结构调整，全面落实“221行动计划”，努力构建农业“七大体系”，大力发展现代都市型农业。积极扶持龙头企业、专业合作组织和行业协会发展，提高农民的组织化程度，推进农业产业化经营。发展节水型农业，加大对小型农田水利基础设施建设

的投入，开展对农民购买节水设备实行补助的试点，积极实行灌溉用水总量控制和定额管理，建设节水农田30万亩。按照强化公益性职能、放活经营性服务的要求，推进农业技术推广体系改革试点。积极探索建立政策性农业保险。加大农业生产投入品监管力度，推进食用农产品安全生产体系和农业标准化生产基地建设，实施农产品认证认可。做好重大动植物疫病的防控工作。

加大山区建设力度。把生态环境建设放在首位，继续做好植树造林、水源涵养和水土保持工作，切实搞好京津风沙源治理等防沙治沙工程，重点抓好荒山造林和小流域综合治理。完善扶持政策，促进特色林果业、绿色养殖业、休闲旅游业发展。制定综合开发配套政策，积极引导和鼓励社会资金投入山区建设。巩固和完善生态林补偿机制，进一步推动采煤、采矿业退出。完成7000名山区农民搬迁、安置任务，妥善处置搬迁后的山场和土地。

加快郊区工业化、城市化进程。加大政府投入，鼓励和引导各类社会资金进入郊区基础设施建设领域，重点向山区倾斜。完成30万农民饮用水达标硬件建设任务。新建村村通油路工程190公里。选择基础好的中心镇进行重点建设，促进人口集中、产业集聚。研究制定相关政策，积极推进旧村改造和新村建设试点，搞好土地整理，提高农村各类用地的利用率。引导加工制造业向郊区工业园区有序转移，加快区域优势产业和区域经济发展。完善和实施郊区旅游规划，大力扶持以旅游、休闲、度假为主的第三产业。探索建立信贷支持与财政支持的联动机制，扶持农民自主创业，加快郊区个体私营经济发展。

（四）深化体制改革，优化发展环境

推进国有企业和国有资产管理体制改革，促进非公有制经济发展。以“调整、改制、剥离、破产”为手段，加快调整国有经济布局和结构。以基础设施领域为重点，继续推进市属国有控股公司和企业集团重组整合。加快股份制改造步伐，促进混合所有制经济发展，力争年内完成国有企业全部改制任务的50%。基本完成国有大中型企业主辅分离、辅业改制任务。稳步实施扭亏无望企业的破产工作。完善国有资产监管经营体系，完成清产核资工作，规范企业负责人业绩考核和薪酬管理，全面实行国有资本收益收缴，扩大经营预算试点。开展董事会用人权改革试点，扩大企业负责人公开选聘范围。认真执行“非禁即入”政策，鼓励非公有制经济参与国有企业改组改造，进入城市基础设施、公用事业和社会事业领域，依法实现内资外资、国有民营平等待遇。进一步完善社会化服务体系和信用担保体系，建立中小企业发展资金，为具有发展潜力和示范作用的中小企业提供财政支持。

深化财政管理体制和投融资体制改革。坚持完善公共财政体制，逐步规范财政资金的供给范围，确保公益性基础教育、基础科研、计划生育、公共文化设施投入，继续加强社会保障体系、公共卫生体系和食品安全体系建设，切实保障社会公共安全和生产安全需求。完善市对区县财政体制，按照“财随事走、费随事转”的原则，明确两级政府的支出责任，实现事权和财权相统一。加大转移支付力度，完善转移支付资金分配办法。加强财政资金使用管理，在市级行政事业单位中全面推行国库集中支付，提高资金使用效益。强化税收征管，提高纳税服务水平。落实企业投资自主权，凡不使用政府投资的建设项目，一律不再实行审批制，政府仅对重大项目和限制类项目从维护社会公共利益角度进行核准，其他项目均改为备案制。进行经营性社会事业项目投融资改革试点，扩大公益性政府投资项目代建制范围，完善政府投资监督评价机制。政府投资的公益性项目，建设立项时必须同步测算运营成本。积极推行特许经营制度，全面推进新建基础设施项目建设运营的市场化，理顺公共产品和服务的价格，盘活基础设施存量资产，提高直接融资比重。增强政府投资的导向和带动作用，综合运用规划引导、土地供应等政策手段，优化投资的产业和区域结构。

推进城市管理体制改革。按照理顺街道办事处与政府专业管理部门关系、理顺社区民主自治与政府行政管理关系的改革思路，积极开展试点工作，认真总结经验，健全街道办事处统筹和监督机制，把专业管理和服务的责任落到实处。加强社区建设，完善公民参与机制，增强社区民主自治功能。积极培育社区服务组织，充分发挥社区服务中心的作用，不断提高服务质量和水平。进一步规范物业管理，探索正确处理社区居委会、业主委员会和物业管理单位关系的有效措施。

进一步改善投资软环境。把转变政府职能作为优化发展环境的首要任务，加快制定完善各领域投资的相关规则和标准，探索运用政府指导、行政合同等间接管理、动态管理手段，进一步完善行政投诉机制，提高行政效率和服务水平。加大政务公开力度，向社会公布行政许可事项的许可依据、条件、程序、期限和相对人的权利义务，完善规范性文件制定、公布制度，拓展政府规章和规范性文件自由索取范围。加快电子政务建设，扩大网上办公范围，推进政府部门资源共享。实行部门联动，狠抓政策的集成与落实，切实降低企业投资运行成本。分类研究招商引资中的遗留问题，逐项加以解决。进一步完善企业信用服务体系，研究制定社会信用体系建设方案。加强行政投诉中心的组织协调和监管作用，严厉查处违法行政行为。以打击盗版和商标、专利侵权为重点，开展保护知识产权专项行动，有效遏制各种侵犯知识产权的行为。

（五）大力发展各项社会事业，切实加强精神文明建设

加快社会事业发展，同样要贯彻落实科学发展观。加大结构调整力度，继续把投入重点向郊区和基层倾斜，逐步缓解城乡、区域之间社会事业发展的不均衡状况。坚决杜绝不考虑成本和需求的盲目投入，实现投入方式由粗放型向集约型转变。通过重组、置换等多种形式，调整盘活存量资源，提高有效利用程度。

全面实施首都教育发展战略。认真落实各项人才政策，大力开发人力资源，通过各种形式的教育和培训，不断提高劳动者素质。继续加大教育投入，加快教育结构调整，切实提高教育质量。优先发展农村义务教育，改善农村中小学办学条件，完成100所中小学布局调整，为500所中小学配备体育设施。推行基础教育课程改革，扎实推进素质教育。加强教师队伍建设，重点抓好中小学校长和农村教师培训。加快职业教育改革和发展，大力培养应用型、技能型人才，重点支持50个紧缺专业和50个农村远程教育示范站点建设。充分发挥中央在京高等教育资源优势，调整市属高校发展定位，优化学科专业结构。积极推进教育体制改革，支持和规范民办教育健康发展。加大教育乱收费治理力度，认真搞好校园安全和周边环境整顿。

增强科技创新能力。深化科技体制改革，建立以企业为主导、产学研相结合的创新机制，促进企业成为技术创新主体。完善鼓励创新的财税、金融、用地、人才等政策，支持企业加大研发投入，提高自主创新能力，开发具有自主知识产权的核心技术。扩大技术市场的平台作用和交易规模，推动科技资源与实业投资、金融资本紧密结合，促进科技资源优势转化为产业优势。在信息通讯、生物医药、新材料、光机电一体化、现代农

业等领域，支持一批关键、共性技术的研究开发，提升重点行业整体水平与核心竞争力。通过组织实施一批项目，加快科技创新资源向郊区的辐射，发挥科技在城乡统筹发展中的支撑作用。

加快医疗卫生事业发展。制定卫生区域发展规划，加强卫生资源的结构调整和优化配置，完善卫生服务体系。继续以卫生基础设施建设和人才培养为重点，落实城市卫生资源支农措施，完成覆盖山区的1486个社区卫生服务站的基本建设。加强公共卫生基础设施建设，完善首都地区急救网络，重点推进社区卫生服务中心急救点建设，完成乡镇急救点建设规划。加快推进传染病专科接诊室、专用门诊建设，抓好地坛医院搬迁和佑安医院扩建等重点项目。积极推进医院投融资管理体制改革，推动国有医院产权制度改革试点，探索建立医院国有资产监管机构，逐步实现管办分开。巩固医院纠风工作成果，加大对收受回扣、“红包”、“开单提成”和乱收费等问题的治理力度。进一步规范药品集中招标采购工作，努力降低群众医药费用负担。大力开展健康教育，重点普及防治艾滋病知识。

提高文化事业发展水平。深入开展群众文化活动，构建以基层为重点的公共文化服务体系，支持48个农村文化中心、759个农村文化室建设，完成深山区260个自然村广播电视“村村通”，开展民族民间文化保护试点。加快首都博物馆、中国电影博物馆等文化重点工程建设。积极探索运用市场化手段繁荣公益性文化事业的新途径。搞好群众体育基础设施建设与管理，广泛开展全民健身活动，增强群众身体素质。继续实施奥运夺金计划，提高竞技体育水平。

全力推进精神文明建设。软环境建设是筹办奥运最具挑战性的任务。要认真落实人文奥运行动计划实施意见，深入开展首都文明礼仪宣传教育实践活动，启动奥运会志愿者活动计划，加强历史文化遗产保护，扩大对外文化交流，继续搞好市民讲外语活动，普及奥运比赛项目相关知识，提高全体市民的文明素质。广泛开展精神文明创建活动，倡导科学、健康、文明的生活方式，全面推进文明社区、文明村镇、文明行业建设，争创全国文明城市。搞好普法宣传教育，积极开展法律援助。繁荣哲学社会科学事业，普及科学知识。抓好未成年人思想道德建设，构建具有首都特色的学校、家庭、社会相结合的教育体系。坚持不懈地开展“扫黄”“打非”斗争，建立文化市场综合执法机构，强化文化市场和互联网管理。加强国防后备力量建设，深入开展国防教育，增强全社会国防意识，支持驻京部队建设，做好双拥共建工作。研究制定加强民族工作的措施，努力促进少数民族乡村发展。认真贯彻国务院《宗教事务条例》，进一步落实宗教房产政策。继续推进京港、京澳、京台交流与合作，做好侨务工作。加强人口和计划生育工作。依法保障妇女、未成年人、老年人和残疾人的合法权益，加快无障碍设施建设。

（六）坚持以人为本，努力构建社会主义和谐社会的首善之区

积极探索统筹城乡就业的新机制，不断增加城乡居民收入。新增城镇就业19万人，城镇登记失业人员再就业17万人。加大对中小企业和个人创业的信贷支持，全面推广经济建设与促进就业“三同时”制度。继续实施“三年三十万”社区就业岗位开发计划，增强岗位开发的针对性。继续推进就业倍增计划，实现1000名失业人员成功创业，带动1万人就业的目标。健全农村富余劳动力就业登记服务制度，将有劳动能力和就业愿望的人员纳入全市统一的就业服务体系，研究制定转移就业办法，加强乡镇和村级就业服务组织建设，加大职业指导、职业介绍和技能

培训力度。研究制定特殊帮扶政策，引导失业人员跨地区就业，缓解失业率较高地区的就业压力。继续采取政策倾斜、承诺服务、就业助理等措施，为就业困难人员提供一对一全程跟踪服务。大力推行集体合同制度，规范企业用工行为。加大对建筑企业工资支付情况的监控力度，基本解决拖欠农民工工资问题。

坚持不懈地做好社会保障工作。加快推进建设征地转非劳动力、整建制农转居人员、来京务工人员参加社会保险，尽快将他们纳入覆盖范围。制定农村社会保险制度建设的指导性意见，积极推进农村养老保险制度改革。完善新型农村合作医疗相关政策，扩大农民受益面，逐步提高保障水平。继续完善城镇养老保险制度，开展做实基本养老保险个人账户工作，积极建立企业年金制度。以私营、个体和灵活就业人员为重点，扩大社会保险覆盖面，确保各项基金征缴率在95%以上。

大力推进城乡社会救助体系建设，切实保障困难群众基本生活。完善最低生活保障制度，建立规范的低保标准调整机制，依据居民消费品价格指数变化情况，适时采取临时补贴等应急措施，强化动态管理，保障低保人员基本生活。不断完善专项救助制度，切实发挥综合解困效应。全面落实城乡医疗救助制度，资助所有农村低保对象参加当地合作医疗。继续实施农村特困户危房改造计划，扩大城市住房救助范围。研究城镇供热救助办法。加大临时救助力度，努力解决高于低保标准的低收入家庭生活困难问题。做好农村低收入群体增收的动态监测工作，有针对性地进行扶持和帮助。

切实解决群众住房困难。以确保市民生命安全为切入点，坚持政府主导、群众参与的原则，发挥市场机制作用，完善法规政策，采取多种方式加快危旧房改造步伐。听取专家意见，保护古都风貌，疏散旧城过度密集的人口。加大财政扶持力度，加快配套基础设施建设，稳步推进6个历史文化保护区试点项目。重点做好解危排险工作，解决8000户居民的居住安全隐患问题。竣工200万平方米经济适用住房，抓好廉租房建设和筹集工作，优先满足危旧房改造的需要。严格执行拆迁程序和政策，依法文明拆迁。围绕直接关系群众生活的热点、难点问题，办好55件重要实事。

全力做好首都安全工作。认真清查全市危险源分布情况，排查消除各类安全事故隐患，对短期内确实难以解决的隐患，要严防死守，加快整治。严格执行各项法律、法规和制度，落实社会单位主体责任和政府监管责任，积极推进安全质量标准化，规范安全生产行为，加强日常监管，从源头上防范各类安全事故发生。建立全市统一的食品安全监控系统、农副产品质量安全定期抽检公布制度，加大药品、保健食品、医疗器械、化妆品检查监测力度，确保食品、药品安全。强化产品质量监督检查和专项整治，每季度向社会公布重点商品检测结果，积极引导安全消费。进一步完善应急体系，建立健全应对各类突发事件的管理体制和工作机制，整合应急资源，提高安全工作专业队伍水平，认真组织好演练，增强反应和处置能力。加强消防基础设施建设。在全市普及预防各类灾害知识，提高市民的安全意识和自我防范救助能力。

坚决维护首都稳定。正确处理新形势下人民内部矛盾，畅通和拓宽信访等民愿诉求渠道，建立信访反馈与政策实施研究联动机制，积极预防和妥善处理群体性事件。完善人民调解、治安行政调解、司法调解相衔接的工作制度，形成各部门协调配合的工作机制和工作格局，促进社会和谐稳定。进一步强化社会治安综合治理，以创建平安社区、平安村为载体，积极探索治安防范工作的社会化、科技化、法制化途径，提高全社会的治安防控能力。依法打击各类犯罪活动，加强对黄赌毒的查禁力度，重视反恐斗争，增强群众的安全感，保护人民生命财产安全。

三、加强政府自身建设，提高依法行政能力

面对首都改革开放和现代化建设的新形势、新任务、新要求，各级政府必须牢固树立科学发展观和正确政绩观，按照科学执政、民主执政、依法执政对政府的要求，加快职能转变，加强基础工作，不断提高行政效能和服务水平。

第一，全面推进依法行政，建设法治政府。坚持依法治市，认真贯彻行政许可法，落实《全面推进依法行政实施意见》，更新政府行政理念，完善行政程序，规范行政行为，健全行政监督机制，把依法行政贯穿于政府工作的方方面面，努力做到合法行政、程序正当、高效便民、诚实守信、权责统一。加强行政立法，重点完成食品安全、重大公共活动安全管理、城市基础设施特许经营等方面的立法任务，提高政府立法质量。健全公众参与、专家论证和政府决定相结合的科学民主决策机制，完善行政决策程序，建立决策跟踪反馈和责任追究制度。深化行政执法体制改革，继续推行行政执法责任制、评议考核制，建立行政执法人员责任追究制度，促进行政机关和工作人员切实履行职责。坚决贯彻市人大及其常委会决议，坚持重大事项报告制度，认真做好市政府组成人员述职工作，自觉接受监督。坚持重大问题决策前认真听取政协及各民主党派、工商联、无党派人士的意见，自觉接受民主监督。认真办理人大议案、建议和政协提案，以点带面推动各方面工作。进一步加强行政机关的内部监督，自觉接受司法监督和社会监督。

第二，加强基础工作，提高行政水平。做好基础工作是提高行政能力的前提。各级政府、各部门，特别是领导干部要认真分析存在的问题和薄弱环节，周密制定整改措施和实施方案，通过不懈努力，使各级政府、各部门的基础工作得到明显加强，决策的科学性和行政效能得到明显提高。具体要求是：全面深入掌握本级政府、本部门的职能责任，明晰干部的岗位职责，严格落实责任制，做到“职责清”；对工作领域的历史过程、工作现状、面临矛盾以及问题成因，能够心中有数，做到“情况明”；建立健全以准确可靠数据为基础的数字化管理机制，基础数据全面完整，动态变化及时更新，部门之间信息资源共享，做到“数字准”；加强政治理论学习和业务知识学习，全面掌握并正确执行相关法律、法规和政策，实现“素质高”。同时，要敢于提出和认真遵循较高的工作标准和工作要求，力争使各项工作走在全国的前列。广大基层公务员是推动首都各项事业发展的重要力量，要进一步加强全市基层公务员队伍建设，关心他们的学习和生活，支持他们做好工作。

第三，以“保持共产党员先进性教育活动”为契机，进一步搞好政风建设。按照中央和市委的部署，在行政机关集中开展好先进性教育活动，认真解决在思想、组织、作风以及工作方面存在的突出问题，使人民政府始终成为人民利益的忠实维护者，使广大公务员树立正确的理想信念和高尚的道德情操，永葆人民公仆的本色。坚持实事求是，严格按照客观规律办事，努力使各项工作经得起实践检验；坚持群众路线，认真听取群众意见，自觉接受群众监督，充分调动人民群众的积极性和创造性，发挥全体市民在首都现代化建设中的主体作用；坚持求真务实，说实话、办实事、求实效，力戒浮躁和推诿扯皮，

把更多的时间和精力用在调查研究和工作落实上；坚持勤俭节约，反对铺张浪费，坚决制止不切实际、不计成本、不问效果的错误做法；坚持勤政廉政，充分发挥行政监察、审计等职能部门的作用，坚决纠正行业不正之风和以权谋私，进一步加强廉政建设和反腐败斗争，真正做到“为民、务实、清廉”。

各位代表，首都改革开放和现代化建设正处于关键时期，我们深知任务非常艰巨，责任十分重大，使命无比神圣，前景无限美好。让我们紧密团结在以胡锦涛同志为总书记的党中央周围，以邓小平理论和“三个代表”重要思想为指导，全面落实科学发展观，坚定信心，迎难而上，开拓进取，扎实工作，为实现“新北京、新奥运”战略构想而努力奋斗！

北京市第十二届人民代表大会第三次会议关于北京市2004年国民经济和社会发展计划执行情况与2005年国民经济和社会发展计划的决议

（2005年1月27日北京市第十二届人民代表大会第三次会议通过）

北京市第十二届人民代表大会第三次会议经过审议，并根据财经委员会的审查报告，决定批准北京市2005年国民经济和社会发展计划及《关于北京市2004年国民经济和社会发展计划执行情况与2005年国民经济和社会发展计划草案的报告》。

关于北京市2004年国民经济和社会发展计划执行情况与2005年国民经济和社会发展计划草案的报告

——2005年1月23日在北京市第十二届人民代表大会第三次会议上

北京市发展和改革委员会主任　丁向阳

各位代表：

我受北京市人民政府的委托，向大会提交2004年国民经济和社会发展计划执行情况与2005年计划草案的报告，请予审议。

一、2004年国民经济和社会发展计划执行情况

一年来，全市认真贯彻科学发展观，坚决落实中央宏观调控的各项政策措施，注重

创新体制、调整结构、优化环境、全面发展，市十二届人大二次会议审议通过的主要预期目标圆满完成，全年地区生产总值增长13.2%，总量达到4283.3亿元，基本实现了速度与结构、质量、效益的统一。计划执行的主要特点：

（一）经济增长的质量和效益得到提高。

产业发展趋向协调。工业增加值增长19.3%，多元增长格局初步形成，电子信息、汽车、石化新材料、装备制造、生物医药和都市工业等六大行业所占比重超过70%。中芯国际、京东方液晶显示器、奔驰汽车等重大项目陆续上马投产。第三产业增加值增长11.6%，信息服务、房地产等行业均保持较快增长。国家级软件园和软件出口基地落户北京，为培育新的增长点打下了基础。

经济增长内在动力增强。消费升级的拉动作用明显，全年实现社会消费品零售额2191.8亿元，增长14.4%。城镇居民服务性消费占消费支出的比重达到31.7%，提高1.4个百分点。社会投资活跃，非国有单位完成投资占全社会投资的比重达到70.1%，提高5个百分点。实际利用外商直接投资30.8亿美元，增长43%。地方企业出口106.1亿美元，增长44%。

宏观和微观效益持续改善。地方财政收入744.5亿元，增长29.7%。规模以上工业企业经济效益综合指数同比提高18.4个百分点，实现利润增长32%，商业企业利润增长1.1倍。

（二）宏观调控的积极效应得到显现。

投资增幅明显回落。按国家规定清理固定资产投资项目，停缓建了一批手续不全和不符合产业政策的项目。按照“有保有压”的方针，对急需启动的重点项目进行联合审批，促进了投资平稳增长。全社会固定资产投资完成2528.3亿元，增长17.2%。

信贷投放显著收缩。全年中资金融机构人民币贷款余额比年初增加1457亿元，同比少增646.2亿元。

规范土地市场取得进展。全面清理整顿开发区，开发区数量由470个减少到28个，规划面积压缩53.4%。

价格总水平基本稳定。加强市场价格监管，认真管好政府定价，全年居民消费价格指数为101%。

（三）经济社会发展的薄弱环节得到加强。

高度重视“三农”工作。切实落实农村土地承包经营权。修订建设征地补偿安置办法，初步实现了征地与农民就业和社会保障挂钩。免征农业税及其附加，落实粮食生产直补政策，农民种粮积极性显著提高。郊区基础设施建设纳入全市统一规划，市区到各区县的快速路建设加快，水、电、气、热等基本公共产品供给能力增强。建立山区生态林补偿机制，促进了山区生态保护和农民增收。农民人均纯收入达到7172元，实际增长9.2%。

城乡基本公共服务有所改善。加大资金投入，农村义务教育、农村公共卫生服务水平进一步提高。制定并启动《关于加强首都公共卫生建设意见》及其相关配套措施，疾病预防控制体系和突发公共卫生事件医疗救治体系逐步完善。首都博物馆和国家大剧院等重大项目进展顺利。实施基层文化设施建设示范工程，推进文化馆、图书馆等向社区延伸。积极开展群众体育活动，全年建设1229个全民健身工程。

城市交通和环境建设加快。地铁四、五、十号线（含奥运支线）全面开工，在建规模达到86.3公里。新开工建设城市主干路100公里，新建53条城区微循环道路。生态建设和环境治理成效显著，全市林木覆盖率49.5%，城八区绿化覆盖率41.8%，污水及垃圾处理能力继续提高，市区空气质量二级和好于二级的天数比重达到62.5%。水资源管理得到加强，应急水源工程投入使用，南水北调北京段工程已经启动。

就业和社会保障形势平稳。城镇登记失业率为1.3%，就业状况总体较好。各项基金扩面征缴取得成效，社会保障覆盖面不断扩大。推广农村新型合作医疗制度，参保人数达到230万人，开展了农村养老保险改革试点。实施低保分类救助方案，23.6万人享受城乡最低生活保障，基本做到了应保尽保。城镇居民人均可支配收入15637.8元，实际增长11.5%。

（四）重点领域改革得到深化。

基础设施投融资体制改革取得重要突破。基础设施特许经营取得显著成效，投资、建设和运营市场放开，打破了垄断局面，缓解了政府投资压力。截至2004年年底，京承高速二期、北苑污水处理厂等16个新建基础设施项目实现市场化融资56亿元。地铁四、五、九、十号线投资、建设和运营特许经营面向国内外公开招商，四号线特许经营实施方案已经启动。

国有企业改革稳步推进。国有企业清产核资和主辅业分离改制试点工作全面启动。初步完成了首旅等大型集团的合并重组。组建了北京产权交易所，实施了医药集团投资主体多元化改革。非公有制经济得到较快发展。

社会事业改革开始起步。经营性文化事业单位转制初见成效，先后组建了北京儿艺股份、发行集团和北京歌舞剧院有限公司，北青传媒股份有限公司在香港成功上市。高校引资建设取得新进展。多元办医迈出步伐，一些医院开始引入多元投资主体。

宏观管理职能进一步转变。贯彻落实《行政许可法》，全面清理和规范行政许可事项。大力推进网上审批服务系统应用，办事效率有所提高。对于关系群众利益的重大事项，召开听证会、座谈会，广泛听取专家和市民意见。在进行城市总体规划修编和“十一五”规划前期研究中，有效发挥“外脑”作用。推进奥运经济战略实施，扩大了北京的国际影响。

（五）政府投资*的调控作用得到发挥。

积极推进“两个转移”。按照科学发展观要求，推进政府投资向郊区转移，引导社会投资向优势产业转移，取得积极成效。在市发改委安排的投资中，郊区与城区投资的比例实现了由2003年的20：80到2004年40：60的重大转变。全社会固定资产投资中郊区所占比重提高了1个百分点。积极推进落实重大产业发展项目，运用补助、贴息等扶持手段，引导社会投资向现代制造业、高新技术产业和现代服务业转移，全市工业投资增长54.7%，占全社会投资的比重提高2.6个百分点。

实施政府投资“五个倾斜”。针对发展的薄弱环节，政府投资向城市道路交通倾斜，共安排轨道交通和城市道路及路网加密投资59.4亿元，增长1.7倍。向郊区基础设施倾斜，安排投资26.2亿元，增长1.4倍，支持郊区道路建设项目59个。向公共卫生、农村义务教育等社会事业倾斜，安排投资10.8亿元，增长74%，一批农村卫生院、中小学校和文化项目建成使用。向现代制造业、高新技术产业和现代服务业发展倾斜，安排产业投资5.4亿元，增长1.3倍，重点支持166个项目，对培育支柱、调整结构、优化产业发展环境发挥了导向作用。向促进城乡节水等环境、资源领域倾斜，安排投资12.7亿元，增长53%，重点支持京津风沙源治理、第二道绿化隔离带等生态工程，一大批农业节水设施和垃圾填埋场、转运站设施得到

* 本文中“政府投资”均指市发展改革委负责安排的投资。

改造。

提高政府投资使用效率，发挥引导放大作用。转变政府资金投入形式，搭建了市区两级投融资平台，由单一直接投资变为资本金注入、补助、贴息等多种投入方式，通过公私合作、特许经营等融资方式，引导和带动社会投资 600 亿元左右。对政府投资项目融资进行了贷款银行招标试点，公主坟和车公庄热力管线西延工程贷款银行招标取得成功，拿到了服务比较好、成本比较低的贷款。

政府投资新型管理机制初步建立。转变政府投资项目管理模式，制定了政府投资管理暂行规定等规范性文件，促进了资金使用的公开化和制度化。依据产业政策和区域发展规划，建立了项目储备库。加强政府投资重大项目全程监管，全年稽查重大项目 50 个，总投资 370.5 亿元，分别增长 177.8%和 57.6%。转变产业扶持项目筛选评价机制，通过社会公开征集、专家评审筛选，推进了政府投资决策的科学化和民主化。

积极推进公益性政府投资项目代建制管理。为根治政府投资项目超规模、超标准、超概算，节省政府资金，市残疾人职业培训和体育训练中心、市疾病预防控制中心业务楼等 14 个新建重点公益性项目以代建制方式实施。研究制定了政府投资项目代建制管理办法，硬化投资预算约束。全市第一个代建制项目回龙观医院病房楼改造工程已交付使用，节约资金 42 万元，并获得“结构长城杯”奖。

（六）经济运行调节和公共服务能力得到增强。

经济运行调节机制初步形成。建立了工业经济运行调节部门联席会议制度，及时协调解决运行中的重大问题。落实电力供需平衡方案，加强需求侧管理，夏季日均削减电力负荷近 30 万千瓦，在各方面的共同努力下，实现了安全度夏。积极组织成品油货源，基本保持了供需平衡。认真抓好电煤、居民用煤的调运和储备，初步建立了煤炭储备机制，为未来首都能源储备制度的建立奠定了基础。建立铁路运输应急机制，优先保证粮食、煤炭、成品油、化肥等重要急需物资的运输，累计增运 446 万吨。

综合运用价格杠杆进行调控。在广泛宣传和充分论证的基础上，调整用水价格，促进了节约用水。按照国家部署，疏导华北电网电价矛盾，拉开企业峰谷差价，首批实行季节性电价，适当调整民用电价格，缓解了电力紧张。大力开展资源节约活动，制订了产业节水指导目录和发展循环经济的意见，增强了全社会的资源节约意识。

市场监管能力不断增强。建立重要商品市场监测体系及预警机制，完善应急储备方案，调整储备结构，粮食、食用油等重要商品市场供应总体平稳。加强市场价格监管，严肃查处价格违法行为，全年查处价格违法行为 5956 件，经济制裁总金额 4720 万元，退还消费者 822 万元。完善企业信用信息系统，强化了食品和药品安全监控。

高度重视城市应急防控体系建设。制定突发公共事件应急预案，成功防控非典和高致病性禽流感疫情。切实加强安全生产管理，落实安全责任制和责任追究制，认真排查事故隐患，安全生产形势有所好转。

总的看，一年来在科学发展观的指导下，全市认真贯彻落实中央宏观调控政策，注重解决深层次矛盾，有针对性地推进改革和实施倾斜政策，经济社会生活中的原有矛盾得到一定程度的缓解，发展和改革取得了比较好的实践成效。但是也要看到，在发展过程中仍然存在一些突出问题需要重视解决。

三大新动向需要密切关注。一是信贷投放下降较多，产业项目落地难，投资不足。二是经济运行调节难度加大，煤电油运气等供求持续紧张，外部依存度高，结构性矛盾突出。三是低收入群体收入增长较慢，受粮油肉蛋菜等农副产品价格高位运行的影响，承受能力减弱。

三大深层次问题仍需着力解决。(1) 资源集约利用水平低，经济增长方式比较粗放。在水、能源和土地资源约束日益加剧的同时，社会平均能耗、水耗偏高，产业用地效率较低。(2)“三农”问题依然突出，城乡发展不够协调。土地确权引发一些新的问题。农村基础设施和公共服务欠账较多，城乡差距仍然较大。农民饮用水卫生安全缺乏保证，农村普遍缺乏污水、垃圾集中处理设施。农业结构调整基础不稳固，受利益驱动短期波动明显。农村社会保障水平较低、覆盖面小。(3) 产业结构调整任重道远。区域产业链条尚未形成，产业集聚水平较低，抗市场风险能力不强。产业发展政策体系不完善，中小企业实力不强、竞争能力较弱。

基础管理和应变能力亟待提高。目前全市正处在加速发展过程中，体制转轨、社会转型，城乡就业、收入差距，以及城市拆迁和征占地等引发的矛盾交织在一起，社会不稳定因素增多，建设社会主义和谐社会的任务十分紧迫。

面对这些问题和矛盾，新的一年要更加注重体制、机制创新，更加注重远近结合，更加注重薄弱环节建设，更加注重政策的协调衔接，更加注重改进基础管理和提高应变能力，有针对性地制定和落实好各项政策，提高驾驭发展和统筹平衡的能力。

二、2005 年国民经济和社会发展计划初步安排

2005 年是“十五”计划最后一年。总体看，全球经济仍将保持较快增长，国内宏观政策环境比较稳定，特别是我们正处在重要战略机遇期，奥运经济效应将进一步显现，应切实抓住机遇，坚持以科学发展观统领全局，保持首都经济社会平稳较快发展。

(一) 发展计划安排的主要原则。

为贯彻落实科学发展观，根据地方政府的主要职能和掌握的调控手段，我们对 2005 年计划指标设置进行了改革和调整，将主要由市场决定的指标改为预测性指标，将体现政府职能和工作重点的指标作为调控目标。计划安排的主要原则：

一是坚持以科学发展观为指导，推进经济增长方式转变。将加快发展的着力点，切实转移到促进速度、结构、质量、效益的统一上来，逐步建立科学的经济社会发展综合评价体系，大力发展循环经济，推进可持续发展。

二是坚持推进“两个转移”，实施城市反哺农村。进一步加大政策倾斜和资金引导力度，发挥土地、规划、计划的综合调控作用，继续推进政府投资向郊区转移，社会投资向优势产业转移，落实区县功能定位，增强发展后劲，促进城乡协调发展。

三是坚持加强薄弱环节，促进和谐社会建设。切实将建设和发展的重点转移到郊区基础设施、农村公共服务、资源节约和环境保护上来，更加注重解决低收入群体的生活困难，积极扩大就业，完善社会保障，努力化解社会矛盾。

四是坚持体制、机制创新，增强发展活力。从制约发展的体制、机制障碍入手，将工作的着力点主要放到改善公共服务和为市场主体创造良好发展环境上来，大力推进改革，进一步扩大开放，搞好政策衔接协调，提高驾驭发展的能力和水平。

(二) 主要调控目标的初步安排。

——城镇登记失业率控制在 2.3%以内。

——地方财政收入增长 13%，地方财政支出增长 9%。

——居民消费价格指数控制在 103%

以内。

——万元生产总值能耗下降5%，万元生产总值水耗下降9%。

——食品安全监测抽查合格率稳定在90%以上，药品抽检合格率稳定在95%以上。

——户籍人口增长率控制在1.5%。

——义务教育阶段学龄入学率保持在99%以上。

——市区空气质量二级和好于二级天数达标率63%。

（三）主要经济指标预测。

预计地区生产总值增长9%；全社会固定资产投资增长13%；社会消费品零售额增长10%；地区进出口总额增长15%；城镇居民人均可支配收入实际增长6%以上；农民人均纯收入实际增长6%以上。

三、实现2005年发展计划的主要措施

根据市委九届九次全会的总体要求和工作部署，2005年要在市人大的监督指导和支持下，坚持以科学发展观统揽全局，用改革的精神和发展的办法，抓好各项措施落实，努力完成"十五"计划，为实现"新北京、新奥运"战略构想，迈出新的扎实的步伐。

（一）稳固需求支撑，保持经济平稳较快增长。

积极落实宏观调控政策，着力稳定投资、扩张消费、扩大出口，将解决深层次结构问题与克服短期波动影响统筹起来，充分利用国内外两个市场、两种资源，进一步提高经济增长的质量和效益。

促进投资稳定增长，着力优化投资结构。一是抓好重大项目的实施。加快奥运场馆、基础设施、能源交通、危房改造等重点项目，推进奔驰轿车、首钢结构调整、中芯国际、京东方液晶显示器等重点产业项目。二是发挥政府投资引导、调控和放大作用。继续运用补助、贷款贴息、担保、捆绑入股等多种投入方式，引导、带动社会投资向优势产业转移。三是完善投资调控和服务体系。加强产业发展规划和土地供应计划的协调衔接，改进投资服务，促进投资空间结构优化。四是落实好信贷政策，保证经济发展正常的资金需求。五是保持房地产市场稳定。综合运用多种政策手段，调控好房地产市场规模和结构，发展节能节地住宅。密切关注房地产价格走势，加强市场监测分析，防范和化解潜在风险，保持房地产市场总体平稳。

努力扩大消费，增强消费拉动作用。继续规范市场秩序，营造有利于挖掘消费潜力的环境。采取多种有效措施，促进农民和城镇低收入居民增收，增强中低收入者的消费能力。提高教育、旅游、医疗、餐饮等服务水平，扩大居民服务性消费。完善二手房交易配套政策，扶持实力强、信誉好的二手房经纪机构，带动住房及建材家装等消费。加快流通业结构调整和资源整合，培育和发展一批区域性的购物中心、物流中心，扩大消费规模。继续推进农产品批发市场升级改造，鼓励大型综合超市、专业超市、便利店等现代商业业态，逐步把服务网络延伸到郊区、社区。

扩大对内对外开放，提升经贸发展水平。加快出口产品结构优化升级，重点抓好电子信息、生物医药、新材料、机电产品、软件产品的出口，提高服务贸易份额。完善出口服务支持体系，鼓励中小企业开展对外贸易。抓住有利时机，推进服务业开放，提高利用外资水平。支持有实力企业境外投资，打造国际企业和品牌企业。以生态环境、水资源、城际交通等为重点，加强区域合作，延伸产业发展腹地，为发展提供更大空间。

（二）继续推进"两个转移"，切实加强薄弱环节。

坚持政府投资向郊区转移，引导社会投

资向优势产业转移，继续实施“五个倾斜”，着眼于解决市区瓶颈问题和郊区发展问题，进一步突出对区域布局、投资结构和产业结构的引导，加强农村和南城建设，促进全面协调可持续发展。

将政府投资的50%投向郊区。政府投资中郊区与城区的投资比例从上年的40：60调整为50：50，郊区投资总量达到77亿元，比上年计划增长67.4%。重点支持新城及中心镇基础设施、社会公共服务设施、工业园区配套设施、资源节约与生态保护设施等建设，加快郊区城市化进程。

加快城市交通、奥运场馆周边道路及市政工程建设，缓解城区交通拥堵压力。拟安排政府投资47亿元，比上年计划增长27%。一是加快推进地铁四、五、十号线（含奥运支线）、机场线建设，全年安排资本金20亿元。二是搞好奥运相关道路及配套市政工程建设，包括运动员村路、中一路、老山南路、老山北路、五环辅路等。三是继续加快城市主干道和连接线建设，重点实施南中轴大容量公交道路、朝阳路、成寿寺路、广渠路、蓝靛厂南路、阜通东大街、西客站南路等一批项目。四是促进公共交通场站建设，实施好一亩园、西客站公交枢纽和王佐、单店公交站等项目。

加大城区危房改造和“城中村”整治力度，改善居民生活条件。拟安排政府投资15亿元，比上年计划增长50%，用于基础设施建设和搬迁补助。

继续加强生态建设、环境保护和资源节约利用。拟安排政府投资9.5亿元，比上年计划增长18.8%。主要支持节能和能源基础设施建设，推进能源结构调整。继续实施京津风沙源治理、三北防护林、第二道绿化隔离带等生态项目，改善首都生态环境。支持密云水库、官厅水库、白河堡水库及其上游地区的水资源保护工程。支持北环水系、凉水河等水环境治理工程，清河、吴家村、北小河等污水处理厂的再生水回用工程。支持垃圾转运处理项目建设，促进资源保护、再生利用和净化环境。

增加社会事业发展和公共服务设施投入。拟安排政府投资10.5亿元，比上年计划增长23.5%。重点支持义务教育、公共卫生、公共文化服务体系、公共安全等领域的建设和发展。

扶持产业发展项目，促进产业结构调整。拟安排产业投资5亿元。积极推进矿区产业转型，扶持一批现代制造业和高技术产业发展项目，加大对农副产品深加工、批发市场改造、现代物流和口岸设施建设支持力度，改善产业发展服务环境。

为切实管好、用好有限的政府资金，提高投资效益，今年将进一步加强基础工作，强化政府投资管理。一是推行公益性政府投资项目代建制管理。二是推广政府投资项目融资贷款银行招标，力争在地铁、城市道路、热力等领域取得新突破。三是完善政府对郊区投入的管理机制，提高资金使用效率。完善产业扶持项目的公开筛选评价机制，支持有市场、有潜力、有带动作用的产业项目发展。四是进一步加强项目前期工作，完善项目储备库，真正形成“谋划一批、储备一批、建设一批”的项目滚动管理机制。五是加强政府投资监管，健全政府投资责任追究机制，发挥审计、监察等部门的监督职能，对政府投资重大项目进行全过程稽查，探索委托社会中介机构对政府投资项目进行后评估。

（三）实施城市反哺农村，促进城乡协调发展。

根据城市空间发展战略和区县功能总体定位，以发展新城为契机，积极推进区域合理分工，逐步缩小城乡差距。

加大农村基础设施和社会公共设施投入。完善市区与郊区快速道路系统，重点建设京承二期、京平路、莲花池西路等工程，用3年时间实现每个区县至少通1条快速路。积极安排落实资金，实施好农民安全饮水、旧村改造、中小学改造、基层医疗卫生和文化服务设施改造、广播电视村村通等一批工程，改善农村特别是山区上学、就医及生活条件。

引导推动市区优质社会服务资源向郊区辐射。充分利用存量资源，选择实验二小、史家胡同小学、八中、首师大附中、十四中、北师大实验中学等10所城区优质中小学名校在具有产业基础的小城镇举办分校，共享优质教育资源。鼓励宣武医院、朝阳医院、积水潭医院、安贞医院、首都儿科研究所附属医院等5家名院采取联办、托管等方式向郊区发展。在改善郊区教育、医疗硬件条件的同时，切实提高教学管理、医疗服务等软件水平。

推进农业结构调整，促进农民增收。在落实土地承包各项权利的基础上，建立农业用地的置换整合机制。全面落实“211”行动计划及各项支农政策，大力发展籽种农业、观光农业和加工农业，支持农业技术推广、动植物检疫、农产品安全生产和服务体系建设，促进农业走产业化、标准化、组织化、精品化发展道路，多渠道增加农民收入。

落实区县功能定位。按照首都功能核心区、城市功能拓展区、城市发展新区和生态涵养发展区的总体定位，建立体现功能导向的考核评价体系，引导和促进区县按功能定位加快发展。完善市对区县财政体制，加大转移支付力度，建立相应的补偿机制和区县之间资源转换的横向协作机制。按照城市总体规划，加强产业空间布局规划研究，制定重大项目配置原则，搞好统筹平衡和综合协调。合理把握新城和小城镇开发进度，做好三个重点新城规划招标和项目前期储备，为滚动开发、逐次实施打好基础。

（四）改善社会公共服务，构建社会主义和谐社会。

调整社会发展投入重点，实行“两个面向”，即面向基层、面向市民，推动社会基本公共服务的全覆盖和均衡化。

扩大基本公共服务有效供给。建立社会事业投入稳定增长机制，强化政府提供公共产品和服务的职责，提升社会发展综合水平。切实加强基础教育，特别是农村教育，提高义务教育整体水平。改善一批职业教育和就业培训学校的办学设施，培养发展急需的职业技术人才。完善公共卫生体系，抓紧建设市疾病预防控制中心业务楼，改扩建佑安医院，迁建地坛医院，提高疾病预防控制能力。加强卫生监督和检疫检验设施建设，有效防控各种传染性疾病。抓好北京儿童血液肿瘤中心、安定医院门诊病房楼等项目，提升医疗救治能力。建好北京数字出版中心、首都图书馆二期等重要文化设施。统筹考虑赛事需要和赛后利用，搞好新建奥运场馆与改扩建场馆建设，落实临时场馆建设方案。拓展社区服务功能，支持社区服务中心设施和信息服务平台建设，鼓励和引导社会资金投入，探索社区设施建设和运营的新模式。建设市救助管理总站，改善乡镇敬老院、儿童福利院等福利设施条件，切实关心老年人和未成年人生活，做好弱势群体的扶助工作。加强消防站点、派出所、警务站等基层公安服务设施建设，改善公共安全服务。

推行平等就业制度，努力扩大就业。加强城乡劳动力市场建设，研究制定促进农村富余劳动力就业的政策，引导农民向二三产业转移就业。以创业带动就业，广泛征集适合创办劳动密集型中小企业的产品、技术、服务和管理项目，重点扶持都市型工业与居民生活密切相关的社区服务创业项目，形成更多的就业增长点。完善市场化就业机制，强化职业指导，健全就业服务体系，加强对城镇新成长劳动力和失业人员、农村富余劳动力的就业技能培训。研究制定高失业率地区就业促进政策，继续实施社区就业岗位开发计划，缓解地区性、结构性就业矛盾。

完善社会保障体系。继续扩大保障覆盖面，重点将非公企业、灵活就业人员、来京务工人员纳入社会保险覆盖范围，加快推进整建制农转居人员参加社会保险。完善基本养老保险制度，加快研究做实基本养老保险个人账户方案。深化医疗保险制度改革，推进差额补贴、自收自支事业单位参加基本医疗保险，促进公费医疗向基本医疗保险制度的平稳过渡。规范新型农村合作医疗管理制度，提高保障水平。继续搞好农村社会养老保险制度试点。完善以最低生活保障制度为基础的社会救助体系，做好最低生活保障等相关待遇标准的调整和衔接工作，保障困难群众基本生活。

（五）建立资源集约利用机制，大力发展循环经济。

解决资源约束矛盾，归根结底要靠转变经济增长方式，发展循环经济。今年要从提高资源集约利用水平入手，力求新的突破。

开展循环经济行动。以资源节约为重点，采取八个方面的措施：一是开展节能进公共建筑、节能进公用设施、节能进家庭、节能进企业等系列行动，改造公共建筑的采暖、空调、照明系统及市区主干道照明设施，在企业推广使用节能设备和技术，对新建建筑严格执行节能设计规范，对既有建筑逐步实施节能技术改造。二是推行政府办公用品优先采购绿色产品。三是推广节水卫生器具，改造农业节水设施，促进水资源节约。四是抓好工业生态园区、农业生态新村、热电冷三联供、废旧物资回收利用等示范工程实施。研究制订新能源技术标准，促进新能源应用。五是制定循环经济发展规划，抓紧相关立法，加强节能监察能力建设，为循环经济发展提供政策和法制保障。六是有效运用资金投入、价格调整与补贴等手段，健全政策激励机制。七是积极开展环境资源核算研究，探索循环经济评价体系。八是进一步创新宣传形式，引导社会提高资源节约意识，扩大绿色消费。

建立和实施产业筛选评价机制。制订并发布土地投资强度、产出效率、产业能耗和水耗、环保、就业及产业带动效果等相关标准，作为产业培育、项目筛选的重要依据。建立和实行产业项目综合评价制度，实行差别化的区域准入评价政策，建立和完善资源集约利用的长效机制。

坚持最严格的土地和水资源管理制度。以整合土地资源、提高土地利用效率为重点，编制实施好土地利用总体规划和年度供应计划，调控好土地供应总量和结构。完善土地“招拍挂”相关配套措施，在细化产业项目用地标准的基础上，建立产业项目和基础设施项目土地利用机制。有效利用市场机制，采取节水、调水、采水等综合措施，加强水源保护区政策研究，确保首都供水安全。大力推广节水技术，加大再生水管网建设，提高水循环利用率。加强农业用水管理，改造农业灌溉设施，发展节水农业。

（六）加强产业链培育，推进产业结构调整。

充分发挥奥运经济效应，把握国际产业转移机遇，大力发展科技主导型和服务主导型经济，发展先进制造业和知识型服务业，使北京不仅成为现代制造业转移的承载地，同时成为现代服务业转移的承载地。

加快发展现代制造业和高新技术产业，壮大产业支柱。实现中关村科技园区“五年上台阶”，提高自主创新能力，发挥好综合改革和创新示范作用。集中力量支持汽车、电子信息、石化新材料、装备制造、生物工程与医药、都市工业等六大支柱产业加快成长。重点发展产业链高端，鼓励企业对现有工艺、设备进行技术改造，提高科技含量和产品竞争力。

拓展服务业发展空间，扩大现代服务业规模。一是为金融保险业扩大规模创造良好条件。以金融街、商务中心区为主要基地，推进银行、保险、证券、信托、财务公司等扩大开放，创新金融产品，增加中间业务。二是做大信息服务业。重点发展信息传输、计算机服务和软件业。三是积极培育文化产业。盘活存量资源，加快文化企业的转型改制，扩大精神文化产品市场规模。四是做强专业服务业。发挥首都人文资源密集优势，进一步完善政策和信用环境，促进教育培训、医疗保健、中介服务等向国内市场延伸。五是提升现代流通业发展水平。重点抓好现代物流基地建设，推动物流资源整合。六是扩张旅游会展业。实施奥运旅游市场开发计划，丰富旅游产品，改进旅游市场管理，加快大型会展设施建设，举办旅游产业国际博览会，打造国际品牌，扩大市场规模。

搞好重点园区建设，引导产业集聚。以国家级开发区及顺义、通州等重点发展区域为依托，加快基础设施建设，搞好产业配套，促进重点区域在人才、市场、技术和信息等方面的共享和流动，鼓励跨国公司、国内外研究机构设立研发中心和服务中心，增强专业化服务功能和产业辐射功能，形成群聚效应。

促进产业融合，提升整体竞争力。把握制造业和服务业相互依托、相互支撑、相互融合的趋势，抓住技术研发、核心制造、销售服务等关键环节，围绕汽车、移动通讯、集成电路、数字电视、软件等重点产业链，发挥龙头企业的带动和辐射作用，带动上下游和边缘产业的融合发展，促进服务市场开发与生产制造有效互动。

加强产业扶持，健全政策支撑体系。发挥首都科研优势，切实加大知识产权保护力度，营造有利于科技进步和创新的政策环境，加快先进科技成果转化为现实生产力。完善政府产业投资运作机制，整合产业扶持资金，建立政府资金投入和退出机制，提高投资使用效率。

大力发展非公经济，扶持中小企业。鼓励非公有制资本进入基础设施、公用事业和社会事业领域，依法实现内资外资、国有民营平等待遇。鼓励和支持中小企业参与产业链分工，促进产业结构调整。建立中小企业发展资金，不分所有制性质和隶属关系，采取公开筛选方式，支持中小企业产品开发、贷款担保和服务体系等建设。进一步完善信用担保体系，缓解中小企业融资难。

（七）深化经济体制改革，增强发展活力。

进一步加强对改革的总体指导和统筹协调，实施好重点领域改革，推进市场化进程。

大力推进特许经营。落实好地铁四号线特许经营方案，做好五、九、十号线相关方案研究和运营权招商，力争实现市场化融资150亿元左右。继续推动收费高速公路建设和运营市场化，对原有融资模式建成的高速公路转让股权或经营权。对不收费的城市道路、乡村公路，采取捆绑招标、投资补贴等方式，吸引社会投资者进入。在水、电、气、热等领域进行社会化经营试点。对新建高速公路沿线加油站和城市街道公共设施、停车场建设运营进行特许经营试点。促进社会公共服务领域举办主体多元化和投融资渠道多样化。对社会事业实行分类管理，按照“非禁即入”的原则，放开市场准入。在教育、卫生、文化、体育领域推动可经营性事业单位进行改制试点，引入市场竞争机制，多渠道吸引社会资金。

全面推进投资管理体制改革。发布贯彻国家投资体制改革决定的具体实施方案和细则，对于非政府投资项目，不再实行审批制；从维护社会公共利益出发，对重大项目和限制类项目实行核准制，其他项目均改为备案制，把企业投资自主决策权落到实处。

加快国有企业和国有资产管理体制改革。以产权制度改革为核心，以增强企业自主创新能力为中心环节，以“调整、改制、剥离、破产”为手段，调整国有经济布局和结构，积极推动国有资本向优势产业、优势企业集中，培养一批具有市场竞争力的大企业和企业集团。加快国有企业股份制改造步伐，鼓励非公有制资本参与国有企业改制、改组、改造，力争年内完成全部改制任务的50%。完善国有资产管理和监督体制，完成清产核资工作，保证国有资产出资人职责到位，落实国有资产保值增值责任。进一步完善法人治理结构，健全决策机制、激励约束机制和人才任用机制，规范企业负责人业绩考核和薪酬管理。

加快行业协会改革。研究制定促进本市行业协会规范发展的意见，积极推动企业按市场化要求自主办会，实施政会分开，抓好一批原有行业协会的转制调整，推动一批新型协会的组建，力争在3年内基本完成现有行业协会的转型，发挥行业协会的自律、服务和组织协调功能。

完善要素市场体系，提高资源优化配置效率。加快发展产权交易市场，推动北京产权交易所规范建设。深化农村信用社改革，为农村发展服务。发挥资本市场作用，提高企业直接融资比重。推进经营性用地“招拍挂”出让，充分发挥市场对土地资源的配置作用。加快技术中介市场发展，提高科技资源利用效率。

加强改革的整体协调推进，营造良好发展环境。搞好部门间、政策间的衔接配合，坚持依法行政，强化基础管理，加强信息披露和政策引导，探索建立科学的绩效评估和经济社会发展综合评价体系，提高行政效率，优化发展环境。

（八）完善经济运行调节机制，保障能源和重要商品供应。

坚持市场调节与行政调节相结合、近期与长期相结合、统一协调和归口管理相结合，完善应急协调和供应机制，促进运行调节的制度化、规范化，保障经济平稳运行。

深化能源需求侧管理。切实加强基础工作，研究制定需求侧管理办法，完善预控调节机制，推进不同能源品种之间、不同时段之间的平衡利用，提高能源综合利用效率，保障煤电油运气的平稳运行。

做好重点能源战略平衡。加强能源的区域开发与合作，建立双边、多边的长效合作机制，保证能源供应链的有效衔接。支持本市电力、煤炭企业在山西、内蒙古等周边地区合作开发煤矿、建设电厂。研究首都能源战略，制定能源应急预案，完善煤炭应急储备机制，保障首都能源安全。加快北京地区电网建设，落实奥运电力建设规划，完善电网结构。

发挥好价格机制平衡供求的调节作用。改进和加强物价调控，搞好粮食、食用油等重要商品的储备、调运和供应调节，维护市场稳定。在保持市场物价总水平基本稳定的前提下，调整能源价格结构，引导和促进电力、燃气用户在不同季节、不同时段的平衡利用。适当调整公交地铁月票、医疗服务等价格，继续降低药品价格，为促进相关领域改革和基础设施建设创造条件。

大力规范市场价格行为。抓住社会关注的小区物业、停车场收费等热点价格问题，开展监督检查。严格执行明码标价规定，严肃查处价格欺诈等违法行为。加强对垄断行业价格监管，组织开展涉农价格和教育、医疗收费等专项检查。开展企业价格诚信活动，引导企业自觉规范定价行为。

（九）创新规划思路，编制好“十一五”发展规划。

在科学发展观指导下，准确把握首都发展新阶段、新特点，抓住事关长远发展的重大问题和关键环节，在充分消化吸收前期研究成果的基础上，研究提出“十一五”规划纲要草案。充实完善专项规划体系，广泛吸引社会各界和中介机构参与，做细做精专项规划，使之成为指导行业发展、安排政府投资的重要依据。积极协助国家做好京津冀都市圈区域规划，推进区域合作。

各位代表：新的一年，在市委领导下，在市人大的监督、支持下，我们将坚决贯彻落实中央的大政方针，求真务实，紧抓机遇，努力工作，确保 2005 年国民经济和社会发展计划各项任务的完成，为实现“新北京、新奥运”战略构想而努力奋斗。

北京市第十二届人民代表大会财政经济委员会关于北京市 2004 年国民经济和社会发展计划执行情况与 2005 年国民经济和社会发展计划草案的审查报告

（2005 年 1 月 26 日北京市第十二届人民代表大会第三次会议主席团第二次会议通过）

北京市人大财政经济委员会主任委员　高佐之

大会主席团：

北京市第十二届人民代表大会财政经济委员会在对北京市 2005 年国民经济和社会发展计划草案主要内容初步审查的基础上，根据本次大会代表们的审议意见，审查了北京市 2005 年国民经济和社会发展计划草案及《关于北京市 2004 年国民经济和社会发展计划执行情况与 2005 年国民经济和社会发展计划草案的报告》。现将审查结果报告如下：

一、2004 年，北京市人民政府坚持以“三个代表”重要思想为指导，落实科学发展观，带领全市人民齐心协力，扎实工作，保持了首都经济和社会各项事业全面发展的良好态势，促进了发展速度、质量和效益的统一。财政经济委员会认为，我市 2004 年国民经济和社会发展计划执行情况是好的。

财政经济委员会指出，我市当前经济和社会发展中仍然存在一些问题：结构调整任务艰巨，资源和能源供需矛盾日益突出；城乡发展不够协调，农民增收难度较大；社会保障制度有待完善；城市建设和管理中重建设轻管理的问题仍然突出等。对于这些问题，市人民政府要高度重视，采取有效措施，切实加以解决。

二、财政经济委员会认为，北京市 2005 年国民经济和社会发展计划草案贯彻了中央经济工作会议和中共北京市委九届九次全会精神，符合我市实际情况。建议本次大会批准北京市 2005 年国民经济和社会发展计划草案及《关于北京市 2004 年国民经济和社会发展计划执行情况与 2005 年国民经济和社会发展计划草案的报告》。

三、2005 年是全面实现“十五”计划目标、衔接“十一五”规划的重要一年。全面完成2005年国民经济和社会发展计划，必须切实抓好各项政策、措施的落实。财政经济委员会提出以下意见和建议：

（一）加快产业结构调整步伐，推动首都经济平稳健康发展。完善产业发展政策，优化投资结构，积极引导社会资源的投向，大力发展现代服务业和高新技术产业。转变经济增长方式，提高自主创新能力，着力培育富有创新能力的各类人才，依靠科技进步推进产业结构优化升级。坚持“引进来”和“走出去”相结合，利用好国际国内两个市场，不断提高国际竞争力。积极发展循环经济，建设节约型城市。

（二）深化经济体制改革，为经济和社会发展提供强大动力。积极推进国有企业产权制度改革，加快建立健全现代企业制度，完善国有企业法人治理结构，健全国有资产监督管理体制。落实发展非公经济的各项政策，建立和完善促进中小企业发展的服务体系。加大投融资体制改革力度，进一步开放基础设施和公用事业的市场。完善资本、土地、劳动力、技术等要素市场，加快社会信用体系建设，促进资源优化配置。

（三）落实区县功能定位，统筹城乡发展。按照城市总体规划，运用产业政策、土地政策和体现区县功能定位的考核评价指标体系，引导和促进区县发挥优势，加快发展。大力发展都市型农业，提高农业的规模化、集约化、产业化水平。加大政策、资金的倾斜力度，加快郊区二三产业的发展，创造就业机会，不断提高农民收入和生活水平。

（四）搞好奥运工程建设，提高城市建设和管理水平。以筹办2008年奥运会为契机，加大城市环境保护和建设力度，制定科学的土地和水资源利用、基础设施、生态环境及节约能源等专项规划或政策，突出抓好城市环境综合整治工作。采取有力措施，缓解城市交通拥堵和解决空气污染、环境脏乱等社会关注的热点、难点问题，改善人民群众的生活环境和生活质量。严格落实安全责任制，逐步排除各类安全隐患，强化监督检查，切实抓好社会公共安全和生产安全工作。

（五）进一步加强就业和社会保障工作，努力推进社会主义和谐社会建设。继续实施积极的就业政策，建立城乡统一的劳动力就业服务体系，加强对失业人员和农村富余劳动力的就业培训。加大对社区就业岗位的开发力度，重点解决好困难地区和困难人员的就业问题。加快农村养老、医疗保险制度建设，夯实城乡社会保险制度的基础。关注低收入群体生活，完善最低生活保障制度，努力解决群众生活困难。

（六）深化教育科技文化卫生体制改革，促进社会事业全面进步。加大教育布局结构调整力度，支持多种形式办学，加强基础教育，切实改善农村特别是山区的办学条件，引导和促进教育和卫生优质资源向郊区农村发展。建立科技与经济、产学研紧密结合的机制，不断增强科技进步与创新能力。加快文化体制改革和发展步伐，完善文化产业发展政策。强化基层卫生工作，加快医疗和健康服务市场化步伐。继续加强公共卫生体系建设，完善预警机制和监控制度，确保首都公共卫生安全和食品安全。

以上报告，请予审议。

北京市第十二届人民代表大会第三次会议关于北京市 2004 年预算执行情况和 2005 年预算的决议

（2005 年 1 月 27 日北京市第十二届人民代表大会第三次会议通过）

北京市第十二届人民代表大会第三次会议经过审议，并根据财经委员会的审查报告，决定批准北京市 2005 年市级预算及《关于北京市 2004 年预算执行情况和 2005 年预算草案的报告》。

关于北京市 2004 年预算执行情况和 2005 年预算草案的报告

——2005 年 1 月 23 日在北京市第十二届人民代表大会第三次会议上

北京市财政局局长　吴世雄

各位代表：

我受北京市人民政府的委托，向大会提交北京市 2004 年预算执行情况和 2005 年预算草案的报告，请予审议。

一、2004 年预算执行情况

2004 年，在党中央、国务院及市委的正确领导下，坚持以邓小平理论和“三个代表”重要思想为指导，牢固树立和落实科学发展观，围绕着“新北京、新奥运”的目标，认真贯彻市人民代表大会通过的各项决议，创新体制、调整结构、夯实基础、深化改革，预算执行情况良好，各项指标圆满完成。全市地方财政收入完成 744.5 亿元，比上年增长 29.7%，全市地方财政支出完成 862.6 亿元，比上年增长 23.4%。

根据《预算法》和《北京市预算监督条例》的规定，重点报告市级预算执行和超收使用情况。

市级财政收入 402.9 亿元，为预算的 121.3%，比上年增长 38.2%，加上中央税收返还及补助、区县上解、专项政策性结转和上年结余 277.5 亿元，收入合计 680.4 亿元。市级财政支出 486.5 亿元，为预算的 117.7%，比上年增长 26.9%，加上上解中央支出、区县税收返还、转移支付和结转下年使用等 193.5 亿元，支出合计 680.0 亿元。收支相抵，市级财政结余 0.4 亿元。

市级主要收入项目的完成情况是：增值税 29.1 亿元，为预算的 126.0%，比上年增长 39.1%；营业税 170.3 亿元，为预算的

110.0%，比上年增长25.4%；企业所得税65.3亿元，为预算的117.0%，比上年增长28.7%；个人所得税73.3亿元，为预算的110.5%，比上年增长28.2%；行政性收费、罚没收入等非税收入40.8亿元，为预算的135.4%，比上年增长33.9%。

市级主要支出项目的完成情况是：基本建设支出47.3亿元，为预算的105.6%，比上年增长16.4%；农业支出18.2亿元，为预算的118.1%，比上年增长33.5%；教育支出52.2亿元，为预算的118.1%，比上年增长33.5%；科技支出16.2亿元，为预算的100.0%，比上年增长20.0%；卫生支出15.7亿元，为预算的110.8%，比上年增长27.0%；社会保障补助支出10.8亿元，为预算的126.7%，比上年增长44.5%；政法支出39.0亿元，为预算的106.2%，比上年增长15.8%。

2004年市级财政收入比预算超收70.86亿元，体制算账增加财力2.19亿元，市级实际可支配财力共增加73.05亿元。根据《北京市预算监督条例》中关于“市级预算超收收入应当优先用于农业、教育、科技、社会保障等重点项目和其他必要的支出”的规定，市级财政增加财力主要用于：教育支出8.0亿元，农业支出2.8亿元，卫生支出1.53亿元，文化支出1.09亿元，计划生育支出0.16亿元，社会保障准备金18.0亿元，事故隐患治理资金1.7亿元，大额医疗补助资金1.5亿元，困难企业离休干部医药费0.5亿元；城市水资源费等专项收入超收相应增加专项支出2.38亿元。市委九届九次全会提出2005年要全面开工建设奥运场馆和周边道路及市政配套设施建设，加快轨道交通建设步伐，提升城市现代化水平，为此，增加城市轨道交通资本金20.0亿元，奥运专项资金12.0亿元；增加基本建设支出2.5亿元，以及其他一些必要的支出。

需要说明的是，上述数字是根据预算执行情况初步汇总的，在地方财政决算汇总后，还会有些小的变化。

总体看来，2004年预算执行的主要特点是：首都经济增长结构优化，经济运行质量提高，财政收入继续保持增长势头；财政支出总量逐年增加，支出结构不断优化，公共需求给予重点保障；转移支付力度进一步加大，城乡协调发展得到有效加强；部门预算、国库集中收付、政府采购、收支两条线等财政管理改革逐步深化，资金使用效益有所提高。各级财税部门和广大财务人员为财政任务的圆满完成作出了积极努力。

（一）突出协调发展，运用财政政策和资金手段，促进财政职能的有效发挥

认真贯彻中央一号文件精神，着力构建解决“三农”问题的长效机制。免征农业税及其附加税，安排转移支付资金2.18亿元，建立乡镇和村级组织正常运转专项补助制度，提高远郊区县公共服务水平。设立专项资金建立山区生态林补偿机制，推进山区生态富民。加快实施险村险户搬迁工程，提高城市绿化隔离地区、绿色通道生态林建设占地补偿和养护补助标准，为建设征地转工自谋职业人员补上社会保险，对防控禽流感期间因扑杀禽类受损失的农户给予了直接补助，切实维护农民利益。兑付资金1.1亿元，对种植小麦和玉米的63.2万户农民实施直接补贴，增加了农民收入。在不断加大支农投入的同时，充分发挥财政政策和资金的导向作用。通过建立风险资金、贷款贴息、农户小额贷款担保贴息等方式，开展银农合作，深化农业结构调整，形成了政府、社会和农民共同解决“三农”问题的好局面。

发挥财政资金的引导和集聚作用，采用政策引导、资本金跟进、贷款贴息等方式，支持高新技术产业、现代制造业、现代服务业的发展，为本市经济持续快速发展夯实基

础。支持国有经济在结构上进行战略调整，拨付破产准备金 3.1 亿元，帮助破产企业分流安置富余人员。安排退税资金 14.3 亿元，落实国家出口退税机制改革方案，缓解出口企业资金压力，调动了企业出口的积极性。

适应首都城市现代化建设的要求，积极争取中央国债资金，加强土地收入管理，盘活国有资产存量，增加基本建设投入。建立经营性基础设施项目投资回报机制，吸引社会资金投向基础设施建设和环境保护领域，实现投资主体多元化。重点支持了轨道交通、绿化隔离地区、"五河十路"、污水处理、燃煤锅炉改造、污染扰民搬迁等一大批城市基础设施项目，增强了首都的城市功能，改善了环境状况。积极探索古都风貌保护和旧城区危改新路子，投入专项资金 3.8 亿元，落实标准租私房承租户腾退政策，目前已完成 13095 户腾退工作，同时安排文物保护资金 1.2 亿元，专项用于文物修缮。

（二）突出为民理财，切实做到以"众人之财"办好"众人之事"，努力维护广大群众的切身利益

忠实履行财政公共服务和保障职能，努力解民之困、增民之利，让人民群众在改革和发展中得到更多的实惠。及时拨付 32.7 亿元，落实政府为群众所办 56 件实事，确保危桥改造、交通疏堵、113 所农村中小学改造、垃圾无害化处理等重点工程顺利实施。启动 23 项环境整治重点项目，安排大气污染治理资金专项用于控制燃煤、机动车和扬尘污染，提高市民生活质量。加大公共安全和公共卫生投入，组建安全生产应急救援队伍，配备消防抢险救援装备，实施食品药品放心工程，加强农产品质量检测体系和畜禽疫病防治体系建设，切实维护人民群众的身体健康和生命安全。

实行城市居民最低生活保障分类救助办法，提高失业保险金、企业退休人员基本养老金等社会保障标准，将农转居人员纳入了城镇社会保险体系。及时补充大额医疗互助资金缺口，维护医疗保险机制正常运行。安排助困资金借支基本生活费，保障困难企业职工的基本生活。全市安排再就业经费 3.8 亿元，建立就业政策扶持体系，制定了劳务派遣、自谋职业、弹性就业、"4050"就业困难援助等 12 项政策，政府出资开发的公益性岗位优先安置就业困难人员。

完善城乡社会救助体系，对 900 户农村特困户及优抚对象翻建危旧住房，为贫困白内障患者免费植入人工晶体，使贫困残疾儿童得到免费康复服务，让社会特困人群得到更多的关爱。加强农村公共卫生建设，市级财政农村卫生事业投入 1.7 亿元，比上年增长 1 倍以上。主要用于农村医疗卫生机构设备购置、基层卫生三项任务建设、农村改水改厕工程。大力推进新型农村合作医疗制度，对参加新型农村合作医疗的农民给予补助，参保农民已达 219.9 万人。

积极推进城市社会管理体制改革，加强基层基础工作，推进社区建设，提高综合服务水平。安排专项资金支持基层图书馆、文化馆建设和文艺精品创作，增建全民健身设施，实施山区广播电视"村村通"项目和农村电影放映工程，丰富城乡人民群众的文化、体育生活。加大来京务工人员的管理和服务，将来京农民工纳入本市工伤和基本医疗保险范围，对流动人口中已婚的育龄妇女实行免费的计划生育服务，启动城市救助管理资金用于城市生活无着落人员的救助安置。减免来京务工人员子女义务教育入学借读费，改善就读学校的办学条件，让全社会适龄儿童都享有义务教育的权利。

（三）突出依法理财，不断深化、完善财政各项改革，把体制机制创新作为财政工作的根本动力

2004 年是财政部门法制年。认真贯彻

《预算法》、《北京市预算监督条例》等法律法规，坚持依法理财。按照市人大对财政资金管理提出的要求，加强投资评审工作，对国债资金和大额专项资金试行绩效监督检查方式。深入学习贯彻《行政许可法》，积极推进政务公开。严格遵守《政府采购法》，承诺“政府采购人员行为规范”，自觉接受社会监督。积极宣传《会计法》，修订《北京市会计基础工作规范》，健全单位内部会计控制制度。加强会计信息质量检查，严格中介组织监管，对违规违纪操作进行处罚，严肃了财经纪律。

深化部门预算编审工作，加强项目库建设，严格项目文本制度，强化预算的约束力。制定《事业单位项目绩效考评管理办法》，积极开展试点工作。加快国库集中收付制度改革步伐，完成市级64个部门、148个基层单位的试点工作，市级机关公务员工资全部纳入财政统一发放范围。进一步扩大政府采购规模，采购资金达到79.5亿元。采取细化政府采购预算、减少中间环节、推行网上办公、强化监管和服务等措施，努力提高政府采购工作效率。深化行政审批制度改革，清理审批事项，简化办事程序，提高办事效率，优化首都发展环境。

各位代表，尽管2004年市级预算较好地实现了市十二届人大二次会议确定的目标，但财政运行中还存在一些突出的矛盾和问题。一是公共财政体系不够完善，公共财政职能发挥还不够充分，财经秩序不够规范，与加强执政能力建设的新形势、新任务要求还有较大距离，财政改革需要进一步深化，财政管理的质量还有待进一步提高。二是财政收支矛盾依然尖锐，财政支出范围和结构不尽合理，“越位”和“错位”现象依然存在，支出责任不明晰的问题还没有从根本上得到解决。三是行政事业单位资产的管理较为薄弱，预算单位争增量分配，忽视存量调整，资金使用效益有待进一步提高，部分单位艰苦奋斗、勤俭节约的意识较为淡漠。总之，一年来，财政工作作出了很大努力，也取得了一定成绩，但与市委要求相比，与广大人民群众的期望相比还有很大差距。对财政运行方面的问题，要在科学发展观的指导下，按照“五个统筹”的要求，通过逐步健全和完善公共财政职能得以实现；对财政管理方面的问题，要在依法理财的原则下，通过深化财政改革、强化基础工作逐项加以解决。恳请各位代表在审议的过程中提出宝贵意见和建议，对财政工作给予一如既往的帮助和指导。

二、2005年预算草案

根据《国务院关于编制2005年中央和地方预算的通知》精神，2005年预算草案编制的指导思想是：以邓小平理论和“三个代表”重要思想为指导，全面、深入贯彻党的十六大和十六届三中、四中全会精神，按照市委九届八次、九次全会要求，牢固树立和落实科学发展观，发挥公共财政职能，努力增收节支，加大公共事业投入，坚持依法理财、科学理财，强化预算管理和财政监督，提高资金使用效益，促进首都经济社会协调发展。根据上述指导思想，按照积极稳妥的原则，2005年全市地方财政收入安排841.6亿元，比上年增长13.0%；全市地方财政支出安排940.2亿元，比上年增长9.0%。根据《预算法》和《北京市预算监督条例》的规定，重点报告2005年市级预算草案的编制情况。

市级财政收入安排456.2亿元，比上年增长13.2%，加上中央税收返还及补助、区县上解、专项政策性结转和上年结余234.6亿元，收入总计690.8亿元。市级财政支出安排523.0亿元，比上年增长7.5%，加上上解中央支出、区县税收返还和转移支付等167.8亿元，支出总计690.8亿元。市级预算安排平衡。

2005年市级预算安排考虑的主要因素是：

一是财政收入增长率略高于经济增长。当前，国内外宏观环境总体比较有利，中央宏观调控更加强调结构调整、有保有压；奥运经济拉动投资、消费增长，首都现代制造业、高新技术产业、现代服务业等支柱产业带动作用明显，有助于经济增长速度、质量和效益的协调发展，这些都将为财政收入的持续增长奠定坚实的基础。但国家宏观调控政策对一些产业、行业的税收影响不容忽视，出口退税、增值税转型等税费制度改革将使财政收入增长面临较大压力，同时上年财政收入高基数受一次性因素影响较多，今年继续大幅度增长空间有限。综合考虑上述因素，根据《国务院关于编制2005年中央预算和地方预算的通知》中“财政收入的增幅略高于地区生产总值增幅”的要求，本着积极稳妥、留有余地的原则，2005年市级财政收入增长率安排为13.2%，略高于全市经济增长的水平。

二是保证法定支出依法增长，支持首都各项事业全面协调发展。根据有关法律、法规的规定，结合财力可能，2005年市级财政相应增加了农业、教育、科技、卫生等方面的支出。农业投入20.7亿元，比上年增长13.3%，重点用于农业基础设施和小城镇建设，加快农业产业化进程，加强农民培训和减灾救灾工作，促进农业发展、农民增收。教育投入59.2亿元，比上年增长13.3%，在继续支持市属高校发展的基础上，调整教育支出结构，坚持向义务教育特别是农村义务教育倾斜，重点支持中小学布局调整，改善接收流动人口学校和农村困难学校办学条件，加快农村地区学校信息化建设，促进义务教育均衡发展。科技投入19.5亿元，比上年增长20.0%，重点支持对首都经济社会发展和人民生活产生积极影响的研发项目，加大科技人才培养、基础研究、科学普及的投入力度，加快科技创新体系建设。卫生投入17.8亿元，比上年增长13.3%，切实抓好公共卫生体系建设，增加社区、农村公共卫生设施投入，提升中医资源开发利用的能力。文化投入7.0亿元，比上年增长13.3%，积极推进文化体制改革试点，加强艺术生产和基层文化设施建设，广泛开展群众性精神文明创建活动。安排文物及历史文化保护区专项资金5.0亿元，全面开展对世界文化遗产保护项目的维修，切实推进旧城区危改和文物保护工程，强化首都文化中心的功能。

三是确保政权建设和社会保障资金需要，维护社会稳定。保证党政机关正常运转，加大对社会治安治理的投入，支持基层政法队伍建设，提高预防和打击犯罪、驾驭治安局势的能力，维护首都社会的长治久安。社会保障补助支出12.6亿元，比上年增长17.0%，主要用于就业和再就业工程、完善社会救助体系、抚恤和社会福利救济等，切实保障困难群众的基本生活。设立偿债资金和处理历史遗留问题资金12.0亿元，规避政府债务风险。安排预备费10.0亿元、公共突发事件应急专项资金2.0亿元，主要应对公共突发事件和救灾及其他难以预料的开支。

四是加大经济结构调整的投入，促进首都经济的持续快速发展。继续安排经济结构调整资金，支持现代制造业和现代服务业，推动经济增长方式转变。设立中小企业发展资金5.0亿元，培育中小企业服务支撑体系，促进中小企业的素质和核心竞争力的提高。安排高新技术成果转化、软件发展和人才奖励资金3.0亿元，中关村科技园区发展专项资金21.0亿元，不断完善软硬环境建设，加快培育高新技术产业群，提升经济增长质量。

五是加大基础设施和环境保护的投入，提升城市功能和管理水平。安排基本建设50.7亿元，地铁专项资金10.0亿元，保持政府投资对经济的拉动作用。奥运专项资金10.0亿元，坚持“勤俭节约办奥运”，统筹使用维修、改造经费，加快奥运场馆周边道路及市政配套设施建设。安排城市维护经费16.9亿元，比上年增长13.8%，加大城市道路桥梁维护和无障碍设施改造力度，重点改善城市道路“微循环”系统，加快实施交通疏堵工程，缓解首都交通压力。安排15.0亿元专项资金重点用于治理“城中村”、清理整顿户外广告、拆除违法建设等项目，加快环境综合整治的步伐。安排6.0亿元大气污染治理资金，重点控制燃煤、机动车、扬尘和工业污染。

需要说明的是，现提交市人民代表大会审议的市级预算草案，是按照《预算法》和《北京市预算监督条例》规定编制的。依据预算草案报告由大会报告改为书面报告这一形式变化，细化了《北京市2004年市级预算执行情况和2005年预算草案说明》的相应内容。同时，按照市人大财政经济委员会的要求，提交25个市级单位的部门预算作为补充材料，请各位代表一并审阅。

三、贯彻落实科学发展观，完善公共财政体系，努力完成2005年预算任务

2005年是“十五”计划最后一年，也是实施“新北京、新奥运”战略构想的关键一年，圆满完成全年预算，对促进首都经济社会协调发展、构建和谐社会的首善之区具有举足轻重的意义。要认真落实科学发展观，以人为本，采取积极有力的措施，确保全年预算任务的圆满完成。

（一）充分发挥财政职能，着力提高促进经济发展的能力

财政既是加强党的执政能力建设的重要物质基础，又是加强党的执政能力建设的重要政策手段。遵循市场经济规律，正确处理生财、聚财和用财的关系，通过促进经济增长壮大财政实力。认真落实中央松紧适度的稳健财政政策，严格执行国家“控制赤字，调整结构，推进改革，增收节支”十六字方针，消除经济发展中的不健康和不稳定因素，同时遵循调整结构、有保有压的原则，加大对经济社会发展薄弱环节的支持力度。按照公共财政的改革方向，充分发挥财政的资源配置、收入分配、调控经济、监督管理的职能，依据“有进有退，有所为有所不为”的原则，逐步规范财政资金的供给范围，减少对竞争领域的直接投入。综合运用预算、税收、转移支付、补贴等多种调控手段，加强财政政策和资金的引导作用。坚持增量分配和存量调整相结合，提高财政配置资源的效率，形成“财政资金”、“财政资产”和“财政政策”三者良性互动的新机制。

大力支持国有企业改革，帮助国有企业解决历史遗留问题和改革改组改制中遇到的困难。发挥财政在风险担保和风险投资中的积极作用，培育包括民营企业、中小企业在内的各类市场主体，为企业的自我发展、自我创新创造更加公平、开放、宽松的财税环境，不断增强经济发展的内在动力。统筹经济结构调整资金，加快高新技术产业、现代制造业、现代服务业发展，扶植连锁超市、便利店等新型商业业态建设。加大对循环经济的支持力度，鼓励发展占地少、用水少、耗能少、无污染、效益高的产业，促进首都的可持续发展。落实外贸出口退税、贴息、奖励等项政策，用好外贸发展专项资金，支持扩大出口。积极培育消费热点，努力创造更多的就业机会，加快实施住房补贴政策，努力提高城乡居民消费能力和水平。

加强市场监管，维护市场秩序稳定。推进财税体制改革，进一步规范收入分配秩序。严格执行《税收征管法》，提高财税部门的服

务质量和工作效率，使经济发展的成果在财政收入中得到及时反映，进一步完善与首都经济发展相适应的收入增长机制，努力做到应收尽收。

（二）坚持以人为本，着力提高为民理财的公共保障能力

财政收入“取之于民”、财政支出“用之于民”，财政收支的安排与广大人民群众的切身利益息息相关。大力调整支出结构，规范财政供给范围。开展公共服务体制改革创新，探索新的公共服务提供方式，提高政府公共服务质量和水平。根据国家事业单位分类改革进程，对公益性的基础教育、基础科研、计划生育、公共文化设施要确保投入、优先投入。配合国有医院产权制度改革试点，加强卫生资源的结构调整和优化配置，完善公共卫生体系。加强食品安全体系建设，切实保障社会公共安全和生产安全投入，为人民群众提供一个安全的生产、生活环境。

扩大养老、失业、医疗社会保障的覆盖范围，加快构建资金来源多元化、保障水平规范化、管理服务社会化的有首都特色的城乡社会保障体系。全面运用财政投入、税费减免、小额贷款担保等措施，完善就业和再就业的财政支撑体系和城乡统一的劳动力就业服务体系，巩固民生之本。进一步完善以“低保”为基础，专项救助和临时救助为补充，综合性、多层次的社会救助制度。对城乡特殊困难群众，给予更多的关爱，切实帮助解决就医看病、子女上学、住房、冬季取暖等实际困难。

落实好地方各项军人优抚安置政策和经费保障，解决好其生活和医疗问题。完善扶残助残经费保障机制，关心和支持残疾人事业。切实维护来京务工人员权益，增加培训经费的投入，加强就业指导，帮助他们解决好生产生活中的实际问题，不断完善服务机制。认真落实直接关系群众生活的办实事资金，着力解决基层群众居住区治安、垃圾、污水处理等问题，将人民群众最现实、最关心、最直接的利益落到实处。

（三）强化统筹兼顾，着力提高城乡协调发展的能力

充分发挥政府性投资资金的导向作用，加快公共交通、城市道路等基础设施建设和改造步伐，提高城市运行效率，更好地方便人民群众的工作和生活。加快以“城中村”为重点的城市综合整治工作，用好大气污染治理资金，建好三道绿色生态屏障和城市绿化美化工程，改善城市环境质量和生态状况。继续落实文物保护专项资金，认真做好古都风貌的保护工作，提升首都的文化功能。

坚持财政投入向郊区倾斜的政策，新增农业、教育、卫生、科学等公共事业支出继续用于农村，增强郊区特别是山区的公共服务能力。加大农业投入，调整和优化农业产业结构，大力扶植现代都市型农业，促进龙头产业、专业合作组织和行业协会发展，积极探索建立政策性农业保险，提高农业效益。支持小城镇建设，加快实施山区搬迁和村村通油路工程，尽快解决农村安全饮水问题，积极稳妥地拓宽生态富民的范围。大力开展农村职业教育和农民职业技能培训，注重农村妇女培训工作，加快农村劳动力向二三产业转移，拓宽就业渠道，拓展农民增收空间。依法保证财政对义务教育的投入，提高基础教育水平。发展群众体育活动，加大对公益性文化事业的扶植力度，加强城市社区、郊区村镇的基层群众性文化、体育设施建设。继续稳步推行以大病统筹为主的新型农村合作医疗制度，推进农村公共卫生事业发展。

落实市委九届九次会议精神，按照新的区县功能定位，完善市对区县财政体制，促进城乡经济社会协调发展。核清区县机构、编制、人员、资产等基础数据，核定支出标准，满足公共需求，促进区县公共服务均等

化发展；按照“财随事走、费随事转”的原则，明确区县政府的支出责任，实现事权和财权相统一，提升两级政府管理社会经济事务的能力；加大对南城、郊区和山区的转移支付力度，科学完善转移支付方案，重点解决区县在城乡统筹发展过程中的薄弱环节；继续深化税费改革，加强街乡财政建设，建立健全基层组织经费保障机制，努力提高基层基础工作水平。

（四）深化管理改革，着力提高科学理财的能力

以科学安排资金，集中财力办大事为核心目标，继续深化财政管理改革，完善财政预算决策机制。整合财力资源，增强事前核算意识，提高预算编制的准确性、科学性。加强项目管理，在现行的可行性分析和项目评审基础上，将环境保护、低能耗、循环经济和可持续发展的理念逐步融入项目管理的工作中。引入成本效益观念，将关注的重点从支出规模转移到支出效率和效益上来，积极扩大绩效考评试点，逐步完善公共财政支出绩效评价体系，年初预算安排要与绩效考评的结果相衔接，提高财政资金的安全性、规范性和有效性。

深化“收支两条线”改革，加快非税收入收缴制度改革步伐，完善综合财政预算管理。加强行政事业单位资产管理，单位资金安排要考虑存量资产的利用和发展规划的衔接，逐步实现政府实物资产与资金分配的统筹管理。加快推进国库集中收付制度改革，在市级行政事业单位中全面推进国库集中支付，市对区县的农业、教育、卫生等专项资金试行财政直接支付，发挥对财政性资金的监管作用。加强政府债务管理，实行全口径预算和对或有负债的有效监控，防范和化解财政风险。进一步扩大政府采购范围，加强对采购活动的监督和管理，提高政府采购效率。

积极开展调查研究，深入基层，做好北京市财政“十一五”计划和2020年长远规划的编制工作。推进“金财工程”建设，整合基础数据、资料，夯实财政基础工作，做到政策清、情况明、数字准。积极开展财会诚信体系建设，加强会计信息质量检查和注册会计师执业质量监管，努力提高注册会计师、资产评估师、财会人员的专业技术能力、职业道德水平和社会公信力。

贯彻落实国务院《全面推进依法行政实施纲要》，制定财政部门全面推进依法行政、依法理财实施意见。加大对《行政许可法》实施情况的监督检查，严格执行行政审批事项，努力创建良好的发展环境。认真执行《预算法》、《北京市预算监督条例》等法律法规，坚持依法理财。积极主动接受市人民代表大会及其常务委员会对预算的审查和监督，严格执行预算超收收入的通报、备案和报告制度，推进政府理财的法制化和程序化。强化财政监督，进一步完善事前审核、事中监控检查、事后评价相结合的财政监督机制，逐步建立全方位、多层次、广覆盖的财政监督管理体系。认真落实《财政违法行为处罚处分条例》，坚决依法查处各种违反财经纪律的行为。

各位代表，当前，我市正处在经济社会快速发展的关键时期。全面建设小康社会和实施“新北京、新奥运”战略对财政资金需求强烈，需要办的急事、大事很多，但财政资金供给的可能与方方面面的需求是一个长期存在的矛盾。因此，各部门、各单位必须牢记“两个务必”，大力弘扬艰苦创业、厉行节约、勤俭办事的作风。对财政资金必须倍加珍惜、精打细算、锱铢必较、妥善使用，坚决反对大手大脚、铺张浪费行为。坚持一切从实际出发，按客观规律办事，既要积极进取，又要量力而行，切忌盲目攀比，坚决不搞劳民伤财的“形象工程”。无论财政部门

和预算单位，都要牢固树立全心全意为人民谋利益的政绩观，带头勤俭办一切事情，降低政府运行和管理成本，集中财力多办一些群众关心、人民满意的实事、好事，在实践中把最广大人民群众的根本利益实现好、维护好、发展好。

各位代表，2005 年的预算任务十分艰巨，我们一定要认真践行“三个代表”重要思想，全面贯彻党的十六届三中、四中全会精神，在市委的领导下，在市人大的监督和支持下，与时俱进，开拓进取，真抓实干，努力完成这次会议确定的各项财政任务，不辜负全市人民的期望和重托，为把北京构建成为社会主义和谐社会的首善之区作出更大的贡献。

北京市第十二届人民代表大会财政经济委员会关于北京市 2004 年预算执行情况和 2005 年预算草案的审查报告

（2005 年 1 月 26 日北京市第十二届人民代表大会第三次会议主席团第二次会议通过）

北京市人大财政经济委员会主任委员　高佐之

大会主席团：

北京市第十二届人民代表大会财政经济委员会在对北京市 2005 年市级预算草案主要内容初步审查的基础上，根据本次大会代表们的审议意见，审查了北京市 2005 年总预算和市级预算草案及《关于北京市 2004 年预算执行情况和 2005 年预算草案的报告》。现将审查结果报告如下：

一、市人民政府提出的 2004 年市级预算执行情况：全市地方财政收入 744.5 亿元，比上年增长 29.7%；市级财政收入 402.9 亿元，比上年增长 38.2%，加上中央税收返还及补助、中央追加、区县上解、专项政策性结转和上年结余等 277.5 亿元，收入总计 680.4 亿元；市级财政支出 486.5 亿元，比上年增长 26.9%，加上上解中央支出、区县税收返还、转移支付和结转下年使用等 193.5 亿元，支出总计 680.0 亿元。收支相抵，市级财政结余 0.4 亿元。

财政经济委员会认为，2004 年预算执行情况是好的。市人民政府及其财政部门认真执行市十二届人大二次会议通过的 2004 年市级预算，认真履行财政职能，坚持依法理财，积极完善各项财政改革，财政收入实现了较快增长；财政支出符合有关法律法规的要求，重点保障了公共需求，教育、科技、文化、卫生等支出体现了向郊区和农村倾斜，特别是在着力解决“三农”问题，促进城乡统筹发展方面发挥了积极作用。

财政经济委员会指出，在 2004 年市级预算执行中也存在一些值得注意的问题：公共财政体系有待完善；财政支出范围和结构不尽合理；部分单位艰苦奋斗、勤俭节约的意识不强；部分财政资金使用效益不高等。对此，市人民政府及其财政部门要高度重视，切实加以改进。

二、市人民政府提出的 2005 年市级预算草案：全市地方财政收入 841.6 亿元，比上年增长13.0%；市级财政收入456.2亿元，比上年增长13.2%，加上中央税收返还及补助、区县上解、专项政策性结转和上年结余等234.6亿元，收入总计690.8亿元；市级财政支出安排523.0亿元，比上年增长7.5%，加上上解中央支出、区县税收返还和转移支付等167.8亿元，支出总计690.8亿元。市级财政预算安排平衡。

财政经济委员会认为，2005年市级预算草案贯彻了中央经济工作会议和中共北京市委九届九次全会精神，符合有关法律、法规的规定。预算收入安排遵循了国务院关于财政收入增幅略高于国内生产总值增幅的要求，并充分考虑了各种因素的影响，提出了组织收入的措施。预算支出安排体现了公共财政的要求，进一步优化了支出结构，加大了对“三农”和社会保障的投入；保障了法定支出依法增长；增强了城市综合治理、政权建设和奥运专项资金的保障能力。总的来看，市级预算的安排符合本市实际情况，是稳妥可行的。

财政经济委员会建议本次大会批准北京市2005年市级预算草案及《关于北京市2004年预算执行情况和2005年预算草案的报告》。

三、为保证2005年预算的顺利实现，做好财政工作，财政经济委员会提出以下意见和建议：

（一）严格支出管理，提高财政资金使用效益。按照《预算法》和《北京市预算监督条例》规定，及时批复预算；强化预算约束，不得随意追加新的支出项目；建立财政资金绩效考评制度和支出责任追究制度，制定绩效考评的指标体系，把绩效考评的结果与预算安排结合起来；加强对预算超收收入使用的管理，完善超收收入使用方案的编制、备案和报告制度。

（二）依法做好税收征管，组织好财政收入。坚持依法治税，加大征管力度，努力做到应收尽收；增强为纳税人服务的意识，提高服务质量和工作效率；发挥财税政策的引导作用，落实好支持经济发展的政策，增强经济发展的内在动力。

（三）推进财政改革，完善公共财政体制。逐步健全规范的社会保障投入机制，提高保障水平；加快非税收入管理制度改革步伐，实现财政资金的统筹安排；继续推进部门预算改革，改进编制和审核方法，加强对部门预算结余资金的管理；扩大政府采购范围，提高政府采购效率；按照区县功能定位，完善市对区县财政体制，规范市对区县转移支付办法，促进城乡经济社会协调发展。

（四）做好财政基础工作，进一步提高财政管理水平。加快财政专网建设，掌握准确的基础数据；加强对行政事业单位资产存量的管理，促进财政资源的整合和优化配置；完善财政部门的制度建设，建立科学合理的资金分配管理机制；编制中长期项目计划，严格按照科学程序开展项目筛选、评估和论证；加强预算编制工作，提高预算编制的准确性、科学性。

（五）贯彻落实“节俭办奥运”的方针，在场馆维修改造、周边道路及市政配套设施建设等方面，统筹安排使用好奥运专项资金，提高奥运资金的使用效益。

以上报告，请予审议。

北京市第十二届人民代表大会第三次会议关于北京市人民代表大会常务委员会工作报告的决议

（2005 年 1 月 27 日北京市第十二届人民代表大会第三次会议通过）

北京市第十二届人民代表大会第三次会议，听取并审议了于均波主任受市十二届人大常委会委托所作的工作报告，决定批准这个报告。

会议要求，2005 年，北京市人大常委会要以邓小平理论和“三个代表”重要思想为指导，贯彻落实科学发展观，认真履行宪法和法律赋予的职责，发展社会主义民主政治，坚持和完善人民代表大会制度，为实现“新北京、新奥运”战略构想，推动首都经济社会全面、协调、可持续发展，建设社会主义和谐社会的首善之区，作出新的贡献。

北京市人民代表大会常务委员会工作报告

——2005 年 1 月 25 日在北京市第十二届人民代表大会第三次会议上

北京市人大常委会主任　于均波

各位代表：

我受北京市第十二届人民代表大会常务委员会委托，向大会报告工作，请予审议。

2004 年的主要工作

2004 年，市人大常委会在中共北京市委领导下，以邓小平理论和“三个代表”重要思想为指导，深入贯彻党的十六大和十六届三中、四中全会精神，树立和落实科学发展观，以人为本，求真务实，全面执行市十二届人大二次会议决议，认真履行宪法和法律赋予的职责，把坚持党的领导、人民当家做主和依法治国有机统一起来，为坚持和完善人民代表大会制度，推动首都社会主义物质文明、政治文明和精神文明协调发展，发挥了地方国家权力机关的作用。

一、立法工作取得新进展

常委会围绕中心、服务大局，加强和改进立法工作，民主立法有新进步，立法质量有新提高。一年来，共审议通过法规 15 项，其中制定 6 项，修订 3 项，决定废止 6 项；并按照行政许可法的要求，完成了法规清理工作。

（一）着眼首都发展大局，突出立法工作重点。一是根据经济社会可持续发展需要，制定实施水法办法，理顺水务管理体制，强化节水意识，促进水资源保护及合理开发利用。二是适应安全生产形势的客观要求，制定安全生产条例，加强安全生产的监督管理。

三是结合首都城市特点，制定实施道路交通安全法办法，规范交通秩序，保障交通安全。四是针对去年春季个别省份发生禽流感疫情，提前启动动物防疫立法，保护人民群众身体健康和生命安全。五是妥善处理保护古都风貌与改善人民生活的关系，抓紧历史文化名城保护立法工作，深入调研论证，认真进行审议，为今年完成这项立法奠定了坚实基础。此外，还完成了实施文物保护法办法、无障碍设施建设和管理条例、实验动物管理条例、旅游管理条例、市人民代表大会议事规则等法规的制定、修订工作。

（二）加强法规合法性审查，维护国家法制统一。维护国家法制统一，是地方立法必须遵循的基本原则。特别是行政许可法颁布实施后，常委会加强了对法规合法性的审查工作，严把行政许可设定关，严格按照行政处罚法的规定设定法律责任。例如，在审议实施道路交通安全法办法草案过程中，发现有的处罚规定超出上位法范围，经认真研究修改，使这些条款既符合上位法规定，又适应了行政管理的需要。

按照行政许可法的要求对本市地方性法规进行清理，是去年的一项重要工作。常委会高度重视，制订方案，拟订标准，分解任务，培训人员，加强协调，注重发挥人大有关机构和政府有关部门的积极性，圆满完成了清理工作。我市127件地方性法规共涉及450项行政许可和收费。通过清理，决定停止执行82项，维护了国家法制统一，保护了公民、法人和其他组织的合法权益。

（三）推进民主立法，使法规充分体现人民意愿。实行立法听证是推进立法民主的新举措。常委会事先将实施道路交通安全法办法征求意见稿在新闻媒体上公布，征求市民意见，并从征集的8000多件意见中，选取社会普遍关注的两个重点问题，即机动车和非机动车、行人之间发生交通事故的赔偿责任问题，自行车载人问题，召开立法听证会。常委会以公告形式公布听证事项，认真听取16位持不同观点听证陈述人的意见，通过网站发布听证报告，整个过程公开、透明。实践证明，实行立法听证，听取和吸收各方面意见，使法规更加符合民意，提高了立法质量，也为法规实施打下了坚实基础。

在立法工作中，常委会注重听取代表意见，发挥代表作用。同时通过多种形式，征求专家学者和基层干部群众的意见，进一步拓宽民主立法的渠道。

（四）加强立法基础工作，为法规制定和实施创造条件。市人大有关机构提前介入法规立项、起草阶段的工作，重视立法必要性、可行性论证；加强与市政府有关部门的沟通协调，就一些重点难点问题，进行专题调研；在做好当年立法工作的同时，加强立法调研，为来年立法工作做好前期准备。成立了立法学研究会，加强立法理论与工作研究；充分发挥首都智力人才优势，筹建了立法咨询专家库；从五年立法规划中选择公共卫生条例等3个项目，委托有关研究机构进行立法调研；进一步加强立法工作的制度建设，制定了立法技术规范等5项规程，推进了立法决策的科学化和制度化。

二、法律监督和议案督办有明显成效

常委会以推动经济体制改革和行政管理体制改革、加强城市建设与管理、解决“三农”问题和维护人民群众根本利益为重点，加大执法检查和议案督办力度，取得了较好效果。

对法律法规实施情况进行检查，是法律监督的基本形式。一年来，常委会共检查了17项法律法规的实施情况。一是对关系首都发展全局的法规，坚持连续检查。去年是中关村科技园区条例实施4周年，也是园区建设“五年上台阶”的关键一年。常委会继续将这部法规作为重点，连续3年进行检查，并将检查和审议时委员、代表提出的意见和建议，以审议意见书形式向市政府反馈，有力地推动了条例的贯彻执行。二是对关系公民、法人和其他组织合法权益的法律，深入进行检查。行政许可法对于规范政府行为，保护公民、法人和其他组织合法权益具有重要意义。在这部法律实施不久，常委会成立执法检查组，选定重点检查对象和内容，通过听取汇报、召开座谈会、实地检查、抽样调查、网上调查、专题调研等多种形式，了解情况、听取意见，把人大监督与社会监督结合起来。部分检查组成员深入到执法机关暗访，发现问题通过新闻媒体曝光，边检查、边推动政府有关部门整改。三是对市民广泛关注的法规，提前进行检查。养犬管理法规涉及千家万户，常委会打破新法规实施一年后检查的常规，提前进行检查。检查组针对管理经费和基层组织参与管理不落实两个关键问题，采取实地视察、个别走访、持证视察，并委托电视台记者暗查制作专题录像片等方式，深入了解、反映法规实施情况和存在的问题。检查组还召开通报会，与主管副市长和有关部门负责人交换整改意见，推动法规的实施。四是抓住法律法规实施中的重点难点，努力增强监督实效。通过检查市容环境卫生条例、促进私营个体经济发展条例、森林资源保护管理条例、实施归侨侨眷权益保护法办法、宗教事务条例等法律法规的实施情况，推动了环卫基础设施建设，加大了“城中村”整治力度；完善了促进私营个体经济发展的相关政策，进一步放开市场准入；建立了生态林补偿机制，增加投入解决山区农民就业问题；促进了党和国家宗教、侨务政策的贯彻落实，解决了一批涉侨信访、来访问题，维护了社会的和谐、稳定。

议案督办是对“一府两院”进行监督的重要形式。去年，常委会重点督办了保障劳动者合法权益、统筹城乡发展和促进农民增收、居住区配套设施规划建设和管理、公共卫生体系建设、保障公共安全5项议案。为加大议案督办力度，提高办理质量，常委会进行了积极探索。加强协调，推动办理工作责任制的落实。在议案督办过程中，加强与政府承办部门的沟通协调，分解和细化议案内容，定期召开会议，分析存在问题，落实整改措施。齐心协力，共同做好督办工作。有的议案涉及部门多、范围广、情况复杂。市人大有关机构密切配合，共同督办，努力在解决实际问题上下工夫，取得了较好效果。认真审议，加大督办力度。常委会审议是议案督办的中心环节。在深入调查、摸清底数的基础上，常委会对5项议案办理情况的报告，进行了认真深入的审议，并分别向市政府提交了审议意见书，明确了办理时限和要求。市政府十分重视常委会的审议意见，完善扶持政策，加大资金投入，改善基础设施，促进城乡统筹发展；加快了新建、改建居住区教育医疗等配套设施建设的步伐；成立了应对重大突发事件的工作机构，建立了保障公共安全的应急协调机制。

常委会还加强了对水资源保护和管理、农民社会保障、城镇居民就业再就业、优化首都金融业发展环境、农村基础教育等议案办理工作的跟踪检查，推动了城乡低保对象分类救助、城市低保对象就业等政策的完善，促进了农民社会保障政策体系框架的建立，深化了农村社会养老保险制度改革。

常委会继续把接待来信来访、受理申诉，作为维护人民群众合法权益、履行监督职能的重要内容。认真办理群众来信，热情接待群众来访，全年共办理群众来信4000多件次，接待群众来访1800多人次。对关系群众切身利益的重要来信来访，常委会领导同志深入基层，调研督办，解决了一些群众反映突出的实际问题。

三、依法讨论决定重大事项

常委会紧紧围绕全市工作重点，听取、审议了11项重大事项的报告，依法作出了5项决议或决定。

国民经济和社会发展计划执行情况、市级财政决算和预算执行情况，是关系本市经济和社会发展全局的大事。为使审议更深入、决策更科学，常委会对这项工作进行了改进：重视收集整理本市和其他直辖市近年来主要经济数据，进行比较分析，编写相应说明材料，为代表和组成人员知情知政做好服务；把预算执行情况与全市经济运行情况结合起来进行分析研究，使审查监督进一步细化；选择市卫生局作为部门预算监督重点，选择市政管委有关项目作为项目预算监督重点，从预算的编制、执行、决算等阶段进行审查，使预算监督更加深入；注重发挥审计部门的作用，把人大监督与审计监督结合起来，并加强了对预算超收收入使用情况的监督。

编制北京城市总体规划是关系首都发展全局的一件大事。在听取审议市政府专题报告的基础上，常委会依法作出了决议。决议认为，规划草案全面落实科学发展观，进一步明确了北京作为“国家首都、国际城市、历史名城和宜居城市”的性质和目标，基本上符合首都现代化建设的实际情况，原则同意规划草案作为指导北京经济、社会和环境协调发展的总依据。要求市政府按照国务院批复精神，严格维护规划的权威性，认真组织实施。

常委会还审议了市高级人民法院关于司法为民、公正司法工作情况的报告，市人民检察院关于开展预防职务犯罪工作情况的报告；听取了本市经济体制改革、城市近期建设规划、奥运场馆建设、土地利用规划管理等重大事项的报告。

四、稳妥推进人事任免和任后监督工作

一年来，常委会依法任免国家机关工作人员171人次，从组织上保障了常委会和“一府两院”工作的顺利开展。

对人大选举、任命的国家机关工作人员实施监督，是地方国家权力机关的重要职责。去年，常委会继续加大述职评议工作的力度，评议了一位副市长、三位市政府组成部门主要负责人、一位法官。常委会进一步改进评议方法，简化评议程序，实行述职评议与议案督办相结合，座谈会、专题考察和个别访谈相结合，注重发挥专门委员会、工作委员会和人大代表的作用，增强了监督实效。

评议牛有成副市长，是去年述职评议工作的重点。常委会主要就依法行政、“三农”问题、医疗卫生、食品安全、议案建议办理等内容，对他进行了深入评议，提出了很多很好的意见和建议。牛有成副市长对这次述职评议非常重视，认真研究整改措施，边评边改，取得了明显效果。对市财政局局长、市劳动和社会保障局局长、市规划委员会主任的述职评议，也达到了增强法律意识、公仆意识和自觉接受人大监督的意识，促进依法行政、提高履职水平的目的。市政府根据常委会的评议意见，认真整改，制定了进一步保护农民种粮积极性、扶持林业发展的相关政策，提高了参保企业离退休人员养老金标准和城镇居民最低生活保障标准，加强了城市总体规划的修编工作。

对市高级人民法院法官进行述职评议，是去年常委会加强司法监督的有益尝试。评议紧紧围绕司法公正和法官独立行使审判权、依法履职情况进行。这项评议在本市法院系统产生了积极影响，使广大法官更加注重提高办案质量和公正司法水平。

五、代表主体作用得到进一步发挥

常委会着力在加强建议督办、密切联系代表、丰富代表活动方面，加强和改进代表工作。

（一）加强代表建议督办工作。市十二届人大二次会议期间，代表提出的 1567 件建议，均按规定期限办理完毕。建议反映的问题有近 70％取得进展或得到解决，代表对办理结果表示同意或满意的占 84％，均比上年有所提高。为提高建议办理质量，常委会重点检查了市交通委、市规划委、市公安局等 6 个承办大户，以及两个新组建单位的办理情况；主任会议成员分别带队，深入检查；实行重点检查与普遍自查相结合，承办 30 件以上建议的单位提交了书面自查报告；发挥舆论监督作用，加强对建议督办工作的宣传报道。通惠灌渠高碑店路段治理建议，在朝阳区政府等有关方面的共同努力下，使脏乱差的灌渠南岸面貌有了较大改观。针对一些单位办理闭会期间代表建议不认真、时效差的问题，主任会议专门听取了“一府两院”办理情况的报告，提出了要求。同时对难点建议的办理情况进行了跟踪复查，促使一些多年未解决的问题得到初步解决。

（二）完善联系代表制度。一是组成人员联系代表制度进一步落实。结合人民代表大会成立 50 周年、本次会议的常委会工作报告讨论稿，组成人员与代表进行了联系。对代表提出的建议，认真整理，交有关部门办理。二是继续把主任接待日作为联系代表的重要渠道。对代表提出的召开第二次人大工作会议、加强人大自身建设、加强城市建设与管理、重视解决“三农”问题等建议，常委会认真研究办理，一些建议已经在实际工作中得到采纳。三是坚持代表列席常委会会议制度，注重结合常委会议题，发挥领衔代表作用。四是根据新形势新任务，对代表小组组长和联组长进行培训，为进一步提高代表活动质量奠定基础。

（三）丰富代表视察活动。围绕常委会议题，组织代表就地就近持证视察；结合人民群众关心的热点难点问题，组织代表进行专题视察；就发展首都经济、加强城市管理、建设和谐社会等专题，采用听取汇报、实地察看、与“一府两院”负责人座谈相结合的方式，开展人代会前的集中视察；委托区县人大常委会组织代表开展视察。这些视察活动，既为代表知情知政、履行职责创造了条件，又推动了“一府两院”的工作。

六、自身建设水平有新提高

常委会从学习培训、创新机制、完善制度、搞好服务等方面入手，继续加强自身建设，不断提高履职能力。

（一）加强学习培训，提高整体素质。常委会举办组成人员和机关干部培训班，认真学习宪法，学习党的十六届三中、四中全会精神，学习人民代表大会制度有关知识，增强宪法意识，统一思想认识，提高依法履职的自觉性。同时，结合常委会议题，有针对性地举办法制讲座，学习相关法律，对提高常委会审议水平起到了积极作用。

（二）适应履职需要，注重工作创新。加强工作计划性，在制定年度工作要点的基础上，分别制定立法工作计划和监督工作计划，并以“折子工程”形式，落实责任部门，明确完成时限。注重立法、监督等职能的有机结合，把动物防疫法执法检查与该法实施办法制定结合起来，把传染病防治法、食品卫生法执法检查与加强公共卫生体系建设议案督办结合起来，把对牛有成副市长述职评议与统筹城乡发展议案督办结合起来，收到了明显效果。健全与“一府两院”、区县人大和有关部门的沟通协调机制，采取召开通报会、协调会、座谈会等形式，交流情况和信息，形成合力。一些议案的督办，注重发挥承办部门、人大代表和人民群众等多方面的积极性，形成了齐心协力办议案的新局面；有些重要的执法检查，市和区县上下联动，发挥了综合效应。成立北京市人大理论研究会，结合常委会工作，加强调查研究，完成了一批调研报告。

（三）加强制度建设，规范工作程序。健全分组审议制度，加强审议发言的整理、编辑工作；探索使用审议意见书，推进审议意见交办、反馈的规范化；坚持公民旁听制度，加强旁听公民建议的整理和交办；注重发挥专门委员会、工作委员会以及人大代表作用。一些委员会将工作分解成专题，由委员牵头，组织调研或视察。根据委员和代表的专业特点，成立妇女工作小组、体育界代表小组开展工作，并取得初步成效。

（四）加强机关建设，提高工作水平。常委会从建设高素质干部队伍和培养人才的高度，制定5年培训规划，加强干部培训，坚持挂职锻炼、在职进修等制度，提高干部综合素质；积极推进干部人事制度改革，在干部选拔工作中引入竞争机制，加大交流力度，增强队伍活力；着力提高机关工作效率和服务水平，为代表大会、常委会和代表履行职责提供保障。

2004年是人民代表大会成立50周年。常委会高度重视，周密安排，召开纪念大会和座谈会，举办学习研讨班，认真学习贯彻胡锦涛总书记、吴邦国委员长重要讲话精神，总结交流人大工作经验，探讨新时期人大工作的特点和规律；广泛深入地宣传人民代表大会制度，使这一根本政治制度更加深入人心，为人大工作的开展创造了良好的社会氛围。

常委会加强对区县人大工作的指导和联系。针对区县人大换届的情况，举办区县人大主任学习研讨班，召开代表联络工作座谈会，就人大工作中的一些重要问题广泛交流，深入研讨。同时，常委会领导经常深入区县人大，调查研究、交流工作，相互学习、相互促进。还对建立人大街工委的情况进行了检查，推动全市街道普遍建立了人大街工委，密切了代表与选民的联系，加强了基层民主政治建设。

常委会还完成了全国人大常委会交付的选举法、地方组织法、公务员法等法律草案的征求意见工作；协助全国人大常委会检查了土地法、工会法等法律的实施情况。加强了与兄弟省市人大的工作交流、与外国地方议会的友好交往，密切了联系，增进了友谊。

各位代表，常委会工作取得的成绩，是中共北京市委正确领导，社会有关方面和广大人民群众关心、支持、帮助的结果，也是常委会组成人员、全体市人大代表集体心血和智慧的结晶。在此，我代表市人大常委会，向所有关心、支持、帮助人大工作的同志们、朋友们，表示崇高的敬意和衷心的感谢！

面对新形势新任务，我们也清醒地看到，常委会工作还有不少差距：一是立法工作还不完全适应首都现代化建设需要，有些与人民群众切身利益密切相关的法规还没有及时制定，一些已不适应形势发展需要的法规未能适时修改或废止，有些立法工作规程还未得到很好落实，立法工作水平有待进一步提高。二是监督工作综合协调不够，有些执法检查和视察不够深入，对司法机关的监督仍显薄弱，信访工作还不适应新的形势。述职评议还应改进方式方法，增强实效。三是代表工作制度还不够完善，向代表通报情况、帮助代表知情知政不够，闭会期间代表活动仍需加强，对有的建议承办部门“解释多措施少、重答复轻办理”的现象还应加大督促力度。四是常委会工作水平仍需提高，各专门委员会的工作制度不够健全，机关自身建设仍需加强。这些问题需要我们认真对待，加以改进；同时真诚地欢迎各位代表，对常委会的工作提出意见和建议。

2005年的主要任务

2005年是筹办奥运，全面推进首都改革开放和现代化建设事业十分重要的一年。新的形势和任务对人大工作提出了更高要求。市人大常委会要以邓小平理论和“三个代表”重要思想为指导，贯彻落实科学发展观，紧紧围绕“新北京、新奥运”战略构想，以提高立法质量、增强监督实效、发挥代表作用、提高工作水平为重点，与时俱进，开拓创新，为发展社会主义民主政治，坚持和完善人民代表大会制度，推动首都经济社会全面、协调、可持续发展，建设和谐社会的首善之区作出新的贡献。

一、加强和改进立法工作，提高立法质量。要紧紧抓住发展这个执政兴国第一要务，牢牢把握“统筹协调”这一主线，继续坚持立法决策与改革发展稳定决策相结合；坚持维护国家法制统一，突出首都地方特色，增强法规可操作性；坚持以人为本，维护人民群众根本利益；坚持民主立法，扩大公民有序参与。加强和改进立法工作，提高立法质量。今年要重点抓好历史文化名城保护条例、食品安全监督管理条例、大型社会活动安全管理条例、城市基础设施特许经营条例、集体土地房屋拆迁管理条例等法规的制定、修订工作；做好促进循环经济、加强矿产资源管理、促进信息化建设等方面的立法调研。进一步做好法规公开征求市民意见和立法听证工作，完善立法工作规范，发挥立法咨询专家作用，建立法规质量评估制度，不断推进立法工作民主化、科学化、规范化。

二、加强和改进监督工作，增强监督实效。要围绕全市工作中心和发展大局，突出监督重点，改进监督方式，健全监督机制，增强监督实效，确保宪法和法律、法规得到正确实施，促进依法行政和公正司法，维护公民、法人和其他组织的合法权益。今年常委会的执法检查主要围绕水资源保护管理及水污染防治、安全生产、食品卫生与食品安全等重点进行；常委会各工作机构也要有重点地检查一些法律法规的实施情况。继续加大代表议案督办力度，切实保障代表的民主权利，并对2004年议案办理情况进行跟踪检查。进一步加强信访工作，化解矛盾，维护稳定。

三、认真行使重大事项决定权，加强人事任免和任后监督工作。要围绕首都改革发展稳定的重大决策和主要任务，强化重大事项决定权行使。继续做好计划、预算的审查监督工作，选择一两个政府组成部门，加强部门预算监督。重点听取并审议市政府关于城市交通规划、建设与管理，中关村科技园区五年上台阶，“十一五”计划编制情况的报告；听取关于奥运场馆和配套设施建设、产业结构调整和经济增长方式转变等情况的报告。审议市高级人民法院关于进一步加强执行工作的报告，市人民检察院关于公诉工作情况的报告。

积极探索新的方式方法，依法行使人事任免权，保障国家机关顺利开展工作。采取多种形式，加强和改进述职评议工作，增强评议实效。加强对2004年述职评议人员整改情况的跟踪检查。继续开展对法官、检察官的述职评议试点工作。

四、加强和改进代表工作，充分发挥代表主体作用。要结合新形势新情况，会同区县人大常委会，分片组织代表培训，进一步提高代表的综合素质和履职能力。密切代表与人民群众的联系，重视发挥闭会期间的代表作用。建立健全代表工作制度，规范代表持证视察，扩大专题视察。加强和改进代表建议督办工作，采取主任会议成员亲自督办的做法，推动重点难点建议的办理。改进代表服务工作，为代表履职创造更好条件。

五、加强自身建设，提高常委会工作水平。要不断推进常委会的思想、组织和作风建设，加强学习培训，增强组成人员的政治责任感和履职能力。按照市委统一部署，认真开展以实践“三个代表”重要思想为主要内容的保持共产党员先进性教育活动，努力实现“提高党员素质、加强基层组织、服务人民群众、促进各项工作”的目标。建立健全常委会工作制度，改进分组审议工作，提高审议质量；规范审议意见书办法，推动常委会审议意见的落实；继续实行公民旁听制度，不断增强人大工作的公开化和透明度。按照“政治坚定、业务精通、务实高效、作风过硬、团结协作、勤政廉洁”的要求，全面加强机关建设，不断提高工作质量和服务水平。加强人大理论研究和工作调研，注重研究成果的转化和应用。进一步加强与区县人大的联系，支持区县人大工作的探索与创新；认真研究解决人大街工委建设面临的新情况新问题，把这项工作引向深入。

会同市委有关部门，推动市委关于加强人大工作决定的落实。认真做好市委第二次人大工作会议的筹备工作，在广泛深入调查研究的基础上，着力推进人大工作中一些重点问题的解决，为做好新时期人大工作创造更好的条件。

各位代表，今年 3 月，十届全国人大三次会议将审议《反分裂国家法》，这充分表明了全中国人民维护国家主权和领土完整，反对和遏制“台独”分裂势力，推进祖国和平统一大业的共同意志和坚定决心。我们完全支持和拥护全国人大的这一重要立法，并将与全国人民一起，为早日实现祖国完全统一贡献力量。

各位代表，党的十六届四中全会提出了科学执政、民主执政、依法执政的新要求，首都现代化建设进入了一个新阶段。市人大及其常委会作为地方国家权力机关，责任重大，使命神圣。让我们紧密团结在以胡锦涛同志为总书记的党中央周围，奋发进取，扎实工作，为发展社会主义民主、健全社会主义法制，实现“新北京、新奥运”战略构想而努力奋斗！

北京市第十二届人民代表大会第三次会议关于北京市高级人民法院工作报告的决议

（2005 年 1 月 27 日北京市第十二届人民代表大会第三次会议通过）

北京市第十二届人民代表大会第三次会议，听取并审议了北京市高级人民法院院长秦正安所作的《北京市高级人民法院工作报告》，决定批准这个报告。

北京市高级人民法院工作报告

——2005 年 1 月 25 日在北京市第十二届人民代表大会第三次会议上

北京市高级人民法院院长　秦正安

各位代表：

现在，我代表北京市高级人民法院向大会报告工作，请予审议，并请各位市政协委员提出意见。

关于 2004 年的主要工作

2004 年，全市法院以邓小平理论和“三个代表”重要思想为指导，认真贯彻党的十六大和十六届三中、四中全会精神，在市委的领导、最高人民法院的指导和市人大及其常委会的监督下，紧紧围绕“公正与效率”工作主题，进一步加强审判工作，全面落实司法为民要求，大力加强司法能力建设，努力提高队伍整体素质，为首都全面、协调、可持续发展和“新北京、新奥运”战略构想的顺利实施作出了积极的努力。

一、充分发挥审判职能，努力维护首都和谐稳定

一年来，全市法院立足服务首都工作大局，认真落实科学发展观，全面发挥审判职能作用，通过公正、高效地审理和执行各类案件，努力为首都全面、协调、可持续发展和和谐稳定提供有力的司法保障。全年共受理刑事、民商事和知识产权、行政以及执行等各类案件 308180 件，办结新收和旧存案件 303232 件，同比分别上升 13％和 11.6％。受理案件类型超过 500 种，几乎涉及首都发展的方方面面。在审结的案件中，解决诉讼标的总金额 594.2 亿余元，同比上升 3.1％。

（一）加强刑事审判，全力维护首都社会稳定

确保首都稳定是刑事审判的首要任务。2004 年，全市法院共审结各类刑事案件 18869 件，同比上升 11.5％，占全部案件结案总数的 6.2％。其中，涉及群众生命财产安全的盗窃、伤害、抢劫、毒品以及交通肇事等案件所占比例较大，达 68％；败坏社会风气、严重妨碍社会管理秩序的赌博、传播淫秽物品牟利、非法制售发票以及伪造印章等案件增幅较快，同比上升 80％。全市法院一方面坚持“严打”方针不动摇，依法严厉打击严重危害社会治安、影响人民群众生命财产安全和生活的刑事犯罪；严惩经济犯罪特别是贪污、贿赂等职务犯罪，加大反腐倡廉力度。另一方面认真贯彻了惩办与宽大相结合的刑事政策。全年共判处各类罪犯 20809 名，同比上升 15.4％。其中，被判处 5 年以上有期徒刑、无期徒刑和死刑的 2959 名。在严惩各类犯罪分子的同时，注意充分运用财产刑，剥夺犯罪分子非法获利和再次犯罪的资本。

（二）加强民商事审判，努力促进社会和谐发展

2004 年，民商事案件呈现出以下特点：一是与人民群众利益密切相关的案件增幅明显，其中，拖欠务工人员工资、劳动争议、物业管理、人身损害赔偿、抚养费、继承和

离婚后财产分割等案件增幅位居前列，如拖欠务工人员工资、劳动争议、离婚后财产分割案件增幅达50%以上。二是与首都经济社会发展相关的企业转制、公司、金融证券票据、财产保险、商品流通、供热以及电信、邮政等案件不断涌现，全年共审结59937件。其中，供热案件19864件，同比上升76.7%；金融证券票据案件861件，同比上升52.9%。三是与入世有关的知识产权案件大幅增加。本市法院加大知识产权司法保护力度，共审结知识产权案件1366件，同比上升22.4%。

一年来，全市法院共审结各类民商事案件198546件，同比上升12.2%，占全部案件结案总数的65.5%，其中近75%的案件依法适用简易程序审结。这表明，新的时期，人民法院担负依法调整民商事法律关系、平复社会矛盾、促进社会和谐发展的任务十分繁重。为适应经济社会变革期、社会矛盾多发期、利益格局调整期给审判工作带来的新变化，全市法院在审理难度不断加大的情况下，进一步牢固树立和落实科学发展观，把工作着力点放在调节社会关系、平复各类矛盾上，切实贯彻平等保护原则，正确处理法律效果与社会效果的关系，通过民商事审判，努力促进社会和谐发展。

全市法院从妥善疏导和化解矛盾出发，高度重视调解工作，在坚持依法、自愿原则基础上，尽力以调解方式解决纠纷。全年通过做深入细致的调解工作，当事人达成协议和主动撤诉的占全部民商事案件结案总数的54%，一些基层人民法院达到70%以上，有效平复了矛盾。同时，注意加强对人民调解员和基层调解组织的业务指导，努力促进化解社会矛盾长效机制的形成。

（三）加强行政审判，监督和支持依法行政

首都特殊的区位特点，决定了不仅本市的行政纠纷，而且涉及国家部委及有关部门的行政纠纷均由本市法院管辖。2004年，本市行政审判领域继续拓展，行政案件涉及的经济社会法律关系十分复杂、类型更趋多样。全年全市法院共审结各类行政案件4016件，同比上升34.2%。其中，审结与人民群众生活息息相关的农村土地征用、城市房屋拆迁、社会保障类等行政案件517件，同比上升16.7%。在审结的案件中，全部或部分撤销行政机关决定、判决行政机关履行职责等方式处理的以及因行政机关改变具体行政行为等原因原告申请撤诉的占案件总数的17.4%，维持行政机关决定和裁定驳回起诉的占40.1%，判决驳回诉讼请求、终结、移送等其他方式处理的占42.5%。大量行政案件的审结，既保护了公民、法人和其他组织的合法权益，又依法监督、支持和保障了行政机关依法行政。

（四）加强执行工作，努力缓解执行难

案件执行难是经济、文化、社会等多方面原因相互交织、相互作用的结果，已成为人民群众关注的热点问题。2004年，市人大常委会就解决执行难问题专门进行了调研和指导；市纪委和市委政法委就支持人民法院依法执行专门发出了通知，为缓解执行难进一步创造了良好的法治环境。以此为契机，全市法院继续将执行工作作为一项重点工作狠抓不放，取得了新的进展。一是从有效缓解执行难入手，探索试行公布拒执人名单、委托调查和协查、公告悬赏执行等制度，加大对拒不执行裁判犯罪依法制裁的力度，努力建立执行工作的长效机制，督促债务人及时履行义务。二是探索建立规范的执行听证制度，实行主执行官负责制下的内部监督制约机制，以保证执行权的规范运行。三是认真开展集中清理未结执行案件活动，积极探索有效的执行方法，灵活运用多种执行措施，成功执结了包括老案和难案在内的一大批案件，特别是集中力量执结了一些涉及困难职工和农民利益的案件。全年共执结案件 81778 件，执行标的额 269.6 亿余元，同比分别上升 9.4%和 19%。

此外，本市法院在审判工作中，加强了涉外和涉港、澳、台案件的审理，全年共审结此类案件 1225 件，同比上升 156.8%，不同国家和地区当事人的合法权益得到了平等保护。加强了对国家赔偿案件的审理工作，全年依法受理案件 24 件，赔偿金额 34.7 万元。针对审判中发现的有关机关和单位在管理及执法中存在的问题，积极做好司法建议工作，全年共发送 500 余份，许多司法建议受到高度重视，对被建议机关和单位堵塞漏洞、改进工作发挥了积极作用。

二、强化和完善内部监督机制，确保司法公正高效

一年来，针对群众反映强烈的一些问题，全市法院高度重视，并从强化和完善内部监督机制入手，在注重发挥二审程序、审判监督程序等监督作用的同时，围绕实现“公正与效率”工作主题，进一步采取了以下措施：

（一）进一步规范法官和律师相互关系

2004 年，为落实最高人民法院和司法部联合下发的有关规定，解决群众反映的法官和律师的关系等问题，严肃审判工作纪律，确保司法公正，市高级人民法院结合实际出台了严禁接受当事人及其律师的宴请、请托、钱物以及其他任何形式的财务支付；严禁为当事人介绍律师和为律师介绍案件；严禁私自单独会见当事人及其律师等“六条禁令”。全市各级人民法院积极贯彻落实，不少法院以签订责任书等多种形式，明确要求凡违反规定的一律严厉查处，决不姑息。“六条禁令”的实施，增强了法官廉洁自律的意识，规范了诉讼活动中法官与律师的关系。

（二）规范委托司法鉴定和评估、拍卖工作

审判和执行中的司法鉴定和评估、拍卖工作对案件实体裁判的公正和当事人权益的实现有着重要的影响。为此，市高级人民法院制定了《关于司法鉴定机构名册管理办法》和《关于执行中委托评估、拍卖和变卖工作的若干规定》，在进一步规范执行中的委托评估、拍卖工作的同时，探索在审计、资产评估、房地产评估和工程造价咨询等领域确定司法鉴定机构的方法。在确定司法鉴定机构时充分尊重当事人的选择权，由当事人首先协商选择，协商不成的，再由法院专设的委托确认部门随机选择；明确规定委托确认部门不参与案件的审理和执行，案件审理和执行人员不参与随机选择鉴定和评估、拍卖机构，实现了审判权、执行权与委托权的分离，力求从制度上防止不良因素对审理和执行的干扰。

（三）加强审级监督和指导，统一执法尺度

为统一全市法院执法尺度，提高司法水平，根据最高人民法院相关司法解释，结合本市法院审判实际，市高级人民法院先后制定了《关于审理整治网吧等互联网上网服务营业场所行政案件的若干意见》、《关于审理物业管理纠纷案件的意见》等 10 余个指导性意见，为确保法律、法规和司法解释在审判实践中的正确理解和适用发挥了积极的作用。同时，建立和完善了典型案例指导制度，市高级人民法院通过定期编发《北京法院指导案例》、《审判前沿》，选登具有普遍指导意义的典型和新类型案件，加强对下级法院审判实践的具体指导。针对审判实践中上诉案件存在的问题，上级法院还加大了检查和讲评的力度，一定程度上保证了案件质量。

（四）以案件评查为重点，加强质量管理

过硬的案件质量是司法公正的具体体现。一年来，全市法院采取有效措施，狠抓

案件质量。一是各法院采取随机抽查、合议庭之间互查等方式，定期按比例检查各类生效案件及执行案件；对当事人反映强烈的案件、发回重审和再审的案件以及新类型案件有针对性地进行重点评查。通过检查和评查，分析、解决案件中存在的质量问题；同时，完善责任追究制度，对确属差错的案件，一经查实，严肃处理。二是各法院积极采取措施，努力提高裁判文书质量。一些法院对涉及责任心不强、制作不规范和说理不充分的文书公开进行展示，有力地促进了裁判文书质量的提高。三是在努力提高案件质量的同时，高度重视检察机关依法提起抗诉案件的审理工作。全年共审结 102 件刑事、民事抗诉案件，除检察机关主动撤诉的 13 件外，对原判确有错误的 22 件依法予以了改判。

三、全面落实司法为民要求，切实维护群众合法权益

司法为民是实现司法公正的本质要求。全市法院牢固树立司法为民思想，把实现公正和高效作为司法为民的根本，结合自身实际情况，努力将司法为民各项举措落实到人民法院工作特别是审判工作的各个环节。

（一）不断落实和完善便民措施

全市法院严格依照法律和相关规定，切实保障经济确有困难的群众打得起官司。全年对享受城镇居民最低生活保障的人员和农村五保户等实施司法救助的案件共 14159 件，减缓免诉讼费 1325.2 万元，同比分别上升 229.5%和 119.8%。一些法院对涉及建筑、餐饮等行业拖欠务工人员劳动报酬的案件，实行了就地立案、就地审理等方便群众的诉讼方式，使务工人员及时拿到了报酬。全年共办结务工人员追索劳动报酬案件 12462 件，涉案标的金额 3.3 亿元。同时，对人民法庭“司法文书电子签章系统”进行了更新，在部分人民法庭试运行远程网络立案系统，解决了因裁判文书盖章不便而使当事人往返奔波以及偏远地区群众起诉不便的问题。

（二）进一步加强司法领域的人权保障

严格执行最高人民法院《关于推行十项制度切实防止产生新的超期羁押的通知》，采取及时通报、严格案件管理等制度，防止“边清边超、前清后超”，全年实现了无超期羁押案件。认真做好办理减刑、假释案件的检查工作，确保了办理工作的规范性，全年共依法审结各类减刑、假释案件 6201 件。同时，坚持刑事证据证明标准，准确适用法律，确保无罪的公民不受法律追究，全年共依法宣告无罪 25 人。上述措施的施行，进一步加强了司法领域的人权保障。

（三）下大力气做好信访工作

切实做好信访工作是坚持司法为民，保障人民群众合法权益，化解社会矛盾，维护社会稳定的一项重要任务。为此，全市法院采取积极措施，努力做好信访工作。一是对重大、疑难和群体性上访案件，实行市高级人民法院有关审判庭与下级法院双挂账督办制度，逐案研究，认真解决。二是对原判确有错误的极少数上访案件予以了改判；对部分原判正确但当事人确有困难的上访，商有关部门尽力解决问题；对大多数原判没有错误，因当事人对法律理解和认识有误等引发的上访做深入细致的说服教育和法制宣传工作，努力使当事人息诉罢访。全年共挂账督办案件 442 件，已办结 430 件。三是在进一步完善处理信访工作机制的同时，注重防线前移，通过信访查找问题，着力在提高现案审判质量、防范新的上访发生方面狠下工夫。大量信访案件的妥善处理，既保障了人民群众合法权益、化解了矛盾纠纷，又维护了社会稳定。

四、大力加强队伍建设，努力提高法官整体素质

人民法院的各项工作要真正让党放心、使人民满意，关键在于有一支忠实履行法律职责、实现社会公平正义、维护社会和谐稳定的高素质法官队伍。一年来，按照"为民、务实、清廉"的要求，全市法院继续注重提高法官及其他工作人员的整体素质，在认真抓好"司法公正树形象"和"执法为民、服务发展"教育的同时，高度重视并注意抓好以下工作。

（一）加大对年轻法官的培养力度

目前，全市法院审判人员的结构发生了较大变化，年轻法官大量增加，高学历人员所占比例已居全国法院系统首位，人员知识层次显著提高。针对这一情况，各法院在全面提高法官整体素质的同时，特别注意加强对年轻法官职业道德、审判技能的教育与培养，帮助年轻法官尽快成长。除严格进行系统的岗前培训外，立足岗位培养，安排他们在上下级法院业务部门交流、到政府相关职能部门了解相关业务情况，丰富阅历，增长才干；鼓励年轻法官参与重大课题调研，引导他们将自身的知识优势转化为解决问题的能力优势。一些年轻法官已逐步成为审判工作的骨干力量。

（二）学习先进典型，努力树立公正司法良好形象

全市法院在学习任长霞、方工先进事迹的同时，以学习宋鱼水公正司法先进事迹为契机，引导广大法官在审判工作中辨法析理，努力做到不仅要给当事人以公正的裁判结果，还要把其中的道理向当事人讲清楚、讲明白；通过加强调解，化解社会矛盾，尽力做好服判息诉工作，促进社会和谐稳定。各法院对照先进找差距，扎实改进求效果，不断提高自身素质，努力改进作风，涌现了一大批公正司法的先进集体和法官，展示了首都法院良好形象，有力地促进了审判及其他各项工作的开展。

（三）加强廉政建设，确保司法廉洁

一年来，全市法院结合实际，通过探索建立自律机制、防范机制和惩戒机制，广大法官为民司法、公正司法和廉洁司法的意识进一步增强。全年群众通过各种渠道反映法官及其他工作人员审判作风、违纪违法等问题的信访投诉率下降了20%，许多审判庭实现了"零投诉"。各法院还在试行廉政信用评价体系和完善廉政档案制度等防线前移措施的同时，加大了对违纪违法问题的查处力度，对查实的问题坚决处理，决不姑息迁就。全年共处理违纪违法案件11件涉及18人，2人被追究刑事责任。

五、自觉接受人大监督，不断改进法院工作

人大对人民法院进行监督，是我国宪法确立的一项重要制度，是人民行使当家做主、管理国家权力的重要途径。一年来，全市法院进一步增强接受人大监督的意识，努力加强和改进接受人大监督工作。一是认真接受市人大常委会对市高级人民法院法官进行的述职评议，并以此为契机，进一步强化广大法官接受人大监督的自觉性，有针对性地采取措施提高法官司法水平，有力地促进了办案质量的提高，推动了全市法院整体工作的开展。二是认真向人大常委会及专门委员会报告工作。市高级人民法院先后向市人大常委会汇报了"司法为民、公正司法工作情况"和"代表建议办理情况"，并认真听取了委员们的审议意见。此外，市高级人民法院还坚持每季度向人大代表、政协委员书面通报法院重要工作。三是认真办理代表在会议期间

和闭会后的建议。进一步落实市高级人民法院《关于与人大代表、政协委员联络及办理交办事项工作规则》，完善代表建议等交办事项管理工作，提高了建议办理效率，使此项工作更加规范化。四是认真接待人大代表视察和旁听案件。一年来，先后有近千人次各级人大代表和政协委员到全市法院视察和旁听案件。对代表、委员们在视察和旁听案件中发现的问题，各法院注意及时制定整改措施，并在工作中认真加以改进。

各位代表，2004年，面对更加繁重艰巨的任务，全市法院的各项工作都取得了新成绩，有了新进展，这些成绩的取得来之不易，凝聚着全体法官及其他工作人员的努力，更体现着市委、市人大、市政府、市政协及有关方面的正确领导、有效监督和大力支持。在此，我代表全市法院，对各位代表和各有关方面的关心、理解和帮助，表示衷心的感谢！

一年来，全市法院的审判工作和其他工作虽然取得了一定成绩，但仍然存在着一些不容忽视的问题和困难。一是人员的整体素质还不能完全适应司法公正与高效的要求，司法能力与党和人民的期望还存有差距。面对新类型案件不断涌现、群体性纠纷居高不下、案件审理难度日趋加大的新情况，有的法官缺乏大局意识，处理群体性纠纷、重大复杂案件时，不能很好地做到法律效果和社会效果的有机统一。二是公正司法、司法为民的意识在有些法官思想中尚未牢固树立，一些法官在审判作风方面还存在不同程度的问题，极少数法官职业道德缺乏，一些案件诉讼和执行时间拖得过长，个别案件处理不公，违纪违法现象仍有发生，影响了法院的声誉，损害了法官的形象。三是执行难问题尚未解决。本市法院执结案件数量、执行标的额虽大幅度上升，但裁判自动履行率却在继续下降，申请强制执行的案件持续增长，执行难问题依然是群众关注的热点问题。四是审判任务繁重与人员力量不足的矛盾突出。近年来，全市法院受理案件连年攀升，2004年，受理和办结案件均超过30万件，审判人员年人均结案已达188件，有的法院超过260件；经过全市法院的努力，虽然结案同比上升11.6%，但未结案尚有11403件，同比上升76.7%。

对于上述问题，我们将高度重视，深入分析研究，针对实际情况，采取切实有效措施，继续紧紧依靠党委的领导、人大的监督以及有关部门的支持，努力加以克服和解决。

2005年的主要工作思路

2005年，全市法院将继续坚持以邓小平理论和“三个代表”重要思想为指导，全面落实十六大和十六届三中、四中全会以及市委九届九次全会精神，以大力加强司法能力建设、确保司法公正为主线，进一步落实科学发展观，紧紧围绕“新北京、新奥运”战略构想，充分发挥审判职能作用，服务首都大局，坚持司法为民，努力实现法律效果和社会效果的有机统一，为构建社会主义和谐社会首善之区营造良好的法治环境。

第一，认真贯彻落实十六届四中全会精神，大力加强司法能力建设。加强司法能力建设，是首都法院当前和今后一个时期落实十六届四中全会精神、加强党的执政能力建设的一项紧迫而又艰巨的任务。全市法院将把加强司法能力建设与党的执政能力建设总体目标联系起来，进一步明确首都经济社会发展新形势下司法能力建设的着眼点、着力点和突破口；与日常的审判工作和其他工作实际结合起来，大处着眼、小处着手，从群众反映最强烈的地方切入，从克服阻碍工作发展的顽症痼习着手，把增强司法能力的各项工作做实做细；与提高全体法官政治素质和业务水平结合起来，努力使加强司法能力建设的过程成为全市法院自觉增强全局意识、不断提高司法水平的过程。

第二，全面发挥审判职能作用，为构建和谐社会首善之区提供司法保障。基于新形势下人民法院司法功能已拓展为惩罚犯罪、维护权益、化解矛盾、保障经济发展、促进依法行政等多项职能，全市法院将紧紧围绕首都工作大局履行好审判职责。一是始终把维护首都稳定作为刑事审判第一位的政治任务，重点打击发生在公共场所的杀人、抢劫等犯罪，生产销售伪劣商品等严重破坏市场经济秩序犯罪，利用国企改制侵吞国有资产犯罪，国家工作人员贪污贿赂犯罪，以及“黄赌毒”犯罪等。二是民商事审判将重点审理好与保障金融安全相关的案件，国企改制、破产等案件，涉及借贷、担保、保险、买卖等多种法律关系的汽车、商品房消费贷款案件，拖欠务工人员工资、机动车交通事故、医疗事故、物业管理、农村土地承包合同和土地使用权流转案件等。三是行政审判将重点审理好房屋拆迁、涉农土地行政案件、社会保障和食品、药品监管等涉及人民群众生活和生命安全的案件，行政许可案件，以及国际贸易等新类型案件。四是知识产权审判将重点审理好专利、商标、著作权和不正当竞争等案件，以及严重破坏市场秩序和经济发展、给国家和人民造成重大损失的各种侵犯知识产权的犯罪案件。五是执行工作将进一步创新执行方式方法，加大执行力度，督促被执行人履行义务，严格掌握不得查封、扣押、冻结的财产范围；进一步加强对执行难的成因、解决方法等相关问题进行深入调查研究。

第三，努力践行司法为民，依法保障当事人合法权益。全市法院将继续把司法为民、尊重和依法保障人民群众的合法权益作为法院工作的根本出发点和落脚点，在继续探索司法为民新举措方面狠下工夫。扩大诉讼费减缓免的适用范围，进一步做实司法救助工作；在严格执行证据规则的同时，对偏远地区当事人证据意识欠缺的案件，做好依职权调查取证工作；探索建立新型未成年人审判机构，专门审理未成年人犯罪以及涉及未成年人权益保护的民事、行政案件，同时，配合有关部门做好对判处非监禁刑的未成年罪犯的社区矫正和帮教工作；继续扩大裁判文书公开的范围，向社会公开全部专利、商标行政案件裁判文书。

第四，抓好基层基础工作，努力提升首都法院整体形象。一是抓好基层建设。按照胡锦涛总书记考察北京工作时提出的五点希望，结合市委的要求，把基层人民法院队伍建设、审判质量与效率、人民法庭工作和物质保障作为工作重点，进一步推动本市法院基层建设工作的全面发展。二是抓好基础工作。从最薄弱的环节抓起，努力在人民群众反映最强烈、最突出的方面见实效。进一步规范庭审行为，切实提高庭审质量；下大气力提高裁判文书质量，进一步提高司法的公信力；进一步完善案件评查制度，促进案件质量提高。三是高度重视人民陪审员工作，认真落实全国人大常委会决定和最高人民法院有关意见，确保今年“五一”前所有人民陪审员按照新的要求上岗；加大对人民陪审员的培训力度，继续拓宽人民陪审员参与法院工作的范围，发扬司法民主、促进司法公正。

第五，进一步加强队伍建设，造就一支高素质法官队伍。全市法院将深入开展保持共产党员先进性教育活动，以党建工作的实效带动队伍整体素质的提高。积极开展向宋鱼水等时代先锋学习活动，不断增强广大法官服务大局、公正司法、化解矛盾和开拓创新的司法能力。从适应新形势、新要求出发，着力在审判实践中培养年轻法官，促进其尽快成长；着力培养一批高素质的复合型法官，带动和提升首都法院审判工作。进一步强化廉政建设，严格落实回避制度，规范法官职务行为，建立健全内部监督制约机制，实现外部监督与内部监督的有机结合，努力确保公正廉洁。

各位代表，全市各级人民法院将在市委的坚强领导下，在市人大及其常委会的有力监督下，在政府和政协及有关部门的大力支持下，振奋精神、求真务实，不断将首都法院各项工作推向前进，为构建社会主义和谐社会首善之区作出新的贡献！

北京市第十二届人民代表大会第三次会议关于北京市人民检察院工作报告的决议

（2005 年 1 月 27 日北京市第十二届人民代表大会第三次会议通过）

北京市第十二届人民代表大会第三次会议，听取并审议了北京市人民检察院检察长许海峰所作的《北京市人民检察院工作报告》，决定批准这个报告。

北京市人民检察院工作报告

——2005 年 1 月 25 日在北京市第十二届人民代表大会第三次会议上

北京市人民检察院检察长　许海峰

各位代表：

现在，我代表北京市人民检察院向大会报告工作，请予审议，并请北京市政协各位委员提出意见。

2004 年的主要工作

2004 年，我们在市委、最高人民检察院的领导下和市人大的监督下，以邓小平理论和“三个代表”重要思想为指导，深入学习贯彻党的十六大和十六届三中、四中全会精神，牢固树立科学发展观，认真落实市委九届八次、九次全会和市第十二届人民代表大会第二次会议决议，坚持“强化法律监督，维护公平正义”和“执法为民、服务发展”的工作主题，加大执法力度，提高办案质量，为首都创造和谐稳定的社会环境和公正高效的法制环境努力工作。

一、全面履行法律监督职责，积极为首都工作大局服务

人民检察院是国家的法律监督机关。全市各级检察院通过依法履行审查批准逮捕、提起公诉、诉讼监督和侦查职务犯罪等重要职责，不断强化法律监督，维护公平正义，积极为首都改革发展稳定大局服务。

第一，认真履行审查批准逮捕和提起公

诉职责，努力维护社会和谐稳定。针对北京地区刑事犯罪高发、影响群众安全感的因素依然存在的实际情况，我们把维护首都和谐稳定作为首要任务，坚持一要坚决、二要慎重、务必搞准的原则，严把事实关、证据关、程序关，全年共批准逮捕刑事犯罪嫌疑人20568人，提起公诉23611人。我们在惩治刑事犯罪过程中，一是突出打击重点。对危害国家安全的犯罪，杀人、抢劫、绑架等严重危害社会治安秩序的重大犯罪，依法及时批捕、起诉。审查起诉了王立华等七人绑架杀害人质、付贺功杀害幼儿园教师和幼童等一批重大恶性刑事犯罪。二是积极参与专项打击活动。与公安、法院等部门紧密配合，认真开展打击利用淫秽色情网站犯罪和制假售假、侵犯知识产权等破坏社会主义市场经济秩序犯罪的专项活动。批捕破坏市场经济秩序犯罪550件769人，起诉577件871人。三是加大出庭支持公诉力度。检察机关代表国家出庭支持公诉，责任重大。我们努力提高控辩水平，严格依据事实和法律，有力指控和证实犯罪，成功地办理了一批疑难复杂有重大社会影响的案件，使刑事被告人受到了应有的惩处，维护了人民群众的切身利益。同时，还积极研究金融、证券、网络等新型犯罪的特点，以适应新形势下打击犯罪的需要。四是积极参加社会治安综合治理。结合办案发出检察建议280多份，帮助发案单位进行整改，堵塞漏洞，防患未然。积极参与对监外服刑人员的社区矫正工作，提高改造效果。专门成立未成年人犯罪办案组，认真做好教育、感化和挽救工作，有6个区、县检察院被评为全国“优秀青少年维权岗”先进单位。我们还深入社区、乡村、机关、企事业单位，运用典型案例，开展法制宣传，提高群众的法律意识。

第二，加大查办和预防职务犯罪力度，积极推进反腐倡廉工作深入开展。我们从党和国家的大局出发，采取一系列措施，加大查办职务犯罪的力度。一是加强与纪检、监察、工商、审计等部门的联系，推出奖励举报有功人员工作办法，主动拓展案件线索来源渠道；二是建立由市院统一指挥、上下联动、协调作战的侦查一体化办案机制，统筹调配全系统的侦查力量，增强突破案件的能力；三是充分发挥主侦检察官的骨干作用，带动整体侦查水平不断提升。重点查办了国家工作人员贪污、贿赂、挪用公款等职务犯罪大案要案，查办借国有企业改革转制之机侵吞、挪用、私分国有资产的案件，尤其注意查办发生在房屋拆迁、土地征用、医疗卫生、教育收费等方面群众反映强烈的案件和司法人员、行政执法人员的贪污贿赂案件。按照属地管辖原则，全年共立案侦查发生在市属单位和中央驻京单位的贪污贿赂等职务犯罪357件408人。其中，县处级干部犯罪要案79人，局级以上干部犯罪要案27人，百万元以上大案80件，为国家挽回经济损失4.6亿元。我们与市纪委紧密配合，立案侦查了首都高速公路发展有限公司原董事长毕玉玺等人贪污受贿窝案；集中力量侦查了最高人民检察院指定管辖的一批案情重大复杂的职务犯罪大案要案。依法侦破了国有重点金融机构原监事会主席胡楚寿利用职权受贿案，黑龙江省绥化市原市委书记马德、市长王慎义等受贿案，审查起诉了贵州省原省委书记、人大常委会主任刘方仁受贿案等。我们还对全市涉嫌职务犯罪的在逃人员采取集中抓捕措施，抓捕在逃人员15人；并协助外省市检察机关查案918件次，抓捕41人，为反腐败大局贡献了力量。

加强了对渎职侵权犯罪案件的侦查。按照最高人民检察院的统一部署，我们全面开展“严肃查办国家机关工作人员利用职权侵犯人权犯罪案件”专项活动，重点查办因渎职造成人民生命财产重大损失的案件，刑讯逼供、暴力取证案件，破坏选举、侵犯公民民主权利案件和虐待被监管人的案件。全年共立案侦查渎职侵权犯罪案件 50 件 60 人，同比上升 47%和 100%。其中，局、处级干部犯罪要案 18 件 19 人，司法人员渎职侵权犯罪 24 件 30 人。严肃查办了密云县公安分局城关派出所原所长、政委玩忽职守案等，努力维护国家利益和公民的人身权利、民主权利。

在查办职务犯罪的同时，我们还立足检察职能，充分发挥自身优势，不断加强预防职务犯罪工作。按照中央标本兼治、综合治理、惩防并举、注重预防的方针和源头治理的要求，制定了《职务犯罪预防工作规定》，并狠抓落实。一是进一步完善社会大预防网络，积极协助全市 18 个区县构建了由党委统一领导、检察机关发挥职能作用的社会大预防格局；二是加大行业预防力度，与市国资委和市银监局联合建立涉及全市 130 多个企事业单位和 33 家金融机构的预防体系；三是与市纪委等有关部门配合，对新建地铁和首都博物馆等一批在建项目开展职务犯罪预防工作；四是积极推出预防职务犯罪立项制，确定预防重点，提高了预防工作的针对性和实效性；五是进一步拓宽宣传教育渠道，配合区县建立警示教育基地，帮助干部增加法律知识，对促进干部廉洁自律和依法行政起到了积极作用。

第三，依法开展诉讼监督，努力维护司法公正和法制统一。我们本着有罪追究、无罪保护、严格依法、客观公正的原则，加强对司法活动的监督，努力维护司法公正。

切实加强刑事诉讼监督。一是依法开展刑事立案监督。对公安机关没有立案的，要求说明不立案理由 73 件，经审查，不立案理由不成立，通知立案 13 件 14 人。二是切实加强侦查监督。对应当提请逮捕而未提请、应当移送起诉而未移送的，决定追捕 48 人，追诉 93 人；针对公安机关违法取证、违法采取强制措施等行为，及时发出纠正违法通知书 50 份。三是认真开展刑事审判监督。对法院的判决、裁定，严格审查，认为其中确有错误的，依法提起抗诉 61 件；对法院不按时送达法律文书、庭审中限制当事人权利等情况，提出纠正意见 49 次。四是不断强化刑罚执行监督。重点开展了“减刑、假释、保外就医”专项检查活动，复查了 2002 年以来法院、监狱、看守所办理的 12247 件减刑案件、865 件假释案件和 575 件保外就医案件，对存在的问题均提出纠正意见，对保外就医条件消失的建议收监，有效维护刑罚执行的严肃性。

不断加强民事行政诉讼监督。针对民事行政申诉案件增多、情况比较复杂的状况，我们加大监督力度。重点办理侵害国家利益和社会公共利益的案件、严重违反法定程序的案件以及涉及下岗职工和妇女、儿童、残疾人权益的案件。全年共办理民事行政申诉案件 2529 件，对法院判决、裁定确有错误的，提出抗诉 46 件，提请最高人民检察院抗诉 5 件，向法院发出再审检察建议 39 件，依法维护当事人的合法权益。对不服法院正确判决、裁定的申诉案件，我们做了大量的息诉服判工作，认真解释适用法律的正确性，耐心化解当事人的误解，努力维护司法权威。

第四，认真落实便民维权措施，不断加强人权保障。我们认真贯彻“国家尊重和保障人权”的宪法规定，努力实践“立检为公、执法为民”，切实维护人民群众的合法权益。

继续深化便民维权举措。进一步落实维护诉讼参与人合法权益工作规则 69 条，与市律师协会联合签署《进一步加强工作联系保护诉讼参与人合法权益的意见》，推出法律监督规则，把法律监督贯穿于各个诉讼环节；完善便民维权 20 条措施，在检察环节优先处理侵害城乡贫困人口、残疾人等社会群体合法权益的案件，努力为群众服务。改善接待环境，开设无障碍通道，设置举报电话自动受理系统等，切实方便当事人。市院、西城、房山、密云等13个检察院的控申接待室被评为“全国文明接待室”，顺义、海淀、东城、朝阳检察院控申接待室被评为“文明接待示范窗口”。

依法维护犯罪嫌疑人和服刑人员的合法权利。我们坚持宽严相济的刑事政策，保障无罪的人不受刑事追究。认真审查每起案件，对不够逮捕和起诉条件的，依法不予批捕和起诉。全年共不批准逮捕1411人，不起诉442人。继续巩固清理超期羁押的成果，开展“加强监管执法、加强法律监督、保障刑事诉讼顺利进行、保障在押人员合法权益示范单位”的“双加强、双保障”创建活动，建立在押人员诉讼时限登记和预警制度，与看守所、监狱等监管部门一道，杜绝了超期羁押现象的发生。

深入做好人民群众的来信来访工作。我们坚持把维护人民群众的合法权益作为执法的出发点和落脚点，认真办理人民群众来信、来访和控告、申诉案件9502件。对排查出的153件涉法涉诉信访案件，实行“定领导、定人员、定方案、定时限”，明确责任，及时办结；坚持实行首办责任制和检察长接待制度，严格执行当事人申诉权利义务告知制度；推行立案时、结案后同当事人“双见面”制度，当面倾听诉求理由和答复处理结果，切实方便群众；对集体访和重复访，我们坚持法律与政策相结合，依法妥善处置，努力化解矛盾；对部分群众申诉难、来访不便的情况，我们主动登门，把司法服务送到群众身边，积极为群众解决实际问题。坚持实事求是，依法及时纠正检察环节出现的错误，去年予以刑事赔偿6件，切实保障了刑事赔偿请求人的合法权益。

二、不断加强执法能力建设和执法保障建设，确保检察工作顺利开展

全市各级检察机关紧紧围绕法律监督职责的履行，采取多项措施，狠抓队伍的执法能力建设和执法保障建设。

第一，深化改革，创新机制，提高检察工作水平。一是积极开展人民监督员制度试点。按照最高人民检察院的要求，选任部分人大代表和人民群众担任检察机关的人民监督员，对自行侦查的职务犯罪案件中犯罪嫌疑人不服逮捕决定、拟撤销、拟不起诉的三类案件进行监督，让人民群众直接监督检察机关职务犯罪案件的办理过程，确保司法公平公正。二是加强执法办案专业化机制建设。进一步完善落实主诉检察官办案责任制，不断充实和更新公诉人才队伍，加强公诉能力的培养和锻炼，全系统已形成以200多名主诉检察官为主体的公诉骨干队伍；积极探索实行金融犯罪审控组、毒品犯罪审控组、走私犯罪审控组、侵犯知识产权犯罪审控组等专业化办案模式。全面推开主侦检察官办案责任制，以80余名主侦检察官为骨干的职务犯罪侦查队伍初步形成，侦破职务犯罪的能力不断增强。三是深化干部人事制度改革。采取公平竞争、群众评议、组织考核的办法，选拔、任用了一批优秀的领导干部和检察官，有效地调动了干部的积极性和创造性。四是创新检察理论研究机制。实行课题招标、调研成果点评反馈、调研工作考核奖励等制度，激发了调研积极性，编撰出版了《法律监督的理论与实证研究》和涉及法律监督各环节的典型案件系列丛书，为公正高效执法办案提供了有效的借鉴和指导。

第二，健全制度，规范管理，确保检察工作质量。全市各级检察院把管理纳入日常工作，作为提高检察工作质量的基本方法。

一是以案件质量复查为切入点，全面推行案件质量考评机制。我们以提高案件质量和执法水平为重点，组织专人，对2003年度批准逮捕后作不起诉和无罪判决的342起案件进行逐案复查，对部分案件存在的审查事实不清、适用法律不当等问题，深入分析原因，提出整改措施，进一步完善案件质量考评制度和责任追究制度。二是加强干部考核管理。实行市院领导干部和市、分三院中层干部公开述职制度，组织检察人员并邀请部分人大代表参与考评，增强了干部使用管理的透明度和公正性；实行检察官效能考核办法，突出考核履行职责的能力和绩效，加强监督管理，增强责任意识。三是健全并实行了涵盖各项检察工作的《北京市检察机关工作规范》，逐步实现检察管理工作的制度化、规范化、科学化，确保各项检察工作规范、有序、高效运转。

第三，坚持以人为本，狠抓队伍建设和基层院建设，为履行法律监督职责提供组织保证。我们坚持以人为本，以不断提升法律监督水平为重心，全面加强检察队伍的素质和能力建设。一是加强各级领导班子建设。调整充实了力量，优化了班子结构；加强学习教育，不断提高理论水平和领导能力；严明了纪律，改进了作风，出现了团结和谐、奋发进取、自觉发挥表率作用的良好局面。二是进一步改善队伍结构。按照“结构合理、素质优良、富有活力”的队伍建设目标，积极引进人才，目前全系统大学本科以上人员已达89.2%，名列全国检察系统首位。三是加强执法能力培养。针对队伍结构改变后，年轻人员缺乏执法经验的现状，积极探索新的教育模式，采取集中培训、网络教学、技能比武、岗位练兵、挂职锻炼、出国深造等多种措施，大力开展检察专门人才培养，增强岗位实践能力，努力造就一支高素质、高能力、高水平的检察官队伍。四是发挥典型引路作用。深入学习“公正执法的楷模”方工同志先进事迹，推出办理大要案能手、全国十佳公诉人等一批首都检察系统先进典型，同时开展向优秀法官宋鱼水等同志先进典型学习的活动。五是加强基层院建设。制定并落实《关于加强基层建设的意见》，重点在检察业务、队伍和信息化建设上下工夫，切实强化基层基础工作，为检察工作发展奠定坚实基础。

第四，接受人大监督，强化内部制约，确保检察权正确行使。人民检察院作为法律监督机关，只有树立监督者首先要接受监督的意识，才能正确行使职责。为此，我们自觉地把检察工作置于人大的监督之下。主动向人大报告工作，接受审议，听取意见；认真办理人大代表的议案、建议和人大交办的事宜；多次召开监督员座谈会，经常邀请人大代表、政协委员视察指导工作，参加重大疑难案件讨论，积极采纳建议，不断改进工作。进一步加强了与公安、法院等单位的联系，做到互相配合，互相制约。同时，我们还加强了检察机关内部各个环节之间的监督和制约，进一步完善落实《加强内部执法监督的实施办法》，及时推出《五项检察纪律》，建立检察人员廉政信用档案，基本形成程序严密、制约有效的内部监督机制；坚持严格要求、严格教育、严格管理、严格监督，狠抓队伍的纪律作风建设，对内部违法违纪行为坚决查处，决不手软，共处理4名检察人员，同时以案明法明纪，开展警示教育，有力促进廉洁、文明、公正执法。

另外，我们还积极推进科技强检战略，以信息化建设为重点，加强检务保障建设，办公办案条件明显改善。

2004年，全市检察工作的成绩和进步，是在市委的正确领导下和市人大的有力监督下取得的，是市政府、市政协和全市人民大力支持的结果。在此，我代表市人民检察院向大家表示衷心的感谢！

各位代表，在回顾过去一年工作的同时，我们清醒地认识到，目前检察工作还存在一些问题和不足：一是履行法律监督职责的力度还不够，效果还不够理想，在探索监督途径、拓宽监督渠道、创新监督方法上仍需继续下工夫；二是队伍的素质和能力还不完全适应形势发展需要，离党和人民的要求还有很大差距；三是全市检察工作发展不平衡，一些区县院和部门仍然存在案件多与人员少、工作任务重与业务经费紧的矛盾；四是队伍中极少数人员执法作风不够端正，违法违纪现象仍有发生，还必须加强教育和监督；五是检察宣传还不够有力，影响了人民群众对我们的了解，制约了检察机关更好地为人民提供司法服务等等。这些问题，我们将采取有力措施，积极加以解决。同时，诚恳地希望人大代表和社会各界进一步加强对检察机关的监督和指导，帮助我们不断改进工作，提高水平，更好地完成各项检察任务。我们决不辜负宪法和法律赋予的神圣使命。

2005 年的主要任务

各位代表，2005 年，是推进首都经济社会全面协调可持续发展和实施“新北京、新奥运”战略构想的重要一年。全市检察机关要紧紧围绕首都工作大局，坚持以邓小平理论和“三个代表”重要思想为指导，认真贯彻党的十六届四中全会精神，牢固树立和认真落实科学发展观，按照市委九届九次全会和本次人大会议要求，以加强法律监督能力建设为中心，认真履行宪法赋予检察机关的各项职责，不断开创首都检察工作新局面。

一、坚持检察工作主题，全面加强法律监督能力建设。要牢固树立为首都发展大局服务的意识，继续坚持“强化法律监督，维护公平正义”和“执法为民、服务发展”的主题，提高打击和预防刑事犯罪的能力，维护首都社会稳定；提高打击和预防职务犯罪的能力，促进党风廉政建设和反腐败斗争深入开展；提高诉讼监督的能力，维护公平正义；提高正确处理群众诉求、化解矛盾纠纷的能力，促进社会安定和谐；提高强化自身监督和制约的能力，加大检察职能宣传，促进严格文明和公正高效执法。

二、进一步加强队伍建设，为提高法律监督能力提供人才支持。要立足于提高队伍的素质和能力，认真开展保持共产党员先进性教育活动，牢固树立正确的执法观和正确的政绩观，真正做到“立检为公、执法为民”；按照“政治坚定、求真务实、开拓创新、勤政廉政、团结协调”的要求，加强领导班子建设，努力做到“为民、务实、清廉”；坚持以人为本，深入开展以提高执法办案能力为核心的正规化分类培训，努力培养造就专家型、复合型人才，学习先进典型，逐步实现“政治坚定、业务精通、作风优良、执法公正”的队伍建设目标，确保法律监督职责的落实。

三、深化改革和管理，为提高法律监督能力提供新的动力。要认真落实中央司法体制改革意见，积极推进改革，创新机制，规范管理，不断提高检察工作的质量和水平。要完善办案机制，深化主诉、主侦、主办检察官办案责任制，实现执法专业化；完善用人机制，深化公平竞争、优胜劣汰的用人制度，实现干部管理的制度化、民主化；完善管理机制，落实各项制度，确保工作规范高效运行；完善监督机制，积极推进人民监督员制度试点，健全内部制约办法，促进检察权正确行使；完善保障机制，积极推进检察人员分类管理试点，加强科技强检，为提高法律监督能力提供动力和保障。

四、扎实推进基层院建设，为提高法律监督能力夯实基础。基层检察院是全部检察工作的基础。全市检察机关80%以上的人员和业务在基层。要以公正执法为核心，以强化法律监督为目标，以争创先进检察院为载体，以推进执法规范化、队伍专业化、管理科学化为内容，加强分院、区县院和铁路运输检察院的建设。要加强对基层院建设的指导，帮助基层院解决实际问题；大力开展争创先进检察院活动，充分发挥东城、丰台等全国模范检察院和海淀、朝阳、西城、昌平等市级先进检察院的示范作用；切实加强基本功和基本能力的训练，全面提高执法水平、管理水平和保障水平，固本强基，夯实履行法律监督职责的基础。

五、坚持党的领导、自觉接受人大监督，保证法律监督职责正确履行。我们要坚决贯彻党的路线方针政策，自觉执行党的决定和部署，忠于党，忠于人民，坚定不移地为党和国家大局服务；进一步自觉接受各级党委的领导和监督，创造良好的执法环境。要不断增强接受人大监督的意识，拓宽接受人大监督的渠道，提高监督效果；进一步加强人民监督员和特约监督员、特约检察员工作，积极采纳合理意见和建议，切实改进工作，提高执法水平，确保检察权的正确行使。

各位代表：新的一年，我们要在市委和最高人民检察院的正确领导下，在市人大的有效监督下，在市政府、市政协和全市人民的大力支持下，认真落实宪法要求，着力提高法律监督能力，锐意进取，扎实工作，为推进首都改革发展和构建和谐稳定的首善之区作出新的贡献！

北京市第十二届人民代表大会第三次会议议案审查委员会关于代表议案的审查报告

（2005年1月27日北京市第十二届人民代表大会第三次会议主席团第四次会议通过）

北京市第十二届人大第一次会议议案审查委员会主任委员　赵凤山

大会主席团：

在大会主席团第一次会议决定的代表提出议案截止日期前，共收到议案353件。其中，代表团提出的议案54件，10名以上代表联名提出的议案299件。按照议案内容分类，属于财政经济方面的52件，属于农业、农村和农民方面的45件，属于城市建设和管理方面的114件，属于教育、科技、文化、卫生和体育方面的71件，属于内务司法方面的60件，属于民族、侨务及其他方面的11件。

代表们以邓小平理论和“三个代表”重要思想为指导，认真履行宪法和法律赋予的职责，从全面贯彻党的十六大和十六届三中、四中全会及市委九届九次全会精神出发，按照科学发展观的要求，紧紧围绕实现“新北京、新奥运”战略构想，促进体制机制创新，推动首都经济平稳较快发展，加快城市现代化进程，协调城乡发展，构建社会主义和谐社会，促进首都社会主义物质文明、政治文明和精神文明建设等方面积极提出议案。代表们在议案中，对强化人文奥运理念，弘扬优秀传统文化，提高市民素质；对调整经济结构，推进经济增长方式转变，提高经济增长的质量与效益；对统筹城乡发展，理顺郊区农业管理体制，加强郊区基础设施建设，大力发展现代农业，切实保护农民利益；对加强城市建设和管理，改革和发展公共交通事业，方便市民出行；对推进城市管理体制改革，加强社区建设，构建和谐社会；对推进社会信用体系建设，建立信用监督机制，优化发展环境；对做好社会保障工作，建设城乡社会救助体系，保障困难群众基本生活；对发展社会主义民主政治，加强立法工作，充分发挥代表主体作用以及人民群众关注和迫切要求解决的其他有关问题，提出了许多重要的意见和建议。

议案审查委员会根据《北京市人民代表大会议事规则》的有关规定，对议案逐件进行了认真审查，提出了审查意见，现报告如下。

一、交市人民政府办理，由市人大常委会审议的75件，合并为五项议案（见议案目录）：

（一）关于推进人文奥运行动，提高市民素质问题（共 18 件：第 65、72、84、98、119、139、147、149、175、253、278、288、290、299、306、338、339、346 号）。

（二）关于加强郊区基础设施建设和管理，促进城乡统筹发展问题（共21件：第5、6、8、64、133、134、180、184、204、211、217、218、222、235、237、238、240、242、257、298、314 号）。

（三）关于加快社会信用体系建设，优化发展环境问题（共 3 件：第 155、177、246 号）。

（四）关于加强社区建设，构建和谐社会问题（共 19 件：第 9、14、27、29、32、78、97、100、127、159、188、193、206、226、261、284、295、296、341 号）。

（五）关于加快公共交通事业改革发展，方便市民出行问题（共 14 件：第 86、89、91、99、103、113、118、122、145、192、210、271、312、321 号）。

二、作为建议、批评和意见的 278 件，交本市有关部门研究办理并负责答复提议案代表（见议案目录）。

以上审查意见，建议大会主席团予以批准。

附件：

北京市第十二届人民代表大会第三次会议议案目录

本次会议共收到代表提出的议案353件。其中，代表团提出的54件，10名以上代表联名提出的299件；按内容分，属于财政经济方面的52件，属于农业、农村和农民方面的45件，属于城市建设和管理方面的114件，属于教育、科技、文化、卫生和体育方面的71件，属于内务司法方面的60件，属于民族侨务及其他方面的11件。

经议案审查委员会审查，大会主席团决定，交市人民政府办理，由市人大常委会审议的75件，作为建议、批评和意见交有关部门研究办理的278件。具体目录如下：

一、交市人民政府办理，由市人大常委会审议的（共75件，合并为五项议案）

（一）关于推进人文奥运行动，提高市民素质问题（共18件）：

序号	案　由	提议案人	议案号
1	建议将国家体育博物馆建在崇文区	严性慈等29人	65
2	以人文奥运为核心，提高北京市民素质，为2008年奥运会构建和谐城市	罗万梅等13人	72
3	加强残奥会宣传工作	吕争鸣等11人	84
4	发展旅游事业，树立人文北京，强化文物保护与有效利用	吕晓霖等18人	98
5	市政府要认真研究历史文化街区的保护工作并确定基本原则	邱济隆等24人	119
6	实现“新北京、新奥运”战略构想，加快北京龙潭湖体育园建设	崇文区代表团	139
7	加快落实“人文奥运”理念，弘扬北京传统文化，提高首都文明水平	张爱林等21人	147
8	迎接2008年奥运会，改善北京野生动物生活条件，重视保护动物福利	胡昭广等13人	149
9	倡导文明礼仪，有效地建立公共秩序	顾畹仪等20人	175
10	为实现北京2008年人文奥运，在我市大力开展克服不文明恶习的宣传教育活动	马润津等14人	253
11	以奥运为契机，加强首都道德文化建设	王建民等13人	278
12	应加强来京务工人员精神文明教育	张　静等11人	288

13	加强奥运科普，提高市民素质	贺慧玲等 13 人	290
14	加快奥运会城市雕塑景观建设	李象群等 12 人	299
15	以市属机关和区属机关为样板，从每一个公务员和每一间办公室的实践开始，有效拓展文明礼仪的宣传教育活动	刘冠军等 11 人	306
16	在全市中小学生中开展北京历史文化普及教育活动	周　群等 12 人	338
17	加强和重视北京传统文化的普及和应用研究，为“新北京、新奥运”提供殷实的文化底蕴	周　群等 12 人	339
18	倡导“首都精神”，建立强有力的综合体系，促进首都市民公德意识不断提高	张佩东等 12 人	346

（二）关于加强郊区基础设施建设和管理，促进城乡统筹发展问题（共 21 件）：

序号	案　由	提议案人	议案号
1	解决北京西北地区进京交通瓶颈问题	延庆县代表团	5
2	加强郊区县基础设施建设	怀柔区代表团	6
3	建立水源保护长效机制	怀柔区代表团	8
4	修建采林路跨京津塘高速路跨线桥，以发挥采林路整体效益	通州区代表团	64
5	拓宽京密路（顺义段）	田建国等 10 人	133
6	解决水源八厂超量开采地下水问题	顺义区代表团	134
7	麻峪漫水桥改造工程	门头沟区代表团	180
8	启动永定河三家店水闸——京源漫水桥段河道蓄水工程	门头沟区代表团	184
9	加快改善北京西南公路网建设，缓解北京西南通道交通压力	丰台区代表团	204
10	农村的路灯照明电费问题应尽快给予解决	张振江等 30 人	211
11	对于国家重点小城镇的建设，北京市政府应给予一定的优惠政策，以便加快小城镇建设的步伐，带动北京地区的经济发展	仉锁忠等 11 人	217
12	尽快制定各项优惠政策，统筹城乡经济发展，消除城乡分割的二元结构，加大对农村基础设施的投入力度	仉锁忠等 11 人	218
13	应加大对郊区小城镇的建设与投入	张　鸿等 11 人	222
14	加大对应急水源地附近水库建设投入	平谷区代表团	235

序号	案由	提议案人	议案号
15	北京应急水源应按照属地管理原则纳入水资源统一管理	平谷区代表团	237
16	加强郊区基础设施建设	刘宝善等 11 人	238
17	北京——平谷区天然气管道工程建设与京平高速路同步施工	平谷区代表团	240
18	实施密云水库一级保护区水源涵养生态建设工程	密云县代表团	242
19	加快长辛店地区基础设施建设	李海滨等 11 人	257
20	加强农村基础设施建设，加快村镇建设步伐	李卫红等 11 人	298
21	加快打通北京西南公路瓶颈，缓解北京西南交通压力	房山区代表团	314

（三）关于加快社会信用体系建设，优化发展环境问题（共 3 件）：

序号	案由	提议案人	议案号
1	加强领导，积极推进社会信用体系建设在北京市各项工作中的探索进程	魏　健等 15 人	155
2	尽快建立信用监督机制	王涌天等 17 人	177
3	建立北京市诚信管理体系，加强诚信建设	刘学锋等 12 人	246

（四）关于加强社区建设，构建和谐社会问题（共 19 件）：

序号	案由	提议案人	议案号
1	加强首都基层基础工作，努力构建社会主义和谐社会的首善之区	吴守伦等 14 人	9
2	切实执行物业管理条例，保证百姓安居	沈梦培等 11 人	14
3	健全体制，理顺关系，完善社区管理模式，推动基层民主政治建设	石定果等 11 人	27
4	加强物业管理	任　强等 30 人	29
5	加强基层基础建设，建设和谐社会	任　强等 29 人	32
6	老旧小区实施物业管理	罗万梅等 12 人	78
7	在社区建设中应加强发展社区养老服务	吕晓霖等 20 人	97
8	加强社区建设应切实解决社区卫生服务发展中的困难和问题	吕晓霖等 20 人	100
9	关于加大全市社区卫生服务设施建设力度的建议	张　冰等 14 人	127
10	明确社区专职工作者身份，建立社区工作者资格认证制度	吕　清等 12 人	159

11	加快专项立法，规范房地产交易及物业消费市场，保护消费者基本权益	徐世虹等 14 人	188
12	将业主委员会列为居民委员会下属机构	张　耘等 12 人	193
13	制定切合实际的基本医疗保险定点社区卫生服务站认定条件，方便社区参保人员就近医疗	李江虹等 24 人	206
14	加强社区卫生服务，构建健康和谐社会	余晓辉等 11 人	226
15	加快社区卫生服务网点建设，确保社区卫生服务网点落在实处	杨秀奇等 11 人	261
16	为多年从事居委会工作的干部解决养老、医疗保险	哈图卓日克等 20 人	284
17	提高社区干部待遇	王景英等 13 人	295
18	规范物业管理，加强社区建设，创建和谐社区	王景英等 11 人	296
19	加快立法，尽快制订《北京市住宅物业管理条例》，依法规范住宅物业管理活动，维护业主和物业管理企业的合法权益	周　群等 12 人	341

（五）关于加快公共交通事业改革发展，方便市民出行问题（共 14 件）：

序号	案　　由	提议案人	议案号
1	加快推进用 IC 卡替代公共电汽车月票	李素丽等 19 人	86
2	切实确立公交的服务功能地位，大力推进公交优先战略的实施	包玉良等 38 人	89
3	加快构建完善北京城市快速客货运输网络	王丽梅等 19 人	91
4	优先发展公共交通	吕晓霖等 19 人	99
5	优先发展公共交通，公共交通应定性为带有公益性质的社会事业	石定果等 11 人	103
6	解决北京同仁医院经济技术开发区院区公共交通问题	东城区代表团	113
7	缓解德外地区交通拥堵	王功伟等 13 人	118
8	建议市发改委、市财政局增加对地铁 1、2 号线基础设施改造的投入	王　苗等 12 人	122
9	完善望京公共交通及设施	耿平安等 19 人	145
10	改进北京市公共交通智能卡应用	张　耘等 15 人	192
11	坚决实施公交优先、公交为主的交通发展战略，缓解交通拥堵	吴守伦等 15 人	210
12	对北京实施“公交优先”的思考与建议	金幼菊等 27 人	271

序号	案由	提议案人	议案号
13	应加大建设大容量快速公交线路的力度	铁　伟等13人	312
14	加快发展高运载力的公交客运系统，减少小型车辆过度行驶，实现城市交通与环境可持续发展	李铁军等13人	321

二、作为建议、批评和意见交市人民政府研究办理（共263件）

（一）财政经济方面（共46件）：

序号	案　　由	提议案人	议案号
1	增强全社会节约意识，节约资源、能源，把首都建成节约型城市	吴守伦等14人	11
2	再次追踪中关村科技发展（控股）股份有限公司问题	沈梦培等11人	15
3	个人所得税应实行中央、市、区三级共享	沈梦培等10人	18
4	连锁商业机构应在经营地纳税	沈梦培等11人	20
5	建设资源节约型社会	安丽娟等15人	43
6	加快启动《北京市促进就业条例》的立法	安丽娟等12人	44
7	加快启动《北京市失业保险条例》的立法	安丽娟等14人	46
8	出台相关法规，将“退养人员”纳入社会医疗保障体系	刘　黎等10人	49
9	尽快解决通州区15个债权单位在北京京华信托投资股份公司存款	通州区代表团	56
10	国营5424厂、394厂爆炸物品储存仓库和试验靶场搬迁	通州区代表团	57
11	居民高层楼房危、旧电梯的安全运营问题应引起市领导高度重视	严性慈等28人	67
12	设计产业在经济建设中具有十分重要的作用，发展现代服务业与现代制造业，应重视工业设计产业的培育	马　可等15人	70
13	公务员退休工资与企业职工退休工资差距过大，暴露出企业退休养老金计发办法存在问题，必须修改企业养老金计发办法	阴建玲等24人	108
14	把开发利用新能源当做大事来抓	付韶华等13人	123
15	维护和保障老年群体的健康权益，尽快出台《企业退养人员医疗救助办法》	张　冰等13人	128
16	将北京空港物流基地列入市级物流基地	顺义区代表团	130

17	将北京北方印刷产业基地列为市级印刷产业发展基地	顺义区代表团	131
18	尽快解决出租汽车更新和推广使用替代燃料（LPG）问题	冯维海等 11 人	136
19	进一步加强食品安全工作，建立首都食品安全监控体系	金　莉等 29 人	137
20	方便群众，快速改进医保门诊医药费报销办法	王东升等 18 人	144
21	根据《中华人民共和国教师法》，尽快研究制定我市教师系列工资制度	李　敬等 19 人	148
22	企业领导人退休后待遇过低	梅蕴新等 14 人	151
23	在超市建立食品、农产品质量安全检测体系	臧铁军等 16 人	161
24	提高农村剩余劳动力的培训效果，切实解决其就业问题	王玉梅等 18 人	169
25	加强生物质能源研究与开发的对策和建议	葛剑平等 11 人	173
26	减轻国有企业负担	高　斌等 13 人	186
27	加快转制为企业的文化单位社会保险配套工作	张　耘等 13 人	194
28	促进北京循环经济发展	张　耘等 15 人	195
29	切实加强对进城务工农民的教育培训	谷　卫等 11 人	199
30	在长辛店地区构建轨道车辆制造基地	李海滨等 12 人	202
31	为北京石油化工和新材料产业基地提供政策支持	陈德烨等 10 人	214
32	应加强对改制企业的领导及政策扶持	张　鸿等 11 人	220
33	提高儿童免票标准	王淑红等 11 人	223
34	进一步改善北京投资环境	林　旭等 20 人	225
35	再议加速推进企业退休职工管理服务社会化	林士昌等 11 人	241
36	从构建社会主义和谐社会的高度，充分认识并认真解决收入差距拉大、企业退休职工待遇过低的问题	包玉良等 35 人	268
37	应该管一管月饼过度包装的问题	哈图卓日克等 29 人	282
38	促进北京会展业发展	张　耘等 19 人	286
39	加快实现在保险公司与在民政部门安置的超转人员的并轨管理	田锦和等 26 人	287
40	组建电梯安全服务机构，承担保障住宅电梯安全管理运行职能	曹文飞等 12 人	291

序号	案由	提议案人	议案号
41	尽快解决“五七”退养人员医疗困难问题	杨万里等 18 人	307
42	婚前医学检查费用应列入政府财政预算	陈　蓓等 18 人	309
43	解决工资矛盾，缓解劳动争议	刘启文等 15 人	318
44	抓紧制定和实施首都能源发展战略，保障首都经济与社会协调、健康和可持续发展	李凤玲等 14 人	320
45	全面推进和加快政府非经营性资产管理体制改革，提高资产运行效率和质量，降低政府及公益事业运行成本	寻寰中等 11 人	322
46	我市劳动保障监察人员亟须增加编制	毛铮铮等 16 人	332

（二）农业、农村和农民方面（共 29 件）：

序号	案　　由	提议案人	议案号
1	把延庆县列为北京市推进“农村资源循环利用产业化”试点单位	延庆县代表团	1
2	加大官厅水库上游妫河流域保护和治理力度	延庆县代表团	2
3	风景名胜区整体规划及环境整治要切实维护当地农民的利益	沈梦培等 11 人	16
4	建设节水型社会	安丽娟等 13 人	45
5	永定河石景山段综合治理及资源利用	石景山区代表团	51
6	规范区县农业行政体制及执法体制	通州区代表团	52
7	解决合理使用安置密云移民补偿问题	通州区代表团	59
8	永定河丰台段综合治理及资源利用	丰台区代表团	71
9	高度重视“三农”问题，统筹城乡发展，保护农民权益	罗万梅等 10 人	87
10	继续加大力度解决“三农”问题，使农民失地不失业，真正成为城市化的推动者	杨永安等 17 人	88
11	政府应加大对再生水产业的扶植力度	沈梦培等 18 人	93
12	科学合理用水，开发第二水源，建设节水型社会	金　莉等 30 人	138
13	加强永定河水质保护	门头沟区代表团	185
14	统一规范，从严管理北京市打捞行业	谷　卫等 11 人	200
15	城乡统筹，扶持失地农民就业创业	于雪鹰等 11 人	201
16	收集雨水补充地下水，解决北京市水荒问题	赵　红等 11 人	219

17	加强再生水利用的扶持力度，缓解北京水资源短缺	余晓辉等 11 人	228
18	尽快完善农业行政执法体制	平谷区代表团	234
19	尽快理顺区县农业行政管理体制	刘宝善等 11 人	239
20	准确定位北京农业，促进城乡统筹发展	张福锁等 10 人	258
21	加强北京耕地质量监控评价，促进食品安全生产	张福锁等 10 人	262
22	建设湿地公园，增强生态北京的“绿肾”功能	金幼菊等 26 人	272
23	关闭“五小企业”应循序渐进并给予政策支持	刘增会等 25 人	315
24	农业综合执法体系建设需解决的问题	马士杰等 15 人	316
25	山区险户搬迁需解决有关问题	刘增会等 12 人	319
26	加强政府对畜牧行业的扶持和监管力度	王建华等 11 人	323
27	加强农村生态环境保护的若干举措	王建华等 12 人	324
28	加大对农业产业化龙头企业扶持力度	王建华等 12 人	325
29	重视农村基层政权的建设是解决“三农”问题的要务	石定果等 10 人	352

（三）城市建设和管理方面（共 84 件）：

序号	案由	提议案人	议案号
1	改善中关村西区周边拥堵问题迫在眉睫	沈梦培等 11 人	13
2	政府应该对公用事业进行补助	沈梦培等 11 人	17
3	全面整治老旧居住区	沈梦培等 11 人	19
4	加快城管立法	沈梦培等 11 人	23
5	应通过立法来消灭城市噪声	沈梦培等 11 人	24
6	出租车行业一定要改革	沈梦培等 11 人	26
7	用刚性手段确保“绿色奥运”战略的实施，确保北京的生态安全	石定果等 11 人	28
8	绿化隔离地区农民新村免交或缓交住房维修基金	任　强等 30 人	30
9	尽快制定绿化隔离地区产业项目相关政策	任　强等 30 人	31
10	解决农民土地征占历史遗留问题	任　强等 30 人	33

11	绿化隔离地区剩余农民住房转入商品房	任　强等 31 人	34
12	制订京郊集体土地利用地方性法规	张国栋等 12 人	39
13	尽快治理凉水河污染	通州区代表团	53
14	北京市（亦庄）经济技术开发区征用通州区土地应合理返还出让金	通州区代表团	54
15	中石化通州区石油分公司储油库须迁址	通州区代表团	55
16	解决高安屯垃圾场污染环境问题	通州区代表团	58
17	尽快启动通朝大街建设工程项目	通州区代表团	60
18	京沈路、六环路绿化带占地补偿	通州区代表团	61
19	通州区旧城改造应享受北京城区危改政策	通州区代表团	62
20	加强城市基础设施建设	严性慈等 28 人	66
21	绿化隔离地区集体土地房屋拆迁应尽快完善相关政策	王春兰等 11 人	73
22	允许区或乡统一开发剩余建设用地	王春兰等 11 人	74
23	尽快解决新村建设项目遗留问题	王春兰等 11 人	75
24	为迎接奥运应快速治理北京西部卢沟桥畔一个重大粉尘污染源	钟　和等 13 人	76
25	丰台区 2005 年市政道路建设	于雪鹰等 19 人	77
26	将北京建设成为“安静”城市	王　苗等 11 人	80
27	尽快安排修通蒲黄榆路南延道路	李素丽等 14 人	85
28	构建完善北京城市房地产供应体系	王丽梅等 18 人	92
29	海淀区西三旗育新花园居民小区周边环境污染严重问题亟待彻底解决	郑佳珍等 21 人	95
30	缓解交通拥堵，建议在全市开通中小学生校车	吕晓霖等 19 人	101
31	必须为城市管理综合行政执法工作制定专项法规	石定果等 10 人	102
32	加快琉璃厂文化产业区（一期工程）审批	宣武区代表团	109
33	尽快解决王家园“城中村”开发建设问题	东城区代表团	110
34	加快东城区历史文化风貌保护和危旧房改造建设	东城区代表团	111
35	解决平房区用水用电一户一表问题	东城区代表团	112

36	尽快解决东城区胡家园社区亮马河的环境污染问题	李宗范等 29 人	116
37	北京白塔寺地区保护与修缮试点项目因政策因素等客观原因，久拖未决，一直未得到实质性推进，给企业带来巨大压力和负担，建议给予相关政策支持以尽快推进项目运作	阎嗣烈等 38 人	124
38	调整交通线路，避免重载车辆穿行北京	陈　军等 12 人	126
39	将汉石桥湿地列为市级自然保护区	顺义区代表团	132
40	全面加强和完善城管执法工作	刘宪秋等 12 人	140
41	修改《北京市城市规划条例》的建议	高　斌等 13 人	142
42	加快住宅区配套设施建设立法	高　斌等 11 人	143
43	整合土地资源，合理使用工业用地	吴桂琴等 21 人	146
44	北京应率先实现生态城市的目标	胡昭广等 14 人	150
45	降低京张高速路收费标准，延长还贷年限	昌平区代表团	153
46	疏通、协调、促成南口铁路东道口平改立工程尽快开工	张　峰等 11 人	154
47	供电部门应加大同市政基础设施建设配合的力度和投入，加快新建改建道路上供电线路拆改移速度	范　宝等 20 人	156
48	治理噪声污染应作为“绿色奥运”的重要内容——解决公交车刹车噪声危害刻不容缓	叶　捷等 37 人	157
49	加大力度，尽快解决中央民族大学新校区建设用地问题	向红笳等 11 人	164
50	应密切关注出租车更新引发的两大问题	向红笳等 11 人	165
51	在全市开通中小学生校车	雷　达等 14 人	166
52	奥运场馆周边即永定河北岸环境的综合整治	雷　达等 14 人	167
53	高度重视机动车停车设施建设，避免停车难带来的交通和安全问题	王玉梅等 16 人	170
54	执政为民，按照市场规律和法治要求加快北京出租车行业改革	史际春等 18 人	171
55	给予门头沟区关闭矿山企业合理经济补偿	门头沟区代表团	181
56	给予门城地区采空区内危旧房改造和基础设施建设支持	门头沟区代表团	182
57	给予门头沟区实施土地整理工程建设支持	门头沟区代表团	183
58	加大立法、执法力度，彻底根治非法小广告这一城市毒瘤	徐世虹等 14 人	189

59	利用手机短信业务为聋哑人创造无障碍呼救环境，充分体现以人为本	张永红等 26 人	190
60	前门老火车站改建为“北京美术馆”	杨飞云等 18 人	191
61	乡级公路改由路政局统一管理	郑玉民等 17 人	197
62	京石高速公路北京段收费站外移至琉璃河北京市与河北省交界处	郑玉民等 17 人	198
63	丰台区王佐中心镇建设享受远郊区县有关政策	吴　恒等 10 人	203
64	为奥运做好准备，加快实施奥运邮政设施规划建设	胡　燕等 37 人	224
65	解决市文化局占用中国政法大学房地产案	焦洪昌等 11 人	249
66	加快北京市城市管理工作立法步伐，以适应北京市城市管理工作的需要	郭栖栗等 12 人	251
67	规范我市出租汽车行业管理	刘红艳等 10 人	256
68	将北京古观象台南院住户迁出	朱　进等 17 人	264
69	政府招商引资政策连续性问题	王玉梅等 16 人	269
70	古树死亡现象必须得到有效遏制	金幼菊等 27 人	270
71	吁请加快国防研究试制基地——西山火工试验区基本建设审批	王涌天等 28 人	276
72	加快治理“白色污染”	哈图卓日克等 20 人	281
73	保证 20 万家庭按规定时间取得房产证	王功伟等 12 人	301
74	强化政府对国有土地使用权转让过程中的执政效力	张　丹等 18 人	304
75	尽快处理海淀区月季园 1 号楼、3 号楼之间的烂尾楼	铁　伟等 12 人	310
76	加强城区交界区域的治理	铁　伟等 16 人	313
77	生产推广新型建材要给予政策支持暨关于推广新型建材应通过立法手段，尽快出台市政府令	高维魁等 17 人	317
78	加快朝阳口岸迁移至马驹桥	通州区代表团	326
79	左安路改造	马　梅等 16 人	334
80	地坛公园西门居民拆迁	王中华等 13 人	336
81	尽快制定控制性详细规划管理条例	张国初等 24 人	343
82	尽快修订《北京市城市绿化条例》	王中华等 14 人	344

83	加大出租车管理制度改革力度	刘小平等 16 人	345
84	北京同仁医院南区建设经费纳入市发改委拨款	韩德民等 18 人	349

（四）教育、科技、文化、卫生和体育方面（共 56 件）：

序号	案　由	提议案人	议案号
1	进一步完善新型农村合作医疗制度，加大政府扶持力度	延庆县代表团	3
2	加大对远郊区县文化基础设施建设投入，促进城乡文化统筹发展	延庆县代表团	4
3	加大农村职业教育投入力度，推动农村城市化进程	怀柔区代表团	7
4	完善农民职业技能培训体系，提高农村劳动者素质，为发展农村、富裕农民奠定基础	高　扬等 14 人	12
5	应尽快修订《食品卫生法》实施细则	沈梦培等 11 人	21
6	中关村科技园区真正五年上台阶	沈梦培等 11 人	25
7	实行免费婚前检查	吴秀萍等 11 人	40
8	采取措施加强基层妇幼保健网络和人力资源服务	吴秀萍等 11 人	41
9	企事业单位、学校体育设施对公众开放	李劲挺等 11 人	48
10	加大政策、资金支持力度，确保远郊区县教育与市区教育均衡发展	通州区代表团	63
11	违法侵占的体育设施要尽快恢复	张立华等 20 人	68
12	给冬泳爱好者一个活动空间	张立华等 19 人	69
13	本市地名牌交通标志牌汉语拼音与英文混用，违反国家通用语言文字法规定和国际标准的问题宜尽早纠正	梁平等 10 人	79
14	加快我市精神卫生立法，加强首都精神卫生工作	吕争鸣等 11 人	83
15	构建为“三农”服务的统一规范的市农民科技教育培训体系	包玉良等 37 人	90
16	中小学幼儿园校园安全工作亟待重视和落实	郑佳珍等 21 人	94
17	加快发展我国的爱国卫生运动	吕晓霖等 19 人	96
18	加强食品监管，保障百姓健康	元晓梅等 22 人	141
19	建立北平革命历史纪念馆	臧铁军等 14 人	162
20	实施“双创”人才工程，引领首都生物技术产业化发展	葛剑平等 11 人	174

21	重视高校医院的建设与发展	顾畹仪等 19 人	176
22	加快市属高校结构调整和招生改革是贯彻落实素质教育的重要举措	晏懋洵等 14 人	179
23	加强政府公共卫生体系建设，恢复强制性婚前体检	李江虹等 21 人	205
24	加强我市卫生工作	吕晓霖等 14 人	207
25	恢复高级知识分子医疗优惠政策	吕晓霖等 19 人	208
26	保健食品、化妆品、医学美容市场急需整顿	吕晓霖等 14 人	209
27	加快农村教育发展，加大对房山区教育经费支持力度	赵淑雅等 11 人	212
28	加强预防艾滋病，建立地方资金有效保障机制	王淑红等 11 人	221
29	建立针对预防接种异常反应的赔偿机制，完善相关社会保障	余晓辉等 11 人	227
30	解决“三险”问题，推动卫生系统人事制度改革	余晓辉等 11 人	229
31	成立北京市卫生资源调查小组	陈学明等 12 人	231
32	整合北京市急救资源，提高急救效率和水平	陈学明等 12 人	232
33	增加中、小学校春、秋假期	张　旭等 16 人	233
34	加大政府对农村合作医疗投入比例	平谷区代表团	236
35	中学日最高课时量应有限制	邸荣女等 10 人	252
36	加大对郊区农民的培训力度，加快北京农村的城市化进程	张志毅等 11 人	255
37	由市财政局拨款设立信息化建设与发展专项基金，推动首都信息化建设	潘卫翔等 10 人	263
38	北京天文馆老馆光学天象厅设备的更新改造	朱　进等 16 人	265
39	实现网上协同办公和信息资源综合开发利用	唐晓莉等 17 人	275
40	加大财政拨款，专项用于校园安全管理制度化建设	刘红宇等 15 人	292
41	构建为“三农”服务的统一规范的市农民科技教育培训体系	李卫红等 16 人	297
42	在大山子艺术区正式举办大山子国际艺术节	李象群等 14 人	300
43	尽快恢复“北京市精神卫生工作领导小组”	马　辛等 15 人	302
44	建立心理咨询师行业准入和行业管理	马　辛等 15 人	303
45	为配合奥运新闻战略而实施前期备战的几个必要步骤	刘冠军等 11 人	305

46	在抗战胜利六十周年之际，组织举办系列纪念庆祝活动	杨万里等 13 人	308
47	学校、单位篮球场、体育场向社会开放	铁　伟等 14 人	311
48	加强教育教学成果推广	张　毅等 21 人	327
49	将中小学生上课时间后移 1 小时	张　毅等 32 人	328
50	设立“中学生科技创新人才培养导师市长奖”	张　毅等 27 人	329
51	关注青少年的传统文化情结，建设有中国特色的传统文化教育体系——由 2300 名大中学生的生活方式调查看东方文化教育思想危机	张　毅等 26 人	330
52	在全市中、小学开展安全应急教育课程	刘小平等 14 人	337
53	建立“北京市古籍整理出版规划领导小组”	周　群等 13 人	340
54	推进中小学生素质教育，建立青少年网络道德教育基地	周　群等 11 人	342
55	北京同仁医院进行股份制试点	韩德民等 20 人	347
56	建立首都医疗责任保险	韩德民等 21 人	348

（五）内务司法方面（共 41 件）：

序号	案　　由	提议案人	议案号
1	进一步加强和改善首都未成年人思想道德建设	高　扬等 14 人	10
2	维护首都交通秩序，应明确行人违法承担责任	沈梦培等 11 人	22
3	进一步落实好驻京部队转业干部安置政策	解放军代表团	35
4	进一步落实好驻京部队干部、高级士官家属随军政策	解放军代表团	36
5	进一步落实好驻京部队随军家属就业政策	解放军代表团	37
6	进一步落实好自主择业转业干部地区补差政策	解放军代表团	38
7	切实落实保护未成年人措施，认真优化我市文化环境	安丽娟等 11 人	42
8	完善低保政策，引导有劳动能力的低保户自立自强	安丽娟等 15 人	47
9	解决民办非企业残疾人康复服务场所问题	吕争鸣等 11 人	82
10	建议切实加大对青少年活动场所的投人，为青少年提供更多健康有益的活动场所	尚秀云等 36 人	104
11	继续加大对文化市场的整治力度，创建有利于未成年人成长的社会环境	尚秀云等 36 人	106

12	改善、提高残疾人受教育状况	靳光瑾等 19 人	114
13	全社会都来关注老龄问题	蓝天柱等 19 人	115
14	加大对流浪乞讨人员综合管理力度	费文勇等 30 人	117
15	消除展览路地区安全隐患	曲　星等 13 人	120
16	加强市政府部门之间建立系统、和谐的工作链接机制	李　江等 14 人	121
17	进一步规范发展全市养老服务机构	张　冰等 13 人	129
18	完善保安市场管理法规，杜绝城市安全隐患	印红羽等 27 人	135
19	增加回龙观、东小口地区办事处及相关部门行政编制	昌平区代表团	152
20	强力改善北京市的社会治安，构建和谐社会	叶　捷等 35 人	158
21	缩小我市居民的收入差距，化解利益矛盾，为构建和谐社会而努力	石定果等 10 人	160
22	运用高科技手段加强外来流动人口管理	臧铁军等 17 人	163
23	密切关注城市低收入人群的生活问题	李友元等 12 人	168
24	建立政府机构和职能机构对待群众反映问题的首问负责制	杨建思等 15 人	178
25	整顿规范我市农村土地征用后，超转人员生活费、医疗补助费发放标准	佟克克等 15 人	196
26	完善社会救助体制，积极化解社会矛盾	王　媛等 12 人	213
27	近几年，驻京部队离退休干部职工滞留部队数量又有所增加，每年领取大量离退休金，由于军队严格落实“不经商”政策，无经费来源，显得力不从心	陈光龙等 11 人	243
28	整合北京抢险救援资源，提高首都安全事故应急处置能力	刘学锋等 12 人	244
29	进一步加强首都青少年学生，尤其未成年学生思想、道德建设	刘学锋等 11 人	245
30	在首都市民中普及消防安全等防灾知识，提高市民自我防危与救助能力	刘学锋等 12 人	247
31	根据昌平区实际居住人口成倍增加的实际情况，调整和增强昌平区的警力	刘学锋等 12 人	248
32	提升社会道德水准应从政策导向、制度保障、道德氛围统筹考虑，才能切实取得成效	郭栖栗等 12 人	250
33	应建立对“老残一体”家庭的长效扶助制度	刘　黎等 12 人	254
34	切实规范机动车驾驶人员的道路交通公德	孙　津等 17 人	274
35	尽快制定工读教育法规	哈图卓日克等 20 人	283

36	制订政策，推动北京市慈善事业加快发展	郭栖栗等 12 人	285
37	加强青少年科学无神论教育与宣传	贺慧玲等 13 人	289
38	改进低保管理制度杜绝骗取低保	毛铮铮等 17 人	333
39	维护首都形象，建立良好社会、市政秩序中相关问题的解决建议	高静波等 13 人	350
40	实行北京居住证制度	高静波等 13 人	351
41	加大高等学校德育的投入和政策力度，适应中央对加强和改进大学生思想政治教育的要求	籍之伟等 37 人	353

（六）民族、侨务及其他方面（共 7 件）：

序号	案　　由	提议案人	议案号
1	设立“涉台宣传日”	陈　军等 15 人	125
2	根据《北京市少数民族权益保障条例》的规定，建议市政府尽快制定与之配套的政策，扶植少数民族地区经济发展	仉锁忠等 11 人	215
3	进一步加强对少数民族教育的投入力度，提高少数民族的科学文化素质和整体水平	仉锁忠等 11 人	216
4	北京通教寺周边环境需彻底解决	思　智等 24 人	230
5	关于更改民族存在的问题	杨秀奇等 11 人	260
6	实施《行政许可法》应更重实效，谨慎推广“全程办事代理制”	王玉梅等 36 人	266
7	整合政府部门热线电话	张国初等 24 人	335

三、作为建议、批评和意见交市高级人民法院和市人民检察院研究办理（共 5 件）

序号	案　　由	提议案人	议案号
1	进一步完善首都的少年司法体系，创建适合未成年人特点的少年法院	尚秀云等 36 人	107
2	严格执法规范，确保结案执行	孙　津等 17 人	273
3	律师办案过程中，特别是办理刑事案件过程中调查取证的权利受到多方限制，缺乏制度保护，使律师的作用无法充分发挥	刘红宇等 15 人	293

序号	案由	提议案人	议案号
4	推动司法人员职业化建设，建立职业保障制度，提高法官、检察官和警官薪酬待遇，保障司法公正	刘红宇等16人	294
5	建立投诉举报反馈制度	毛铮铮等15人	331

四、作为建议、批评和意见交市人大常委会办公厅研究办理（共9件）

序号	案由	提议案人	议案号
1	完善代表与市民之间的沟通机制，为代表履职创造更好的条件	刘　黎等14人	50
2	依法推动北京市无障碍设施建设和管理	吕争鸣等11人	81
3	建议市人大常委会尽快制定——“北京市禁止未成年人吸烟条例”	尚秀云等36人	105
4	把过年燃放烟花爆竹上升到文化、政治的高度来认识，别再罔顾人民群众的精神文化需求和这份宝贵的历史文化遗产，在城区简单、粗暴地一禁了之了	史际春等13人	172
5	建立北京市能源监测与预警机制	王　健等15人	187
6	对《北京市养犬管理规定》部分内容进行修改	杨秀奇等11人	259
7	应逐步减少“官员人大代表”名额	杨思泽等16人	277
8	市政府局级部门负责人应向市人大述职	何光沪等18人	279
9	进一步完善人大代表与市民之间的沟通机制	哈图卓日克等31人	280

五、作为建议转全国人大有关部门参考（共1件）

序号	案由	提议案人	议案号
1	修改体育法，推进体育产业化进程——以中国足球为例	沈梦培等31人	267

北京市第十二届人民代表大会第三次会议主席团和秘书长名单

（2005 年 1 月 22 日北京市第十二届人民代表大会第三次会议预备会议通过）

主席团（79 人，按姓氏笔画排列）

于长隆　于均波　马述宽
王文京　王莒生（女）　王振林
王敏荣（女）　王维城　尤兰田（女）
文　喆　邓洪波　石进贤
龙新民　叶　捷　田麦久
邢仲山　吕争鸣　年福纯
朱家麒　朱善璐　任月征（女）
任宝贵　刘朋庆　刘冠军
刘逢君　刘　淇　安丽娟（女）
孙政才　孙维林　孙毓敏（女）
阳安江　严晓燕（女）　杜国盛
杜瑞琴（女）　杜德印　李坤成
李昭玲（女）　李炳华　李晓光
李清云　李福成　杨秀奇
杨德安　吴秀萍（女）　汪其华
汪明浩（满族）　张文啟
张书领　张国玉　张燕生
陈天立　陈　军（女，高山族）
范进卯　范远谋　林文漪（女）
金生官　赵久合　赵凤山
赵如会　赵家骐　赵淑君（女）
郝如玉　胡　军　胡桂枝（女）
柳纪纲　贺慧玲（女）　袁爱俊（女）
索连生（满族）　晏懋洵
郭先英（女）　梅占山　曹凤国
续伯聪　蒋光兰（女，满族）
程世峨（女）　强　卫　蔡赴朝
薛天利（回族）　魏　刚

秘书长范远谋

北京市第十二届人民代表大会第三次会议议案审查委员会主任委员、副主任委员、委员名单

（31 人）

（2005 年 1 月 22 日北京市第十二届人民代表大会第三次会议预备会议通过）

主 任 委 员　赵凤山

副主任委员　魏永德　崔凤鸣　晏懋洵　梁　平

委　　　员（按姓氏笔画排列）

马朝军（回族）　王江渝
王纪表　王嘉彦　史炳忠
刘全喜　刘宝善　许祥源
李海滨　李淑媛（女）　杨万里
吴世民　吴秀萍（女）
汪明浩（满族）　张　毅
陈兴波（回族）　周淑伶（女）
郑　刚　郑树森　宛素春（女）
钱　渊（女）　高佐之　高岩辉
崔文荣（女，回族）　续伯聪
虞　统

北京市第十二届人民代表大会第三次会议主席团常务主席名单

（14人）

（2005年1月22日北京市第十二届人民代表大会第三次会议主席团第一次会议推定）

刘　淇　于均波　龙新民　强　卫　王维城　林文漪（女）　赵凤山　金生官
杜德印　阳安江　范远谋　索连生（满族）　赵久合　田麦久

北京市第十二届人民代表大会第三次会议大会执行主席分组名单

（2005年1月22日北京市第十二届人民代表大会第三次会议主席团第一次会议通过）

第一次全体会议
（2005年1月23日上午）

刘　淇　于均波　程世峨　龙新民　强　卫
杜德印　阳安江　范远谋　索连生　王维城
林文漪　赵凤山　金生官　赵久合　田麦久
于长隆　文　喆　叶　捷　刘逢君

第二次全体会议
（2005年1月25日上午）

林文漪　范远谋　王茝生　刘冠军　孙维林
严晓燕　杜国盛　李坤成　李昭玲　李炳华
杨德安　吴秀萍　汪明浩　张文啟　陈　军
郝如玉　胡　军　贺慧玲　晏懋洵　续伯聪
薛天利

第三次全体会议
（2005年1月27日下午）

刘　淇　于均波　龙新民　强　卫　杜德印
阳安江　范远谋　索连生　王维城　林文漪
赵凤山　金生官　赵久合　田麦久　王文京
邢仲山　任月征　李福成　杨秀奇　魏　刚

北京市第十二届人民代表大会第三次会议副秘书长名单

（11 人）

（2005 年 1 月 22 日北京市第十二届人民代表大会第三次会议主席团第一次会议决定）

柳纪纲　游广斌　王力丁　夏尚武　史绍洁　丁世伟
肖　培　赵传民　刘维林　唐　龙　李　伟

北京市第十二届人民代表大会第三次会议新闻发言人名单

（2005 年 1 月 22 日北京市第十二届人民代表大会第三次会议主席团第一次会议决定）

刘维林

北京市第十二届人民代表大会第三次会议大事记

2005 年 1 月 22 日

中午 12 时前，出席北京市十二届人大三次会议的代表到北京会议中心、五洲大酒店驻地报到。本次会议应到代表 770 人，截止到 12 时，有 749 位代表报到。

代表报到后，阅读会议文件。

下午 2 时 30 分，在北京会议中心综合楼第 1 会议室召开了市十二届人大常委会第三十二次主任会议。会议听取了财经委员会关于对本市 2005 年市级预算草案主要内容、2004 年国民经济社会发展计划执行情况和 2005 年计划草案报告进行初步审查情况的汇报；会议根据市十二届人大常委会第十八次会议的授权，审定了市人大常委会向市十二届人大三次会议的工作报告；会议听取了关于各代表团在分团活动时对市十二届人大三次会议主席团等名单草案讨论情况的通报，决定将这两项名单草案提请大会预备会议选举。

下午 4 时，在北京会议中心礼堂举行大会预备会议。应到代表 770 人，实到代表 572 人。受市人大常委会的委托，于均波主任主持了会议，范远谋、索连生、王维城、林文漪、赵凤山、金生官、赵久合、田麦久副主任和柳纪纲秘书长在主席台上就座。会议采取按表决器的方式，以571人赞成、1人弃权通过了市十二届人大三次会议议程；以541人赞成、10人反对、21人弃权选举产生了大会主席团和秘书长；以559人赞成、4人反对、9人弃权选举产生了议案审查委员会主任委员、副主任委员、委员。

预备会议后，在北京会议中心第20会议室举行了大会主席团第一次会议。主席团成员应出席79人，实到64人。按照市人民代表大会议事规则规定，会议由于均波主任主持。会议推选刘淇、于均波、龙新民、强卫、杜德印、阳安江、范远谋、索连生、王维城、林文漪、赵凤山、金生官、赵久合、田麦久为主席团常务主席；通过了会议日程；通过了大会执行主席分组名单；决定柳纪纲、游广斌、王力丁、夏尚武、史绍洁、肖培、赵传民、刘维林、唐龙、李伟、丁世伟担任大会副秘书长；决定刘维林为大会新闻发言人；决定大会表决各项议案时均采用按表决器方式，如果表决器发生故障，改为举手表决方式；决定代表提出议案的截止时间为1月25日14时。

晚7时，在北京会议中心，大会秘书处组织市人大常委会厅办委室，市政府有关部门以及奥组委、市高级人民法院、市人民检察院等50个单位的负责人设点接受代表询问，共接待代表767人次，回答和解决了代表提出的375个问题。

2005年1月23日

上午9时，北京市第十二届人民代表大会第三次会议在北京会议中心礼堂隆重开幕。实到代表727人，全国人大常委会副委员长何鲁丽参加了会议。主席团常务主席于均波及18位大会执行主席主持会议。王岐山市长作政府工作报告。部分北京市选出的第十届全国人大代表，出席北京市政协十届三次会议的全体委员，曾经在北京市担任市级领导职务的老同志，全国人大常委会办公厅有关部门的负责人，中共北京市委、市人大常委会、市人民政府有关部门、市高级人民法院、市人民检察院、各人民团体的负责人，部分中央部委和北京市双管单位的负责人列席了会议。

下午各代表团分别审议市人民政府工作报告；审议北京市2004年国民经济和社会发展计划执行情况与2005年国民经济和社会发展计划草案的报告，北京市2004年预算执行情况和2005年预算草案的报告。

2005年1月24日

全天各代表团审议市人民政府工作报告、国民经济社会发展计划报告和预算报告。

下午2时30分，在北京会议中心第19会议室召开了关于“建立健全社会保障制度，保障城乡居民基本生活”专题座谈会，主席团常务主席金生官主持会议，市委常委、常务副市长翟鸿祥、副市长孙安民及市政府有关部门负责人到会，介绍有关情况，听取代表的意见。

同时，在北京会议中心第20会议室召开了“促进农民增收，保障农民合法权益”专题座谈会。主席团常务主席于均波主持会议，市委副书记、市长王岐山，市人大常委会副主任赵凤山，副市长牛有成，市人大常委会秘书长柳纪纲，市政府秘书长刘晓晨及市政府有关部门负责人到会，介绍有关情况，听取代表的意见。

在北京会议中心第11会议室，同时召开了“落实教育大会精神，推进城市薄弱校和农村基础教育的改革与发展”专题座谈会。

主席团常务主席林文漪主持会议，副市长范伯元及市政府有关部门负责人到会，介绍有关情况，听取代表的意见。

晚上7时，在北京会议中心第5会议室召开了议案审查委员会第一次会议。主任委员赵凤山主持了会议，审查了已收到的议案。

同时在北京会议中心第14会议室召开了财政经济委员会第一次会议。会议审查了北京市2004年国民经济和社会发展计划执行情况与2005年国民经济社会发展计划草案的报告，北京市2004年预算执行情况和2005年预算草案的报告。

2005年1月25日

上午9时，在北京会议中心礼堂举行第二次全体会议。实到代表643人，主席团常务主席林文漪及20位大会执行主席主持了会议。会议听取了市人大常委会主任于均波所作的北京市人大常委会工作报告；听取了市高级人民法院院长秦正安所作的北京市高级人民法院工作报告；听取了市人民检察院检察长许海峰所作的北京市人民检察院工作报告。

下午各代表团继续审议市人民政府工作报告，审议国民经济社会发展计划和预算报告；审议市人大常委会、市高级人民法院、市人民检察院工作报告。

晚上7时，在北京会议中心第14会议室召开了财政经济委员会第二次会议，审议通过了关于北京市2004年国民经济和社会发展计划执行情况及2005年计划草案的审查报告、关于北京市2004年财政预算执行情况和2005年预算草案的审查报告，并决定将以上两个报告提交主席团会议审议。

2005年1月26日

上午8时，在北京会议中心第5会议室召开了议案审查委员会第二次会议，主任委员赵凤山主持了会议。截止到1月25日14时，大会共收到代表团和代表10人以上联名提出的议案353件。会议对这些议案作了进一步审查，提出了处理意见，并通过了议案审查委员会关于代表议案的审查报告，决定提请主席团会议审议。

上午各代表团继续审议市人大常委会、市高级人民法院、市人民检察院工作报告。

上午10时，在北京会议中心第20会议室举行大会主席团第二次会议。主席团成员实到64人，主席团常务主席金生官主持会议。会议听取了各代表团审议市人民政府工作报告及政府工作报告修改情况的汇报；审议通过了关于市人民政府工作报告的决议草案，决定发给各代表团讨论；会议听取并批准了财经委员会所作的《关于北京市2004年国民经济和社会发展计划执行情况与2005年计划草案的审查报告》和《关于北京市2004年预算执行情况和2005年预算草案的审查报告》，印发全体代表；会议听取并通过了关于2004年国民经济和社会发展计划执行情况与2005年国民经济和社会发展计划草案的报告修改情况的汇报，关于2004年预算执行情况和2005年预算草案报告修改情况的汇报；会议审议通过了关于2004年国民经济和社会发展计划执行情况与2005年国民经济和社会发展计划的决议草案，关于2004年预算执行情况和2005年预算的决议草案，并决定将上述决议草案提交各代表团讨论。

下午各代表团继续审议市人大常委会、市高级人民法院、市人民检察院工作报告。

下午2时30分，在北京会议中心第15会议室召开了法制委员会会议，主任委员索连生主持了会议。截止到1月25日14时，大会共收到代表团和代表10人以上联名提出的法规案5件。会议经过审查，提出了处理意见，并通过了法制委员会关于法规案的审查报告，决定提请主席团会议审议。

下午4时30分，在北京会议中心第20会议室举行大会主席团第三次会议。主席团成员实到68人，主席团常务主席赵凤山主持会议，会议听取了各代表团讨论市人大常委会、市高级人民法院和市人民检察院工作报告及工作报告修改情况的汇报，并审议通过了关于市人大常委会、市高级人民法院、市人民检察院工作报告决议草案，决定将这三项决议草案提请各代表团讨论。

2005年1月27日

上午各代表团讨论大会各项决议草案。

上午10时30分，在北京会议中心第20会议室举行了大会主席团第四次会议。主席团成员实到69人，主席团常务主席索连生主持会议。会议听取并审议通过了议案审查委员会主任委员赵凤山所作的关于代表议案的审查报告，决定印发全体代表；听取并审议通过了法制委员会关于代表所提法规案的审议意见报告，决定印发全体代表；会议通过了大会各项决议表决稿，决定提请大会表决。

下午3时，在北京会议中心礼堂举行第三次全体会议。实到代表692人，主席团常务主席范远谋及19位大会执行主席主持了会议。会议按键表决通过了各项决议，结果是：以678人赞成、2人反对、12人弃权通过了《关于北京市人民政府工作报告的决议》；以666人赞成、8人反对、18人弃权通过了《关于北京市2004年国民经济和社会发展计划执行情况与2005年国民经济和社会发展计划的决议》；以650人赞成、13人反对、29人弃权通过了《关于北京市2004年预算执行情况和2005年预算的决议》；以662人赞成、11人反对、19人弃权通过了《关于北京市人民代表大会常务委员会工作报告的决议》；以596人赞成、56人反对、40人弃权通过了《关于北京市高级人民法院工作报告的决议》；以631人赞成、26人反对、35人弃权通过了《关于北京市人民检察院工作报告的决议》。

在大会各项议程完毕后，市委书记、大会主席团常务主席刘淇讲话。

会议在雄壮的国歌声中胜利闭幕。

会议期间，代表提出询问事项14件，由市人民政府和市高级人民法院分别派人到代表团汇报情况，回答询问，听取意见。

北京市第十二届人民代表大会

第四次会议

北京市第十二届人民代表大会第四次会议议程

（2006 年 1 月 14 日北京市第十二届人民代表大会第四次会议预备会议通过）

一、听取并审议北京市国民经济和社会发展第十一个五年规划纲要的报告

审查和批准北京市国民经济和社会发展第十一个五年规划纲要

二、审议北京市 2005 年国民经济和社会发展计划执行情况与 2006 年国民经济和社会发展计划草案的报告

审查和批准北京市 2005 年国民经济和社会发展计划执行情况的报告与 2006 年国民经济和社会发展计划

三、审议北京市 2005 年预算执行情况和 2006 年预算草案的报告

审查和批准北京市 2005 年预算执行情况的报告和 2006 年预算

四、听取并审议北京市人民代表大会常务委员会的工作报告

五、听取并审议北京市高级人民法院的工作报告

六、听取并审议北京市人民检察院的工作报告

七、选举事项

北京市第十二届人民代表大会第四次会议关于北京市国民经济和社会发展第十一个五年规划纲要及关于纲要报告的决议

（2006 年 1 月 20 日北京市第十二届人民代表大会第四次会议通过）

北京市第十二届人民代表大会第四次会议，审议了《北京市国民经济和社会发展第十一个五年规划纲要》和市长王岐山所作的《关于北京市国民经济和社会发展第十一个五年规划纲要的报告》。会议对“十五”时期首都现代化建设取得的成绩给予充分肯定，同意“十一五”规划纲要的总体部署。会议决定批准这个纲要和报告。

会议要求，市人民政府要坚持依法行政，从严治政，加快政府职能转变，大力推进管理创新和制度创新，切实提高办事效率和“四个服务”水平，全面推进“十一五”规划的实施，努力完成本次大会确定的各项任务。

会议号召，全市各族人民更加紧密地团结在以胡锦涛同志为总书记的党中央周围，高举邓小平理论和“三个代表”重要思想伟大旗帜，全面落实科学发展观，振奋精神，扎实工作，为实现“新北京、新奥运”战略构想，构

建社会主义和谐社会首善之区，圆满完成“十一五”规划的各项任务而努力奋斗！

关于北京市国民经济和社会发展第十一个五年规划纲要的报告

——2006年1月15日在北京市第十二届人民代表大会第四次会议上

北京市市长　王岐山

各位代表：

现在，我代表北京市人民政府，向大会作关于国民经济和社会发展第十一个五年规划纲要的报告，请各位代表连同《纲要（草案）》一并审议，并请市政协各位委员提出意见。

一、“十五”时期的回顾

过去5年，全市人民在党中央、国务院和中共北京市委的领导下，以邓小平理论和“三个代表”重要思想为指导，认真落实科学发展观，紧紧围绕“新北京、新奥运”战略构想，创新体制，调整结构，优化环境，加强管理，全面发展，改革开放和现代化建设取得巨大成就。

（一）首都经济持续快速协调健康发展，综合经济实力跃上新台阶。初步预计，“十五”期间，地区生产总值年均增长11.9%，2005年实现6814.5亿元，人均地区生产总值达到5457美元。经济结构不断优化，第三产业所占比重达到67.7%。累计完成全社会固定资产投资10857.4亿元，实现社会消费品零售额11662.9亿元，分别比“九五”时期增长98%和71.2%。坚决贯彻落实中央宏观调控政策措施，加强经济运行调节，有效抑制了经济运行中的不健康因素。地方财政收入从2000年的345亿元提高到2005年的919.2亿元，同口径年均增长25.3%；万元地区生产总值能耗、水耗年均分别降低5.4%和13.3%，经济增长的质量、效益明显提高。

（二）科技、教育、卫生稳步发展，社会事业全面进步。首都区域创新体系建设取得重大进展，中关村科技园区“五年上台阶”主要任务完成，高新技术产业集群初步形成。全市研发经费年均增长22.1%，科技进步对经济增长的贡献率不断提高。推进教育结构调整，基础教育特别是农村义务教育得到加强，高等教育率先进入普及化阶段，职业技能培训加快发展。来京务工人员子女义务教育问题基本解决。地方财政用于教育事业的支出依法增长。成功战胜非典疫情，有效控制高致病性禽流感疫情，加强公共卫生体系建设，大力发展基层卫生事业，城乡社区卫生服务网络覆盖率达到81%。计划生育工作稳步开展。建成一批重大公共文化设施，基层文化更加活跃，广播影视、新闻出版和哲学社会科学事业更加繁荣。全民健身运动广泛开展，北京体育健儿在雅典奥运会和全国十运会上取得优异成绩。

（三）城市建设步伐加快，服务能力显著提升。累计完成基础设施投资2260亿元，比“九五”时期增长63.5%。制定实施《北京交通发展纲要》，优化结构，挖掘存量，着力缓解交通拥堵，轨道交通建设全面提速，路网系统更趋完善。首都机场扩建、南水北调北京段工程等重点项目开工建设。能源结构得到改善，2005 年用电量达到 507.1 亿千瓦时，天然气使用量 31.7 亿立方米，集中供热面积 3.3 亿平方米。坚持不懈地推进污染治理和生态建设，市区空气质量二级和好于二级天数达到 64.1%，城八区和郊区城镇污水处理率分别达到 70%和 40%，城八区和郊区生活垃圾无害化处理率分别达到 95.2% 和 46.6%，林木覆盖率、绿化覆盖率进一步提高。积极推进城市环境建设，治理城市河湖，改造公厕，整治“城中村”，市容市貌不断改善。制定实施历史文化名城保护规划和条例，加大文物保护和修缮力度，世界文化遗产得到积极保护。全面排查、坚决消除各类安全隐患，制定突发公共事件总体应急预案，建立市区两级应急指挥系统，公共安全管理显著加强。

（四）着力解决“三农”问题，农民利益得到有效保护。政府工作重点向农村延伸，部门联动，政策集成，大幅增加郊区投入。全面实施“221”行动计划，大力发展都市型现代农业。改善郊区基础设施状况，所有行政村铺通了柏油路，33 个中心镇实现集中供水，100 万农民饮水安全问题得到解决，广播电视基本实现“村村通”。完成农村药品供应和监管“两网”建设。重新启动山区搬迁工程，1.4 万农民搬出泥石流易发区和采空区。深化农村改革，基本完成农村土地承包经营权确权工作，免征农业税及其附加，修订建设征地补偿安置办法，妥善解决拖欠农民征地补偿款等遗留问题。落实粮食生产直补政策，建立山区生态林补偿机制，提高生态林建设占地补偿和养护补助标准，对村级组织发展公益事业给予专项补助，农民得到更多实惠。

（五）改革开放深入推进，发展环境不断优化。认真贯彻《行政许可法》，调整水务等 7 个部门的管理体制，推进城市管理体制改革，政府职能转变取得新进展。完善了市与区县财政管理体制，财政支出结构不断优化，公共支出占财政支出的比重达到 87%。国有企业改革全面推进，市属金融企业实施战略性调整，基础设施投融资改革更加深入，房地产市场管理逐步规范。文化体制改革取得重要进展。进一步精简行政审批和企业年检事项，下放审批权限。电子政务框架基本形成，全程办事代理制、“一站式”办公得到推广。不断放宽市场准入，完善扶持政策，私营个体经济长足发展。积极做好对口支援，加强与周边省区市合作。全市累计实际利用外资 123.2 亿美元，地区进出口总额 3927.4 亿美元，接待入境游客 1460 万人次。新增 6 个国际友好城市，成功举办《财富》论坛、诺贝尔奖获得者论坛等大型国际活动，对外交往不断深入。

（六）城乡居民收入大幅增加，人民生活达到新水平。城市居民人均可支配收入年均实际增长 10.4%，农民人均纯收入年均实际增长 9.9%，2005 年分别达到 17653 元和 7860 元。实施积极就业政策，大力促进失业人员和农村富余劳动力就业，城镇登记失业率控制在 2.3%以内。初步形成了覆盖城乡的社会保障体系，城镇社会保险覆盖范围稳步扩大，新型农村合作医疗加快发展，农村养老保险积极推进，社会救助体系逐步完善。城八区改造危旧房 560 万平方米，城镇居民人均住房使用面积达到 19.5 平方米，农民居住环境得到改善。消费结构加快升级，人民生活向更加宽裕的小康迈进。

（七）社会主义精神文明建设取得新进展，民主法制建设进一步加强。深入学习“三个代表”重要思想，认真开展保持共产党员先进性教育活动。在抗击非典等各项工作中，首都人民表现出高尚的精神风貌。积极开展公民道德教育实践活动，加强未成年人思想道德建设和大学生思想政治教育工作，开展新童谣征集推广活动。国防教育逐步深入，双拥共建广泛开展，征兵工作和国防后备力量建设得到加强。民族、宗教、侨务和对台工作继续推进。妇女儿童、老龄、残疾人事业健康发展。

坚决执行人大及其常委会决议，坚持重大事项向人大常委会报告制度和向政协通报制度，充分听取人民群众对政府工作的意见和建议。制定了本市国家机关进一步接受监督的意见，自觉接受法律监督、民主监督和社会监督。认真办理人大代表、政协委员的议案、建议、提案。深入开展四五普法教育，健全法律服务体系。切实推进政府法制建设，五年共提请市人大常委会审议通过地方性法规和法规性决定68项，制定政府规章96项。深入开展社会治安综合治理，积极预防、控制、打击违法犯罪活动，完善人民内部矛盾纠纷排查调处工作机制，确保了首都安全稳定。

各位代表，“十五”期间，北京申奥取得成功，实现了中华民族的百年梦想，为首都发展注入了强大动力，奥运场馆及相关设施建设稳步推进，各项筹备工作顺利进行；完成城市总体规划修编，国务院给予肯定并做出重要批复，确定了到2020年的建设蓝图，为加快建设现代国际城市奠定了重要基础。

所有这些成绩的取得，是党中央、国务院正确领导，全市人民团结奋斗的结果，凝聚着各方面的心血和智慧。我代表市政府，向全市各族人民，向人大代表、政协委员、各民主党派、工商联和无党派人士、各人民团体、社会各界人士，向中央在京单位、人民解放军和武警部队以及各兄弟省、区、市，向所有关心支持首都建设的香港特别行政区同胞、澳门特别行政区同胞、台湾同胞、海外侨胞和国际友人，表示崇高的敬意和衷心的感谢！

各位代表，5年来的工作实践，使我们加深了对北京发展、建设和管理客观规律的认识，提高了“四个服务”的能力和水平，积累了新的经验。

第一，必须注重统筹协调发展，创出首都发展新路。要毫不动摇地坚持以经济建设为中心，把握大局，紧抓机遇，加快发展。同时，要高度重视经济社会发展中的薄弱环节，加大工作力度，努力解决“三农”问题，推动各项社会事业全面进步，实现城乡协调和可持续发展。只有这样，才能解决好为谁发展、怎样发展的问题，真正体现发展这个硬道理。

第二，必须着力推进增长方式转变，实现又快又好发展。无论是经济发展，还是社会建设，都要充分发挥首都资源优势，注重结构调整和增长方式转变，注重速度与结构、质量、效益相统一，增强自主创新能力，走内涵式、集约型发展道路，逐步解决首都的人口资源环境问题。

第三，必须加快体制机制创新，不断优化发展环境。改革是发展的强大动力。只有坚持社会主义市场经济的改革方向，加快改革步伐，才能消除制约发展的种种障碍，激发旺盛的发展活力。要充分发挥市场配置资源的基础性作用，切实转变政府职能，努力为各类市场主体创造良好的发展环境。

第四，必须切实强化城市管理，努力建设宜居城市。管理是城市发展的永恒主题，是实现全面协调可持续发展的重要基础。管理就是资源，管理就是效益。要寓管理于服务之中，创新管理体制、模式和手段，营造安全、便捷、舒适的城市运行环境，不断提高城市管理与服务水平。

第五，必须维护好人民群众的切身利益，构建社会主义和谐社会首善之区。要牢固树立“群众利益无小事”的观念，把实现好、维护好、发展好人民群众的根本利益作为一切工作的出发点和落脚点，着力解决关系人民群众切身利益的现实问题，使广大群众共享改革发展成果。

回顾过去的5年，我们也清醒地认识到，前进中还存在不少突出矛盾和问题，主要是：粗放型经济增长方式还没有根本转变，自主创新能力不强，经济社会发展与人口资源环境的矛盾十分突出，“十五”计划人口规模调控和空气质量改善目标远未实现；解决“三农”问题、促进城乡和区域协调发展任务相当繁重；生产安全和社会公共安全形势依然严峻，交通拥堵和环境脏乱的治理任务艰巨，“重建轻管”倾向尚未根本扭转；影响发展的体制机制问题亟待解决，转变政府职能、优化发展环境还需要下更大气力；就业压力逐步显现，收入分配矛盾较多，社会保障存在差距，正确处理改革、发展、稳定关系的难度增加，构建和谐社会首善之区任重道远。对上述问题，我们将高度重视，立足当前，着眼长远，在改革和发展中采取更加有效措施，努力加以解决。

二、“十一五”时期的国民经济和社会发展

“十一五”时期，是我们抓住机遇，实现“新北京、新奥运”战略构想的关键阶段。我们必须增强历史责任感，充分利用好各种有利条件，正确应对各种困难和挑战，立足科学发展，着力自主创新，完善体制机制，促进社会和谐，全面提高综合实力和“四个服务”水平，把首都现代化建设事业不断推向前进。

（一）指导方针和奋斗目标。

《纲要（草案）》是党中央提出科学发展观和构建和谐社会重大战略思想后，我们编制的第一个中长期规划。根据《中共北京市委关于制定北京市国民经济和社会发展第十一个五年规划的建议》，今后五年全市经济和社会发展的指导思想是：以邓小平理论和“三个代表”重要思想为指导，认真贯彻党的十六大和十六届三中、四中、五中全会精神，全面落实科学发展观，紧紧抓住全力办好2008年奥运会这个重要机遇，全面落实国务院对北京城市总体规划的批复，努力走出一条经济发展、生活富裕、生态良好的科学发展之路，实现“新北京、新奥运”战略构想，着力构建社会主义和谐社会首善之区。

未来5年，必须坚持以科学发展观统领经济社会发展全局，切实把首都的发展转到以人为本、全面协调可持续发展的轨道上来。为此，《纲要（草案）》提出了以下基本原则，即：坚持“首都经济”发展战略，努力保持经济平稳较快发展；坚持国家首都、国际城市、文化名城、宜居城市的发展定位，努力提高城市建设和管理水平；坚持以创新为动力，努力建设创新型城市；坚持统筹兼顾，努力促进城乡和区域协调发展；坚持经济、政治、文化、社会建设四位一体，努力构建和谐社会首善之区；坚持奥运带动战略，努力提升首都工作水平。这六条原则既是对我们工作经验和教训的深刻总结，也是在北京工作中落实科学发展观的具体要求。

《纲要（草案）》根据首都现代化建设“新三步走”战略部署，紧紧围绕“新北京、新奥运”战略构想，提出今后五年的主要奋斗目标是：建设创新、和谐、宜居新北京，办好一届有特色、高水平奥运会，努力实现经济发展水平、自主创新能力、可持续发展能力、人民生活品质和构建和谐社会首善之区的水平显著提升，奠定现代国际城市的基本构架。经济社会发展的主要预期指标是：地区生产总值年均增长9%，到2010年实现人均地区生产总值比2000年翻一番；地方财政收入年均增长12%；城市居民人均可支配

收入和农民人均纯收入年均分别实际增长6%以上；城镇登记失业率控制在3.5%以内；万元地区生产总值能耗、水耗分别降低15%和20%。确定这些指标，综合考虑了首都发展的现实基础、支撑条件、发展趋势等因素，既体现一定的速度与质量要求，又适当留有余地，经过努力是可以实现的。

（二）推进产业结构调整和增长方式转变，走高端产业发展之路。

从提高产业层次和技术水平、提高规模和集聚效应、提高资源节约水平和利用效率入手，加快经济结构调整和增长方式转变，推进产业优化升级。

加快发展现代服务业。不断优化首都金融发展环境，积极支持金融机构推进产品和服务创新，着力推动产权交易和风险资本市场发展。制定支持文化创意产业发展的地方法规和优惠政策，打破行业垄断，鼓励资源重组，强化资金扶持，重点发展六大文化创意产业。抓住奥运契机，打造世界一流旅游城市和国际会展之都。以“稳步发展、优化结构、稳定价格”为目标，引导房地产业健康发展。改造提升商业等传统服务业，加快物流业发展。积极发展各类社会中介服务。2010年第三产业的比重达到72%左右。

大力发展高新技术产业。以提升自主创新能力和整体产业竞争力为核心，支持关键技术、关键产品和重大技术标准的研发和产业化，重点发展软件、研发、电子信息、生物产业，积极培育数字电视、汽车电子、新材料、新能源等潜力产业。抓好软件产业基地、国家集成电路产业园等专业园建设，形成产业集聚发展。

适度发展现代制造业。围绕核心技术、名牌产品和骨干企业，完善产业链条，提高现代制造业发展水平。重点发展汽车、装备制造、石化新材料、医药等产业。培育名优品牌，积极发展都市型工业。通过技术进步、优化结构，提升建筑业整体素质和竞争力。

发展都市型现代农业。调整优化农业结构与布局，全面拓展农业的生产、生态和生活功能，重点发展高效生态农业和观光休闲农业。推进农业的标准化生产、产业化经营和规模化发展，着力创造满足市场多样化需求的产品，深度开发特色农产品的国内外市场。

引导产业合理布局。发挥市场配置资源的基础性作用，实行差别化的区域导向政策和分类评价体系，合理配置重大项目，落实好空间发展战略和区县功能定位。促进重点产业和新建项目集中发展，重点建设好中关村科技园区、北京经济技术开发区、临空经济区、商务中心区、奥林匹克中心区、金融街等六大高端产业功能区。支持区县发展一批各具特色的产业集聚区。下大力气推动高能耗、高物耗、高污染、低附加值产业逐步退出，严格控制并逐步淘汰资源开采型产业，抓好首钢搬迁及新项目建设，关闭、改造城市中心区小商品集散交易市场。

积极发展循环经济。作为首批国家循环经济试点城市，按照减量化、再利用、资源化的原则，以资源节约和再生利用为突破口，加快循环生产、绿色消费和综合保障三大体系建设。实施产业项目综合评价，完善项目筛选的资源利用和环境保护评价指标体系，严把项目准入关。建立健全资源消耗管理制度，加强重点行业的资源消耗管理。全面推行清洁生产，强化对冶金、化工、建材、电力等行业重点企业的污染预防和全过程控制。重点发展节能省地型住宅、节能环保型汽车、节电照明设备、节水生活用品和无害化农产品。抓好再生资源利用试点，完善回收利用体系，促进各种废旧资源再利用和产业化。加强循环经济政策法规建设，搞好循环经济示范项目，探索建立循环经济评价指标体系和统计核算制度。

（三）大力发展社会事业，提升首都公共服务水平。

统筹城乡社会事业发展，加大投入，调整存量，创新服务提供模式，加快城市优质社会公共服务资源向农村转移，着力推进基本公共服务均等化。

优先发展教育事业。全面实施首都教育发展战略，推动应试教育向素质教育转变，加快农村教育发展，优化教育结构，提高教育质量。强化政府对义务教育的保障责任，全市九年义务教育全部免收杂费和书本费，对困难家庭学生给予补助。调整中小学布局，全面实施中小学办学条件标准化建设；着力提高教师整体素质，实施城区教师到农村支教交流制度，促进义务教育均衡发展，继续治理教育乱收费，维护教育公平。把发展职业教育和培训作为战略重点，坚持中职和高职协调发展，推进产学结合，重视农民的技能培训，不断提高劳动者素质。适应国家和首都经济社会发展需要，优化高等教育结构和布局。努力构建终身教育体系，建设学习型城市。

加强医疗卫生服务。完善疾病预防控制、医疗救治、卫生执法监督和卫生信息体系，全面提高首都公共卫生服务水平。做好重大疾病特别是艾滋病、结核病等重大传染病防治工作。大力发展城乡社区卫生事业，调整医院布局，实施基层卫生服务机构标准化建设，完善鼓励医务人员到基层、到农村提供服务的政策。深化医疗卫生体制改革，健全卫生服务管理和运行机制，完善医疗机构分工协作、双向转诊的医疗服务体系。加强药品和医疗服务价格监管，有效控制医疗费用不合理增长，着力解决群众看病难、看病贵问题。进一步推动中医药事业发展。深入开展爱国卫生运动，普及健康教育。

繁荣文化体育事业。发挥首都文化资源优势，积极发展面向基层的公益性文化事业，创造大批优秀文艺作品，满足人民群众需求。加大对社区和农村公共文化事业的支持，注重文化设施的建设和充分利用，组织好文化进农村、进社区活动，活跃基层文化生活。坚持保护、继承与发展传统民族民间文化，扶持一批体现民族特色、首都特点和国家水准的重大文化项目和艺术院团。提高新闻出版、广播影视的质量和水平，加强文化市场和互联网的管理。推动理论创新，发挥哲学社会科学对经济社会发展的重要促进作用。促进对外文化交流，创办有国际影响力的文化活动。深化文化体制改革，加快国有文化事业单位转制，鼓励社会力量发展文化事业。推进体育改革和创新，加强公共体育设施的建设与管理，深入开展全民健身活动，提高竞技体育水平。

（四）统筹城乡发展，建设社会主义新农村。

按照生产发展、生活宽裕、乡风文明、村容整洁、管理民主的要求，充分发挥农民的主体作用，扎实推进新农村建设。

加快农村经济发展。进一步加强农业基础设施建设，创新农田水利建设机制，改善农业生产条件。健全现代农业“七大体系”。积极培育龙头企业，加快发展专业合作组织，不断提高农业的组织化程度。大力发展农村二三产业，重点发展休闲旅游、农产品加工等特色产业，继续扩大郊区现代流通网络，鼓励中小服务企业发展。全面落实各项惠农政策，逐步加大扶持力度，努力增加农民收入，力争到 2010 年农民人均纯收入达到 1 万元。

深化农村各项改革。加快乡村集体经济产权制度改革。推进土地承包经营权流转，发展多种形式的适度规模经营。完善征地制度，健全对征地农民的合理补偿机制。巩固农村税费改革成果，积极推进乡镇机构改革。改善农村金融服务，建立现代农业保险制度。

制定落实水源地保护办法，促进资源开采地区产业转型，实施生态、生产和生活移民，完善生态林补偿机制，推进富民养山。

提升村镇建设管理水平。因地制宜，从实际出发，充分尊重农民群众的意愿，做好新农村建设各项规划，建立有效机制，开展试点工作，改善农村生产生活条件。实施农村安全饮水工程，实现农民饮水水质达到国家标准。加快农村道路硬化、厕所改造和清洁能源使用，推行新的垃圾收集处理模式，建设适合乡村的排水和污水处理设施。优化村镇布局，着重发展一批辐射力强的中心镇，建设一批各具特色的小城镇，不断提升郊区城镇化水平。创新农村基层社会管理体制，加强农村基层政权建设。提高农民整体素质，激发农民创造新生活的自主精神，建设新型农村社区。

探索建立城乡统筹的新机制。加大对农村投资的倾斜力度，在保证市本级投入依法增长的基础上，市级财政新增教育、卫生、文化、计划生育等事业经费用于农村的比例不低于70%，市政府固定资产投资用于郊区的比例不低于50%，尤其要加大对乡村和山区发展的支持力度。加强部门间的统筹协调，整合政策和资金，形成支持农村发展的合力。创新体制机制，促使优质资源向郊区转移，把专业技术人才引入农村，创出“工业反哺农业、城市支持农村”的具体途径。

（五）加强城市管理与建设，全面提升首都现代化水平。

随着首都快速发展，城市管理日益重要。今后五年，北京仍处于高速建设时期，要统筹规划、建设与管理，把管理放在更加突出的位置，建好新北京，管好新北京。

维护城市安全高效运行。高度重视生产安全和社会公共安全，健全统一高效的应急管理体系，完善各类预案，预防、排查、控制和消除电网、地下管网、道路桥梁等各类安全隐患，加强消防、防疫、防洪、防震等设施和队伍建设，显著增强城乡防灾、减灾、救灾能力。以静态交通为重点，以智能化为依托，提高交通管理水平。加大城市环境建设力度，重点整治城乡结合部、“城中村”、重要旅游景区和奥运场馆周边地区。深化城市管理体制综合改革，建立市区街合理分工、相互衔接、规范高效的城市管理框架。完善信息化城市管理系统，提高城市管理效能。

加强基础设施建设。坚持城乡统筹、适度超前、增量建设与存量改造并重，着力抓好以综合交通、能源供应、水资源保障和信息通讯为主体的基础设施建设。优先发展公共交通，轨道交通运营里程达到270公里，中心城公共交通出行比例达到40%，实现全部行政村通公共汽车。加强公路建设与改造，实现公路网覆盖全市所有村镇。合理安排电源建设，加快电网发展。积极协助建设新气源工程，推动天然气管网向新城和重点城镇发展。推进可再生能源的开发利用，搞好能源储备和应急体系建设。完成南水北调北京段工程，新建中心城5座污水处理厂。以“数字北京”为目标，大力推进宽带通信网、数字电视网和下一代互联网等信息设施建设。基本建成布局合理、功能完善、技术先进的现代化邮政网络。整体规划建设一批方便市民生活、提升城市形象的街道公用设施。

切实保护历史文化名城。健全历史文化名城保护的管理体制和政策体系，从整体格局、历史文化保护区、文物保护单位三个层次加强保护和监管。合理确定中心城区功能与容量，控制建设规模，降低人口密度；探索小规模、渐进式有机更新方法，加强旧城整体保护。逐步改建或拆除历史文化保护区内不符合保护控制要求的建筑，加强文物建筑的抢险修缮，重视对优秀近现代建筑的保护和合理利用。正确处理保护古都风貌、改造危旧房和维护群众利益的关系，发挥政府主导作用，采取公共财政倾斜等多种措施，稳步推进危旧房改造，不断改善居住条件。

扎实推进新城建设。高水准完成新城规划设计，全面启动顺义、通州、亦庄三个重点新城建设，有序推进其他新城建设。充分发挥公共投资的先导作用，突出市场运作，创新融资方式，积极探索新城建设和管理的新机制。抓好一批关键性基础设施、公共服务设施及重要带动项目，引导产业集聚，创造良好的工作和生活环境，实现滚动建设、协调发展。

（六）加强人口资源环境工作，努力建设宜居城市。

促进人口资源环境与经济社会协调发展，是建设宜居城市，实现首都可持续发展的关键，是各级政府、企事业单位、社会团体和全体市民的共同责任。

全面推进人口健康发展。初步预计，2005 年全市常住人口已经达到 1538 万，五年增加 174.4 万，对城市基础设施、资源环境承载能力提出新的挑战。要按照国务院关于北京城市总体规划批复中提出的人口规模控制目标和要求，运用经济、行政、法律等有效手段，实施综合调控，分阶段控制人口规模过快增长。坚持计划生育，稳定低生育水平，努力提高出生人口素质。规范户籍人口迁入政策，控制人口机械增长。从对居住场所的法治化、信息化管理入手，创新流动人口管理的思路和措施，实行常态化管理、市民化服务。制定鼓励人口向新城转移的政策措施，引导人口合理分布。探索养老服务多种模式，完善老年教育、健康服务体系。维护妇女权益，创造有利于儿童健康成长的良好社会环境。做好残疾人康复、就业和社会保障工作，加强城市无障碍设施建设。

建设资源节约型社会。高度重视资源约束矛盾，坚持科学严格管理，采取综合措施，建立长效机制，逐步缓解水、土地、能源等紧张状况，保障城市可持续发展。健全政策体系，制定符合实际、更加严格的节约标准，实行定额和指标管理。依靠科技进步和创新，大力推广节约资源的新技术、新工艺、新设备和新材料。发展节水农业，推动再生水使用，中心城再生水利用率提高到 50%。坚持集中紧凑发展模式，建设用地总量严格控制在 3500 平方公里以内。着力推动工业、建筑和交通节能，提高煤、电、油、气等能源利用效率，强化实施“迎峰度夏”和冬季供暖室温控制等需求侧管理措施。政府机构要带头节约，倡导节约风尚，树立全社会节约意识。

建设环境友好型城市。采取更加严格有力措施，控制污染物排放总量，改善能源结构，城市空气质量基本达到国家标准。开展水资源保护和各流域水环境污染防治，实现六环路以内主要河湖水体基本还清，中心城、新城和中心镇污水处理率达到 90%。加强固体废物污染防治，建设一批生活垃圾和危险废物处理设施，危险废物实现安全处置，中心城和新城生活垃圾无害化处理率达到 99%以上，农村地区达到 80%。防治噪声和电磁辐射、放射性污染。继续抓好山区生态屏障、绿化隔离地区、绿色走廊和农田林网建设，不断扩大城市绿色空间，进一步提高绿化美化水平。全市林木覆盖率达到 53%，城市绿化覆盖率达到 45%。

（七）加强社会建设与管理，努力促进社会和谐。

完善社会管理体系，整合社会管理资源，健全党委领导、政府负责、社会协同、公众参与的社会管理格局。从解决人民群众最关心、最直接、最现实的利益问题入手，努力构建社会主义和谐社会首善之区。

千方百计做好就业工作。实施积极的就业政策，注重发展劳动密集型产业，大力开发社区公益性岗位，继续推进就业倍增计划。

制定促进政策，实现30万农村劳动力转移就业。完善就业困难群体帮扶制度，做好首钢等国有企业富余职工分流安置工作，重视解决局部地区失业率较高的问题。完善劳动力市场信息发布制度，引导外来劳动力有序流动。建立政府扶助、社会参与的职业技能培训机制，加大培养力度，新增50万技能人才。对城镇失业人员、农民提供免费职业技能培训。建立覆盖城乡的就业服务体系，健全劳动关系调整体制。

完善多层次的社会保障体系。改革基本养老金计发办法，调整最低缴费标准，改革事业单位养老保险制度，完善农村养老保险制度，城镇基本养老保险覆盖率达到95％，农村养老保险覆盖率达到60％。完成公费医疗制度向医疗保险制度并轨，逐步实现新型农村合作医疗向全市统筹过渡，城镇基本医疗保险覆盖率达到95％。完善失业、工伤、生育保险制度。增加财政的社会保障投入，多渠道筹措社会保障资金。完善社会救助体系，切实保障城乡困难群众的基本生活。支持慈善事业发展，充分发挥社会捐赠、群众互助在扶贫帮困中的重要作用，推动社会福利事业社会化进程。

着力构建和谐社区、和谐村镇。理顺政府与城乡基层自治组织的关系，切实减轻基层自治组织行政性负担。加强基层自治组织建设，健全社区居民会议制度、协商议事制度和听证会制度，完善村民自治机制，充分发挥城乡基层组织协调利益、化解矛盾、排忧解难的作用。建立和完善社区居委会和村委会工作经费保障机制，保证社区和村级组织正常运行。实施专项补助制度，支持城乡基层组织发展公益事业。以服务群众为重点，推进面向基层、覆盖城乡、功能完善、布局合理的公共服务体系建设。制定落实《物业管理条例》实施办法，着力解决物业纠纷。大力培育民间组织，积极引导其参与和谐社区、和谐村镇建设。

推进精神文明建设。加强社会主义思想道德体系建设，增强广大市民的首都意识、法律意识、公德意识，全面提升市民素质和城市文明程度。认真落实人文奥运行动计划实施意见，建立健全文明礼仪行为规范体系，抓好窗口行业的奥运培训工作。加强和改进大学生思想政治工作，完善学校、家庭、社会相结合的未成年人教育网络。争创全国文明城市，塑造首都文明形象。大力普及科学知识，提高市民科学素养。深入开展国防教育和双拥共建活动，加强国防后备力量建设，创新抚恤优待等工作机制，巩固和发展军政军民关系。全面落实民族和宗教政策，制定并实施少数民族乡村经济发展规划，逐步解决宗教房产问题。切实做好侨务工作。

加强民主法制建设。各级政府要坚决执行人大决议，自觉接受人大监督，认真听取政协及各民主党派、工商联、无党派人士和专家学者的意见，广泛征集人民建议。充分发挥工会、共青团、妇联等人民团体的桥梁纽带作用。发展基层民主，推广厂务公开、村务公开、政务公开，扩大公民有序的政治参与。大力推进依法治市，加强行政立法工作，完善行政执法监督，广泛开展普法教育，做好法律援助，努力营造良好的法制环境。

全力维护首都安全稳定。切实加强对敌斗争，严密防范、坚决打击境内外敌对势力、民族分裂势力、宗教极端势力、暴力恐怖势力和“法轮功”等邪教组织的渗透、颠覆、分裂和破坏活动。健全社会治安防控体系，注重科技强警，严厉打击各种违法犯罪活动。深入研究群体性事件发生的特点和规律，积极防范、妥善处置各类群体性事件。强化信息安全工作。全力做好奥运会、庆祝新中国成立60周年等重大活动的安全保卫工作。拓宽社情民意反映渠道，落实信访工作责任制，做好基层人民调解、司法调解、行政调解工作。

（八）抓紧实施首都创新战略，努力建设创新型城市。

以中关村科技园区为核心，以重点领域和关键技术为突破口，着力提高区域自主创新能力，努力培育全社会创新精神，充分激发全社会创新活力，率先进入创新型城市行列。

强化中关村科技园区的创新带动作用。制定实施《中关村科技园区总体规划》，优化产业空间布局。完善园区技术创新体系，力争在一些重点领域取得关键技术突破，实现园区自主创新的重大跨越。实施知识产权、标准、品牌三大战略，引导企业创制行业技术标准，抢占战略制高点。深化各项综合改革，重点推进投融资体系建设，建立创业投资引导资金，支持创业投资企业发展，开展非上市股份公司股权转让试点，支持具有自主创新能力、成长性好的企业上市融资。做好为中央在京企业、科研机构和高等院校的服务工作，积极争取国家重大科技项目落户中关村。加快园区科技基础设施和公共服务配套设施建设，发展创新文化，优化创新环境。

加快首都区域创新体系建设。深化科技体制改革，加快科研院所转制和创新主体培育，构建以企业为主体、市场为导向、产学研结合的技术创新体系。支持企业建立专业性的公共技术平台，加大研发投入，力争全市研发经费支出占地区生产总值的比重达到6%。创新政府科技投入体制，从需求出发确定科技发展方向，集中力量实施一批重大科技攻关工程，提高原始创新、集成创新和引进消化吸收再创新能力。完善和落实税收、金融、政府采购等政策措施，支持自主创新以及创新成果产业化。着力推进产权改革和股权激励试点，激发各类主体创新活力。加强各类专业孵化器建设，大力发展科技中介服务组织，建设统一的技术交易、企业融资、信息交流平台。整体规划知识产权保护工作，推进国家知识产权制度示范园区建设，强化知识产权保护的司法和执法工作，依法严厉打击各种侵犯知识产权行为，营造有利于自主创新的社会环境。

培养造就富有创新精神的人才。实施首都人才战略，以高层次人才为重点，加强高级管理人才、高级专业技术人才和国际化人才队伍建设，大力提高各类人才的学习、实践和创新能力。做好人才规划，创新人才资源开发与管理体制，健全人才培养、评价、选拔和使用的有效机制，推进人才资源市场化配置，引导人才合理流动。实行人才分类管理，完善社会化职称评审制度。加强留学人员创业园区建设，积极引进拥有自主知识产权、掌握尖端技术的专业人才，构筑极具活力、充满希望的人才之都，为建设创新型城市提供强大的人才保障。

（九）深化体制改革，不断提高对外开放和区域合作水平。

从解决困扰发展的矛盾入手，推进体制机制创新，扩大开放，为落实科学发展观提供可靠保障。

深化行政管理体制改革。以转变政府职能为重点，减少和规范行政审批，积极稳妥地推进事业单位分类改革，促进传统行业协会转型和新型行业协会发展，加快政府与所办经济实体脱钩。从体制、机制、职能、流程等方面创新政府管理，加强专家咨询、社会公示和听证、决策执行评估等制度建设，运用多种信息化手段，促进部门资源整合、信息共享、业务协同和政务公开。建立健全和严格执行问责制，提高政府执行力和公信力。全面落实投资项目核准制和备案制，大力实施非经营性政府投资项目的代建制。完善公共财政体系，优化财政支出结构，加强预算管理，提高财政资金使用效率，确保政府履行职责。强化政府对基础设施和公用事业的规划及监管职能，进一步放开建设和运营市场。积极推进资源价格改革，理顺公用事业价格，逐步建立能够充分反映市场供求状况和资源稀缺程度的价格形成机制。

激发市场主体活力。完善国有资本有进有退、合理流动机制，推动国有资本向重要行业和关键领域集中，向大型和特大型企业集中。健全国有资本经营预算、企业经营业绩考核和重大决策失误责任追究制度，探索建立国有非经营性资产监管体制，逐步将事业单位国有资产纳入监管范围。规范国有企业改制和产权转让，基本完成市属大中型企业的股份制改造，完善公司法人治理结构。实现民营企业与其他企业平等待遇，鼓励非公有资本进入公用事业、基础设施和社会事业领域，参与国有企业改组改造。建立中小企业创业投资引导基金，拓宽中小企业融资渠道，培育创业辅导、人才培训等社会化服务体系。

推进市场体系建设。继续发展资本、技术和劳动力等要素市场。坚持并完善经营性用地“招拍挂”制度，依法规范土地市场。建设社会信用体系，培育和发展信用服务中介机构，规范信息采集、使用和管理，建立信用评价体系和管理制度。加强社会诚信宣传教育，营造诚实守信的社会环境。修订有关市场准入、行为监管及保护消费者权益的法规规章，构建行政执法、行业自律、舆论监督和群众参与相结合的市场监管体系。坚决打击制假售假、商业欺诈等违法行为。以食品、药品安全为重点，加快国家强制管理产品质量检测体系建设。

全面提高对外开放水平。加快转变贸易增长方式，鼓励进口先进设备和短缺资源，促进加工贸易转型升级，扩大具有自主知识产权、自主品牌的产品出口，2010 年高新技术产品出口占地区出口比重达到38%。增强对反倾销等贸易争端的处置能力，指导企业维护合法权益。积极承接国际服务业转移，提高服务贸易层次和水平。引导外资投向，注重引进先进技术、管理经验和高素质人才。吸引跨国公司、大型企业在京设立地区总部、分支机构、研发中心和结算中心。完善对境外投资的协调机制和风险管理，支持有条件的企业“走出去”。进一步密切与港澳台地区的经贸交流与合作。

促进区域协调发展。按照国家京津冀都市圈区域开发的整体部署，发挥首都科技创新和研发中心集聚优势，抓住天津滨海新区建设机遇，建立交流合作的长效机制。加快京津城际铁路及第二高速通道建设，加强电子信息、汽车、旅游、物流等产业合作。搞好与周边地区在水资源、能源开发领域的合作，支持水源上游地区污染治理项目和环保监测项目建设。积极参与西部开发，继续做好对口支援工作。

（十）成功举办一届有特色、高水平的奥运会。

奥运战略贯穿“十一五”规划实施的全过程，我们要紧紧把握奥运机遇，努力实践“绿色奥运、科技奥运、人文奥运”理念，大力促进首都经济社会发展，全面提升各项工作水平。筹办奥运是落实科学发展观的重大实践工程。按照“节俭办奥运”的方针，举全市之力，以饱满的热情、扎实的工作、一流的业绩，完成好奥运会和残奥会的各项筹备工作，建设“阳光工程”。奥运会举办期间，精心组织好开幕式、闭幕式等大型活动，保证城市各项功能正常运转，提供一流的交通、食宿、医疗卫生、安全保卫服务和组织保障。奥运会后，注重奥运场馆的赛后利用，做好奥运品牌的持续、深度开发，保持首都经济社会的平稳健康发展。

三、全面完成 2006 年的各项任务，努力实现“十一五”规划的良好开端

2006 年是“十一五”时期的第一年，开好局，起好步，意义十分重大。要坚持以科学发展观统领全局，努力保持首都发展的良好势头。全市经济社会发展主要预期指标是：地区生产总值增长 9%，万元地区生产总值能耗、水耗分别下降 2%和 5%，地方财政收入增长 12%，城镇登记失业率控制在 2.5%以内，城市居民人均可支配收入和农民人均纯收入分别实际增长 6%以上，居民消费价格指数调控在 102%以内。突出抓好以下几个方面工作：

第一，实现经济平稳较快发展。努力扩大消费需求，促进旅游会展、文化体育、娱乐休闲等服务型消费，积极拓展奥运商品市场，推广新型消费方式。推动传统商业街调整改造，建设便民商业设施，发展郊区连锁超市、便利店 600 个。保持合理的投资规模，优化政府投资结构，引导社会资金向基础设施、现代服务业、高新技术产业和现代制造业等领域转移，促进房地产投资稳定增长，竣工经济适用住房 200 万平方米。加快国家软件出口基地建设，扩大高新技术产品出口，大力发展服务贸易。推动产业替代和结构优化升级，成立文化创意产业发展领导小组，研究支持文化创意产业发展的优惠政策；制定《关于促进首都金融产业发展意见》的实施细则；积极稳妥地推进首钢、焦化厂等企业搬迁，探索采矿地区产业转型的有效途径。研究制定发展循环经济指导意见。搞好煤电油气运供需调节，确保首都能源安全。

第二，迈出新农村建设的坚实步伐。制定新农村建设指导意见和实施办法，编制村庄建设规划，启动新农村示范村建设。加强农村基础设施建设，新增村镇集中供水能力 10 万吨，解决 27 万农民安全饮水问题，建成 6 座中心镇污水处理设施，自然村通油路工程新建 100 公里，支持农村改厕 4 万户。发展节水农田 30 万亩。继续实施“十百千万”工程，免费培训农村中小学教师，做好城镇教师到农村支教工作。建设好农村 399 个社区卫生服务站、133 个服务中心，实现社区卫生服务基本覆盖农村人口。完成 7000 名山区农民搬迁、安置任务。做好第二次全国农业普查前期准备工作。

第三，做好关系群众生产生活的各项工作。加强创业指导服务，落实小额担保贷款、劳务派遣、社保补贴和岗位补贴等政策，实现成功创业 6000 人、带动就业 4 万人，帮助 5 万名“4050”失业人员走上公益性就业岗位。在 80%的行政村建立就业服务站，培训农村劳动力 8 万人次，帮助 5 万名农村劳动力实现转移就业。落实《国务院关于完善企业职工基本养老保险制度的决定》，实施农村社会养老保险制度建设的意见。全面推进扩面征缴工作，确保各项基金征缴率在 95%以上。做好旧城内 8000 户居民危房的排险解危工作，启动城八区 10 片危改项目。深入开展基层安全创建与平安建设。以地下管网为重点，认真排查和消除安全隐患，加强政府监管，落实法人主体责任，有效防止重特大事故发生。采取坚强有力措施，落实烟花爆竹安全管理规定。全力办好 59 件直接关系群众生活的重要实事。

第四，全力做好奥运筹备工作。充分发挥“2008”工程建设指挥部和环境建设指挥部的组织协调作用，确保各项任务按计划推进。新建场馆完成主体结构，改扩建场馆和临建场馆加快建设，奥林匹克公园形成整体景观轮廓。推进轨道交通建设，实施交通疏堵工程。支持城乡电网改造，加快燃气热电厂、天然气管线建设。整治 80 个“城中村”，

新建和改建公厕1445座，建设100条特色园林大街。实施第十二阶段控制大气污染措施，市区空气质量二级和好于二级天数达到65%。以《首都市民文明公约》颁布10周年为契机，创建优美环境、优良秩序、优质服务，突出抓好赛场文化建设，在全体市民中不断普及奥林匹克知识，大力弘扬奥林匹克精神，为2008年奥运会创造良好社会氛围。

第五，加强政府自身建设。坚持依法行政，全面推行行政执法责任制。贯彻实施公务员法，进一步规范公务员管理，加强对公务员的监督，促进勤政廉政，建设高素质的公务员队伍。坚持“四个服务”，大力推进政府管理创新和制度创新，建立部门协调配合机制，切实提高办事效率和服务水平，着力为各类企业、科研机构、事业单位，特别是为中央在京企事业单位做好服务。抓住典型事例，整治推诿扯皮、敷衍了事、效率低下等顽症，加强督察考核，做到从严治政，赏罚分明。继续加强基础工作，做到“职责清、情况明、数字准、作风正、效率高”。继续推进政务公开，主动接受社会监督。健全规范有效的支出约束机制，坚决反对和制止铺张浪费，强化审计监督。坚持教育、制度、监督并重，加大反腐败的工作力度，树立“为民、务实、清廉”的政府形象。

各位代表！首都现代化建设的蓝图已经绘就，全市人民一定能够战胜前进道路上的各种艰难险阻，共同创造更加美好幸福的明天！让我们紧密团结在以胡锦涛同志为总书记的党中央周围，高举邓小平理论和“三个代表”重要思想伟大旗帜，全面落实科学发展观，振奋精神，扎实工作，为实现“新北京、新奥运”战略构想，圆满完成“十一五”规划的各项任务而努力奋斗！

注：“十五”时期和2005年当年所涉及的数据，现按初步统计对相关数据进行调整。

北京市国民经济和社会发展
第十一个五年规划纲要

（2006年1月20日北京市第十二届人民代表大会第四次会议批准）

序　言

从2006年到2010年的“十一五”时期，是首都抓住本世纪头20年这一发展的重要战略机遇期，实现“新北京、新奥运”战略构想的关键时期，在全市现代化进程中处于承前启后的重要位置。《北京市国民经济和社会发展第十一个五年规划纲要》，是党中央提出科学发展观和构建和谐社会重大战略思想，国务院批复《北京城市总体规划（2004年～2020年）》后编制的第一个五年规划，是首都全面建设小康社会进程中的重要规划。本规划提出了“十一五”期间首都经济社会发展的战略目标、发展重点和政策取向，集中体现了市委、市政府的施政方针和决策意图，是各级政府部门依法履行职责、编制实施年度计划和制定各项政策措施的重要依据，是全市人民共同奋斗的行动纲领。

本规划编制的主要依据是：《中共中央关

于制定国民经济和社会发展第十一个五年规划的建议》,《中共北京市委关于制定北京市国民经济和社会发展第十一个五年规划的建议》,国务院对《北京城市总体规划(2004年—2020年)》的批复。

专栏1:现代市场经济条件下发展规划的功能

发展规划,是政府对国民经济和社会中长期发展在时间和空间上所做的战略谋划和具体部署,是政府履行经济调节、市场监管、社会管理和公共服务职责的重要依据。一般认为,发展规划具有显露信息、协调政策和有效配置公共资源等基本功能。从"十一五"开始,国家将中长期发展"计划"改为"规划",充分反映出我国经济体制、发展理念、政府职能等方面的重大变革。

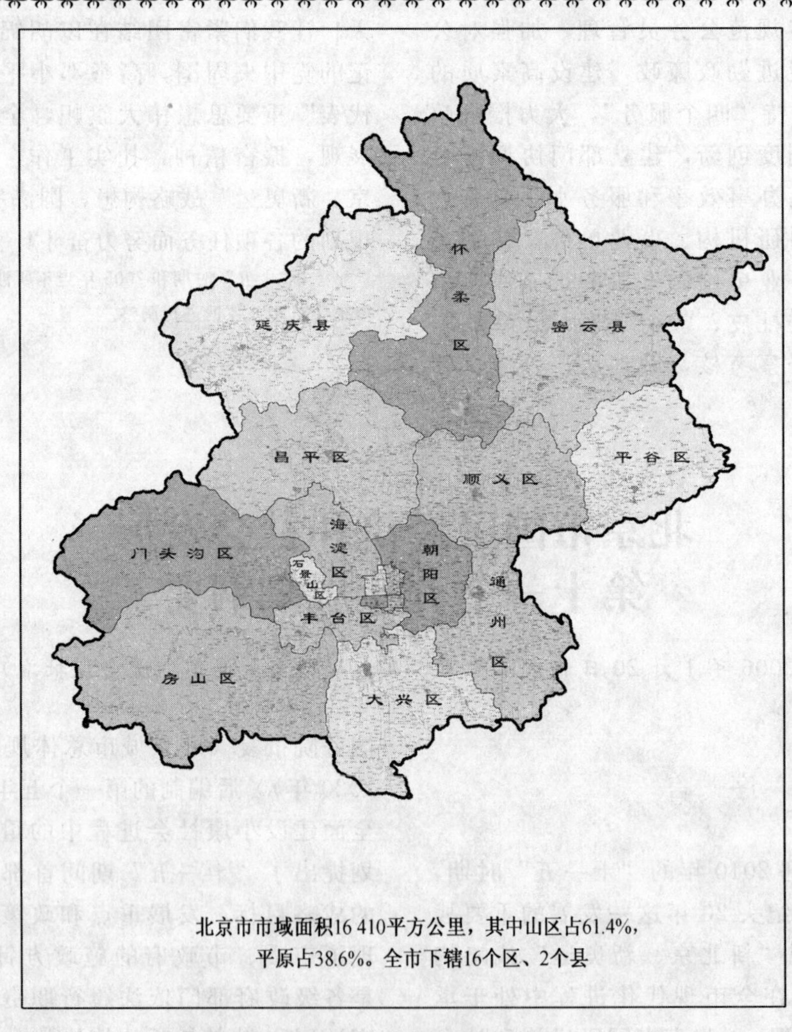

图1　北京市行政区划图

第一部分　规划背景

一、良好基础

2001年2月，北京市十一届人大四次会议审议批准了《北京市国民经济和社会发展第十个五年计划纲要》。5年来，在党中央、国务院的领导下，全市以邓小平理论和“三个代表”重要思想为指导，认真贯彻落实科学发展观，紧紧围绕“新北京、新奥运”战略构想，创新体制、调整结构、优化环境、全面发展，圆满完成了“十五”计划确定的主要目标和任务。

经济发展跃上新台阶。地区生产总值年均增长11.9%，按常住人口计算的人均地区生产总值突破5000美元。经济结构逐步优化，符合首都功能特点的现代服务业、高新技术产业、现代制造业和现代农业取得长足的发展，第三产业比重达到67.7%。经济增长的质量、效益明显提高，地方财政收入年均增长25.3%，万元地区生产总值能耗、水耗年均分别降低5.4%和13.3%。

社会发展迈出新步伐。科技事业蓬勃发展，全市研发经费年均增长22.1%，科技进步对经济增长的贡献率不断提高。教育体系日趋完备，高中阶段教育入学率达到98%，高等教育毛入学率达到53%。公共文化服务健康发展，建成一批有影响的重大公共文化设施。成功战胜非典疫情，公共卫生体系和综合减灾应急处理机制逐步健全。奥运筹办进展顺利，全民健身运动广泛开展，竞技体育水平实现新的提升。

城市发展初现新格局。中关村科技园区、商务中心区、北京经济技术开发区等重点功能区建设加快，成为提升首都服务功能、吸引高端产业集聚、扩充经济总量的重要载体。城乡统筹、区域统筹力度加大，郊区基础设施建设步伐加快。完成了城市总体规划修编，制定实施了区县功能定位及评价指标指导意见。区县各具特色的发展格局正在形成。

服务能力实现新提升。累计完成城市基础设施投资2260亿元，比“九五”时期增长63.5%，建成了五环路、莲花池西路、地铁13号线等一批重大项目，轨道交通运营里程累计达到114公里。生态环境保护成效显著，全市林木覆盖率达到50.5%，大气污染治理进展明显，市区空气质量二级和好于二级天数占全年比重达到64.1%，比2000年提高近16个百分点。天然气、热力等供应能力和污水、垃圾等处理能力进一步提高。

改革开放取得新突破。行政管理体制改革、基础设施投融资体制改革、国有资产监管体制和国有企业改革、农村税费改革、城市管理体制改革取得重要进展，特许经营、代建制、公开听证等多种新的管理方式相继实施。对外开放取得新的突破，全市累计实际利用外资123.2亿美元。发展环境进一步改善。

人民生活达到新水平。实施积极就业政策，城镇登记失业率始终保持在较低水平。多层次的社会保障体系初步建立。城镇居民人均可支配收入和农民人均纯收入水平不断提高，年均实际增长率分别为10.4%和9.9%。教育、旅游、健身等服务性消费比重大幅提高，消费结构升级加快，人民生活向更加富裕的小康迈进。

“十五”计划的完成，实现了首都发展的新跨越，为实现“新北京、新奥运”战略构想，率先基本实现现代化奠定了良好的基础。面向未来，我们已经站在一个新的、更高的起点上。

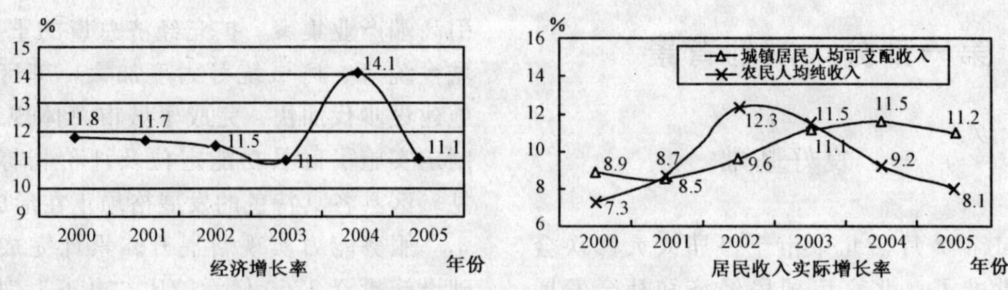

图 2 经济增长率和居民收入实际增长率图

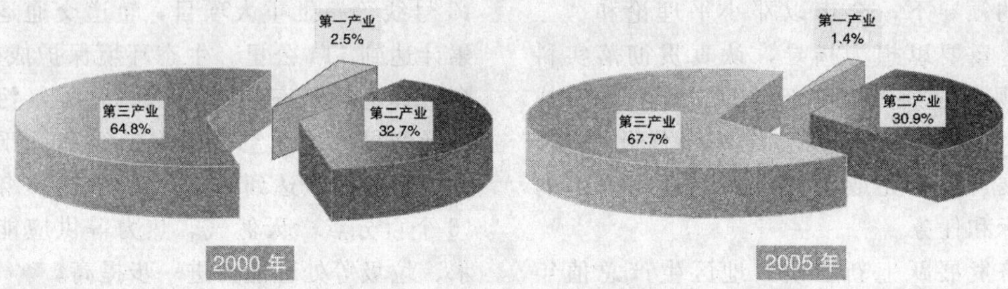

图 3 三次产业结构变化图

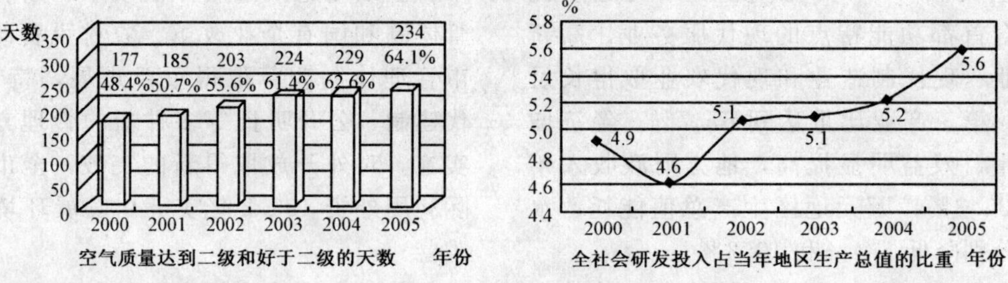

图 4 “十五”计划主要指标完成情况图

二、发展趋势

“十一五”时期，是首都实现“新北京、新奥运”战略构想的关键时期，在全市现代化进程中处于承前启后的重要阶段。展望未来 5 年，国内外环境和全市发展正呈现出重要的新趋势。

首都经济步入发展新阶段。人均地区生产总值向更高水平迈进，推动消费结构和产业结构不断升级，为本市国民经济长时期内保持较快增长提供了强劲动力。保持经济持续快速发展的关键在于转变增长方式，需要在注重总量扩大的同时，更加注重结构优化和发展质量与效益的同步提升。

人民生活向更加富裕的小康迈进。伴随物质生活改善和发展理念转变，城乡居民消费需求呈现出越来越明显的多样化与差异性特征。生活质量提高和发展机会、发展成果共享成为主要趋势，维护社会公平日益受到广泛关注，需要在注重提升整体社会福利的同时，更加注重帮助困难群体解决生产、生活问题。

科技进步推动产业升级不断加快。新技

术革命逐步改变传统的经济形态，促使产业链不断延伸，增值环节和利润分配发生转移，产业发展趋向交叉融合。创新成为决定竞争力的主导因素，需要在注重推进整体产业优化和全面升级的同时，更加注重自主创新能力增强和高端产业发展。

市场开放促进新的发展格局加速形成。市场化程度的提高和对外开放的扩大，使国内外经济联系日益密切，相互依存增强，市场竞争基础之上的合作共赢成为发展的新趋势。制度环境成为决定要素流向和发展活力的关键因素，需要在注重保持传统竞争优势的同时，更加注重以制度创新为核心的发展环境优化和区域经济合作。

城市发展进入战略调整的关键时期。首都城市的总体发展方向和功能分区架构已经确立，城市服务功能和基础实力初步奠定，关键在于建立并形成有效的引导机制，促进城市发展的战略重点转移。需要在注重增强整体服务能力的同时，更加注重外向服务功能的拓展和资源空间配置的优化。

社会结构继续深刻转型。人口跨区域流动规模不断增大，不同群体的利益诉求日趋多元化。信息化快速推进使人们的价值观念和行为方式发生深刻变化，公众参与意识不断增强。建立有效的发现、回应和参与机制成为维护社会稳定、促进社会和谐的关键，需要在维护和增进整体利益的同时，更加注重利益的均衡与协调。

三、历史机遇

作为首都，北京具有人才智力雄厚、科技教育发达、文化资源丰富、信息资源密集、市场潜力巨大等独特优势。这些优势在以下因素的作用下，构成了未来加快发展的重要条件。

举办2008年夏季奥运会。为北京提供了一个向世界全面展示中国风貌、首都风采、市场商机的舞台，将有效促进北京经济社会发展和城市管理水平的提高，有力推动北京与世界全方位、多层次、宽领域的交流合作，显著提升北京的国际地位和影响力。

京津冀都市圈区域规划的编制和实施。将有力推动全国区域发展格局的战略调整，促进京津冀都市圈生产要素的大范围流动和资源的合理配置，扩大市场容量和产业空间，更好地发挥首都比较优势，推进产业转型和城市功能布局调整，有效缓解人口、资源和环境压力。

国家实施自主创新战略。为北京充分发挥自身优势，增强面向全国的创新服务能力，大力发展高端、高效、高辐射力产业提供了新的机遇。

国际产业转移加快。高技术产业和现代服务业的跨国转移加快，经济全球化趋势不断增强，为北京在更高层次上承接国际产业转移，发展总部经济，参与国际竞争，提升城市国际化水平和综合竞争力创造了有利条件。

四、主要挑战

“十一五”期间，全市发展也面临着一些不利因素的制约和挑战，必须高度重视，妥善应对。

人口规模膨胀与资源约束矛盾加剧。北京自然资源严重匮乏，人均水资源只有全国平均水平的1/8，人均土地资源不到全国平均水平的1/5，能源供应也比较紧张。近几年来，随着全市常住人口规模的快速膨胀，资源瓶颈约束的矛盾日趋突出。

增长方式与发展水平提升的要求不相适应。经济增长仍然主要依靠投资推动，消费对经济增长拉动力不足。增长方式集约化程度偏低，自主创新能力不强，资源利用效率不高，万元地区生产总值的能耗、水耗和占地仍明显高于发达国家城市水平。

城乡和区域发展不协调。“三农”问题依然突出，中心城区的人口和功能过度集中，历史文化名城的整体保护有待加强，城区与郊区之间、平原与山区之间、南城与北城之间的基础设施和社会基本公共服务的享有水平存在较大差距。

生态环境质量根本改善任重道远。受北方城市自然生态条件和经济快速发展的影响，根本改善空气质量、治理水环境等任务十分艰巨，农村地区特别是城乡结合部环境脏乱问题突出。

适应科学发展观要求的体制机制还不完善。政府自身改革和职能转变相对滞后，社会事业领域改革步伐缓慢，国有经济效率不高，中小企业和非公有制经济发展不够，适应社会主义市场经济要求的市场监管体制亟待健全，发展环境仍需不断改善。

维护社会稳定和城市安全能力亟待提高。社会结构和组织形态正在发生深刻变化，利益主体更趋多元化，人民群众维权意识和政治参与意识普遍提高，但社会治理结构还不能很好适应这些变化。城市安全运行面临的各种突发性、不确定因素增多，对各级政府部门的基础管理和应对能力提出新的挑战。

总之，“十一五”时期首都发展面临的是一个机遇和挑战并存、机遇大于挑战，总体上有利于促进经济社会发展的环境，是首都大力发展服务经济、知识经济、循环经济，加快经济结构转型升级和经济增长方式转变的关键阶段；是全面推进城镇化进程，提升首都功能及城市品质，积极参与和促进区域合作，形成现代国际城市基本构架的重要阶段；是在新的环境条件下和更高水平上构建社会主义和谐社会首善之区的新阶段。要切实增强机遇意识和忧患意识，妥善应对各种挑战，立足科学发展，着力自主创新，完善体制机制，促进社会和谐，聚精会神搞建设，一心一意谋发展，努力实现首都经济社会又快又好的发展。

第二部分　指导原则和发展目标

一、指导原则

全面推进“十一五”期间的发展，要以邓小平理论和“三个代表”重要思想为指导，认真贯彻党的十六大和十六届三中、四中、五中全会精神，全面落实科学发展观，紧紧抓住全力办好 2008 年奥运会这个重要机遇，全面落实国务院对北京城市总体规划的批复，努力走出一条经济发展、生活富裕、生态良好的科学发展之路，实现“新北京、新奥运”战略构想，着力构建社会主义和谐社会首善之区。

未来 5 年，必须坚持以科学发展观统领首都经济社会发展的各项工作，在发展中注意把握好以下几个方面：

（一）坚持首都经济的发展战略，努力保持经济平稳较快发展。走高端、高效、高辐射力的产业发展之路，着力完善落实科学发展观的体制机制，挖掘好、整合好、利用好首都优势资源，充分发挥市场在资源配置中的基础性作用，优化发展环境，实现首都经济又快又好的发展。着力解决首都发展的瓶颈制约，加快转变经济增长方式，降低资源能源消耗，大力发展循环经济，加快建设资源节约型、环境友好型社会，实现可持续发展。

（二）坚持国家首都、国际城市、文化名城、宜居城市的功能定位，努力提高城市建设和管理水平。按照国务院对北京城市总体规划的批复精神，认真履行“四个服务”的职能，提高服务水平，切实加强基础设施建设和运行管理，健全综合交通体系、能源供应体系、水资源保障体系，加强环境污染防治和生态保护建设工作，进一步改善居住环境，提高城市综合防灾减灾和应急管理能力。完善市域城镇体系，处理好历史文化名城保护与城市现代化建设的关系，不断增强城市服务功能，提升城市的承载力，努力将北京建设成为经济发达、文化繁荣、社会和谐、生态良好的宜居城市和现代化国际城市。

（三）坚持以创新为动力，努力建设创新型城市。坚持科教兴国战略和人才强国战略，把增强自主创新能力作为发展的战略基点和调整产业结构、转变增长方式的中心环节。大力实施首都创新战略，进一步发挥中关村科技园区的示范作用，充分利用好跨国公司研发中心、中央在京科研院所及高等学校创新资源，建立和完善以企业为主体、市场为导向、产学研结合的技术创新体系。大力推进体制创新、技术创新、管理创新，优化自主创新的环境，切实增强首都的自主创新能力，为实现2020年我国进入世界创新型国家行列的战略目标作出贡献。

（四）坚持统筹兼顾的原则，努力促进城乡和区域协调发展。按照城市总体规划和区县功能定位的要求，加强分类指导，完善产业布局，促进区县发挥各自的优势，实现特色发展。建立城乡互补、区域协调、统筹发展的机制，推进社会主义新农村建设，加快郊区城镇化、现代化进程，集中力量抓好重点新城的发展建设。积极参与和推动京津冀都市圈经济合作，促进区域经济协调发展。

（五）坚持经济、政治、文化、社会建设四位一体，努力构建和谐社会首善之区。加强社会建设和管理，推动管理体制机制创新。积极推进覆盖城乡、功能完善、布局合理的公共服务体系建设，解决好关系人民群众切身利益的就业、就医、就学、住房、安全等实际问题。更加注重社会公平，更加注重基层基础工作，更加注重改革发展稳定的协调，从建设和谐社区、和谐村镇入手，促进首都社会和谐。

（六）坚持奥运带动战略，努力提升首都工作水平。积极实践“绿色奥运、科技奥运、人文奥运”的理念，全力举办一届有特色、高水平的奥运会。抓住举办奥运会这个契机，全面提升北京的可持续发展能力，全面提升城市的管理服务水平，全面提升市民文明素质。充分利用和发挥好奥运会的巨大推动作用，推动全方位、多层次、宽领域的对外开放，促进首都经济社会跨越式发展。

二、主要目标

根据首都现代化建设总体战略部署，“十一五”时期全市发展的目标是：紧紧围绕“新北京、新奥运”战略构想，建设创新、和谐、宜居新北京，办好一届有特色、高水平奥运会，努力实现经济发展水平、自主创新能力、可持续发展能力、人民生活品质和构建和谐社会首善之区的水平显著提升，奠定现代国际城市的基本构架，为实现首都现代化建设“新三步走”战略目标打下坚实的基础。

（一）经济发展水平显著提升。保持首都经济平稳较快发展，在优化结构、提高效益和降低资源消耗的基础上，地区生产总值年均增长9%，到2010年实现人均地区生产总值比2000年翻一番。财政收入年均增长12%。基本形成与首都资源特点和功能要求相适应的经济结构，第三产业增加值比重达到72%左右。价格总水平保持基本稳定，居民消费价格指数每年涨幅控制在3%以内。

（二）自主创新能力显著提升。基本建立起以中关村科技园区为核心的首都区域创新体系，知识创新和技术辐射能力明显增强，初步建成创新型城市。全市研发经费支出占地区生产总值的比重达到6%，高新技术产品出口占地区出口的比重达到38%，形成一批具有自主知识产权和知名品牌、国际竞争力较强的优势企业。

（三）可持续发展能力显著提升。资源利用效率明显提高，全市万元地区生产总值能耗和水耗比“十五”期末分别降低 15％和 20％。生态环境质量显著改善，城市空气质量基本达到国家标准。完成六环路以内主要河湖治理，实现水体基本还清。全市林木覆盖率达到 53％。

（四）人民生活品质显著提升。城市居民人均可支配收入和农民人均纯收入年均实际增长 6％以上。农村基本公共服务水平和生活环境明显改善。让广大市民喝上干净的水，呼吸上新鲜的空气，吃上放心的食品。人均公共绿地面积达到 15 平方米。农村安全饮水达标率达到 100％。

（五）构建和谐社会首善之区的水平显著提升。城镇登记失业率控制在 3.5％以内。基本形成覆盖城乡、比较完善的社会保障体系和社会救助体系，全市城镇基本养老保险、基本医疗保险、失业保险覆盖率均达到 95％，农村养老保险覆盖率达到 60％。市场经济体制进一步完善。建立起比较完善的防灾减灾和城市安全运行体系。基本完成“城中村”整治，形成一批和谐社区与和谐村镇。城市法治化水平和市民素质明显提高。

专栏 2：“十一五”期间国民经济和社会发展主要指标

调控指标

——经济调节

城镇登记失业率控制在 3.5％以内。

居民消费价格指数每年涨幅控制在 3％以内。

地方财政收入年均增长 12％。

万元地区生产总值能耗和水耗比“十五”期末分别降低 15％和 20％。

——市场监管

食品安全监测抽查合格率保持在 97％以上。

药品抽验合格率保持在 97％以上。

企业经济违法案件发案率控制在 5％以下。

——社会管理

全市城镇基本养老保险、基本医疗保险和失业保险覆盖率均达到 95％。

农村养老保险覆盖率达到 60％，新型农村合作医疗参合率稳定在 85％以上。

交通事故万车死亡率降低到 6 人以下。

工矿商贸从业人员生产安全事故死亡率比“十五”期末下降 5％以上。

——公共服务

义务教育和高中阶段教育入学率力争实现 100％。

全市从业人员平均受教育年限超过 12 年。

每百名 60 岁以上老人拥有养老服务机构床位数 2.3 张。

中心城公共客运系统承担全日出行比例达到 40％以上。

城市空气质量基本达到国家标准。

全市林木覆盖率达到 53％，城市绿化覆盖率达到 45％，人均公共绿地面积达到 15 平方米。

中心城污水处理率达到 90％以上，新城和中心镇污水处理率提高到 90％。

中心城再生水利用率提高到 50％以上。

中心城和新城生活垃圾无害化处理率达到99%以上，农村地区生活垃圾无害化处理率达到80%。

农村卫生厕所（户厕）基本普及。

农村安全饮水达标率达到100%。

预期指标

地区生产总值年均增长9%。

第三产业增加值比重达到72%左右。

全市研发经费支出占当年地区生产总值的比重达到6%。

每万人专利申请数达到18件。

高新技术产品出口占地区出口的比重达到38%。

接待境外旅游人数达到500万人次以上。

城市居民人均可支配收入和农民人均纯收入年均实际增长6%以上。

全市常住人口平均预期寿命达到78岁。

三、战略重点

着眼于转变发展观念、创新发展模式、提高发展质量，把首都经济社会发展切实转入全面协调可持续发展的轨道，“十一五”时期要优先抓好四个带有全局和长远意义的关键问题，力争实现突破。

增长方式集约化。立足节约使用、高效利用资源促进发展，逐步形成资源节约型的增长模式和消费方式。立足提高自主创新能力促进发展，在一些关键领域实现重要技术突破，建立比较完善的自主创新体系和体制机制架构。立足调整经济结构促进发展，注重增强消费拉动作用，充分发挥首都资源优势，做大做强总部经济，逐步形成高端、高效、高辐射力的产业群。立足优化产业布局促进发展，着力培育高端产业功能区，促进各区域合理分工、特色发展。

资源配置市场化。完善资源要素价格的形成机制，使价格能够反映资源稀缺程度、市场供求状况和生态环境损失成本，更大程度地发挥市场在资源配置中的基础性作用。加快垄断行业改革，建设统一开放、竞争有序的现代市场体系，提高市场化程度和市场监管能力。推进政府创新，加强基础管理，提高依法履行职责的能力和水平。

公共服务均等化。坚持以人为本，面向农村、面向社区、面向市民，着力扩展基本社会公共服务，特别是加强农村基础教育、公共卫生、安全饮水等服务设施建设，规范公共财政覆盖范围，逐步缩小城乡和区域之间在基本公共服务享有上的差距，提高公平性和可及性，保障广大人民群众共享发展改革的成果。

城乡发展协调化。积极引导和推动投资、产业和功能向郊区转移，建立起城乡和区域统筹协调发展机制，落实城市总体规划和区县功能定位，加强市域开发建设的分类指导，促进经济布局、人口分布与资源环境承载力相协调，逐步实现城市发展战略重点转移和整体功能配置优化。

第三部分　发展任务和政策取向

一、转变经济增长方式

实现首都经济又快又好发展，必须加快

经济结构调整，切实转变增长方式。要从提高产业层次和技术水平、提高规模和集聚效应、提高资源节约和利用效率入手，努力实现经济增长的速度、结构、质量、效益的协调统一。

（一）推进产业优化升级

总的方向和要求是，走高端产业发展之路，把现代服务业发展放在优先位置，大力发展高新技术产业，适度发展现代制造业，显著提升都市型现代农业水平。

加快发展现代服务业。注重发展知识型服务业，积极承接国际服务业转移，增强服务功能和辐射力。稳定提升具有比较优势的金融、文化创意、房地产等支柱产业，积极培育发展空间较大的旅游会展、现代物流等潜力产业。重点发展以下领域：

金融产业。不断优化首都金融发展环境，构建功能丰富、竞争有序、监管有力的多层次金融市场体系，推进金融产品和服务创新。吸引国内外银行、证券、保险、信托、基金等各类金融机构落户北京。着力推动产权交易和风险资本市场发展。发挥金融资源的集聚和辐射效应，扩大区域金融交流与合作。

文化创意产业。以完善体制和政策为突破口，制定支持文化创意产业发展的地方法规和优惠政策，营造良好的政策、法制环境和社会氛围，推动文化创意产业加快发展，使之成为首都经济的支柱产业。整合优质资源，积极培育发展一批具有竞争力的大型文化企业集团和文化产业集群；做强做大文艺演出、出版、广播影视、广告等优势产业，不断壮大动漫、网络传媒、网络游戏等新兴产业；打造一批具有一流国际水准、浓郁北京特色的文化精品和知名品牌；逐步把北京建设成为全国的文化演出中心、出版发行和版权贸易中心、影视节目制作和交易中心、动漫和网络游戏研发制作中心、文化会展中心和古玩艺术品交易中心。大力发展研发设计、建筑设计、咨询策划、时尚消费等创意行业。充分利用奥运机遇，加快发展体育休闲健身、竞技体育表演、体育彩票等体育产业。

专栏 3：创意产业

创意产业，又叫创造性产业、创意经济，是源自个人创意、技巧及才华，通过运用知识产权，创造财富和就业潜力的行业。通常包括广告、建筑、艺术及古董、漫画、电影、电视、音乐、表演艺术、出版和资讯科技服务等行业。目前许多发达国家和地区相继推出发展创意产业的政策，将其视为对未来经济增长和创造就业机会有重要贡献的增长领域。北京发展文化创意产业具有多方面显著资源优势，将通过加强组织协调，制订鼓励引导政策，促进文化创意产业成为新的经济增长点。

旅游会展。抓住奥运契机，提升旅游会展业发展水平，打造世界一流旅游城市和国际会展之都。继续巩固传统文化观光旅游，重点开发现代娱乐、商务会展、体育休闲等高端旅游产品。搞好国家会议中心、中国国际展览中心新馆等大型会展设施建设，进一步提升科技、汽车、文化等具有国际影响力的会展品牌。

房地产业。以“稳步发展、优化结构、稳定价格”为目标，引导房地产业健康发展。把握好土地供应总量和开发建设规模，坚持普通商品住宅供应主体地位。鼓励发展资源节约型住宅，加强房地产品牌建设。大力发展住房二级市场，规范住房租赁市场，完善住房市场供应体系。调整房地产开发布局，优化和控制中心城区开发规模，引导开发重点向通州、顺义、大兴、昌平等新城以及南城转移；原则上二环路以内，不再新批成片普通商品住宅项目；三环路以内，从严控制大型商业设施建设；四环路以内，除南部地区外，不再开发建设新的经济适用房项目。

现代物流。着重整合物流资源，提升物流效率，重点推进顺义空港、通州马驹桥等公共物流园区建设，形成物流基地、物流中心和配送中心互为补充、协调发展的物流基础设施格局。大力发展产业物流，积极推进国际物流和航空物流，重点优化城市配送物流。以信息技术和供应链管理技术为核心，显著提升物流企业的专业化、信息化和社会化水平，加快培育一批重点企业。

商贸商务服务。运用现代经营方式和信息技术改造提高传统服务业。大力推动连锁经营等现代流通方式和便利店、专业店等新型业态的发展，加快发展社区商业和郊区村镇商业，构建城乡现代化流通网络。规范现有批发、零售市场，促进有形市场的升级改造。适应产业和市场发展需要，积极引进国际知名的会计、法律、咨询、评估等中介服务企业，形成立足本市、辐射全国的商务服务体系。

大力发展高新技术产业。以提升自主创新能力和整体产业竞争力为核心，重点发展以软件、研发、信息服务业为主的高技术服务业，和以电子信息产业、生物产业为主的高新技术制造业。

软件产业。加快中关村软件园二期、用友软件园等软件产业基地建设。以系统集成带动软件开发，重点突破嵌入式软件、中间件、信息安全、数字内容等关键技术。依托国家软件出口基地，扩大软件外包出口。继续通过政府采购等方式支持国产软件的发展。

研发产业。以改善公共技术支撑和服务支撑为重点，建立一批具有国际一流研发环境的专业性研发基地，吸引跨国公司和国内大型企业设立研发中心和决策运营中心，鼓励测试、咨询等科技中介服务发展。

信息服务。大力发展软件服务、信息增值服务和网络服务。重点推进第三代移动通信、数字电视、下一代互联网等一批关键技术的应用。加强信息资源开发利用，大力发展电子商务、网上教育培训、数字娱乐等网络服务，促进新型信息服务业健康发展。努力把北京建设成为全国信息服务中心，国际化信息服务集团的主要集聚地和亚太地区最重要的电信枢纽之一。

移动通信。以新一代技术标准产业化为契机，支持关键技术标准研发和自有核心技术项目的产业化，重点发展基于3G标准的系统和移动终端设计，促进移动通信产业升级。

计算机及网络。鼓励大型计算机企业跨国经营，加快基于闪联标准3C产品的产业化步伐，支持高性能计算机的研发和产业化。强化下一代互联网产业联盟，搭建应用示范平台，打造下一代互联网产业链。

集成电路。加快国家集成电路产业园建设，以设计为重点，以制造和测试为支撑，带动集成电路产业资源集聚，完善半导体材料和集成电路设计、制造、封装、检测共同发展的产业链。

光电显示。依靠龙头企业带动光电显示产业链的形成，鼓励龙头企业和中小企业、科研机构共同创新和技术研发，形成先进显示技术产业群。重点发展LCD（液晶显示）、OLED（有机电致发光显示）、LED（发光二极管）等显示产品，加快建设光电显示产业基地。

专栏 4：3G 和 3C

3G：为 3rd Generation 的简写，指第三代数字通信。1995 年问世的第一代数字手机只能进行语音通话；而 1996 到 1997 年出现的第二代数字手机便增加了接收数据的功能，如接受电子邮件或网页；第三代与前两代的主要区别是在传输声音和数据的速度上的提升，它能够处理图像、音乐、视频流等多种媒体形式，提供包括网页浏览、电话会议、电子商务等多种信息服务。因此，3G 是相对第一代模拟制式手机（1G）和第二代 GSM、CDMA 等数字手机（2G）发展升级后的延续称谓。

3C：指计算机（Computer）、通信（Communication）和消费类电子产品（Consumer Electronics）三者结合，亦称“信息家电”。

现代生物产业。积极开展基因工程、生物芯片、动物疫苗等生物工程技术和新产品研究，促进生物医药、生物农业、生物环保等产业加快发展。

在推动上述产业发展的同时，积极培育数字电视、汽车电子、新材料、新能源等潜力产业。

适度发展现代制造业。加快培育具有自主知识产权的技术、名牌产品、龙头企业和支柱产业群，形成“龙头企业—产业链—产业群”相互衔接的产业格局。充分发挥产业的聚集效应和区域比较优势，提高工业整体素质和竞争能力。重点发展以下领域：

汽车产业。以理顺体制、整合资源为突破口，加快汽车工业重组。重点发展轿车、商用车和军民两用越野车产品。通过整车发展带动汽车零部件及配件制造、汽车服务贸易等相关行业发展。注重创新，培育品牌，加速先进、关键技术引进和消化吸收，提高整体竞争力。

装备制造。以系统技术集成为重点，加快智能仪表及控制系统的研发和产业化，着重扶持发电及输变电设备、数控机床、工程机械、印刷机械等先进装备制造行业。

石化新材料。积极推进燕化 1000 万吨炼油系统改造、第三轮乙烯装置改造等重大项目建设。依托燕山石化，重点发展环境污染小、资源消耗少、附加值高的化工新型材料、精细化工制造。

医药产业。重点发展中药与天然药，推进中药生产现代化。加强化学药品的原创和研发，初步建立化学药、中药、生物医药和医疗器械四大领域协调发展的产业格局，建成全国一流的生物工程与新医药产业基地。

都市工业。重点发展文教体育用品、服装纺织、食品饮料、包装印刷、工艺美术等行业，培育名优品牌，服务城市消费需求。

拓展优化建筑业。进一步推动建筑业技术进步，优化产业组织结构，增强产业的整体素质和竞争力。在巩固国内行业领先地位，提高国内市场占有率的基础上，积极实施“走出去”的发展战略，增强国际服务输出能力。

推进农业产业化经营。坚持都市型现代农业的发展方向，重点发展籽种农业、加工农业和观光休闲农业。支持推动龙头企业做大做强，促进农业规模化、集约化。发挥首都农业技术和市场优势，打造区域农业产业链。着力发展无公害、绿色、有机农产品和满足个性化需求的高端农产品，创建名优品牌，提高农产品附加值和农业的比较效益。

调整不符合首都功能定位要求的产业。积极推进现有高能耗、高物耗、高污染、低附加值产业逐步退出，置换劣势产业存量，用于优势产业发展。严格控制并淘汰资源开采型产业，限制并淘汰落后工艺与装备。切实抓好首钢搬迁调整，积极推进曹妃甸新钢厂建设，加快顺义冷轧薄板项目实施。搞好焦化厂等企业搬迁和全市建材行业结构调整，关停环境污染严重的生产企业。

（二）引导产业合理布局

着眼于集约利用资源和保护环境、培育新的经济增长极、规范区域竞争秩序，按照城市空间发展战略和区县功能定位，加强规划和政策引导，促进重点产业和新建项目相对集中发展，逐步形成与城市功能、资源环境相协调的产业空间分布格局。

促进各区县合理分工和特色发展。优化完善首都功能核心区，着重发展金融、文化、旅游等现代服务业，改造和提升传统服务业，限制一般商业设施的简单规模扩张和房地产开发，逐步关闭改造中心城区影响交通、环境、有重大安全隐患的商品交易市场。提升改造城市功能拓展区，重点发展科技教育、文化体育、商务服务、现代物流、信息服务等现代服务业和高新技术产业，扩大总部经济规模，继续搬迁转移劣势产业。重点建设城市发展新区，依托新城建设和工业园区，集中发展现代制造业和为生产、生活配套的服务业，严格保护基本农田，发展高端农产品和都市型农业。适度开发生态涵养发展区，着重发展生态农业、特色林果、旅游休闲和都市型工业等环境友好型产业，逐步转移影响生态和水源涵养功能的资源开采型产业，积极扶持房山、门头沟等地区煤矿关闭后产业转型。

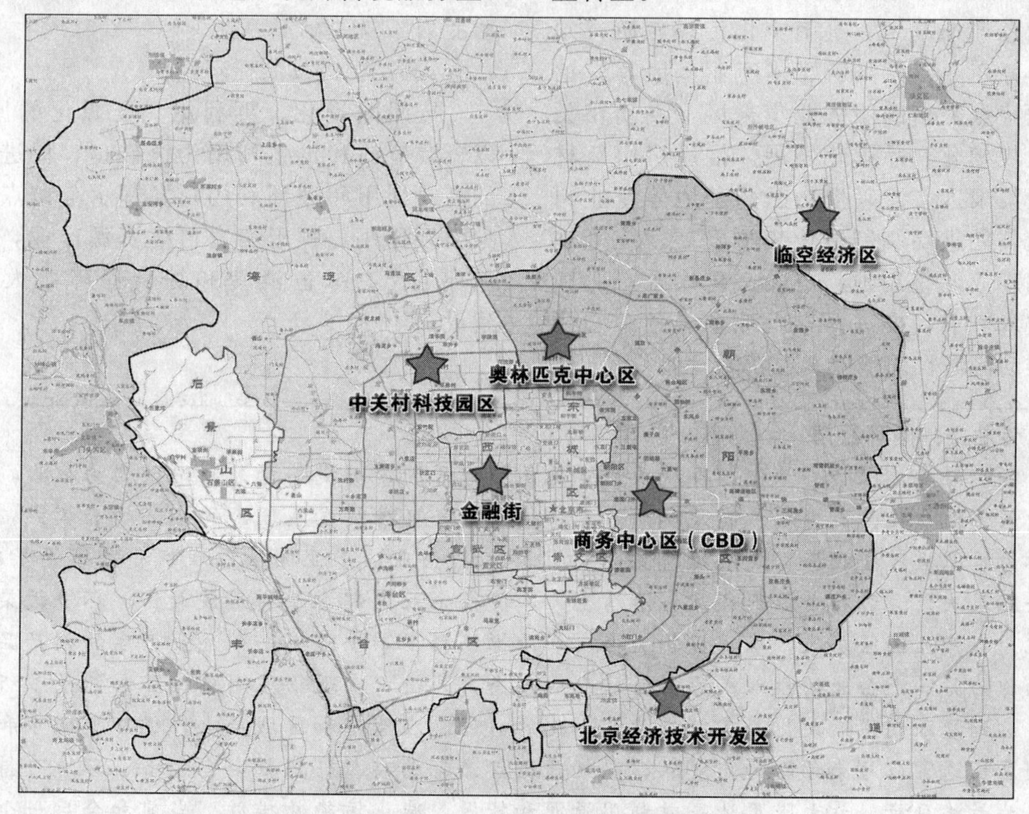

图5 “十一五”期间六大高端产业功能区示意图

构筑引领未来发展的高端产业功能区。着力做强中关村科技园区，带动高新技术研发和知识型服务业密集发展；加快北京经济技术开发区建设，形成以高新技术制造和生产性服务为主导的国际一流产业基地；开发临空经济区，发展临空产业，提升会展、物流业发展水平；建设好商务中心区、奥林匹克中心区、金融街，促进高端服务业集群发展。通过制定优惠政策，吸引一批国内外投资项目在功能区落户，安排一批市级重大项目向功能区倾斜，支持一批区级重点项目向功能区集中，逐步使上述区域成为体现首都功能优势，最具经济活力、市场竞争力和产业辐射力的新增长极。

培育和发展一批专业集聚区。重点发展王府井和西单现代商贸、长安街文化演艺、雍和创意产业基地、宣南文化传媒旅游、龙潭湖体育产业、大兴新媒体产业基地等一批专业化特点突出的服务业集聚区，带动相关服务业规模化、品牌化发展。推进房山新材料产业集聚区、大兴生物医药基地等专业园区建设，促进高端制造业集群发展。统筹规划首钢产业调整用地，发展文化娱乐产业和高新技术产业，推进石景山综合服务中心建设，推动区域在调整中实现新的发展。

引导产业对外辐射发展。重点沿京唐、京津、京石三线，搞好产业基地开发和相关基础设施建设，把握研发、核心制造、营销等关键环节，积极推动现代制造业、旅游休闲业、都市农业向外延伸，促进跨区域产业带的形成。

调整和优化产业布局，需要充分发挥市场配置资源作用，加强规划约束和政策引导。处理好关键产业和一般产业的关系，着重把握好制造、流通等领域的核心项目布局；处理好增量配置与存量调整的关系，新建产业项目布点原则上要向开发区、工业园区和重点功能区集中；进一步发挥产业发展资金的导向作用，向提升园区基础设施倾斜，向完善园区服务体系倾斜，向培育园区重大项目产业链倾斜，增强园区的吸纳和带动能力。

（三）积极发展循环经济

按照减量化、再利用、资源化的原则，以资源节约和再生利用为突破口，促进资源的高效利用和循环利用，发挥示范试点的典型引领作用，积极培育再生资源产业，加快循环生产、绿色消费和综合保障三大体系建设。

专栏5：循环经济

循环经济是以“减量化、再利用、资源化”为原则，以提高资源利用效率为核心，以低投入、低消耗、低排放、高效率为基本特征，符合可持续发展理念的经济增长模式，也可称为资源循环型经济。发展循环经济的主体包括企业、产业园区、城市和区域等层次，在企业层次，通过在企业内部实施清洁生产，使得企业内部资源利用最大化、环境污染最小化。在产业园区层次，采用废物交换、资源梯级利用等手段把一个企业产生的副产品或废物作为另一个企业的投入或原材料，形成生态产业链，实现物质闭路循环和能量多级利用，达到资源利用最大化和废物排放最小化的目的。在城市和区域层次，循环型城市和循环型区域通常以污染预防为出发点，以物质循环流动为特征，以社会、经济、环境可持续发展为最终目标，最大限度地高效利用资源和能源，减少污染物排放。当前和今后一个时期，关键要制定相关经济政策，形成循环经济发展的激励机制。

建立产业项目筛选评价机制。实施产业项目综合评价，完善项目筛选的资源利用和环境保护评价指标体系，把土地投资强度、投入产出效率和水耗、能耗、环境要求等指标作为审核项目和提供土地的重要依据，严格限制高消耗、高排放、低效益的项目进入，带动整体资源利用效率的提高。

推进循环经济体系建设。建立健全资源消耗管理制度，强化重点行业领域的资源消耗管理，大力推进节能、节水、节地、节材，减少对自然资源的消耗。建立重点行业清洁生产审核制度，对冶金、化工、建材、电力等行业的重点企业强化污染预防和全过程控制。加强符合循环经济要求的产品开发与推广，重点发展节能省地型住宅、节能环保型汽车、绿色照明设备、节水生活用品和无害化农产品，有效引导消费。积极推进城市垃圾分类处理，扩大再生水利用，完善再生资源回收利用体系，促进资源的再利用和产业化。

搞好循环经济示范。坚持政府组织、典型引路、全面推动，推进循环经济示范区县建设，培育一批循环经济示范行业和园区，打造一批循环经济龙头企业，建成一批绿色照明街道、节能环保建筑、再生水和雨洪利用工程。抓好再生资源利用试点，重点建设废旧资源回收处置、危险废物处理、秸秆气化、生活垃圾综合利用等示范工程，形成发展循环经济的带动力量。

积极倡导绿色消费。大力倡导节约资源、健康文明的生产方式和消费模式，提高全社会的资源节约和环境保护意识。推广政府绿色采购，鼓励使用绿色电力、能效标志产品、节能节水认证产品、环境标志产品和绿色、有机标志食品，减少过度包装和一次性用品使用，引导全社会消费行为。

强化政策法规保障。积极探索建立循环经济评价指标体系和统计核算制度。加快制定鼓励发展循环经济的相关政策，完善法规、标准体系，加强政府引导和监管。发挥各类中介机构和科研院校的作用，完善循环经济信息和技术咨询服务体系。加大政府对循环经济共性和关键技术研发及产业化示范项目的资金支持，提高循环经济技术支撑能力和创新能力。制定促进资源综合利用的政策措施，明确生产商、销售商、回收和使用单位及消费者的法律义务。

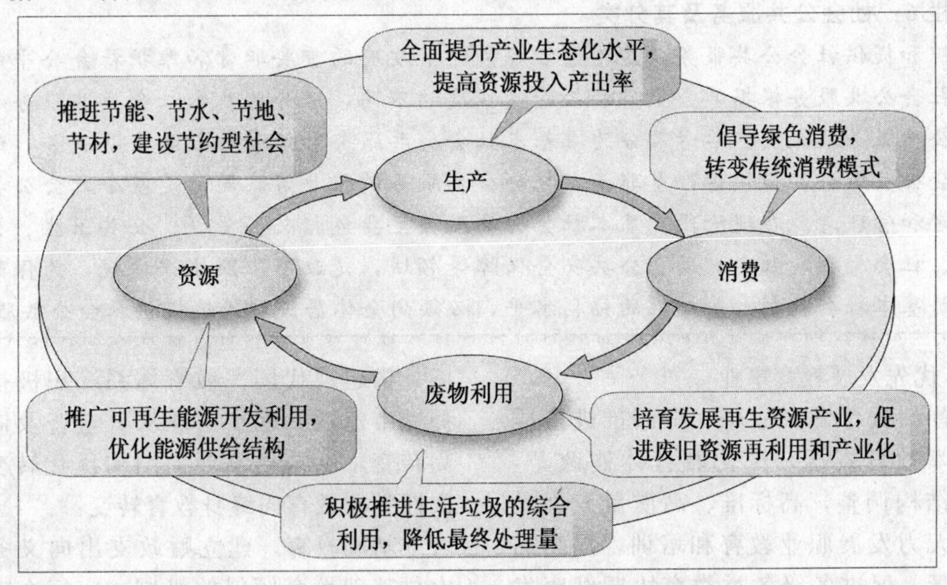

图 6 循环经济发展示意图

（四）创造良好发展环境

把政府经济管理的工作重心切实转到为市场主体服务和创造良好发展环境上来，立足制度和政策创新，提高服务效率，努力营造更具创造力和亲和力的服务环境，促进首都优势资源开发转化和潜能释放。

进一步开放市场和促进要素流入。坚决打破垄断，清理和取消各种不符合发展要求的限制性规定及做法，尤其是在教育、医疗、文化等服务领域，切实放宽市场准入。理顺项目管理机制，结合备案制和核准制的实施，完善“一站式”服务，推行告知承诺制，建立形成更加规范、透明的管理和服务体系。在注重吸引资本流入的同时，更加注重对技术、管理、人才的吸引和生产经营环境的改善。加强法治和信用环境建设，让投资者更放心、更满意。

创新政策支持机制。整合产业扶持资金，创新引导手段，发挥资金的杠杆效应，通过建立产业引导资金、担保、贴息、入股等多种形式，支持重点产业发展，支持企业技术研发、品牌推广、分销体系建设等关键环节。健全“公开征集、专家评审、政府决策”的项目评估机制，营造有利于各类投资主体公平、有序竞争的市场环境。

改善配套服务设施。加大重点功能区、开发区和工业园区基础设施和社会公共服务设施投入，改善重点区域的水、电、气、热、路等基础设施和生活服务条件，充实和完善园区配套服务支撑体系，提升园区吸引力。

健全创业服务体系。依托区县服务大厅和基层政府部门，整合职能，延伸服务，建设创业服务中心，从注重项目管理服务向注重创业服务转变，为企业和个人提供技术指导和信息咨询等服务。加强政策宣传和信息公开，给企业和公众以合理预期和正确导向。

二、扩展社会公共服务

“十一五”期间，要建立公共财政投入社会公共服务的稳定增长机制，完善服务体系，创新服务模式，提高服务效率，着力推进基本社会公共服务均等化，逐步形成覆盖城乡、布局合理的社会公共服务体系。

专栏 6：社会公共服务及其分类

组织和提供社会公共服务，是市场经济条件下政府的重要职责和维护社会公平的重要体现。社会公共服务根据其公益性和经营性程度的不同，可分为基本社会公共服务和非基本社会公共服务两大类。后者又分为准基本社会公共服务和经营性社会公共服务。政府是基本社会公共服务的提供者，是非基本社会公共服务的倡导者，同时是整个社会公共服务的规划者和管理者。在现阶段，基本社会公共服务主要包括义务教育、公共卫生、公共文化体育、社会福利和社会救助、公共安全保障等领域，是政府依照法律法规，为保障社会全体成员基本社会权利、基础性的福利水平，必须向全体居民均等地提供社会公共服务。

（一）优先发展教育事业

实施首都教育发展战略，全面推进素质教育，统筹教育资源，深化教育体制改革，加快教育结构调整，高标准、高质量发展基础教育，大力发展职业教育和培训，提高高等教育质量，促进各级各类教育协调健康发展，构建现代国民教育体系。积极推动学习型城市建设，逐步实现从数量普及向质量提高转变，从规模发展向结构优化转变，从一次性学校教育向终身教育转变。

基础教育。建立财政支出向义务教育和农村基础教育倾斜的机制，实行全市九年义务教育全部免收杂费和书本费，对困难家庭学生给予补助。调整中小学布局，实施新的中小学办学条件标准，组织城镇优秀教师到郊区薄弱校支教，鼓励大学毕业生到农村地区任教，着力提高教师整体素质，促进义务教育均衡发展。加快基础教育课程改革，完善教学质量监控评价体系。调整高中阶段教育结构，扩大优质教育资源供给能力。切实维护来京务工农民子女接受义务教育的权益。

职业教育。加大职业教育统筹力度，坚持中等职业教育与高等职业教育并举，学历证书与职业技能证书并重，职前培训与职后培训相衔接，大力发展职业教育。重点支持首都产业发展急需、提高新增劳动力就业技能、提高农民转移就业能力的职业教育，新增技能型人才50万人。鼓励发展民办中等和高等职业教育，建设一批高水平实习实训基地和示范校。以就业为导向，提高职业院校办学水平和质量。加强对农民、企业职工、外来务工经商人员培训，不断提高劳动者素质。

高等教育。坚持内涵发展，优化高等教育结构和布局，稳定本专科生规模，有序发展研究生和留学生教育。“十一五”期间，全市高考录取率稳定在70%左右，高等教育毛入学率提高到60%左右。继续加强与中央在京院校合作，推进世界一流大学、高水平大学和重点学科建设。扩大教育对外交流与合作，不断提高高等教育质量和水平。深化高校教育体制改革。加快高校布局调整，搞好沙河、良乡等高校园区建设。

终身教育。广泛开展各类人才培训，积极发展多种形式的成人教育、继续教育、社区教育和现代远程教育，努力构建终身教育体系，为市民提供丰富的学习资源和方便的学习环境，普遍提高市民素质。

（二）加强医疗卫生服务

以全面提高市民健康水平为中心，着重完善公共卫生和基本医疗服务体系，进一步改善医疗设施条件，加强重点学科建设，提高医疗技术水平和服务水平。加强基层卫生建设，为市民提供公平、优质、便捷和负担合理的医疗卫生服务。

基本医疗服务。深化医疗卫生体制改革，构建社区卫生服务机构与区域大中型综合医院、专科医院两级分工协作、双向转诊的医疗服务体系，提高社区基本医疗服务能力，逐步解决群众“看病难、看病贵”问题。加强首都区域卫生规划，合理规划医院布局，重点加强新城和郊区区域性综合医疗中心建设。进一步开放医疗服务市场，鼓励和引导社会资本投资建立医疗服务机构。积极发展中医药事业。加强药品和医疗服务价格监管，有效控制医疗费用不合理增长。

基层卫生建设。统筹规划城乡社区卫生服务网络，实施社区卫生服务中心（站）分类设置与标准化建设，增强社区公共卫生服务功能，实现“小病不出社区，大病及时转诊”。加强乡村卫生基础建设和医疗业务骨干培训，到2010年实现全市所有的乡镇卫生院转为社区卫生服务机构，并在设施建设、人员配备、服务能力等方面满足乡村居民的基本医疗卫生需求。健全贫困人口医疗救助制度，促进健康公平。

突发公共卫生事件应急机制。完善北京市公共卫生突发事件应急预案，建立突发事件区域合作应急协调机制。按照管理属地化、指挥一体化原则，建设市、区县两级应急指挥中心，健全应急决策指挥系统，提高应对突发公共卫生事件的快速反应能力和应急救治能力，确保城乡居民的生命健康安全。

公共卫生体系。构建统一高效的疾病预防控制体系，加强各类重大传染性疾病的防控工作。完善由紧急救援、传染病救治、职业中毒与核辐射救治三大系统构成的公共卫生事件医疗救助体系，建设完成佑安医院扩建、地坛医院迁建等重点项目。整合首都疫情、病情监测和预警信息系统等公共卫生信息资源，建立完整的公共卫生信息网络体系。充实并加强卫生执法监督，加强对医疗服务和公共卫生执法检查和市场监管，提高卫生监督执法能力。

（三）繁荣文化体育事业

以拓展首都文化中心功能为核心，积极发展公益性文化体育事业，加强公共文化体育设施建设，繁荣文艺创作，更好地满足人民群众的精神文化和健康需求。

创造文化精品。着力扶持公益性、原创性文化和优秀民族文化，创作生产更多更好的文化精品。促进对外文化交流，扩大北京的国际影响。加强文化市场管理，严厉打击侵权盗版行为，营造扶持健康文化、抵制腐朽文化的市场环境。在注重现有文化设施的有效整合与充分利用的同时，建设中央电视台、国家图书馆二期、北京电视台等一批大型公共文化设施。

发展大众传媒。推进广播影视节目创新，着力打造一批公众喜闻乐见、有较高知名度和影响力的广播电视名牌栏目。积极推进数字电视、移动电视、手机电视等新媒体发展以及有线电视数字化整体转换。建立重大事件新闻报道的快速反应机制，加强互联网等新型传媒管理，提高新闻出版的质量和水平。

丰富群众文化活动。建设一支高素质的基层文化工作者队伍，组织开展内容丰富、形式多样的群众文化活动。充分利用城市公园等公共空间，新建和改建一批面向广大市民的演出场所。继续做好文化进农村、进社区活动，鼓励和资助文艺院团到农村、厂矿、校园演出。加强城乡基层文化活动设施建设，提高文化设施社会化运营水平。

发展体育事业。深入推进全民健身运动，普遍增强市民健康素质，基本建成以体育服务为重点的全民健身体系。重点加强郊区、社区公共体育设施建设，显著提高基层特别是农村体育服务能力。以奥运会为契机，加快体育体制改革和机制创新，推进国际化体育中心城市建设。创新竞技体育后备人才培养机制，努力培养一批具有国际水平的优势运动项目和优秀竞技体育人才，力争在2008年北京奥运会等重大国际比赛上创造良好成绩。

（四）维护社会公共安全

构建统一、协调、高效的奥运安全保卫体系和城市公共安全维护体系，保护人民群众生命财产安全，为广大市民创造安全稳定的社会环境。

城市公共安全维护。完善监控网络，提高情报收集和分析预警能力。建设北京市报警服务中心，提高快速反应和综合调度能力。提高城市公共安全系统技术应用水平，加强重点区域和复杂场所的物防、技防建设，提高防范效能。

重大突发性事件防治。加强国际反恐合作与交流，建立健全反恐斗争的组织领导、信息预警、应急指挥、现场处置等一系列工作机制。完善工作预案，提高训练水平。切实做好重大活动、重要节日期间的安全保卫，坚决防范暴力恐怖活动发生。

社会治安综合治理。加强派出所等基层公共安全服务设施的规划建设，推进警力下移。整合、规范各种治安防控力量和资源，发展群防群治，完善以“巡逻、社区、治安、内保”四张网为主体框架的社会治安防控体系，提高社会治安整体防控水平。继续开展平安街道（乡镇）、平安社区等平安创建活动。

（五）提高公共服务效率

推进社会公共服务设施建设的投融资体制改革，按照政府主导、社会参与、机制灵活、政策激励的原则，引入市场机制，创新公共服务提供模式，优化设施配置，提高服务效率，更好地满足广大市民的多样化需求。

实行公共服务分类管理。根据现阶段发展水平，科学划分和界定基本公共服务与非基本公共服务的范围及标准，强化政府承担基本公共服务的职责，保障基本公共服务的均等享有。加强规划引导和行业监管，鼓励和扶持社会主体参与提供非基本公共服务。

创新公共服务提供模式。积极探索政府购买服务方式，鼓励和引导社会主体举办基本公共服务，切实提高政府投入的使用效率。推进非基本公共服务举办主体多元化，通过财政补贴、公私合营（PPP 模式）、特许经营、贷款贴息、政策扶持等方式，引导社会主体参与公共服务设施的建设和运营。全面开放经营性社会公共服务市场，消除制约社会资本进入的障碍，营造有利于各类投资主体公平、有序竞争的市场环境。大力发展非营利组织。

优化公共服务设施配置。推进义务教育、公共卫生、公共文化、公共安全等基本公共服务均等化和全覆盖，重点加强农村和社区公共服务设施建设。根据人口分布、产业布局和区县功能定位，统筹规划非基本公共服务布局，提升服务能力。按照规划总量、优化增量、盘活存量、提升质量的原则，提高公共服务设施配置效率。统筹规划区域内不同隶属关系的公共服务资源，促进资源整合和共享。疏解中心城功能，城区内原则上不再改扩建大中型教育、医疗设施。加强新城和郊区公共服务设施建设，促进城区优质资源有序扩散和转移。

三、增强基础设施能力

坚持统筹城乡、适度超前、增量建设与存量改造并重，建设安全、高效、完善的现代化基础设施体系，大幅提高基础设施承载能力和运行效率，引导城市空间布局优化，保障奥运会举办和城市发展需要。

（一）构建综合交通体系

全面推进公交优先，建设“结构合理、功能完善，安全便捷、高效环保，城乡一体、统筹城际”的现代化综合交通体系，明显提高道路交通承载能力，使交通拥堵状况有所缓解。

城市公共交通。到 2010 年，地铁 4 号线、5 号线、10 号线一期、奥运支线、首都机场轨道交通线全面建成投入运营，同时力争建成地铁 9 号线、10 号线二期和亦庄轻轨线，力争使全市轨道交通线网运营总里程达到 270 公里以上。继续扩展公交专用道网络，2010 年大容量快速公共汽车系统运营里程达到 40 公里以上。中心城公共客运系统承担全日出行量比例达到 40%以上。

市域与城际交通。以城市轨道、城际铁路、高速公路为骨干，完善京津冀地区和市域内连接中心城、新城、中心镇的快速交通网络。建成京津第二通道、机场北线、机场南线、京承高速（北京段）、京平高速、京包高速（北京段）和六环路等项目，高速公路里程累计达到 900 公里。完成首都机场第二高速路的可行性研究，力争开工建设。到 2010 年初步形成与国家公路干线和环渤海地区公路干线有机衔接的高速公路网络，市域公路累计达到 16 000 公里，每个远郊区县与中心城有一条快速通道连接，平原区重要中心镇都直接与高速公路走廊相连接，市域范围内公路网覆盖全市所有村镇。

中心城路网建设。完善路网结构，提高城市道路通行能力。加快城市快速路和南北向主干路建设，基本建成 14 条放射型快速路与 3 条快速环路构成的快速路网系统。加快城市微循环系统建设，提高路网密度。建成 59 条奥运场馆周边道路，满足 2008 年奥运会交通需求。建设完成通惠河北路、阜石路、广渠路、姚家园路、蒲黄榆路等快速路以及赵登禹路、蓝靛厂南路、北苑路、西大望路、玉泉路等南北通道和阜通东大街、朝阳路、万寿路、安立路等城市主干路。到2010年使中心城区快速路总里程达到280公里以上。

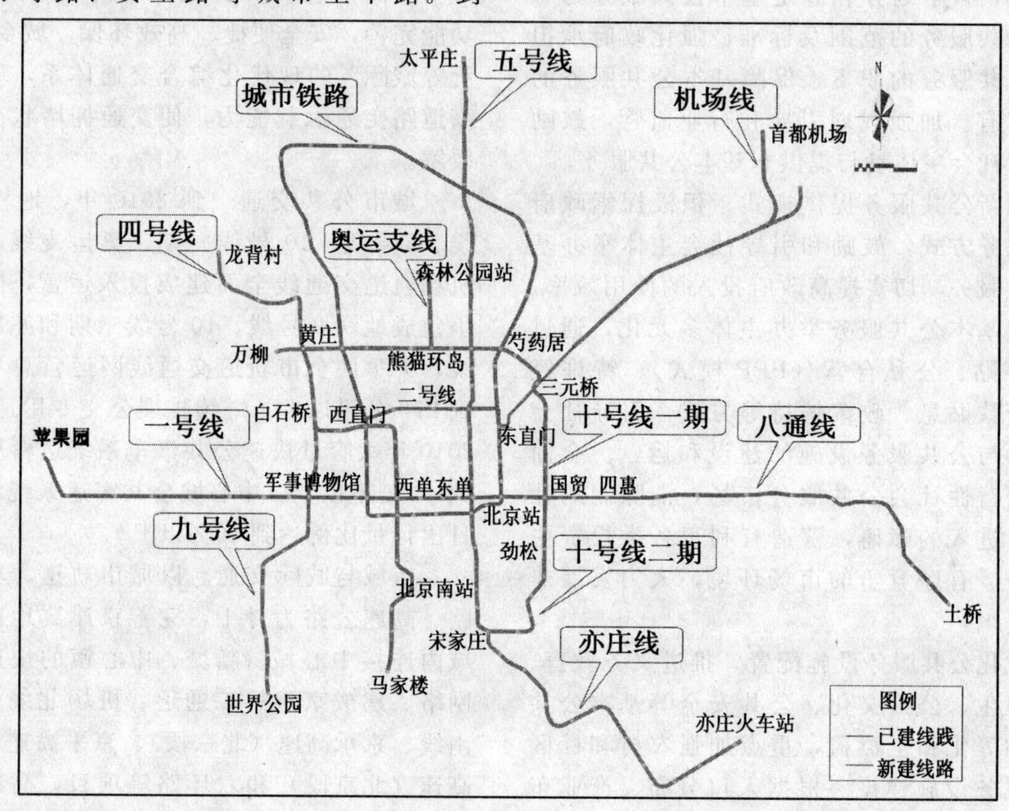

图7 2010年轨道交通线网示意图

静态交通设施。积极推进公路货运枢纽建设，完成马驹桥、阎村、十八里店等一、二级货运枢纽建设项目。改造和扩充北京铁路枢纽的客货运输集散能力，改建北京北站及北京南站，修建北京站与北京西站之间地下直径线。完成首都机场扩建任务，完成第二机场选址前期工作并开工建设。加快公交客运枢纽和运营场站建设，建成东直门、一亩园等综合客运枢纽。积极稳妥推进公交地铁票制改革，继续推行市政交通一卡通。加快公共停车设施建设，制订停车设施建设与运营管理的相关政策，修订居住区及公共建筑停车位配建标准，严格管理占道停车。到2010年，初步建成与道路交通容量相匹配的停车系统，基本停车位实现“一车一位”，公共停车位总量达到汽车保有量的10%以上。

交通管理。以信息化、智能化为依托，建成国际先进水平的智能化道路交通管理和出行信息服务系统、公共客运调度与乘客信息服务系统，实现全市交通信息的整合与共享。进一步完善道路交通管理设施，科学设置交通标志和道路划线，提高交通设施使用效率。加强交通管理法制化建设和市民现代交通意识教育，整顿道路交通秩序，治理交通安全隐患，提高交通安全水平。

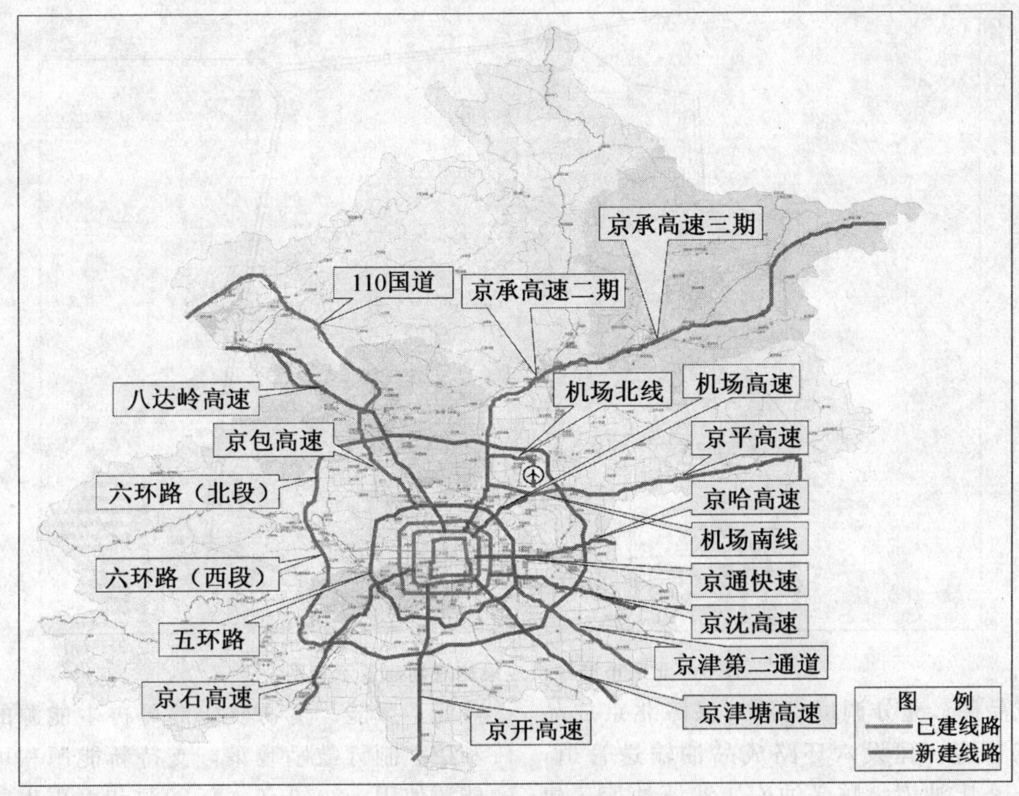

图 8　2010 年高速公路路网示意图

（二）健全能源供应体系

坚持开源增供、节能优先、优化结构、保障安全，初步建立起“以电为主，煤、气、油为辅，可再生能源为补充，多元互补、多方供应、协调发展”的能源供应体系。控制煤炭总量，增加电、天然气、油品等优质能源，扩大利用新能源和可再生能源，使优质能源在能源消费总量中的比重达到70%以上。

电力。按照“外电为主、内电为辅、多元结构、多向发展”的原则，合理安排电源建设，加快电网发展，做好电力供需平衡，全面提升电力安全保障和应急处置能力。建成太阳宫、郑常庄等燃气电厂，使本地电源自给率保持在 1/3 左右。按照“立足华北、强化本地、多条通道、多向受电”的原则，加强受电通道和京津唐环网建设，以大区联网和多向、多条通道受电的方式保证电力供应和电网安全。加快完善北京 500 千伏电网结构，搞好 220 千伏、110 千伏城市高压配电网建设，增强本市电网供电能力。2010 年力争将北京电网建设成为系统安全稳定、网络坚强可靠的城市电网。

天然气。充分利用国内资源，积极引进国外资源，实现多气源供气，提高供应安全性。积极争取国家有关部门支持，利用陕北气田和塔里木气田的天然气向北京供气；协助国家有关部门加快建设唐山曹妃甸液化天然气（LNG）工程和加快引进国外管道天然气工作。加强市内配套管网工程建设，提高本市接收能力，重点建设六环路高压输配工程、中心城输配系统扩建工程。推进管道天然气向新城和重点城镇发展，加快郊区能源结构调整。

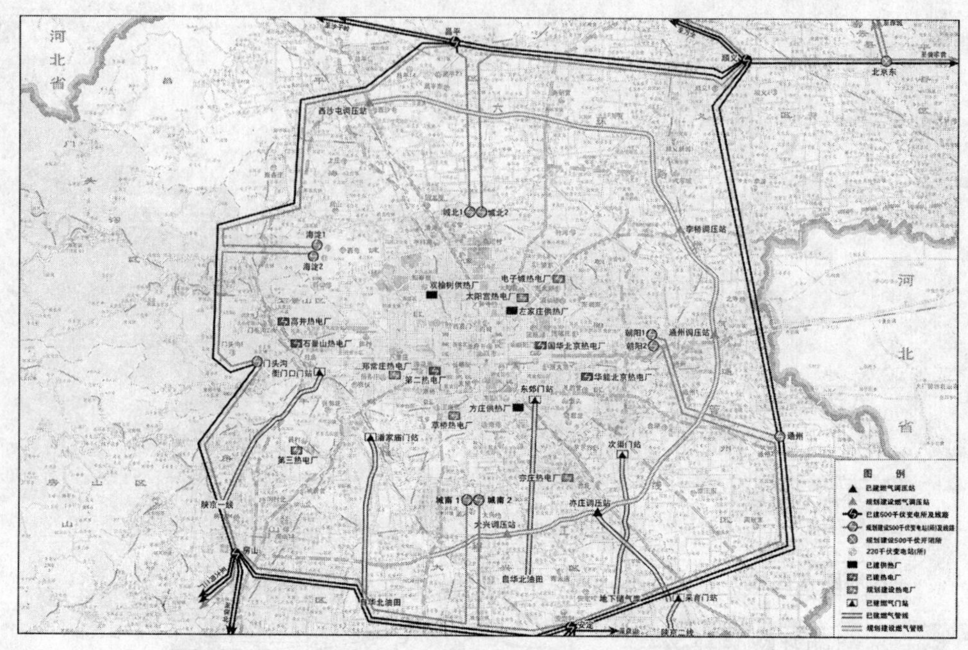

图 9　北京市能源供应设施规划建设示意图

成品油。充分调度资源，保障北京成品油市场供应。建设六环路成品油输送管道，扩建长辛店油库、顺义油库、沙河油库。建设燕化至首都机场的航空煤油输送管道和航空煤油库，增强储运能力。支持燕化扩能改造，提高本市油品供应能力。

煤炭。加强与山西、内蒙古、河北等产煤基地的合作和联系，鼓励本市煤炭企业参与华北地区煤炭基地建设，保障全市煤炭供应。中心城逐步取消终端燃煤，严格控制新建燃煤设施。大力推广洁净煤技术，降低燃煤对大气的污染。2010 年，全市煤炭消费量力争控制在 2500 万吨以内。

新能源和可再生能源。加快太阳能、地热能、风能、生物质能等可再生能源的开发利用。制订鼓励政策，支持新能源和可再生能源使用。2010 年，新能源和可再生能源占能源消费总量的比重力争达到 4%左右。

热力供应。继续增加后备热源，推进热源整合、联合运行，发展区域集中供热。继续实施中心城 20 吨以下小型燃煤锅炉的“煤改气”工程，基本完成远郊新城以清洁煤技术为主的区域集中供热改造。大力推广分布式能源、热泵等新型供热方式。

能源储备和预警体系。合理规划建设煤炭储备基地。建设华北油田地下储气库，增加调峰储备库容。2010 年基本建立起能源安全预警和应急系统。

专栏 7：“十一五”期间能源供需平衡分析

根据主要能源品种供应弹性和相互替代性分析，预计 2010 年可供我市利用的能源总量约为 6500 万吨标准煤。实现供需基本平衡需要进一步调整经济结构，大力推进节能降耗，同时统筹考虑环境改善要求，优化能源结构。一是增强天然气接收能力；二是继续完善 500 千伏环网，提高受电能力；三是稳定煤炭供应；四是通过市场配置满足油品需求；五是扩大新能源和可再生能源的开发利用。

北京市“十一五”期间能源消费结构表

品　种	单　位	2004 年			2010 年		
		实物量	标准量	比重（%）	实物量	标准量	比重（%）
能源消费总量	万吨标准煤		5140	100.0		6500	100.0
其中：煤炭	万吨	2943	2265	44.1	2500	1920	29.5
天然气	亿立方米	27	328	6.4	70	850	13.1
油品	万吨	914	1326	25.8	1270	1850	28.5
（汽煤柴重和其他油品）							
外调电	亿千瓦时	308	994	19.3	480	1500	23.1
其他			227	4.4		380	5.8
（LPG、干气和可再生能源）							
总电量	亿千瓦时	510			750		

（三）保障水资源供给

坚持节流开源并重、防汛抗旱并举，加强水资源供应能力建设，优先保证城乡供水安全，统筹城市排水与防洪设施建设，基本形成比较完善的水资源保障及城市防洪体系。

供水系统。加快南水北调市内配套工程建设，重点建设团城湖至第九水厂输水管线、南干渠及调蓄库，启动第十水厂、丰台水厂和现有水厂改扩建工程等项目。加快建设农村供水系统。

排水系统。高标准建设城市排水系统，新建排水管网实现雨水、污水分流，逐步改造雨污合流管网。建成中心城 5 座污水处理厂，完善新城污水处理厂及配套污水管网，推进中心镇污水处理设施建设。

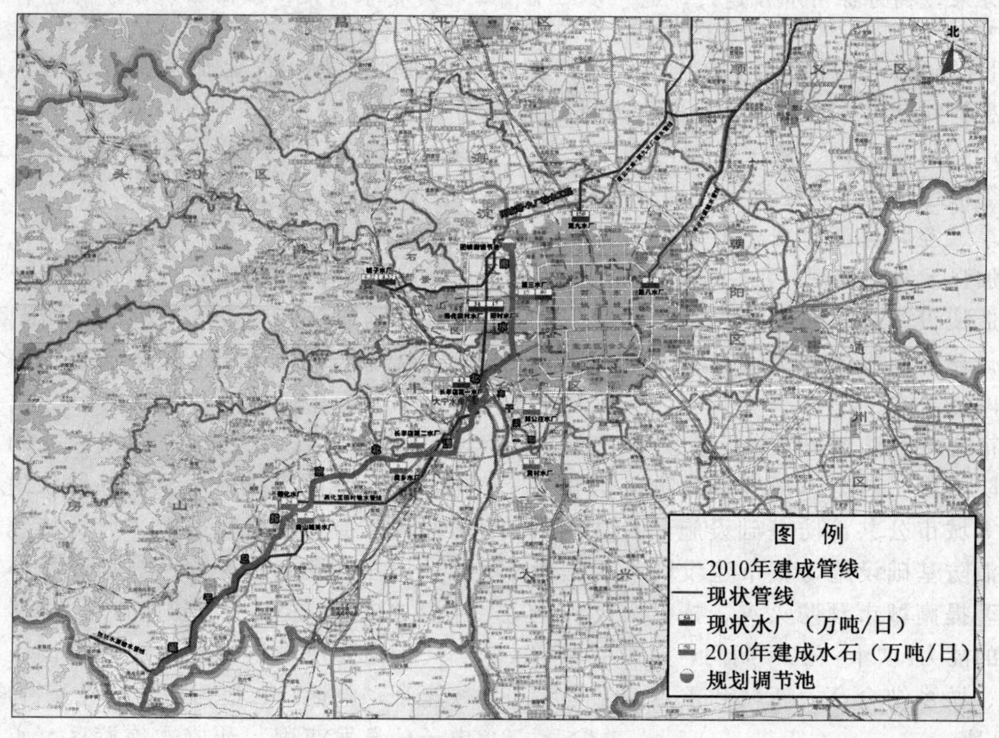

图 10　南水北调中线工程北京段示意图

新水源建设。积极推进南水北调中线工程建设，京石应急段工程 2007 年底具备通水条件。推广雨洪利用技术，广泛采用透水地面、绿地渗蓄等措施，最大限度地滞蓄雨水。积极与上游地区合作，增加入境水量，改善入境水质。推进海水淡化前期工作，做好战略储备。

再生水利用。积极开发利用再生水，重点建设清河、北小河、吴家村、小红门、卢沟桥再生水厂及配套管线，使再生水成为工业、城市绿化、河湖环境等重要水源。2010 年，中心城再生水利用率提高到 50%以上，全市年再生水利用量 6 亿立方米。

防洪设施。建设永定河、北运河、潮白河防洪工程，提高沿线新城防洪能力。全面完成病险水库除险加固工程。综合治理永定河河道，建设西郊蓄洪回灌工程。

水资源储备和应急体系。保护怀柔、平谷、房山应急水源地，建设昌平马池口水源地工程，以密云水库蓄水和富水区的地下水为基础，初步建成立足本地的水资源储备和应急体系。

专栏 8："十一五"期间水资源供需平衡分析

据水务部门预测，"十一五"期间全市总的用水需求为 193 亿立方米，年均需水 38.6 亿立方米。根据 1999～2004 年水资源状况以及设施供水能力，按连续遭遇枯水年的来水状况测算，预计"十一五"期间的供应能力为 169 亿立方米。通过南水北调、在境内开辟新水源等措施，可累计增加供水 18.5 亿立方米，使全市总供水能力达到 187.5 亿立方米。在此情形下，"十一五"期间全市仍有 5.5 亿立方米的供水缺口，主要出现在 2006—2007 年。为此，要坚决实行节水，同时继续实施密云、官厅水库上游应急调水，每年调水 1～2 亿立方米，搞好备用水源建设，进一步压缩高峰年度用水需求，以保障水资源供需平衡。

（四）完善其他基础设施

信息基础设施。以"数字北京"为目标，大力推进宽带通信网、数字电视网和下一代互联网等信息基础设施建设，建成布局合理、资源共享、互联互通、安全可靠的信息服务网络。加强无线电管理，加快信息管道建设，逐步改造架设线路，形成较为完善的地下信息管道设施。适度发展无线通信、集群通信等高端网络设施。

城市公共消防基础设施。大力推进消防站、消防水源、消防车通道、消防通信和消防装备等城市公共消防基础设施建设，使城市公共消防基础设施与城市建设同步规划发展，显著提高城市预防火灾、扑灭火灾和抢险救援的能力。"十一五"期间，在中心城空白区域、城乡结合部、新城和重点镇新建消防站 69 座。

邮政设施。优化邮政设施配置，提高邮件处理能力，到 2010 年，基本建成功能完善、布局合理、技术先进的现代化邮政设施网络。

城市园林绿化。按照 500 米服务半径的要求，继续推进集中公共绿地建设，在第一道绿化隔离地区建设 20 处生态休闲型公园，打通从郊区到城市中心区生态通风廊道。完善以旧城为中心向外扩散的环状、放射状的城市绿网体系，积极推广屋顶绿化和垂直绿化，完善城市绿化体系。搞好城市道路、河道两侧及街巷的绿化改造，形成特色园林景观。加强风景名胜区统一规划和核心资源的保护与修复，提高管理服务水平。

街道公用设施。整体规划建设一批街道候车亭、电话亭、报刊亭、信息亭、广告牌、电子信息发布牌、开放式旅游区（点）说明牌、地图牌、指路牌、阅报栏、装饰路灯、座椅和垃圾桶等市政公用设施，方便市民生活，提升城市形象。积极推进街道公共设施实行特许经营。

存量基础设施改造。在搞好新建项目的同时，积极利用和整合现有基础设施资源，加快存量调整、改造，运用新技术，强化管理，消除城市安全隐患，提高运行效率。完成电网设备安全改造，消除安全运行隐患。完成地铁1号线、2号线改造，使最小发车间隔缩短到2分30秒。优化调整公共汽（电）车线网和场站布局。改造完成供水管网500公里，消除二次供水设施安全隐患。

四、建设社会主义新农村

建设社会主义新农村，是首都现代化进程中的重大历史任务，是新时期解决“三农”问题的重大举措。“十一五”期间要按照生产发展、生活宽裕、乡风文明、村容整洁、管理民主的总体要求，坚持统筹规划、分步实施，政府引导、群众自愿，因地制宜、注重实效，扎实稳步推进新农村建设，促进城乡协调发展。

（一）加快农村经济发展

坚持把发展作为第一要务，立足富裕农民、繁荣农村，深入推进农村经济结构调整，加快发展都市型现代农业，提升非农产业发展水平，为新农村建设奠定坚实的产业基础。

发展都市型现代农业。坚持生态、安全、优质、集约、高效的发展方向，以服务城市、改善生态和增加农民收入为宗旨，加强农业产业结构调整，优化生产布局，提高都市型现代农业的综合生产能力、社会服务能力和生态保障能力。加强农业基础设施建设，完善节水型农业灌溉系统，进一步提高农业机械装备水平。立足首都农业资源条件，培育具有竞争优势的主导产业带和产品群，健全种养良种、农业科技创新与应用、农产品质量安全等农业支持体系，提升现代农业生产水平。鼓励发展农牧有机结合、资源循环利用的生态型生产方式，增强农业的环境保护和生态修复功能。

提升非农产业发展水平。把产业发展与扩大农民的非农就业结合起来，加快发展农村二、三产业。按照整合资源、集中布局、改造提高的方针，促进农村工业加快发展，优先发展劳动密集、资源节约、适合本地区特点的都市型工业，大力发展农产品加工、保鲜和贮运，扶植市场潜力大、品牌知名度高的农产品加工项目。提高农村服务业发展水平，加强特色旅游开发，整合观光农业项目，形成一批知名品牌；加快农村特色专业市场、物流配送中心建设，支持农产品产地批发市场建设与改造；围绕便民利民、优化环境，引导发展农村生活服务业。

（二）推进村镇规划建设

立足资源整合、产业培育和人口集聚，科学规划、有序推进中心镇建设，提高乡镇域和村庄整治规划建设水平，促进城镇化健康发展。

发展各具特色的小城镇。坚持规划引导和基础设施先行，促进城镇开发与产业配套协调同步。依托产业基地、高速公路和重大基础设施，着重发展经济发达、规模适度、环境优美、具有较强辐射力的中心镇，初步形成分工有序、优势互补、布局合理、协调发展的城镇格局。依托郊区资源优势，建设现代农业、生态旅游等特色小城镇，用城镇化带动新农村建设。

开展新村建设试点。按照建设社会主义新农村的总体要求和集约使用土地、提高公共设施利用效率的原则，加强乡村建设规划，优化村庄布局。统筹考虑城镇和乡村发展，着重围绕符合规划、长久保留的中心村，推进旧村改造和新村建设试点，促进形成一批村容村貌整洁、服务设施完善的新村和农村新型社区。搞好乡村规划设计，为农民提供新能源、新材料、新技术和住宅设计服务。实行必要的政策和资金支持，引导农民参与新村建设，逐步探索建立新农村建设的有效机制。

继续搞好山区移民搬迁。加大山区强泥石流易发区、采空区、煤矿关闭地区和饮用水源保护区农户和居民的搬迁力度，完善生态移民、生产移民和生活移民相关政策，积极引导山区人口向中心村、小城镇聚居，改善山区居民的生产生活条件。

（三）改善农村公共设施

切实增加政府投入，实施好一批直接服务农村、符合农民需求、让广大农民受益的项目，使郊区农村面貌特别是基础设施和社会事业发展滞后的状况明显改善。

加强农村基础设施建设。统筹考虑区域性和社区性基础设施建设，重点解决农村地区道路硬化、饮水安全、能源清洁、环境美化、信息畅通等问题，改善农民生产和生活条件。到 2010 年，形成城乡一体化的路网系统，农民饮水水质达到国家标准。坚持因地制宜、量力而行、稳步推进，以搞好垃圾、污水、厕所、道路整治为重点，全面整治农村环境，推行农村垃圾“村收集、镇运送、区处理”模式，初步建立农村环境管理的运行机制，明显改善农村环境卫生状况。

专栏 9：“十一五”期间农村公共设施重点建设工程

道路硬化工程。推进农村道路建设，完善乡村公路网，加强道路交通安全设施建设，实现自然村主干道路面硬化。

安全饮水工程。实施农村改水、饮水和集中供水工程，逐步更换老化设施。到 2010 年，实现农民全部安全饮水。

能源清洁工程。完善农村供电网络。加快城乡燃气一体化建设，推动管道天然气向新城和重点城镇发展。鼓励和引导农民使用天然气、液化气和太阳能、生物质能等可再生能源。

环境整治工程。开展以垃圾、污水、厕所、道路为重点的村庄整治。建设适合乡村特点的排水和污水处理设施，加快农村户厕改造。2010 年，农村卫生厕所（户厕）基本普及，农村地区生活垃圾无害化处理率达到 80%。

信息化建设工程。重点建设完善农村广播、电视、电信、电话网络，推进光缆入村、网络入户。到 2010 年，实现全市所有行政村有线电视基本覆盖。

农村义务教育工程。继续改善农村办学条件，使农村中小学全部达标。积极发展农村中小学远程教育。

农村医疗卫生设施工程。加强农村公共卫生和基本医疗服务体系建设，进一步改善农民就医条件。到 2010 年，每个中心村建成一个标准化的村卫生室。适应农村养老需要，建设一批农村养老服务设施。

农村文化体育设施工程。推进影剧院、文化馆、图书馆、书店网点向郊区延伸。结合村民意愿和当地文化传统，规划建设适合农村特点的文化体育活动设施。

提升农村社会公共服务水平。积极推动城区优质社会公共服务资源向郊区转移，促进城乡社会事业均衡化发展。实施城区教师到农村支教交流制度，继续改善农村中小学办学条件，为农民提供更多的受教育机会。加快农村公共卫生事业发展，完善卫生服务网络，稳定农村医疗队伍，使农民人人享有初级卫生保健。加强农村科技、文化、体育设施和服务体系建设，开展“文明村镇”和“文明户”活动，搞好科学普及，提高农民文明素质，引导农民形成健康文明的生活方式。

（四）引导农民就业转移

把城镇化的着眼点主要放到促进农民生产、生活方式转变上来，立足转移农民、保障农民、富裕农民，逐步建立实行城乡一体化的管理制度和服务体系，使农民向城镇就业及生活转得出、留得下。

开展农民技能培训。实施农村劳动力转移就业培训工程，培养有文化、懂技术、会经营的新型农民。“十一五”期间转移农村劳动力30万人，每年培训农民10万人以上，逐步使农村适龄劳动力特别是下一代劳动力成为高素质、有技能、专业化的现代产业工人或职业化的服务业员工，使之有能力在城镇安家立业。

统一城乡就业服务。把城镇就业服务网络和促进就业政策向农村延伸，完善乡镇和村级就业服务体系，实行城乡统一的劳动力就业登记、管理和服务制度。

推进农村社会保障建设。全面推进新型农村合作医疗制度建设，逐步实现由区县统筹向分片统筹、全市统筹过渡。坚持个人缴费、集体补助、政府补贴的筹资原则，逐步完善与农村经济社会发展水平相适应的农村养老制度。进一步完善农村最低生活保障和医疗救助制度，保障贫困农民基本生活和就医需要。到2010年，全市新型农村合作医疗参合率稳定在85％以上。

（五）深化农村综合改革

以维护好、实现好和发展好农民权益为宗旨，大力完善农业经营组织制度，深化农村经济和社会管理体制改革，促进农村生产力发展和农民增收。

大力完善农业经营组织制度。按照“民办、民管、民受益”原则，通过制订地方法规、加大财政扶持、实行减免税等措施，有计划、有步骤地培育和规范农民专业合作经济组织，发展农产品行业协会组织，带动都市型现代农业产业体系建设。

加快农村土地制度改革。根据依法、自愿、有偿的原则，推动土地承包经营权流转，发展多种形式的适度规模经营。探索农村集体建设用地进入市场的途径和方式。完善征地制度改革，健全对征地农民的合理补偿机制。推动土地集约利用。

稳步推进集体经济产权制度改革。按照“资产变股权、农民当股东”的方向，稳步推进农村集体经济组织的产权制度改革。采取承包、租赁、拍卖等方式积极推进小型农田水利基础设施管理使用的改革。

深化农村税费改革和乡镇机构改革。巩固农村税费改革成果，积极推进乡镇机构、农村义务教育和乡镇财政体制改革，提高政府基层管理效率。推进中心镇、中心村的管理体制向街道和社区管理模式转化。逐步清理、核实和化解乡村不良债务，防止发生新债。

（六）健全政策倾斜机制

按照“多予、少取、放活”的方针，加强政策集成，扩大公共财政在农村的覆盖范围，为城市带动农村、城乡协调发展提供政策和机制保障。

实行倾斜投入政策。加强市级财政对郊区农村的支持，“十一五”期间，在保证市本级投入依法增长的基础上，市级财政新增教育、卫生、文化、计划生育等事业经费用于农村的比例不低于70%。落实好财政对村级公共事业运行的经费补助，并根据实际适当增加。继续实行政府投资向郊区转移，“十一五”期间市政府固定资产投资用于郊区的比例不低于50%，着重搞好基础设施和社会公共服务设施建设，引导城区优质资源向郊区转移。

落实惠农政策。落实好对种粮农民的直补政策。坚持支农资金、农业综合开发资金向山区倾斜，完善山区生态林补偿机制，制订实施多种扶持形式的山区水源地有效保护办法，建立山区产业调整资金，引导和促进资源开采型产业转移调整。完善吸引社会资金支持山区发展的配套政策，扶持山区绿色产业发展，推进养山富民。

改善农村金融服务。健全和完善农村金融服务，加强北京农村商业银行支农建设主力军作用。积极优化区县金融服务环境，合理引导资金流向，促进农村产业结构调整。加强农业保险制度建设，增强应对自然风险、市场风险的能力。

五、优化城市功能配置

根据城市总体规划分阶段实施的需要，立足整体功能最优化和整体效能最大化，进一步加强市域开发建设的分类指导，逐步推进全市发展和建设重点的战略转移，优化城区、强化郊区，发展平原、涵养山区，促进人口分布、经济布局与资源环境承载力相协调，实现城市治理效能的显著提升。

(一) 有序推进市域开发

按照城市空间结构安排和区域发展导向，进一步细化各区域开发重点，明确建设时序，构筑梯度推进、合理有序的区域开发格局。

加强区域开发的分类指导。在首都功能核心区、城市功能拓展区、城市发展新区和生态涵养发展区四类功能区域划分的基础上，对各区域内的开发建设，依照功能定位的总体要求和现实基础条件，分别实行优化开发、重点开发、限制开发和禁止开发。优化开发地区主要指各区域内开发建设强度已经较大、功能配置基本饱和、承载力开始减弱的地区，主要包括中心城区和各区县建成区，要控制新建规模，着重进行改造调整。重点开发地区主要指各区域内体现主导功能定位、代表未来发展方向的地区，主要包括规划新城、中心镇和重点产业功能区，要加大开发投入力度，增强承载能力。限制开发地区主要包括山区、浅山区和平原划定的基本农田保护区及绿化隔离地区，要严格控制不符合功能定位要求的开发建设。禁止开发区域包括依法设立的各类自然保护区、水源涵养区及其他生态功能区和划定的历史文化整体风貌保护区。

合理把握区域开发建设的进度和节奏。优先发展中关村科技园区、北京经济技术开发区、北京商务中心区、奥林匹克中心区、金融街、临空经济区等功能定位明确、规划条件成熟的高端功能区，提升城市的整体服务功能。重点发展东部发展带的顺义、通州和亦庄三个重点新城，引导中心城区人口和功能疏解。加快发展南城地区，促进区域发展协调。积极调整中心城区功能，着重搞好“城中村”整治、危房改造和旧城风貌保护，推进重大项目实施，带动功能疏解。

(二) 落实区县功能定位

着重从机制建设入手，在充分发挥市场配置资源作用的同时，通过建立健全调控引导机制，促进功能分区的有效落实，逐步实现城区和郊区、南城和北城、山区和平原的协调发展与良性互动。

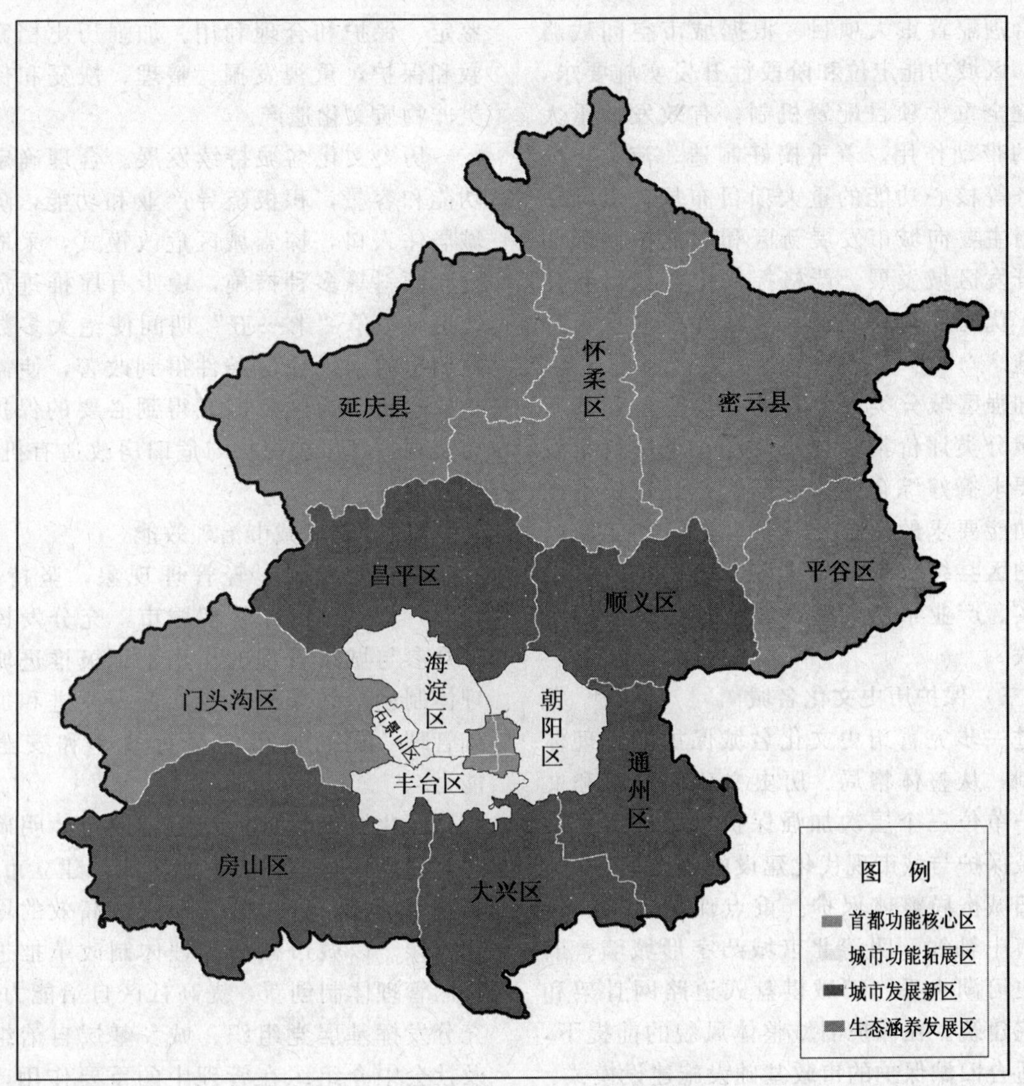

图 11 北京市四类功能区分布示意图

完善财政分享机制。按照责、权、利相统一的原则，着眼于调动区县政府履行职责的积极性，进一步完善市与区县分税制财政体制，综合运用调整存量、让渡增量、转移支付等方式，赋予区县与功能定位和职责履行相协调的财权。加大市对区县的资金支持力度，着重增加对生态涵养发展区、传统产业调整地区和南部地区的转移支付，以及对其他功能区域重点建设和发展任务的专项支持。

实行差别化的区域导向政策。政府投资要着重向生态涵养发展区的公共服务设施和生态环境建设倾斜，向城市发展新区的基础设施建设倾斜，向城市功能拓展区和首都功能核心区的重大建设任务倾斜。产业政策要按照不同功能区域要求实施，着重促进生态涵养发展区与首都功能核心区的产业调整和转移，引导产业向重点功能区和专业园区聚集。土地政策要根据功能区划和梯度转移要求，优先满足重点开发区域用地，合理控制优化开发区域用地增量，严格管制限制开发区域和禁止开发区域的土地用途。

合理配置重大项目。根据城市空间战略调整、区域功能定位和阶段性开发实施要求，建立健全重大项目配置机制，有效发挥重大项目的带动作用。着重搞好制造、流通、公共服务等核心功能的重大项目布局，引导新建项目主要向城市发展新区和功能拓展区的重点开发区域发展。严格控制中心城区新建项目。优先支持跨区域、带动性强的重大项目实施。

加强区域分类评价。进一步完善和落实好区域分类评价指标体系，在注重按科学发展观要求搞好综合评价的同时，强化按不同区域功能要求的差异化评价。制订和实施好相应的区县绩效考评标准，全面衡量区县功能落实、产业布局调整及经济社会发展的工作成效。

（三）保护历史文化名城

进一步完善历史文化名城保护的管理体制机制，从整体格局、历史文化保护区和文物保护单位三个层次加强保护，促进历史文化名城保护与城市现代化建设的协调统一。

旧城格局整体保护。重点保护皇城、传统城市中轴线、明清北京城凸字形城墙、旧城历史河湖水系、旧城棋盘式道路网骨架和四合院建筑。在保护旧城整体风貌的前提下，探索适合旧城保护的市政基础设施建设模式。

文物保护单位及历史文化资源保护。进一步加强和完善基础工作，健全规范制度。坚持“原址保护”的原则，加强文物建筑的抢险修缮和整治，重点保护历史文化保护区以及西郊风景名胜区、北京段长城风景区和帝王陵寝等具有重要历史保护价值的文物建筑、历史遗迹，维护自然历史环境。逐步改造恢复什刹海、国子监、皇城等地区的历史风貌与环境特色。继续做好尚未核定为文物保护单位的各类不可移动文物的普查、登记与管理工作，划定文物保护单位的保护范围和建设控制地带。重视对优秀近现代建筑的鉴定、保护和合理利用。加强历史档案的抢救和保护，重视发掘、整理、恢复和保护各类非物质文化遗产。

历史文化名城持续发展。合理确定旧城功能和容量，积极疏导产业和功能，疏散旧城居住人口，探索城区危改模式，采取公共财政倾斜等多种措施，稳步有序推进危旧房改造。力争“十一五”期间使绝大多数居住危旧房的居民住房条件得到改善，使需要保护的建筑、街区和旧城得到必要的保护，努力实现古都风貌保护与危旧房改造有机结合、相互促进。

（四）提高城市治理效能

克服重建设、轻管理现象，坚持依法、科学、从严、有序管理城市，充分发挥人民群众参与城市管理的作用，积极推进城市管理体制创新和模式转变，着力改进和加强基础管理，提高城市的运行效率和安全保障能力。

深化城市管理体制综合改革。明确各级政府在城市管理中的工作职能，建立市、区、街相互衔接、合理分工和规范高效的城市管理框架。以城市社会管理体制改革推进带动社区管理体制创新，提高社区自治能力建设。充分发挥基层党组织、城乡基层自治组织以及社会中介组织在管理中的重要作用，把城市管理的基础工作落在实处。完善城市管理决策机制，对与群众利益密切相关的重大事项，实行公示、听证制度。

创新城市管理方式。以数字城市技术为依托，建立以人口、社会单位、环境和市政设施为主要内容的社会管理与服务数据信息库，推进城市的精细化、网格化、信息化、人性化管理。积极开发、应用先进信息技术，重视档案信息化工作，切实解决信息资源整合与共享、信息化政策法规保障等问题。

健全综合防灾减灾体系。按照预防为主、资源整合、属地为主和社会参与的原则，建立城市统一高效的应急管理指挥系统，完善各类工作预案，加强防洪、防震、消防等设施和救灾与应急队伍建设，健全突发事件的监测、信息收集、发布和报告机制，显著增强城市防灾、减灾、救灾能力，构建统一、协调、高效的城市安全维护体系和运行管理机制。

强化安全生产管理。加强安全生产设施和生产安全应急救援体系建设。建立安全生产综合监督管理、行业领域监管相结合的重大事故隐患排查治理机制。完善重大生产安全事故预警和预防控制体系。实施对重大事故隐患登记建档、评估分级、治理和跟踪监督。对评估出的重大事故隐患，实施限期排除或搬迁。

保障食品药品安全。加强种植、养殖业生产源头管理，重点规范农药、化肥等投入品的安全使用。强化对食品、药品、餐饮卫生等市场监管，保障首都食品安全供应和人民群众用药安全。

加大城市环境整治力度。着力解决脏、乱、差问题，重点搞好城乡结合部、“城中村”、重要旅游区（点）周边地区和奥运场馆周边地区整治，从城市中心区开始，由内到外，逐步推进。到2010年，基本完成城八区200个“城中村”的综合整治，重点改善100条重要街道的周边环境。加大地下空间管理力度，为广大群众创造安全、便捷、舒适的城市环境。

六、加强社会和谐建设

按照“民主法治、公平正义、诚信友爱、充满活力、安定有序、人与自然和谐相处”的要求，从解决关系人民群众切身利益的现实问题入手，努力在构建社会主义和谐社会首善之区上迈出扎实步伐。

（一）千方百计增加就业

就业是民生之本。“十一五”时期要把促进就业再就业工作摆在经济社会发展更加突出的位置，为广大市民创造提供更多的就业机会。

就业政策。实施积极的就业政策，确保就业与经济增长协调发展，提高产业吸纳就业能力。完善产业政策和税费减免、小额贷款、社会保险补贴等各项政策，引导和促进就业。开展创业项目征集、评审、推介和指导，鼓励支持劳动者自主创业，实现创业带动就业。促进农村劳动力向二、三产业转移就业，引导和鼓励高校毕业生面向基层就业。完善就业困难群体帮扶制度，做好首钢等国有企业富余职工分流安置工作，重视解决局部地区失业率较高问题。

技能培训。健全劳动者培训体系，推行以需求为导向的“定点招生、定岗培训、定向就业”订单式培训。建立政府扶助、社会参与的职业技能培训机制，对城镇失业人员、郊区转移就业农民提供免费职业技能培训。对具备开办中小企业条件的人员开展创业培训，全面提高职工素质和劳动者就业能力。

服务指导。健全社区、村镇就业服务组织网络，强化市、区（县）、街道各级各类职业介绍机构的就业服务功能，推行就业助理服务模式，广泛提供岗位信息，提高职业介绍服务效率和质量。加强职业介绍机构管理，打击非法中介行为，维护劳动力市场秩序。

困难群体就业。完善就业援助制度，提供集职业培训、技能鉴定、职业介绍、失业保险为一体的综合就业服务。强化“一对一”职业指导，大力开发社区公益性岗位，促进“4050”失业人员、农转居人员、享受低保待遇失业人员、残疾失业人员等就业困难人员的再就业。

劳动关系调整。健全劳动标准，强化劳动合同管理。以劳动关系三方协调组织为纽带，大力推行集体合同制度和工资集体协商制度，推动工会组织和企业组织通过集体协商，签订集体合同。完善劳动保障监察制度，提高劳动争议仲裁机构效能和处置能力，依法加强劳动用工管理，维护劳动者的合法权益。

收入分配调节。坚持按劳分配为主体、多种分配形式并存的分配制度。着力提高低收入者收入水平，逐步扩大中等收入者比重，有效调节过高收入，规范个人收入分配秩序。高度重视就业机会和分配过程的公平，强化对收入分配的调节，加大税收监管和财政转移支付力度，妥善解决区域间和部分社会成员之间收入差距过大问题。

（二）扩大社会保障覆盖

社会保障是民安所在。“十一五”时期要着力扩大社会保障的覆盖面，建立起城乡衔接、基本完善的社会保障体系。

城乡社会保险体系。进一步完善基本养老保险制度，建立多层次的养老保险体系。改革基本养老金计发办法，形成职工多缴费多受益的激励约束机制；按照国家统一部署，逐步做实养老保险个人账户；在国家政策指导下，研究制定事业单位养老保险制度，建立企业和职业年金，提倡和引导职工参加个人储蓄性养老保险。完善医疗保险体系，扩大医疗保险覆盖范围，使尽可能多的社会成员都能享有医疗保障，实现公费医疗制度向医疗保险制度并轨。进一步完善工伤、失业、生育保险制度。推进农村社会保障建设，按照与农村经济社会发展水平相适应、广覆盖的原则，着重搞好新型合作医疗、养老保险和最低生活保障制度建设，并逐步实现与城镇社保体系相衔接。

城乡社会救助体系。建立以基本生活保障为基础，专项救助相配套，应急救助、法律援助、社会互助为补充的社会救助体系。完善失业保险制度与城市低保制度的联动机制，适时提高城乡居民最低生活保障水平。不断完善专项救助政策，加强低保与就业扶贫政策的有机衔接，切实发挥综合解困效应。

社会福利社会化。进一步规范社会福利事业的发展，建立充满生机和活力的管理体制和运行机制。深化国有社会福利机构改革，鼓励和支持社会力量兴办社会福利机构和养老服务实体。进一步完善市、区（县）、乡镇、社区（居家）四级为老助残服务网络，建立多种形式的为老助残服务体系。以实现“人人有房住”为政策目标，创新公共住房政策，综合运用土地、财税、金融、行政等手段，增加面向中低收入家庭的普通商品住房和保障性住房的供应，满足不同群体的住房需求，充分保障每位市民的居住权。

慈善事业发展。统筹规划、积极支持慈善事业发展，广泛传播慈善理念，落实税收优惠政策，保障捐赠人的合法权益。培育和发展各类慈善组织，拓展募捐渠道，加强款物管理，推动慈善组织行业自律机制建设，提高公信度，使之成为社会救助的重要渠道。

（三）构建和谐社区村镇

注重从基层入手，切实加强社会建设、管理和服务，为构建和谐社会首善之区奠定坚实基础。

创新基层社会管理体制。深化街道、乡镇管理体制改革，实现行政管理、社会管理与民主自治管理的有机结合。积极探索政府“购买服务”、“合同外包”等形式，健全社会管理和公共服务网络。积极培育、充分发挥各类社团、行业、中介和公益组织的作用，建立政府调控机制同社会协调机制互联、政府行政功能同社会自治功能互补、政府管理力量同社会调节力量互动的社会管理网络，提高城乡基层社会管理水平。

完善基层公共服务体系。把公共服务建设的重点放到改善基层服务上来，以社区和村镇为中心，制订社区办公和服务硬件设施的具体标准，加大设施建设投入，合理规划设施布局，切实提高政府在基层教育、医疗卫生、文化以及消防安全等方面的公共服务水平。

加强基层工作保障。加强基层党组织和自治组织建设，完善基层民主自治制度，充分发挥城乡基层党组织服务群众、凝聚人心和基层自治组织协调利益、化解矛盾、排忧解难的作用。完善工作保障机制，增加市、区两级财政投入，建立和完善社区居委会及村委会工作经费保障制度，解决基层管理和建设经费不足问题，改善工作条件，提高基层服务能力。

（四）加强民主法制建设

推进依法行政，进一步完善民主参与制度，拓宽反映社情民意的渠道，逐步健全社会利益表达、平衡、调整的协调机制，维护首都社会安全与稳定。

民主政治建设。坚持和完善人民代表大会制度、中国共产党领导的多党合作和政治协商制度，不断巩固和发展民主团结、生动活泼、安定和谐的政治局面。全面贯彻党的民族、宗教政策，坚持民族团结，促进共同繁荣发展；依法管理宗教事务，积极引导宗教与社会主义相适应。切实做好侨务工作和对台工作。做好党外知识分子、非公有制经济人士和其他社会阶层人士工作。发挥工会、共青团、妇联等群众团体和行业协会、中介机构等民间组织在国家管理和社会服务中的参与监督作用。加强基层政权建设，发展基层民主。推广厂务公开、村务公开、政务公开，保证人民群众依法行使各项民主权利。

法治建设。大力推进依法治市，提高政府和公务员的依法行政能力和水平。改进和加强地方立法工作，不断提高立法质量。加强法律监督。推进司法改革，提高司法队伍素质。深入开展普法教育，增强市民的法律意识。

社会矛盾疏解。建立通畅的利益表达渠道和完善的沟通反馈机制，引导群众理性合法地表达利益需求，解决好发展中的突出矛盾。完善信访工作责任制，健全排查调处机制，积极预防和妥善处理群体性事件。完善人民调解、治安行政调解、司法调解相衔接的工作制度，形成各部门协调配合的工作机制和工作格局，促进社会和谐稳定。

（五）提高文明城市水平

加强公民思想道德建设，大力开展群众性精神文明创建活动，倡导和树立社会诚信，切实提升市民素质和城市文明程度，为办好奥运会、构建社会主义和谐社会首善之区提供良好人文环境。

思想道德建设。全面落实公民道德基本规范，继续开展文明礼仪宣传和教育实践活动，弘扬以爱国主义为核心的民族精神和以改革创新为核心的时代精神，增强广大市民的首都意识、法律意识、公德意识。改进学校德育工作，建立完善学校、家庭、社会相结合的未成年人思想道德教育体系。进一步加强和改进大学生思想政治工作。提高来京务工经商人员的文明素质。

文明城市创建。实施人文奥运工程，广泛开展文明礼仪教育，推动公众参与文明城市创建活动。以创建优美环境、优良秩序、优质服务为重点，抓住影响首都形象的重大问题，革除陈规陋习，切实提高全体市民的文明素质，向世界展示首都人民的良好精神风貌。全面推进文明社区、村镇、行业、校园等各种形式的创建活动，绿化美化城市环境，完善城市公共标识和宣传窗口，显著提升城市形象。

七、人口发展与资源环境

以建设宜居城市为目标，全面促进人口健康发展，加快建设资源节约型社会，加强环境保护和生态建设，促进首都经济社会与人口、资源、环境协调发展。

（一）促进人口健康发展

调控人口规模。按照国务院关于北京城市总体规划批复中提出的人口规模控制目标和要求，运用经济、行政、法律等有效手段，实施综合调控，分阶段控制人口规模过快增长。规范户籍人口迁入政策，控制人口机械增长。从加强居住场所的法治化、信息化管理入手，依法加强出租房屋管理和暂住登记工作，改善流动人口居住条件，切实加强对流动人口的服务保障；完善“以证管人”、“以房管人”工作模式，实行流动人口常态化管理、市民化服务。坚持计划生育基本国策，继续稳定低生育水平。

提高人口素质。加强和改善婚、孕检工作，普及优生优育知识，提高出生人口素质。加强疾病预防控制，切实维护人口健康安全。实施健康促进工程，提高公众健康素养。加强教育培训，构建终身学习体系，不断提高人口思想文化素质。

优化人口布局。推进京津冀都市圈和环渤海区域经济社会协调发展，形成功能互补、布局合理的区域产业协作体系，增强周边城镇人口承载能力，有效疏导首都人口。加快市域内产业结构调整升级，发挥产业政策对人口分布的引导和配置功能。严格控制中心城建成区的土地开发强度和建设规模，结合城市功能布局调整，完善新城基础设施和公共服务设施，促进人口向郊区转移。制订鼓励人口转移的政策措施，引导人口跨区域合理流动。

积极应对人口老龄化。认真研究应对人口老龄化的政策措施，创新养老服务模式，加强养老设施建设，完善老年健康服务体系，提升老年人生活品质。

维护妇女、儿童合法权益。坚持男女平等基本国策，积极推进妇女参与国家和社会事务管理及决策的进程，维护妇女利益，消除性别歧视，促进妇女平等就业。坚持儿童优先原则，创造有利于儿童健康成长的良好社会环境。

积极发展残疾人事业。以办好残疾人奥运会为契机，开展残疾人文化体育活动。做好残疾人教育、培训和就业工作，加强残疾人的生活和医疗保障，提高康复服务水平。加强城市无障碍设施建设，切实保障残疾人权益。

（二）建设资源节约型社会

厉行水资源节约。实行最严格的水资源管理制度，综合运用行政、法律、科技、工程和宣传教育等措施，全面推进节水型城市建设。实行用水定额和节水指标管理，加强重点地区、行业和部门节水。着力调整用水结构，稳定工业用水，推动农业节水，增加生态用水。严格控制高耗水、高污染、高耗能产业发展，推广应用节水型生产工艺设备，提高工业冷却水循环利用率。调整种植业结构，推广微灌、滴灌等工程节水技术，减少农业用水。鼓励城市生态用水、农业灌溉使用再生水。完善水价体系，利用差别定价和超定额累进加价等措施促进节水。强制性推广使用节水设备和器具，加大节水宣传力度，引导全社会形成良好的节水意识和行为。

高效利用土地资源。坚持集中紧凑发展模式，转变土地利用方式，促进土地集约高效利用和优化配置。2010 年，市域建设用地总量控制在 3500 平方公里以内。严格保护耕地和基本农田，建设基本农田连片保护区，推进耕地开发整理，保证建设占用耕地的占补平衡。统筹管理城乡建设用地，严格控制新增建设用地，推进现有农村居民点、独立产业用地资源整合，盘活建设用地存量。完善土地集约利用评价指标体系，发挥市场对土地资源配置的基础性作用。健全土地储备制度，加大一级开发力度，对有收益的基础设施用地逐步实行国有土地使用权有偿使用制度。建设地下交通、人防等公共设施系统，合理开发利用城市地下空间。

提高能源利用效率。实施节能优先，全面加强节能管理。淘汰和禁止高耗能产业和产品发展，关停并转一批小型高耗能工业企业。大力推进建筑节能，新建居住建筑严格执行节能设计标准，对现有建筑逐步实施节能技术改造；政府机构率先节能，到 2010 年，基本完成政府机构办公建筑的节能改造；对全市大型公共建筑实行合理用能配额管理。推广燃油节约技术和替代产品，加强交通节能。推广应用变频调速、余热利用、节能电梯、节能家电、高效节电照明系统和高效低污染锅炉等节能新技术和新产品。完善节能法规和相关政策，研究制订建设项目合理用能评价管理办法和节能强制标准，推广企业能源绩效合同管理；建立能效标志制度，实行市场准入制度。继续开展节能教育和宣传，增强全社会的节能意识。

（三）建设环境友好型城市

大气污染防治。采取严格有力的措施，实施污染物排放总量控制，显著改善大气环境质量。2008 年前完成城八区现有 3000 台 20 吨以下燃煤锅炉清洁能源改造，实施燃煤电厂和大型燃煤锅炉脱硫、脱氮、高效除尘治理工程，大幅度降低煤烟型污染。2008 年全面执行国家第四阶段机动车排放标准，进一步提高车用燃油标准，加快高排放汽车淘汰，控制机动车污染。实施八宝山殡仪馆搬迁工程，改善周边地区环境质量。积极治理郊区沙源地，推广保护性耕作技术，消除建成区和城乡结合部裸露地面，减少施工、道路扬尘对城市空气质量的影响。

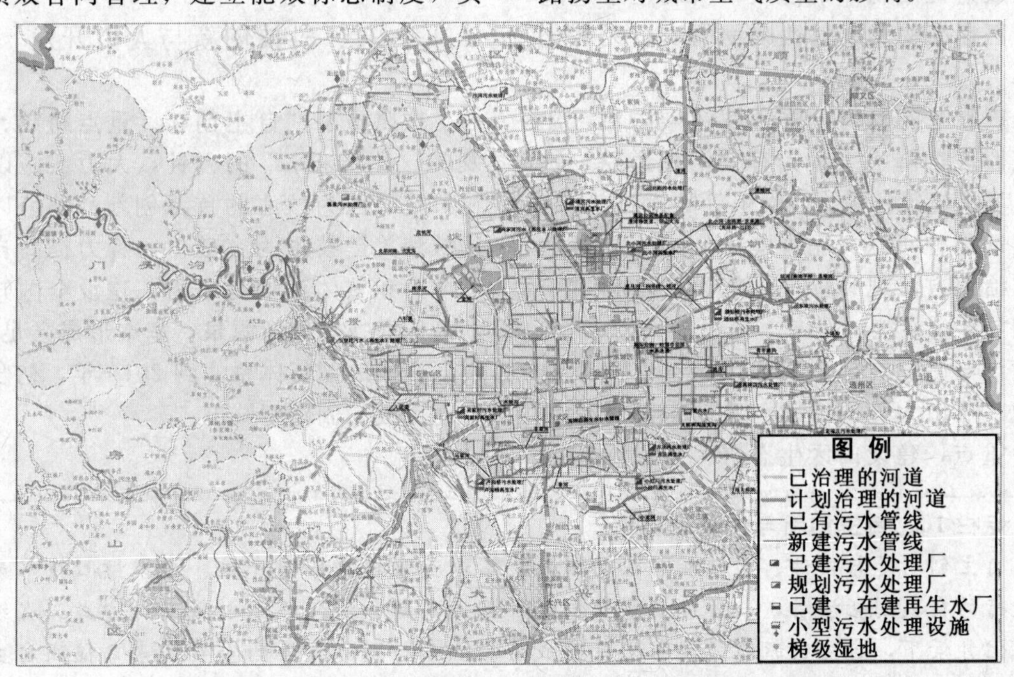

图 12　“十一五”期间北京城市河湖水环境综合治理示意图

水污染防治。继续加强饮用水源水质保护工作，采取综合措施防止各类污染源对地表水和地下水源的污染。开展全市各流域水环境治理，加强城市河湖治理，重点建设污水处理设施和配套管网。2010 年，实现城市六环路以内主要河湖水体基本还清，中心城区和新城城市水系水质达到国家标准，下游水体水质明显改善。大力治理农村地区的水污染，加强郊区大型养殖企业的粪污治理，鼓励生物防治，使用生物农药，实施测土配方施肥，减少农药、化肥对土壤和水体的污染。

固体废物污染防治。推进固体废物源头削减和循环利用，加快处理处置设施建设，提高固体废物污染防治能力和水平。建设大兴安定、怀柔庙城、顺义杨镇等12座生活垃圾卫生填埋场，朝阳高安屯等4座生活垃圾焚烧厂，海淀六里屯、丰台北天堂、通州董村等9座生活垃圾综合处理厂，显著提高中心城、新城和乡镇生活垃圾无害化处理能力。鼓励工业固体废物资源化技术研发和推广，提高煤矸石、尾矿等工业固体废物的综合利用率。完成危险废物处置中心、医疗废物处理厂及放射性废物库的建设，实现全市危险废物、医疗废物及放射性废物的安全无害化处置。

噪声和电磁辐射、放射性污染防治。建设重点路段的降噪工程，有效治理道路、铁路、机场、建筑、餐饮、娱乐等噪声污染源，创建安静居住小区。完善电磁辐射、放射性污染防治地方法规和标准，建设环境辐射预警监测与评价系统。

建设与保护首都生态环境。以京津风沙源治理、燕山太行山绿化、重要水源林保护工程为重点，建设山区生态屏障。以绿化隔离地区、沿河流和道路绿色走廊、平原生态综合治理和农田林网建设为重点，推进重点生态功能组团及风沙危害治理区建设，构建城乡一体的生态体系。继续实施好封山育林、小流域综合治理、水源地和水库周边环境综合治理工程，保护地表和地下水资源，防治水土流失、泥石流等自然灾害。加强浅山区森林、矿山等资源管理，严格控制采矿业，对采矿破坏区域进行生态恢复。以生物多样性保护为目标，加快野生动植物、天然湿地等自然保护区的建设，保护天然河道和原生植被，防止外来物种的入侵。按照“谁开发谁保护、谁受益谁补偿”的原则，建立生态补偿机制。积极推进生态区县、环境优美乡镇和文明生态村的创建工作。

八、科技创新与人力开发

按照国家“自主创新、重点跨越、支撑发展、引领未来”的方针，大力实施以中关村科技园区为核心的首都创新战略。以重点领域和关键技术为突破口，着力提高自主创新能力和整体产业竞争力，建设全国知识创新高地和技术创新源泉，基本形成立足北京、辐射全国的创新体系。到2010年，初步把北京建设成为创新型城市。

专栏10：自主创新与创新型城市

自主创新是与模仿、引进相对应的概念，指以获取自主知识产权、掌握核心技术为宗旨进行的自我创新活动，一般包括原始创新、集成创新和消化吸纳创新三种方式。在经济全球化背景下，自主创新能力和水平日益成为影响参与国际竞争的重要因素。提高自主创新能力已经成为我国的国家战略。

创新型城市是指主要依靠科技、知识、人力、文化、体制等创新要素驱动发展的城市，对其他区域具有高端辐射与引领作用。北京建设创新型城市的主要目标是，围绕高端创新、强劲辐射、产业提升、环境优越，2010年初步建成，2020年比较完善，成为引领中国自主创新发展的先锋和连接全球创新网络的重要节点。

（一）打造中关村创新高地

按照“一区三基地”的功能定位，进一步做强中关村科技园区，努力使其成为促进技术进步和增强自主创新能力的重要载体，成为带动区域经济结构调整和经济增长方式转变的强大引擎，成为高新技术企业“走出去”参与国际竞争的服务平台，成为抢占世界高技术产业制高点的前沿阵地，为建成世界一流科技园区奠定基础。

加强园区创新能力建设。整合国内外创新资源，以企业为主体，依托高等院校和科研院所，构建并强化园区技术创新体系，实现园区自主创新能力的重大跨越，使园区成为国家创新体系的重要组成部分。“十一五”期间，着力吸引一批国家重点研发项目在中关村实施，集聚一批跨国公司研发和营运中心在中关村落户，促成一批国家重点实验室和国家工程研究中心在中关村科技园区建设，争取一批中关村重点项目列入国家重点支持项目，推荐一批专业基地作为国家级产业示范基地。支持技术引进、消化基础上的二次创新，实施技术转移、专利、标准、品牌四大战略，推动国家知识产权制度示范园区建设。引导各类创新主体创制国家和国际标准，形成合作联盟。以塑造国际品牌为目标，实施品牌国际化推广活动，提升中关村品牌价值。

先行开展做强科技园区的改革试点。重点构建投融资促进平台和投资引导放大机制，探索技术与资本有机结合的投融资模式。建立创业投资引导资金，支持创业投资企业发展。促进中小企业改制上市，形成“中关村板块”。拓宽中小企业间接融资渠道，推动“信保贷”联动业务发展，制定企业债券和融资信托计划，探索新型融资方式。开展非上市股份有限公司进入证券公司代办股份转让系统进行股权交易试点。推进产权制度改革和股权激励政策试点，推动中小企业信用体系建设试点工作，鼓励智力、技术等要素以合法形式参与利润和股权分配。

营造良好的园区创业服务环境。进一步完善“一站式”办公、“一网式”审批、全程办事代理制等各项服务。加强对各类孵化器、创业服务中心等服务机构的规划、建设和指导，帮助企业降低创业成本和风险。加快生产力促进中心、技术转移中心建设，发展和壮大职业经纪人队伍，促进科技成果转化。完善专利、商标等知识产权中介服务体系，促进和规范中介机构的发展。加强与世界知名科技园区的交流与合作，构建国际化商务环境。创新中关村文化，弘扬“自主创新、产业报国、鼓励创业、容忍失败”的中关村精神，营造有利于创新创业的文化氛围。

完善一区多园的发展格局。按照各园区的功能定位，建设专业集聚的特色园区。完成中关村科技商务中心、生命科学园、永丰产业基地、丰台园三期、通州环保产业园等专业园区建设，启动软件园二期、电子城西区、大兴生物医药基地、中关村科学城改造。推进园区基础设施建设，完善文化设施和公共服务配套设施，搞好园区景观建设，创造良好的园区生态环境。建设覆盖全区的宽带主干网，完善园区信息网络，建设数字化园区，提高园区的信息化水平。

（二）实施重大创新攻关

集中优势科研力量和资金投入，坚持有所为有所不为，从首都发展的战略需求出发，启动实施一批重大科技攻关工程，突破技术瓶颈，制定重要技术标准，提升首都创新水平。

加强关键技术开发。根据首都战略发展和服务全国的需要，着重围绕高增值现代服务业发展和提升高新技术产业、现代制造业竞争力，搞好关键技术开发，重点突破软件、集成电路、新一代移动通信、计算机与网络、数字音视频、光电显示、生物医药、新能源、新材料等技术，带动相关产业跨越式发展。加大应用基础研究，力争在纳米、超导、干细胞、新能源等战略高技术领域实现突破。

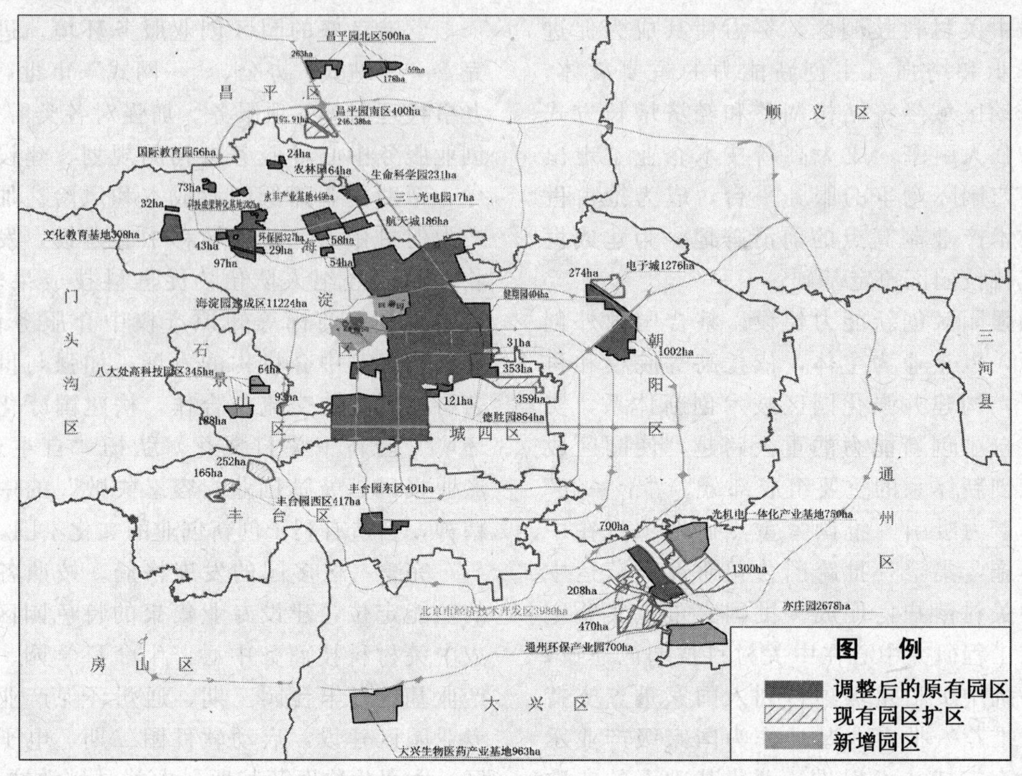

图 13　中关村科技园区规划示意图

强化科技成果的应用和集成。推动专利技术产业化，在重点发展的产业领域形成一批核心专利技术。把重大技术在资源节约与利用、智能交通、奥运场馆建设、大气污染控制、重大疾病防治、农业高效节水、食品安全、生产安全等领域的应用放在优先位置，通过技术推广、项目示范、引进和集成，提升城市建设管理水平，提高市民生活质量。

搞好基础重点学科研究。着重围绕材料、工程、信息、生物、安全生产、城市建设与环境保护等重点学科领域搞好基础研究，加大自然科学基金的投入，增强科技储备能力。繁荣和发展哲学社会科学，积极推动理论创新，进一步发挥对经济社会发展的重要促进作用。

提高市民科学素养。加强科学普及，建立政府主导、社会广泛参与的科普工作机制。推进中国科技馆新馆建设。

（三）完善首都区域创新体系

充分发挥首都丰富的科技、智力资源在建设创新型城市中的重要作用。深化科技体制改革，建立和完善以企业为主体、以市场为导向的新型产学研相结合创新体系，大幅度提升北京的自主创新能力。

构建新型创新体制。着眼于形成自主创新的体制架构，加强以企业为主体的创新型主体培育。加快建立现代科研院所制度，鼓励高校、科研院所与企业共建一批面向市场的开放式实验室，实现资源与信息共享。支持有实力的企业利用高校和科研院所的研究试验手段，建立专业性的公共技术平台，为企业提供设计、测试、检验等专业化服务。

推进企业与科研院所、专业促进机构的协同创新，形成企业标准联盟、技术联盟和产业联盟，促进产业发展。扶持大企业与跨国公司共建技术研发联合体，发挥各类企业特别是民营科技企业的创新能力。

坚持开放式创新。建立若干具有国际一流研究开发环境的专业性研发功能区，大力吸引跨国公司和国内大型企业在京设立研发中心和决策运营中心，把建立相对独立的技术体系与扩大开放、积极参与国际合作结合起来，提升企业的创新能力和国际竞争力。

推动企业技术中心建设。根据产业发展重点，通过创新基础条件建设，支持一批具有解决产业重大技术问题能力和条件的企业技术中心，承担相关产业关键、共性技术研发任务。形成一批布局合理，对产业技术发展具有重要影响力和支撑作用的企业技术中心。

完善自主创新激励机制。改革政府科研投入体制，实施主题计划为重点的科研管理模式，从需求出发确定科技发展方向。推行公开征集科研项目，公开招标确定研发单位，畅通社会力量参与科技发展渠道。规范和完善各种奖励制度，建立以自主知识产权、产业化绩效、科技持续创新能力为取向的绩效体系。实施专利成果产业化促进计划，发挥政府投入的引导作用和使用效益。制定和落实好相关财税、金融和政府采购政策，发展创业风险投资，支持自主创新。

增强创新辐射能力。做好为中央在京高校、科研单位、企业总部的服务工作，形成自主创新合力。围绕首都优势科研领域，强化京津冀、环渤海地区科技合作，确定一批优先项目，推动区域互动发展。完善技术交易市场，推动技术成果转化和应用，鼓励有实力的企业到发达国家设立研发中心，积极参与国际科研协作，融入世界创新体系。

优化创新服务环境。完善自主创新政策法规体系，为提高自主创新能力和建设创新型城市提供保障。构建全市统一的技术交易、企业融资、信息交流等平台，形成比较完善的创新基础设施体系。整合专业服务资源，围绕科技研发、企业融资、信用担保、孵化转化、法律服务等环节，健全社会化、市场化的中介服务体系。加强知识产权保护，建立知识产权评估制度，鼓励发展知识产权中介服务机构，严厉查处和制裁各种侵犯知识产权的行为，及时有效地处理知识产权纠纷，维护良好的创新环境。

（四）开发首都人才资源

牢固树立人才资源是第一资源的观念，全面实施首都人才发展战略，创新首都人才资源开发与管理体制，大力培养富有创新能力的人才，构筑极具活力、充满希望的人才之都。

实施人才培养工程。加强人才资源能力建设，大力提高各类人才的学习能力、实践能力与创新能力。以高层次人才为重点，全面加强人力资源能力建设，鼓励企业与大学、院所联合。着力培养高级管理人才、高级技术人才和国际化人才。进一步拓宽人才引进绿色通道，积极引进拥有自主知识产权、掌握尖端高技术的专业人才。加强高级技工和农村实用人才培养，全面提高劳动者素质，满足首都经济建设和社会发展对专业技能人才的需求。

创新人才管理体制。着力营造有利于优秀人才脱颖而出、充分施展才能的体制机制和政策环境。坚持科学、平等、竞争、择优原则，建立科学的选人用人机制。推进市场化配置人力资源，盘活人才资源存量，引导人才合理流动与有效配置。完善人才激励机制和政策，使收入分配向关键岗位和优秀人才倾斜。实行人才分类管理，完善个人自主申报、社会统一评价、单位自主聘任和社会化职称评审制度。改进人才评价，建立以业绩为依据，由品德、知识、能力等要素构成的科学化、社会化评价机制。创新人才引进评价手段，健全完善人才引进政策。加强留学人员创业园区建设，引进符合首都发展方向的紧缺急需人才。注重在实践中培养、锻炼和选拔人才，为科技创新、经济发展和社会进步提供强大的人才保障。

九、体制改革与管理创新

按照完善社会主义市场经济体制的总体要求，从解决困扰发展的体制机制矛盾入手，把握重点领域和关键环节，大力推进体制创新，为落实科学发展观提供体制机制保障。

（一）深化行政管理体制改革

把行政管理体制改革作为全面深化改革的关键来抓，按照精简、统一、效能的原则和决策、执行、监督相协调的要求，建立决策科学、权责对等、运转协调、监管有力的行政管理体制，建设有能力、负责任、高效率的服务型政府。

深入转变政府职能。推进政企分开、政资分开、政事分开、政府与市场中介组织分开，进一步减少和规范行政审批。在改进经济调节、搞好市场监管的同时，着重强化政府在义务教育、公共卫生、公共安全、社会保障等领域的责任，提高社会管理和公共服务水平。

深化投资体制改革。全面落实企业投资项目核准制和备案制，进一步完善管理办法，理顺办理程序，强化后续监管，建立职责清晰、运转协调、顺畅高效的项目管理机制。加强政府投资管理，提高投资决策的科学性和民主性。大力实施非经营性政府投资项目的代建制管理，建立健全政府投资责任追究制度和后评价制度。全面推广招标投标制度，建立并完善行政监督协调机制、统一评标专家库制度、信息公开制度、行业自律机制，依法规范招投标活动。

分类推进事业单位改革和行业协会转型。按照“政事分开、管办分离”的原则，逐步剥离行业管理部门直接管理事业单位的职责，从条件比较成熟的部门入手，积极稳妥地推进事业单位改革。加快行业协会改革和发展，按照“新老分开”的原则，逐步理顺管理体制，着力促进一批新型行业协会组建，推动一批传统行业协会改革转型，初步建立起符合市场经济要求、与首都经济特点相适应的行业协会体系。

加快政府管理创新。大力推进依法行政，建设法治政府，切实提高依法履行职责的能力和水平。加强专家咨询、信息披露、社会公示和听证、决策责任追究、决策后评估等各项制度建设，提高决策的科学化、民主化水平。加强电子政务建设，促进资源整合、信息共享、业务协同和政务公开，加快政府管理模式和手段创新。推进政府机关和公务员工作规范化、服务标准化，提高行政效率，从严控制行政成本。建立科学的经济社会发展综合评价体系和政绩考核评价体系。

（二）激发市场主体活力

坚持公有制为主体、多种所有制经济共同发展，继续推进所有制结构调整，增强国有经济控制力，促进非公有制经济更快更好发展。

国有经济布局和结构调整。完善国有资本有进有退、合理流动机制，推动国有资本向国民经济中的重要行业和关键领域集中，向大型和特大型企业集中。到 2010 年，将市国资委直接监管的企事业单位逐步改制重组为具有不同功能的投资公司、控股公司、集团公司或资产经营公司，基本完成国有经济布局和结构战略性调整。在一般性竞争领域，通过市场公平竞争实现优胜劣汰。

国有资产监督管理体制。健全国有资本经营预算、企业经营业绩考核和重大决策失误追究制度，落实出资人收益权，提高运营和监管效率。改革创新国有企业负责人管理制度，加快市场化选聘企业经营管理人才步伐。探索建立国有非经营性资产监管体制，逐步将事业单位国有资产纳入监管范围。

国有企业改革。加快国有企业改革步伐，到2010年，基本完成市属国有大中型企业股份制改造。积极引导外资、民营资本参与国有企业改制、改组、改造，大力发展混合所有制经济。按照“公开、透明、规范”的要求，规范国有企业改制和产权转让，稳妥推进企业破产工作，维护职工合法权益。完善公司法人治理结构，健全重要骨干企业董事会。

垄断行业改革。加快水、电、气、热等城市基础设施和社会公用事业改革，进一步放开建设和运营市场，促进公平竞争。扩大特许经营、融资招标、代建制的领域和范围。强化政府对城市基础设施和社会公用事业的总体规划和市场监管职能，加快政府由直接经营管理者向市场监管者的转变。

促进非公有制经济发展。按照非禁即入的原则，切实放开市场准入。继续清理和修订限制非公有制经济发展的政策，实现民营企业与其他经济性质企业的平等待遇。拓宽非公有制经济融资渠道，着力解决融资难的问题。

促进中小企业发展。加强创业辅导，为初创型中小企业和二次创业中小企业提供技术指导和信息咨询等服务。用好财政专项资金，引导社会资金，重点支持中小企业融资担保、创业辅导、自主创新、清洁生产、国际合作、人才培训等项目的实施和相关服务机构的发展，培育中小企业社会化服务体系。加快中小企业门户网站建设，实现市和区县资源共享。研究设立中小企业创业投资引导基金，扶持鼓励创业投资企业发展；研究设立再担保机构，加强中小企业融资服务平台建设；支持有条件的中小企业利用资本市场融资，逐步构建中小企业社会化投融资体系。

（三）推进市场体系建设

以要素市场为重点，推进现代市场体系建设，进一步提高市场化水平。

要素市场发展。规范土地市场，完善经营性用地“招拍挂”制度；严格划拨用地范围，规范协议出让用地供给制度；扩大集体土地使用权流转试点范围，逐步将土地租赁市场纳入管理范围。加快发展资本市场，努力将北京产权交易所发展成为全国性产权交易中心。进一步完善技术、劳动力等其他要素市场，规范发展各类中介组织，完善商品和要素价格形成机制。

信用体系建设。建立组织机构和工作机制，有计划、有步骤地推进社会信用体系建设。以企业信用信息和个人信用信息系统为基础，从完善信贷、纳税、合同履约、产品质量的信用记录入手，建立信用评价体系。规范信用信息的采集、使用和管理，培育和发展一批具有社会公信力的信用服务中介机构。建立较为健全的守信受益、失信惩戒的信用管理制度。加强社会诚信教育和宣传，在党政机关、窗口行业和社会组织中开展诚信建设活动，营造诚实守信的社会环境。

市场监管体系完善。结合首都实际，修订完善有关市场准入、行为监管及保护消费者权益的法规规章，完善行政执法、行业自律、舆论监督和群众参与相结合的市场监管体系。深入整顿和规范市场秩序，坚决打击制假售假、商业欺诈、侵犯知识产权等市场违法行为，切实维护公平竞争和交易安全。以食品、药品安全为重点，加强国家强制管理产品质量检测体系、药品医疗器械质量检测机构及技术审评体系和畜禽疫病防治体系建设，维护人民群众生命健康和人身安全。

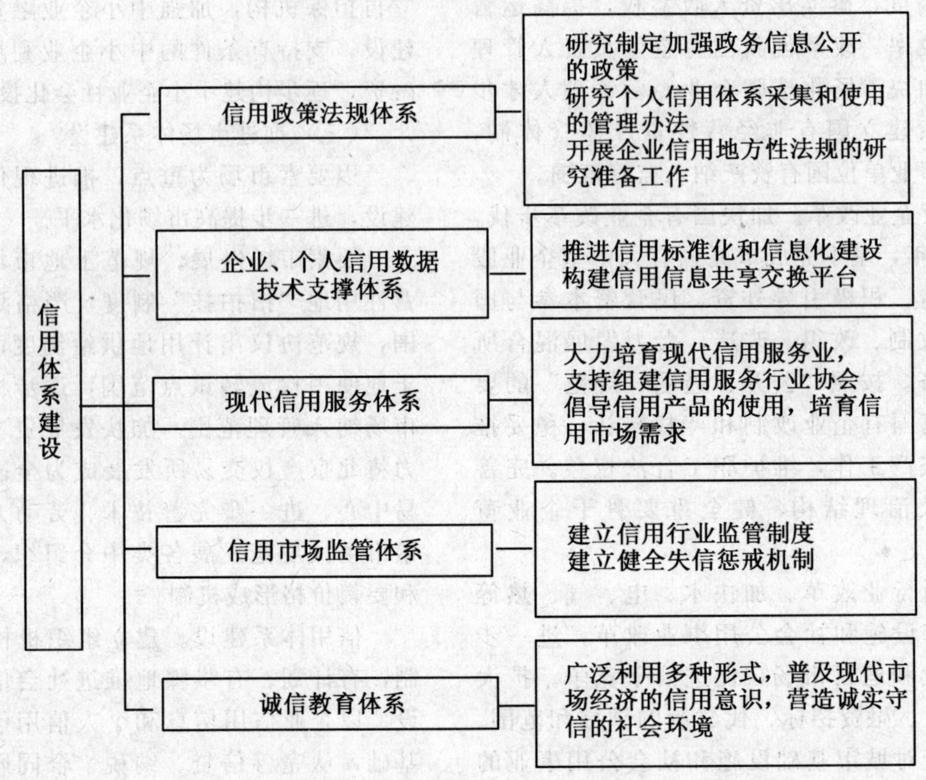

图 14　信用体系建设示意图

（四）完善经济调节机制

健全公共财政体制。优化财政支出结构，完善市和区县分税制财政体制。合理界定公共财政保障范围，增加对教育文化、医疗卫生和社会保障的投入。改进财政转移支付，加强对基础相对落后地区和薄弱环节的倾斜支持。继续深化部门预算、国库集中收付管理制度改革，提高财政资金的使用效率。改进和完善政府采购制度。规范土地出让收入管理办法。

深化价格改革。积极推进资源价格改革，逐步建立能够充分反映市场供求状况和资源稀缺性程度的价格形成机制，发挥价格杠杆在引导资源配置、促进资源节约和保护生态环境等方面的积极作用。正确处理市场调节与公共利益的关系，逐步理顺水、电、气、热等公用领域产品价格，提高公共服务水平。进一步完善专家评审、价格听证等政府定价民主决策制度，提高政府定价的科学化、民主化程度。加强价格监督检查，维护市场价格秩序，创造良好市场环境。健全价格监测制度，发挥预警和调控作用，合理引导市场和消费。继续规范行政事业性收费，减轻企业和群众负担。

改进经济运行调节。着重加强煤、电、油、气、运等方面的供求调节，健全互动协调机制，实现经济运行由应急调节向制度调节转变。健全能源需求侧管理体制和机制，充分发挥价格杠杆、规划标准、政策法规以及信息披露的引导调控作用，促进供需基本平衡。进一步健全和完善信息监测调度系统，加强经济运行监测预警，完善应急预案，保障首都经济平稳安全运行。

十、区域合作与对外开放

发挥首都优势，积极参与京津冀和环渤海区域开发，全面提高对外开放的质量和水平，形成对内合作与对外开放统筹、互动、共赢的新局面。

（一）深化京津冀区域合作

贯彻落实国家京津冀都市圈区域开发的整体部署，发挥区域核心城市的辐射带动作用，按照“统筹协调、互惠互利、突出重点、从实起步”的原则，坚持市场主导和政府推动相结合，积极创新合作机制，促进协调发展和共同繁荣。重点推进以下领域合作：

专栏 11：京津冀都市圈

根据国家编制的京津冀都市圈区域规划，京津冀都市圈包括北京、天津两个直辖市和河北省的石家庄、唐山、保定、秦皇岛、廊坊、沧州、张家口、承德 8 地市，土地面积 18.50 万平方公里，2004 年末，总人口 7389 万人，是我国的政治、文化中心所在地和人口、经济密集区，是我国参与全球经济竞争的重要基地和率先基本实现现代化的区域，同时也将是我国未来大规模推进国际化的重点地区，在我国政治、经济、社会发展中具有重要的战略地位。

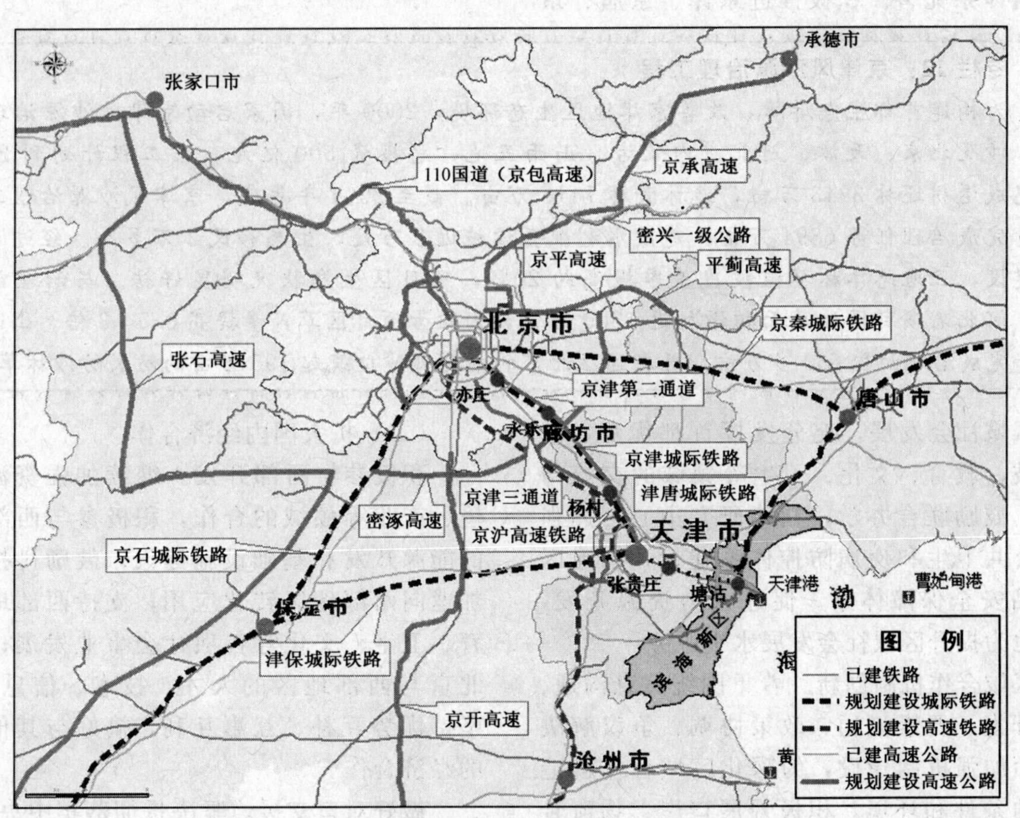

图 15 “十一五”期间京津冀都市圈交通路网示意图

产业结构调整。走高端产业发展之路，大力发展总部经济，着重发展技术研发、核心制造、营销服务等产业环节，促进区域产业分工与结构升级。加快北京经济技术开发区及周边区域开发，推动京津塘产业带形成。拓展首钢搬迁调整模式，推动不符合首都功能要求的产业调整和转移。积极参与滨海新区、曹妃甸工业区开发。

交通体系构建。积极落实京津冀都市圈区域交通规划，着力推进京津城际轨道交通、首都机场三期改造等重大项目建设，加快京津高速第二通道、京承、京包、京平高速公路建设，做好京石、京秦城际轨道交通及京津高速第三通道建设的前期工作。积极参与渤海湾枢纽港群海洋运输体系开发，促进区域交通体系完善。积极推进京津、京唐、京石城镇走廊建设，引导城市与区域空间结构协调发展和人口在区域内合理分布。

资源开发利用。加强能源开发合作，鼓励本市企业参与周边地区电力、煤炭开发及新能源和可再生能源的开发利用，配合实施华北电网建设改造，提高区域能源保障水平。积极推进“引黄入晋济京”跨流域调水工程的实施和天津海水淡化产业化的合作。

生态环境保护。加强水源保护与水环境治理合作，建立专项资金，支持密云、官厅水库上游地区水利设施建设、水环境治理和节水产业发展。继续开展生态环境建设合作，实施好京津风沙源治理和燕山、太行山山脉生态屏障建设等重大工程，支持张家口、承德等地区发展生态产业。

专栏 12：京津风沙源治理工程

为构建首都生态屏障，改善京津地区生态环境，2000 年，国家启动京津风沙源治理工程，涉及北京、天津、河北、内蒙古、山西五地，总投资 500 亿元。该工程计划到 2010 年完成退耕还林 3943 万亩，造林营林 7416 万亩。截至 2004 年年底，京津风沙源治理工程总计完成治理任务 6394 万亩，建设水利配套设施近 3 万处，生态移民 2 万多人。经过 5 年的建设，五地总体林草植被覆盖率提高约 20%，项目区生态状况明显好转。与治理前相比，河北省项目区林草面积增加近 1500 万亩，内蒙古项目区草产量提高 0.5～3 倍。山西省累计完成治理面积 660 多万亩，并在通往北京的主要风沙口筑起 195 万亩的防风防沙林草带。

区域社会发展。充分发挥首都优势，扩大科技、教育、文化、卫生等领域的交流与合作。鼓励联合办学，共建研究中心。加强区域公共卫生和疾病防控体系建设，构建区域食品安全保障体系。促进人力资源开发，更好地为提升区域社会发展水平服务。

区域合作机制创新。着重围绕信息沟通、市场开发、要素流通、政策协调、争议解决等方面加强机制建设，为深化区域合作创造良好的条件和环境。积极开展口岸、物流合作，促进贸易便利化，形成统一、开放的区域市场。

（二）扩大国内经济合作

积极参与西部开发。继续加强资源、环境、产业等领域的合作，积极参与西部地区的能源开发和基础设施建设；鼓励科技成果加速向西部地区转化应用；支持西部地区教育、卫生、文化等各项社会事业发展；密切北京与西部地区的人才、技术、信息交流。坚持优势互补、互惠互利，搞好与其他地区的经济合作。

做好对口支援。坚决贯彻落实中央部署，继续做好对内蒙古贫困旗县、西藏拉萨、新疆和田和湖北巴东等地的对口支援工作，坚持近期与长远相结合、输血与造血相结合、支援与合作相结合，把支援与帮扶任务切实落到实处。

加强与港澳台地区经贸交流合作。发挥两地优势，探索建立以企业为基础，以产业组织为纽带、政府部门积极推动的多层次合作机制，不断提升合作档次。积极参与CEPA实施，办好京港洽谈会、京台科技论坛等重要活动，密切本市与港澳台地区经贸交流，促进共同发展。

（三）提高对外开放水平

积极适应对外开放的新形势，加快转变外贸增长方式，提高吸收外资的质量和效益，显著提升北京开放型经济发展水平。

转变外贸增长方式。以贸易发展与产业发展相互促进为原则，积极推动出口生产体系建设，优化出口商品结构，提高对外贸易的质量和效益。发挥首都比较优势，扩大具有自主知识产权、自主品牌的产品出口。支持出口大户与配套能力强的加工企业，提高产业层次和加工深度，促进加工贸易转型升级。大力发展服务贸易，不断提高层次和水平。积极推进“大通关”工作，改善通关环境，提高企业通关效率。健全外贸运行监控体系，增强处置贸易争端能力，维护本市企业合法权益。

提高利用外资质量。继续优化投资环境，积极有效利用外资，为首都高端产业的发展服务。加强对利用外资的产业和区域投向引导，引导外资投向现代服务业、现代制造业、现代农业等领域。注重引进先进技术、管理经验和高素质人才。抓好一批重大利用外资项目，充分发挥集聚和带动效应，提升产业和功能区的发展水平。加强外债风险管理。大力发展总部经济，积极吸引跨国公司在京设立地区总部、研发和结算中心，积极争取国际组织在京设立分支机构和总部，提升北京的国际竞争力和影响力。

实施“走出去”战略。支持鼓励和帮助竞争力较强企业走向国际市场，参与国际竞争，培育有较高国际知名度的本市跨国公司。鼓励有条件的企业开展对外工程承包和劳务输出，扩大互利合作和共同开发。鼓励版权和文化产品输出，提高民族文化的影响力。完善对境外投资的协调机制和风险管理。

（四）加强国际交流合作

发挥国际交往中心的功能，积极开展国际交流。加强对国际组织、外国驻京外交、新闻、商务等机构的服务和管理工作。精心办好各种有影响的国际活动，积极开展民间外事活动，为外国人来京居住、工作和学习提供各种便利条件，切实提高北京的国际化程度。

第四部分　办好2008年北京奥运会

成功举办一届有特色、高水平的奥运会，是北京对全世界做出的庄严承诺，也是实现“新北京、新奥运”战略构想的关键所在。要积极落实“绿色奥运、科技奥运、人文奥运”理念，按照“节俭办奥运”的方针，举全市之力，完成好奥运会筹备和奥运会期间的各项工作，全面提升首都各项工作水平。

一、扎实推进奥运前期筹备

完成奥运场馆及相关配套基础设施建设。严格按照奥运会前重点工作倒排工期折子工程的要求，深入贯彻“安全、质量、工期、功能、成本”五统一原则，按时按质全面完成奥运场馆及相关附属设施建设任务。加快奥运相关基础设施建设，在2007年年底以前，确保奥运场馆周边的59条市政道路和5座桥梁全部建成通车，同步建成相应的市政综合管线。强化对奥运工程建设的监管，为奥运会顺利圆满举办奠定良好基础。

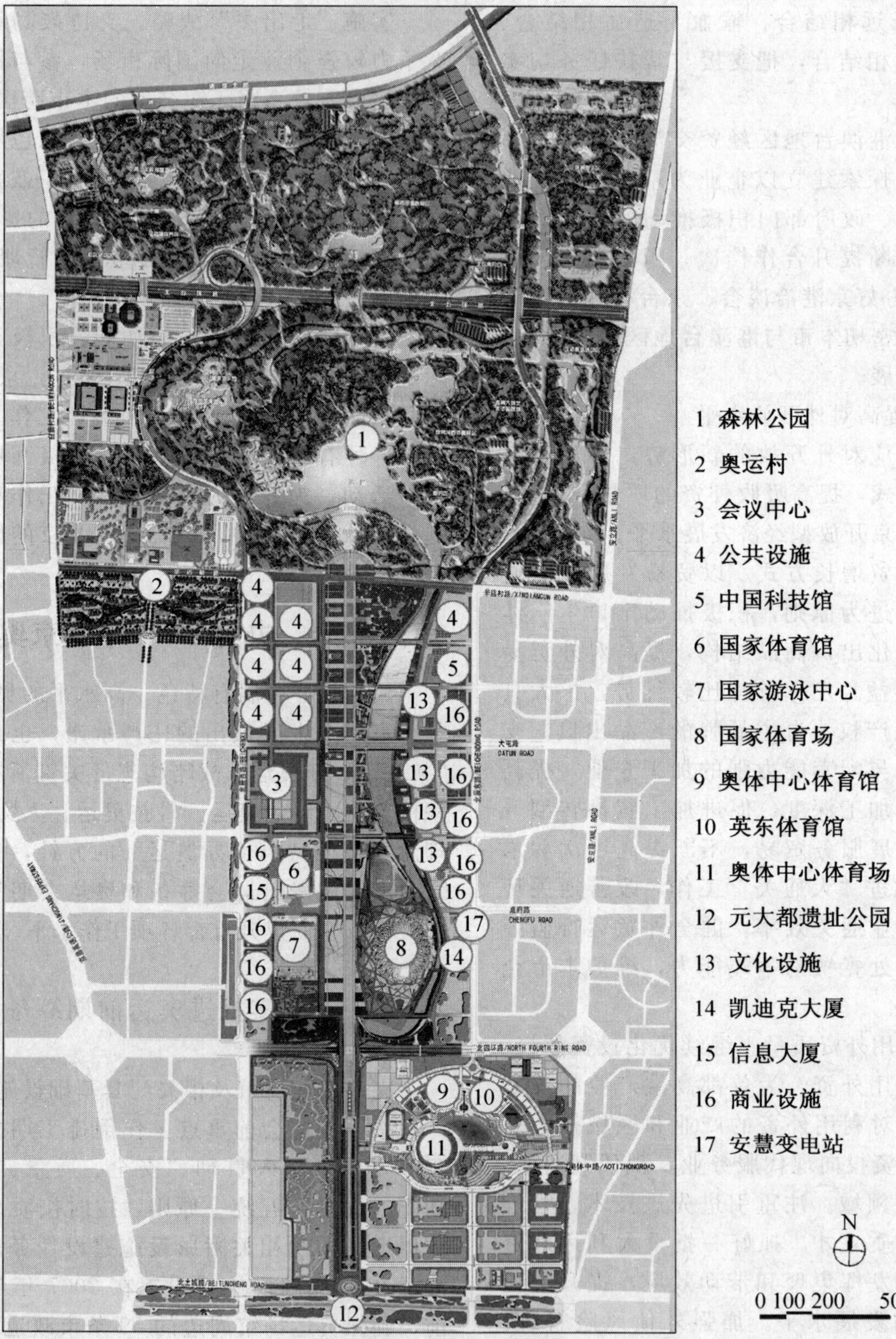

1 森林公园
2 奥运村
3 会议中心
4 公共设施
5 中国科技馆
6 国家体育馆
7 国家游泳中心
8 国家体育场
9 奥体中心体育馆
10 英东体育馆
11 奥体中心体育场
12 元大都遗址公园
13 文化设施
14 凯迪克大厦
15 信息大厦
16 商业设施
17 安慧变电站

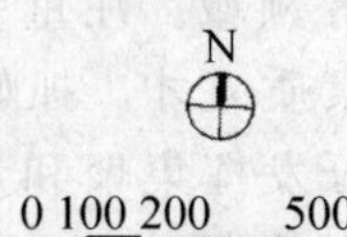

图 16 奥林匹克公园总平面示意图

专栏 13：北京奥运比赛场馆项目及建设进度安排

2008 年，北京奥运会比赛场馆建设项目共计 31 项，其中：新建项目 11 个，主要包括国家体育场、国家游泳中心、五棵松体育馆、奥林匹克水上公园等场馆；改扩建项目 11 个，主要包括奥体中心体育场、英东游泳馆、奥体中心体育馆、首都体育馆等比赛场馆；临时建设项目 9 个，主要包括五棵松棒球场、奥林匹克公园曲棍球场、朝阳公园沙滩排球场等比赛场馆。

奥运会主要比赛场馆建设进度安排是：2006 年，基本完成各项目的主体工程，并进行部分的装修装饰；2007 年，完成工程竣工验收，并进行试运行或测试赛；2008 年，在测试赛结束后 1～2 个月进行场馆总验收，并提交奥组委。

积极落实科技、绿色奥运理念，在奥林匹克公园中心区实施智能交通系统应用示范工程。部分奥运场馆周围的景观灯鼓励利用太阳能光伏发电技术。奥运村利用再生水热泵系统实现供热制冷，利用太阳能集热技术为运动员提供生活热水。建设奥林匹克森林公园，在公园内配备中水利用系统，广泛采用雨洪水利用技术。建设奥林匹克中心区广场、水系、绿地等景观工程。

完善各项工作方案和应急预案。推进实施各项奥运行动专项计划，重点制定奥运会安全保卫、医疗卫生、交通组织、电力保障、电视转播、食品安全等工作方案和应急预案，并完成相关设备、器材的配置和试运行。高水平完成各类志愿者的培训工作。

大力发展奥运经济。组织实施好奥运市场阶段开发计划，办好各种奥运经济市场推介活动，高水平策划、包装和推介一批奥运经济项目。完善奥运经济服务平台，为国内外各类企业和投资者进入北京市场、参与奥运经济开发提供权威、及时、方便、优良的服务。发挥奥运带动作用，推动旅游、住宿、食品、餐饮等行业发展。

二、精心实施奥运组织安排

精心组织好各种赛事活动。按照预定日程组织好各项比赛活动，确保万无一失。提供一流的交通、住宿、医疗卫生、安全保卫服务和组织保障，为各国运动员、教练员及工作人员、新闻媒体的记者以及广大国内外观众提供方便快捷、热情周到、及时有效的服务。认真做好残奥会的各项工作。

高水平举办大型庆典活动。以“同一个世界、同一个梦想”为主题，精心组织好开幕式、闭幕式、火炬传送等大型文化活动，营造安全、祥和、欢快、热烈的氛围，为奥林匹克运动增添中华文化风采。

保障城市高效安全运行。坚持奥运优先、奥运必保，奥运会比赛期间，综合协调能源、交通、安全、通信等城市基础运行条件，保证城市各项功能正常运转，保障市民在食品、医疗、用水、用电、用气、交通、通信等方面的正常需求，为奥运会提供良好的社会环境。

完善城市安全应急系统。落实好各种紧急事件预案，预防和处理各类突发事件。重点防范自然灾害、城市基础设施损毁以及电视转播中断、技术设备故障等可能发生的风险，保障赛事顺利进行，确保奥运安全和城市安全。

三、保持后奥运期平稳发展

合理安排城市建设的进度和规模，做好场馆赛后利用和奥运品牌的持续开发，积极防范和规避潜在的奥运低谷风险，保持奥运前后经济社会平稳健康发展。

注重奥运场馆后续利用。积极引进国内外知名机构和企业，共同开发奥运场馆及配套设施的相关功能，承办各类文艺演出、体育比赛和大型会展活动，实现场馆持续、高效利用，带动周边商贸、餐饮、酒店等行业的发展，促进奥林匹克中心区形成。

加强奥运品牌持续开发。扩大宣传和推广，做好奥运品牌的持续、深度开发，提升企业和产品的国际影响力和市场竞争力。结合奥运主题，开发新的体育文化旅游项目，形成一批具有奥运特色的经济增长点。

搞好经济调节。加强奥运后经济走势的动态监测分析，有针对性地搞好投资、消费等方面的引导，有序启动重点新城建设，保持奥运前后经济运行的基本平稳。

专栏 14：奥运经济及其效应

奥运经济是指奥运会举办前后一定时期内，所发生的与奥运会举办有联系的，具有经济效果或经济价值的各类活动。奥运会的总体效果和影响力是奥运经济发展的重要基础。奥运经济已经成为最近 30 年世界经济发展中一种独特的经济现象。从以往举办城市的历史实践看，奥运经济是注意力经济，会由于注意力资源的相对集中而给举办城市带来阶段性加速发展；奥运经济是品牌经济，通过良好的运作通常能造就一批知名产品和企业品牌；奥运经济是借势经济，将对举办城市的经济、社会发展产生强大的推动力量，产生类似加速器或催化剂的作用。奥运经济因其特有的聚合、裂变和辐射效应，而蕴藏着巨大的经济潜力。

第五部分　启动重点新城建设

新城建设是有序疏解和调整中心城区人口和功能，保持首都经济社会持续健康发展的重要战略举措。按照城市总体规划的实施要求，“十一五”期间全面启动顺义、通州和亦庄三个重点新城建设。

一、总体要求

基本原则。新城建设要遵循科学发展观要求，高标准规划、高起点建设、高水平配套，注重把握以下原则：

突出主导功能定位。按照城市总体规划确定的功能和发展方向，搞好功能分区和空间协调，构建风格各异、彰显特色的城市形态。要着重承接中心区的产业、人口转移，吸纳本地人口城市化。

突出发展理念创新。注重节约利用资源，保护生态环境，推动循环经济发展，建设资源节约型和环境友好型城市。坚持以人为本，尊重历史文脉，挖掘、展现新城文化内涵。加强城市设计，改善新城景观与环境风貌，增强新城品质和吸引力。

突出产业协调配套。发展优势产业，引导产业集聚，协调产业发展与城市开发建设步伐，不断增强经济活力和就业保障。合理配置公共服务设施，构建良好人居环境。

突出时空合理有序。坚持“全市统筹、区域协调”，合理安排建设时序和建设重点，根据产业、用地、人口发展情况，明确优先开发顺序，实现滚动建设、渐进发展，防止出现分散投资、分散建设和土地集约利用程度偏低的现象。

主要目标。按照“五年打基础、十年成系统、十五年见水平”的总体思路，“十一五”期间，高水准完成新城规划和城市设计，初步形成新城功能分区的空间架构；基本完成新城与中心城方便快捷的交通联络体系，初步奠定新城的基本框架；基本完成新城教育、卫生等社会公共服务设施空间布局规划；创新开发建设模式，初步建立新城建设和发展的有效机制。

建设时序。“十一五”时期，重点新城建设大体分为两个阶段：

2008年以前，着重完成各类详细规划编制以及相关标准、规范的制订，研究制订新城的实施政策，做好建立实施运行机制的相关工作；协调和安排好重大区域性基础设施建设和重大产业项目的配置，做好战略项目及用地储备。

2008年以后，充分发挥公共投资的先导作用，建设一批关键性基础设施及重要带动项目，基本建立新城基础设施和与中心城方便快捷的交通联络体系；切实改善新城的人居环境，提高管理水平和服务能力，为加快中心城功能和人口向新城疏解夯实基础，初步形成新城发展的基本框架。

二、顺义新城

功能定位。建设成为连接国际国内的枢纽空港，打造服务全国、面向世界的临空产业中心和现代制造业基地。主要发展临空产业和现代制造业，引导发展国际交往、会展等功能。

规划范围。顺义新城由中心区、空港区及河东新区组成，现状用地44平方公里，其中可改造建设用地约18平方公里。到2010年，人口规模控制在50万人，城市建设用地规模控制在60平方公里（不含机场及周边地区）。到2020年，人口规模控制在90万人，用地规模控制在103.9平方公里左右。

空间方向。采取以公共交通为导向的发展模式，优化完善中心区和空港区的功能布局，加强分区及组团间的功能配置，引导形成“两轴、三区、多组团”的空间发展布局。河东新区为新城发展备用地，是城市远期发展的预留空间。

近期目标。重点围绕临空经济区建设，积极发展临空产业、高新技术产业和现代制造业，全力打造首都经济新的增长极；重点围绕新城中心区和空港区建设，进一步优化城市功能布局，使顺义新城马坡组团及各功能区建设初见成效；重点围绕轨道交通、公交枢纽等各项基础设施与综合生态环境建设，提高社会公共服务水平，确保奥运会水上项目成功举办，初步形成“滨水、生态、国际、活力、宜居”的特色新城。

建设重点。搞好首都机场扩建工程和奥林匹克水上公园建设；加快推进空港工业区、空港物流基地、空港保税物流中心（B型）、国门商务区、汽车生产基地等功能区建设；加快实施中国国际展览中心新馆、现代汽车三期扩建、首钢冷轧薄板、航空货运大通关、海关电子口岸等重点项目，增强新城的产业支撑力和综合经济实力；以交通建设为先导，加强各项市政基础设施和公共服务设施建设，提升新城的综合服务功能；加强环境保护和综合生态建设，重点搞好潮白河综合整治、温榆河生态走廊建设，提高新城的人居环境质量。

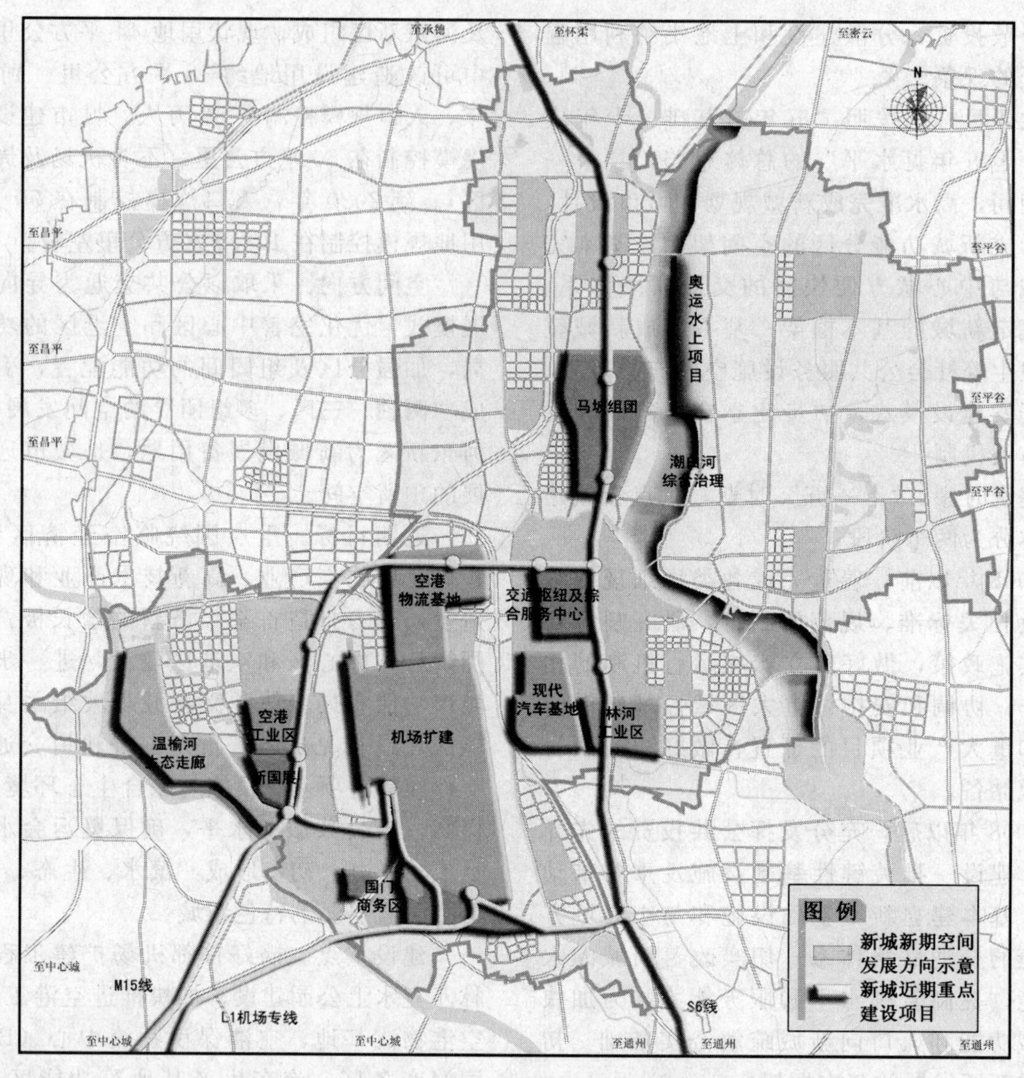

图 17　顺义新城近期发展引导图

三、通州新城

功能定位。建设成为面向区域可持续发展的综合性服务新城，北京参与环渤海区域合作发展的重要基地，服务设施完善、文化产业发达，承接商务、会展、行政及城区人口功能的现代化新城区和综合服务中心。主要发展以文化产业为主体的现代综合服务业，引导发展商务、金融、会展等功能。

规划范围。南以京沈高速为边界，西邻朝阳区界，东至北京市界，北至规划潞苑北大街，现状城市建设用地 42 平方公里，其中可改造建设用地约 9.66 平方公里。到 2010 年，人口规模控制在 60 万人，城市建设用地规模控制在 60 平方公里。到 2020 年，人口规模控制在 90 万人，预留达到百万人口规模的发展空间，用地规模控制在 85 平方公里左右。

空间方向。在通州新城范围内，构建“一河两翼，南拓东进，组团发展”的空间结构，在现有基础上，注重向东、南方向拓展。

一河两翼：突出以北运河为纽带的城市形象及文化内涵，运河西岸改造提升旧城，运河东岸聚集城市新增功能。南拓东进：南部以通州外环路、京塘公路为界，东部以六环路为界，向外拓展，与亦庄新城、国际空港联动，形成新的发展空间。组团发展：以六环路、京哈高速路、通州外环路及京塘公路为分界线，在空间上形成六大功能组团。

近期目标。以新北京东站及运河两岸城市中心地区建设为契机，着重完善交通市政基础设施，提升公共服务设施水平；推动产业发展和城市功能区布局调整；突出运河文化底蕴，逐步形成文化产业优势，建成新城示范区，初步构建面向区域、可持续发展的综合服务新城的基本格局。

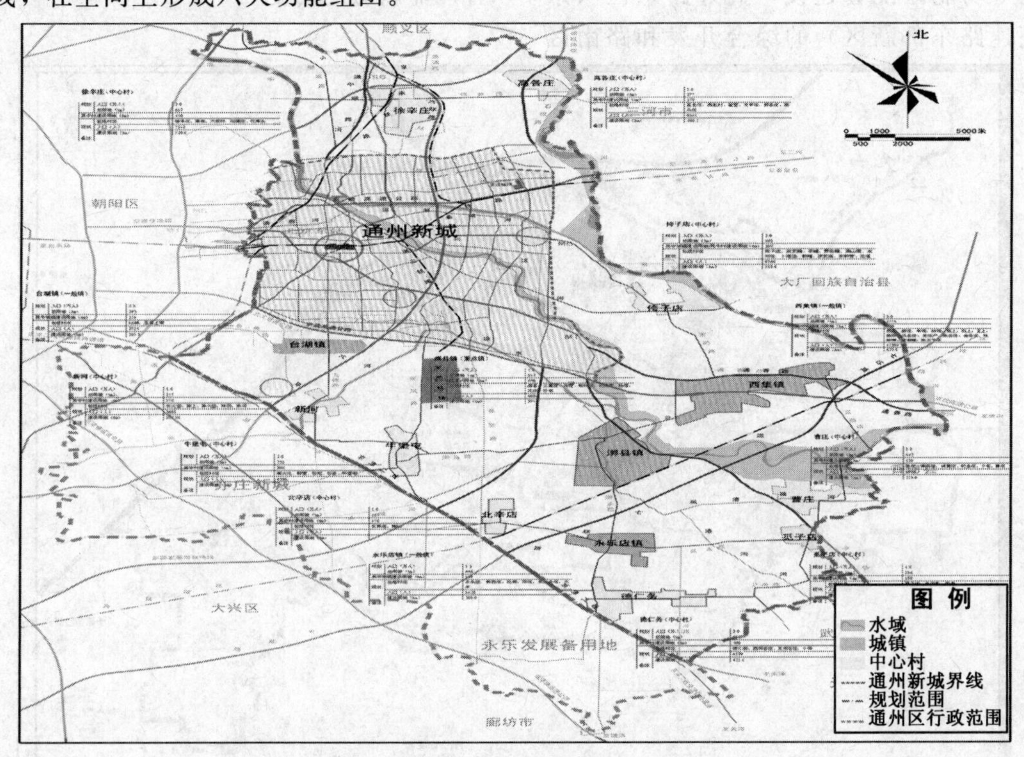

图 18 通州新城城镇规模结构规划图

建设重点。搞好运河沿岸城市中心区改建；搞好新北京东站枢纽区公共中心和大型主题娱乐设施规划建设；加强新城教育、医疗、文化等社会公共服务设施和社区配套建设；加强新城市政基础设施及生态环境建设，改善环境质量，提升新城品质。

四、亦庄新城

功能定位。建设成为以高新技术产业和先进制造业集聚发展为依托的综合产业新城，辐射带动京津城镇走廊产业发展的区域产业中心。主要发展电子、汽车、医药、装备等高新技术产业与现代制造业，引导发展商务、物流等功能。

规划范围。包括北京经济技术开发区，大兴区下辖的亦庄、瀛海镇行政辖区以及旧宫镇三海子地区，通州区的马驹桥镇行政辖区以及台湖镇位于京津塘第二通道以西的行政辖区，规划面积 212.7 平方公里。现状城市建设用地约 26 平方公里。到 2010 年，人口规模控制在 30 万人，城市建设用地规模控制在 55 平方公里左右。到 2020 年，人口规模控制在 70 万人，用地规模控制在 100 平方公里左右。

空间方向。以北京经济技术开发区为核心，跨越京津塘高速公路向东及凉水河向南方向发展，突出轴向发展和双中心的空间布局结构。沿京津交通复合走廊，完善核心区、河西区等功能区配套建设，搞好路东区（京津塘高速路东部新区）的综合开发和路南区（凉水河南部新区）的规划设计。新城永乐组团为城市远期发展预留空间。

近期目标。加快产业园区及产业基地建设，初步构建以高新技术产业为主导、面向京津区域发展的新型产业格局；加强区域交通、市政、公共服务、住宅和生态环境建设，完善社会服务功能，逐步实现由开发区向综合产业新城的转变。

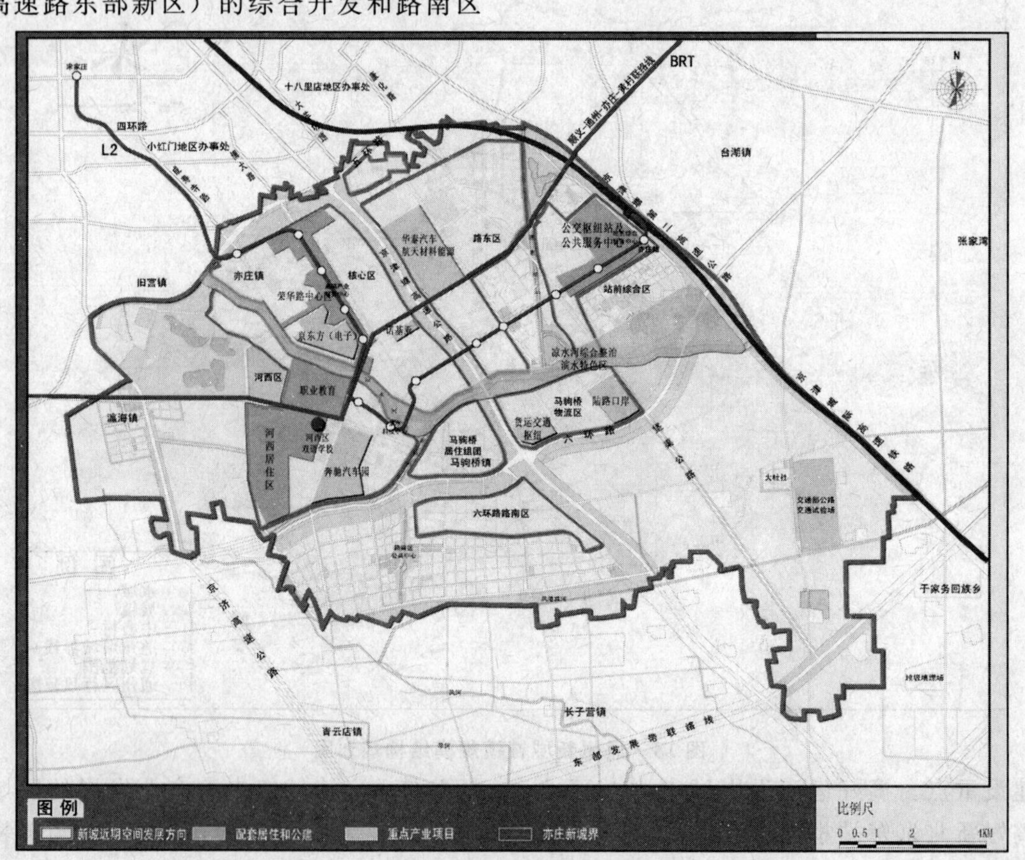

图 19　亦庄新城近期发展引导图

建设重点。强化中芯国际、奔驰汽车、京东方等优势企业带动作用，启动路东新区开发和河西区配套建设，建设产业发展新区；以京津城际轨道交通建设为契机，加强对外交通通道和市政基础设施建设，增强对外辐射发展能力；搞好各功能区及开发区周边重点地区建设，完善公共服务及住宅配套，提升新城综合服务功能。

五、实施保障

新城建设事关首都战略发展全局，必须注重从规划、政策、资金和机制上加强统筹协调，保障新城开发建设健康有序地进行。

规划保障。坚持规划先行，高水准编制完成新城建设的总体规划、控制性详细规划、重点地区的城市设计和相关专项规划，明确功能分区和开发次序，为新城建设提供科学依据。

政策保障。实施产业发展区域差异化政策，引导合理分工。健全土地市场管理，完善土地开发政策。妥善安置失地农民，有效保护农民权益。完善人口发展政策，引导中心区人口转移和本地人口城市化。完善资源环境政策，促进资源集约利用。

资金保障。加强政府投入，着重搞好跨区域的重大骨干基础设施项目建设。发挥政府投资导向作用，引导中心城区优质社会服务资源转移。创新融资方式，引导社会资金投入。

机制保障。坚持全市统筹考虑，充分调动市、区（县）两个积极性，建立强有力的管理协调机制，加强对规划制订、政策安排、项目实施等关键环节的决策管理。积极推进法制建设，探索行政区划合理调整，为新城健康有序开发建设提供体制机制保障。

第六部分 规划实施

实现“十一五”规划目标，必须建立健全符合社会主义市场经济要求的规划实施机制，充分发挥市场配置资源的基础性作用，提高政府依法履行职责的能力和水平，把握好规划实施的重点和时序，确保各项重大任务的完成。

一、配套政策制订

根据发展的实际需要，把握重点领域和关键环节，有效运用政府掌握的公共资源配置手段，制订实施好公共政策，给市场主体以正确导向，促进发展目标的实现。

（一）积极引导市场需求

认真贯彻落实国家各项宏观调控政策，发挥投资、消费、出口的共同拉动作用，注重调节和改善需求结构，逐步提高消费率，为经济平稳较快发展提供内在动力。

增强消费拉动作用。以增加农民和城镇中低收入居民的收入为重点，提高整体消费能力。完善消费政策，清理限制消费的各种规定，规范和发展消费信贷，积极发展租赁消费等多种形式的信用消费。制订实施必要的补贴政策，引导居民扩大绿色消费。推行带薪休假制度，推动消费结构升级，鼓励居民增加旅游、文化、健身等休闲消费。努力扩大外来消费。继续整顿和规范市场秩序，鼓励持卡消费、网上购物、电话购物等新型消费方式，为市民创造放心、方便的消费环境。

调整优化投资结构。在保持固定资产投资平稳增长的同时，更加注重提高投资的质量和效益。继续推进政府投资向郊区转移，并根据实际情况适当增加，着重支持郊区基础设施、社会公共服务、资源开发利用、生态环境保护以及产业园区配套等领域的项目建设，加强和改善经济社会发展中的薄弱环节。及时发布产业导向信息，引导社会投资向优势产业转移，运用多种投融资工具，引导金融部门合理放贷和社会资本进入，支持符合首都经济要求的行业发展。逐步降低房地产投资比重，防范和化解潜在的投资结构风险。

改善进出口调节。适时调整外贸促进政策，支持低消耗、高增值产品出口，扩大关键技术设备和资源性产品进口，更好地发挥进出口对经济发展的促进作用。

（二）科学安排财政预算

根据公共财政服从和服务于公共政策的原则，按照本规划确定的发展目标和工作重点，编制实施好年度财政预算，加强收入组织和支出管理，合理界定政府支出范围，优化支出结构，保持收支基本平衡，提高公共财政的能力和水平。

积极组织财政收入。坚持依法征收、应收尽收的原则，加强人性化的纳税服务工作和精细化的税源管理工作，严厉打击逃款偷税行为，确保各项税费收入及时、足额入库，增强财政保障和支付能力。

优化财政支出结构。逐步提高社会基本公共服务支出占各级财政支出的比重，重点保障义务教育、公共卫生、社会保障、公共安全、环境保护等方面支出需要，按照维护社会公平要求，切实履行好再分配职能。整合专项资金，规范使用管理，确保投向关键领域和薄弱环节，最大限度地发挥财政资金的使用效益。控制行政成本，厉行勤俭节约。根据城市建设阶段变化，统筹财政时序安排，适当增加基本建设资金投入，合理安排基本建设预算，确保政府奥运筹办工作的顺利实施。加强对落后地区的转移支付，促进区县功能定位落实。

（三）合理调控土地供应

坚持十分珍惜、合理利用土地和切实保护耕地的基本国策，提高节约、集约利用土地水平。科学编制和严格实施各级土地利用总体规划，制订实施好年度土地供应计划，加强土地供应总量和结构调控，合理把握土地开发和投放时序，更好地保障城乡发展建设的实际需要。

严格控制建设用地规模。“十一五”期间，全市建设用地供应总量控制在 35 000 公顷左右。着重用好现有存量建设用地，从严控制新增建设用地，农用地转建设用地量力争不超过 18 000 公顷。

调整土地供应结构。优先满足关系城市布局调整、功能提升的重大基础设施建设，优先支持增强经济发展后劲和整体竞争力的重大产业项目，优先保证生态建设用地需要。对现有农村居民点、独立产业用地要加以整合，不得新增用地。保持房地产土地供应适度规模，禁止高档别墅土地供应，严格控制其他高档公寓和市场过剩物业类型的土地供应。

（四）有效运用政府储备

制订主要能源物资储备政策，健全社会库存及商业库存监督机制，逐步完善政府储备，坚持市场化运作模式，充分发挥政企两方面作用，完善能源、粮食、农业生产资料、救灾药品等重要商品物资的储备。

（五）加强政策协调落实

为保证发展目标实现，“十一五”时期要在分析梳理现行政策的基础上，着眼于发展的关键领域，适时制订出台一批重大的经济和社会政策以及地方法规，形成对发展的有力支撑。主要是：制订促进现代服务业发展的政策意见，积极促进全市现代服务业健康快速发展。制订促进文化创意产业发展的政策意见，推动文化创意产业加快发展。制订实施支持科技创新的专项政策，增强企业自主创新能力。制订实施发展循环经济的配套政策，加快建设节约型社会。制订实施加强人口综合调控的政策，促进新型调控机制建立和首都可持续发展。制订实施扩大社会保障覆盖、完善社会救助的专项政策，增进社会整体福利。制订实施加强农民培训的专项政策，促进农村劳动力加快转移和农村人口城镇化。制订全市重大项目配置实施办法，促进城市功能分区落实和区域有序竞争。适时修订和发布产业导向目录，引导产业结构升级。完善总部经济政策，鼓励高端产业发展。完善中小企业促进政策，增强发展活力。制订实施生态涵养发展区资源开采型产业调整和生态补偿政策，促进生态保护和山区发展。加强各项政策间的衔接协调，减少和克服政策摩擦，保障政策实施效果。

二、专项规划落实

充实完善规划体系，针对发展的特定领域和薄弱环节，编制实施好专项规划，加强各规划之间的相互衔接，为规划纲要的顺利实施提供有力支撑。

（一）市级专项规划

市级专项规划作为全市“十一五”规划的重要组成部分，是本规划纲要在特定领域的细化和延伸，突出反映了政府在这些领域的政策意图。市政府各有关部门要依据本规划纲要，编制实施好专项规划，明确该领域的发展方向、发展目标、工作重点和政策措施安排。重点做好全市人口发展、公共服务、基础设施、社会保障、科技创新、新城发展、循环经济等 14 个重点专项规划的落实。市投资主管部门要会同相关职能部门制订好具体建设项目计划，遵循科学发展观要求，修订和细化项目建设标准，合理安排项目实施进度，促进规划有效落实。市财政和投资主管部门要将规划作为项目审核的重要依据，组织安排好财政预算和政府投资。

（二）区县发展规划

各区县人民政府要依据本规划纲要确定的发展方向和总体要求，立足本地实际，组织编制实施好本行政区的经济社会发展规划。要从地方政府的基本职责出发，突出加强公共服务和社会管理，切实改善群众的生产生活条件。要着力优化发展环境，为市场主体服务。要树立“全市一盘棋”思想，确保全市重大项目的落实，为全市协调发展创造良好基础。

（三）规划衔接协调

正确处理经济社会发展规划与城市规划、土地利用规划之间的关系，加强衔接配合，确保在总体要求上指向一致，在空间配置上相互协调，在时序安排上科学有序，不断提高规划的管理水平和发展的实际成效。

根据本规划纲要确定的发展目标和重点内容，编制好重点区域的控制性详细规划和近期建设要点，并及时向社会公布，引导促进资源在空间形态上的合理配置，约束随意行为。要编制实施好土地利用规划，明确不同区域的土地利用功能、开发方向和开发时序，促进区域开发合理有序，保障首都经济、社会和生态环境的可持续发展。

三、重大项目实施

按照集中力量办大事的原则，“十一五”时期要突出重点，组织实施好一批关系全局和长远发展的重大项目，在不断提升城市硬实力的同时，更加注重增强城市发展的软实力，让广大市民在发展中得到更多实惠。

（一）实施一批增强管理效能的基础工程

积极借鉴国内外大城市的管理经验，推广应用先进技术手段和组织方式，建设一批增强城市管理效能的基础工程，显著提升城市基础管理水平和应变能力。主要是：扩展电子政务，着重建设城市管理信息化系统，完善面向企业和公众的应用服务系统，搞好关键基础数据库的建设等；立足危机的综合管理，健全突发公共事件应急管理体系，形成比较完善的应急预警、指挥、处置和救助运行机制；推进社会信用体系和市场监管体系建设；控制和减少重大、特别重大生产安全事故发生，整改、消除重大事故隐患，提升城市综合安全能力等。

（二）组织一批提升创新能力的攻关项目

着眼于增强主导产业的核心竞争力、提升城市管理水平、节约利用资源、保护环境、促进安全生产，集中研究力量和资源投入，支持一批重大技术攻关和产业项目，形成一批“北京创造”品牌。

（三）建设一批增强服务功能的重大项目

根据奥运会举办和城市空间战略调整、

功能完善的需要，着重组织实施好城市基础设施、社会公共服务、产业结构调整、资源集约利用、生态建设和环境保护等领域的一批重大项目，增强城市综合服务能力，提升城市形象。

（四）安排一批方便市民生活的便民工程

以人为本需要注重细节。“十一五”时期要围绕市民关心关注的实际问题，从细节入手，及时发现和回应市民需求，有针对性地加大投入和改进管理，着重安排落实好一批解决市民生活不便、满足基本需要的项目，办实事、求实效。重点包括改善农村公共服务，推进街道公共设施和社区服务设施便利化，推进城市地理标志的简便化，建设食品、药品放心工程，整治环境脏乱等。

（五）落实一批完善体制机制的改革项目

围绕解决困扰发展的突出体制矛盾，制订实施好一批重点专项改革方案，把握好时机和力度，适时出台和推进。“十一五”期间力求在垄断行业市场化、建立市场监管体制、理顺资源价格、行业协会转制、医疗卫生体制改革等重点领域和关键环节取得突破性进展。

四、规划实施管理

按照“统筹协调、分工负责”的原则，进一步健全责任制，加强考核评价和民主监督，动员和引导社会广泛参与，确保规划分阶段有效落实和发展目标的如期实现。

（一）统筹进度安排

根据“十一五”时期北京发展的特点，合理把握规划实施的阶段重点和建设节奏。2008年前，主要围绕办好奥运会，做好各项筹备工作，为奥运会成功举办创造良好的经济、社会、文化环境；2008年后，主要围绕推进城市发展战略重点转移进行安排，保持经济社会平稳健康发展。要制订实施好年度发展计划，围绕规划纲要确定的发展目标和主要任务，明确进度要求和具体政策导向，确保规划目标任务有计划、按步骤地得到落实。

（二）完善考核评价

市政府各部门要按照职责分工，将规划纲要确定的相关任务纳入本部门年度计划和折子工程，明确责任人和进度要求，切实抓好落实，并及时将进展情况向市政府报告。按照科学发展观的要求，进一步改进考核方法，完善评价机制。

（三）加强实施监督

进一步加强规划实施的监督，建立健全重大事项报告制度，定期将规划目标和主要任务的进展情况向市人大常委会报告，向市政协通报。进一步扩大政务公开，强化信息引导，面向企业和公众，积极广泛地组织好规划宣传，及时披露相关政策和信息，给市场主体以合理预期和正确导向，形成全社会关心规划、参与实施和共同监督的良好氛围。发挥新闻媒体和群众社团的桥梁和监督作用，健全政府与企业、市民的信息沟通和反馈机制，促进规划实施。

（四）搞好滚动衔接

组织好规划实施的监测和中期评估，积极借助社会中介组织力量，多角度分析评价规划实施效果和政策措施落实情况，及时发现问题和提出改进意见，保障规划目标实现。加强重大战略问题的跟进研究，不断探求解决问题的新思路、新机制、新办法，为本规划纲要的有效实施和滚动发展规划的研究制订创造条件，促进全市发展总体战略目标的有机衔接、逐次推进。

（五）规划实施调整

本规划纲要一经批准，由市人民政府组织实施。规划实施期间由于特殊原因确需调整时，按有关程序报批。

北京市第十二届人民代表大会第四次会议关于北京市2005年国民经济和社会发展计划执行情况与2006年国民经济和社会发展计划的决议

（2006年1月20日北京市第十二届人民代表大会第四次会议通过）

北京市第十二届人民代表大会第四次会议经过审议，并根据财政经济委员会的审查报告，决定批准北京市2006年国民经济和社会发展计划及《关于北京市2005年国民经济和社会发展计划执行情况与2006年国民经济和社会发展计划草案的报告》。

关于北京市2005年国民经济和社会发展计划执行情况与2006年国民经济和社会发展计划草案的报告

——2006年1月15日在北京市第十二届人民代表大会第四次会议上

北京市发展和改革委员会主任 丁向阳

各位代表：

我受北京市人民政府委托，向大会提交北京市2005年国民经济和社会发展计划执行情况与2006年国民经济和社会发展计划草案的报告，请予审议。

一、2005年国民经济和社会发展计划执行情况

2005年是全市贯彻落实科学发展观在认识和实践上取得重要进展的一年。在市委领导下，全市上下按照市十二届人大三次会议的总体要求，认真贯彻落实中央宏观调控政策，统筹城乡协调发展，推进和谐村镇、和谐社区建设，加强经济调节、市场监管、社会管理和公共服务，实现了国民经济平稳较快发展和社会事业的全面进步，完成了年初计划的主要目标，为顺利完成“十五”计划任务画上了圆满的句号。

（一）经济发展基本实现了速度结构质量效益的统一

经济保持平稳较快增长。初步预计，全市生产总值增长10.5%左右，“十五”期间保持了11.8%的较高增长。预计全社会固定资产投资超过2800亿元，增长11%以上；社会消费品零售额超过2890亿元，增长10%以

上；地区进出口总值 1258.5 亿美元，增长 32.9%。

结构不断调整优化。产业结构继续向符合城市功能定位和首都经济发展方向调整。预计第三产业实现增加值增长 10%以上，占全市生产总值的比重达到 67.7%。预计高新技术产业实现工业增加值增长 20%左右，比全市工业平均增速高 7 个百分点。产业布局继续改善，首钢搬迁与结构调整工作正式启动，中关村科技园区、北京经济技术开发区等重点功能区发展加快，成为全市经济的重要增长极。投资结构出现预期变化，预计工业投资增长 20%左右，基础设施投资增长 25%以上，占全社会固定资产投资的比重分别达到 14%和 20%左右。出口结构趋于优化，电子信息等高新技术产品占地方出口的比重预计超过 51%。

经济增长质量进一步提高。在经济保持平稳较快增长的同时，物价、就业形势基本稳定。预计居民消费价格指数为 101.5%，城镇登记失业率控制在 2.3%以内，均在计划调控目标范围之内。资源节约及综合利用水平提高，预计万元地区生产总值能耗下降 5%，水耗下降 10.9%，节能降耗取得一定成效。

经济效益有所提高。地方财力进一步增强，全年地方财政收入增长 23.5%，达到 919.2 亿元。预计工业企业经济效益综合指数 169%左右，继续保持在较高水平。广大人民群众从发展中得到了实惠，预计城市居民人均可支配收入 17 650 元，实际增长 11.2%，农民人均纯收入 7850 元，实际增长 8%。

（二）城乡协调发展出现新的面貌

加大对“三农”的政策和资金支持，农民得到了更多的实惠。通过调整结构、整合资源、转变投入方式，加大了资金、政策向郊区倾斜力度。市发展改革委安排的政府投资，投向郊区 71.9 亿元，郊区与城区的投资比例达到了 50∶50 的年初计划目标。调整农村土地征占政策，提高了征地补偿标准，为有效解决失地农民的保障、就业等奠定了制度基础。完善种粮直补政策和山区生态林补偿机制，实行村级经费补贴制度，提高对贫困村的补贴标准，发展都市型现代农业，有效地促进了农民增收和农村发展。

郊区建设和发展加快，基础设施供给能力明显提高。莲花池西路开通后，门头沟等 7 个郊区县实现了与中心城区的快速连接，通向怀柔、密云的京承高速二期工程正在加紧建设，通向平谷的京平高速公路已经开工，全市道路主干网基本形成。郊区县建成区新增和改扩建主干路 145 公里，次干路 106 公里，所有郊区县建成区路网及配套管网主架也基本形成。全市 3978 个行政村基本实现“村村通油路”。天然气管线已经延伸到顺义、通州、大兴、昌平、房山等郊区县。在郊区新建 14 座输变电站，为郊区经济社会进一步发展创造了条件。第一期 30 万亩农业节水灌溉工程初步建成。完成了 60 个乡镇，500 个村集中供水设施建设，30 万农民的安全供水工程已经竣工通水。每个郊区县都建成了一个以上污水处理厂，郊区城镇污水处理率达到 40%。郊区生活垃圾无害化处理率达到 46.6%。57%的行政村进行了厕所改造，农村环境面貌进一步改善。

城市建设和管理水平进一步提高，服务功能进一步增强。奥运工程全面展开，11 个新建、2 个改扩建和 5 个临时比赛场馆及国家会议中心等 5 项相关设施已开工建设。奥运场馆周边道路建成 6 条，25 条正加快实施。地铁 5 号线土建工作量基本完成，10 号线土建完成 40%，4 号线土建完成 20%，轨道交通机场线、京津城际轨道交通工程已经开工，全市轨道交通在建规模达到 115 公里，超过建国以来轨道交通建设的总和。中心城区道路里程和面积分别增长 6.9%和 5.8%。市区快速路通车里程达到320公里，完成快速路网规划的80%以上。京津二通道、京包高速顺利推进。首都博物馆新馆落成投入试运行，国家大剧院基本建成。整治69个“城中村”。以前门、大栅栏市政基础设施改造为代表的南城建设工程已经启动。市区两级应急指挥系统初步建立，完善了突发公共事件应急预案，采取积极有效措施防控高致病性禽流感疫情，城市管理和服务的现代化水平进一步提升。

（三）市场监管和社会管理能力进一步提高

食品和药品安全得到基本保障。食品和药品安全监督检查力度加大。食品安全监测抽查合格率达95.3%，其中与人民生活密切相关的大米、面粉、食用油、蔬菜等主要食品的合格率超过97%。药品抽验合格率为98.3%，在全国继续保持领先水平。

市场秩序基本正常。严厉打击制售假冒伪劣、商业欺诈、侵权盗版、无照经营等违法行为，企业经济违法案件发案率为6.3%，同比有所降低。大力开展价格监督检查，针对群众反映较多的停车和物业收费问题，开展了专项研究和整治。

安全生产形势总体稳定。全面开展安全大检查，加大事故隐患排查整改力度，严格落实责任制，全市生产安全、火灾事故、交通肇事死亡人数下降6.8%。

（四）公共服务水平不断提升

社会保障覆盖范围继续扩大。全市城镇基本养老、基本医疗、失业保险参统人数分别达到520万、574.8万、394.6万，完成了年初计划目标。及时调整城市居民最低生活保障相关待遇标准，实施城市低保分类救助制度，6万特困人员救助标准上浮了10%。推行农村养老保险和新型农村合作医疗制度，全市累计参保人数分别达到40.6万人和249.7万人。

基本公共服务均等化取得一定进展。政府投资向医疗、教育倾斜，佑安医院、地坛医院、友谊医院等一批重大项目进展顺利。市疾病预防控制中心建成使用，建设了412家传染病接诊室、142家传染病门诊、61家传染病隔离留观室、136家城区社区急救站和16个郊区乡镇急救站，对587个农村社区卫生服务站、899个村卫生室进行了标准化建设，全市公共卫生应急体系基本形成。通过实施“名校办分校、名院办分院”工程，城区11所重点中小学、4所三甲医院在郊区建设分校和分院。全市义务教育阶段学龄入学率达到99.7%，高中阶段教育入学率达到98%，普通高校招生8.2万人，录取率达到75%，研究生招生5795人。

环境质量有所好转。白河堡水库上游水源保护、官厅水库流域生态环境综合治理示范工程建成，实施凉水河、北环水系等城市主要河道水环境治理工程。小红门污水处理厂建成投入使用，预计城八区污水处理率达到70%，再生水利用率达到30%。城八区生活垃圾无害化处理率达到95.2%，城市绿化覆盖率达到42.5%，市区空气质量二级和好于二级以上天数比重达到64.1%，完成了年初计划目标。

（五）重点领域改革取得新突破

投资体制改革迈出新步伐。制定了“贯彻落实国务院关于投资体制改革决定的意见”和企业投资项目核准备案管理试行办法、外商投资项目核准暂行实施办法、境外投资项目核准暂行实施办法等配套文件。加强政府投资管理，实施了“代建制”等7项制度，政府投资效益进一步提高。

基础设施投融资体制改革向新的领域延伸。城市基础设施特许经营条例正式颁布。对地铁4号线、机场专线、部分垃圾处理厂、污水处理厂和六环路沿线10个加油站等项目实施特许经营，累计吸引各类社会资金120

亿元，推进了基础设施建设的市场化、城市管理的专业化和融资渠道的多元化。对地铁10号线等基础设施项目，在全国率先推行了贷款银行招标制度，涉及贷款100亿元，公开了贷款银行选择程序，不仅节约了政府的融资成本，也初步建立起新的政府融资模式，规范了政府基础设施建设的融资规则和程序。

国有企业"调改剥破"、有进有退。北京银行、华夏银行成功引进战略投资者，北京农村商业银行正式设立。223家市属国有企业进行了重组和股份制改造，六必居、宫颐府等156家二三级企业向国内外公开进行招股推介，4户连续亏损、资不抵债的企业进入破产程序。

非公经济发展政策和环境有所改善。制定促进非公有制经济发展意见。依照中小企业法，设立了5亿元中小企业发展专项资金。搭建中小企业融资服务平台，构建政府协调引导、银行协同合作、担保有效配合、企业主动参与的中小企业融资服务新模式，缓解中小企业融资困难。全市登记注册私营企业、个体工商户保持较快增长，私营个体经济发展进一步加快。

从总体上说，2005年国民经济和社会发展计划执行情况良好，年初计划的主要目标已经实现，但经济社会发展中一些深层次矛盾尚未根本解决，经济运行中新出现的一些倾向性问题也需引起高度重视。

从当期看，能源、原材料价格持续高位运行，市场竞争加剧，部分企业利润空间受挤，全市规模以上工业企业利润同比有所下降，主要集中在交通运输设备制造等4个行业。受房地产投资过快回落影响，全社会投资增势放缓，住宅市场结构性矛盾突出。就业压力加大，局部地区在产业转型过程中结构性就业矛盾突出。

从长期看，一是人口膨胀与资源、环境约束的矛盾加剧。常住人口规模已突破1530万，持续7年干旱造成水资源供需矛盾加大，城市建设快速推进与土地资源稀缺所引发的经济社会矛盾比较突出，城市大气及河湖环境质量改善任务仍然艰巨。二是经济增长方式仍然粗放，结构调整任重道远。自主创新能力不强，所有制结构、产业结构、投资结构等调整任务仍然艰巨。三是发展不平衡问题尚未解决。郊区与城区、南城与北城、山区与平原差距仍然较大，"三农"问题仍比较突出。此外，政府职能转变与城市管理水平还未能及时适应经济社会发展和群众生活的需要。

这些矛盾和问题，需要我们坚持贯彻落实科学发展观，按照中央经济工作会议和市委关于"十一五"规划建议的要求，求真务实，积极进取，用发展的眼光和改革的办法努力加以解决。

二、2006年计划初步安排

2006年是"十一五"规划开局之年，也是筹办奥运的关键一年。科学地安排好2006年国民经济和社会发展计划，对保持经济又快又好发展，促进社会全面进步具有重要意义。

（一）发展环境与条件总体有利

2006年国内外发展环境总体平稳。国际货币基金组织预测，全球经济将增长4.3%，与2005年大体相当。国家宏观调控仍将保持政策连续性和稳定性，全国经济仍将保持较快增长。

从我市自身看，具备了诸多发展的有利条件。第一，在国务院关于北京城市总体规划批复精神指引下，按照市委关于"十一五"规划建议的要求，创新编制"十一五"规划，科学谋划了首都发展未来，有利于提高经济社会发展的协调性和可持续性，有利于调动和引导各方面加快发展的积极性。第二，经过多年的结构调整和发展，全市人均生产总值超过了5000美元，自主增长能力和动力增强，现代服务业和总部经济主导支撑作用更加突出，全市经济将进入平稳较快发展的新阶段。第三，国家提出并实施自主创新战略，为我市进一步发挥人才、科技等智力资源优势，打造自主创新高地，推动首都经济发展，提供了新的机遇。同时，京津冀等区域合作的不断深化，也拓展了首都经济的发展空间。只要我们抓住机遇，努力克服不利因素影响，注意解决各种矛盾和问题，加大工作力度，就可以保持又快又好的发展。

（二）发展计划安排的主要原则

一是更加注重科学发展，转变发展观念、创新发展模式、提高发展质量。全面落实科学发展观，大力推进“五个统筹”，把年度计划和“十一五”规划衔接起来，把速度、结构、质量和效益统一起来，实现首都经济社会又快又好的发展。

二是更加注重自主创新，节约资源，推进经济增长方式转变。立足提高自主创新能力促进发展，立足调整优化结构促进发展，立足节约使用、高效利用资源促进发展。把增强自主创新能力作为调整产业结构、转变增长方式的中心环节，实现自主创新与培育和发展优势产业相结合，与技术创新、品牌创新、制度创新相结合，强化首都科技创新的龙头地位和作用，做大做强总部经济，逐步形成高端、高效、高辐射的产业群。努力建设创新型城市，提高综合竞争力。

三是更加注重公共服务和新农村建设。以基本公共服务均等化、城乡发展协调化为目标，面向农村、面向社区、面向市民，抓好基础教育、基本医疗、公共安全，逐步形成覆盖城乡、布局合理的公共服务体系。按照工业反哺农业、城市支持农村、城乡统筹协调发展的思路，建设新村镇、发展新产业、培育新农民，着力解决“三农”问题，让城乡人民共享改革发展成果。

四是更加注重以人为本，解决人民群众最关心、最直接、最现实的利益问题，推进和谐社会建设。把扩大就业摆在更加突出的位置，完善社会保障体系，逐步理顺收入分配关系，高度重视安全生产工作，推进工作重心下移，切实加强社区、村镇等薄弱环节，确保城乡低收入群众的基本生活，努力建设社会主义和谐社会首善之区。

五是更加注重转变政府职能，提高城市管理水平，优化发展环境。按照发挥市场配置资源基础性作用的要求，加快政府职能转变，把工作的着力点放到改善公共服务和为市场主体创造良好的发展环境上来。增加应急物资储备，确保城市能源等供应，完善城市减灾防灾应急体系，实现城市安全运转，提高驾驭发展的能力。

六是更加注重奥运工程建设和奥运经济带动，确保各项建设任务按期高质量地完成。

（三）发展计划主要指标的初步安排

主要预期指标：

——全市生产总值增长9%。

——每万人专利申请数14件。

——全社会固定资产投资增长11%。

——社会消费品零售额增长10%。

——地区进出口总值增长15%。

——城乡居民收入实际增长6%以上。

主要调控目标：

——城镇登记失业率控制在2.5%以内，转移农村劳动力5万人。

——居民消费价格指数调控在102%以内。

——地方财政收入增长12%，支出增长9.2%。

——万元地区生产总值能耗下降2%，水耗下降5%。

——食品安全监测抽查合格率、药品抽验合格率稳定在95%以上。

——市区空气质量二级和好于二级天数比重达到 65%。

三、实现 2006 年经济社会发展计划的主要措施

以邓小平理论和“三个代表”重要思想为指导，按照市委的总体要求和部署，在市人大的监督支持下，全面贯彻落实科学发展观和中央宏观调控政策，坚持以人为本，立足科学发展，着力改革创新，加快结构调整和增长方式转变，实现经济又快又好发展，促进和谐社会建设，确保“十一五”开好局、起好步。

(一) 科学安排和使用好政府投资*，促进全市统筹协调发展

2006 年，市发展改革委计划安排政府投资 200 亿元左右。按照“突出四个重点、实施五个坚持、推进六个转变、抓好八个领域”的总体思路，重点保障奥运相关设施及重点急需基础设施建设、公共服务体系建设、社区功能完善和新农村建设、促进经济增长方式转变等重点领域建设。切实加强政府投资管理，提高政府投资效益，增强首都可持续发展能力。

实施政府投资“五个坚持”。一是坚持“两个转移”。为进一步加快郊区发展，市政府投资*加大向郊区的投入力度，郊区与城区的比例安排为 51∶49。城区投资继续向南城转移，增幅高于城区平均水平。二是坚持“五个倾斜”。继续向城市交通、郊区基础设施、社会公共服务设施、能源节约与生态环境、城区危改及文保区改造倾斜，尽快改变经济社会发展薄弱环节的面貌。三是坚持以规划定项目，以项目落实规划。根据“十一五”规划、城市总体规划及各区县功能定位，有针对性地支持各区县重点项目建设，为核心区、拓展区、发展新区和生态涵养区实现特色发展创造条件。四是坚持强化政府投资的监管。在继续严格执行政府投资管理 7 项制度的同时，努力推进政府投资公示制、后评估制及责任追究制度，强化政府投资项目的监管，通过日常管理、重点稽查、专项检查等多种方式，对政府投资项目做到 100% 的检查监督，切实提高政府投资使用效益。五是坚持推进政府投资管理体制改革。建立新形势下的市、区县政府投资管理新机制。继续在城市基础设施项目中实行招标选择贷款银行。对地铁运营、加油站、污水和垃圾处理厂、区域供热和供气、收费高速公路等可经营性项目，继续推进特许经营。加快公用事业、社会事业的投资体制改革，以改革促进公共服务能力和质量不断提高。

大力推进政府投资“六个转变”。一是转变政府投资对郊区支持的重点领域。在两年来支持郊区基础设施建设取得初步成效的基础上，由以支持基础设施建设为主，转为基础设施与公共服务项目并重，为实现产业、功能、人口向郊区转移创造条件。二是转变政府投资对区县项目的支持范围。坚持“有所抓、有所放”，集中力量支持对区县发展起关键性带动作用的重大项目。三是转变对区县项目的政府资金投入方式。切实考虑不同区县的实际财力，由以补助资金为主，转变为以直接投资为主。四是转变补助投资的管理方式。在项目开工前，按初步设计概算深度，严格审批区县项目资金申请报告，全过程跟踪监管。五是转变产业项目的支持形式。由对具体产业项目的补助、贴息支持为主，转变为以支持优化产业发展环境为主，支持园区基础设施建设以及具有带动、示范作用的高科技及重点产业项目建设，推进产业布局结构调整和经济增长方式转变。六是转变

---

* 本文中市“政府投资”均指市发展改革委负责安排的市政府固定资产投资。

投融资平台的功能。对政府支持的准经营性项目，通过平台实现融资和盘活存量的功能；对非经营性项目，充分发挥平台监管与服务的功能。

着力加强八个领域建设。一是加快城市交通、奥运场馆周边道路及市政工程建设，拟安排市政府投资54亿元，比2005年增长11.8%。二是加快郊区新城与农村地区的基础设施与公共服务设施建设，拟安排市政府投资65亿元，比2005年增长29.2%。三是加大生态保护、环境整治、资源节约和综合利用项目的支持力度，拟安排市政府投资18亿元，比2005年增长9.1%。四是提高城市公共服务供给能力，加强设施建设，拟安排市政府投资8.5亿元，比2005年增长6.3%。五是优化产业环境建设，培育集聚产业的能力，拟安排市政府投资7.5亿元，比2005年增长7.1%。六是支持城区危改、文保区拆迁、市政基础设施建设及路网加密，改善老城面貌，拟安排市政府投资8亿元，比2005年增长14.3%。七是搞好公共安全、电子政务等政权基础设施建设，拟安排市政府投资14亿元。八是重点项目前期研究、粮库建设等专项资金，拟安排5亿元。另外，政府承诺的银行贷款还本付息和社会投资回报补偿，拟安排20亿元。

（二）着力推进重大项目建设，提升城乡基础设施供给能力

以增加总量、优化结构、调整布局、均衡发展、提高效益为目标，围绕奥运场馆及配套设施、基础设施、公共服务、产业发展等重点领域，继续安排一批重点建设项目，着力加快一批重大项目前期工作，集中力量、重点推进，全面提升首都综合实力，为实现“新北京、新奥运”战略构想奠定坚实基础。

确保奥运场馆及周边道路等工程按计划实施。保证已开工建设奥运场馆和相关道路等基础设施按计划推进，全面启动改扩建、临建场馆建设，抓好安立路、大屯路、北辰东路等52条奥运场馆周边道路建设，力促大部分道路建成通车。加快奥运交通指挥中心和奥运村地区消防、派出所等安保设施建设，提高安全保障水平。完成奥运倒排工期中的年度任务，为举办一届有特色、高水平的奥运会奠定良好基础。

加快以轨道交通为基础的快速交通网络建设。优先发展公共交通，缓解城市交通拥堵。推进地铁四、五、十号线一期、奥运支线和轨道交通机场线建设，抓好京津城际轨道交通实施，加快亦庄轻轨线和地铁九号线前期工作，为开工创造条件。确保京承高速二期工程、机场北线、六环路西沙屯到寨口段等高速公路建成通车，加快推进110国道改造、京包、京平、京津二通道等高速公路建设。打通西大望路、蓝靛厂南路、南中轴路等南北向通道，推进西直门立交、广渠路、朝阳路等主干路建设，改善西直门、商务中心区等重点区域交通状况。继续打通城区堵头路，改善中心城区微循环系统。新建一批过街天桥和地下通道，方便居民出行。力争到2008年，轨道交通运营里程达到200公里，高速公路通车里程达到890公里，基本形成现代化的综合交通体系。

增强首都能源、水资源安全供应能力。确保奥运村、西苑、上庄等一批220千伏输变电工程年底前完工。抓紧南城、门头沟、海淀等地区500千伏输变电站和中央商务区、望京、酒仙桥等一批重点区域220千伏输变电站项目前期工作，力争尽快开工建设。加快城市电网安全改造，消除城乡电网安全隐患，提高供应和荷载能力，确保首都供电安全。完善陕京二线工程，推进唐山液化天然气工程，加快建设六环天然气管线工程，增强天然气供应和接收能力；加快建设太阳宫燃气热电厂、郑常庄燃气热电厂工程，继续完善市内热网联通工程，推进奥运公园及周

边地区热力管线、公主坟西延和车公庄西延热力管线工程，增强城市供热保障能力。推进能源结构调整，实施延庆风力发电、阿苏卫垃圾填埋沼气发电等项目。做好密云、官厅、十三陵水库的水资源保护，加快南水北调中线工程北京段建设，大力推进城市节水与再生水利用，确保南水北调供水之前全市水资源平衡。

加大城乡环境建设力度。加快老城区排险除患、路网加密、前门大栅栏地区拆迁及市政基础设施建设，对大栅栏、前门、白塔寺、玉河、什刹海等文保区及危旧房进行改造。积极稳妥地推进80个“城中村”整治项目。实施百条特色园林大街建设工程，完成奥运道路联络线绿化工作。继续实施京津风沙源治理、第二道绿化隔离带、山区水源涵养林保护、小流域治理等工程，努力改善城市生态环境。完成北环水系北护城河及亮马河段综合治理工程，加快清河二期、二道沟等河道水环境治理工程进度，启动温榆河水质净化及水资源利用工程，完成阿苏卫垃圾综合处理厂和大屯垃圾转运站建设。切实改善城乡环境质量，加快宜居城市建设步伐。

（三）加快重大功能区建设，增强自主创新能力，推动产业发展和结构调整、布局优化

立足调整优化促进发展，走高端产业发展之路，支持高端、高效、高辐射产业发展，构筑引领和支撑首都未来发展的六大高端产业功能区，实现提升自主创新能力与发展优势产业的有机结合，努力转变经济增长方式，促进经济增长速度、结构、质量、效益的协调统一。

全力打造重点产业功能区，推动高端产业集聚。加快发展中关村科技园区、商务中心区、金融街、奥林匹克中心区、北京经济技术开发区、临空经济区六大高端产业功能区。加紧研究制定加快发展重点功能区和产业集聚区的意见，从投融资政策、产业配套、人力资源等多方面入手，吸引名牌优势企业和集团入区发展，形成一批具备较强集聚能力的产业核心。加大政府投资力度，支持高端产业功能区等重点区域周边基础设施和公共服务设施建设，创造有利于吸引企业、留住企业、发展企业的环境，增强产业集聚能力。

着力培育和促进高端产业加快发展。积极吸引国内外银行、保险、证券、信托、基金等各类金融机构落户北京，不断壮大金融保险业，强化其支柱地位。积极推进新国际展览中心等项目实施，加快空港等物流基地建设，搞活商业和现代流通业。积极支持信息通讯产业发展，促进电信网、数字电视网、互联网三网融合，开发信息增值服务和网络服务，培育新型信息服务业。推进中关村软件园二期、用友软件园等软件基地发展，抓好星网工业园二期、中芯国际集成电路等建设，支持高性能计算机的研发和产业化，大力推进软件、移动通信、计算机网络、集成电路等高新技术产业发展。继续促进汽车、装备制造等六大支柱产业发展，推进奔驰轿车、现代汽车、北重阿尔斯通、首钢冷轧薄板等大项目建设，提高现代制造业发展规模和水平。

做大文化创意产业，培育新的经济增长点。发挥首都智力资源优势，大力发展文化创意产业。支持中关村创意产业先导基地、德胜园工业设计创意产业基地、北京数字娱乐示范基地、国家新媒体产业基地等加快发展，形成一批各具特色、上规模、上水平的创意园。优化文化创意产业发展环境，积极促进和支持中央电视台新址、北京电视台一期建设，打造北京影视、出版、演出等一批具有竞争力的大型企业集团。通过大力发展文化创意产业，进一步塑造文化名城。

充分发挥首都资源优势，大力发展总部

经济。为国内大企业集团、金融机构服好务，鼓励国内大企业在京设立研发中心和结算中心，争取“863”、“973”等国家重大科技资源落户。吸引跨国公司在京设立研发总部、投资公司和采购中心，抓住合资企业由生产型向生产研发型转型的契机，实现更高层面上的对外开放合作。积极主动为中央单位、大企业集团提供服务，建立“绿色通道”，完善定期沟通机制，发挥总部经济对首都经济发展的重要作用。

提高企业自主创新能力，提升核心竞争力。一是实施鼓励创新政策。构建以企业为主体、市场为导向、产学研相结合的自主创新体系，鼓励企业在产学研联盟中发挥主导作用。鼓励企业加大投入，增强消化吸收国外先进技术的再创新能力，引导高技术企业向生产研发型转型。鼓励企业参与国际高端技术资源配置，支持企业通过技术转移、打造产业链和股权投资等方式向全国辐射。二是推动关键技术创新突破，支持产业联盟发展。重点支持软件、移动通讯、集成电路、汽车电子、光电显示等产业提升自主创新能力。加快推动闪联、下一代互联网、高清数字电视等技术发展，支持自有知识产权技术标准产业化。三是进一步加强政府对企业自主创新的支持和引导。加强我市国家工程中心、重点实验室、产业孵化器等科技基础设施建设，依托专业园和骨干企业，搭建重点领域的公共专业技术平台，通过资金及税收优惠、金融支持、政府采购、推介创新品牌、开放实验室等政策，支持各种创新活动。努力把首都建设成为创新型城市。

坚决推进劣势行业退出。根据土地投资强度、能耗、水耗、环境保护等标准和要求，进行产业筛选评价，坚决退出劣势产业，限制发展高能耗、高物耗、高污染、低附加值产业。积极稳妥地做好首钢、东方石化、焦化厂等企业的搬迁调整工作，坚决关闭“五小”行业，积极促进房山、门头沟煤矿关闭后的产业转型。通过有进有退的产业结构和布局调整，加快经济增长方式转变，增强可持续发展能力。

（四）启动新农村建设，统筹城乡协调发展

贯彻落实城市总体规划和区县功能定位，积极引导和推动投资、产业和功能向郊区转移，以生产发展、生活宽裕、乡风文明、村容整洁、管理民主为目标，推进社会主义新农村建设，促进城乡统筹协调发展。

坚持规划先行、试点引路，积极稳妥推进新农村建设。落实新农村建设发展规划，研究制定新农村建设方案，创造有利于调动农民积极性、有效发挥市场机制作用的新农村建设模式。加紧完成全市村庄体系规划，确定全市村庄整体布局。大力推进基础条件较好、具备典型特色的部分村镇，开展新农村建设试点，建设形成一批产业带动型、特色资源型、传统文化型、全新改造型、节能示范型等各具特色的社会主义新农村示范村。

继续改善农村基础设施和公共服务设施。推进郊区县城与乡镇、村的交通体系建设，新增和改造村镇重要联络线220公里，新建自然村通油路工程100公里，改善农村道路通行状况，为农村发展创造基础条件。继续加强农村地区供排水设施建设，再解决27万农民安全饮水问题。完成第二批30万亩综合节水农田改造。新增村镇集中供水能力10万吨，建成6座中心镇污水处理设施。支持平谷、顺义、延庆等郊区县垃圾集中处理项目，支持农村改厕4万户，新增农村生活垃圾无害化日处理能力1000吨，积极推广沼气利用、秸秆气化，切实改善农村和农民的生产生活条件。

培育和支持农村产业发展。把新农村建设与培育和发展农村特色产业结合起来，坚持农业结构调整方向，完善农业生产服务体系，大力发展都市型农业，促进观光农业、籽种农业和加工农业发展。有效发挥都市工业、物流、零售餐饮等服务业对转移农民就业的带动作用。加强农民教育和培训，提高农民素质，培养具备职业技术技能和文明生活方式的新农民。通过新型农村产业的培育、农民素质的提高以及二三产业就业岗位的增加，建立有利于农民增收的长效机制，促进农民收入的持续快速增长。

做好新城建设起步。按照重点新城建设“五年打基础”的总体要求，启动新城发展规划，在转移人口、发展产业、建设基础设施等方面做好深入细致的前期准备工作，为“后奥运”保持首都经济社会持续快速健康发展做好充分的准备。

（五）推动基本公共服务均等化，促进和谐社会建设

面向农村、面向社区、面向市民，促进教育、卫生、文化、体育等基本公共服务均衡发展。城区重点是整合资源、提高质量，郊区重点是加快发展、扩大覆盖范围。

重点加快农村和社区社会事业发展。继续通过“名校办分校、名院办分院”等形式，推进城区优质资源向郊区扩散和转移，扩大农村优质公共服务资源供给。在教育投入依法增长的基础上，重点向郊区倾斜、向农村义务教育倾斜、向基础薄弱学校倾斜，促进义务教育均衡发展。加大“两免一补”政策落实力度，全部免除义务教育阶段学生杂费、书本费，对困难家庭学生给予补助。大力发展农村卫生，继续支持乡镇卫生院、乡村妇幼卫生保健站建设，完成农村 399 个社区卫生服务站、133 个服务中心建设，争取到 2008 年上半年全部完成标准化村级卫生设施建设，全面提升农村医疗卫生服务水平。推进一级医院和部分二级医院向社区卫生服务中心转型，促进“大病进医院、小病进社区”。加大公共财政对基层文化体育事业的支持力度，活跃群众生活。

整合城区公共服务存量资源，提升服务质量和水平。加强重大功能性医疗、群众性文化和体育、社会福利等公共服务设施建设，重点支持佑安医院、地坛医院、新少年宫、市儿童福利院、市救助总站等项目建设，关注和解决老年人生活困难，提升公共服务质量和水平。深入研究和推进高等教育优化发展，抓好首都师范大学等市属市管院校资源整合，不断提高高等教育质量。整合职业教育资源，加强专业技能型人才培养和失业人员、农村劳动力的培训，打造名牌职业技术学校，切实提高职业教育质量，强化终身教育制度。加强区域内公共图书馆资源整合，将首都图书馆、市少儿图书馆和市方志馆合并建设首图二期工程。

继续扩大就业和社会保障覆盖面。完善和落实促进就业的优惠政策，继续开发公益性就业岗位，着力解决农转居、低保和残疾人员等就业困难人员的就业问题。鼓励劳动者自主创业，以创业带就业。建立全市统一的就业管理与服务体系，加强职业技能培训，落实农村劳动力就业登记和服务制度，帮助 5 万名农村劳动力实现转移就业。继续完善社会保障制度，以来京务工人员、灵活就业人员、非公企业人员为重点，全面推进扩面征缴工作。落实国务院关于完善企业职工基本养老保险制度的决定，深化医疗卫生体制改革，逐步减轻人们养老、医疗的后顾之忧。认真落实农村社会养老保险指导意见，努力提高参保率和保障水平。继续扩大新型农村合作医疗的覆盖面，提高参合人员受益水平。适时调整最低生活保障相关待遇标准，做好城乡低收入群体的生活保障和社会救助工作。

加强安全管理。继续完善城市应急预案管理，加快安全生产等专项应急指挥管理系统建设，提高应急处理能力。加大各类安全隐患的排查力度，努力防控生产安全、火灾、

交通等重大事故发生。继续加强食品、药品等领域的市场监管，维护广大群众的切身利益。继续做好高致病性禽流感疫情的防控工作。通过加强安全系统建设和管理，巩固和增强广大市民的安全感。

同时，按照国务院对城市总体规划批复和本市“十一五”规划要求，协调整合全市人口管理政策，采取经济、行政、法律等手段，调控人口总量，引导人口合理分布，缓和人口过快增长对环境资源和公共服务设施的压力。

（六）努力扩大需求，抓好改革开放和经济运行调节，促进经济平稳较快增长

着力稳定投资，扩大消费，优化出口。积极落实中央宏观调控政策，推动社会需求的平稳较快增长。一是努力促进社会投资适度增长。按照城市空间布局和产业布局调整的要求，进一步开放市场，通过贷款贴息、项目推介、发布区域产业指导目录等方式，努力扩大优势行业投资规模。及时公布房地产市场信息，加大土地一级开发力度，保证房地产用地正常供应，保持适度的普通商品住宅开发规模，完成200万平方米经济适用房建设，促进房地产市场健康发展。积极引导商业银行调整信贷结构、扩大信贷规模，确保重点行业、重点项目的贷款需求。继续争取扩大企业债券发行规模，鼓励企业积极利用资本市场，提高直接融资比重。二是努力扩大消费，把经济增长逐步转到更多地依靠消费拉动的轨道上来。促进信息服务、旅游会展、文化体育、娱乐休闲等服务型消费，促进电子信息等高技术产品消费。进一步活跃存量房市场，合理引导汽车消费。推进个人信用体系建设，改善消费信贷环境。多渠道增加农民收入，继续推进便利店、连锁超市以及商业流通企业向郊区发展，增加适销对路、物美价廉产品供应，进一步释放农村消费潜能。三是转变外贸增长方式，提高对外经贸质量和水平。以软件出口为依托，积极支持拥有自主知识产权和自有品牌的高新技术产品出口，大力发展金融服务、计算机和信息服务等服务贸易出口。鼓励外资进入环境保护、节能降耗、资源综合利用等领域。严格控制承接低水平、高消耗的项目转移。实施好世界银行贷款余款利用项目，继续争取国外优惠贷款。

深化改革，加快体制机制创新。继续深化投资体制改革。认真贯彻落实投资体制改革各项制度，开放社会投资领域，落实企业投资自主权。积极稳妥推进价格改革，根据国家统一安排，做好资源性产品价格调整工作，适当调整公交地铁月票等公共服务价格，发挥价格杠杆作用，促进自然资源、公共资源的节约利用。规范价格听证制度，推进政府定价行为的公开和透明。在做好各项价格改革的同时，做好低收入群体的生活保障工作。高质量完成清产核资工作，加快国有企业重组改制和主辅分离步伐，增强国有经济竞争力。加快土地、资本等要素市场改革进程，启动社会信用体系建设。优化中小企业发展环境，认真落实中小企业促进法及鼓励、支持和引导非公有制经济发展的意见，促进创业投资企业发展，完善中小企业融资服务平台，支持有条件的中小企业利用资本市场融资，构建多层次中小企业投融资体系。实施中小企业成长工程，促进中小企业大发展。

推进资源节约和综合利用，努力转变经济增长方式。制定公布2006年循环经济和节能行动计划。制定有关产品能耗标准、企业综合能耗标准及大型公建用能定额，建立分门别类、符合实际的标准体系和评价体系。政府率先节能，选择10家政府部门进行综合节能试点，招聘“节能医生”，深入开展节能诊断和改造，争取综合节能效率提高20%以上。加快工业节能步伐，加强对钢铁、石化等五大高耗能行业的节能监管。加快发展循

环经济，抓紧做好国家循环经济试点城市的实施方案。开展100家企业清洁生产审核，引导和促进企业生产全过程的节能和降污。采取有效措施，培育一批专业节能服务企业。积极推广可再生能源，优化能源结构。建立节能监察机构，严肃查处各种浪费资源的行为。继续开展节能宣传教育活动，大力倡导绿色消费，充分发挥新闻媒体的舆论监督作用，营造倡导节约的社会良好风尚。

搞好煤电油气运调节，确保首都能源安全。积极运用价格、技术等手段削峰填谷，完善峰谷电价政策，努力实现安全迎峰度夏。建立与山西、内蒙古等煤炭主要供应地的长期合作机制，积极协调运力，保证电煤和供暖用煤供应。加强对成品油重点供应企业的协调，促进成品油供应与消费结构调整，维护成品油市场稳定。完善细化电力需求侧管理，推进成品油、天然气的需求侧管理，综合运用经济、技术、行政等多种手段，促进能源的时空平衡。完善现有市区两级供暖煤炭应急储备机制，积极推进成品油、天然气等能源储备进程，进一步提高应急处置能力。建立经济运行预测预警系统，发挥信息引导在运行调节中的作用，丰富制度调节手段。在国家有关部门和周边兄弟省市区的大力支持下，搞好能源供应，保障首都经济社会发展和人民生活水平不断提高。

各位代表：新的一年，我们要在市委领导下，在市人大的监督支持下，坚决贯彻落实中央的大政方针，求真务实，开拓进取，确保2006年发展计划各项任务的完成，开创“十一五”发展新篇章，为实现“新北京、新奥运”的战略构想，为构建社会主义和谐社会的首善之区而努力奋斗。

北京市第十二届人民代表大会财政经济委员会关于北京市2005年国民经济和社会发展计划执行情况与2006年国民经济和社会发展计划草案的审查报告

（2006年1月18日北京市第十二届人民代表大会第四次会议主席团第四次会议通过）

北京市人大财政经济委员会主任委员　高佐之

大会主席团：

北京市第十二届人民代表大会财政经济委员会在对北京市2006年国民经济和社会发展计划草案主要内容初步审查的基础上，根据本次大会代表的审议意见，审查了北京市2006年国民经济和社会发展计划草案及《关于北京市2005年国民经济和社会发展计划执行情况与2006年国民经济和社会发展计划草案的报告》。现将审查结果报告如下：

一、2005年，北京市人民政府坚持以邓小平理论和“三个代表”重要思想为指导，全面落实科学发展观，统筹城乡协调发展，加强经济调节、市场监管、社会管理和公共服务，实现了国民经济平稳较快发展和社会事业全面进步，完成了市十二届人大三次会议批准的北京市2005年国民经济和社会发展计划，基本实现了速度、结构、质量、效益的统一。财政经济委员会认为，我市 2005 年国民经济和社会发展计划执行情况是好的。

财政经济委员会指出，当前我市经济社会发展中仍然存在一些问题：经济增长方式比较粗放，资源、环境约束加剧；自主创新能力不强，经济结构调整任务艰巨；城乡和区域发展不够协调，城市建设和管理中的矛盾依然突出；社会保障制度有待完善等。对此，市人民政府要高度重视，采取措施，逐步加以解决。

二、财政经济委员会认为，北京市 2006 年国民经济和社会发展计划草案编制贯彻了中共十六届五中全会、中央经济工作会议和中共北京市委九届十一次全会精神，注重转变发展观念，创新发展模式，提高发展质量，符合科学发展观和建设和谐社会要求，符合我市实际情况，是积极可行的。

财政经济委员会建议本次大会批准《北京市 2006 年国民经济和社会发展计划草案》及《关于北京市 2005 年国民经济和社会发展计划执行情况与 2006 年国民经济和社会发展计划草案的报告》。

三、2006 年是实施“十一五”规划的开局之年，全面完成国民经济和社会发展计划，意义十分重大。为保证各项计划目标的顺利实现，财政经济委员会提出以下意见和建议：

（一）着力增强自主创新能力，推动产业结构调整和布局优化。研究实施首都创新战略的各项措施，优化创新发展环境，不断提升首都创新能力。进一步推进国有企业改革，促进非公经济和中小企业发展。抓紧制定有关政策，积极引导、扶持文化创意产业发展，着力培育首都经济新的增长点。大力发展第三产业，提高第二产业发展质量，继续保持经济增长的速度、结构、质量、效益的协调统一。

（二）统筹城乡发展，推进社会主义新农村建设。按照工业反哺农业、城市支持农村的要求，协调推进城市化和新农村建设。继续坚持政府投资向郊区倾斜、向南城倾斜，促进区县功能定位全面落实。不断改善郊区基础设施和公共服务状况，着力解决广大农民生产生活中最迫切的实际问题，千方百计增加农民收入，不断提高农民生活水平。

（三）大力发展循环经济，加快建设节约型城市。加强组织领导，完善政策法规，全面推进循环经济发展和节约型城市建设。强化重点行业领域的资源消耗管理，在节能、节水、节地、节材和综合利用方面出台新举措。按照循环经济模式逐步对各类开发区和工业园区进行规划、建设和改造。积极推进城市垃圾分类处理，建立和完善再生资源回收利用体系。大力倡导节约化、节俭型的绿色生产生活方式，提高全社会的资源节约意识。

（四）提高城市治理效能，做好奥运前期筹备工作。加快政府职能转变，积极推进体制和机制创新，完善管理决策机制，提高城市管理和运行效率。优先发展公共交通，正确引导汽车消费，缓解城市交通拥堵。加强污染治理和环境保护，着力解决环境污染特别是水污染、大气污染等问题。强化安全生产管理，加强食品、药品安全监管，提高安全保障能力。加快奥运场馆和相关基础设施建设，搞好城市环境治理，为奥运会顺利圆满举办奠定良好基础。

（五）进一步加强就业和社会保障工作，促进和谐社会建设。继续实施积极的就业政策，加强就业服务体系建设，做好困难地区和群体的就业工作。完善城镇社会保障体系，搞好农村新型合作医疗、养老保险和最低生活保障制度建设，切实改善低收入群体生活。

（六）扩展社会公共服务，加快各项社会事业发展。统筹教育资源，继续加大义务教育投入，促进基础教育均衡发展。重视发展职业教育，以就业为导向，不断提高职业院校办学水平。深化医疗卫生体制改革，努力实现医疗卫生资源的合理配置，加强基层卫生建设，着力解决群众“看病难、看病贵”问题。提高应对突发公共卫生事件的快速反应能力和应急救治能力，确保城乡居民的生命健康安全。构建人口综合调控体系，有效调控人口规模。积极应对人口老龄化，创新和完善老年健康服务体系。发展残疾人事业，切实保障残疾人权益。

以上报告，请予审议。

北京市第十二届人民代表大会第四次会议关于北京市 2005 年预算执行情况和 2006 年预算的决议

（2006 年 1 月 20 日北京市第十二届人民代表大会第四次会议通过）

北京市第十二届人民代表大会第四次会议经过审议，并根据财政经济委员会的审查报告，决定批准北京市 2006 年市级预算及《关于北京市 2005 年预算执行情况和 2006 年预算草案的报告》。

关于北京市 2005 年预算执行情况和 2006 年预算草案的报告

——2006 年 1 月 15 日在北京市第十二届人民代表大会第四次会议上

北京市财政局局长　吴世雄

各位代表：

我受北京市人民政府的委托，向大会提交北京市 2005 年预算执行情况和 2006 年预算草案的报告，请予审议。

一、2005 年预算执行情况

2005 年，在党中央、国务院及市委的正确领导下，以邓小平理论和“三个代表”重要思想为指导，牢固树立和贯彻科学发展观，认真执行市人民代表大会通过的各项决议，紧紧围绕“新北京、新奥运”战略构想，发挥公共财政职能，调整支出结构，努力增收节支，促进了首都经济社会协调发展，财政收支预算执行情况良好。全市地方财政收入完成 919.2 亿元，比上年增长 23.5%，全市地方财政支出完成 1012.4 亿元，比上年增长 17.5%。

现根据《预算法》和《北京市预算监督条例》的规定，重点报告市级预算执行情况和超收收入安排情况：

2005年，市级地方财政收入520.8亿元，比上年增长29.3%，完成年初预算456.2亿元的114.2%，加中央税收返还及补助、区县上解、专项政策性结转和上年结余等279.7亿元，收入合计800.5亿元。市级地方财政支出564.7亿元，比上年增长16.1%，完成年初预算523.0亿元的108.0%，加上解中央支出、区县税收返还、转移支付和结转下年使用等235.3亿元，支出总计800.0亿元。收支相抵，市级财政结余0.5亿元。

市级主要收入项目完成情况是：增值税51.7亿元，为预算的213.6%，比上年增长77.8%；营业税196.5亿元，为预算的97.8%，比上年增长15.4%；企业所得税92.6亿元，为预算的121.6%，比上年增长41.9%；个人所得税84.5亿元，为预算的93.3%，比上年增长15.3%；行政性收费、罚没收入等非税收入50.5亿元，为预算的115.8%，比上年增长23.8%。

市级主要支出项目完成情况是：基本建设支出50.7亿元，为预算的100.0%，比上年增长7.0%；农业支出23.1亿元，为预算的111.5%，比上年增长26.3%；教育支出65.9亿元，为预算的111.5%，比上年增长26.3%；科技支出19.5亿元，为预算的100.0%，比上年增长20.0%；卫生支出18.6亿元，为预算的104.3%，比上年增长18.2%，并专项增加公共卫生支出4.0亿元；社会保障补助支出16.9亿元，为预算的133.9%，比上年增长56.8%；政法支出47.6亿元，为预算的112.4%，比上年增长22.1%。

2005年市级财政收入比预算超收增加财力48.99亿元。根据《北京市预算监督条例》中关于"市级预算超收收入应当优先用于农业、教育、科技、社会保障等重点项目和其他必要的支出"的规定，市级财政增加的财力主要用于以下几方面：农业支出2.37亿元，教育支出6.78亿元，卫生支出4.77亿元，文化支出1.0亿元，计划生育支出0.15亿元。此外，增加农村、社区公益事业发展专项资金7.2亿元，社会保障准备金12.95亿元，大额医疗互助资金4.0亿元，支持北京经济技术开发区发展专项资金7.2亿元，专项收入超收增加专项支出2.57亿元。

需要说明的是，上述数字是根据预算执行情况初步汇总的，在地方财政决算汇总后，还会有些变化。

总体看来，2005年预算执行情况是好的。财政收入快速稳定增长，支出结构不断优化，财政改革全面推进，管理水平进一步提高，超收收入依法安排，实现了财政收支平衡，圆满完成了全年预算任务。

（一）坚持以人为本，维护人民群众的切身利益。

牢牢把握公共财政发展方向，加大对社会发展薄弱环节的支持力度。投入排险解危专项资金5.3亿元，帮助8000户居民改善居住条件；拨付南城转移支付资金5.0亿元，加快旧城改造步伐；筹措资金32.8亿元，改造69个"城中村"，加快整治城市环境，努力建设宜居城市；大力支持安全生产，推进实施食品、药品等关系群众切身利益的放心工程；加大政法投入，加快实施科技强警，提高政法部门打击违法犯罪活动、保护首都安全和人民利益不受损害等方面的能力。

高度重视就业和社会保障工作。多方筹措资金，确保各项就业再就业政策的落实。建立健全低保与就业联动机制，鼓励和帮助具有劳动能力的低保对象自食其力，并对其进行免费就业培训和职业介绍。扩大城镇社会保险覆盖面，启动企业生育保险。提高社会保障相关待遇标准，并实行了分类救助。

大力支持和谐社区、和谐村镇建设。投入专项资金7.2亿元，对社区居委会和农村基层公益事业给予补助。建立专项资金，重点支持远郊区县的社会保障、公共卫生等农村社会事业发展。

（二）坚持城乡统筹，加大对“三农”的支持力度。

一是支农投入不断加大。投入 1.4 亿元用于耕地开复垦，支持发展都市型现代农业；拨付资金 2.87 亿元，解决 30 万农民安全饮水问题；采取专项补助方式，支持山区搬迁、水源地生态保护和山区环境综合整治；加大农村基础设施投入，加快乡村道路建设，实施旧村改造，改善垃圾和污水处理方式，发展清洁能源，创造良好的农村生活环境和人居环境。二是支农方式不断创新。在彻底取消农业税的同时，积极筹措资金，确保粮食直补和山区生态林补偿资金及时足额拨付到位，调动山区农民养林护林、保护生态环境的积极性。三是支农措施不断改进。积极推进“银农合作”，采用贷款贴息、贷款担保等方式，大力扶持农村二、三产业，加强农民职业技能培训，推动农村富余劳动力向非农产业转移，促进农村经济发展和农民增收。四是支农领域不断拓宽。筹集资金为建设征地农转工自谋职业人员补上社会保险，解决历史遗留问题，促进农村社会稳定。支持实施农村最低生活保障制度。全面推进新型农村合作医疗制度改革，对参加新型合作医疗的农民给予财政补贴，切实解决农民“因病致贫、因病返贫”的问题。为改善农村医疗卫生条件，投入资金 1.5 亿元，为全市 191 家乡镇卫生院、696 家农村社区卫生服务站和 732 家村卫生室购置了设备。

（三）坚持结构调整，促进经济和社会事业协调发展。

积极推进经济增长方式转变。投入专项资金 28.2 亿元，支持中关村科技园区做大做强。拨付资金 2.5 亿元，支持 312 家科技企业将高新技术成果转化为现实生产力。设立规模为 5.0 亿元的中小企业发展专项资金，扶持 310 个具有发展潜力和示范作用的中小企业发展壮大。拨付资金 25.7 亿元，推动污染扰民企业的搬迁工作，分流安置国有企业富余人员，推进国有企业主辅分离、辅业改制和兼并破产。

大力支持各项社会事业发展。在加大教育、文化、卫生投入力度的同时，切实体现向郊区、向基层倾斜的政策。2005 年，向十个远郊区县投入的教育、文化、卫生资金达到 14.4 亿元，比上年增长 46.3%，落实免除义务教育阶段家庭困难学生杂费、书本费、借读费及发放困难补助的政策，支持中小学改善办学条件，促进农村文化设施、山区广播电视“村村通”等项目建设。投入资金 1.2 亿元，确保天坛祈年殿、颐和园佛香阁等 34 个文物修缮项目顺利实施。积极推进公共卫生体系建设。2005 年的公共卫生支出达到 15.1 亿元，占卫生支出总额的 66.8%，比上年增长 73.6%，无论投入力度、增长幅度，还是占卫生支出的比重，都达到了历年最高水平。

积极推进城市公用事业发展。加快老旧柴油车和非环保公交车的更新，补助公共交通企业，确保公交系统的正常运营和市民顺利出行。加大供热保障投入力度，发展集中供热，稳定采暖价格，对低收入家庭给予采暖补助，保证居民安全平稳过冬。

（四）坚持开拓创新，深化财政各项改革。

一是适应首都发展需要，进一步完善市与区县财政管理体制，体现北京城市总体规划和区县功能定位的要求。通过完善财政体制，对公共事业发展保障能力相对薄弱的区县予以补助，促进区县基本公共服务均等化；将公共财政的保障范围向基层拓展，促进城乡区域协调发展；合理调控市对区县的投入力度和方向，促进区县按功能定位加快发展。

补助奥运场馆周边道路拆迁项目，保证奥运筹备工作的顺利进行。制定了关于加强街乡财政管理的指导性意见，加快街道和乡镇发展的步伐。二是全面实行国库集中支付改革，并对市拨区县的教育、卫生专款实行了国库集中支付。三是对教育、科技、卫生、农业等方面的项目进行绩效考评，着力提高财政资金使用效益。四是深化部门预算改革，提高公用经费定额标准，完善公用经费定额体系。以规范项目支出管理为切入点，建立项目申报、论证、评审和考核机制，提升部门预算编制的准确性和科学性。五是进一步扩大政府采购范围，完成采购金额113.1亿元；实行政府采购公务用车“一站式”办公，大大提高采购效率；建立了政府采购公证机制和定点供应商绩效考核机制，初步形成行政监督、司法监督、供应商监督和社会监督“四位一体”的政府采购监管体系。

（五）坚持依法理财，完善财政监督管理机制。

建立健全教育、制度、监督并重的惩治和预防腐败体系，深入推进源头治理工作。一是将国库集中支付信息系统和审计、监察部门系统对接，动态监控预算单位的每一笔资金流向，变事后监督为事中监督，做到审计监察关口“前移”。二是严格财政投资评审工作。通过对2831个财政投资项目进行评审，核减资金27.1亿元，有效地节约了财政资金。三是制定了五十多个大额专项资金管理办法，明确了资金拨付程序，从源头上堵塞财政资金被截留、挤占、挪用的漏洞。四是不断加强收费管理。全面清理行政许可收费项目，实行收费公示制度，增强收费透明度。清理和取消农民跨地区就业和来京务工人员不合理收费，对高校毕业生从事个体经营给予收费优惠政策。开展教育收费专项检查，确保“一费制”收费政策得到全面落实。五是以《会计法》颁布20周年为契机，深入开展以“诚信为本、依法理财”为主题的普法宣传月活动。加强会计信息质量检查和注册会计师行业质量监管，提高信息质量，增强社会公信力。

各位代表，2005年是“十五”时期的最后一年。过去5年来，紧紧抓住发展这个执政兴国第一要务，创新体制，调整结构，深化改革，优化环境，财政工作取得了长足的进步。“十五”时期，全市地方财政收入累计完成3244.4亿元，是“九五”时期的2.7倍；全市地方财政支出累计达到3871.5亿元，是“九五”时期的2.6倍。按照公共财政要求，积极调整和优化财政支出结构，2005年的公共支出占财政支出的比重达到87.0%，比2001年提高了13个百分点。财政实力的增强和支出结构的优化，为切实解决人民群众关心的重点、热点、难点问题提供了有力保障，首都市民更多地享受到了改革发展的成果。从收入和支出两个方面大力推进财政管理制度改革，财政管理水平得到了较大的提升，首都公共财政体系初步建立。认真接受市人大依法监督和市政协民主监督，完善财政监督制约机制，加强事前评审、事中监督和事后检查，财政资金使用的规范性、安全性和有效性不断增强。首都财政事业的全面发展，为“十一五”时期实现“新北京、新奥运”战略构想、全面推进首都现代化建设事业奠定了坚实的基础。

同时也清醒地认识到，财政工作还面临着一些不容忽视的问题：一是公共财政体系不够完善，财经秩序不够规范，与构建和谐社会首善之区的新形势、新任务的要求还有一定距离。二是财政收支矛盾依然突出，促进城乡区域协调发展的任务相当艰巨，基础工作还存在与财政管理要求不相适应的地方，支出责任不明晰的问题还没有从根本上得到解决。三是资金使用效益需要进一步提高，行政事业单位的资产管理还很薄弱，重“增量投入”轻“存量调整”的现象依然存在，勤俭节约的意识仍需要进一步增强。总之，财政工作虽然取得了一些成绩，但与广大人民群众的期望相比还有很大差距。对财政运行方面的问题，要在科学发展观的指导下，通过逐步健全和完善公共财政职能得以改进；对财政管理方面的问题，要在依法理财的原则下，通过深化财政改革、强化基础工作逐项加以解决。

二、2006 年预算草案

根据《国务院关于编制 2006 年中央和地方预算的通知》精神，2006 年预算草案编制的指导思想是：以邓小平理论和“三个代表”重要思想为指导，认真贯彻党的十六届五中全会及市委九届十一次全会精神，全面落实科学发展观，围绕“新北京、新奥运”战略构想，发挥公共财政职能，努力增收节支，保障重点支出需要，强化预算管理和财政监督，提高资金使用效益，促进首都经济社会又快又好地发展。根据上述指导思想，按照积极稳妥的原则，2006 年，全市地方财政收入安排 1029.8 亿元，比上年增长 12.0%；全市地方财政支出安排 1105.8 亿元，比上年增长 9.2%。根据《预算法》和《北京市预算监督条例》的规定，重点报告 2006 年市级预算草案的编制情况。

市级地方财政收入安排 589.6 亿元，比上年增长 13.2%，加中央税收返还及补助、区县上解、专项政策性结转和上年结余等 233.4 亿元，收入总计 823.0 亿元。市级地方财政支出安排 625.0 亿元，比上年增长 10.7%，加上解中央支出、区县税收返还和转移支付等 198.0 亿元，支出总计 823.0 亿元。市级预算安排收支平衡。

2006 年市级预算安排考虑的主要因素：

一是财政收入增长率略高于经济增长。2006 年，国内外经济形势总体上是有利的，国家宏观经济政策继续保持连续性和稳定性，首都“十一五”各项战略部署全面启动，经济增长的内在动力增强，为财政收入的持续增长奠定了坚实的基础。但同时影响经济发展的人口、资源、环境制约因素日益突出，国家调整个人所得税工薪所得费用扣除标准，完善就业再就业税收优惠政策，落实发展循环经济等税收扶持政策都将使财政收入增长面临较大压力。此外，财政收入在高基数基础上继续大幅度增长的空间受到一定的限制。综合考虑上述因素，按照略高于全市经济增长水平和积极稳妥的原则，2006 年，全市地方财政收入增长率安排为 12.0%，市级地方财政收入增长率安排为 13.2%。

二是大力支持经济结构调整和优化。安排资金 12.5 亿元，加快发展物流、金融等现代服务业，适度发展现代制造业，推进产业结构优化升级。投入资金 35.0 亿元，落实中关村科技园区政策，发挥中关村科技园区推动创新的龙头作用。设立文化产业发展专项资金 5.0 亿元，培育文化产业成为首都经济新的增长点和支柱产业。安排中小企业发展资金 5.0 亿元，促进中小企业素质和核心竞争力的提高。安排破产准备金 3.0 亿元，支持国有企业改革。

三是加大社会主义新农村建设的资金投入。在保证对农业投入依法增长的基础上，设立新农村建设专项资金 3.0 亿元，改善农村基础设施，促进农村社会事业发展。安排支援农村生产和扶持二、三产业资金 8.3 亿元，提高农业综合生产能力，促进农村产业结构调整。林业和水利建设资金 13.1 亿元，用于重点河道和道路绿化、山区生态林补偿、南水北调和水源生态保护。投入专项资金 4.1 亿元，用于建立健全食品安全体系，加大动植物疾病防治的力度。安排农业科技推广资金 1.7 亿元，支持农村科技示范推广、环境保护以及农村劳动力人才培训等。

四是增加教育、科学、文化、卫生以及社会保障等重点支出投入。教育投入74.6亿元，比上年增长13.2%，继续加大义务教育的投入，大力发展职业教育，提升高等教育质量，促进各级各类教育均衡发展。科技投入23.4亿元，比上年增长20.0%，重点用于基础研究、科学普及，提高自主创新能力，加快科技创新体系建设。卫生投入21.0亿元，比上年增长13.0%，并继续专项增加公共卫生投入4.0亿元，重点用于建设城乡一体的公共卫生服务体系，健全突发公共卫生事件应急机制，推动首都公共卫生事业发展。文化投入9.1亿元，比上年增长13.3%，重点用于基层文化设施改造、文艺精品创作等，支持文化体制改革和群众性精神文明创建活动。安排文物及历史文化保护区专项资金5.0亿元，支持世界文化遗产保护项目，推进老城区排险解危和文物保护工程，强化首都文化中心的功能。安排抚恤社救和社会保障补助资金32.6亿元，重点支持就业和再就业工作，建立包括养老、失业、医疗等社会保险、社会救助在内的多层次、广覆盖的社会保障网络，努力构建和谐社会首善之区。

五是大力做好奥运筹备相关工作。安排奥运专项资金10.0亿元，加快奥运场馆周边道路及市政配套设施建设。环境整治专项资金20.0亿元，重点用于治理“城中村”、清理整顿户外广告、拆除违法建筑等项目，加快奥运场馆周边环境综合整治的步伐。安排地铁专项资金，支持发展轨道交通。大气污染治理及环保专项资金7.0亿元，主要用于控制燃煤、机动车、扬尘和工业污染。

《国务院关于编制2006年中央和地方预算的通知》中，提出了细化预算编制、加大综合财政预算改革力度的要求。按照“个人经费按实际、公用开支按定额、专项支出按财力”的原则，2006年市级160个一级预算部门，1166个基层预算单位全部编制了部门综合预算。现提交市人民代表大会审议的市级预算草案，是按照《预算法》和《北京市预算监督条例》规定编制的，部门预算作为补充，请各位代表审阅。

三、围绕新时期首都经济社会发展战略，创新财政工作机制，努力完成2006年预算任务

2006年是“十一五”规划开局之年，做好各项财政工作，对于保持首都经济社会协调发展，促进社会全面进步具有极其重要的意义。要牢牢抓住机遇，开拓创新，扎实工作，确保圆满完成全年预算任务。

（一）发挥财政职能作用，促进首都经济又快又好地发展。

充分发挥投资和消费对经济增长的拉动作用。多方筹集资金，进一步加大对基础设施建设和环境保护的投入，做好道路建设、市政设施改造、城市绿化美化、环境治理等工作。增加大气污染治理和环境保护专项资金投入，改善首都空气质量。处理好危旧房改造与古都风貌保护之间的关系，积极推进“城中村”整治和排险解危工作。加快推进交通重点工程建设，改善城市微循环系统，着力解决交通拥堵。积极开拓各类市场，扩大消费需求。对传统商业街改造升级，新建、改造社区菜市场和便民店，改善基础服务设施，创造良好的消费环境。鼓励发展第三产业，加大对金融、物流、信息咨询等现代服务业和高技术服务业的支持力度，发展新型消费。

支持经济增长方式转变，培育新的经济增长点。增加科技投入，构建以企业为主体、市场为导向、产学研相结合的科技创新体系。加强中关村科技园区建设，打造全国知识创新中心、技术研发基地和科技成果转化基地，

促进高端产业集聚和发展，提升产业层次和技术水平。建立和完善财税政策的激励约束机制，鼓励企业加大研发和设备更新改造力度，推动重大科技成果和关键技术产业化，加大对科技型中小企业发展的支持，拓展政府采购政策扶持功能，支持生产国内具有自主知识产权的高新技术装备，增强企业自主创新的内在动力。增加知识产权保护投入，对软件著作权登记和专利申请进行专项补助，营造有利于自主创新和科技成果产业化的环境。安排人才发展专项资金，培育创新型人才，为首都创新型城市建设提供人才保障。支持国有企业改革，推进首钢搬迁工作，调整优化国有资产布局，增强国有经济活力。

着力支持文化创意产业发展。用好文化产业发展专项资金，强化政策的引导功能，大力解决体制机制问题，创造良好的文化创意产业发展环境。鼓励多种所有制企业共同发展文化创意产业，重点扶持影视业、出版业、演出业、艺术品经营业、动漫与网络游戏业等六个产业，推动产业升级。

严格执行《税收征管法》，整顿规范税收秩序，提高对纳税人的服务意识。落实提高个人所得税工薪所得费用扣除标准等相关政策，做好实施增值税转型改革的准备工作。继续推进非税收入征管改革，全面落实“收支两条线”管理，确保财政收入应收尽收。

（二）认真落实各项支农政策，加快建设社会主义新农村。

认真落实中央关于加强社会主义新农村建设的意见和市委的重要决定，进一步加大对“三农”的支持力度，重点在“多予、放活”上下工夫，扎实推进新农村建设，保持政策的连续性、稳定性。一是支持加快农村经济发展，促进农民增收。加大财政投入，并通过财政资金和政策手段，引导社会资金投入新农村建设，推进郊区城镇化进程，加快发展郊区二、三产业和现代农业，建设农村现代物流体系，拓宽农民增收渠道；大力加强对农民的教育和职业技能培训，鼓励和帮助农民向二、三产业转移，提高农民增收本领；支持发展农民专业合作组织，增强农民进入市场和抵御风险能力。二是支持提高农业综合生产能力。建立支农资金稳定增长机制，落实好粮食直补和山区生态林补偿政策，搞好农业综合开发，支持加快农田水利、乡村道路、清洁能源、饮水设施、环境治理、改水改厕等农村基础设施建设，使公共财政的阳光更多地照耀到农村。三是积极推进农村综合改革，完善乡镇财政管理体制，加快乡镇建设与发展；支持农村金融体制改革，探索和发展多种形式并存的农业保险制度。四是全面促进农村各项社会事业发展。继续加大对农村教育、卫生、文化、科技、计划生育等社会事业的支持力度，通过资金投入和政策优惠，引导城市科技、人才进入农村，全面落实“工业反哺农业、城市支持农村”的发展思路。

（三）增加社会事业发展投入，构建和谐社会首善之区。

支持就业再就业工作，加快完善社会保障体系。坚持实施积极的就业政策和困难群体帮扶政策，大力开发公益性就业岗位，对城镇失业人员、农民提供免费职业技能培训。不断完善就业服务制度和创业服务体系，促进失业人员创业和就业。进一步扩大农村新型合作医疗制度覆盖面，完善合作医疗筹资机制，将补助标准分别由每人 10 元、15 元和 20 元提高到 15 元、25 元和 35 元，不断提高对农民的卫生服务和保障水平。落实农村社会养老保险制度建设意见，推进农村养老保险试点工作。进一步完善和规范城乡社会救助体系，保护残疾人权益，发展社会福利和慈善事业，切实保障困难群众的基本生活。

加快教育卫生体育事业发展。建立义务教育经费保障机制，全面落实免除义务教育阶段学生杂费和书本费政策，对困难家庭学生给予补助。继续增加对农村义务教育的投入，改善办学条件，免费培训农村中小学教师，制定各项鼓励政策，引导城镇教师到农村支教、开展城乡中小学“手拉手”活动，支持大学生到农村就业，促进义务教育均衡发展。加强职业教育基础能力建设，支持示范性职业院校和职教中心建设，推动职业教育的改革和发展。调整高等教育支出结构，支持10个重点学科群、50个重点学科建设。进一步完善公共卫生和基本医疗服务体系，建设好农村399个社区卫生服务站、133个卫生服务中心，实现社区卫生服务基本覆盖农村人口的目标。推进医疗卫生体制改革，不断提高卫生服务和保障水平。加快建立公共文化服务体系，强化面向基层的文化服务，加强文化站、图书配送及网络等基层文化设施建设，对2000余个街道、乡镇、社区和村文化设施给予资金支持，完成57个深山区自然村广播电视“村村通”、“户户通”工程，建设一批露天剧场和文化广场。筹集资金增加群众体育公共场所，推广“体育生活化社区”成果，大力开展全民健身运动。

（四）继续深化各项改革，提高财政资金使用效益。

推进国库集中收付改革向纵深发展，市级国库集中支付改革扩大到所有基层预算单位，区县全面实行国库集中支付改革。对市追加区县专款和市级部门会议费逐步实行国库集中支付。加快非税收入改革步伐，分三批将21个市属部门纳入非税收入集中收缴改革试点范围，使纳入集中收缴改革的非税收入达到市级非税收入总额的50%以上。

深化部门预算改革。完善定员定额管理体系，稳步推进实物费用定额改革工作，逐步建立和完善预算资金定额与实物资产相结合的定额标准体系。结合事业单位改革，探索和研究体现不同类型单位特点的、科学规范的预算分配定额制度。规范部门预算结余资金管理，统筹安排部门预算。进一步加强专项支出项目库建设，强化可行性分析，做好前期工作，提高预算编制质量。大力推进支出绩效评价工作，建立健全绩效考评体系，落实支出责任，以教育、科技等事业发展项目为切入点，试编绩效预算，逐步确立以“结果”及“追踪问效”为导向的支出管理模式。

加大政府采购工作力度。扩大政府采购规模和范围，凡属于政府采购目录或采购限额以上的支出项目，一律纳入政府采购。拓宽政府采购“一站式”办公服务范围，提高政府采购效率。建立健全非招标采购、协议供货、代理机构认定等方面的管理制度，严格政府采购监管。

全面加强行政事业单位国有资产管理，完善相关规章制度，建立国有资产管理信息系统。开展政府部门清产核资工作，推进资产管理体制创新，积极挖掘现有行政资源潜力，逐步打破部门所有界限，努力做到重大设施设备共享，防止重复建设。制定行政单位办公用品配置标准，建立政府资产实物管理与资金管理有机衔接的机制，新的资金投入要与存量资产的充分利用以及发展规划相衔接，实现行政资源效益最大化。

（五）加强基础工作，提高财政监督管理水平。

认真贯彻《预算法》和《北京市预算监督条例》，强化审计监督，坚持依法行政、依法理财，继续完善预算编制、执行、监督相分离、相制约的财政监督体系。对公务用车实行统一定点加油，推行班车定点租赁改革，印刷费用通过招标确定定点厂商，规范部门物业费管理，努力降低政府运行成本。加强财政投资评审，财政投资项目要全部纳入评审范围。积极探索绩效监督模式，加强部门间协调配合，把监督机制融入财政资金管理的各个环节，提高财政监督管理水平。进一步完善政府债务监督管理的措施，建立政府债务专网，设立债务预警指标，合理控制政府债务规模，防范和化解财政风险。加强会计工作，进一步发挥会计在国民经济运行中的基础作用，积极开展会计诚信体系建设，强化会计信息质量检查和注册会计师执业质量监管，提高财会人员的执业能力和职业道德水平。

积极推进“金财工程”建设，加快部门间的互联和互通，促进资源共享。建设好市与区县共享的预算资金管理平台，按照“职责清、情况明、数字准、作风硬、素质好、效率高”的要求，整合基础数据，实行动态管理，夯实工作基础，保证数据的真实、完整、准确，为政府宏观决策提供科学的依据。切实转变工作作风，主动沟通协调，既从增加投入、研究政策方面帮忙、想办法，又从用好存量、规范管理、提高效益等方面积极出主意，创造良好的发展环境，为基层服好务，为群众服好务。

各位代表，在全面建设小康社会、率先基本实现现代化的进程中，无论是改革、发展还是维护社会稳定方面，急需花钱的地方很多。在相当长的时期内，各方面的需求与财政供给的可能性会有较大的差距，财政收支之间的矛盾将长期存在。因此，政府部门要带头坚持艰苦奋斗、勤俭办一切事情的方针，切实按照“两个务必”和建设节约型社会的要求，树立“浪费就是犯罪”的意识，对有限的财政资金，一定要倍加珍惜，妥善使用。预算安排必须按照公共财政的要求，精打细算、科学合理，禁止各种不必要的支出；预算执行要严格把关、追踪问效，实施规范有效的支出约束机制，把广大人民群众的根本利益实现好、维护好、发展好。

各位代表，2006 年的预算任务艰巨而繁重。我们要在市委的领导下，在市人大、市政协的监督和支持下，认清形势，开拓进取，求真务实，扎实工作，努力完成会议确定的各项任务，为全面实现“新北京、新奥运”战略构想，把北京建设成为社会主义和谐社会首善之区作出更大的贡献。

北京市第十二届人民代表大会财政经济委员会关于北京市 2005 年预算执行情况和 2006 年预算草案的审查报告

（2006 年 1 月 18 日北京市第十二届人民代表大会第四次会议主席团第四次会议通过）

北京市人大财政经济委员会主任委员　高佐之

大会主席团：

北京市第十二届人民代表大会财政经济委员会在对北京市 2006 年市级预算草案主要内容初步审查的基础上，根据本次大会代表的审议意见，审查了北京市 2006 年总预算和市级预算草案及《关于北京市 2005 年预算执行情况和 2006 年预算草案的报告》。现将审查结果报告如下：

一、市人民政府提出的 2005 年市级预算执行情况：全市地方财政收入完成 919.2 亿元，比上年增长23.5%。市级地方财政收入520.8亿元，比上年增长29.3%，加上中央税收返还及补助、区县上解、专项政策性结转和上年结余等279.7亿元，收入总计800.5亿元；市级地方财政支出564.7亿元，比上年增长16.1%，加上上解中央支出、区县税收返还、转移支付和结转下年使用等235.3亿元，支出总计800.0亿元。市级财政结余0.5亿元。

财政经济委员会认为，2005年预算执行情况是好的。市人民政府认真执行市十二届人大三次会议通过的2005年市级预算，努力组织收入，财政收入保持稳定增长。财政保障能力继续加强，支出结构进一步优化，发挥了财政政策的宏观调控功能和财政资金的导向作用。财政管理体制改革继续深化，财政监督管理水平不断提高，为促进首都的社会稳定和经济发展作出了积极贡献。

财政经济委员会指出，在2005年市级预算执行中也存在一些值得注意的问题：公共财政体系不够完善，部分预算单位勤俭节约意识不强，财政资金使用效益不高，重“增量投入”轻“存量调整”的现象依然存在，财经秩序不够规范，预算管理的基础工作与财政改革的要求还有差距等。对此，市人民政府要高度重视，采取措施，逐步加以解决。

二、市人民政府提出的2006年市级预算草案：全市地方财政收入安排1029.8亿元，比上年增长12.0%。市级地方财政收入安排589.6亿元，比上年增长13.2%，加上中央税收返还及补助、区县上解、专项政策性结转和上年结余等233.4亿元，收入总计823.0亿元；市级地方财政支出安排625.0亿元，比上年增长10.7%，加上上解中央支出、区县税收返还和转移支付等198.0亿元，支出总计823.0亿元。市级预算安排平衡。

财政经济委员会认为，2006年市级预算草案编制贯彻了中共十六届五中全会、中央经济工作会议和中共北京市委九届十一次全会精神，符合有关法律法规的规定。预算收入的增幅略高于地区生产总值的增幅，组织收入措施得当。预算支出安排突出了公共财政的要求，加大了社会主义新农村建设的资金投入，进一步增加了社会保障支出，支持了经济结构调整，保证了法定支出依法增长，增强了对筹备奥运、城市综合治理和政权建设的资金保障。总的来看，市级预算的安排体现了科学发展观，符合本市实际情况，是稳妥可行的。

财政经济委员会建议本次大会批准北京市2006年市级预算草案及《关于北京市2005年预算执行情况和2006年预算草案的报告》。

三、为保证2006年预算的顺利实现，做好财政工作，财政经济委员会提出以下意见和建议：

（一）继续推进财政改革，完善公共财政体系。做好国库集中支付制度改革的配套工作，提高财政资金拨付效率；深化部门预算改革，完善部门预算编报体系；规范政府采购行为，提高政府采购质量和效率。进一步落实市与区县财政体制，加强基础工作建设。

（二）增强经济发展的内在动力，促进财政收入稳定增长。创造良好的财税政策环境，培育新的经济增长点。加强税收征管，提高纳税服务质量和管理水平。及时分析研究税收改革对我市财政收入带来的影响。加快非税收入管理改革，全面落实“收支两条线”管理，确保财政收入应收尽收。

（三）加强预算执行管理，提高财政资金使用效益。依法及时批复预算，组织好预算支出进度。强化预算约束，严格控制追加新的支出项目，规范支出项目的调整。建立健全绩效考评体系，落实支出责任，积极探索以结果导向为目标的绩效预算，不断提高财政资金的使用效益。大力倡导勤俭节约的作风，坚决反对和制止铺张浪费。

（四）进一步开拓创新，提高财政管理水平。做好政府部门的清产核资工作，创新资产管理体制，发挥存量资产的使用效益。加强对预算单位结余资金的管理，防止预算资金的滞留和挪用。建立政府债务监督体系，合理控制政府债务规模，防范和化解财政风险。加快财政信息化建设步伐，实现信息资源共享，全面提高财政管理现代化水平。

（五）加大监督检查力度，整顿财经秩序。建立健全有效的财政监督机制，完善对财政资金事前、事中、事后的监督检查制度。加强对会计信息质量的监督检查，提高财会人员的从业能力和职业道德水平。加大对预算执行和专项资金的审计力度，严肃查处违法违纪行为，积极探索开展效益审计。

以上报告，请予审议。

北京市第十二届人民代表大会第四次会议关于北京市人民代表大会常务委员会工作报告的决议

（2006 年 1 月 20 日北京市第十二届人民代表大会第四次会议通过）

北京市第十二届人民代表大会第四次会议，听取并审议了于均波主任受北京市人大常委会委托所作的工作报告，决定批准这个报告。

会议要求，2006 年，市人大常委会要以邓小平理论和“三个代表”重要思想为指导，认真贯彻党的十六大，十六届三中、四中、五中全会精神，深入贯彻中共中央 9 号文件和市委第二次人大工作会议精神，全面落实科学发展观，认真履行宪法和法律赋予的职责，积极努力，扎实工作，为落实本市“十一五”规划，实现“新北京、新奥运”战略构想，构建社会主义和谐社会首善之区，作出新的贡献。

北京市人民代表大会常务委员会工作报告

——2006 年 1 月 18 日在北京市第十二届人民代表大会第四次会议上

北京市人大常委会主任　于均波

各位代表：

我受北京市第十二届人民代表大会常务委员会委托，向大会报告工作，请予审议。

2005年的主要工作

2005年是北京市人大工作具有重要意义的一年，也是市人大常委会各项工作取得显著进展的一年。中共中央9号文件转发了《中共全国人大常委会党组关于进一步发挥全国人大代表作用，加强全国人大常委会制度建设的若干意见》，明确提出坚持和完善人民代表大会制度的指导思想、工作重点和主要措施。为贯彻中央精神，市委召开第二次人大工作会议，下发了关于进一步加强和改进人大工作的意见。这次会议的召开，对于贯彻党的十六届五中全会精神，落实科学发展观，构建社会主义和谐社会首善之区，推动新形势下的人大工作，具有重要意义。一年来，在市委领导下，常委会全面执行市十二届人大三次会议决议，围绕全市发展大局，认真履行宪法和法律赋予的职责，把坚持党的领导、人民当家做主和依法治国有机统一起来，注重发挥代表作用，加强常委会制度建设，讲求工作实效，为首都经济建设、政治建设、文化建设和社会建设，作出了新的贡献。

一、围绕中心，服务大局，积极发挥地方国家权力机关的作用

常委会依法行使职权，各项工作取得明显成效。

（一）着力推进科学立法、民主立法，提高立法质量

常委会坚持立法决策与改革发展稳定决策相结合，加强和改进立法工作，为首都经济社会协调发展提供法制保障。全年共审议法规12项，其中，制定8项，修改3项，废止1项。

处理好历史文化名城保护与发展的关系，是落实北京城市总体规划、建设现代化国际大都市的重要问题。历史文化名城保护条例，对管理体制、保护内容、保护规划、保护措施等关键环节作出具体规定，为促进历史文化名城的保护和发展，改善人民群众生活，提供了法律规范。北京作为首都，依法加强大型社会活动的安全管理十分必要。大型社会活动安全管理条例，确立了“安全第一、预防为主”的方针和“谁主办、谁负责”的原则，依法设定了行政许可制度，为维护首都社会秩序，保障人民群众安全，提供了法制保障。专利制度是知识产权法律制度的重要组成部分。专利保护和促进条例，针对本市专利数量、质量与人才优势不相匹配、专利保护手段不完善等问题，明确了专利保护和促进的具体规定，对于鼓励发明创造，保护知识产权，发展首都科技事业具有重要意义。集体合同制度是劳动法确定的调整劳动关系的一项基本制度。集体合同条例，对合同的内容、订立、履行等做了规定，对于协调劳动关系，保护劳动者合法权益，促进社会和谐稳定，将发挥重要作用。根据实现“新北京、新奥运”战略构想的需要，制定了全民健身条例，对于落实《全民健身计划纲要》，发展体育运动，增强人民体质，具有重要意义。

去年，还制定了城市基础设施特许经营条例、实施气象法办法、烟花爆竹安全管理规定；修改了代表建议、批评和意见办理条例，实施归侨侨眷权益保护法办法和区、县、乡、民族乡、镇人民代表大会代表选举实施细则；废止了外地来京务工经商人员管理条例。

常委会着力推进科学立法和民主立法，采取在新闻媒体上公布法规草案、发放调查问卷、委托区县人大召开座谈会等多种形式，广泛听取各方面意见；改进立法听证工作，扩大人民群众对立法工作的有序参与，努力

使立法更加集中民智、体现民意。注重发挥法制建设顾问的作用，就立法中的重点、难点问题，认真听取他们的意见；建立了立法咨询专家库，就多项立法向专家进行了咨询；委托专家就企业信用、防灾减灾、公共卫生三个项目进行立法前期调研，就立法质量评估、城市基础设施特许经营立法分别召开研讨会，进一步加强法规的可行性、针对性和可操作性论证，提高立法质量。

（二）突出重点，增强监督实效

一年来，常委会共检查了25项法律法规的实施情况，其中重点检查了安全生产、食品卫生和食品安全等五个方面法律法规的实施情况；配合全国人大常委会检查了劳动法、律师法等法律的实施情况；对行政许可法的实施情况进行了跟踪检查。常委会改进执法检查工作，重点检查项目成立执法检查组，由主管主任担任组长，加强对执法检查工作的领导；注重采取随机抽查、暗访、与区县人大常委会上下联动检查等做法，深入了解情况；以审议意见书的形式，将常委会审议意见送交“一府两院”整改，并加强对整改情况的跟踪检查，进一步增强监督实效。

为确保首都的生产安全，常委会抓住矿山、危险化学品生产企业、建筑工地等重点，组织委员和代表深入生产第一线，检查安全生产法和安全生产条例的实施情况，针对发现的问题，提出改进建议，促进政府健全安全生产监督管理机构，加大执法力度，使全市的安全生产状况有了进一步改善。食品卫生和食品安全是广大人民群众普遍关注的热点问题，常委会以农产品生产源头管理和食品加工、贮存、销售卫生监管为重点，进行执法检查，推动市政府进一步完善了食品安全监管和控制体系，改善了本市食品卫生和安全状况。为加强水资源管理、保护及合理开发利用，常委会检查了水法和本市实施办法、水污染防治法和本市实施办法的实施情况，促进市政府健全执法管理体制，加大水环境保护力度，加快污水处理设施建设，还制定专项计划，加大资金投入，改善了郊区农民的饮水质量。对种子法和农作物种子条例的实施情况也进行了深入检查。

常委会进一步加强对财政预算超收收入使用情况的监督，要求市财政部门提前编制预计超收收入使用方案，及时向市人大财经委员会通报，将超收收入使用情况向市人大常委会备案，写入年度预算执行情况的报告。同时对市政府两个部门和两项工程预算进行了跟踪监督，推动了工作的改进。市人大财经委员会还制定了关于加强经济工作监督的若干规定，进一步加大了对经济运行情况的监督力度。

常委会紧紧抓住依法履职这个主题，先后评议了1位副市长、4位政府组成部门主要负责人、1位法官和1位检察官，并对上一年被评议人员的整改情况进行了跟踪检查。

常委会继续把信访工作作为监督工作的重要内容，全年共受理群众来信5300多件次，接待群众来访6000多人次，督促解决了一批与人民群众切身利益密切相关的实际问题。全国人大华侨委转交的15件疑难涉侨信访事项，经过常委会认真督办，已有12件得到了较好解决。

（三）着眼首都发展的关键问题，讨论决定重大事项

去年，听取、审议了市政府2004年市级预算执行和其他财政收支的审计情况报告，2004年市级决算和2005年上半年预算执行情况的报告，2005年国民经济和社会发展计划上半年执行情况的报告。听取、审议了城市交通规划、建设与管理情况，农村基础教育三年发展目标实施情况等4项专题报告。还审议了市高级法院进一步加强执行工作和市检察院公诉工作情况的报告，听取了奥运场馆和配套设施建设情况、产业结构调整和经

济增长方式转变情况的报告。依法作出了批准本市2004年市级决算等5项决议或决定。

中关村科技园区的建设发展，是实施首都创新战略，建设创新型城市的关键。常委会历来高度重视中关村科技园区建设，在连续4年进行检查的基础上，去年又听取并审议了中关村科技园区五年上台阶情况及“十一五”发展规划的报告，按照实现“四位一体”战略目标和建设世界一流园区的要求，对进一步做强中关村科技园区提出了意见和建议。

公共卫生体系建设关系到人民群众身体健康和社会和谐稳定。市政府在2004年办理公共卫生体系建设议案时，提出了加强公共卫生体系建设的三年规划目标。为确保三年目标的实现，常委会以基层卫生工作为重点，听取并审议了市政府关于本市公共卫生体系建设进展情况的报告，主要针对加大卫生事业投入，加强卫生队伍建设，发展社区医疗事业，完善合作医疗制度等方面提出了意见和建议，推动了公共卫生体系建设。

加强农村基础教育，事关本市郊区长远发展，具有重要战略意义。常委会连续三年组织委员、代表深入检查，听取、审议市政府专题报告，有力推进了农村基础教育的发展。

去年，常委会依法行使人事任免权，共任免国家机关工作人员106人次，接受了许海峰辞去市人民检察院检察长职务的请求，决定慕平为代理检察长。

二、支持、规范和保证代表依法履行职责和行使权力，进一步发挥代表作用

常委会紧紧围绕充分发挥代表作用这个主题，进一步加强和改进代表工作。

（一）采取多种方式，保证代表知情权

代表要依法履行好职责，必须知情知政。为使代表及时了解常委会和“一府两院”重点工作进展情况，在坚持为代表寄送公报等各种信息的基础上，从去年开始实行每季度定期寄送参阅资料的制度，为代表提供与履职相关的书籍和资料。在新建立的市人大常委会门户网站开辟了代表园地等栏目，为每一位代表设立了电子邮箱，扩大网上信息量。在人代会前的集中视察中，特别安排代表听取市发改委关于“十五”计划执行情况和“十一五”规划编制情况的报告，并围绕“十一五”规划的主要方面，分成9个小组，深入到36个单位进行了视察。结合常委会议题邀请领衔代表列席常委会会议，扩大了代表对常委会工作的参与。

（二）加强代表议案督办工作，增强办理实效

在市十二届人大三次会议上，主席团通过的落实人文奥运行动规划、提高市民素质，加快社会信用体系建设等5项代表议案，都是事关全市工作大局和人民群众切身利益的大事。常委会高度重视，有关机构密切配合，落实办理措施，这5项议案的办理都取得了明显效果。通过对加强郊区基础设施建设管理议案的督办，市政府将资金投入向郊区基础设施建设倾斜，加大了郊区道路、污水处理、水源保护、农村供水和垃圾处理设施建设的力度。通过对加强公共交通事业改革发展议案的督办，政府从设施、投资、路权分配、财税扶持等方面，进一步实施公交优先发展战略。通过对加快社区建设、构建和谐社会议案的督办，市政府把议案任务分解为22项折子工程，制定了16项相关政策文件，推动这项工作深入开展。

常委会还加强了对保障劳动者合法权益、公共卫生体系建设、促进农民增收等4项议案办理情况的跟踪检查。通过对居住区配套设施建设议案的跟踪检查，督促政府制定居住区公共服务设施管理办法，修订新建改建

居住区公共服务设施配套建设指标，对部分已建居住区配套设施进行补建和还建。

（三）加大建议督办力度，提高办理质量

市十二届人大三次会议收到代表提出的建议、批评和意见1787件，经过各方面共同努力，已办理完毕并答复了代表。其中问题得到解决、基本解决或列入计划逐步解决的占74%，代表对建议办理工作表示满意、同意的占86%，均比上年有所提高。闭会期间代表提出的300多件建议，多数已办复。

常委会采取由主任、副主任督办重点建议的新举措，就一些与人民群众生活密切相关的重点、难点问题，同部分市人大代表一起，深入到区县、乡镇及部队，听取承办单位汇报，实地查看，加强督办，使建议办理取得明显进展。海军军事训练大队官兵多年来饮水难、出行难问题已得到解决；立水桥到天通苑地区的道路改造工程已全部完工，缓解了该地区的交通拥堵状况。

继续实行重点检查与普遍自查相结合，加大对承办单位的监督力度。除了要求各承办单位普遍进行自查外，还组织部分代表，由常委会主任、副主任带队，对市建委、市教委、市劳动和社会保障局3个承办大户的建议办理工作进行了重点检查，取得了较好效果。

在坚持普遍自查、重点检查、抽查、暗访的基础上，加强了复查补办工作，确定13件代表有不同意见的建议，交相关部门重新办理。规范闭会期间代表建议的办理工作，提高了建议办理质量。进一步发挥舆论监督作用，对一些重点建议督办工作进行了跟踪报道。

对代表建议、批评和意见办理条例进行了全面修订，进一步规范了代表建议提出、交办、办理和督办各个环节的工作，为提高代表建议工作质量提供了法律依据。

（四）进一步密切与代表的联系，扩大代表对常委会工作的参与

继续发挥常委会组成人员联系代表制度的作用，组成人员通过多种形式与代表广泛联系，通报情况，听取意见和建议。进一步做好主任接待代表日工作，对代表提出的重要意见和建议，常委会认真研究办理，积极采纳。对代表反映的群众强烈要求、确需解决的问题，常委会及时督促解决。

围绕筹备市委第二次人大工作会议，常委会通过召开座谈会、发放调查问卷、深入区县人大调研等多种形式，认真听取代表意见。

在立法、监督等各项工作中注重发挥代表作用。去年，常委会共组织代表活动180多次，参加代表3600多人次。就代表建议、批评和意见办理条例等法规广泛征求代表意见。在检查旅游管理条例实施情况时，组织代表以旅游者的身份暗访，查找旅游管理存在的问题。在检查食品卫生法律法规实施情况时，由参加检查的代表确定被检查的区域和单位，或者在检查途中由代表随时挑选检查对象。注重发挥代表特长，积极开展专业代表小组活动。

常委会还加大了代表培训力度。以贯彻中央9号文件精神为主要内容，举办了两期市人大代表学习班，为提高代表履职能力创造了条件。

三、以制度建设为重点，加强常委会自身建设，不断提高工作水平

加强制度建设，是人大及其常委会依法履行职责的重要保证。一年来，常委会以保持共产党员先进性教育活动为契机，大力加强制度建设，进一步完善工作机制。

（一）加强学习培训，提高常委会组成人员履职能力

常委会坚持定期举办组成人员学习班和

法制讲座的制度，结合国内外新形势，举办了组成人员第三期学习班，听取了民主法制建设、奥运筹备、台海形势与反分裂国家法等报告，以及本市有关执法检查工作的情况介绍，收到较好效果；举办了关于人大监督工作、信访条例和信访工作、公务员法等内容的法制讲座，学习相关法律，对提高常委会组成人员审议议案、报告的水平和效能，起到了积极作用。

（二）完善工作制度，提高规范化水平

为进一步规范立法工作，常委会制定了立法专家咨询工作规程和立法公示工作规程。为规范监督工作，制定并实施了加强和改进执法检查工作的意见。在监督工作中，注重执法检查、议案督办、听取审议专题工作报告等多种监督形式的综合运用，集中力量，提高效率，增强实效。为做好新形势下的人大信访工作，组建了信访工作办公室，增加了人员编制，充实了工作力量，制定了办理全国人大常委会办公厅交办信访事项办法，人大常委会门户网站受理群众信访的有关规程。还完善了常委会会议分组审议制度，改进对分组审议发言的整理、编辑工作。

同时，各专门委员会注重加强自身建设，明确职责，规范会议程序，对其组成人员履行职责和行使权力提出要求，并理顺与相应工作机构的关系。常委会工作机构也建立健全了有关工作规则。

（三）认真开展保持共产党员先进性教育活动，大力加强机关建设

开展以实践“三个代表”重要思想为主要内容的保持共产党员先进性教育活动，是常委会机关加强自身建设的一件大事。在开展这项教育活动中，紧密结合人大工作实际，着眼建立长效机制，党员干部精神振奋，服务意识明显增强，服务工作水平进一步提高，机关各项工作取得了新成绩。加强干部队伍建设，完善干部管理机制，落实干部培训规划，坚持挂职锻炼、在职进修等制度，加大干部交流力度，增强了干部队伍活力。机关信息化建设，也取得了新的进展。

常委会注重调查研究，完成了一批专题调研报告。注重发挥人大理论研究会、人民代表大会制度研究所的作用，深化对人大制度和人大工作的理论与实践研究。完善公民旁听制度，加强对旁听公民意见建议的整理和交办工作。

进一步加强对区县人大工作的指导和联系。召开对口联席会、代表联络工作会、人大街工委工作交流会，举办区县人大干部培训班，上下联动开展执法检查、议案督办等活动，共同推进本市人大工作。还密切了与兄弟省市人大的工作联系，加强了与外国地方议会的友好交往。

各位代表，在过去的一年里，常委会工作取得了较好成绩。这些成绩的取得，是在市委领导下，社会各界和广大人民群众关心、支持、帮助的结果，也是全体市人大代表共同努力的结果。在此，我代表市人大常委会，向所有关心、支持人大工作的同志们，表示崇高的敬意和衷心的感谢！

回顾一年的工作，我们清醒地认识到，如何更好地适应新形势新任务对人大工作提出的新要求，还有许多新课题需要研究。在实际工作中，还存在不少差距：对立法工作的综合协调不够，有的立法项目可行性论证不够充分，立法水平有待进一步提高；对政府直属机构、特设机构的工作监督还有待加强，有些视察和执法检查，对执法对象的问题关注多、对执法主体的问题关注少；重大事项决定权的行使亟须通过立法加以规范，任后监督仍需不断改进；组织代表参与常委会工作还不够广泛，代表与原选举单位经常性联系的机制还需完善；常委会制度建设力度还应加大，工作机制还需进一步健全。这些问题都需要我们认真研究，加以解决。

2006 年的主要任务

2006 年是实施“十一五”规划的开局之年，也是深入贯彻落实中央 9 号文件和市委第二次人大工作会议精神的重要一年。在新的一年里，常委会工作的总体要求是：在中共北京市委领导下，以邓小平理论和“三个代表”重要思想为指导，认真贯彻党的十六大，十六届三中、四中、五中全会和市委九届十次、十一次全会精神，紧紧围绕“新北京、新奥运”战略构想，全面落实科学发展观，努力构建和谐社会首善之区，以实现最广大人民的根本利益为宗旨，以发挥代表作用和加强常委会制度建设为重点，认真履行宪法和法律赋予的职责，进一步开创人大工作新局面。

一、根据首都经济社会发展需要，进一步加强和改进立法工作

按照首都经济社会发展需要，对五年立法规划项目进行适当调整，统筹安排今年立法项目。继续推进立法工作的科学化、民主化、规范化，扩大公民有序参与，加强立法项目的可行性、针对性和可操作性论证，加大落实已有工作规程的力度，进一步提高立法工作水平。今年，拟制定和修订规划条例、市容环境卫生条例、信访条例、实施节约能源法办法、燃气安全管理条例、实施民办教育促进法办法、实施种子法办法、精神卫生条例、宗教事务条例、实施代表法办法等法规。同时就循环经济、信息化建设、举办奥运会、国防教育、噪声污染防治、企事业单位民主管理等立法项目进行调研论证，为明年的立法工作做好准备。

二、着眼关系首都改革发展稳定大局的重要问题，继续加强和改进监督工作

围绕首都改革发展稳定中的突出问题和涉及人民群众切身利益的热点难点问题，突出重点，改进方式，健全机制，增强监督实效。继续坚持常委会执法检查计划向社会公开，扩大公民有序参与。加强监督工作的统筹协调，明确责任，形成合力。规范审议意见书的内容和程序，加强常委会审议意见的督办工作。今年拟重点开展四个方面的执法检查：一是为扎实推进社会主义新农村建设，对农业法的实施情况进行检查；二是为加快节约型社会的建设步伐，对节约能源法和本市实施办法的实施情况进行检查；三是为加大城市环境综合整治力度，对市容环境卫生条例的实施情况进行检查；四是为进一步贯彻党的民族政策，对少数民族权益保障条例的实施情况进行检查。深化对财政预算和经济工作的监督，继续开展对部门预算和项目预算的监督，加强对财政预算超收收入安排使用情况的监督。围绕群众反映强烈、带有共性的问题，加强专项工作评议，进一步增强评议实效。加强和改进信访工作，健全信访工作制度，进一步提高信访办理质量。

三、规范讨论决定重大事项工作，认真行使重大事项决定权

在深入调研和总结经验的基础上，制定市人大常委会讨论决定重大事项条例。今年拟听取、审议市政府关于发展现代服务业、职业教育发展、安全生产、奥运场馆建设等情况的报告，审议市高级人民法院关于加强审判工作监督情况的报告、市人民检察院关于开展法律监督情况的报告。

四、进一步加强代表工作，发挥代表作用

为代表知情知政提供多方面信息，保证代表知情权；采取多种形式，加强代表培训工作，提高代表依法履职能力；加强和改进代表议案、建议办理工作，进一步提高办理质量；改进代表活动方式，适当增加专题视察活动；坚持和完善代表列席常委会会议和专门委员会会议制度，扩大代表对常委会工作的参与；继续实行常委会组成人员联系代表制度，密切市人大代表与区县人大代表的联系，密切代表与人民群众的联系，畅通民主渠道；加强代表联络部门建设，进一步提高为代表履职服务的水平。

五、继续加强制度建设，进一步提高常委会工作水平

巩固保持共产党员先进性教育的成果，不断推进常委会和机关的思想、组织、作风建设，增强常委会组成人员和机关党员干部党的观念、政治观念、大局观念、为代表和群众服务的观念。继续举办组成人员学习班，结合常委会议题举办法制讲座，提高组成人员的履职水平。完善市人大专门委员会工作制度和常委会工作机构的工作规范，理顺各专门委员会之间、专门委员会与相应工作机构之间的关系，形成科学、合理、高效的工作机制。结合公务员法的实施，完善机关人事管理制度，加强机关干部队伍建设，努力提高机关干部整体素质。加强新闻宣传工作，为人大工作营造良好氛围。

积极协助市委做好第二次人大工作会议精神落实情况的检查工作，推动会议精神进一步落实。加强与区县人大的工作联系与交流；加强对区县、乡镇换届选举工作的指导，保证该项工作顺利进行；加强对人大街工委工作的指导，积极推进基层民主政治建设。

各位代表，首都现代化建设的宏伟目标给人大工作提出了新的更高的要求。让我们紧密团结在以胡锦涛同志为总书记的党中央周围，求真务实，扎实工作，为落实“十一五”规划，实现“新北京、新奥运”战略构想，构建社会主义和谐社会的首善之区而努力奋斗！

北京市第十二届人民代表大会第四次会议关于北京市高级人民法院工作报告的决议

（2006年1月20日北京市第十二届人民代表大会第四次会议通过）

北京市第十二届人民代表大会第四次会议，听取并审议了北京市高级人民法院院长秦正安所作的《北京市高级人民法院工作报告》，决定批准这个报告。

北京市高级人民法院工作报告

——2006 年 1 月 18 日在北京市第十二届人民代表大会第四次会议上

北京市高级人民法院院长　秦正安

各位代表：

现在，我代表北京市高级人民法院向大会报告工作，请予审议，并请各位政协委员提出意见。

2005 年的主要工作

2005 年，全市法院在市委的领导、市人大的监督和最高人民法院的指导下，以邓小平理论和“三个代表”重要思想为指导，以科学发展观统领法院各项工作，以加强基层基础建设为重点，全面落实市委和市人大对法院工作的各项要求，坚持“公正司法，一心为民”的指导方针，全面发挥审判职能，为构建社会主义和谐社会首善之区作出了积极的努力。

一、充分发挥审判职能，努力为构建社会主义和谐社会首善之区营造良好法治环境

一年来，全市法院共受理刑事、民商事、知识产权、行政和执行等案件 349553 件，办结新收和旧存案件 352018 件，同比分别上升 13.4%和 16.1%。其中，民商事、知识产权、行政和执行案件占收案总数的 94.2%，解决诉讼标的总金额 578.6 亿余元。全市法院从构建和谐社会首善之区出发，把重点放在维护权益、平复矛盾、保障经济发展、促进依法行政上，努力服务首都工作大局，全面履行审判职责。

（一）加强刑事审判，全力维护首都稳定

确保首都稳定始终是刑事审判的首要任务。2005 年，共审结刑事案件 20179 件，同比上升 8.7%，判处各类罪犯 20349 名。全市法院在依法惩处各类犯罪的基础上，始终将打击重点放在影响人民群众生活和生命财产安全的杀人、抢劫、盗窃、毒品等多发性犯罪上，通过对北新幼儿园教师、幼童被杀惨案等一批社会危害性大、影响恶劣案件的及时审判，维护了首都稳定；依法惩处了一批贪污、贿赂等腐败分子，进一步加大了反腐倡廉的力度；加大刑事附带民事诉讼的调处力度并取得了近年来最为显著的成效，为被害人挽回经济损失 13486.7 万元，努力实现了被害人的合法权益。

（二）加强民商事审判，促进首都经济社会和谐发展

民商事案件涉及人民群众的切身利益和首都发展的方方面面。2005 年，民商事案件仍居全部受理案件首位，共审结 235125 件，同比上升 19.4%。全市法院将审理重点放在与人民群众利益和首都经济社会发展密切相关的案件上，注重平复矛盾，化解纠纷。全年，审理与人民群众利益相关的婚姻家庭、损害赔偿、邻里关系、涉农、拖欠工资、劳动保险、房地产等案件 101585 件，及时保护了权利人的合法权益，有力地维护了家庭、社会和谐；审理与首都经济社会发展紧密相连的贷款、保险、证券、信用证等金融类案

件和公司改制、股东权利、破产等公司类案件28501件，为依法化解金融风险提供了法律保障，促进了金融市场竞争秩序的公平、有序，推动了首都产业结构调整和现代企业制度建立的进程；审理涉外、涉港澳台案件854件，平等保护中外当事人的合法权益，优化了首都投资环境。

（三）加强知识产权审判，保护创新、促进发展

全年共审结知识产权案件1856件，同比上升35.9%。全市法院着力通过审判增强知识产权保护和创新意识，促进首都发展。高度重视涉及北京奥运会知识产权案件的审理，向社会公布了全市法院关于涉及奥林匹克标志案件的审判原则；加大了对民族知名品牌的保护力度，审结了“七匹狼”、“杜康”等一大批案件；圆满审结了涉及音乐电视作品知识产权侵权等新类型案件，拓展了依法保护知识产权的范围；审理了美国教育考试服务中心与新东方学校著作权侵权等涉外案件，树立了首都法院公平保护知识产权的良好形象。

（四）加强行政审判，维护公民权益、支持依法行政

全年共审结行政案件4766件，同比上升18.7%。在行政审判工作中，全市法院将着力点放在依法保护相对人的合法权益上，正确处理群众与行政机关的关系。在审结的案件中，全部或部分撤销行政机关决定、判决行政机关履行职责等方式处理的以及因行政机关改变具体行政行为等原因原告申请撤诉的占案件总数的10.9%，维持行政机关决定和裁定驳回起诉的占46.9%，判决驳回诉讼请求、终结、移送等其他方式处理的占42.2%。经最高人民法院同意，全市法院还积极探索了行政案件的案外协调机制、普通行政案件简化审理方式，减轻了当事人诉累，促进了依法行政，收到了较好效果。

（五）加强执行工作，努力实现当事人的合法权益

全市法院把案件执行工作作为实现好、维护好当事人合法权益的大事，不断加大执行力度。全年共执结案件90019件，执结标的总金额306.6亿余元，同比分别上升10.1%和13.7%。一是加大“公布拒执人名单”等四项制度的适用力度。全年共公布拒执人名单450余件，发出委托调查令350余份，公告悬赏370余件次，促使一大批被执行人履行了义务。二是坚持案件执行全程公开制度，努力实现执行人员、执行启动、执行措施等方面的公开，进一步提高执行工作的透明度和公信力，促进执行队伍的廉政建设，此举得到了中央领导同志的充分肯定。三是从促进权利人权利的及时实现、化解当事人之间的矛盾出发，积极探索执行和解工作，全年共和解案件12867件，同比上升56.9%。

二、大力加强基层基础建设，切实提高司法水平

为切实履行好审判职能，及时平复矛盾，有效化解纠纷，全市法院把工作重点放在强化基层基础建设上，着力抓好以下工作：

（一）规范司法行为，促进司法公正

针对审判质量和效率、审判作风等方面的薄弱环节，全市法院明确重点工作，扎实开展“规范司法行为，促进司法公正”专项整改活动，务求取得实效。

第一，狠抓案件质量，确保司法公正。一是加大案件评查力度。各法院对改判、发回重审和随机抽取的12129件案件进行了评查，对发现的问题认真进行了整改。二是针对新类型、重大、疑难案件增多，急需加强指导的现实，为统一全市法院执法尺度，高级法院加大了指导力度。结合本市实际，制

定了《关于审理汽车消费贷款纠纷案件若干问题的指导意见》、《关于涉农纠纷受理问题的指导意见》等20余个指导性意见，以保证法律、法规和司法解释在审判实践中的正确理解和适用；进一步完善了案例指导制度，通过定期编发具有指导意义的典型案件，强化对审判实践的具体指导，全年共编发《北京法院指导案例》128期，出版《审判前沿》4辑；探索了类案指导制度，对商品房买卖、拆迁补偿、土地权益保护等类案件的疑难问题进行研讨，并采取多种形式加强协调，统一执法尺度。三是高度重视抗诉案件的审理，全年共审结刑事、民事抗诉案件73件，除检察机关主动撤诉的13件外，依法改判15件。

第二，扩大司法公开，以公开促进司法公正。探索建立了减刑、假释案件听证制度，提高了减刑、假释工作的透明度，规范了减刑、假释工作。有的法院启动了网上庭审直播系统，人民群众通过互联网即可“旁听”法院对案件的庭审。继续做好知识产权裁判文书全部公开上网工作，全年刊载知识产权裁判文书1856份，并首次将商标、专利等知识产权行政案件的裁判文书发布在《中华商标》和《中国专利》杂志上，进一步促进了审判水平的提高。

第三，加强制度建设，进一步健全审判责任。高级法院清理废止制度17项、修改补充7项、新建22项。各法院还积极探索新的管理机制，提高工作水平和效率。有的法院设立了审判管理办公室，集中办理接收当事人诉讼材料、财产保全、拍卖评估、审限监督等工作，在便利当事人诉讼的同时，提高了工作效率。

（二）加强和规范调解工作，积极探索多元化纠纷解决机制

全市法院充分发挥调解在平复矛盾、定纷止争方面的独特作用，坚持能调则调、当判则判、调判结合的原则，高度重视、不断强化调解工作。一是积极探索庭前调解新模式。对简易案件实行了法官助理庭前调处纠纷制度，有的法院结合实际推出的以法官助理庭前调处纠纷、特邀调解员调解和律师和解为主要内容的民商事纠纷庭前和解模式已初见成效。同时，加大了诉讼期间调解的力度，将诉讼调解贯穿到审判的全过程和民商事、知识产权、刑事附带民事诉讼、执行等领域，尽最大可能化解矛盾纠纷。二是进一步总结和推广调解经验，提高法官的调解能力。高级法院加强了调解经验的总结、推广，基层法院也不断总结、大力推广好的调解方法和技巧，商事案件“四心”、“四步”调解法和邻里纠纷调解原则等经验在提升法官特别是基层法院法官和年轻法官调解能力方面发挥了积极作用。三是通过发放调解程序提示书、规范调解程序等方式，增加调解工作透明度，进一步规范了调解工作。四是加强对人民调解工作的指导，通过建立调解网络、实行调解联席会议制度等，努力实现诉讼调解与人民调解的衔接。全年，通过做深入细致的调解工作，当事人达成协议和主动撤诉的案件已占全部民商事案件结案总数的53.5%，有的法院达到了80%，妥善化解了矛盾，维护了社会稳定，促进了社会和谐。

（三）加大司法为民力度，切实维护群众合法权益

全市法院进一步强化审判人员的宗旨意识，将司法为民落实到法院工作特别是审判工作的各个环节。一是维护特殊群体的合法权益。实施了《关于快速审理拖欠农民工工资相关案件的意见》，强调了快立、快审、快执，全年共审结拖欠农民工工资案件25987件，追索劳动报酬61883.08万元。二是进一步加强司法领域人权保障。为切实保障经济确有困难的群众打得起官司，对享受城镇居民最低生活保障的人员和农村五保户等实施司法救助的案件共11374件，减缓免诉讼费

1678.57万元；强化刑事证据证明标准，准确适用法律，确保无罪的公民不受法律追究，对24名不构成犯罪的被告人依法宣告无罪。三是加强司法建议工作。针对审判工作中发现的有关单位管理中的漏洞，有针对性地发出司法建议363份，许多单位按照司法建议认真进行了整改。四是下大力气做好信访工作。把工作重点放在畅通信访渠道和解决问题上，将群众反映的涉诉信访问题及时纳入程序，依法妥善处理；对不能纳入程序、当事人确有困难的案件，商有关部门尽力解决问题。全年，全市法院群众来信、来访同比分别下降12.5%和5.7%。

（四）高度重视人民法庭工作，确保各项工作落到实处

作为基层法院的派出机构，全市55个人民法庭地处基层，贴近群众，承担着基层法院近三分之一案件的审理。全市法院根据人民法庭的工作特点，不断提升司法能力和司法水平，充分发挥其在促进辖区和谐发展方面的作用。一是高级法院实施了《关于全面加强人民法庭工作的意见》，明确了新时期人民法庭的工作原则，有力地推动了人民法庭审判职能的充分发挥，进一步强化了矛盾纠纷调处工作；有关区县法院也加强了对相关工作的部署和落实。二是各人民法庭努力把司法为民要求落到实处，通过电话预约立案、开庭，节假日办案，定期巡回办案，制作填充式起诉书等，极大地方便了群众诉讼，深受群众的欢迎；高级法院为部分远郊区县人民法庭配备了“巡回审判车”，为所有人民法庭配备了便携式电脑，方便了人民法庭巡回办案和边远地区群众诉讼。三是各人民法庭通过就地开庭审判，以案讲法，送法下乡、进社区厂矿，法律咨询等方式向群众讲解和宣传法律知识，增强了广大群众的法律意识。

（五）大力加强队伍建设，努力造就高素质的法官队伍

一年来，全市法院继续注重提高干警的整体素质，高度重视并注意抓好以下工作：一是深入开展保持共产党员先进性教育活动。广大党员干警认真领会党的十六届三中、四中全会精神，切实查找理想信念、宗旨意识、本职作用发挥等方面与先进性要求存在的差距并认真进行整改；认真学习时代先锋宋鱼水“倾心为民”的宗旨意识和“服务发展”的理念，自觉将“公正司法，一心为民”的指导方针落实到工作中，努力化解社会矛盾。在全年收案同比上升13.4%的情况下，结案却上升了16.1%，涌现出朝阳区人民法院双桥人民法庭等一大批先进集体和法官。二是加大培训力度。更新培训内容，将培训重点转到提高法官业务技能上，全年采取举办培训班、网络培训、专项培训等方式共培训干警8196人次，增强了干警的司法能力，提高了司法水平。三是狠抓廉政建设。在实行干警廉政档案制度的基础上，进一步积极探索建立法官廉政信用评价体系等内部监督机制，力求客观评价法官履行职责、廉洁自律、遵纪守法等方面的行为。对易发生不廉洁问题的关键环节加强监督，进一步完善了审计、资产评估等领域确定司法鉴定机构的方法，一年来，高级法院公开随机确定鉴定、评估、拍卖机构78次，涉及案件1201件，标的总金额达51.3亿余元，没有发生一起投诉。同时，严肃查处违纪违法人员，对已查实的1件3人作出了严肃处理。上述措施的实施，进一步提高了广大干警清正廉洁、自我约束的意识，群众对法院干警违纪违法的投诉率降低了24.5个百分点。

三、始终坚持党的领导，主动接受人大监督

坚持党的领导，主动接受人大监督，是做好法院工作的根本保证。全市法院坚定不移贯彻执行党的路线方针政策，落实市委常委会进一步加强本市法院基层建设的指示精神和市委政法委《关于进一步加强北京市法院基层建设工作的意见》，主动向党委请示报告工作，积极取得党委的领导和支持，确保了审判工作的政治方向，进一步加强了法院建设，充分发挥了审判职能。同时，全市法院从坚持我国社会主义根本政治制度的高度，自觉接受人大监督，努力改进工作。一是认真贯彻落实市委两次人大工作会议精神，特别是市委加强人大工作的意见实施后，高级法院结合实际，及时出台实施意见，强化了落实措施。二是将专题报告工作的重心放在切实改进工作上，努力把报告的过程作为总结、提高、改进工作的过程。2005 年，高级法院就加强执行工作向市人大常委会作了专题汇报，各区县法院分别就文明执法、审判工作、人民法庭建设等作了专题汇报。三是继续积极配合人大做好法官述职评议试点工作，并以此为契机，有针对性地采取措施提高法官的司法水平，推动法院整体工作的开展。四是为代表执行职务创造条件。进一步完善情况通报、定期寄送重要工作情况等措施，向代表提供审判和其他工作的有关信息；不断拓展与代表沟通的渠道，大力开展“人大代表进法庭”活动，加大邀请代表旁听庭审制度的落实力度，共邀请各级人大代表旁听案件 134 件共计 1200 人次，接受各种形式的视察 69 次共计 596 人次。高级法院还在新审判楼内设立了供人大代表工作的专门场所，为代表依法执行职务提供便利。五是高度重视人大代表建议、批评和意见办理工作，不断提高办理质量和效率，全年共办结建议、批评和意见 78 件。

与此同时，全市法院认真落实人民陪审员制度。去年 5 月 1 日前，1428 名同志被选任为新一届人民陪审员上岗工作。各法院从管理、培训、经费等方面保障人民陪审员充分履行职责；通过人民陪审员参与庭前调解、庭审、执行等工作，对审判和执行工作进行监督，有力地促进了法院工作的开展。全年有 1261 名人民陪审员参加案件陪审 14470 件，参与陪审 21016 人次。

各位代表，2005 年全市法院工作在面临巨大压力和挑战的情况下，取得了新进展，是各级党委、人大、政府、政协的正确领导、监督与支持的结果，各级人大及代表在加强对法院工作监督的同时，为解决法院人员编制、人民法庭建设、执行等方面的困难和问题建言献策，有力地促进了法院各项工作的开展。在此，我代表全市法院向有关部门和各位代表表示衷心的感谢！

实事求是地审视 2005 年的工作，我们清醒地认识到，全市法院工作还存在着一些问题和困难，与人民的要求相比，尚有差距：一是公正司法、司法为民的意识在有些法官思想中尚未牢固树立，审判作风方面还存在一些问题，对当事人缺乏耐心，态度生硬的现象仍然存在；有的案件质量不高，审理期限过长，一些案件程序不规范，极少数案件裁判不公正，影响了法院的形象。二是执行难问题依然存在，裁判的自动履行率逐年下降，执行案件数量持续攀升，被执行人难找、被执行财产难寻、协助执行人难求的情况没有根本改变，群众对执行工作的意见仍然比较集中。三是人民群众日益增长的司法需求与繁重的审判工作之间的矛盾十分突出，人员紧张的矛盾仍未缓解；如何将适当增加的编制与提高法官素质、改革审判方式有机结合，完成日益加剧的繁重任务，仍是需要着

力解决的问题。四是司法环境尚待改善，暴力抗法事件和针对法官的犯罪案件屡有发生。当事人撕毁法律文书，闹庭、闹访，殴打、谩骂审判人员的现象时有发生，甚至发生了冲击、打砸法院的严重事件，不仅严重影响了法院正常的工作秩序，也损害了司法权威。上述问题，全市法院将采取措施，努力解决。

2006年的主要任务

各位代表，2006年是“十一五”规划的开局之年，全市法院将继续以邓小平理论和“三个代表”重要思想为指导，全面落实十六大、十六届五中全会和市委九届十一次全会精神，以科学发展观为统领，以构建社会主义和谐社会为目标，充分发挥审判职能，努力为“十一五”规划的实施创造公正高效的法治环境。

第一，切实加强审判和执行工作，努力服务首都工作大局。牢固树立“公正司法，一心为民”的指导方针，进一步充分发挥惩罚犯罪、维护权益、平复矛盾、保障经济发展、促进依法行政等审判职能。加大刑事案件的审判力度，依法严厉打击各类严重刑事犯罪活动，维护首都社会稳定；坚持惩罚犯罪与保障人权相结合，充分保障被告人的诉讼权利。加大民事、行政案件的审判力度，加强和完善调解、和解和协调工作，促进多元化纠纷解决机制的建立；高级法院要进一步加强指导，对交通事故损害赔偿、物业、涉农等群众关心的问题加强调研，努力实现法律效果和社会效果的有机统一；不断提高化解矛盾纠纷的能力，为促进首都经济社会全面、协调、可持续发展做出积极努力。继续强化执行工作，探索建立执行督促机制，促使被执行人自动履行义务；与有关部门配合，对不履行执行义务的被执行人实行财产申报、强制审计等措施，加大执行力度；进一步规范执行行为，确保执行公正。

第二，狠抓审判质量和效率，努力实现司法公正。继续采取统一执法尺度、增强裁判文书的说理论证、案件评查等措施，提高案件质量；按照市委和最高人民法院的部署，结合本市实际，依法稳妥推进司法改革，实现公正与效率；努力增加审判工作的科技含量，向科技要质量、要效率，降低诉讼成本，便利当事人诉讼。

第三，继续把专项整改活动引向深入，促进司法规范化建设。巩固专项整改活动已有成果，继续把重点放在解决影响司法能力提高、司法公正和效率以及群众反映强烈的突出问题上，特别要在重点岗位和重点环节上继续建立、完善规范的制度体系，加强督促检查，务求实效，以推动法院各项工作全面开展。

第四，围绕增强司法能力，进一步提高队伍整体素质。不断探索保持共产党员先进性的长效机制，为人民掌好、用好审判权；认真开展社会主义法治理念教育，用先进的理念指导工作；完善适应审判工作需要的教育培训体制和模式，落实培训、考核、使用三位一体的教育培训激励、约束机制；注重年轻法官的培养和教育，努力增强年轻法官的司法能力；进一步弘扬主旋律，努力营造学先进、争先进的良好氛围；加强廉政建设，对易出现不廉洁问题的环节实行重点监督、检查，发现问题，坚决查处。

第五，加强基层建设，进一步推进基层工作整体水平。从构建和谐社会首善之区的高度，进一步深化对新时期加强法院基层建设重要性的认识，在落实市委政法委《关于进一步加强北京市法院基层建设工作的意见》方面狠下工夫，不断增强基层维护首都社会政治稳定和服务经济社会发展的能力，及时化解矛盾纠纷，防止矛盾激化；着力解决群众普遍关心的法官素质、形象和审判作风问题，努力提高基层的司法能力和司法水平。

第六，自觉坚持党的领导，主动接受人大监督。认真贯彻落实中央、市委有关决定，主动向各级党委汇报工作，确保党的路线方针政策和国家法律在法院工作中得到正确执行。进一步拓展接受人大监督的渠道和途径，在进一步完善行之有效的代表建议、来信办理工作制度和工作协调制度以及信息反馈制度的同时，继续创新、发展新的工作机制和方法，诚心接受监督，不断改进工作。

各位代表，在新的一年里，全市法院将在市委的坚强领导下，在市人大的有力监督下，振奋精神，求真务实，不断将审判工作和各项工作推向前进，切实维护广大人民群众的根本利益，努力为构建社会主义和谐社会首善之区作出更大的贡献！

北京市第十二届人民代表大会第四次会议关于北京市人民检察院工作报告的决议

（2006 年 1 月 20 日北京市第十二届人民代表大会第四次会议通过）

北京市第十二届人民代表大会第四次会议，听取并审议了北京市人民检察院代理检察长慕平所作的《北京市人民检察院工作报告》，决定批准这个报告。

北京市人民检察院工作报告

——2006 年 1 月 18 日在北京市第十二届人民代表大会第四次会议上

北京市人民检察院代理检察长　慕　平

各位代表：

现在，我代表北京市人民检察院向大会报告工作，请予审议，并请市政协各位委员提出意见。

2005 年的主要工作

2005 年，北京市人民检察院在市委、最高人民检察院的领导和市人大及其常委会的监督下，以邓小平理论和“三个代表”重要思想为指导，认真落实科学发展观，紧紧围绕首都工作大局，坚持“强化法律监督，维护公平正义”的工作主题，不断提高法律监督能力，各项检察工作取得了新进展。

一、依法惩治刑事犯罪，努力维护首都稳定

首都的稳定事关党和国家工作大局，社会治安事关首都稳定大局。一年来，面对刑事案件高发的严峻治安形势，全市各级检察机关认真贯彻宽严相济的刑事政策，切实加大打击刑事犯罪力度，积极参与社会治安综

合治理，为保持首都社会治安总体平稳作出了贡献。

依法履行审查逮捕和提起公诉职责。全年共受理提请批准逮捕案件17441件26058人，比去年分别上升3.1%和6.8%；受理移送审查起诉案件19672件28669人，比去年分别上升0.9%和1.4%。对危害国家安全的犯罪，故意杀人、绑架、抢劫、盗窃等严重破坏社会治安、危害人民群众生命、财产安全的重大恶性、多发性犯罪和金融诈骗等破坏市场经济秩序的犯罪，及时作出批准逮捕、提起公诉的决定。全年共批准逮捕14863件21595人，比去年分别上升1.3%和5%；提起公诉17579件25108人，比去年分别上升5.1%和6.2%。特别是与公安机关、审判机关密切配合，进一步突出打击重点，集中打击赌博等违法犯罪，依法起诉了涉及金额11亿元的顾联宝、袁硕网络赌博犯罪等一批案件；认真开展打击黑恶势力等违法犯罪活动，依法起诉了赵忠彬等8人犯罪团伙在海淀、朝阳、丰台区的十余个农贸市场强迫交易、故意伤害犯罪等案件，对维护首都治安和市场经济秩序发挥了积极作用。

努力提高办案质量和效果。在办案过程中，我们坚持严把案件质量关，严格审查逮捕和审查起诉标准，完善非法证据排除规则，健全案件质量评价体系，推行案件质量复查机制，确保了批捕、起诉案件的质量；在依法严厉打击严重刑事犯罪的同时，认真落实宽严相济的刑事政策，对初犯、偶犯、过失犯及未成年犯罪嫌疑人，依法从轻从宽处理；对主观恶性小、犯罪情节轻微、社会危害性不大的，依法不予批捕和起诉，最大限度地减少社会对立面。积极开展对犯罪嫌疑人的教育转化和挽救工作，妥善处理涉及人民内部矛盾和群体性矛盾的案件，做到当宽则宽、当严则严，努力实现执法办案法律效果和社会效果的统一。

积极参加社会治安防控体系建设。针对办案发现的问题，发出检察建议165件，督促发案单位加强整改，及时堵塞了一些社会治安管理的漏洞。努力探索保护未成年人合法权益的新途径，有134名检察官在全市147所中小学开展兼职法制副校长工作，8个基层检察院被评为全国优秀“青少年维权岗”。大力开展法制宣传教育，为预防刑事犯罪、优化法制环境发挥了积极作用。

二、依法查办和预防职务犯罪，积极服务反腐败工作大局

全市检察机关坚决贯彻中央、市委关于反腐败工作的要求和部署，认真履行查办贪污贿赂、渎职侵权等职务犯罪的职责，推动了反腐败斗争的深入开展。

集中查办国家工作人员贪污、贿赂、挪用公款等职务犯罪大案要案。坚持“一要坚决，二要慎重，务必搞准”的原则，积极拓宽发现和获取职务犯罪线索的渠道，加强侦查谋略和侦查技能的研究应用，开展“十大反贪精品案”评选活动，健全上下联动、统一指挥协调的侦查一体化机制，提升了职务犯罪侦查能力。认真落实高检院“抓系统，系统抓”的工作部署，深入金融、邮电、教育、医疗卫生等重点行业，集中查办了一批有影响的案件。全年共立案侦查发生在市属和中央驻京单位的贪污贿赂等职务犯罪案件292件356人，其中，县处级以上76人，局级以上20人，百万元以上案件48件，千万元以上案件8件，共为国家挽回经济损失3.1亿元。根据高检院的指定和地域管辖的规定，依法查办了山西省委原副书记侯伍杰受贿案、国家食品药品监督管理局医药器械司原司长郝和平受贿案和北京市城乡建设集团原总经理聂玉河受贿案，审查起诉了黑龙江省原政协主席韩桂芝、国土资源部原部长田凤山等

一批领导干部犯罪的大要案。积极协助外省市检察机关开展抓捕工作，先后有 38 名外地犯罪分子被及时抓捕归案。

切实加大查处渎职侵权犯罪的力度。深入开展严肃查办国家机关工作人员利用职权侵犯人权犯罪和破坏社会主义市场经济秩序的渎职犯罪两个专项活动，依法办理了一些因渎职造成人民生命财产重大损失、刑讯逼供和侵犯公民民主权利的案件，有力维护了国家利益和公民的合法权益，促进了依法行政和司法公正。全年共立案侦查渎职侵权犯罪 37 件 38 人；查办了原北京供电局局长赵双驹玩忽职守案，昌平区质量技术监督局原局长付金祥滥用职权和受贿案，房山区民政局原局长杨德忠滥用职权案，市公安局大兴分局民警靳超刑讯逼供案等几起影响较坏的渎职侵权案件。

深入开展职务犯罪预防工作。按照中央关于建立健全教育、制度、监督并重的惩治和预防腐败体系的要求，积极参与党委领导下的社会化大预防网络建设，不断拓宽职务犯罪预防领域，重点开展对公共投资和建设工程等项目的职务犯罪预防工作，进一步完善了行业预防体系。不断创新职务犯罪预防形式，通过完善专项预防立项制、推进个案预防规范化，进一步提高了职务犯罪预防的实效性。深入企业、学校、乡镇、农村，通过举办职务犯罪警示教育展览和法律咨询等多种形式，进一步增强了各级干部依法办事、廉洁从政的自觉性。

三、认真开展诉讼监督，切实保障法律正确统一实施

加强诉讼监督是确保司法公正的重要环节。全市各级检察机关紧紧围绕诉讼活动存在的突出问题和薄弱环节，不断完善诉讼监督机制，强化诉讼监督措施，有效维护了法律的权威，促进了公正司法。

加强立案和侦查监督。依法纠正侦查机关“有案不立、有案不查、不该立案而立案”等违法行为，开展打击制假售假、侵犯知识产权犯罪专项立案监督活动，建立与工商、税务等行政执法机关的联席制度，完善了重大案件介入制度，促进了行政执法与刑事司法的有效衔接。全年共受理专项立案监督案件线索 165 件，监督立案 18 件 23 人；依法追捕到案 32 名应逮捕而未提请逮捕的犯罪嫌疑人，依法追诉了 22 名应起诉而未移送起诉的犯罪嫌疑人；向公安机关发出纠正违法意见 25 份、检察建议 102 份，纠正了侦查活动中违法取证、违法讯问等问题。

加强刑事和民事行政审判监督。依法开展对庭审活动和生效判决、裁定的监督。在刑事审判监督方面，强化对量刑畸轻畸重的监督，注重保护诉讼参与人的合法权益，全年依法提起刑事抗诉 46 件，人民法院改判 8 件，发回重审 2 件。在民事行政诉讼监督方面，重点办理一些严重损害国家和社会公共利益、人民群众反映强烈的热点案件。针对逐年上升的民事行政申诉案件，整合办案力量，依法适用简单案件简易审查程序，努力提高办案效率。全年共受理民事行政申请抗诉案件 1754 件，依法提起抗诉 40 件，发出再审检察建议 14 件，人民法院改判 7 件。同时，对人民法院作出的正确判决和裁定，认真做好当事人的息诉服判工作，努力维护司法权威。

加强刑罚执行和控告申诉检察监督。深入开展减刑、假释、保外就医的专项检察，重点加强对羁押期限、暂予监外执行的监督，对违法情形发出检察建议 13 份，办理控告超期羁押案件 3 件，切实维护被监管人员的合法权益。认真办理控告、申诉案件，全年受理来信来访和控告申诉案件 4675 件，依法保障了人民群众的宪法权利。扎实开展涉法上

访专项工作，积极预防和妥善处理涉检信访问题，有效化解了一批矛盾纠纷，维护社会稳定。

四、扎实开展规范执法专项整改活动，着力提高检察工作水平

按照中央政法委、高检院和市委政法委的部署，全市各级检察机关认真开展了“规范执法行为，促进执法公正”专项整改活动，取得了初步成效。

重点问题得到整改。在职务犯罪侦查等重点部门、重点环节，围绕挂账督办案件、涉检上访案件和警示案例，认真开展大规模的执法检查，切实整改了部分案件赃证物管理不规范、执法作风不文明等问题。坚持从严治检，严格责任追究制度，全年查处违法违纪检察人员 6 名，促进了检察机关的公正廉洁。

规范执法机制进一步完善。以建立和完善执法责任体系、执法监督体系、执法管理体系为目标，全面清理和完善各项规章制度，制定出台了《规范和加强检察业务工作的意见》、《加强检察队伍建设的意见》、《加强检务保障的意见》等一系列制度，初步形成了一整套科学、规范的检察工作机制，为严格、公正和文明执法提供有力的制度保证。

便民维权工作不断深入。继续完善维护诉讼参与人合法权益工作规则 69 条，落实便民维权 20 条，有效维护了群众的合法权益。坚持首办责任制和检察长接待制，推行立案时、结案后同当事人“两见面”制度，提高了解决群众实际问题的效果。针对部分群众申诉难、来访不便的情况，主动送法上门，切实方便群众来信来访。实行向犯罪嫌疑人送达《听取辩解告知书》制度，特别是对存有疑点、特殊类别、犯罪嫌疑人要求讯问、侦查活动可能违法等四类案件，要求全市各级检察机关必须听取犯罪嫌疑人辩解，保障了犯罪嫌疑人的合法权益。

五、坚持以人为本，大力推进检察队伍建设

大力实施人才强检战略，全面加强队伍建设，首都检察队伍的结构不断优化，素质和能力明显提高。目前，全市检察干警平均年龄为 37 岁，大学本科以上学历达到 93.8%，涌现出一批全国检察系统叫得响的专业人才。

深入开展保持共产党员先进性教育活动。结合工作实际，进一步明确了新时期检察系统共产党员保持先进性的具体标准和实现途径。按照“务求实效”和“真正成为群众满意工程”的要求，深入开展分析评议、查摆问题和整改提高各项工作，全系统党员干部的思想政治素质普遍提高，进一步坚定了“立检为公、执法为民”的意识，为提高队伍公正执法的能力奠定了思想基础。

切实加强队伍素质能力建设。针对年轻干警普遍学历高、实践经验少的实际，进一步优化教育培训模式，通过推行执法专业化培训、组织分类培训考核、开展业务技能竞赛等措施，明确了岗位要求，增强了广大年轻干警的业务技能，促进了高学历向高能力的转变。加强调研能力建设，推行理论研究课题招标制，举办首都检察官论坛，加强与高等院校和研究机构的联合调研，形成了一批较高质量的研究成果，提升了干警检察理论和实务研究的水平。充分发挥典型的示范和带动作用，深入学习优秀法官宋鱼水、模范检察官王书田和全国先进工作者吴春妹的先进事迹，提升了干警的整体素质。

不断深化队伍管理改革。坚持民主集中制，实行领导班子成员公开述职、接受评议的制度，各级领导班子的素质和能力有了新

的增强；完善主诉、主侦检察官办案责任制，开展了“十佳公诉人”评选活动，选派优秀年轻干警到基层挂职锻炼，增强干警岗位实践能力。推进检察人员分类管理，大力培养专家型、复合型、专门型人才，初步形成了检察业务、政工、行政管理等不同类别人才实行分类管理的制度体系。建立科学的履职考核评价体系，健全人才培养、成长、使用的激励机制，进一步调动了广大干警的积极性和创造性。坚持以公正执法为核心，积极开展争先创优活动，大力加强基层院建设，夯实了检察工作发展的基础。

六、始终坚持党的领导，自觉接受人大监督

坚持党的领导，自觉接受人大监督，是做好检察工作的根本保证。全市各级检察机关始终坚决贯彻党的路线方针政策，主动向党委请示报告，取得了党委的领导和支持，确保了检察工作的正确方向。始终坚决遵循宪法原则，牢固树立监督者更要主动接受监督的意识，自觉地把检察工作置于人大及其常委会的监督之下。一年来，全市各级检察院共向人大常委会做专题汇报 22 次，接受人大代表视察工作 59 次、专项检查 29 次；依法办结人大转交的案件、事项和人大代表的建议 20 件。在进一步深化特约监督员、特约检察员和专家咨询监督员工作的基础上，创新外部监督机制，积极开展人民监督员制度试点工作，进一步拓展了人民群众参与、监督办理职务犯罪案件的渠道。全年共受理人民监督员参与监督案件 30 件 30 人，促进了检察权正确行使。

各位代表，2005 年全市检察工作取得的成绩，是各级党委、人大、政府和政协领导、监督、支持以及社会各界关心、帮助的结果。在此，我代表北京市人民检察院向各级党政领导、人大代表、政协委员、社会各界和人民群众表示衷心的感谢！

在总结成绩的同时，我们清醒地认识到，全市检察工作与党和人民群众的要求相比，与首都的特殊地位相比，还存在一些不相适应的地方。一是面对职务犯罪主体多元化、犯罪手段隐蔽化、案件线索减少的新形势，职务犯罪发现、取证、认定难度越来越大，干警侦查和突破案件的能力亟须加强，正确掌握和运用刑事政策的水平有待提高。二是面对人民群众对司法公正的强烈愿望，诉讼监督工作还相对薄弱，必须在拓宽监督渠道、完善监督机制以及增强监督实效等方面有更大的改进。三是面对影响和制约检察机关全面发挥职能作用的诸多矛盾和问题，迫切需要进一步深化检察工作改革和管理。四是个别检察人员仍有违法违纪现象发生，检察队伍整体素质有待提升。五是检察宣传力度不够，人民群众了解检察工作的渠道不畅，检察宣传工作需要深化，等等。对这些问题，我们将采取有力措施，认真加以解决。同时，也诚恳希望人大代表和社会各界进一步加强对检察机关的监督，帮助我们不断改进工作，提高水平。

2006 年的工作任务

各位代表，2006 年是实施“十一五”规划的开局之年，全市检察机关要以邓小平理论和“三个代表”重要思想为指导，认真贯彻党的十六大，十六届四中、五中全会精神和市委、最高人民检察院的工作部署，紧紧围绕首都工作大局，用科学发展观和构建社会主义和谐社会目标统领检察工作，不断深化检察工作主题，坚持以业务建设为中心、以队伍建设为根本、以改革创新为动力，以基层建设为重点，全面履行检察职责，为顺利实施“十一五”规划、实现“新北京、新

奥运”战略构想创造公正高效的法治环境。

一、充分履行法律监督职责，积极服务构建和谐社会首善之区

坚持把强化法律监督作为促进和谐社会建设最基本、最直接的途径，不断加强法律监督能力建设，提高为构建社会主义和谐社会服务的本领。重点是依法惩治刑事犯罪，努力维护社会稳定；大力推进查办和预防职务犯罪工作，促进党风廉政建设和反腐败斗争深入开展；不断加大诉讼监督力度，努力维护司法公正；积极化解矛盾纠纷，努力促进社会和谐。

二、大力加强执法规范化建设，不断提高公正执法水平

按照高检院和市委政法委的部署，继续深入推进“规范执法行为，促进执法公正”专项整改活动。在解决执法不规范问题的基础上，紧紧围绕执法办案的重点岗位和重点环节，大力加强执法规范化建设。重点建立完善以执法责任追究为主要内容的执法责任体系，以深化检务公开为主要措施的执法监督体系，以执法档案和执法质量考评为主要载体的执法管理体系。大力推进执法办案信息化建设，进一步规范执法行为，改进执法作风，提升执法水平。

三、努力建设高素质的检察队伍，为履行法律监督职责提供坚实的组织保障

加强领导班子建设。以区县换届为契机，配合党委调整充实区县检察院班子，提升班子的整体素质。开展正规化分类培训。以培养干警的岗位实践能力为重点，全面提高检察队伍的专业素质。加强党风廉政建设，确保队伍清正廉洁、公正执法。巩固先进性教育活动成果，牢固树立“立检为公、执法为民”意识，切实解决检察队伍中存在的突出问题。

四、继续深化改革和管理，不断增强检察工作发展的动力

认真落实高检院《关于进一步深化检察改革的三年实施意见》，积极稳妥地推进检察工作机制和管理机制改革，为各项工作创新发展注入新的动力。在执法办案方面，逐步推行自侦案件讯问犯罪嫌疑人全程录音、录像等制度；在干部人事管理方面，推行中层干部任期制，建立和完善人才成长的激励机制；在加强业务管理方面，努力形成工作流程规范、质量标准科学、监督制约严密、管理手段先进的科学管理机制。

五、进一步推动基层检察院建设，努力促进首都检察工作全面发展

以执法规范化、队伍专业化、管理科学化为内容，大力强化基层基础工作，推进基层建设全面健康发展。市检察院要进一步加强对基层院的指导和服务力度，帮助基层解决实际问题，提升全市检察机关的整体水平。

六、自觉坚持党的领导，主动接受人大监督，确保检察权正确行使

坚决依靠党的领导，主动向各级党委汇报工作，坚定不移地为党和国家大局服务。进一步拓宽同人大联系的渠道，为人大代表了解和监督检察工作提供便利、创造条件，

诚心实意接受人大代表和社会各界监督。继续加强人民监督员工作，完善接受监督的程序，促进严格、公正、文明执法。

各位代表，新的一年，首都检察机关要在市委和最高人民检察院的正确领导下，自觉接受各级人大及其常委会的监督，进一步振奋精神，扎实工作，大力加强法律监督能力建设，全面推进各项检察工作，为推动首都经济社会全面发展，建设社会主义和谐社会首善之区作出新的贡献。

附件：

名词解释

1. 检察工作主题：“强化法律监督，维护公平正义”的检察工作主题是最高人民检察院基于时代发展的要求和检察工作实践，确立的一段时期内的工作重心。这一主题旨在贯彻落实宪法对检察机关的职责定位，正确处理检察机关各项具体职责之间的相互关系，从而把各项具体职责统一到法律监督这个基本职能之中，体现了检察工作的内在规律性和基本特征。

2. 审查逮捕：人民检察院根据宪法和刑事法律的相关规定，对公安机关、国家安全机关提请批准逮捕和检察机关侦查部门移送决定逮捕的案件，进行审查后，依据事实和法律，做出是否批准或决定逮捕的一项诉讼活动。

3. 提起公诉：检察机关依照法律规定对侦查终结的刑事案件进行审查核实，对案件事实清楚、证据确实充分，依法应当追究刑事责任的，作出起诉决定，并按照管辖的规定，向审判机关提起公诉。

4. 创建青少年维权岗活动：是共青团中央和最高人民检察院在全国检察系统共同开展的一项活动。该项活动以维护青少年合法权益、预防和减少青少年犯罪、为青少年健康成长提供服务和保障、促进社会文明进步为目的，通过行使检察权，针对涉案青少年身心特点，开展教育、宣传、感化、挽救工作，促进其改邪归正，健康成长。

5. 专项预防立项制：是检察机关预防工作实行规范化管理的一种工作机制。是指检察机关在重大工程、重点行业和部门的重点环节，确定预防专门项目和主办人。项目主办人对前期调研、提出检察建议、开展预防宣传、落实预防措施、健全预防机制、完成预防项目情况报告等各个环节全程负责。

6. 查处渎职侵权犯罪：是人民检察院依法对国家机关工作人员渎职犯罪和利用职权实施的非法拘禁、刑讯逼供、报复陷害、非法搜查等侵犯公民人身、民主权利的犯罪直接进行立案侦查的一项职能。该职能是检察机关职务犯罪侦查权的重要组成部分，由各级检察机关的渎职侵权检察部门具体承担。

7. 查办国家机关工作人员利用职权侵犯人权犯罪专项活动：2004 年 5 月，最高人民检察院部署在全国开展为期一年的严肃查办国家机关工作人员利用职权侵犯人权犯罪专项活动。重点查办五类利用职权侵犯人权犯罪案件：渎职造成人民生命财产重大损失的案件；非法拘禁，非法搜查的案件；刑讯逼供，暴力取证的案件；破坏选举、侵犯公民民主权利的案件；虐待被监管人的案件。

8. 查办破坏社会主义市场经济秩序渎职犯罪专项活动：2005 年 7 月，最高人民检察院部署在全国检察机关开展为期一年半的集中查办破坏社会主义市场经济秩序渎职犯罪专项工作。此次专项活动是检察机关紧紧围绕党的中心工作，服务经济发展大局，维护社会主义市场经济良好秩序的重要举措。

9. 社会化预防网络：是指在党委统一领导下，有关单位、部门参加，检察机关在其中发挥职能作用，沟通灵活、上下联动的预防网络。该网络的建成，把检察机关预防职务犯罪工作纳入全社会共同预防的体系之中，纳入到对腐败进行综合治理的总体格局。

10. 处理涉检信访问题：2004 年 8 月，中央根据全国信访工作的严峻复杂形势，部署在全国范围内开展集中处理信访突出问题及群体性事件专项工作。高检院确定检察机关集中处理的重点是不服检察机关处理决定的群众上访案件。2005 年 6 月，全国检察机关深入开展集中处理涉检信访问题专项工作，以把问题解决在当地、变上访为下访为主线，以落实责任制和健全工作机制为重点，以全面清理、逐案审查、依法处理、就地消化为主要环节，加大工作力度，解决实际问题。

11. 主诉检察官办案责任制：是指在检察长的领导下，在公诉部门实行的以主诉检察官（按照规定能够独立行使一定职权和承担相应责任的检察官）为主要责任人的办案制度。其目的是在法律规定的范围内改革与完善检察机关公诉办案机制，增强检察官责任意识，提高工作效率。该制度从 2000 年起在北京市检察机关试行，全市检察机关现有 184 名主诉检察官。

12. 人民监督员试点工作：为了加强对人民检察院查办职务犯罪工作的监督，提高执法水平和办案质量，最高人民检察院于 2003 年 10 月在全国部分检察院开展人民监督员试点工作。人民监督员对人民检察院查办职务犯罪案件过程中，犯罪嫌疑人不服逮捕决定的、拟撤销案件的、拟不起诉等三类案件进行监督。

北京市第十二届人民代表大会第四次会议议案审查委员会关于代表议案的审查报告

（2006 年 1 月 19 日北京市第十二届人民代表大会第四次会议主席团第六次会议通过）

北京市第十二届人大第四次会议议案审查委员会主任委员　赵凤山

大会主席团：

在大会主席团第一次会议决定的代表提出议案截至时间，共收到议案 333 件（其中代表团提出的议案 40 件，10 名以上代表联名提出的议案 293 件）。按照议案内容分类，属于北京市人民代表大会及其常委会制度建设方面的 4 件，财政经济方面的 60 件，农业、农村和农民方面的 36 件，城市建设和环境保护方面的 114 件，教育科技文化卫生体育方面的 81 件，内务司法方面的 34 件，民族宗教侨务方面的 2 件，其他方面的 2 件。

代表们以邓小平理论和“三个代表”重

要思想为指导，全面落实科学发展观，积极履行宪法和法律赋予的职责，围绕制定与实施北京市国民经济和社会发展第十一个五年规划纲要，实现“新北京、新奥运”的战略构想，促进经济、政治、文化、社会建设协调发展，构建社会主义和谐社会首善之区等目标和任务，从多方面积极提出议案。

代表们在议案中，对于充分发挥人大代表作用，加强人大常委会制度建设；发展循环经济，加强对土地、水资源和能源的保护、管理和利用，建设节约型城市；加强村镇基础设施建设与管理，发展公共事业，推进社会主义新农村建设；优化教育结构，提高教育质量，大力发展职业教育，适应首都现代化建设需要；以奥运为契机，整治城乡市容环境卫生，创建整洁优美环境；加强流动人口管理与服务，促进首都经济社会协调发展；深化改革，制定政策，加快发展文化创意产业，培育首都经济新的增长点；进一步做强中关村科技园区，发展高新技术产业，提高自主创新能力，建设创新型城市；改善交通状况，规范物业管理，完善城市应急体系，提高城市建设和管理水平，建设宜居城市；加强社区管理，促进就业工作，完善社会保障体系，推进和谐社会建设，以及人民群众普遍关心的其他问题，提出了许多重要意见和建议。

议案审查委员会按照《北京市人民代表大会议事规则》的有关规定，对议案进行了认真审查，提出了审查意见，现报告如下：

一、交市人民政府办理，由市人大常委会审议的65件，合并为五项议案（见议案目录）

（一）发展循环经济，建设节约型城市（共20件：第1、5、8、10、22、51、59、62、90、106、130、147、148、171、210、215、226、256、286、329号）；

（二）加强村镇基础设施和公共事业建设与管理，推进社会主义新农村建设（共20件：第2、21、34、52、65、67、96、132、139、158、199、201、233、252、258、265、266、276、325、327号）；

（三）适应首都现代化建设需要，大力发展职业教育（共10件：第3、54、58、83、118、166、225、301、302、330号）；

（四）以奥运为契机，整治城乡市容环境卫生（共8件：第42、43、61、131、236、299、303、308号）；

（五）加强流动人口管理与服务，促进首都经济社会协调发展（共7件：第91、133、150、222、248、294、298号）。

二、作为建议、批评和意见的268件，交市有关部门研究办理并负责答复提议案代表（见议案目录）

以上审查意见，建议大会主席团予以批准。

附件：

北京市第十二届人民代表大会第四次会议议案目录

本次会议共收到代表提出的议案 333 件。其中代表团提出的议案 40 件，10 名以上代表联名提出的议案 293 件。按照议案内容分类，属于北京市人民代表大会及其常委会制度建设方面的 4 件，财政经济方面的 60 件，农业、农村和农民方面的 36 件，城市建设和环境保护方面的 114 件，教育、科技、文化、卫生和体育方面的 81 件，内务司法方面的 34 件，民族宗教侨务方面的 2 件，其他方面的 2 件。

经议案审查委员会审查，大会主席团决定，交北京市人民政府办理，由市人大常委会审议的 65 件，作为建议、批评和意见交市有关部门研究办理的 268 件。具体目录如下：

一、交市人民政府办理，由市人大常委会审议（共 65 件，合并为五项议案）

（一）发展循环经济，建设节约型城市（共 20 件）：

序号	案　由	提议案人	议案号
1	抓住典型、发挥优势，把北京建设成资源节约型和环境友好型城市	吴守伦等 24 人	1
2	发展循环经济	沈梦培等 12 人	5
3	以改革的精神，认真对待北京水的问题	沈梦培等 13 人	8
4	地热能的利用（科学发展，节约社会）	沈梦培等 13 人	10
5	整合全市能源管理机构职能	怀柔区代表团	22
6	用科学发展观来指导北京的节能工作	李　敬等 17 人	51
7	构建节约型社会，发展循环经济，建议建设再生资源回收体系	吕晓霖等 34 人	59
8	构建节约型社会，试行教科书循环使用	吕晓霖等 35 人	62
9	加强餐饮业和单位食堂污水油脂污染的管理和资源化利用	徐家和等 14 人	90
10	政府应从细微之处做起，倡导节约风尚	王玉梅等 14 人	106
11	积极发展循环经济，把北京建设成为节约型城市	罗万梅等 13 人	130

12	制定雨水综合利用法规实行细则	安丽娟等 11 人	147
13	建设资源节约型社会应有体制机制和政策的保证	安丽娟等 11 人	148
14	整合社会资源，办节约型教育	张　毅等 12 人	171
15	推广使用经济型能源和节约型电器，缓解北京能源危机	杨建思等 15 人	210
16	建立节约型社会应从具体的小事做起——逐步试行教科书、教材循环使用	孟小红等 11 人	215
17	推广蓄冷技术，缓解首都夏季电力供应紧张局面	聂启明等 14 人	226
18	建设节约型城市交通——建设节约型交通是解决城市交通拥堵与污染的必然选择	李铁军等 22 人	256
19	家用节水器由市政府招标设计制造并推广	何光沪等 18 人	286
20	树立全社会节约用水意识，努力建设资源节约型社会	金　莉等 16 人	329

（二）加强村镇基础设施和公共事业建设与管理，推进社会主义新农村建设（共 20 件）：

序号	案　　由	提议案人	议案号
1	扎实有序地推进北京市社会主义新农村建设	高扬等 22 人	2
2	社会主义新农村建设中亟须制定相关政策	怀柔区代表团	21
3	加快新农村建设，完善农村基础设施	通州区代表团	34
4	积极推进新农村建设和农村城市化	吕晓霖等 34 人	52
5	在即将开展的统筹城乡发展、建设社会主义新农村的工作中，北京市政府要制定切实可行的、具体的实施方案细则，保证资金的有效利用和新农村建设的顺利进行	仉锁忠等 12 人	65
6	改善农村社区医疗服务设施，加强老年病的防治工作	仉锁忠等 12 人	67
7	加强本市村庄基础设施建设，改善农民生活条件	平谷区代表团	96
8	推进新农村建设	吴恒等 12 人	132
9	加强农村体育、文化工作基础设施投入力度	平谷区代表团	139
10	加强、完善村邮站建设	胡仲元等 29 人	158
11	以科学的发展观建设社会主义新农村	李淑媛等 11 人	199
12	加强农村基础设施建设，改善农民生产生活方式	马丽英等 20 人	201
13	加强新农村建设	昌平区代表团	233

14	对社会主义新农村基础设施建设予以重点扶持	顺义区代表团	252
15	加强新农村基础设施建设	许　勇等13人	258
16	启动农村民居安全工程，提高农居抗震性能	黄雨蕊等13人	265
17	解决城镇失地农民就业和生活保障问题	郑玉民等16人	266
18	规范和完善郊区（农村）基层法律服务工作，加大财政投入，组建送法下乡讲师团	刘红宇等17人	276
19	做好村镇规划建设，为农民提供良好生产生活环境	李卫红等12人	325
20	镇村公园养护管理费用享受财政补贴政策	吴　恒等11人	327

（三）适应首都现代化建设需要，大力发展职业教育（共10件）：

序号	案　　由	提议案人	议案号
1	满足首都经济社会发展需求，大力发展职业教育	高　扬等18人	3
2	大力发展职业教育	吕晓霖等31人	54
3	政策支持，加大投入，打造一流的卫生职业教育	吕晓霖等33人	58
4	“十一五”期间发展本市医学教育与卫生职业教育	张　丹等20人	83
5	紧密结合首都经济社会发展需要，大力发展职业教育	李卫红等14人	118
6	大力发展卫生类中等、高等职业教育，为社会培养急需的护理人才	余晓辉等18人	166
7	加强中等卫生职业教育和发展高等卫生职业教育	高　峰等17人	225
8	全面贯彻《国务院关于大力发展职业教育的决定》，提升首都职业教育	马　颖等32人	301
9	充分利用农业职业教育资源，培养新型农民	李卫红等14人	302
10	“职业教育法”的落实情况应纳入人大视察范畴	孙毓敏等13人	330

（四）以奥运为契机，整治城乡市容环境卫生（共8件）：

序号	案　　由	提议案人	议案号
1	迎接奥运盛会，加强城市管理，规范户外广告	任　强等13人	42
2	广泛发动社会力量，加强城市建设和管理，迎接奥运盛会	任　强等13人	43
3	加强城市整治管理，为成功举办奥运会创造良好的市容环境	吕晓霖等35人	61

序号	案由	提议案人	议案号
4	提高城市管理效能，加大环境整治力度，建设宜居城市	罗万梅等 11 人	131
5	加快本市城市垃圾无害化处理改善环境和焚烧发电利用再生能源	刘学锋等 12 人	236
6	切实强化城市环境管理，建设环境友好型城市	张　静等 11 人	299
7	加强城市管理和环境整治，迎接奥运盛会	李卫红等 16 人	303
8	迎奥运，规范、统一、完善路名和公共标识刻不容缓	史际春等 22 人	308

（五）加强流动人口管理与服务，促进首都经济社会协调发展（共 7 件）：

序号	案由	提议案人	议案号
1	建立常设机构，大力加强人口控制	李维平等 11 人	91
2	加强对流动人员管理刻不容缓	杨秀奇等 11 人	133
3	加大人口资源与经济社会协调发展的管理力度，认真分析调研，采取宏观调控措施	安丽娟等 11 人	150
4	加强对北京市流动人口管理	潘　迎等 14 人	222
5	建立房屋租赁管理法规	张国玉等 11 人	248
6	建设“宜居城市”须举大力控制人口和车辆的过快增长	张礼栓等 11 人	294
7	加强对出租房屋的管理，完善人口信息管理网络，努力构建和谐社区	王景英等 12 人	298

二、作为建议、批评和意见交市人民政府研究办理（共 263 件）

（一）财政经济方面（共 47 件）：

序号	案由	提议案人	议案号
1	实行政府采购，为民族企业创造市场	沈梦培等 12 人	9
2	取缔“把头式”劳务组织，立法保证农民工权益	沈梦培等 13 人	11
3	为确保奥运场馆建设，劳务管理的机制应当有所调整	石定果等 10 人	25
4	贯彻“以人为本”的科学发展观，切实执行安全生产管理制度	石定果等 10 人	26
5	继续加大力度关注“三农”问题，尽快解决“农转非”遗留问题，促进城乡统筹和谐发展	杨永安等 18 人	28
6	尽快解决通州区 15 个债权单位在北京京华信托投资股份公司存款	通州区代表团	32
7	尽快理顺北京市食品安全监督管理体制	殷顺海等 20 人	44

8	对房山工业发展加大支持力度	刘启文等 25 人	45
9	迎奥运，发展旅游事业，整顿我市旅游市场，治理非法“一日游”	吕晓霖等 32 人	56
10	发展我市旅游业，大力支持旅游集散中心工作，迎接奥运会的召开	吕晓霖等 30 人	60
11	北京市农村社会养老保险的问题，应尽快责成有关部门制定实施细则，尽快落实和实施	仉锁忠等 12 人	66
12	加强规范医保药品品种，及时增补医保药品目录，降低医疗费用，提高患者治愈率，保证本市医药企业健康发展	仉锁忠等 12 人	69
13	鼓励扶持集体企业、私营企业、个体企业，大力发展畜牧业，增加农民收入，减免企业所得税	仉锁忠等 12 人	70
14	加强政府有关主管部门对电力企业不正当竞争行为监管力度	郝文书等 16 人	71
15	企业退休老职工退休金偏低	王士良等 14 人	78
16	北京市社区医院药品价格偏高	屠海令等 14 人	79
17	国有企业赞助体育事业赞助费用税前列支	刘希模等 12 人	85
18	维护城市安全运行，健全统一高效的应急管理体系	李　江等 12 人	86
19	建立北京金融产业综合服务园区	王功伟等 12 人	87
20	建议成立北京金融服务办公室	王功伟等 12 人	89
21	国有企业干部及员工退休金偏低	王士良等 14 人	93
22	尽快建立医保外低收入人群医疗救治基金	顾晋等 18 人	99
23	取消市场管理费，优化发展环境	王玉梅等 14 人	103
24	推动城乡二元体制改革，解决农转居人员社会保障问题	吴恒等 11 人	135
25	在社会主义和谐社会首善之区的建设中，建立更加符合社会主义市场经济体制、更能体现社会公平的新型的社会基本医疗保障制度	张冰等 16 人	143
26	加快启动《北京市促进就业条例》	安丽娟等 10 人	146
27	迎奥运，整顿旅游市场秩序，完善散客服务设施	赵巨鹏等 15 人	156
28	参照国际标准建立北京市食品安全保障体系	张佩东等 23 人	159
29	制定地方性法规和政策，促进现代服务业发展	张国初等 32 人	165

30	改革完善医保体系，让百姓共享改革成果	刘小平等 18 人	167
31	加快落实贯彻市政府 148 号令，彻底解决农转工群众的社会保障及其他有关遗留问题	刘小平等 11 人	168
32	促进政策导向与市场竞争的有序健康发展	张　毅等 14 人	176
33	建立弱势群体医疗救治公共财政补偿机制	毛铮铮等 22 人	177
34	为严肃音乐演出团体创造宽松环境	马　梅等 20 人	180
35	完善食品安全监管体系，加大食品安全执法力度	李淑媛等 11 人	197
36	燕化公司改制后，由于税收库级调整，影响市、区及燕山地区财政收入，需市财政局给予协调	史全富等 14 人	203
37	解决房山区关闭煤矿和非煤矿山后的经济社会发展和群众生活困难问题	高维魁等 18 人	206
38	迎奥运，整顿旅游市场秩序，完善散客服务设施	孟小红等 14 人	216
39	进一步发挥私营个体经济协会职能作用	李胜利等 11 人	234
40	健全社会保障体系，加强医疗卫生机构管理，认真解决看病贵、看病难问题	刘学锋等 12 人	238
41	对顺义高端制造业发展予以重点扶持	顺义区代表团	251
42	建立与地区经济发展水平相适应的城乡医疗保障资金筹集的动态增长机制	何　维等 13 人	291
43	对研发型医药企业应采取特殊的优惠政策和资金支持	何　维等 13 人	292
44	北京市应该尽快建立与在京中央国家机关大型企业的有效沟通机制	阎晓明等 11 人	297
45	锐意改革，加快本市供热体制改革	史际春等 22 人	310
46	加快通州商务园建设	通州区代表团	326
47	市政府财政局应设立知识产权专项发展资金，以进一步增加知识产权保护投入，营造有利于自主创新和科技成果产业化环境	潘卫翔等 10 人	333

（二）农业、农村和农民方面（共 18 件）：

序号	案　　由	提议案人	议案号
1	尽快建立水源保护长效机制	怀柔区代表团	20
2	解决合理使用安置密云移民补偿问题	通州区代表团	31
3	永定河三家店水闸——京源漫水桥河道治理和蓄水工程	李清云等 15 人	74

4	彻底解决门头沟区群众饮水困难问题	李清云等15人	75
5	给予门头沟区生态修复政策与资金支持	闫永喜等15人	76
6	尽快修订《北京市城市公共供水管理办法》	周　群等13人	187
7	加强北京市自来水公共事业的统一管理	周　群等13人	188
8	为解决房山区煤矿关闭后，山区人民生存发展急需加强基础设施建设	房山区代表团	200
9	加强对居民高层楼房水箱检查管理	严性慈等26人	207
10	建议修改《城市供水条例》，加大对恶意欠费现象的处罚力度	张　军等12人	241
11	解决水源八厂超量开采地下水问题	顺义区代表团	253
12	政府在阻止区域生态退化、提高资源与生态环境承载力方面要有大动作	李铁军等19人	257
13	综合开发建设永定河石景山段，打造永定河河道旅游休闲带	石景山区代表团	259
14	尽快规范区县农业行政体制及执法体制	通州区代表团	260
15	中国十佳小康村金鸡台村关闭地方煤矿后给予政策扶持，以继续保持健康发展势头	刘增会等17人	264
16	解决房山关闭山区煤矿失业农民就业和生活保障问题	郑玉民等17人	267
17	海淀区三农问题	沈梦培等37人	315
18	为建设和谐社会，“假居民”的问题亟待解决	王涌天等17人	319

（三）城市建设和环境保护方面（共100件）：

序号	案　　由	提议案人	议案号
1	改革出租车行业一定要破除“人为性垄断”	沈梦培等13人	7
2	抓紧重新讨论中关村西区交通整改方案	沈梦培等12人	12
3	北京应加紧立法减轻城市噪声	沈梦培等14人	13
4	教育和交通拥堵	沈梦培等11人	14
5	北京市应加快城管立法	沈梦培等13人	15
6	修改《市容环境卫生条例》（北京市城管当局要求停机根治小广告）	沈梦培等13人	16
7	建设和谐社会——推进阳光拆迁，保护弱势群体	沈梦培等13人	18
8	解决物业纠纷，应切实执行开发商与物业建管分离	沈梦培等12人	19

9	继续关注北京市“三农”问题，加快建立农村集体土地征地留用制度	杨永安等 18 人	27
10	崇文区域内光明铁路桥下交通堵塞问题亟待解决	崇文区代表团	29
11	修建采林路跨京津塘高速路跨线桥，以发挥采林路整体效益	通州区代表团	33
12	六环路马驹桥 6 号桥南侧入口匝道改造工程	通州区代表团	35
13	给予通州新城“城中村”改造政策、资金支持	通州区代表团	36
14	对旧城改造项目实行“毛地”上市交易及加强新城区土地储备力度	通州区代表团	38
15	合理妥善解决郊区路灯欠费问题	通州区代表团	39
16	尽快启动广渠路至通朝大街建设工程	通州区代表团	40
17	尽快理顺郊区交通管理体制	通州区代表团	41
18	对北京市建设征地补偿安置办法（市政府 148 号令）的几点建议	张振江等 18 人	46
19	加强公路养路费征稽执法手段，解决养路费征收难的问题	翟瑞元等 18 人	47
20	借“城中村”整治之势，加快“文保区”内院落腾退工作	范　宝等 14 人	48
21	房山区城关街道办事处洪寺等 10 个村燕化征占地补偿安置情况调查和整体转居、旧村改造、解决失地村民生活保障问题	张振江等 11 人	49
22	尽快解决金盏乡高安屯垃圾处理中心周边马各庄、沙窝村整体搬迁	汪学刚等 19 人	50
23	构建和谐社会，建设宜居城市，减少物业管理纠纷	吕晓霖等 36 人	55
24	打造生态型北京，重视城市绿化的科学性	吕晓霖等 35 人	64
25	建议高速公路收费站挪到北京市与外省市交界处	仉锁忠等 12 人	68
26	拆除“门矿走行线”废铁道	李信勇等 15 人	72
27	给予门城新城地下采空区综合治理政策和资金支持	董瑞龙等 15 人	73
28	彻底治理石景山发电厂龙口灰场严重污染环境	闫永喜等 15 人	77
29	全市统一考虑，加强领导，大力推进什刹海等历史文化保护区的保护与建设	杨万里等 13 人	81
30	历史文化保护区和文物保护单位的居民搬迁应有法可依、有章可循	薛宝书等 11 人	84
31	在金融区域设置中英文对照路牌标识	王功伟等 13 人	88
32	拓宽公安大学北门前小桥	王士良等 11 人	95

33	扩大农村公交车覆盖面，增加运行线路和车次	延庆县代表团	97
34	科学管理交通，提高通行能力	王玉梅等 14 人	104
35	加快物业管理立法进程，缓解物业管理中的矛盾	王玉梅等 14 人	105
36	完善法律，妥善解决物业纠纷问题	张耘等 19 人	111
37	在“十一五”加快北京新城建设，控制中心城建设规模和速度，缓解北京中心城交通拥堵	张爱林等 19 人	112
38	缓解中心城区停车难问题	孙毓敏等 11 人	121
39	如何控制家俱污染超标问题	孙毓敏等 12 人	122
40	恢复景山五亭历史原貌	孙毓敏等 11 人	126
41	力争平谷区天然气管道工程建设与目前京平高速路同步施工	平谷区代表团	136
42	将昌平西关环岛改建成为立交桥	昌平区代表团	141
43	支持石景山区西部山区交通发展，加快京门路新线建设	李劲挺等 11 人	145
44	修建永定河堤下公路，解决卢沟桥地区多家企业交通困境	钱　凯等 10 人	153
45	加大房改房物业费改革力度	钱　凯等 10 人	155
46	研究解决居民石油液化气换气难的问题	李荣庆等 17 人	161
47	调整北京市经济技术开发区规划，使之适应亦庄新城规划定位	张佩东等 20 人	162
48	尽快解决全市城管执法系统体制和机构问题	戴广翠等 18 人	169
49	从治理拖欠工程款“根源”上入手，解决拖欠农民工工资问题	周济谱等 18 人	173
50	构建城乡一体化的交通体系，缓解市区交通压力	周济谱等 18 人	174
51	解决地坛西门居民拆迁	王中华等 15 人	182
52	综合治理回龙观分户采暖煤气炉严重污染空气	金幼菊等 11 人	189
53	统一管好市政管线档案刻不容缓	金幼菊等 14 人	190
54	千方百计让公交提速，保障“公交优先”落到实处	金幼菊等 13 人	192
55	加强北京市交通枢纽的建设	金幼菊等 13 人	193
56	加快物业管理的立法工作，为解决物业纠纷提供法律依据	李友元等 12 人	194
57	政府指定一家公司经营和建设通信管道的做法不利于我市通信业发展，应予以坚决纠正	包玉良等 13 人	195

58	解决燕山地区“城中村”问题，支持中央在京企业燕化公司扩大规模	史全富等 13 人	204
59	加大对郊区（城市发展新区）城镇的治理力度，提升北京市的整体现代化水平	张　鸿等 19 人	205
60	尽快改善房地产抵押登记工作，提高政府机关的办事能力和服务水平	王玉梅等 13 人	208
61	健全地下隐蔽工程、各种生命线的管线、管道档案及数据库，提高城市管理能力和减少生命线事故，提高政府应对紧急事故的能力	杨建思等 15 人	209
62	尽快分期实施北京南海子生态公园规划建设	王小珂等 21 人	218
63	加快东城区历史文化风貌保护和危旧房改造	东城区代表团	219
64	重点解决宣武区外迁居民经济适用房房源	杜灵欣等 21 人	221
65	构建覆盖全社会的公共文化服务体系的重要保证——在新城建设规划设计中设立图书馆	倪晓建等 12 人	224
66	将海淀区四道口地区改造纳入市规划整治的 80 个“城中村”项目	吴　青等 12 人	227
67	尽快完善南中轴路快速公交	铁　伟等 23 人	229
68	落实《北京城市总体规划》，调整城市社区划分，以强化城市管理绩效，为市民提供更好的服务	许　槟等 11 人	230
69	市政府各专业主管部门应组织编制公共服务设施专项规划，以落实《北京城市总体规划》	许　槟等 11 人	231
70	加强政府对农村地区的公交服务管理，扩大线路覆盖范围，增加运营车次	许　槟等 11 人	232
71	加强供水、供气等基础建设，保证北京城市安全，为办好 2008 年奥运会打好基础	刘学锋等 12 人	237
72	六层住宅加建电梯，解决老龄居民“爬楼难”问题	张　婷等 13 人	244
73	挖潜利用现有资源条件，改善居住区停车环境	张　婷等 14 人	245
74	改造海淀区人大北路	金星华等 13 人	246
75	加大顺义新城基础设施建设扶持力度	顺义区代表团	249
76	优先建设顺义轨道交通	顺义区代表团	250
77	给予临空经济核心区后沙峪镇基础设施建设重点扶持	田建国等 11 人	254
78	亦庄经济开发区规划建设应与大兴区经济社会协调发展	大兴区代表团	255
79	尽快制定细化小区物业管理办法，规范各方行为，建设和谐社区	韩克非等 12 人	262
80	解决朝阳高安屯垃圾场污染环境问题	通州区代表团	263

81	加强城市道路地下设施监管，保证城市交通安全畅通	张志毅等 14 人	269
82	总政机关城中小院危房问题急需解决	孔庆新等 10 人	270
83	分类治理，打击黑车，创造良好出租车运营环境	张　耘等 13 人	272
84	加快北京市物业管理办法的制订和出台，规范物业管理企业管理	刘红宇等 17 人	274
85	尽快修订我市房屋拆迁补偿办法，构建稳定和谐社会	刘红宇等 17 人	277
86	建议由市政府牵头，对我市居民住宅的开发建设遗留问题作具体的清理盘点，制定解决问题的方案，以推进和谐社会建设	周　群等 11 人	278
87	地铁 4 号线中关村大街沿线车站命名方案应做重大修改	王涌天等 18 人	279
88	痛下决心，建立市政管线统一管理体制	刘浩军等 11 人	288
89	加快制定《物业管理条例实施细则》	田锦釉等 13 人	290
90	建立居民燃气使用的安全机制	张　静等 11 人	300
91	加大城市管理力度，将城管队伍划归市公安局统一指挥	严性慈等 12 人	304
92	变堵为疏，通过出租车行业的市场化改革，从根本上解决黑车问题	史际春等 22 人	307
93	重视征地、拆迁历史遗留问题，促进和谐社会建设	史际春等 22 人	309
94	尽快解决整治带开发，开发促整治中四大难题	郭泰来等 14 人	311
95	经济适用房必须由政府配售	石定果等 19 人	312
96	出台《北京市公共设施建设与管理规范》	王丽梅等 29 人	316
97	建议市政府尽快治理香山地区的环境	尚秀云等 19 人	321
98	建议市政府加快发展天然气用户的进度	哈图卓日克等 37 人	323
99	在“城中村”改造中一并解决公交停车问题	李素丽等 35 人	331
100	加快公交枢纽站建设	李素丽等 35 人	332

（四）教育、科技、文化、卫生和体育方面（共 65 件）：

序号	案　由	提议案人	议案号
1	落实首都创新战略，努力建设创新型城市	高　扬等 22 人	4
2	修订《中关村科技园区条例》	沈梦培等 12 人	6

3	打造创新型人文环境，加快中关村科技园区发展	沈梦培等 13 人	17
4	制定相关扶持政策，推进城区中小学名校到郊区创建分校	通州区代表团	30
5	落实通州新城规划定位，给予通州新城运河城市段文化产业发展和基地建设相关扶持政策	通州区代表团	37
6	坚持发展文化创新产业，促进我市经济的持续发展，打造创新型城市	吕晓霖等 33 人	53
7	大力加强社区和农村卫生人才的培养	吕晓霖等 33 人	63
8	加强首都创新体系建设，争做创新型城市的表率	屠海令等 14 人	80
9	“十一五”期间为城市基层与农村培养卫生人才	张　丹等 19 人	82
10	实质推进沙河高教园区发展	葛剑平等 20 人	100
11	加快步伐，扎实推进，为北京文化创意产业发展创造良好的环境条件	籍之伟等 20 人	101
12	进一步推进政府公共信息共享，切实提高政府办事效率	王玉梅等 14 人	107
13	普及健康教育，强化疾病预防工作，更有效地发挥北京医疗卫生资源的作用	石定果等 14 人	108
14	政府教育主管部门应转变思想，恢复义务教育的公益性、平等性和公平性	高　斌等 12 人	114
15	政府调整医改思路，缓解群众看病难	高　斌等 13 人	117
16	北京市属市管高校拨款方式急需调整	吴碧霞等 12 人	119
17	艺术院校部分专业学费标准急需调整	吴碧霞等 13 人	120
18	建议“北京三级甲等医院”能采取预约挂号方式，为中老年患者提供方便	孙毓敏等 13 人	123
19	加强学校食品卫生安全	孙毓敏等 12 人	125
20	京剧应在中学语文教科书里占有重要的位置	孙毓敏等 11 人	128
21	建一档教育栏目并将“现场说法”节目列入学校法制课教材	孙毓敏等 11 人	129
22	疾病预防保健工作实现全额拨款	平谷区代表团	140
23	后奥运体育场馆的使用问题必须与场馆建设同步考虑	张立华等 23 人	142
24	构建和谐社会，加强我市老年人的体育工作	张立华等 24 人	144
25	抓住奥运契机，增强首都公共信息服务能力，提高城市管理水平	叶　捷等 11 人	157
26	北京市开展电子政务建设中应注意的几个问题	张佩东等 22 人	160
27	加强公民素质教育，迎接 2008 年奥运会	陈济生等 21 人	164

28	要站在尊重民族文化精神的高度，尊重汉字，尊重母语	张　毅等 15 人	172
29	餐饮、卫生、教育等相关部门协调配合，共同加强中小学生营养安全	张　毅等 12 人	175
30	大力发展文化创意产业，迎接奥运，加快京城新社区影城建设	徐　帆等 33 人	178
31	加大严肃音乐财政支持力度，大力发展文化创意产业	马　梅等 23 人	179
32	着重研究解决推进社区卫生服务改革中的疑难问题	王中华等 12 人	181
33	建议市政府成立高层协调管理部门，以便及时合理有效解决医疗卫生事务	危天倪等 13 人	183
34	修改《北京市公共场所禁止吸烟的规定》和加强烟害宣传力度	危天倪等 13 人	184
35	建议成立“人文奥运”工作指挥部，以确保人文奥运各项工作的落实	周　群等 13 人	186
36	重视心理和精神健康，构建和谐社会	金幼菊等 13 人	191
37	加大文物保护投入，保护国宝——房山云居寺石经山	李淑媛等 11 人	198
38	成立市级人文奥运工作领导机构	陈兴波等 25 人	202
39	公立学校的教师应纳入公务员体系，享受公务员待遇	郑佳珍等 12 人	211
40	走电子信息化档案管理之路，杜绝“人档分离”带来的档案管理问题	郑佳珍等 12 人	213
41	规范学前教育管理，限期取消小学附设学前班	郑佳珍等 12 人	214
42	加强北京有线电视网络基础设施建设管理	马朝军等 11 人	220
43	为了孩子们的未来——在中小学校把“文献信息检索与利用”列入必修课	倪晓建等 12 人	223
44	全面提高义务教育质量，坚持义务教育阶段公办学校不招“择校生”，切实维护广大人民群众的根本利益	王惠芳等 12 人	228
45	我市构建首都电子商务环境，推进电子商务发展	王银成等 11 人	239
46	加强工读教育，建立协调委员会，由西城、宣武、大兴三区共同建设西城育华中学	杨万里等 13 人	242
47	规划、筹建北京孙中山先生纪念馆	杨万里等 11 人	243
48	强化科研资金管理，提高创新能力	张　静等 13 人	271
49	建议北京市政府高度重视部属高校和中科院在建设“创新型城市”中的作用	顾畹仪等 22 人	280
50	建立北京动画产业基地，促进文化创意产业发展	籍之伟等 15 人	281
51	加强北京数字娱乐产业基地建设	石景山区代表团	282

52	建立新时期道德标准，并在高考中予以体现	廖理纯等 11 人	283
53	软件企业需要政府的推广支持	廖理纯等 11 人	284
54	北京市增加医疗拨款、扩大“医改”范围率先建立一批平价医院	何光沪等 15 人	285
55	充分综合利用首都科技资源，努力提高产品中自主知识产权的含量，建设创新型城市	杨建思等 12 人	287
56	建立科学家参与科普工作的良好机制	刘浩军等 11 人	289
57	北京市古建筑及文化遗产保护	李象群等 16 人	293
58	以人为本，尽快取消中小学的“早自习”	徐世虹等 11 人	295
59	建立对市属医疗机构的财务审计制度	高　斌等 12 人	296
60	规范新闻舆论监督，营造和谐舆论环境	毛铮铮等 37 人	306
61	健全科技创新企业的评价体系和评价条例，加大力度扶持有自主知识产权的企业，保持北京的持续发展能力	杨建思等 11 人	313
62	加强对中小学生进行交通安全教育和建议在全市开通校车	雷　达等 13 人	314
63	复建圆明园，将祖国最美好的园林重现于世	沈梦培等 26 人	320
64	建议尽快制定工读教育法规	哈图卓日克等 37 人	322
65	进一步强化社区卫生服务功能，解决老年人看病难问题	王景英等 11 人	324

（五）内务司法方面（共 27 件）：

序号	案　　由	提议案人	议案号
1	尽快理顺郊区（县）城区管理体制	怀柔区代表团	23
2	迎奥运，构建和谐社会，建设宜居城市，加强公共安全意识，做好公共安全工作	吕晓霖等 34 人	57
3	出台北京市 0—6 岁残疾儿童康复工作管理办法	吕争鸣等 15 人	92
4	尽快制定居家养老服务扶持政策法规	王士良等 12 人	94
5	安全感是宜居城市的应有内涵	石定果等 10 人	109
6	丧葬费过低建议调整	栾茂茹等 14 人	110
7	设立政府救助法院执行不能而涉及的特困群体专项基金	马　瑛等 13 人	113
8	制订地方法规，促进北京市民间非盈利组织（公益组织）发展	高　斌等 13 人	116

序号	案由	提议案人	议案号
9	关于禁、限燃放烟花爆竹的建议	孙毓敏等 11 人	124
10	慈善事业发展缺少政策支持	孙毓敏等 12 人	127
11	根据工作负荷，改善一线干警待遇，维护首都稳定	印红羽等 25 人	134
12	开展社区矫正立法调研，建立社区矫正专门机构	平谷区代表团	137
13	安装路口图像监控系统统一由市区两级财政出资	平谷区代表团	138
14	尽快出台新的居民委员会组织法	安丽娟等 11 人	149
15	要千方百计地将新婚夫妇的婚检工作落到实处	吴秀萍等 10 人	151
16	北京市对《中华人民共和国妇女权益保护法》的实施办法的修改应尽快摆上议程	吴秀萍等 10 人	152
17	规范保安服务，尽快制定《北京市保安服务条例》	郑　刚等 17 人	154
18	建立对接受社会捐赠款物的政府相关部门及慈善机构监督机制	李宗范等 14 人	163
19	公安部信访办设在东堂子胡同造成影响的反映及建议	马延军等 23 人	170
20	政府应大力扶持家庭养老事业	李淑媛等 12 人	196
21	政府应当履行职责，关注城市新贫困问题	郑佳珍等 12 人	212
22	加强未成年人的道德法制教育已刻不容缓——建立家庭、学校、社会联动教育机制	尚秀云等 37 人	217
23	加强人民调解员队伍建设和经费保障	赵　军等 12 人	235
24	必须关注老龄人的社会化硬件建设	赵　红等 11 人	268
25	加强儿童普法教育，预防未成年人犯罪，构建稳定和谐社会	刘红宇等 18 人	273
26	加快出台北京市法律援助条例，完善社会保障，创建和谐社会	刘红宇等 16 人	275
27	推进老龄事业发展，构建和谐社会	于雪鹰等 18 人	328

（六）民族、宗教、侨务方面（共 2 件）：

序号	案　　由	提议案人	议案号
1	在社会主义新农村建设中，加大对少数民族乡、村扶持力度	怀柔区代表团	24
2	应充分展示我国少数民族文化，为 2008 年奥运会作贡献	金星华等 19 人	247

（七）议案、建议办理工作方面（共2件）：

序号	案由	提议案人	议案号
1	政府应进一步制定人大议案办理制度，切实保证议案办理工作的落实	周　群等13人	185
2	进一步落实人大议案、建议办理工作	毛铮铮等37人	305

（八）其他方面（共2件）：

序号	案由	提议案人	议案号
1	完善“官民”沟通机制，促进和谐社会首善之区建设	王建民等15人	98
2	解决区县农村经营管理部门机构问题	刘瑞芳等20人	261

三、作为建议、批评和意见交市人大常委会办公厅研究办理（共5件）

序号	案由	提议案人	议案号
1	落实市人大会议精神，采取措施进一步发挥代表作用	籍之伟等13人	102
2	加强北京市地方人大建设	高　斌等13人	115
3	机动车第三者责任保险有关问题	王银成等11人	240
4	建议北京市人大常委会尽快制定《北京市预防未成年人犯罪条例》	尚秀云等18人	317
5	建议北京市人大常委会尽快制定《北京市禁止未成年人吸烟条例》	尚秀云等18人	318

北京市第十二届人民代表大会第四次会议选举办法

（2006年1月17日北京市第十二届人民代表大会第四次会议通过）

第一条 根据《中华人民共和国地方各级人民代表大会和地方各级人民政府组织法》结合北京市实际情况，制定本办法。

第二条 北京市第十二届人民代表大会第四次会议补选北京市第十二届人民代表大会常务委员会委员3人，北京市人民检察院检察长1人，实行等额选举。

第三条 北京市第十二届人民代表大会常务委员会委员候选人为3人，北京市人民检察院检察长候选人为1人，由大会主席团或者代表30人以上书面联名提名。

北京市第十二届人民代表大会常务委员会委员候选人，必须从北京市第十二届人民代表大会代表中提名。

如果提名的候选人人数符合前款规定的候选人人数，由主席团提交全体代表酝酿、讨论后，直接进行投票选举。如果某项提名的候选人人数超过前款规定的候选人人数，由主席团将该项候选人的全部名单提交各代表团酝酿、讨论后，采取分代表团投票、统一计票的办法进行预选，根据在预选中得票多少的顺序，按照前款规定的人数确定正式候选人名单，提请大会选举。

第四条 选举采用无记名投票方式。代表须亲自参加投票。

第五条 代表对于选票上所列的候选人，可以投赞成票，可以投反对票，可以另选他人，也可以弃权。表示反对的，可以另选他人；表示弃权的，不能另选他人。

第六条 代表对选票上所列的候选人，赞成的在其姓名左边的空格里画一个“○”；反对的在其姓名左边的空格里画一个“×”；在候选人左边的空格里既不画“○”又不画“×”的为弃权。

代表如果另选他人，在反对的候选人姓名左边的空格里画一个“×”，在其姓名右边的空格里写上另选人的姓名。

每张选票所选的人数等于或者少于应选人数的有效，多于应选人数的无效。

第七条 填写选票应当用钢笔或者签字笔，符号要准确，字迹要清楚，书写模糊无法辨认的部分无效。

第八条 大会选举前，由主席团提名总监票人2人，每个代表团推荐监票人1人，经主席团提交大会通过后，在主席团领导下，对发票、投票和计票进行监督。

候选人不得担任监票人。

选举工作人员由大会秘书处指定。

第九条 投票结束后，由总监票人向大会报告清点选票结果。收回的选票张数等于或者少于发出的选票张数，选举有效；多于发出的选票张数，选举无效，应重新进行选举。

第十条 候选人获得全体代表过半数的赞成票，始得当选。

第十一条 计票完毕，由总监票人向主席团报告选举结果，由主席团依法确认选举结果是否有效，并由大会执行主席在大会上宣布。

第十二条 本办法由北京市第十二届人民代表大会第四次会议通过后施行。

关于《北京市第十二届人民代表大会第四次会议选举办法（草案）》的说明

2006年1月14日北京市第十二届人民代表大会第四次会议主席团第一次会议上

北京市第十二届人民代表大会第四次会议秘书长　范远谋

根据《中华人民共和国地方各级人民代表大会和地方各级人民政府组织法》（以下简称地方组织法）和本次会议的议程，结合北京市实际情况，大会秘书处草拟了《北京市第十二届人民代表大会第四次会议选举办法（草案）》（以下简称选举办法草案），现简要说明如下：

一、本次会议的选举事项和候选人人数

根据大会议程，本次会议的选举事项有两项：补选北京市第十二届人民代表大会常务委员会委员3人；补选北京市人民检察院检察长1人。

关于候选人人数。地方组织法第二十五条规定：地方人民代表大会补选常务委员会委员、人民检察院检察长时，“候选人数可以多于应选人数，也可以同应选人数相等，选举办法由本级人民代表大会决定”。根据上述规定，选举办法草案第二条规定，“北京市第十二届人民代表大会第四次会议补选北京市第十二届人民代表大会常务委员会委员3人，北京市人民检察院检察长1人，实行等额选举”；第三条规定，“北京市第十二届人民代表大会常务委员会委员候选人为3人，北京市人民检察院检察长候选人为1人”。

二、候选人的提名和确定

关于候选人的提名。地方组织法第二十一条规定：县级以上的地方各级人民代表大会常务委员会的组成人员，人民检察院检察长的人选，由本级人民代表大会主席团或者代表依照本法规定联合提名；直辖市的人民代表大会代表30人以上书面联名，可以提出本级人民代表大会常务委员会组成人员，人民检察院检察长的候选人。根据上述规定，选举办法草案第三条第一款规定了候选人“由大会主席团或者代表30人以上书面联名提名”。

关于候选人的确定。选举办法草案规定了各项候选人的具体人数。经过代表酝酿讨论，如果提名的候选人人数符合选举办法规定的人数，由主席团提交代表酝酿、讨论后，进行选举。如果提名的某项候选人人数超过选举办法规定的人数，由主席团提交代表酝酿、讨论后，进行预选，根据在预选中得票多少的顺序，按照选举办法规定的该项候选人人数，确定正式候选人名单，进行选举。选举办法草案第三条第三款对确定候选人的上述办法做了规定。

选举办法草案还依法对监票、投票、选举是否有效、选票的有效和无效、计票、候选人的当选、选举结果的确认和公布等，都

作出了规定，这里就不一一说明了。

我就作以上说明。选举办法草案已经印发主席团，请审议。

中国共产党北京市委员会推荐书

北京市第十二届人民代表大会第四次会议主席团：

根据《党政领导干部选拔任用工作条例》和《中华人民共和国地方各级人民代表大会和地方各级人民政府组织法》，经同北京市各民主党派、无党派代表人士和各人民团体民主协商，中共北京市委推荐（按姓名笔画为序）朱继民、刘伟、陈文占为北京市第十二届人民代表大会常务委员会委员候选人；推荐张毅等15人为北京市第十二届人民代表大会城市建设环境保护委员会组成人员人选；推荐刘宝善等15人为北京市第十二届人民代表大会农村委员会组成人员人选；推荐梁平等15人为北京市第十二届人民代表大会民族宗教侨务委员会组成人员人选；推荐慕平为北京市人民检察院检察长候选人。

现提请大会主席团审议。

（名单及简历附后）

中国共产党北京市委员会

2006年1月17日

北京市第十二届人民代表大会第四次会议 总监票人、监票人名单

（21人）

（2006年1月20日北京市第十二届人民代表大会第四次会议通过）

总监票人： 王　火　燕　瑛（女）

监 督 人：（按姓氏笔画排列）

马新云（回族）　王　媛（女）

王毓明　朱淑霞（女）　刘月娥（女）

刘瑞芳（女）　李劲挺　李　泽（女）

杨永安　杨保红（女）　吴雪琼（女）

何继伶（女）　张　冰（女）　周　群（女）

赵志萍（女）　贾喜庚　高凤兰（女）

廖春迎（女，壮族）　薛　红（女）

北京市第十二届人民代表大会第四次会议补选北京市第十二届人民代表大会常务委员会委员当选名单

（北京市第十二届人民代表大会第四次会议 2006 年 1 月 20 日选出）

（3 名，按姓氏笔画排列）
朱继民　刘　伟　陈文占

北京市第十二届人民代表大会第四次会议补选北京市人民检察院检察长当选名单

（北京市第十二届人民代表大会第四次会议 2006 年 1 月 20 日选出）

慕　平

附件：

北京市人民检察院检察长简历

慕平，男，汉族，1952 年 9 月出生，山东蓬莱人，1974 年 10 月加入中国共产党，1969 年 1 月参加工作，中央党校研究生毕业。曾任北京铁路局丰台机务段团委书记、丰台地区党委干事，北京市高级人民法院刑一庭书记员、助理审判员、副庭长、审判员、庭长、院党组成员、副院长、市第一中级人民法院党组成员，中共北京市委政法委副书记（正局级）、常务副书记兼市委处理法轮功问题领导小组办公室副主任（市政府防范和处理邪教问题办公室副主任），北京市人民检察院副检察长、代理检察长、党组书记。

北京市第十二届人民代表大会第四次会议关于设立北京市第十二届人民代表大会城市建设环境保护委员会等三个专门委员会的决定

（2006 年 1 月 17 日北京市第十二届人民代表大会第四次会议通过）

北京市第十二届人民代表大会第四次会议根据《中华人民共和国地方各级人民代表大会和地方各级人民政府组织法》第三十条的规定，决定北京市第十二届人民代表大会设立城市建设环境保护委员会、农村委员会、民族宗教侨务委员会。

关于《设立北京市第十二届人民代表大会城市建设环境保护委员会等三个专门委员会的决定（草案）》的说明

——2006 年 1 月 14 日在北京市第十二届人民代表大会第四次会议主席团第一次会议上

北京市第十二届人民代表大会第四次会议秘书长 范远谋

根据《中华人民共和国地方各级人民代表大会和地方各级人民政府组织法》（以下简称地方组织法）和本次会议的议程，大会秘书处草拟了《北京市第十二届人民代表大会第四次会议关于设立北京市第十二届人民代表大会城市建设环境保护委员会等三个专门委员会的决定（草案）》（以下简称决定草案）。现简要说明如下：

本届北京市人民代表大会第一次会议根据地方组织法的规定和中共北京市委关于逐步健全市人大专门委员会的精神，决定设立法制委员会、内务司法委员会、财政经济委员会和教育科技文化卫生体育委员会等四个专门委员会，并提出以后再逐步设立其他专门委员会。3 年来，各专门委员会认真履行职责，依法研究、审议和拟定有关议案，开展立法、监督、调研等工作，使市人大及其常委会的工作不断得到加强。为了进一步加强市人民代表大会的组织建设，不断完善人民代表大会制度，按照中共北京市委《关于进一步加强和改进人大工作的意见》中提出的“本届内健全市人大专门委员会”的精神，本次会议在市十二届人民代表大会已设立四个专门委员会的基础上，拟再设立城市建设环境保护委员会、农村委员会、民族宗教侨务委员会等三个专门委员会。

根据地方组织法的规定，市人民代表大会各专门委员会受市人民代表大会的领导，在大会闭会期间受市人民代表大会常务委员会的领导。城市建设环境保护委员会、农村委员会、民族宗教侨务委员会等三个专门委员会的主要职责是：在市人民代表大会及其常务委员会的领导下，按照专业分工，研究、审议和拟订有关议案；对属于市人民代表大会及其常务委员会职权范围内同本委员会有关的问题，进行调查研究，提出建议。

我就作以上说明。决定草案已经印发主席团成员，请予审议。

北京市第十二届人民代表大会第四次会议关于北京市第十二届人民代表大会城市建设环境保护委员会等三个专门委员会组成人员人选的表决办法

（2006 年 1 月 17 日北京市第十二届人民代表大会第四次会议通过）

根据《中华人民共和国地方各级人民代表大会和地方各级人民政府组织法》第三十条的规定，北京市第十二届人民代表大会城市建设环境保护委员会、农村委员会、民族宗教侨务委员会主任委员、副主任委员、委员的人选，同主席团在北京市第十二届人民代表大会代表中提名，大会通过。

本次会议通过北京市第十二届人民代表大会城市建设环境保护委员会、农村委员会、民族宗教侨务委员会组成人员的人选，采用按表决器的方式，分别对每个专门委员会组成人员的整个名单合并表决，由全体代表过半数赞成通过。如表决器在使用中发生故障，改用举手表决的方式。

关于《北京市第十二届人民代表大会城市建设环境保护委员会等三个专门委员会组成人员人选的表决办法（草案）》的说明

——2006 年 1 月 14 日在北京市第十二届人民代表大会第四次会议主席团第一次会议上

北京市第十二届人民代表大会第四次会议秘书长　范远谋

根据《中华人民共和国地方各级人民代表大会和地方各级人民政府组织法》（以下简称地方组织法）和本次会议的议程，参照全国人民代表大会的做法，大会秘书处草拟了

《北京市第十二届人民代表大会第四次会议关于北京市第十二届人民代表大会城市建设环境保护等三个专门委员会组成人员人选的表决办法（草案）》（以下简称表决办法草案）。现简要说明如下：

地方组织法第三十条规定：省、自治区、直辖市、自治州、设区的市的人民代表大会根据需要，可以设立专门委员会，“各专门委员会的主任委员、副主任委员和委员的人选，由主席团在代表中提名，大会通过”。根据上述规定，表决办法草案规定：“北京市第十二届人民代表大会城市建设环境保护委员会、农村委员会、民族宗教侨务委员会主任委员、副主任委员、委员的人选，由主席团在北京市第十二届人民代表大会代表中提名，大会通过。”

关于通过各专门委员会主任委员、副主任委员、委员的方式，参照全国人民代表大会的做法和市人民代表大会的惯例，表决办法草案中规定：“北京市第十二届人民代表大会城市建设环境保护委员会、农村委员会、民族宗教侨务委员会组成人员的人选，采用按表决器的方式，分别对每个专门委员会组成人员的整个名单合并表决，由全体代表的过半数通过。”

我就作以上说明。表决办法草案已经印发主席团成员，请予审议。

北京市第十二届人民代表大会城市建设环境保护委员会主任委员、副主任委员、委员名单

（15 名）

（2006 年 1 月 20 日北京市第十二届人民代表大会第四次会议通过）

主任委员 张　毅

副主任委员 陈文占　王德兴

委　　员 （按姓氏笔画排列）

王玉梅（女）任宝贵　刘淀生　许　槟（女）孙维林　肖亚平（女）宛素春（女）胡桂枝（女）倪文驹　黄　霞（女）葛剑平　虞　统

北京市第十二届人民代表大会农村委员会主任委员、副主任委员、委员名单

（15 名）

（2006 年 1 月 20 日北京市第十二届人民代表大会第四次会议通过）

主 任 委 员　刘宝善

副主任委员　李小娟（女）　孙　津

委　　　员　（按姓氏笔画排列）

于　洋　王振林　仉锁忠（回族）　付秀平（满族）　邢仲山　李清云　杨书海　张志毅　赵　力（女）　赵如会　黄福水　梅占山

北京市第十二届人民代表大会民族宗教侨务委员会主任委员、副主任委员、委员名单

（15 名）

（2006 年 1 月 20 日北京市第十二届人民代表大会第四次会议通过）

主 任 委 员　梁　平

副主任委员　马朝军（回族）　韩秀峰

委　　　员　（按姓氏笔画排列）

于长隆　朱家麒　刘　黎（女，彝族）　李　山　李永红（女）　李昭玲（女）　陈　军（女，高山族）　陈济生（女，蒙古族　思　智（女）　蒋光兰（女，满族）　蔡国斌　薛天利（回族）

北京市第十二届人民代表大会第四次会议主席团和秘书长名单

（2006 年 1 月 14 日北京市第十二届人民代表大会第四次会议预备会议通过）

主席团　（78人，按姓氏笔画排列）

于长隆　于均波　马述宽

王文京　王莒生(女)　王振林　汪明浩(满族)　张文啟
王敏荣(女)　王维城　尤兰田(女)　张书领　张国玉　张燕生
文　喆　邓洪波　石进贤　陈天立　陈　军(女,高山族)
叶　捷　田麦久　邢仲山　范进卯　范远谋　林文漪(女)
吉胜久　吕争鸣　年福纯　金生官　赵久合　赵凤山
朱家麒　朱善璐　任月征(女)　赵如会　赵家骐　赵淑君(女)
任宝贵　刘朋庆　刘冠军　郝如玉　胡　军　胡桂枝(女)
刘逢君　刘　淇　安丽娟(女)　柳纪纲　贺慧玲(女)　袁爱俊(女)
孙政才　孙维林　孙毓敏(女)　索连生(满族)　晏懋洵
阳安江　严晓燕(女)　杜国盛　郭先英(女)　梅占山　曹凤国
杜瑞琴(女)　杜德印　李坤成　续伯聪　蒋光兰(女,满族)
李昭玲(女)　李炳华　李清云　程世峨(女)　强　卫　蔡赴朝
李福成　杨秀奇　杨德安　薛天利(回族)　魏　刚
吴秀萍(女)　汪其华

秘书长　范远谋

北京市第十二届人民代表大会第四次会议议案审查委员会主任委员、副主任委员、委员名单

(31人)

(2006年1月14日北京市第十二届人民代表大会第四次会议预备会议通过)

主任委员　赵凤山

副主任委员　魏永德　崔凤鸣　晏懋洵　梁　平

委　　员　(按姓氏笔画排列)

马丽英(女,回族)　马朝军(回族)
王江渝　王纪表　王嘉彦
史炳忠　刘全喜　刘宝善
许祥源　李海滨　李淑媛(女)
杨万里　吴世民　吴秀萍(女)
汪明浩(满族)　张　毅
陈兴波(回族)　周淑伶(女)
郑　刚　郑树森　宛素春(女)
钱　渊(女)　高佐之　高岩辉
续伯聪　虞　统

北京市第十二届人民代表大会第四次会议主席团常务主席名单

（12 人）

（2006 年 1 月 14 日北京市第十二届人民代表大会第四次会议主席团第一次会议推定）

刘　淇　于均波　强　卫　杜德印　范远谋　赵凤山　金生官　赵久合　田麦久
索连生（满族）　王维城　林文漪（女）

北京市第十二届人民代表大会第四次会议大会执行主席分组名单

（2006 年 1 月 14 日北京市第十二届人民代表大会第四次会议主席团第一次会议通过）

第一次全体会议

（2006 年 1 月 15 日上午）

刘　淇　于均波　程世峨　强　卫　杜德印
范远谋　索连生　王维城　林文漪　赵凤山
金生官　赵久合　田麦久　于长隆　马述宽
叶　捷　刘逢君　晏懋洵　薛天利

第二次全体会议

（2006 年 1 月 17 日上午）

索连生　范远谋　王文京　王莒生　王振林
王敏荣　尤兰田　文　喆　邓洪波　石进贤
邢仲山　吉胜久　年福纯　吕争鸣　朱家麒
朱善璐　任月征　任宝贵　刘朋庆　刘冠军
安丽娟

第三次全体会议

（2006 年 1 月 18 日上午）

王维城　范远谋　孙政才　孙维林　孙毓敏
严晓燕　杜国盛　杜瑞琴　李坤成　李昭玲
李炳华　李清云　李福成　杨秀奇　杨德安
吴秀萍　汪其华　汪明浩　张文敢　张书领
张国玉

第四全体会议

（2006 年 1 月 20 日上午）

范远谋　赵家骐　张燕生　陈天立　陈　军
范进卯　赵如会　赵淑君　郝如玉　胡　军
胡桂枝　柳纪纲　贺慧玲　袁爱俊　郭先英
梅占山　曹凤国　续伯聪　蒋光兰　蔡赴朝
魏　刚

第五次全体会议

（2006年1月20日下午）

刘　淇　于均波　阳安江　强　卫　杜德印　范远谋　索连生　王维城　林文漪　赵凤山　金生官　赵久合　田麦久

北京市第十二届人民代表大会第四次会议副秘书长名单

（11人）

（2006年1月14日北京市第十二届人民代表大会第四次会议主席团第一次会议决定）

柳纪纲　游广斌　王力丁　陈启刚　史绍洁　丁世伟　肖　培　赵传民　刘维林　唐　龙　张建东

北京市第十二届人民代表大会第四次会议新闻发言人名单

（2006年1月14日北京市第十二届人民代表大会第四次会议主席团第一次会议决定）

刘维林

北京市第十二届人民代表大会第四次会议大事记

2006年1月14日

中午12时前，出席北京市第十二届人大四次会议的代表到北京会议中心、五洲大酒店驻地报到。本次会议应到代表770人，截止到12时，有747位代表报到。

代表报到后，阅读会议文件。

下午2时30分，在北京会议中心综合楼第1会议室召开了市十二届人大常委会第四十六次主任会议。会议听取了财经委员会关于对本市 2006 年市级预算草案主要内容、2005 年国民经济社会发展计划执行情况和 2006 年计划草案报告进行初步审查情况的汇报；会议根据市十二届人大常委会第二十五次会议的授权，审定了市人大常委会向市十二届人大四次会议的工作报告；会议听取了关于各代表团在分团活动时对市十二届人大四次会议主席团等各项名单草案讨论情况的通报，决定将这两项名单草案提请大会预备会议选举。

下午 4 时，在北京会议中心礼堂举行大会预备会议。应到代表 770 人，实到代表 574 人。受市人大常委会的委托，于均波主任主持了会议，范远谋、索连生、王维城、林文漪、赵凤山、金生官、赵久合、田麦久副主任和柳纪纲秘书长在主席台上就座。会议采取按表决器的方式，以 559 人赞成、2 人反对、2 人弃权、4 人未按表决器通过了市十二届人大四次会议议程；以 552 人赞成、5 人反对、7 人弃权、3 人未按表决器选举产生了大会主席团和秘书长；以 547 人赞成、9 人反对、6 人弃权、5 人未按表决器选举产生了议案审查委员会主任委员、副主任委员、委员。

预备会议后，在北京会议中心第 20 会议室举行了大会主席团第一次会议。主席团成员应出席 78 人，实到 70 人。按照市人民代表大会议事规则规定，会议由于均波主任主持。会议推选刘淇、于均波、强卫、杜德印、范远谋、索连生、王维城、林文漪、赵凤山、金生官、赵久合、田麦久为主席团常务主席；通过了会议日程；通过了大会执行主席分组名单；决定柳纪纲、游广斌、王力丁、陈启刚、史绍洁、肖培、赵传民、刘维林、唐龙、张建东、丁世伟担任大会副秘书长；决定刘维林为大会新闻发言人；决定大会表决各项议案时均采用按表决器方式，如果表决器发生故障，改为举手表决方式；决定代表提出议案的截至时间为 1 月 17 日 14 时；通过北京市第十二届人民代表大会第四次会议选举办法草案；通过关于设立北京市第十二届人民代表大会城市建设环境保护委员会等三个专门委员会的决定草案；通过北京市第十二届人民代表大会城市建设环境保护委员会等三个专门委员会组成人员人选的表决办法草案。

晚 7 时，在北京会议中心，大会秘书处组织市人大常委会厅办委室，市政府有关部门以及奥组委、市法院、市人民检察院等 51 个单位的负责人设点接受代表询问，共接待代表 718 人次，回答和解决了代表提出的 567 个问题。

2006 年 1 月 15 日

上午 9 时，北京市第十二届人民代表大会第四次会议在北京会议中心礼堂隆重开幕。实到代表 723 人，全国人大常委会副委员长何鲁丽、傅铁山参加了会议。主席团常务主席于均波及 18 位大会执行主席主持会议。王岐山市长作《关于北京市国民经济和社会发展第十一个五年规划纲要的报告》。部分北京市选出的第十届全国人大代表，出席北京市政协十届四次会议的全体委员，曾经在北京市担任市级领导职务的老同志，全国人大常委会办公厅有关部门的负责人，中共北京市委、市人大常委会、市人民政府有关部门、市高级人民法院、市人民检察院、各人民团体的负责人，部分中央部委和北京市双管单位的负责人列席了会议。

下午各代表团分别审议了市人民政府《关于北京市国民经济和社会发展第十一个五年规划纲要》及关于纲要的报告。

下午 2 时，在北京会议中心第 11 会议室，金生官副主任与市政府相关委办局及市高法负责同志接听市民热线电话，共接听了

14位市民打进的热线电话。市民电话中所反映的问题转有关部门研究处理。

2006年1月16日

全天各代表团审议市“十一五”规划纲要及关于纲要的报告、大会选举办法草案、关于设立北京市第十二届人民代表大会城市建设环境保护委员会等三个专门委员会的决定草案、北京市第十二届人民代表大会城市建设环境保护委员会等三个专门委员会组成人员人选的表决办法草案、审议北京市2005年国民经济和社会发展计划执行情况与2006年国民经济和社会发展计划草案的报告，北京市2005年预算执行情况和2006年预算草案的报告。

下午2时30分，在北京会议中心第11会议室，市十二届人大四次会议举行第一次新闻发布会，新闻发布会的主题是实施首都创新发展战略，建设创新型社会，市发改委、市教委、市科委、市人事局、市知识产权局及中关村科技园区管委的负责同志到会回答了记者的提问。

下午5时，在北京会议中心第20会议室举行大会主席团第二次会议。主席团成员实到65人，主席团常务主席赵凤山主持会议。会议听取了各代表团审议大会选举办法草案的情况汇报，通过了选举办法表决稿，提请大会表决；听取各代表团审议设立市十二届人民代表大会城市建设环境保护委员会等三个专门委员会的决定草案情况汇报，通过决定表决稿，提请大会表决；听取各代表团审议市十二届人民代表大会城市建设环境保护委员会等三个专门委员会组成人员人选的表决办法草案情况汇报，通过表决办法表决稿，提请大会表决。

晚上7时，在北京会议中心第14会议室召开了财政经济委员会第一次会议。会议审查了北京市2005年国民经济和社会发展计划执行情况与2006年国民经济社会发展计划草案的报告，北京市2005年预算执行情况和2006年预算草案的报告。

2006年1月17日

上午9时，在北京会议中心礼堂举行第二次全体会议。实到代表625人，主席团常务主席索连生及20位大会执行主席主持了会议。会议采取按表决器的方式，以601人赞成、9人反对、3人弃权、11人未按表决器表决并通过了北京市第十二届人民代表大会第四次会议选举办法；以604人赞成、8人反对、1人弃权、11人未按表决器表决并通过了北京市第十二届人民代表大会第四次会议关于设立北京市第十二届人民代表大会城市建设环境保护委员会等三个专门委员会的决定；以584人赞成、22人反对、5人弃权、13人未按表决器表决并通过了北京市第十二届人民代表大会第四次会议关于北京市第十二届人民代表大会城市建设环境保护委员会等三个专门委员会组成人员人选的表决办法。

大会结束后，在北京会议中心第20会议室举行了大会主席团第三次会议。主席团成员实到68人，主席团常务主席赵久合主持会议。会议听取了市委常委、组织部部长赵家骐就推荐人选所作的说明，接受了中共北京市委关于补选市十二届人大常委会委员和市人民检察院检察长候选人、市十二届人民代表大会城市建设环境保护委员会等三个专门委员会组成人选的推荐书，决定作为主席团提名市十二届人大常委会委员和市人民检察院检察长候选人、市十二届人民代表大会城市建设环境保护委员会等三个专门委员会组成人选的候选人，提交代表酝酿讨论。会议还决定了候选人提名截至时间为1月18日18时。

下午各代表团分别审议了市人民政府《关于北京市国民经济和社会发展第十一个五年规划纲要的报告》、计划报告、预算报告，并就各项候选人进行酝酿、讨论。

下午在北京会议中心第 14 会议室召开了财政经济委员会第二次会议，审议通过了关于北京市 2005 年国民经济和社会发展计划执行情况及 2006 年计划草案的审查报告、关于北京市 2005 年财政预算执行情况和 2006 年预算草案的审查报告，并决定将以上两个报告提交主席团会议审议。

2006 年 1 月 18 日

上午 9 时，在北京会议中心礼堂举行第三次全体会议。实到代表 612 人，主席团常务主席王维城及 20 位大会执行主席主持了会议。会议听取了市人大常委会主任于均波所作的北京市人大常委会工作报告；听取了市高级人民法院院长秦正安所作的北京市高级人民法院工作报告；听取了市人民检察院代理检察长慕平所作的北京市人民检察院工作报告。

大会结束后，在北京会议中心第 15 会议室召开了法制委员会会议，主任委员索连生主持了会议。截止到 1 月 17 日 14 时，大会共收到代表团和代表 10 人以上联名提出的法规案 4 件。会议经过审查，提出了处理意见，并通过了法制委员会关于法规案的审查报告，决定提请主席团会议审议。

下午各代表团审议市人大常委会、市高级人民法院、市人民检察院工作报告；就各项候选人进行酝酿、讨论；推选监票人。

下午 2 时 30 分，在北京会议中心第 5 会议室召开了议案审查委员会第一次会议，主任委员赵凤山主持了会议。截止到 1 月 17 日 14 时，大会共收到代表团和代表 10 人以上联名提出的议案 333 件。会议对这些议案作了进一步审查，提出了处理意见，并通过了议案审查委员会关于代表议案的审查报告，决定提请主席团会议审议。

晚上 7 时，在北京会议中心第 20 会议室举行了大会主席团第四次会议。主席团成员实到 64 人，主席团常务主席金生官主持会议。会议听取各代表团审议市"十一五"规划纲要及关于纲要报告的情况，和市"十一五"规划纲要及关于纲要报告修改情况的汇报；会议审议通过关于市"十一五"规划纲要及关于纲要报告的决议草案，提请各代表团审议；会议听取财政经济委员会关于 2005 年国民经济和社会发展计划执行情况与 2006 年国民经济和社会发展计划草案的审查报告，审议通过后印发全体代表；会议听取关于 2005 年国民经济和社会发展计划执行情况与 2006 年国民经济和社会发展计划草案的报告修改情况的汇报；会议审议通过关于 2005 年国民经济和社会发展计划执行情况与 2006 年国民经济和社会发展计划的决议草案，提请各代表团审议；会议听取财政经济委员会关于 2005 年预算执行情况和 2006 年预算草案的审查报告，审议通过后印发全体代表；会议听取关于 2005 年预算执行情况和 2006 年预算草案报告修改情况的汇报；会议审议通过关于 2005 年预算执行情况和 2006 年预算的决议草案，提请各代表团审议；会议听取关于各项候选人酝酿讨论情况的汇报，提出或确定候选人名单，印发各代表团讨论；会议提名总监票人，并通过总监票人、监票人名单草案，提请大会表决。

2006 年 1 月 19 日

上午各代表团继续审议市人大常委会、市高级人民法院、市人民检察院工作报告；讨论各项候选人名单。

上午 10 时 30 分，在北京会议中心第 20

会议室举行了大会主席团第五次会议。主席团成员实到67人，主席团常务主席林文漪主持会议。会议听取各代表团审议市人大常委会工作报告及市人大常委会工作报告修改情况的汇报；审议通过关于市人大常委会工作报告决议草案，提请各代表团审议；会议听取各代表团审议市高级人民法院工作报告及市高级人民法院工作报告修改情况的汇报；审议通过关于市高级人民法院工作报告决议草案，提请各代表团审议；会议听取各代表团审议市人民检察院工作报告及市人民检察院工作报告修改情况的汇报；审议通过关于市人民检察院工作报告决议草案，提请各代表团审议。

下午各代表团审议大会各项决议草案。

下午2时30分，在北京会议中心第11会议室，本次人代会举行第二次新闻发布会，新闻发布会的主题是统筹城乡协调发展，建设社会主义新农村。市发改委、市规委、市农委、市卫生局、顺义区、怀柔区的负责同志到会回答了记者的问题。

下午5时30分，在北京会议中心第20会议室举行了大会主席团第六次会议。主席团成员实到60人，主席团常务主席田麦久主持会议。会议听取议案审查委员会关于代表所提议案的审查报告，审议通过后印发全体代表；听取法制委员会关于代表所提法规案的审议意见报告，审议通过后印发全体代表；会议听取各代表团审议各项决议草案情况的汇报，通过大会各项决议表决稿，提请大会表决。

2006年1月20日

上午9时，在北京会议中心礼堂举行第四次全体会议。实到代表701人，主席团常务主席范远谋及20位大会执行主席主持了会议。会议采取按表决器的方式，以686人赞成、7人反对、5弃权人、3人未按表决器通过了对市十二届人民代表大会城市建设环境保护委员会组成人员人选名单；以670人赞成、14人反对、13人弃权、4人未按表决器通过了市十二届人民代表大会农村委员会组成人员人选名单；以664人赞成、14人反对、12人弃权、11人未按表决器通过了市十二届人民代表大会民族宗教侨务委员会组成人员人选名单；以694人赞成、1人反对、1人弃权、5人未按表决器通过了表决总监票人、监票人名单草案；决定王火、燕瑛为总监票人，王永军等19人为监票人。随后会议采取无记名投票方式，补选3名北京市第十二届人民代表大会常务委员会委员，补选北京市人民检察院检察长。投票结束后，在总监票人和监票人监督下清点票数，发出和收回选票相等，符合大会选举办法的规定，总监票人宣布本次选举有效。而后监票人和工作人员进行计票。

上午11时，在北京会议中心第20会议室举行了大会主席团第七次会议。主席团成员实到64人，主席团常务主席范远谋主持会议。会议听取了大会总监票人关于选举结果的汇报，确认选举结果有效，并决定将选举结果向大会宣布。

下午2时30分，在北京会议中心礼堂举行第五次全体会议。实到代表670人，主席团常务主席于均波及19位大会执行主席主持了会议。市政协副主席也参加了大会。会议宣布了选举结果。朱继民、刘伟、陈文占等3名同志当选为北京市第十二届人民代表大会常务委员会委员。新当选的北京市人民检察院检察长慕平在主席台上与人大代表们见面。会议按键表决通过了各项决议，结果是：以656人赞成、5人反对、2人弃权、5人未按表决器通过了北京市国民经济和社会发展第十一个五年规划纲要及关于纲要报告的决议；以645人赞成、5人反对、8人弃权、10人未按表决器通过了关于北京市2005年国民经济和社会发展计划执行情况与2006年国民经济和社会发展计划的决议；以632人赞成、12人反对、13人弃权、11人未按表决器通过了关于北京市2005年预算执行情况和2006年预算的决议；以644人赞成、14人反对、4人弃权、6人未按表决器通过了关于北京市人民代表大会常务委员会工作报告的决议；以600人赞成、39人反对、19人弃权、10人未按表决器通过了关于北京市高级人民法院工作报告的决议；以610人赞成、30人反对、15人弃权、13人未按表决器通过了关于北京市人民检察院工作报告的决议。

在大会各项议程完毕后，市委副书记、市人大常委会主任、大会主席团常务主席于均波讲话。

会议在雄壮的国歌声中胜利闭幕。

北京市第十二届人民代表大会

第五次会议

在北京市第十二届人民代表大会第五次会议闭幕时的讲话

刘　淇

（2007 年 1 月 31 日）

各位代表、同志们：

北京市第十二届人民代表大会第五次会议，在全体代表的共同努力下，胜利完成了预定的各项议程。会议期间，代表们以高度的政治责任感和使命感，认真审议并通过了北京市人民政府的工作报告、国民经济和社会发展计划报告、财政预算报告和市人大常委会、市高级人民法院、市检察院的工作报告，提出了许多很有价值的意见和建议，明确了重点办理的议案，进行了选举事项。这次会议开得很好，很成功，是一次民主团结、求真务实、催人奋进的大会。认真贯彻落实这次会议通过的各项决议，对于进一步团结和动员全市各族人民，全面贯彻落实科学发展观，构建社会主义和谐社会首善之区，实现“新北京、新奥运”战略构想，必将起到重要的推动作用。我代表中共北京市委对大会的圆满成功表示热烈的祝贺，向为开好会议付出心血和智慧的全体代表和工作人员表示衷心的感谢！

由于年龄原因，于均波同志多次提出辞去市人大常委会主任职务。这次会议接受了于均波同志的请求，同时高度评价了于均波同志在推动北京市人民代表大会工作方面做出的重要贡献。于均波同志在担任市人大常委会主任期间，在市委的领导下，坚持邓小平理论和“三个代表”重要思想，全面贯彻落实科学发展观，自觉把坚持党的领导、人民当家做主和依法治国有机统一起来，团结带领市人大常委会全体组成人员和市人大代表，紧紧围绕全市工作大局，认真履行宪法、法律赋予地方人大及其常委会的职责，不断开创人大工作的新局面，在推动立法、加强监督、完善重大问题决策、人事任免以及代表工作等方面创造了新的经验，在推动人大及其常委会工作的制度化、规范化、程序化建设方面迈出了新的步伐，在加强人大常委会自身建设方面取得了新的进展。为在新的形势下，坚持和完善人民代表大会制度，奠定了扎实基础，为推进首都经济建设、政治建设、文化建设和社会建设，作出了重要贡献。让我们以热烈的掌声向于均波同志表示感谢！大会依法选举杜德印同志为市人大常委会主任。市委相信经过这次市人大常委会主任的新老交替，杜德印同志一定能够团结和带领市人大常委会全体组成人员和人大代表，开拓创新，扎实工作，在已有工作的基础上，不断取得新的更大的成绩。

各位代表、同志们，今年的各项任务已经十分明确，这次人代会后，要狠抓各项工作的落实。今年的工作任务非常繁重，做好全年的各项工作，要突出筹备奥运这个重中之重。今年七月，奥运会的 26 项测试赛将陆续开展，这标志着奥运会的序幕已经拉开。从现在开始，全市各条战线上的广大干部群众都要在思想上、组织上和工作上进入奥运实战状态，按照办一届有特色、高水平奥运会的目标，全力做好各项工作，切实提高首都各方面的工作水平。

第一，要认真学习贯彻胡锦涛总书记重要讲话精神，不断增强做好奥运筹备工作的使命感、责任感和紧迫感。胡锦涛总书记在考察奥运会工程建设时的重要讲话，对奥运筹备工作的目标、总体要求和主要任务都提出了明确的要求。我们要认真贯彻落实好胡锦涛总书记的重要讲话精神。一要进一步增强使命感。举办奥运会是中华民族的百年企盼，办好奥运会是党中央和全国人民赋予我们的历史重任，我们这一代有机会承办奥运会，圆中华民族的百年梦想，这是一项光荣的历史任务。每一位人大代表和全体市民都必须珍惜这份责任和荣誉，并切实抓住这个重要的历史性机遇，认真履行好举办城市的义务，积极踊跃地参与奥运筹备工作，兢兢业业地做好各项工作，以筹备奥运作为重要的工作抓手和切入点，全面提高首都工作的水平。二要进一步增强责任感。北京作为2008年奥运会的举办城市，代表中华民族来承办奥运会，这个担子很重，靠少数人不行，必须广泛动员、人人参与。每一位人大代表和全体市民都必须积极地承担起在举办一届有特色、高水平奥运会中肩负的责任，以更加昂扬的斗志，更加振奋的精神，更加扎实的工作，以可能达到的最高标准办好奥运会，向党中央、国务院，向全国人民，向国际社会交上一份合格的答卷。三要进一步增强紧迫感。胡锦涛总书记在考察奥运会工程建设时指出，我国取得奥运会举办权不容易，要真正举办一届有特色、高水平的奥运会更不容易。要清醒地看到，作为一个发展中国家，我们在举办特大型国际文化体育赛事方面还缺乏经验，办好奥运会我们不论是在硬件建设还是在软件建设方面都需要付出更加艰苦的努力。现在离2008年奥运会只有550多天的时间，全面完成奥运会的筹备任务，搞好场馆建设、赛事安排、各项服务工作，包括提高城市文明程度和市民文明素质，任务都十分紧迫。在较短的时间内，高标准地做好奥运会的各项筹备工作，必须广泛动员群众，充分调动各方面的积极性。要抓住筹备奥运的机遇，提高首都工作的水平，建设宜居城市、美好家园。要全面落实“科技奥运”的理念，推动自主创新、产业结构的调整和经济增长方式的转变；要全面落实“绿色奥运”的理念，切实加大环境整治力度，搞好城市的绿化、美化，加强对环境污染的治理，加快建设资源节约型、环境友好型城市步伐；要全面落实“人文奥运”的理念，把办好奥运会与人民群众利益紧紧联系在一起，把筹备奥运会作为反映群众意愿，集中群众智慧，解决群众最关心、最直接、最现实的利益问题的工作切入点，使奥运会的筹备过程真正成为贯彻落实科学发展观的过程，成为构建社会主义和谐社会首善之区的过程，成为造福人民群众、组织动员广大群众共建美好家园的过程。

第二，要紧紧围绕奥运筹备工作，进一步提高人大工作的水平。紧紧抓住新北京、新奥运的重要机遇，不断提高首都工作水平是党中央国务院提出的重要要求。市人民代表大会作为地方国家权力机关，要结合奥运筹备工作，全面推动依法治国基本方略的落实。要积极推进地方立法工作，为奥运会营造良好的法治环境，保证奥运期间的城市秩序有法可依，安全保卫工作有法可依。通过制定监督法、物权法等国家重要法律的具体实施办法，更好地贯彻落实科学发展观，构建和谐社会首善之区，维护社会安定。要加大监督工作的力度，加强对科技奥运、绿色奥运、人文奥运三大理念贯彻落实情况的监督。通过听取专项报告、进行专项评议和审议、开展执法检查等形式，落实节俭办奥运、廉洁办奥运的方针，推动奥运筹备工作的统筹协调，促进资金物资、人力资源的科学配置和合理使用，完成好今年奥运测试赛的各项任务。要紧紧围绕着人民群众最关心、最直接、最现实的利益问题，特别是市容环境、污染治理、改善交通、食品药品安全、节约能源资源、加强流动人口管理和服务等问题，充分发挥国家权力机关的职责，推动大会各项议案的实施。全市各级党政机关及其工作人员都要牢固树立为群众服务的意识，都必须自觉地接受人民群众的监督。要切实加强依法监督，保证廉洁奥运目标的实现，推动各级领导干部不断改进作风、廉洁从政，提高各项工作的质量效率。

第三，要充分发挥广大人大代表的作用，形成广泛动员、人人参与的筹备奥运良好社会氛围。邓小平同志曾经讲过，社会主义国家有个最大的优越性，就是干一件事情，一下决心，一做出决议，就立即执行，不受牵扯。这方面是我们的优势，办好奥运会这件大事，必须运用好这个优越性，形成集多方之智、举全国之力的筹备奥运局面。人大代表是首都各行各业的优秀分子，具有广泛的影响力和号召力。人大代表要围绕着办好奥运这件大事发挥作用。广大人大代表不仅要满腔热情地关心和支持奥运筹备工作，积极为奥运筹备工作献策出力，而且还要充分发挥自身优势，以自身的模范作用，带动广大群众积极参与奥运、奉献奥运。要积极参与“迎奥运、讲文明、树新风”活动，在倡导文明礼仪、培养文明习惯，搞好城乡绿化、美化、净化，整治城乡环境，维护公共场所的文明秩序，提高赛场文明、乘车文明等方面发挥作用，倡导文明新风，营造文明环境，树立文明形象。希望每一位人大代表，都能够积极主动地参与社区、村镇、企业、机关、学校以及各社会团体开展的各种形式的迎奥运全民健身和文化活动，从自己做起，从具体事情做起，从现在做起，形成全市热烈欢庆的迎奥运社会氛围，展示首都良好的城市文明形象和市民文明素质。

各位代表、同志们，做好 2007 年的各项工作，责任十分重大、任务十分繁重、时间十分紧迫。让我们紧密团结在以胡锦涛同志为总书记的党中央周围，以邓小平理论和“三个代表”重要思想为指导，全面贯彻落实科学发展观，振奋精神，开拓进取，以只争朝夕的精神，扎扎实实做好奥运筹备工作，以优异成绩迎接党的十七大胜利召开，为办一届有特色、高水平的奥运会做出应有的贡献！

新春佳节就要到了。借此机会，向各位代表、同志们致以新春的祝贺，祝大家身体健康、阖家欢乐、工作顺利！

北京市第十二届人民代表大会第五次会议议程

（2007 年 1 月 25 日北京市第十二届人民代表大会第五次会议预备会议通过）

一、听取并审议北京市人民政府工作报告

二、审议北京市 2006 年国民经济和社会发展计划执行情况与 2007 年国民经济和社会

发展计划草案的书面报告

审查和批准北京市 2006 年国民经济和社会发展计划执行情况的报告与 2007 年国民经济和社会发展计划

三、审议北京市 2006 年预算执行情况和 2007 年预算草案的书面报告

审查和批准北京市 2006 年预算执行情况的报告和 2007 年预算

四、听取并审议北京市人民代表大会常务委员会工作报告

五、听取并审议北京市高级人民法院工作报告

六、听取并审议北京市人民检察院工作报告

七、选举事项

北京市第十二届人民代表大会第五次会议关于政府工作报告的决议

（2007 年 1 月 31 日北京市第十二届人民代表大会第五次会议通过）

北京市第十二届人民代表大会第五次会议，听取并审议了王岐山市长代表市人民政府所作的《政府工作报告》，决定批准这个报告。

会议指出，2007 年是奥运筹备决战之年，要认真贯彻胡锦涛总书记考察奥运会工程建设时的重要讲话精神，紧紧围绕“新北京、新奥运”战略构想，全市动员，全力以赴，扎实推进奥运筹备，全面提升首都各项工作水平。

会议要求，北京市人民政府要切实转变政府职能，依法行政，勤政廉政，加强公务员队伍作风建设，加快建设服务型政府，努力完成本次大会确定的各项任务。

会议号召，全市各族人民紧密团结在以胡锦涛同志为总书记的党中央周围，以邓小平理论和“三个代表”重要思想为指导，全面落实科学发展观，努力构建社会主义和谐社会首善之区，以首都经济又好又快发展、社会和谐稳定的良好局面迎接党的十七大胜利召开。

政府工作报告

——2007 年 1 月 26 日在北京市第十二届人民代表大会第五次会议上

北京市市长　王岐山

各位代表：

现在，我代表北京市人民政府，向大会作政府工作报告，请予审议，并请市政协各位委员提出意见。

2006年工作回顾

过去的一年，在中共北京市委的领导下，首都人民坚持以邓小平理论和“三个代表”重要思想为指导，全面落实科学发展观，紧紧围绕“新北京、新奥运”战略构想，加快结构调整和增长方式转变，加强公共服务和社会管理，着力推进奥运筹备和城乡建设，经济社会持续稳定较快发展，构建和谐社会首善之区取得新的成绩。市十二届人大四次会议确定的主要任务胜利完成，实现了“十一五”时期的良好开局。

初步统计，全市实现地区生产总值7720.3亿元，比上年增长12%，人均地区生产总值超过6000美元。一、二、三产业比重分别为1.3%、28.7%和70%。地方财政收入1117.2亿元，增长21.5%。居民消费价格指数为100.9%。万元地区生产总值水耗下降11.2%。

城市居民人均可支配收入19978元，实际增长12.2%；农民人均纯收入8620元，实际增长8.7%。城镇登记失业率1.98%。

市区空气质量二级以上天数241天，占全年的66%；化学需氧量和二氧化硫排放量分别下降5.2%和7.9%；城八区和郊区污水处理率分别达到90%和42%，城八区和郊区生活垃圾无害化处理率分别达到96.5%和57.5%；全市林木绿化率达到51%。

为市民办的59件重要实事全面落实。

一、经济发展保持良好态势

认真落实中央宏观调控政策措施，严格清理固定资产投资项目，依法加强规划审批和土地管理，全社会固定资产投资增长19.3%。投资结构进一步改善，第三产业投资增长24.5%，房地产开发投资比重下降2.9个百分点。制定了住房建设规划，落实“两限两竞”政策，经济适用住房供地增长80.3%，竣工270万平方米。消费需求稳步提升，住房、汽车、文化、旅游消费持续攀升，社会消费品零售总额增长12.8%。

产业结构高端化发展趋势更加明显。制定文化创意产业促进政策，产业集聚区初具规模；金融业快速发展，一批著名金融机构入驻北京；现代服务业增长12.8%，占地区生产总值的47.1%。工业结构调整稳步推进，高技术制造业对工业增长的贡献率达49.2%。都市型现代农业发展水平继续提升，完成设施农业建设4.5万亩，乡村旅游业快速发展。

转变增长方式迈出新步伐。大力发展循环经济，工业等重点产业节能降耗成效明显。新增节水灌溉农田30万亩。首钢调整、焦化厂搬迁顺利推进，煤矿和非煤矿山整顿关闭取得新成效。加强经济运行调节，煤电油气运等保障水平不断提高。

二、新农村建设扎实起步

制定了新农村建设实施意见和配套政策，完善了“部门联动、政策集成、资金聚焦、资源整合”的机制，实施108项新农村建设折子工程，80个市级试点村建设稳步推进。基础设施建设和社会事业发展的重点逐步向农村倾斜，市政府对农村投入达到111.8亿元。基本完成集体土地地籍和土地利用现状调查。“农村亮起来、农民暖起来、农业资源循环起来”工程建设全面展开，推广利用太阳能、沼气等新能源，搭建节能卫生吊炕，六环路以外40%的村庄环境整治任务全面完成，80%的平原地区实现垃圾密闭化管理，农村改厕11万户。完成自然村通油路471公里，解决了32万农民饮水安全问题。加强农村物流配送体系建设，新建和改造10个配送中心，发展连锁超市、便利店1623家。完善

"五河十路"绿色产业带政策。山区小流域综合治理、废弃矿山生态修复、移民搬迁加快推进。通过开发整理,新增耕地4万亩。创新农村管水、乡村公路养护机制,为农民开发出近1.5万个公共服务就业岗位。招聘2000多名大学毕业生担任"村官"。防控禽流感疫情、美国白蛾侵害取得阶段性成果。农村各项改革稳步推进,社会事业发展全面提速,民主管理制度进一步完善。

三、奥运筹办推动城市建设与管理迈出新步伐

按照"安全、质量、工期、功能、成本"五统一的要求,奥运工程建设顺利推进。52个奥运场馆及相关设施如期开工建设,12个新建场馆和5个相关设施主体结构全部完工,国家体育场钢结构、国家游泳中心膜结构安装完成,丰台垒球场成功举行测试赛。深化中心城控制性详细规划编制,11个新城规划全部完成。5条轨道交通建设进展顺利,305公里高速公路、159公里城市快速路和主干路开工建设,京承二期、机场北线、通惠河北路等建成通车。优化调整131条公交线路,开通48条小区公交线路,全面推行市政交通一卡通,制定并启动优先发展公共交通方案,实施公交低票价政策。加快建设垃圾、污水处理等一批环境基础设施。稳步推进文保区试点和危旧房改造,实现解危排险9372户,完成城八区平房院水表改造7万户。一批文物建筑得到修缮保护。环境综合整治全面展开,拆除违法建设450万平方米,自拆比重95.4%,实现绿化130万平方米,80个"城中村"以及重点大街、重点地区、航空走廊整治取得明显成效。建立应急管理体制,全面排查、整改地下管网等各类安全隐患,向市民免费发放600万本防灾应急手册。集中整治"黑车"、小广告、违规养犬等突出问题。发挥市民主体作用,创新城市管理方式,开通信息化城市管理系统,建立无缝隙管理责任制,利用多种手段加强信息沟通,城市运行服务管理能力明显提高,在烟花爆竹"禁改限"、中非合作论坛服务保障、西直门立交桥改造等工作中初步得到体现。

四、市场监管力度稳步加大

围绕群众反映强烈的重点领域和产品,整顿和规范市场秩序。加强食品安全管理,建立信用公示和追溯体系,对21家企业、1480种不合格食品实行强制退市,强化对食品加工企业、小作坊的分类监管,严厉打击生产销售假冒伪劣食品的违法行为,食品抽查合格率达95.3%。严格药品认证和准入制度,坚决治理药品虚假广告,积极应对"齐二药"、"欣弗"事件,药品抽验合格率达98.6%。加强知识产权保护,在小商品市场和服装市场推行商标授权经营制度,严厉打击侵权盗版和商业欺诈行为,查处一批有较大影响的案件。推进企业信用体系建设,加强信息归集、整理、公示及应用,引导企业诚信经营。对存在安全隐患、污染扰民的企业进行治理,依法关闭和撤销汽配、建材、小商品等各类市场79家。强化房地产市场监管,对经济适用住房的建设和交易实施全过程监控,整治和查处房屋交易中的违法违规行为。对工程建设、土地出让、医药购销等15个重点领域进行整顿,切实规范市场主体行为,维护良好的市场秩序。

五、公共服务水平进一步提高

完善了15项促进就业配套政策,加大对就业困难群体和地区的帮扶力度,转变残疾人就业保障金征缴方式,新增城镇就业人员34.4万人,城镇登记失业人员实现就业19.1

万人。88%的行政村建立了就业服务站，培训农村劳动力 10.8 万人次，实现转移就业 8.7万人。制定北京市基本养老保险规定，解决了建立企业年金单位缴费的税前列支问题，区县出台了农村社会养老保险改革办法。企业退休人员统一补充医疗保险办法开始实施，新型农村合作医疗参合率达到 86.9%。自收自支和部分补助事业单位、民间非营利组织纳入工伤保险范围。参加工伤、医疗保险的农民工分别达到 120.3 万人和 114.5 万人。建立农村最低生活保障标准调整机制，提高城市居民社会保障相关待遇标准和特殊困难人员的救助标准，扩大廉租房救助范围。社会保险基金运行平稳。

启动社区卫生服务收支两条线管理，对常用药实行集中采购、统一配送和零差率销售，完成农村 532 个社区卫生服务机构标准化建设；在二级以上医院设置惠民病床，三级医院部分检验结果实行互认通用，公共卫生体系建设取得初步成果。积极推进义务教育均衡发展，全部农村和城镇低保家庭学生享受“两免一补”政策，实施中小学办学条件标准化建设，选派 1105 名城镇中小学教师到农村支教，培训 3000 名农村中小学骨干教师。加强职业教育统筹规划，高等教育办学质量不断提高。创新公共文化服务模式，进行社区、乡镇文化活动中心标准化建设，推出农村“文艺演出星火工程”和区县“周末演出计划”。基本实现农村广播电视村村通、户户通。公布了首批非物质文化遗产名录。文化体制改革顺利推进，文化市场更加繁荣。促进群众体育与竞技体育协调发展，改善社区和行政村全民健身设施，成功举办一系列重大赛事，北京籍运动员在第十五届亚运会上获得 42 枚奖牌。

六、改革开放和科技创新扎实推进

实施投资项目备案制和核准制，规范固定资产投资项目办理流程，试行政府投资项目储备、后评价和重大项目公示制度。国有企业改革取得新进展，基本完成地方国有控股上市公司股权分置改革和一级企业 5 个重组项目，全面完成清产核资工作，初步搭建起国有资本预算管理制度框架。金融改革迈出新步伐，市属证券公司完成重组并实施清算。清理限制规定，制定鼓励政策，引导和支持非公有制经济发展。推进资源性产品价格改革，调整非民用天然气销售价格，建立出租汽车油价与租价联动机制。按照城乡统筹的要求，改革园林绿化管理体制。出台促进行业协会发展和改革的意见，积极推进政会分开。电子政务建设取得重大进展，城市管理、公共服务等领域信息化水平不断提高。

对外开放积极活跃。实际利用外资 45.5 亿美元，增长 29.1%，第三产业吸收外资比重不断提高。地区商品进出口总额增长 26%，服务贸易保持快速增长。奥运对旅游业发展的促进作用日益显现，全年接待入境游客 390.3 万人次，增长 7.5%。对外合作交流更加深入，新增 6 个国际友好城市，成功举办国际文化创意产业博览会、诺贝尔奖获得者北京论坛、中俄国家年“莫斯科周”等大型活动。与河北省签订合作协议，京津冀区域协调发展得到加强。

加快落实全国和市科技大会精神，全面启动创新型城市建设，出台了实施意见及配套政策措施。促进企业创新和成果转化，支持 63 家科技专业中介组织为企业服务，统筹使用科技经费，集中资金 2.4 亿元支持科技成果转化。中关村科技园空间布局不断优化，非上市股份公司股份报价转让、创业投资发展等体制创新取得突破，支持清华、北大及中科院等单位的8个实验室对企业开放。在集成电路、疫苗、新能源、生物农业技术等领域取得了一批自主创新成果。科技交流和科学普及工作深入开展。全年专利申请2.7万件，实现技术交易额572.6亿元。

七、精神文明与民主法制建设得到加强

深入学习邓小平理论和“三个代表”重要思想，认真组织开展《江泽民文选》学习。大力弘扬以“八荣八耻”为主要内容的社会主义荣辱观，“迎奥运、讲文明、树新风”活动广泛开展，精神文明创建活动蔚然成风，未成年人思想道德建设和大学生思想政治教育得到加强。积极倡导文明办网、文明上网，网络环境得到改善。国防教育和后备力量建设扎实推进，军政、军民关系更加密切。妇女、儿童、老年人、残疾人事业健康发展。民族、宗教、侨务和对台工作取得新进展。

认真执行市人大及其常委会决议，重大决策广泛征求市政协和各民主党派的意见。自觉接受各方面监督，充分听取广大群众对政府工作的意见和建议。市政府组成人员认真向市人大常委会报告专项工作，积极参加市政协议政会。办理全国和市人大代表议案5项、建议1762件，全国和市政协委员建议案9件、提案1284件。启动奥运立法工作。全面推行行政执法责任制，进一步规范执法行为。普法宣传工作力度进一步加大，社区矫正工作机制更趋完善。基层民主管理和村民自治得到加强，和谐社区、和谐村镇建设稳步推进。认真开展治理商业贿赂专项工作，廉政建设取得成效。强化社会治安防控体系建设，社会治安秩序进一步改善。

各位代表！一年来所取得的成绩，是党中央、国务院和市委正确领导的结果，是全市各族人民团结奋斗、开拓进取的结果。在这里，我代表市人民政府，向全市各族人民，向人大代表、政协委员以及社会各界人士，向中央各部门、兄弟省区市和驻京部队，向所有关心和支持首都建设的香港与澳门特别行政区同胞、台湾同胞、海外侨胞和国际友人，表示崇高的敬意和衷心的感谢！

回顾总结工作，我们也清醒地看到，经济社会发展还存在诸多矛盾和问题，人口资源环境矛盾尚未得到缓解，尤其是人口规模增长过快，治理环境污染、交通拥堵的任务非常艰巨，城市管理水平亟待提高；经济增长方式还比较粗放，城乡、区域差距较大；安全生产形势依然严峻；保障性住房供应不足，商品房市场结构不合理，价格上涨过快，违法违规用地屡禁不止；就业、社会保障、收入分配、教育、医疗、食品药品安全等关系群众切身利益的问题还需下大力气解决。特别是政府职能转变还不到位，一些政府部门及其工作人员服务意识不强，极少数干部以权谋私、严重腐化堕落。对上述问题，我们将高度重视，迎难而上，采取切实措施加以解决。

2007年工作安排

综观国内外形势，首都发展既面临着良好机遇，也面对着严峻挑战。2007年是奥运筹备决战之年，今天距奥运会开幕仅剩560天，完成好全年各项工作，时间紧、任务重、责任大，容不得半点松懈。我们要以奥运筹备带动全市各项工作的开展，切实增强紧迫感、责任感、使命感，紧紧抓住机遇，敢于应对挑战，努力化解风险，全市动员、全力以赴、全面完成首都发展建设的各项任务，不断提升城市现代化水平，不断提升城市文明程度，不断展示首都新形象。

今年，政府工作的总体要求是：以邓小平理论和“三个代表”重要思想为指导，认

真贯彻党的十六大和十六届三中、四中、五中、六中全会及中央经济工作会议、胡锦涛总书记考察奥运会工程建设时的重要讲话精神，全面贯彻落实科学发展观，加快构建社会主义和谐社会首善之区，紧紧围绕“新北京、新奥运”战略构想，切实推动经济结构调整和增长方式转变，扎实推进社会主义新农村建设，努力提高城乡建设服务管理水平，深入推进改革开放和自主创新，大力发展各项社会事业，全力完成奥运会的筹备任务，以首都经济又好又快发展、社会和谐稳定的良好局面迎接市第十次党代会和党的十七大胜利召开。

全市经济社会发展主要目标是：地区生产总值增长9%，万元地区生产总值能耗、水耗分别下降5%，市区空气质量二级以上天数达到67%，化学需氧量和二氧化硫排放量分别下降3%和10%；城镇登记失业率控制在2.5%以内，居民消费价格指数调控在102%左右；地方财政收入增长13%，城乡居民收入实际增长7%。为群众办好58件重要实事。

一、举全市之力做好奥运会、残奥会筹备工作，着力提升城市建设服务管理水平

认真落实奥运三大理念，加快实施“倒排期”工程，扎实推进奥运场馆和基础设施建设，更加注重生态环境、市容环境、运行环境和社会环境建设，全面提升城市管理和服务水平。

（一）切实完成奥运场馆和城市基础设施建设任务。

今年，除国家体育场外，30个奥运会比赛场馆和45个训练场馆要全部完工，5个相关设施和场馆周边道路建设基本完成，外围市政工程、景观工程、绿化工程建设全面展开。严格落实“五统一”量化指标考核体系，强化工程业主及参建各方的主体责任，突出工期控制，确保工程安全质量。加强与奥组委的沟通，做好工程建设与使用功能、场馆运行管理的有效衔接和整体推进。按照绿色环保、简洁实用、精心组织、协同作业的要求，实施场馆装修和机电设备安装，高质量完成后期建设，努力把奥运场馆建设成精品工程。加强审计监督，实施“阳光工程”。

贯彻落实城市总体规划，强化城市公共服务设施、基础设施和公共安全配套设施的规划建设，提高规划监管力度。全力推进轨道交通建设，新开工地铁8号线二期、9号线、10号线二期、轻轨亦庄线，实现地铁5号线通车试运营。建成朝阳路、安立路大容量快速公交线路。加快6条高速公路、3条城市快速路、17条城市主干路建设，完善换乘枢纽和场站设施，大力支持停车设施建设，改善城市道路微循环系统和非机动车及步行环境，加快推进城市无障碍设施建设。新建首都图书馆二期等工程，首都机场扩建工程等项目竣工，国家大剧院7月投入使用。发展城市管网集中供热300万平方米。加快南水北调北京段工程建设，建设吴家村等3个再生水厂。完善相关政策，积极治理非正规垃圾场，加快生活垃圾焚烧厂建设，新建和改建公厕千余座。

（二）着力推进奥运环境建设。

切实改善生态环境。实施第十三阶段控制大气污染措施，完成中心城区20蒸吨以下燃煤供暖锅炉改造，加快淘汰老旧高排放车辆，开展油气回收治理，严格控制扬尘污染。限期治理水源保护区内的污染源，完成六环路以内城市河湖治理，加快污水和再生水管网建设，加强排水设施安全运行管理，提高再生水水质。推广先进技术，建立生活垃圾处理经济补偿机制，加快垃圾减量化设施建设，提高垃圾处理资源化、无害化水平，城八区、郊区生活垃圾无害化处理率分别达到

97%和60%。加强对施工噪声、社会生活噪声的查处，对噪声扰民严重的交通路段进行治理。强化危险废弃物、放射性废物和放射源的监管。认真做好污染源普查和土壤污染调查。继续开展三道绿色生态屏障和城市大绿地建设，全市林木绿化率达到51.6%。

全面整治市容环境。加强奥运比赛场馆、定点饭店周边及途经道路沿线的治理和建设。全面开展城乡结合部地区环境整治，以政府为主导、城乡居民为主体，坚持制度创新，加大公共财政投入，完善管理体制，切实解决环境脏乱差、发展不协调等问题。完成22个“城中村”和城市边角地、老旧小区、航空走廊、铁路沿线环境整治任务，拆除违法建设332万平方米。落实重点大街、重点地区环境建设规划，实施楼房平改坡工程，清洗粉饰建筑物外立面，做好胡同街巷整治，加快规范公共场所英语标志。围绕治安、交通、市场、环卫、旅游等领域，建立完善奥运期间城市运行指挥体系和管理模式，继续整治“黑车”、小广告、违规养犬等突出问题。

不断优化城市运行环境。认真做好23项测试赛工作，建立场馆外围保障工作机制。确定奥运赛时城市运行“体征指标”体系，搭建奥运城市运行指挥控制平台，实现奥运筹办工作的重心和体制、机制向奥运赛时转变。推动应急组织管理体系、预案体系和工作运行机制向基层延伸，大力普及公共安全、生产安全和应急知识，开展综合应急演练。加强各类突发公共事件风险隐患的排查和监控，重点消除电网、地下管网、道路桥梁存在的安全隐患。健全安全生产综合监管、行业监管、属地监管体制机制，严格实施人员密集场所安全规定，继续开展高危行业安全专项治理，加大安全生产监督检查执法力度。按照“公交主导、体制改革、线路调整、管理加强”的思路，落实优先发展公交措施，优化线网，扩大路权优先，加强静态交通管理，着力缓解城市交通拥堵。全力推进城市运行纲要的实施，确保117项城市运行项目的落实。

努力营造良好的社会环境。全面实施人文奥运行动计划，深入开展“迎奥运、讲文明、树新风”活动，切实提升市民文明素质和城市文明形象。进一步抓好文明礼仪教育和市民讲外语活动，广泛开展奥运知识宣传教育。加强商业、餐饮、旅游、公共交通等窗口行业奥运培训，提高从业人员的业务技能和服务水平。加强公共场所秩序建设，着力培养广大市民守规章、守秩序的文明习惯。加快推进奥运立法工作，制定奥运期间城市运行的相关规章制度。积极配合奥组委做好奥运会、残奥会志愿者的招募和培训工作。动员社会各界力量，采取多种形式，解决好影响首都形象的突出问题，营造文明、热情、友好、健康的社会氛围。

二、加快结构调整和增长方式转变，推动首都经济又好又快发展

坚持以节约能源资源和保护环境为切入点，严把土地供应、规划审批和市场准入门槛，着力调整经济结构和转变增长方式，努力实现科学发展。

（一）认真落实中央宏观调控各项政策措施。

合理控制固定资产投资规模，清理国家严令限制的一般加工项目，保障奥运工程、基础设施、新农村建设、结构调整等方面投资。严格控制耕地转为建设用地规模，积极推进实施工业用地“招拍挂”出让，坚决查处各种违法违规用地行为。国有土地使用权出让收支纳入地方基金预算管理，优化土地出让金使用结构。把握好土地供应总量和开发建设规模，调整房地产结构和布局，保持房地产投资平稳增

长。推进实施住房建设规划，增加中小户型、中低价位住宅建设用地，积极促进二手房交易市场发展，抑制房价过快增长。完善经济适用住房管理办法，出台政策性租赁住房政策，缓解低收入家庭的住房困难。努力提高农民和城镇中低收入家庭的收入水平，密切监测群众生活必需品市场供求和价格变动，稳定消费预期，增强消费需求的拉动作用。全面落实商业服务业迎奥运三年行动计划，推进奥运餐饮服务、特色商业街区建设等工作，营造安全、规范、便利的消费环境。健全经济运行各项调控预案，建立联合调度协调机制，做好煤电油气运保障工作。

（二）加大产业结构调整力度。

落实促进文化创意产业发展的各项政策，制定文化创意产业发展规划。安排专项发展资金，支持重点产品、服务和项目，加快文化创意产业集聚区基础设施建设，有序引导各区县发展有特色有优势的项目。抓好北京出版社出版集团等单位改革，稳步推进经营性文化事业单位改制。制定促进体育产业发展的意见，鼓励社会资本和外资投资体育产业，加快培育体育品牌企业集团和大型体育赛事。抓住银行业全面开放的机遇，落实鼓励金融业发展政策，加快金融机构后台服务支持体系建设，吸引国内外金融机构在北京发展。促进信息服务业、商务服务业加快发展。建设奥运旅游大道，扶持乡村旅游基础设施建设，大力开发旅游演出和旅游商品。加快电子信息、生物医药等高技术产业发展。支持重大精密技术装备制造项目引进和自主研发，继续推进首钢冷轧、中芯国际增资扩产、康宁玻璃基板生产线等项目。落实北京名牌产品建设有关措施，在技改项目、研发投入和升级改造方面给予定向支持。加快建设服务绿色通道，加强对中央企事业单位联络服务工作。

（三）加快功能区建设。

落实区县功能定位，研究制定具体政策，继续加大对山区、南城的支持力度，统筹推进各功能区的协调发展。全面落实支持中关村科技园区发展的各项政策，加快国家工程技术创新基地、软件产业基地、生物医药产业基地建设，逐步形成创新型产业集群。加强北京经济技术开发区交通和能源等基础设施建设。加快金融街、商务中心区重大项目建设，积极发展配套服务产业。促进临空经济区、奥林匹克中心区内部资源整合。高度重视高端产业功能区的管理体制创新，建立健全统筹协调机制，积极引入高端企业和高级人才，提高专业化服务水平，促进高端产业功能区健康发展。

（四）积极发展循环经济。

大力推进节能降耗减排。坚决退出高耗能、高污染产业，重点抓好首钢压产和焦化厂、化工二厂、有机化工厂的搬迁工作，继续清理整顿煤矿和“五小”企业，关闭80个固体矿山，加大产业转型扶持力度。建设循环经济示范园区，支持石化、建材、电力等重点行业开展清洁生产，从源头上削减废弃物的产生量。加强能源统计、分类计量和能耗信息监测平台建设，完善分区域、分行业、重点企业节能降耗的监督考核体系。继续做好大型公建节能，新增居住建筑达到节能65%的设计标准，推进非节能建筑的改造，推广绿色照明和节能新技术，政府机构带头节能、节水、使用再生纸，努力建设节约型社会。强化计划用水定额管理，对农业用水试行征收水资源费，建设雨水收集设施，利用再生水4.8亿吨。实施产业用地定额指标和土地投资强度指标管理，集约利用开发区土地。开展再生资源回收产业化试点，规范社区回收网络，建设专业化分拣中心，支持再生资源回收利用企业发展。

（五）进一步强化市场监管。

严格市场准入制度，对不合格产品坚决

实行强制退市。严格市场设立标准，限制低水平市场建设。健全市场信息公告、预警预报和快速反应机制，整合完善市场监管综合调度指挥系统，建立市场秩序综合评价指数。以生产和销售环节为重点，完善食品安全监控和追溯体系，建立5000个监控点，对50大类、2500种食品进行全面监测，切实保证市民食品安全，抓好奥运食品安全保障工作。健全药品安全监测网络，建立上市药品安全再评价机制，在264家生产企业建立药品不良反应采集系统。加强房地产市场监管，重点打击囤房、炒房，遏制投机性购房。建立违法广告信息披露和市场退出机制，依法查处各种违法违规行为，切实维护市场经济秩序。加快社会信用体系建设，研究制定信息采集、使用管理办法和个人信用体系建设方案。

三、统筹城乡发展，推进新农村建设

进一步加大对“三农”工作支持力度，整合支农资金和资源，理顺部门联动关系，鼓励和支持社会力量参与新农村建设，逐步建立城市支持农村的长效机制。

（一）加快农村经济发展。

调整优化农村经济结构，加快都市型现代农业、农产品加工业、乡村旅游业、农村服务业发展，推动一产向二产、三产延伸。继续推进农业“七大体系”建设，抓好现代都市农业走廊和农业示范园区建设，切实提高农业综合生产能力。重点支持专业村、专业户发展，扶持龙头企业、农民合作组织和专业协会，促进农业产业化经营。鼓励农民自主创业，大力扶持农村个体私营经济，加快发展农村集体经济。做好无公害农产品、绿色食品和有机农产品认证工作，重点开发适合奥运期间市场需求的特色农产品。认真解决农产品运输、储藏和销售等方面的问题，保持农业生产资料价格稳定。开发休闲旅游线路，形成一批有地方特色、文化内涵的旅游产品。积极发展农村商业分销配送站点、连锁超市和便利店。继续推进小城镇建设，加快产业发展和聚集。

（二）加强农村基础设施建设。

深入推进80个市级试点村建设，带动新农村建设各项工作的开展。坚持抓好“亮起来、暖起来、循环起来”工程建设，在有条件的地区实施沼气、生物质气化集中供气工程。推广使用太阳能等清洁能源技术，加快农村地区燃气化进程。完成郊区公路三年提级改造任务，继续实施自然村通油路工程，支持村内道路硬化。大力发展农村客运，加快行政村通公交步伐，积极研究理顺体制票制方案。升级改造广播电视“村村通”系统，加强农村邮政基础设施和综合信息服务体系建设。完成30万农民安全饮水改造任务。扎实推进农村改厕工作，基本完成农村中小学厕所改造。

（三）全面推进郊区生态保护与环境建设。

落实“富民养山”政策，加强中幼林抚育，提高小流域综合治理的标准和质量，完成20条小流域综合治理，治理水土流失面积310平方公里。进行矿山生态破坏状况调查，编制生态修复规划，对1467公顷废弃矿山实施生态修复。制定实施生产生活条件恶劣地区移民搬迁政策，完成采空区、强泥石流易发区农户搬迁工程，研究妥善安置等后续政策。全面清理积存垃圾，加快农村排水和污水处理设施建设。着力推进农村环境整治，基本完成村庄整治任务，六环路以外95%的平原地区实现垃圾密闭化管理，创建环境优美乡镇和生态文明村。

（四）深化农村各项改革。

健全村庄规划建设管理体制，加强规划实施的监督管理。完善配套措施，健全农户土地承包经营权流转机制。制定集体土地征地留用安置办法，扩大集体建设用地流转试点范围，依法加强管理。建立公共服务设施管理和运行机制，组建村庄公共服务设施和环境管护队伍，做好日常维护，确保各项设施的正常运转。制定乡镇管理体制综合改革指导意见，选择若干乡镇进行试点。加快集体经济产权制度改革。推进农村金融产品服务创新，引导金融机构增加对“三农”的信贷投放，试行农业政策性保险制度方案。做好第二次全国农业普查工作。

四、坚定不移地推进改革开放，加快建设创新型城市

着力加强重点领域、关键环节的改革，提升对外开放水平，加快创新步伐，为首都各项事业发展提供不竭动力。

（一）深化行政管理体制改革。

优化和规范投资项目审批程序，建立科学便捷的投资项目管理机制。推进政府投资项目公示和后评价制度试点，严格实施项目评审考核制度，完善重点建设项目信息管理系统。推进国库集中收付制度改革，改革非税收入收缴管理制度，扩大集中收缴的范围和额度。加强部门预算一级单位的财务管理，提高财政资金使用效益。认真做好内外资企业所得税两税合并准备工作。制定事业单位总体改革思路及分类改革意见，继续深化民政事业单位管理体制、街道管理体制改革试点。制定促进行业协会发展和改革的配套政策，启动行业协会规范治理工作。推动城市管理综合执法体制改革，探索建立行政执法协调机制。加快电子政务建设，推进政务信息资源共享和行政许可事项网上协同办理。继续深化资源性产品价格改革，积极稳妥地进行供热体制改革。

（二）稳步推进国有企业改革。

健全国有资本预算管理制度，认真做好国有资本收益收缴和预算管理工作，加强对企业重大事项决策的监管。抓住当前国际国内资本市场发展的有利时机，加快竞争性领域国有企业重组改制上市步伐，积极引入战略投资者，拓展企业融资渠道，完善法人治理结构及运行机制。继续深化市属金融企业重组改革，防范和化解金融风险。加快推进劣势企业退出市场，妥善解决职工安置等遗留问题。进一步完善相关配套政策，支持非公有制经济健康发展。建立中小企业创业投资引导基金，开展创业投资试点。

（三）努力提高对外开放水平。

积极吸引跨国公司地区总部、研发中心和结算中心，争取更多国内行业龙头企业总部落户北京。在文化创意产业、高技术产业、金融业等重点领域，有针对性地开展专业化招商引资，取得对欧美地区投资促进工作的新进展。研究制定促进服务外包发展的政策措施。提高货物贸易、服务贸易增长质量，支持具有自主知识产权、自主品牌的商品出口。依托国家对外战略项目，积极推进企业开展海外投资。加强与周边省区市的联系与协调，深化水资源和能源利用、生态环境保护、基础设施建设等方面的合作。创新思路与机制，推动京津冀都市圈各类资源的合理配置，促进区域协调发展。进一步做好对口支援和帮扶工作。

（四）加快创新型城市建设。

发布中长期科学与技术发展规划，落实促进自主创新的各项政策措施，培育和引进自主创新人才，建立企业自主创新专项资金，引导企业设立研发机构，支持以企业为主体，以科研机构、高等院校为技术依托的产学研合作。完善科技资金投入机制，支持大学科技园、孵化器和科技中介机构发展，以项目为载体整合各类资源，形成支持企业创新的合力。健全知识产权应急处理和预警机制，

建立知识产权公共信息服务平台。充分发挥中央在京科技资源的作用，争取国家重大科技项目落户北京。深化科技体制改革，积极实施科技主题计划，围绕解决城市发展中的难题，大力开展科技攻关和科技成果应用。制定农业技术推广体系改革方案，抓好10项农业技术试验示范项目，继续做好农业科技推广运用。落实全民科学素质建设工作方案。

进一步做强中关村科技园区，继续实施开放式实验室工程，抓好非上市股份公司股份报价转让、创业投资、中小企业信用制度等创新试点。开展中关村百家企业自主创新示范工作。建设“中关村国家标准化示范园”，支持企业标准联盟、技术联盟和产业联盟的发展，争取在软件和集成电路、移动通讯、生物医药、新能源等领域实现一批关键技术突破，创制一批先进技术标准。

五、努力提高公共服务水平，扎实推进和谐社会首善之区建设

从解决广大人民群众最关心、最直接、最现实的利益问题入手，以促进城乡统筹为目标，加快公共服务体系建设，提高社会管理水平，不断促进社会和谐。

（一）努力扩大就业。

切实落实各项促进就业政策，多渠道开发就业岗位，实现全市城镇新增就业33万人。强化对就业困难群体的政策扶持，提高用人单位招用失业人员的岗位补贴，放宽困难地区灵活就业人员补助年龄条件，扩大创业培训补贴的覆盖范围，促进17万城镇登记失业人员就业，实现“零就业家庭”中至少有1人就业。做好残疾人就业保障金的征缴和使用，促进残疾人就业。加强农村劳动力转移就业培训和服务，促进农民就业基地建设，健全城乡“手拉手”就业协作机制，完善农村就业困难人员岗位补贴政策，实现6万名农村劳动力转移就业。继续推进农村公益事业管理机制创新，为农民提供更多的公益性就业岗位。健全协调劳动关系三方机制，认真落实劳动合同和集体合同制度。强化对各类职介机构的监督检查，建设全市统一的劳动力市场信息系统。

（二）加快完善社会保障体系。

改革基本养老金计发办法，扩大个体工商户、灵活就业人员的覆盖面。落实农村社会养老保险实施办法，完善财政补贴政策。做好城镇在校学生、学龄前婴幼儿和城镇无保障老年人参加医疗保险试点工作。完善新型农村合作医疗筹资增长机制，逐步扩大参合农民受益面。将非参照公务员管理的事业单位纳入工伤保险范围。推行农民工工资专项支付制度，继续推进农民工参加医疗保险、工伤保险。加大扩面征缴和基金监管力度，确保基金安全。进一步完善城乡最低生活保障、分类救助、专项救助制度，继续提高城市居民社会保障相关待遇标准，大力推动社会福利、优抚、慈善事业发展。加大住房保障力度，新开工中低价位商品住宅300万平方米、经济适用住房200万平方米，建设、收购30万平方米廉租住房，对低保家庭住房困难户实现应保尽保。

（三）着力加强医疗卫生服务。

坚持公共医疗卫生的公益性质，采取多种措施，逐步解决看病难、看病贵问题。突出抓好以收支两条线为核心的社区卫生服务运行机制改革，建立药品集中采购、统一配送、零差率销售的长效机制，制定社区卫生服务管理制度和监督考核办法，发挥社区卫生服务“六位一体”功能。试行社区卫生服务首诊制，建立大医院与社区卫生服务机构之间的双向转诊机制。完成规划设置的所有农村社区卫生服务机构的标准化建设和基本设备配备，加强远郊区县区域医疗中心建设，完善农村药品供应网和监督网。进一步加强

基层社区特别是农村卫生人才队伍建设，加大综合医院和专科医院对社区卫生服务机构的支援，实行专家巡诊制，注重对预防保健的业务指导和技术支持，切实提高社区医疗服务水平。推动医疗付费制度改革试点，推出二级以上医院部分检查结果互认等方便群众就医的新举措。加强医院管理，积极改善医患关系。继续推进公共卫生体系建设，完善传染病救治和医疗急救网络，进一步发挥中医药的独特作用，做好重大疾病防控工作。

（四）提高公共教育服务水平。

制定基础教育均衡发展的意见，提高公用经费定额标准，加大对财力薄弱区县义务教育经费的转移支付，推动城区义务教育免杂费工作。优化城乡中小学空间布局，加快中小学办学条件标准化建设。推进中小学人事和分配制度改革，探索城乡教师交流长效机制，促进优质教师资源合理流动。完善具体措施，依法保障农民工子女接受义务教育。开展“阳光体育运动”，提高中小学生身体素质。深化职业教育办学体制改革，试行双证书制度，抓好实训基地建设，建立资助体系，降低中等职业学校学费，推进农村职业教育、职工岗位培训和成人教育发展。坚持高等教育内涵式发展，加强管理，提高质量，办出特色。落实民办教育促进法实施办法，引导和规范民办教育发展。

（五）推进文化、体育事业发展。

加快社区和农村文化设施标准化建设，加强日常管理和维护。实施露天剧场建设办法，开展“体验中国”文化广场活动，培育“朝阳流行音乐周”等特色区县文化活动品牌，办好农民艺术节。抓好北京国际音乐节和戏剧、舞蹈演出季等品牌活动，推出一批具有国际水准的剧目。重视历史文化名城保护，采取有效措施对优秀近现代建筑进行保护，继续推进6片文保区试点工作。扩大有线电视数字化试点。组织实施“国家重大出版工程”等重点项目，举办好世界期刊大会等重大活动。全面启动第二轮地方志编修工作。加强公共体育设施规划建设，全市行政村健身设施配建率达到90%，促进学校体育设施向社会开放。积极开展体育文化系列活动，办好全民健身体育节、第六届农民运动会以及重大国际体育赛事。

（六）切实加强社会管理。

加强城乡基层自治组织建设，积极培育和发展社会组织，充分发挥居民的主体作用，维护居民的共同利益，深入推进和谐社区、和谐村镇建设。完善物业管理法规，健全物业服务标准和收费标准指导体系，强化属地管理，加大执法力度，妥善处理物业纠纷。成立流动人口和出租房屋管理委员会，加快区县、街乡相关管理机构建设，设立社区（村）管理站，修订流动人口户籍管理规定，搭建流动人口和出租房屋综合信息平台。积极探索调控人口规模的有效途径。落实《北京市信访条例》，做好人民建议征集工作。加强行政复议工作，推进人民调解的专业化、社会化建设，完善人民调解与行政调解、司法调解的衔接机制。健全社会治安防控体系，加快推进科技强警和信息化建设，依法严厉打击各种违法犯罪活动。落实各项工作措施，有效防范和严厉打击境内外敌对势力的破坏活动，强化反恐防爆工作机制，维护首都社会稳定。

（七）推进社会主义精神文明和民主法制建设。

认真搞好“三个代表”重要思想、科学发展观和构建社会主义和谐社会宣传教育活动，弘扬以爱国主义为核心的民族精神和以改革创新为核心的时代精神，深入实践社会主义荣辱观，建设社会主义核心价值体系，推动和谐文化建设。丰富和拓展精神文明创建活动的内涵，总结推广群众创造的新形式、新经验。加强未成年人思想道德建设基础工作，切实抓好大学生思想政治教育。加强网络文化的建设，规范网吧、互联网和手机短信管理，大力发展和传播健康向上的网络文化。坚持不懈开展“扫黄打非”工作。发挥哲学社会科学的重要作用，加强和谐社会重大理论问题研究。认真落实“五五”普法规划，加强和改进法律援助，建立健全农村法律服务体系。加强基层民主政治建设，继续完善政务、厂务、村务公开，做好第七届村民委员会换届选举工作。开展民族团结进步创建活动，加快少数民族乡村经济社会发展。贯彻党的宗教信仰自由政策，依法管理宗教事务。深入开展国防教育，支持驻京部队的现代化建设，加强国防后备力量建设，大力推进双拥共建。进一步做好外事、侨务、港澳台等工作。继续做好人口和计划生育工作，加强服务和管理。关心支持妇女、儿童事业，健全助残服务体系，积极探索养老服务模式，加强养老服务设施建设。

六、切实加强政府自身建设，努力建设服务型政府

加快政府职能转变，加强干部队伍作风建设，不断提高“四个服务”水平，努力做到“在服务中实施管理，在管理中体现服务”。

（一）切实加快政府职能转变。

履行经济调节、市场监管、社会管理、公共服务等四项职能，要求我们具体做好“规划、发展、建设、运行、服务、管理”等六个方面工作。“规划”就是编制并落实好城市总体规划、经济社会发展中长期规划，以及各种专项规划，强化实施监督检查，促进人口资源环境协调发展，促进经济社会可持续发展。“发展”就是创新体制机制，优化发展环境，着力推进结构调整和增长方式转变，解决好“三农”问题，大力发展社会事业，实现科学发展。“建设”就是完善城市功能与布局，搞好基础设施和公共服务设施建设，推进精神文明建设，提高城市的承载能力、现代化水平和文明程度。“运行”就是加强日常监管，消除安全隐患，及时处置各种突发事件，保证城市基础设施正常运转，保障市民生活必需品的正常供应，维护良好的市容环境。“服务”就是不断丰富“四个服务”的内涵，为各类市场主体服好务，为基层服好务，为市民提供全方位服务。“管理”就是坚持依法行政，不断转变管理观念，改革管理体制，创新管理方式。转变政府职能，既要充分发挥市场在资源配置中的基础性作用，又要切实承担起社会公益事业发展的责任。

（二）努力提高服务水平。

在城市管理中，市民是主体，政府负主责。各级政府、各部门要按照建设服务型政府的要求，强化服务意识，改进服务方式，提高服务质量和效率，为市民和基层提供方便快捷优质服务。对事关市民生产生活的工作，应做到“服务到家、管理到位”，寓管理于服务之中。只有服务到位了，管理才能到位；只有提高管理水平，才能提供优质服务。要认真分析服务对象，把握市民和基层需求，推动管理重心下移，在帮助他们解决面临的各种问题中实施管理。建立服务质量考核体系，促使各政府部门改进工作。着力提高政务公开的实效性，保障市民的知情权、参与权、表达权、监督权。建立健全工作责任制，加强督促检查和考核。注重发挥新闻媒体的舆论监督作用，加大对典型事例的曝光力度，纠正推诿扯皮、办事拖沓等行为。要进一步加强各级政府的基础工作，指导、支持基层组织做好服务。

（三）不断推进依法行政。

各级政府、各部门要深入贯彻国务院《全面推进依法行政实施纲要》，严格按照法定权限和程序行使权力、履行职责。深入基

层，了解社情民意，完善听证会制度，进一步提高科学决策水平。大力推进政府管理创新和制度创新，提高依法行政能力和水平。建立行政问责制度，严肃查处失职渎职行为。认真贯彻监督法，全面执行人大及其常委会的决议，自觉接受监督。主动加强与人民政协的联系，认真听取各民主党派、工商联、无党派人士和人民团体的意见。坚持与人大代表、政协委员的联系制度，及时、高质量地办理议案、建议和提案。

（四）全面加强作风建设。

认真学习贯彻胡锦涛总书记在中纪委七次全会上的讲话精神，对当前党风廉政建设和反腐败斗争形势保持清醒认识，居安思危，建立健全教育、制度、监督并重的惩治和预防腐败体系，切实加强领导干部思想作风、学风、工作作风、领导作风、生活作风建设，倡导和树立“八个方面”的良好风气，常抓不懈，务求实效。坚持勤俭办一切事业，今年将压缩政府部门经常性项目支出资金10%，强化对财政性资金使用、工程招投标的监察和审计，规范政府机关公务接待，杜绝铺张浪费。全体政府工作人员要心系群众，服务人民，切实纠正各种损害群众利益的不正之风，真正做到“为民、务实、清廉”。

各位代表，今年下半年，党的十七大将在北京召开，这是全国人民政治生活中的头等大事。全市各级政府将切实负起责任，依靠全体市民的参与和支持，积极营造良好的社会环境，做好各项服务保障工作，为十七大的胜利召开做出首都人民应有的贡献。

2008年奥运会正迎面走来，世界的目光聚焦北京。让我们更加紧密地团结起来，在以胡锦涛同志为总书记的党中央正确领导下，肩负历史使命，不负人民重托，为全面实现“新北京、新奥运”战略构想，构建和谐社会首善之区而不懈奋斗！

北京市第十二届人民代表大会第五次会议关于北京市2006年国民经济和社会发展计划执行情况与2007年国民经济和社会发展计划的决议

（2007年1月31日北京市第十二届人民代表大会第五次会议通过）

北京市第十二届人民代表大会第五次会议经过审议，并根据财政经济委员会的审查报告，决定批准北京市2007年国民经济和社会发展计划及《关于北京市2006年国民经济和社会发展计划执行情况与2007年国民经济和社会发展计划草案的报告》。

关于北京市2006年国民经济和社会发展计划执行情况与2007年国民经济和社会发展计划草案的报告

——2007年1月26日在北京市第十二届人民代表大会第五次会议上

北京市发展和改革委员会

各位代表：

受北京市人民政府委托，现将北京市2006年国民经济和社会发展计划执行情况与2007年国民经济和社会发展计划草案的报告提请市十二届人大五次会议审议，并请市政协各位委员提出意见。

一、2006年国民经济和社会发展计划执行情况

2006年是“十一五”规划开局之年。在市委领导下，全市上下按照市十二届人大四次会议的总体部署，认真贯彻落实科学发展观，坚决执行中央宏观调控政策，积极推进和谐社会建设，切实加强经济调节、市场监管、社会管理和公共服务，实现了国民经济的持续较快发展和社会事业的全面进步，年度发展计划主要目标顺利完成，实现了“十一五”规划的良好开局。

（一）经济发展迈上新台阶，增长方式转变取得新进展。

经济总量保持平稳较快增长。初步统计，全市地区生产总值达到7720.3亿元，比上年增长12%，连续8年保持两位数增长，人均地区生产总值达到6210美元，市九次党代会提出的奋斗目标提前两年实现。全社会固定资产投资达到3371.5亿元，增长19.3%；社会消费品零售额3275.2亿元，增长12.8%；地区进出口总值达到1581.8亿美元，增长26%；实际利用外商直接投资45.5亿美元，增长29.1%。

经济结构进一步优化。产业发展高端化趋势明显。在奥运经济、总部经济和六大高端产业功能区带动下，金融业、信息传输计算机服务和软件业、文化创意产业发展活跃，第三产业增加值占全市地区生产总值比重达到70%，经济增长的稳定性和内在动力明显增强。工业结构继续调整优化，高技术制造业、现代制造业增加值分别增长28.3%和22.1%，首钢冷轧、奔驰汽车等一批现代制造业项目加紧建设，首钢搬迁调整步伐加快，北京焦化厂正式停产。投资和消费的拉动作用更趋协调。固定资产投资符合宏观调控政策要求，基础设施投资对全社会固定资产投资增长的贡献率达到59.6%，所占比重由2005年的21.6%提高到27.7%；房地产开发投资所占比重由2005年的53.9%下降到51%。消费结构进一步优化。汽车、住房、数字产品等消费热度不减，体育休闲、文化娱乐、旅游观光等消费增长较快，消费需求对经济增长的拉动作用明显增强。

经济增长质量和效益不断提高。以较低的能耗支撑了较高的经济增长。预计万元地区生产总值能耗下降4%以上，万元地区生产

总值水耗下降11.2%。节能降耗扎实推进，政府节能8%、重点用能企业节能6%的目标基本实现。价格、就业实现“双稳定”。全市居民消费价格指数100.9%，城镇登记失业率1.98%，都低于年度计划调控目标。地方财政收入达到1117.2亿元，增长21.5%；规模以上工业企业效益综合指数达到191.2%；城市居民人均可支配收入19978元，农民人均纯收入8620元，分别实际增长12.2%和8.7%。

自主创新更趋活跃。全市科技大会召开，增强自主创新能力建设创新型城市的意见发布，相关配套政策陆续出台，创新型城市建设加快。龙芯2E芯片、100纳米刻蚀机与离子注入机等重大自主创新项目通过国家验收，闪联、手机电视等一批标准取得突破，下一代互联网等产业联盟推动集群式创新步伐加快。全市每万人专利申请数达到16.8件；实现技术交易额572.6亿元，增长63.4%。

（二）奥运筹备顺利进行，城市建设发展步伐加快。

奥运场馆及相关工程加快推进。12个新建比赛场馆和5项相关设施完成主体结构工程，临建场馆、改扩建场馆和训练场馆按计划推进。丰台垒球场成功举行测试赛。66项奥运场馆周边道路和桥梁中，已建成辛店村路、北辰西路等20项，和平里北街、左安东路等42项正按计划实施，其余4项加紧前期工作。全面推进奥运场馆及周边地区热力管线工程，确保奥运能源需求。奥运村消防站等一批重要保障设施加快建设。

以轨道交通为重点的交通网络建设全面展开。轨道交通工程加快推进，地铁5号线土建工程全部完成，铺轨完成90%，4号线完成工程总土建量的41%，10号线一期（含奥运支线）完成工程总土建量的85%，轨道交通机场线、京津城际轨道交通北京段进入全面施工阶段。努力改善城市交通瓶颈，京承高速二期、机场北线、通惠河北路、广渠路等建成通车，京平高速路全面开工建设，赵登禹路等南北向通道加快建设。

生态环境建设和整治工程顺利实施。实施80项“城中村”整治项目。完成了450万平方米拆违任务。前门、大栅栏、玉河、烟袋斜街文保区试点工程开始实施。推进京津风沙源治理、第二道绿化隔离地区、重要地表水源区生态及小流域综合治理等工程，全市林木绿化率达到51%。新建9座生活垃圾处理设施，城八区和郊区生活垃圾无害化处理率分别达到96.5%和57.5%。综合整治永定河上游、凉水河干流、北环水系北护城河段，支持郊区污水处理厂和再生水厂建设，京郊首座密云高品质再生水厂建成通水。城八区污水处理率达到90%，再生水利用率达到46%。积极实施控制大气污染第十二阶段措施，市区空气质量二级及好于二级天数的比重达到66%，全市化学需氧量排放总量和二氧化硫排放总量分别下降5.2%和7.9%。

城市运行管理能力不断增强。能源与经济运行调节长效机制逐步形成，电力运行实现安全迎峰度夏，煤炭、成品油、天然气供应得到保证。南水北调北京段等工程加快实施，积极争取周边省市支持，多渠道确保了首都供水安全。城市应急管理体系进一步完善，城市管理、安全生产等领域信息系统正加紧建设。

（三）新农村建设扎实起步，城乡统筹协调发展呈现新局面。

新农村建设工作机制初步形成。制定实施了新农村建设实施意见、配套政策和108项折子工程，推进了80个市级新农村试点，形成了“部门联动、政策集成、资金聚焦、资源整合”的机制。市政府对农村各项投入达到111.8亿元。政府固定资产投资继续向郊区转移，郊区与城区投资比为52∶48。资金、技术、人才等要素加快向农村地区流动，农村发展活力明显增强。出台动员和引导社会力量参与新农村建设意见。初步建立了农村道路、水务等基础设施管护机制。

郊区基础设施条件明显改善。新建和改造新城道路 319 公里，乡镇中心区道路 103 公里，自然村通油路 471 公里。实施密云、怀柔、顺义等新城集中供热工程。完成通州等 5 个区县 110 千伏输变电站建设。加快太阳能、沼气、秸秆气化、生物质能等可再生能源的开发利用和推广。解决 32 万农民安全饮水问题，完成农户改厕 11 万户。郊区农村开始“亮起来、暖起来、循环起来”。

农村公共服务能力明显增强。继续完善农村社区卫生体系，推进 141 个社区卫生服务中心、400 个社区卫生服务站标准化建设。在落实 2005 年签约的 12 所名校分校和 5 所名院分院基础上，又启动建设了 6 所名校分校和 2 所名院分院。全面建成 531 个行政村的村级组织活动场所。新建村级就业服务组织 868 个，确定 95 个农村劳动力培训基地，培训农村劳动力 10.8 万人次。

农村产业发展呈现积极变化。都市型现代农业发展加快。新增设施农业面积 4.5 万亩，初步形成平原地区设施农业区域化连片发展态势。籽种农业、观光农业优势突出，农村非农产业发展势头良好，农民收入实现较快增长。

（四）重点领域改革继续深入，发展环境进一步优化。

投资体制改革不断深化。企业投资项目核准目录发布实施，投资项目核准制和备案制全面落实。制定城市基础设施特许经营有关配套政策，推进京承高速三期、区县污水处理厂建设实行特许经营。继续实行政府还本付息项目贷款银行招标制度。政府投资管理不断健全，在现有 7 项制度的基础上，出台了政府投资项目储备、公示和后评价 3 项制度，基本实现了政府投资“全过程管理”。

国有企业“调改剥破”有序推进。地方国有控股上市公司股权分置改革和二、三级企业股份制改造基本完成。扎实推进长期亏损、扭亏无望企业实施破产，国有资本继续向优势行业和企业集中。国有企业清产核资工作顺利完成，国有资本预算管理制度框架初步建立，国有资产监管体系不断完善。

非公有制经济发展环境明显改善。发布了鼓励支持和引导个体私营等非公有制经济发展的意见。搭建中小企业融资服务平台，完善信用担保体系建设，加强对中小企业的资金支持，改善中小企业融资环境。形成了面向中小企业的社会公益服务机制，初步构建了社会化服务体系。

价格改革稳步进行。试点实施了居民峰谷电价，建立和完善电力运行调节的长效机制。调整了非民用天然气销售价格。根据国家要求，完成了两次成品油价格的调整。提出了农业用水水资源费、热计量试点价格方案。进行了公交票制票价改革。适当上调了出租车租价，并建立了油价租价联动机制。

此外，制定了促进行业协会发展和改革的意见；在全国率先进行了中关村科技园区非上市股份有限公司进行股份报价转让试点。

（五）公共服务水平不断提升，构建和谐社会取得积极进展。

就业和社会保障工作取得新成效。城乡统筹的就业服务体系逐步形成，实现城镇新增就业 34.4 万人、农村劳动力向非农产业转移 8.7 万人。城镇社会保险覆盖面扩大，养老、失业、工伤、医疗、生育保险参保人数明显增加。农村新型合作医疗加快推进，农民参合率达到 86.9%。安排财政资金 33.9 亿元，为近 11 万农民发放安置补助、补缴社会保险，维护失地农民切身利益。城乡最低生活保障和社会救助制度进一步完善，城市居民最低生活保障、最低工资等相关标准得到提高。

社会公共服务水平进一步提高。大力推进义务教育均衡发展，加快中小学校布局调整。重点支持城区和农村地区薄弱校建设，重点改善了100所困难学校的办学条件，进行了200所农村中小学校达标建设。大力发展农村职业教育。继续实施千名城镇中小学教师到农村支教工作。公共卫生加快发展，地坛医院迁建、佑安医院改扩建等一批市属医院重大项目加紧建设。制定了发展社区卫生服务的意见，社区卫生服务网络覆盖率已达到81%。实行社区医院常用药品集中采购、统一配送、零差率销售的管理模式，缓解城乡居民看病难、看病贵的问题。加快建设国家大剧院等功能性文化设施，完成了中国木偶艺术剧团、中国杂技团等文化事业单位的改制工作。广播电视在山区、半山区基本实现“村村通、户户通”。继续改善社区和农村全民健身设施，体育事业发展加快。

市场监管和社会管理力度加大。加强食品、药品安全管理，建立食品安全信用公示和追溯体系，严格药品认证和准入制度，食品安全监测抽查合格率、药品抽验合格率分别达到95.3%和98.6%。安全生产形势总体稳定，全市交通肇事、生产安全、火灾事故死亡人数下降7%。社会治安状况基本平稳。和谐社区、和谐村镇建设稳步推进，基层社会管理得到加强。

总体上讲，2006年全市国民经济和社会发展计划执行情况是好的，在全面落实科学发展观，加快和谐社会建设方面迈出了重要一步。但在发展中仍然存在一些问题需要高度重视。

第一，人口资源环境矛盾依然严峻。人口膨胀、交通拥堵、环境污染等问题尚未缓解。全市常住人口达到1581万，给城市公共服务、住房保障以及资源环境带来较大压力。城市水资源供给面临着持续8年干旱的挑战，能源消费的季节性、区域性矛盾突出，大气和水污染治理以及环境整治任务要求提高、任务加重、难度加大。第二，经济结构调整和增长方式转变任务依然艰巨。经济结构、产业结构、投资结构的调整仍需付出很大努力。自主创新能力和资源综合利用水平仍有待进一步提高，节能降耗、污染减排仍有很大潜力。土地集约利用程度仍需提高，土地违法违规行为尚未得到根本遏制。第三，城乡之间、区域之间差距依然较大。城乡统筹协调发展的长效机制还不完善，农村产业发展仍然滞后，城乡居民收入差距有所扩大。山区和南城发展落后局面还没有得到根本改变。在城市快速发展、新农村建设迅速推进的过程中，城乡结合部等边缘地带的问题变得更为突出。第四，影响社会和谐稳定的因素依然较多。食品安全保障体系尚待完善。商品住宅价格上涨较快，经济适用房、廉租房供应与低收入群体的需求相比还有差距。就学、就医、就业和社会保障等方面的问题仍然较多。部分领域安全生产形势仍不容乐观。物业管理、征地拆迁等所引发的问题错综复杂，处理难度较大。

这些都需要我们按照科学发展和构建和谐社会首善之区的要求，通过发展和改革的办法着力加以解决。

二、2007年国民经济和社会发展计划安排

2007年是深入贯彻落实科学发展观，积极推进社会主义和谐社会建设的重要之年，是快节奏、高质量做好奥运筹备的决战之年，是提高城市管理与服务水平，确保安全与稳定，迎接党的十七大召开之年。安排好2007年国民经济和社会发展计划，保持全市经济社会良好发展势头至关重要。

(一)发展环境总体有利。

2007年，世界经济增长速度虽有所放缓，

但仍处于较快区间。国内经济环境总体向好。从我市自身情况看，保持平稳较快发展的基础比较稳固。科学发展、和谐发展理念逐步深入人心，一系列重大政策措施效果将进一步显现，政府可支配财力增加，全国煤电油供给条件改善，瓶颈制约得到缓解，区域发展空间扩大，为全市经济的持续健康协调发展提供了有利动因。但同时我们也看到，2007年加快奥运筹备、维护安全稳定社会局面的任务重、要求高、时间紧、责任大，需要我们必须在科学发展、转变经济增长方式上取得新突破；必须在构建和谐社会方面开创新局面；必须在提升城市建设和管理服务水平上取得新进展；必须在维护社会稳定和保证城市安全上取得新成效。

（二）计划安排的总体思路。

在计划安排上，重点把握五个更加注重：

一是更加注重产业结构调整和增长方式转变，促进经济又好又快发展。以科学发展观统领经济社会发展全局，注重增长速度与结构、质量、效益的统一，推进节能降耗、污染减排，加快发展循环经济，促进人口资源环境协调发展，推动经济社会发展步入科学发展的轨道。

二是更加注重社会发展和解决民生问题，促进经济与社会的协调。着力加强和谐社会建设，切实解决广大人民群众最关心、最直接、最现实的利益问题，让发展和改革的成果更多地惠及人民，营造稳定和谐的社会局面。

三是更加注重奥运筹备和环境整治，促进城市建设、管理和服务水平提升。围绕举办一届有特色、高水平的奥运会，集中力量，加紧工作，努力创造高效的管理与服务。

四是更加注重推进新农村建设，促进城乡统筹协调发展。着眼于建立城乡统筹协调发展的长效机制，全面发展农村经济，积极发展现代农业，努力增加农民收入，在解决“三农”问题上迈出坚实步伐。

五是更加注重自主创新和体制机制创新，为经济社会持续健康发展注入新的活力和动力。以改革促发展，以改革促和谐，大力推进自主创新和体制机制创新，充分调动社会各方面的积极性，努力改善社会管理和公共服务，继续优化发展环境，增强发展活力。

（三）2007年经济社会发展主要目标。

主要预期指标：

经济增长9%。

每万人专利申请数16件以上。

城镇居民人均可支配收入实际增长7%；农民人均纯收入实际增长7%。

主要调控目标：

城镇登记失业率控制在2.5%以内。

居民消费价格指数调控在102%左右。

地方财政收入增长13%；财政支出增长9.8%。

万元地区生产总值能耗降低5%；万元地区生产总值水耗降低5%。

食品安全监测抽查合格率95%以上；药品抽验合格率97%以上。

城镇基本养老、基本医疗、失业保险覆盖率分别达到93%、92.6%、92.6%；农村养老保险覆盖率达到35%。

义务教育阶段学龄入学率继续保持在99%以上。

户籍人口增长率控制在1.2%左右。

每亿元地区生产总值生产安全事故死亡人数控制在0.25人以内；工矿商贸从业人员生产安全死亡率、道路交通万车死亡率分别控制在2.5人/十万人、4.4人/万车以内。

市区空气质量二级和好于二级天数达标率达到67%；化学需氧量排放总量下降3%；二氧化硫排放总量下降10%。

三、实现2007年经济社会发展计划的主要措施

按照市委的总体要求和市十二届人大五次会议的部署，全面落实科学发展观和构建和谐社会重大战略思想，贯彻落实中央宏观调控政策，全力做好奥运筹备等各项工作，保持首都经济社会持续健康协调发展。

（一）继续加快产业结构调整和增长方式转变，促进首都经济又好又快发展。

以发展高端产业、推动自主创新、节能降耗和污染减排为主要抓手，促进经济结构调整，促进增长方式转变，促进质量和效益提高。

调整产业结构，发展高端产业。（1）加快发展现代服务业。落实服务业重点领域规划，出台促进服务业加快发展的意见，支持服务业关键领域和新兴行业的发展。以银行业全面开放为契机，落实鼓励金融业发展政策，优化发展环境，加快金融后台服务园区建设，吸引国内外金融机构以及结算中心、灾备中心等落户首都，推动金融业加快发展。编制发布"十一五"时期文化创意产业发展规划，积极落实促进文化创意产业发展的若干政策，认定一批文化创意产业集聚区，安排专项资金支持集聚区环境整治、基础设施和公共服务平台等建设。大力发展体育产业、旅游产业、现代流通业和高技术服务业，增强服务业的核心竞争力。（2）促进高技术产业、现代制造业的规模化和品牌化。落实好产业规划，抓好重点项目建设，推进中芯国际增资扩产、康宁玻璃基板、现代二工厂、首钢冷轧等项目建设。继续推进结构调整，落实首钢压产和东方石化等搬迁调整工作，推进资源开采地区产业转型。（3）大力发展现代农业。结合新农村建设，鼓励发展籽种农业、观光农业等都市型现代农业，优化农业结构，不断提升农业的科技含量和附加值，为农民增收创造条件。（4）积极推动中关村科技园区、金融街、商务中心区等六大高端产业功能区发展。积极引导各类要素向功能区集聚，加强与国内外同类功能区的战略联系及交流合作，提高国际化水平。（5）深入研究后奥运产业发展问题。重点发展具有奥运特色的体育、文化、会展、旅游业，保持金融、房地产业的持续稳定发展，做好新城产业发展规划。

推进创新型城市建设，加快科技进步。依托首都科技优势，大力开发关键技术和产品，强化重大技术标准研究与产业化，组织重大产业技术研发，加强重大技术装备研制，加快自主创新步伐，逐步完善区域创新体系。加大政府对产业共性技术的研发投入，支持一批以应用为导向的产学研项目和以扩大产业规模为目标的科技成果产业化项目。强化企业技术创新主体地位，鼓励发展技术联盟、产业联盟，加快产学研互动，加强知识产权保护，激发科技中介机构的活力。以软件、移动通信、计算机及网络、集成电路、光电显示、生物医药等领域为核心，增强产业自主创新能力，力争在第三代移动通信、下一代互联网、数字电视等关键技术领域实现新突破。吸引外资研发机构、国内研发总部等国内外科研资源集聚，争取电子信息、生物医药、新材料等领域国家重大专项落户本市。

狠抓节能降耗，发展循环经济。（1）加强节能减排制度建设。完善节能法规政策，实施新上项目节能评估制度，推行用水定额管理，积极试行排污许可证制度，完善能耗、水耗公报制度，严把能耗增长和污染排放源头关，完善能耗标准，扩大能效标志实施范围。（2）健全落实节能减排等约束性指标的工作机制。分解年度节能减排目标，落实到区县和重点耗能企业，同时完善考核体系，加大考核力度。（3）落实重点领域节能减排任务。政府机构带头节能、节水、使用再生

纸，在政府采购中优先采购绿色节能产品。继续着力抓好高耗能行业改造和建筑节能管理。制定符合首都可持续发展要求的能耗和污染物排放标准，严格产业准入。进一步调整农业产业结构，发展节水农业，减少水资源消耗。（4）加快发展循环经济。贯彻市人大常委会关于发展循环经济建设节约型城市的决议，按照减量化、资源化、再利用的要求，出台鼓励循环经济试点发展的相关政策。支持石化、建材等重点行业落实清洁生产方案。建立健全废弃物回收利用体系，积极推进固体废弃物的综合利用。加快推进高安屯、南宫、六里屯、阿苏卫等垃圾焚烧发电厂建设，提高垃圾资源化率。（5）加大宣传力度，继续提高全社会的节约和环保意识。办好节能宣传周和“北京国际节能环保展”，进一步增强全社会节能的自觉性。

（二）努力改善公共服务，促进社会和谐。

全面落实市委构建社会主义和谐社会首善之区的意见，坚持完善体系和创新体制相结合、提升功能和均衡发展相结合、硬件建设和软件建设相结合、扩大供给和公平分配相结合，改善医疗、教育等公共服务，健全城乡就业和社会保障体系，加快推进和谐社区、和谐村镇建设，促进社会和谐。

提升基本医疗和公共卫生服务水平。加强疾病预防控制体系、卫生监督体系建设，推进紧急医疗救援中心改造等重点项目，强化医疗服务监督，提高突发公共卫生事件医疗救治能力，保障公共卫生安全。大力支持区域医疗中心建设，继续推进名院办分院，提升郊区医疗卫生服务能力和水平，促进优质医疗资源的高效利用。优化卫生资源配置，构建各级医疗机构分工协作、双向转诊的新型医疗服务体系。大力发展社区卫生服务，继续实行收支两条线、药品零差率等管理，研究制定鼓励提高社区卫生服务质量的政策，促进实现“小病在社区、大病进医院、康复回社区”，逐步解决看病难、看病贵问题。切实加强医院管理，逐步实现二级以上医院之间部分检查结果互认，打造医疗服务品牌，继续支持综合医院改善就医环境，进一步提升医疗机构服务能力。

加快发展教育、文化等社会事业。继续实施名校办分校，加快农村地区基础教育薄弱校建设，促进师资力量的校际流动，促进基础教育均衡发展。大力发展职业教育，建设一批高水平实习实训基地和示范院校，满足技能型人才需求，适应新农村产业发展需要，加大对农民的职业技能培训力度。按照“稳定规模、调整结构、内涵发展、提升质量”的原则，合理确定高校功能定位和办学规模，促进高等教育与人口资源环境的协调发展。加快推进首都图书馆二期、新少年宫等工程实施，建成国家大剧院，增加功能性文化设施供给。完善社区和农村文化服务体系，促进文化“入区下乡”。扩大有线电视数字化试点，开展丰富多彩的文化体育活动，满足人民群众的精神文化需要。

努力扩大就业，进一步完善城乡社会保障体系。切实落实积极的就业政策，重点解决困难群体、零就业家庭和农村富余劳动力的就业。关注新生劳动力就业问题，做好大学生就业指导服务工作。将就业服务向农村延伸，完善城乡“手拉手”就业协作机制，实现6万名农村劳动力转移就业。加强外来就业人口的服务与管理，在家政、建筑等行业推行持证上岗制度，建立相关行业从业规范和标准，促进外来就业人员的规范化管理。平稳推进基本养老保险计发办法改革。完善城镇职工基本医疗保险制度，研究出台城镇无医疗保障老年人和在校学生及学龄前婴幼儿参加医疗保险的办法，实现城镇基本医疗保险制度的全覆盖。积极落实农村养老保险实施办法，扩大农村养老保险覆盖面，力争全年新增参保人数3万人。落实新型农村合作医疗筹资增长机制，切实减轻农民医疗负担。以医疗保险和工伤保险为重点，推进农民工参加社会保险。继续完善以最低生活保障为基础的社会救助体系。多渠道增加老年人、残疾人服务保障设施，推进儿童福利院扩建、市救助管理总站等福利性项目建设，切实加强对弱势群体服务。

着力解决关系群众切身利益的问题，确保社会稳定。加快和谐社区建设，改善社区软硬件条件，完善社区综合服务体系，创新社区运行管理机制，努力为广大市民提供便利的服务，促进城市管理重心下移。加快基层消防站、派出所等公共安全设施建设，构建平安社区。加强市场监管，以生产和销售环节为重点，完善食品安全监控和追溯体系，健全药品安全监测网络，确保首都食品和药品安全。加强与群众生活密切相关的粮油肉蛋等生活必需品的价格监测，提高应急调运和储备能力，避免市场出现大的波动。完善住房保障体系，努力缓解低收入家庭住房困难。规范物业管理，完善相关政策，妥善处理好物业纠纷。落实国家收入分配制度改革政策，规范收入分配秩序，努力增加中低收入者收入。大力推进信息资源共享，加快构建社会信用体系。加强社会运行监测预警分析，创新社会矛盾纠纷协调处理机制，努力把矛盾化解在基层。

（三）全力做好奥运筹备工作，提高城市运行保障能力。

按照“科技奥运、绿色奥运、人文奥运”的要求，基本完成奥运场馆及相关工程建设，切实加强城市建设和环境治理，坚持建管并重，提高城市管理和服务水平。

确保奥运筹备各项任务按计划完成。按照“安全、质量、工期、功能和成本”五统一的要求，优质、高效、按时完成奥运场馆及相关设施建设任务。推进国家体育场建设，确保完成30个比赛场馆建设，保证各项测试赛顺利完成。基本建成5个相关设施和66项场馆周边道路、桥梁。基本完成奥运公园及周边地区热力管线、奥运村再生水热泵系统等能源供应保障设施。推进公安、消防等奥运安保设施建设。

加大环境治理和建设力度。做好奥运场馆周边地区环境整治和绿化工程建设。重点开展长安街等重点大街、绿化隔离地区、城乡结合部、22个“城中村”、60个城市“边角地”等环境整治。继续实施好京津风沙源治理、重要地表水源区生态建设、废弃矿山生态治理以及森林防火基础设施等工程，构建城市生态屏障。继续加大燃煤污染治理力度，严格排放标准，完成中心城1105台20蒸吨以下燃煤锅炉改造；控制机动车污染排放，控制施工工地、道路扬尘，努力改善大气环境质量。加强水污染防治，推进河湖水系整治，完成清河二期、北环水系等河道治理工程以及卢沟桥、小红门等再生水厂建设，推进郊区水环境整治和再生水厂建设，努力将城八区污水处理率提高到92%，再生水利用率提高到50%，“十一五”期间实现为每个郊区新城建成一座高品质再生水厂的目标。推进安定生活垃圾填埋场二期扩建、大屯垃圾转运站等大型环卫基础设施建设，使城八区和郊区生活垃圾无害化处理率分别达到97%和60%。

推进以轨道交通为重点的公共交通网络建设。加快推进轨道交通建设，确保地铁5号线建成通车，10号线一期（含奥运支线）、轨道交通机场线主体工程基本完工，4号线实现洞通，开工建设地铁9号线、10号线二期、8号线二期和轻轨亦庄线，积极推进地铁6号线、7号线、14号线和15号线前期工作，实现2008年轨道交通通车里程达到200公里的目标，缓解地面交通压力。争取建成机场南线、京平高速路，完成国道110改造，加快推进京承高速三期、京津二通道、京包高速和西六环（良乡一寨口）、机场二通道、北京南站、京津城际轨道交通建设。进一步改善城市路网，提高公共交通运行效率，实现公交线路调整、场站布局优化与奥运临时场站规划有机结合。

提升城市资源保障水平。着力加强城市电力、燃气、水资源等供应保障。落实电力发展规划，实施电力“强网工程”。继续推进六环路天然气管线工程和市区天然气联络线工程，提高天然气供应、接收和调节能力。加快郑常庄、太阳宫等热源点建设，新建左安东路热力管线等热力联通线，实施城市热网改造工程，整合供热资源，继续推进城区及新城供热设施建设，提高能源利用效率。加快建设南水北调北京段工程，完成团城湖至第九水厂输水管线主体工程建设，确保2008年4月具备输水条件。

提高城市日常运行管理和保障能力。做好重点街区以及电网、地下管网、道路桥梁等安全隐患的排查和监控，落实监管责任，提高城市应急反应和处置能力。加快城乡防灾减灾设施建设，加大相关知识的宣传普及力度。完善市区两级事故应急救援体系。努力改善交通管理，深化公交改革，落实公交优先措施，治理交通拥堵。通过调整产业结构和城市功能布局，调控人口规模，优化人口的空间分布。加强出租房屋管理，依法规范企业用工行为，做好流动人口的管理和服务。抓好安全生产，开展高危行业专项治理，加大对事故隐患和违法违规行为的查处力度，坚决遏制重特大事故。统筹考虑新城功能、规模和结构，把握好新城开发节奏，抓好重点新城建设。充分发挥科技在城市管理中的作用，提高城市管理的信息化水平。

（四）以发展农村经济为重点，继续推进新农村建设。

在总结新农村建设试点经验的基础上，继续做好规划，加大投入、落实政策、完善机制，循序渐进推进新农村建设，逐步消除城乡二元结构，促进城乡协调发展。

完善机制，强化保障。继续坚持城市支持农村、工业反哺农业，完善财政转移支付制度，加快探索建立健全有利于生态涵养区生态环境养护和山区、半山区农民增收的长效机制。继续加强政策和资金的集成，完善投入机制和部门联动机制。探索建立建管并重的长效机制，在经费保障、管护机制、技术服务等方面形成符合农村实际、可操作性强的政策措施。深入落实动员和引导社会力量参与新农村建设的意见。

培育农村产业，促进农民增收。以促进农民增收为核心，落实促进农村产业发展的各项政策。结合区县功能定位，继续推动设施农业、观光农业等都市型现代农业发展，加快农业结构调整步伐，提升农业发展质量。积极推进农业产业化经营，采取政策引导、资金扶持、典型带动等方式，发挥农产品龙头企业带动作用，发展农产品加工及物流配送等服务业，增加农民就业岗位。加快农业科技创新和应用，落实科技入户工程，加强绿色、特色、安全的农产品开发，提高农业科技含量。加强农村劳动力职业技能培训，改善农民进城就业环境，引导农民向二、三产业转移，增加农民工资性收入。不断完善和强化各项支农惠农政策，落实对农民的各项直接补贴，加强对农业生产资料价格的管理，优化农业发展环境。

加大投入，改善农村生产生活条件。政府资金继续向郊区倾斜，进一步完善农村公共设施建设规划和标准，加大农村基础设施和公共服务设施建设力度。研究理顺公交体制、票制，大力发展农村客运，加快行政村通公交步伐。继续推进乡镇路网和污水处理设施建设。基本完成郊区规划设置的社区卫生服务中心（站）建设任务。完成30万农民安全饮水和10万农户改厕工程。推进农村能源基础设施和可再生能源项目建设，加快农村电网建设，在有条件的地区实施大中型沼气集中供气工程和生物质气化集中供气工程，为农民提供优质生活能源。

推进农村改革，增强农村发展活力。积极推进农户土地承包经营权流转。扩大农村集体建设用地流转试点范围。研究制定乡镇管理体制综合改革的指导意见，选择乡镇进行试点。制定农业技术推广体系改革方案，健全农技推广的社会化服务机制。健全农村金融体系，探索研究小额贷款惠农政策，认真落实农业政策性保险制度。

（五）深化改革开放，提高区域合作水平。

积极稳妥地推进重点领域和关键环节的改革，扩大对外开放，加强区域合作，为经济社会发展创造良好环境。

进一步深化重点领域改革。（1）研究事业单位总体改革思路及分类改革意见，制定落实《关于促进本市行业协会发展和改革的意见》的配套政策，推进行业协会规范治理和脱钩工作。（2）稳步推进经营性文化事业单位改制，深化民政事业单位管理体制、街道管理体制改革试点。（3）继续深化投资体制改革，完善项目核准制和备案制，推进项目代建制，推行项目后评价制。（4）稳步推进资源性产品价格改革。适时出台天然气价格调整方案；坚持用热商品化、供热社会化的方向，继续推行按用量收费的试点，逐步进行供热体制改革；建立以节水和合理配置水资源、促进水资源可持续利用为核心的水价形成机制和管理体制。另外，研究生活垃圾收费改革，促进环境保护和资源综合利用。（5）加大国有企业改革力度，完善骨干企业法人治理结构，健全国有资产监管体系，建立健全国有资本预算管理制度，稳步推进国有资本收益收缴工作。（6）落实促进非公经济发展政策，推进创业投资试点，完善中小企业贷款融资服务平台，进一步推动非公有制经济、中小企业加快发展。

提高开放型经济发展水平。积极适应入世过渡期的环境变化，着力转变外贸增长方式，提高利用外资质量。继续调整出口结构，鼓励高新技术和机电设备产品出口，促进加工贸易的转型升级，延伸加工链，提高国产料件配套能力。抓住国际服务外包转移的机遇，加强服务外包基地建设。在利用外资方面，更加注重管理、技术和智力的引进。研究制定支持企业“走出去”的政策，为企业到境外投资、上市、收购、兼并提供服务。进一步推动城市文化、体育等领域对外开放。

加强区域合作。认真落实京津冀都市圈区域规划，抓好京冀两省市加强经济与社会发展合作备忘录实施。加快区域产业融合与转移步伐，促进区域经济协调发展。继续加强同河北、山西、内蒙古等省区能源开发合作，推进区域能源供应体系建设。实施以密云、官厅水库上游“稻改旱”工程为重点的水资源环境治理项目，建立与张家口、承德两地的水资源保护与生态环境建设合作机制。

（六）调投资、扩消费、保运行，促进首都经济社会平稳协调发展。

坚决落实中央宏观调控政策，坚持优化投资结构，努力扩大消费规模，统筹管好用好政府投资，搞好经济运行调节，促进全市经济社会平稳协调健康发展。

继续调整投资结构。依法严把新上项目审批，严格执行土地、环保、节能、技术、安全等准入标准，注重专项规划、产业政策与土地、环保等环节的衔接，促进投资平稳适度增长。科学安排年度土地供应，优先保障重点工程、经济适用房、廉租房等用地需求，做好工业用地“招拍挂”工作，严格查处各类土地违法违规行为。加强房地产市场调控，重点调整住房供应结构，新开工建设

300万平方米中低价位普通商品住宅和200万平方米经济适用房，建设、收购30万平方米廉租住房，完善相关管理制度，构建多层次住房保障体系。继续深入整顿和规范房地产市场秩序，抑制商品住房价格过快上涨。

管好用好政府投资，确保重点领域建设。2007年是奥运场馆、相关基础设施建设的高峰期。全市政府固定资产投资计划安排230亿元，比2006年增长15%。继续坚持“两个转移、五个倾斜”政策，按照“保重点、保续建、保竣工”的原则，主要投向奥运工程、基础设施、新农村、资源节约、社会事业、生态环境等重点领域的建设。适度增加政府资金对南城基础设施的投入，改善南部地区投资环境和生产生活条件。继续加强政府投资的管理，坚持推行和完善政府投资项目代建制、全过程监理制、公示制和后评价制等政府投资项目管理新机制，坚持对政府投资项目严格履行政府投资管理程序，对实施过程从严监管，建立对投资中介咨询机构和专家的责任约束机制，提高政府投资决策的民主性、科学性和透明度，提高工作效率和投资效果。

积极扩大消费需求。努力增加城乡居民收入，合理调整并严格执行最低工资制度，提高低收入者收入水平和消费能力。继续加快农村商品流通网络建设，改善农村消费条件。积极扩大旅游、文化、健身、体育、休闲等消费。积极利用新技术、新产品，培育新的消费热点，促进消费结构升级。加强物业管理、停车收费、教育收费、医药市场等社会反映强烈的价格监管，优化消费环境。

加强经济运行调节，确保首都能源安全。按照“创新机制、开源增供、节能降耗、应急供应、保障重点”的思路，强化能源资源基础设施能力建设，综合提高经济运行调节的水平，确保首都能源安全。完善全市经济运行监测调度系统，进一步提高能源与经济运行的预警能力。健全各项调控预案，增强应急处置能力。建立联合调度协调机制，协调落实天然气、煤炭、成品油等资源，强化运输环节及能源供需上下游之间、区域之间的协调配合，确保能源的正常供应。做好电力“迎峰度夏”和冬季供热工作。

各位代表：新的一年，我们要在市委领导下，在市人大的监督支持下，认真贯彻监督法，坚决贯彻落实中央的大政方针，进一步增强责任感和使命感，齐心协力、扎实工作，圆满完成各项工作任务，为成功举办一届有特色、高水平的奥运会，实现“新北京、新奥运”战略构想，构建社会主义和谐社会的首善之区，迎接党的十七大胜利召开而努力奋斗。

北京市第十二届人民代表大会财政经济委员会关于北京市 2006 年国民经济和社会发展计划执行情况与 2007 年国民经济和社会发展计划草案的审查报告

（2007 年 1 月 29 日北京市第十二届人民代表大会第五次会议主席团第五次会议通过）

北京市人大财政经济委员会主任委员　高佐之

大会主席团：

北京市第十二届人民代表大会财政经济委员会在对北京市 2007 年国民经济和社会发展计划草案主要内容初步审查的基础上，根据本次大会代表的审议意见，审查了北京市 2007 年国民经济和社会发展计划草案及《关于北京市 2006 年国民经济和社会发展计划执行情况与 2007 年国民经济和社会发展计划草案的报告》。现将审查结果报告如下：

一、2006 年，北京市人民政府坚持以"三个代表"重要思想为指导，全面贯彻落实科学发展观，认真实施"十一五"规划，带领全市人民齐心协力，扎实工作，实现了国民经济平稳较快发展和社会事业全面进步，完成了市十二届人大四次会议批准的北京市 2006 年国民经济和社会发展计划。财政经济委员会认为，2006 年，我市国民经济和社会发展计划执行情况是好的，实现了"十一五"规划的良好开局。

财政经济委员会指出，我市在 2006 年经济运行和社会发展中仍然存在一些矛盾和问题：人口资源环境的矛盾突出；经济结构调整和增长方式转变任务依然艰巨；城市基础设施、城市管理和服务水平与"新北京、新奥运"的要求尚有较大差距；城乡、区域之间发展不够平衡；社会管理体制和公共服务体系不够完善等。对此，市人民政府要高度重视，采取措施予以解决。

二、财政经济委员会认为，北京市 2007 年国民经济和社会发展计划草案编制贯彻了中共十六届六中全会、中央经济工作会议和中共北京市委九届十二次、十三次全会精神，符合我市实际情况，是积极可行的。

财政经济委员会建议本次大会批准北京市 2007 年国民经济和社会发展计划草案及《关于北京市 2006 年国民经济和社会发展计划执行情况与 2007 年国民经济和社会发展计划草案的报告》。

三、2007 年是深入贯彻落实科学发展观、积极推进社会主义和谐社会建设的重要一年，是中国共产党十七大召开之年，也是奥运筹办的决战之年，做好 2007 年国民经济和社会发展工作，意义十分重大。为保证国民经济和社会发展计划各项目标的顺利实现，财政经济委员会提出以下意见和建议：

（一）加快产业结构优化升级，促进首都经济又好又快发展。进一步优化产业结构，提升产业发展水平。大力发展现代服务业，抓住银行业全面开放机遇，促进金融业快速发展。尽快出台文化创意产业发展规划，建立健全文化创意产业推进机制。以提升自主创新能力和产业竞争力为核心，大力发展高技术产业，鼓励传统企业加快先进技术的引进和消化吸收。加大对中小企业的扶持力度，健全服务体系，促进中小企业发展。抓好高端产业功能区建设，引导高端产业向重点功能区聚集，促使产业布局进一步优化。

（二）以奥运筹办为重点，加强城市建设与管理。按照办一届有特色、高水平奥运会的目标，高质量地建设好奥运场馆等重点工程，积极做好城乡环境整治，扎实推进奥运会、残奥会前期筹备各项工作。坚持“标本兼治、建管并举”，大力发展公共交通，积极推进轨道交通建设，提高道路交通管理水平，缓解城市交通拥堵。强化对食品、药品、餐饮卫生等市场监管，保障首都食品安全供应和人民群众用药安全。通过调整产业结构和城市功能布局，调控人口规模，优化人口的空间分布。

（三）扎实推进社会主义新农村建设，促进区域协调发展。大力推进都市型现代农业，积极鼓励农村二、三产业发展，进一步繁荣农村经济，努力增加农民收入。继续巩固、完善各项支农惠农政策，加强农村基础设施建设，加快农村社会事业发展。深化农村综合改革，推进新农村建设的体制机制创新。加强职业技能培训，全面提高农民素质，充分发挥农民在新农村建设中的主体作用。加快南城地区发展，扎实推进山区建设，落实区县功能定位，促进区域协调发展。

（四）大力发展循环经济，加快建设节约型城市。进一步贯彻国家有关发展循环经济，建设节约型社会的战略部署，认真实施《北京市人民代表大会常务委员会关于发展循环经济建设节约型城市的决议》。加快建立科学的节能减排指标体系、考核体系、监测体系，努力实现节能降耗和污染减排的约束性指标。建立产业项目筛选评级机制，坚决淘汰严重耗费能源资源和污染环境的落后生产能力，努力提高生产活动的循环化、生态化水平。深入开展政府机构节能示范工作，严格实施大型公建节能工程，实行最严格的水资源和土地管理制度，实现能源、资源节约。大力倡导节俭、文明、适度、合理的消费理念和绿色消费等现代消费方式，提高消费质量和效益。

（五）坚持以人为本，不断促进社会和谐。进一步转变政府职能，努力建设服务型政府。切实做好就业和收入分配工作，高度重视零就业家庭的就业，加强对大学毕业生就业的指导和服务。大力推进劳动合同制度和集体合同制度，完善工资协商和调解机制，切实维护劳动者合法权益。扩大城镇社会保险覆盖面，加快推进农村社会养老保险制度改革，进一步完善新型农村合作医疗制度，积极探索建立覆盖城乡居民的社会保障体系。大力促进教育公平，加大对城乡薄弱学校的支持力度，推进义务教育均衡发展。合理配置医疗卫生资源，进一步推进社区卫生服务体系建设，建立药品统一配送、零差价销售的长效机制，逐步解决看病难、看病贵问题。认真研究政策措施，积极应对人口老龄化。完善廉租房和经济适用房的建设、分配和管理，建立适合首都特点的多层次住房保障体系。

以上报告，请予审议。

北京市第十二届人民代表大会第五次会议关于北京市 2006 年预算执行情况和 2007 年预算的决议

（2007 年 1 月 31 日北京市第十二届人民代表大会第五次会议通过）

北京市第十二届人民代表大会第五次会议经过审议，并根据财政经济委员会的审查报告，决定批准北京市 2007 年市级预算及《关于北京市 2006 年预算执行情况和 2007 年预算草案的报告》。

关于北京市 2006 年预算执行情况和 2007 年预算草案的报告

——2007 年 1 月 26 日在北京市第十二届人民代表大会第五次会议上

北京市财政局

各位代表：

受北京市人民政府委托，现将北京市 2006 年预算执行情况和 2007 年预算草案的报告提请市十二届人大五次会议审议，并请市政协各位委员提出意见。

一、2006 年预算执行情况

2006 年，在党中央、国务院及北京市委的正确领导下，以邓小平理论和“三个代表”重要思想为指导，贯彻落实科学发展观，紧紧围绕“新北京、新奥运”战略构想，努力构建社会主义和谐社会首善之区，认真执行市十二届人大四次会议通过的各项决议，发挥公共财政职能，促进首都经济社会协调发展，财政收支预算执行情况良好。全市地方财政收入完成 1117.2 亿元，比上年增长 21.5%，全市地方财政支出完成 1234.4 亿元，比上年增长 21.0%。现根据《预算法》和《北京市预算监督条例》的规定，重点报告市级预算执行情况和超收收入安排情况。

2006 年，市级地方财政收入 634.1 亿元，比上年增长 21.7%，完成年初预算 589.6 亿元的 107.5%，加中央税收返还及补助、区县上解、专项政策性结转和上年结余等 329.2 亿元，收入合计 963.3 亿元。市级地方财政支出 680.0 亿元，比上年增长 20.4%，完成年初预算 625.0 亿元的 108.8%，加中央追加、上解中央支出、区县税收返还、专项转移支付和结转下年使用等 283.1 亿元，支出总计 963.1 亿元。收支相抵，市级财政结余 0.2 亿元。

市级主要收入项目完成情况是：增值税64.8亿元，为预算的112.7%，比上年增长25.4%；营业税235.9亿元，为预算的104.7%，比上年增长20.0%；企业所得税123.3亿元，为预算的115.4%，比上年增长33.0%；个人所得税102.3亿元，为预算的106.5%，比上年增长21.0%。

市级主要支出项目完成情况是：基本建设支出57.7亿元，为预算的101.8%，比上年增长14.0%；农业支出29.9亿元，为预算的107.1%，比上年增长29.9%；教育支出80.3亿元，为预算的107.6%，比上年增长21.8%；科技支出23.8亿元，为预算的101.7%，比上年增长22.0%；卫生支出22.8亿元，为预算的108.7%，比上年增长22.7%，并专项增加公共卫生支出4.0亿元和社区卫生设备配置资金4.0亿元；社会保障支出44.2亿元，为预算的103.1%，比上年增长21.9%；政法支出55.2亿元，为预算的111.4%，比上年增长16.1%。

2006年，市级财政收入比预算超收增加财力54.96亿元。根据《北京市预算监督条例》中关于"市级预算超收收入应当优先用于农业、教育、科技、社会保障等重点项目和其他必要的支出"的规定，市级财政增加的财力主要用于以下几方面：教育支出5.7亿元，农业支出1.99亿元，卫生支出1.81亿元，科技支出0.39亿元，文化支出0.7亿元，计划生育支出0.11亿元。此外，增加社会主义新农村建设专项资金7.0亿元，新增社区卫生设备配置资金4.0亿元，增加大气污染治理资金3.4亿元，"城中村"等环境综合整治专项资金20.0亿元，北京经济技术开发区超收留用4.63亿元，增加燃气电厂补贴2.23亿元，"十一五"科技强警2.0亿元，基本建设1.0亿元。

需要说明的是，上述数字是按照《2006年政府预算收支科目》分类以及预算执行的情况初步汇总的，在地方财政决算汇总后，还会有些变化。

总体看来，2006年预算执行情况是好的。财政收入平稳增长，支出结构不断优化，进一步体现公共财政的要求，财政改革继续深化，管理水平进一步提高，超收收入依法安排，实现了财政收支平衡，圆满完成了全年预算任务。

（一）加大资金投入，注重资源整合，扎实推进社会主义新农村建设。

坚持城乡统筹，突出在"多予"和"放活"上做文章，加大公共财政向农村倾斜的力度，全年对农村各项投入达111.8亿元。增加转移支付资金，改善村级组织活动场所条件和设备配置标准，对基层公益事业实行专项补助，巩固农村税费改革成果，推动和谐社区、和谐村镇建设。发放农业综合直补资金1.2亿元，增加农民农机具购置补贴，拨付粮食风险基金3.4亿元，保护种粮农民的积极性。创新农村管水机制，成立管水员队伍，按每月每人500元标准发放补助，惠及农民1.08万人。落实山区生态保护专项资金6.0亿元，支持山区搬迁、生态林建设、水源地生态保护和山区环境综合整治，促进农村经济社会与环境协调发展。累计投入33.9亿元，为近11万农民发放安置补助和补缴社会保险，维护失地农民切身利益。

加强农业基础设施建设，支持以都市农业为特点的休闲产业、设施农业、生态农业等高附加值农业发展，提高农业综合生产能力。扶植农民专业经济合作组织，推进银农合作，建设农村现代物流体系，推动农村二、三产业发展。通过政府采购、以奖代补、定额补贴和购买服务等方式，支持"农村亮起来、农民暖起来、农业资源循环起来"工程，重点投向村路照明、农家炊事和采暖设施改造、农村用水综合治理、垃圾收集和消纳、街坊路硬化等设施建设，改善了农村生产生活环境。

调整财政支出结构，集中财力支持农村社会事业发展。安排资金 12.0 亿元，改善农村中小学办学条件，加快文化馆、图书馆、乡镇文化中心、农村文化室建设改造及设备购置。落实大学毕业生到京郊农村担任党支部书记和村委会主任助理的工资发放、社会保险费缴纳等经费保障工作，引导城区人才到农村基层从事支教、支农、支医和扶贫。安排农村医生培训和医疗卫生机构设备购置经费，完成改扩建 141 个社区卫生服务中心和 400 个社区卫生服务站，逐步提高农村医疗卫生水平。将农村社会养老保险基金纳入财政专户管理，推进农村养老保险制度改革。提高新型农村合作医疗财政补助标准，全市共有 260.6 万农民参加新型农村合作医疗，农民参合率达 86.9%。率先在全国建立农村计划生育家庭奖励扶助制度，帮助计划生育低收入农户脱贫致富。安排农村就业服务体系建设专项补贴，建立乡镇、村级就业服务站，加强农村劳动力技能培训，推动城乡统筹就业。

（二）支持自主创新，优化发展环境，促进经济增长方式转变。

统筹使用科技经费，通过直接投入、财政补贴、贷款贴息等多种方式，引导企业加大研发投入，促进完善以企业为主体、市场为导向、产学研相结合的技术创新体系。利用科技成果转化专项资金 2.4 亿元，推动信息、生物医药、光机电、环保和新材料领域 435 项重大科技成果和关键技术产业化。发挥政府采购政策的扶持功能，积极采购国内具有自主知识产权的高新技术产品。对软件著作权登记和专利申请进行补助，打造有利于自主创新和科技成果转化的良好环境。投入专项资金 40.5 亿元，用于中关村科技园区自主创新产业基地、投融资体系、信用体系、优化园区创新环境等建设，支持园区做大做强。完善北京经济技术开发区财政管理办法，开发区收入实现快速增长并全部留用，增强了发展后劲。

设立文化创意产业发展专项资金 5.0 亿元，支持动漫、影视等文化创意产业发展，一批文化创意产业聚集区初具规模。运用商业结构调整资金，完善便民商业服务体系建设，推进实施“振兴老字号工程”，加快流通现代化和特色商业发展。落实外贸企业出口奖励政策，提高企业开拓国际市场的能力。支持国有经济在结构上进行战略调整，帮助首钢、北内、焦化厂等国有企业搬迁、改组改制、兼并破产和分流安置富余人员。停止、取消行政事业性收费 33 项，优化企业发展环境。

（三）坚持以人为本，维护群众利益，提高首都基本公共服务水平。

按照公共财政要求，进一步调整支出结构，把更多财政资金投向社会公共服务领域，并着重向郊区、基层倾斜。完善教育经费保障机制，加快推进教育事业均衡发展。累计投入资金 3.15 亿元，扩大义务教育阶段“两免一补”政策的享受范围；加大高校重点学科、重点实验室和科研项目的支持力度，促进高等教育水平的不断提高；大力发展职业教育，提高职教生均综合定额标准，加强职业教育实训基地建设，培养适应首都经济社会发展需求的高质量技能型人才。

加大基层文化投入，大力发展首都文化事业。拨付文化经费 8.2 亿元，启动社区、乡镇文化中心（站）标准化建设，对艺术表演团体深入山区和少数民族乡镇公益性演出进行补助，实施公益电影放映和广播电视“村村通”工程，丰富城乡文化生活。大力支持全民健身服务体系建设，改善社区和行政村全民健身设施，提高人民群众健康水平。

加大公共卫生事业投入，稳步推进公共卫生体系建设。支持社区卫生服务运行机制改革，对社区卫生服务中心（站）实行收支两条线管理，医护人员待遇由财政予以保证；安排资金4.0亿元，通过全市集中采购，为城乡社区卫生服务中心（站）配置基本设备；社区卫生服务常用药品实行“集中采购、统一配送、零差率销售、信息监管”的管理模式，缓解城乡居民看病难、看病贵问题。

完善社会保障体系，实施积极的就业政策。加强社会保障基金监管，严格基金支付手续，确保各项社保资金按时足额发放和安全运行。建立低保标准科学调整机制，完善城乡社会救助体系，切实保障困难群众的基本生活。落实城镇廉租房住房保障资金，完善低收入群体的住房保障体系。实施促进就业再就业财税优惠政策，加强创业指导和职业技能培训，支持开发公益性岗位，推进再就业援助制度，完善覆盖城乡统一的就业服务体系。

忠实履行财政的公共服务和保障职能，努力解民之困、增民之利，突出为民理财。认真落实政府为民办59件实事资金，着力解决劳动就业、生活设施、公共交通、环境治理、应急系统等事关群众利益的现实问题。建立煤矿企业安全生产风险抵押金制度，安排公共设施安全隐患治理资金，努力消除公共安全事故隐患；实施食品药品放心工程，加强农产品质量检测体系和畜禽疫病防治体系建设，切实维护人民群众的身体健康和生命安全。加大科技强警投入，加快实施科技创安工程，提高政法部门打击违法犯罪、维护首都安全的保障能力。

（四）积极筹办奥运，加快城市建设，提高首都城市管理服务水平。

以筹办奥运工作为契机，加强基础设施建设和环境综合整治。投入资金79.3亿元，支持城市公共服务设施、城市交通及奥运场馆周边市政配套设施建设。环境整治全面展开，市区两级政府筹措资金78.4亿元，完成80个“城中村”整治。投入资金6.8亿元，推进旧城区解危排险工作，改善百姓居住条件。安排资金15.3亿元，支持144个拆除违章建筑、公厕改造等环境整治重点项目，进一步改善首都市容市貌。投入文物修缮重点工程资金1.2亿元，文物保护和隐患整改工作取得阶段性成果。

加大大气污染治理投入，加强生态环境保护。安排大气污染治理专项资金10.4亿元，开展重点地区环境综合整治、污染源治理和环境事故应急等工作。增加补助，鼓励高排放出租汽车提前淘汰，减少汽车尾气排放污染。拨付锅炉改造补助资金3.0亿元，加快燃煤污染治理，努力改善首都空气质量。加快水系治理和污水处理设施建设，扩大再生水利用，建设节水型城市。以生态创建为载体，拨付资金1.27亿元，专项用于13个郊区县、1480个村庄的环境集中整治工作，使村容村貌有了很大改观。

积极推进城市公用事业发展。投入80.0亿元，大力支持城市轨道交通建设，缓解地面交通压力，方便居民出行。及时拨付专项补贴31.0亿元，确保公交车更新、市政交通一卡通推行和国家石油价格改革的落实，保证城市公用企业正常运营。加大供热保障投入，发展集中供热，稳定采暖价格，对城乡低保及生活困难家庭发放燃煤自采暖补助，保证城乡居民温暖过冬。

（五）深化财政改革，强化监督管理，提高资金效益和理财水平。

扩大纳入国库集中支付改革的资金范围，提高直接支付资金比重，市级156个部门及其所属的1222个基层预算单位全面实行国库集中支付，实现改革“纵向到底”。完善非税收入收缴信息系统，稳步推进非税收入收缴管理制度改革。建立财政资金专户管理档案与年度报告制度，对各类财政资金专户实施动态监控。

进一步完善部门预算定额标准体系，规范基本支出。制定预算单位办公设备配置标准，科学核算公用经费定额；制定印刷费、会议费和互联网接入费管理办法，通过招标确定定点供应商，并试行集中支付；全面推行公务用车统一定点保险、定点维修、定点采购、定点加油“四统一”管理，努力降低政府行政成本。加强项目支出评审，统筹部门结余资金，实现动态管理，提高部门预算的科学性。

进一步扩大政府采购规模，全市完成政府采购 124.5 亿元，资金节约率为 4.5%。贯彻国务院《关于开展治理商业贿赂专项工作的意见》，完善政府采购预算和政府采购资金支付管理办法，从源头上遏制商业贿赂行为。实施新的采购代理机构和供应商的资格管理制度，建立政府采购考核机制，实现优胜劣汰。启动“北京市网上政府采购管理系统”，增强政府采购活动的透明度，简化工作程序，提高采购效率。

加大财政监督力度，建立动态监控机制，市对区县专项资金全面实行监督检查。深入开展绩效考评工作，将涉及教育、科学、农业、社保、卫生等 45 个项目纳入考评范围，加强资金使用效益分析。完成全市行政事业单位资产清查工作，建立资产动态数据库，逐步建立行政事业单位资产管理与预算管理、财务管理有机衔接的机制。利用“政府债务”专网，对政府债务实行动态管理，合理控制债务规模，防范和化解政府债务风险。

各位代表，2006 年是“十一五”规划开局之年，全市社会经济运行态势良好，筹办奥运的积极效应逐步显现。财政收入稳定增长、突破千亿大关，财政支出结构不断调整优化，财政改革逐步推向深入，财政事业全面发展，为政府切实履行职能、为城乡居民提供良好的公共服务奠定了坚实的物质基础。同时也应清醒地认识到，财政工作还面临着一些不容忽视和亟待解决的问题：一是公共财政体系还不够完善，财经秩序也不尽规范，与构建和谐社会首善之区的新形势、新任务的要求还有一定差距。二是科学理财能力还需要继续加强。项目预算的细化程度和预算的统筹性仍需进一步提高；预算单位重“增量投入”轻“存量调整”的现象依然存在；支出责任不明晰的问题还没有从根本上得到解决，控制行政成本和勤俭节约干事业的意识仍需进一步增强；财政管理监督体系有待进一步健全。三是财政收支矛盾依然突出。对社会发展薄弱环节的保障力度仍需加强，促进城乡区域协调发展的任务相当艰巨，同时，资金使用效益需要进一步提高。总之，财政工作虽然取得了一些成绩，但与社会和人民群众的期望相比还有很大差距。在新的一年里，要在科学发展观的指导下，通过健全和完善公共财政体制、不断深化财政改革、着力加强基础工作等逐步加以解决。

二、2007 年预算草案

根据《国务院关于编制 2007 年中央和地方预算的通知》精神，2007 年预算草案编制的指导思想是：以邓小平理论和“三个代表”重要思想为指导，认真贯彻党的十六大和十六届三中、四中、五中、六中全会及市委九届十二、十三次全会精神，全面落实科学发展观，紧紧围绕“新北京、新奥运”战略构想，发挥公共财政职能，加大公共事业投入，坚持依法理财、为民理财、科学理财，深化财政改革和财政监督，提高资金使用效益，加快构建和谐社会首善之区。根据上述指导思想，按照积极稳妥的原则，2007 年全市地方财政收入安排 1262.5 亿元，比上年增长 13.0%；全市地方财政支出安排 1355.4 亿元，比上年增长 9.8%。根据《预算法》和《北京市预算监督条例》的规定，重点报告

2007年市级预算草案的编制情况。

市级地方财政收入安排723.1亿元，比上年增长14.0%，加中央税收返还及补助、区县上解、专项政策性结转和上年结余等266.9亿元，收入总计990.0亿元。市级地方财政支出安排753.0亿元，比上年增长10.7%，加上解中央支出、区县税收返还和转移支付等237.0亿元，支出总计990.0亿元。市级预算安排收支平衡。

2007年市级预算安排考虑的主要因素：

一是财政收入增长率略高于经济增长。2007年，国内外经济形势总体上有利，宏观经济政策继续保持连续性和稳定性，首都"十一五"各项规划全面实施，经济增长的内在动力增强，产业结构不断调整优化，为财政收入的持续增长奠定了基础。但财政运行中面临的一些新情况需要关注，如影响经济发展的人口、资源、环境等制约因素日益突出；国家一系列房地产宏观调控政策的实施、内外资企业所得税两法合并以及推进增值税转型改革试点，将对营业税、企业所得税及其他相关税收增长产生一定影响；本市促进金融、循环经济、自主创新等产业发展的税收扶持政策也将使财政收入增长面临压力。此外，财政收入在高基数基础上继续保持大幅增长的难度也在逐年加大。与此同时，保障奥运会筹办的各项工作全面展开、加大环境保护和城市整治的力度、大力发展公共交通等，都形成较大的增支压力。综合考虑上述因素，按照略高于全市经济增长水平和积极稳妥的原则，2007年，全市地方财政收入增长率安排为13.0%，市级地方财政收入增长率安排为14.0%。

二是支持首都经济又好又快发展。安排经济结构调整资金14.0亿元，支持现代制造业、服务业和中小企业的发展，促进企业素质和核心竞争力的提高，推进产业结构优化升级。安排科技资金27.1亿元，比上年增长14.1%，支持自主创新，完善科技服务体系。落实中关村科技园区发展专项资金43.6亿元，发挥中关村科技园区推动创新的龙头作用。安排文化创意产业发展资金5.0亿元，体育产业发展引导资金5.0亿元，培育首都经济新的增长点。注入国有资本预算资金10.0亿元，优化国有经济布局和结构。

三是继续加大新农村建设投入。在保证对农业投入依法增长的基础上，安排新农村建设专项资金10.0亿元，加大农村基础设施建设，改善农民生产生活环境。安排支援农村生产资金4.9亿元，农业综合开发5.4亿元，促进农村产业结构调整、农民致富。安排支农项目资金3.4亿元，支持农村科技示范推广，加强动植物疾病防治，完善食品安全体系。安排林业和水利建设资金15.8亿元，用于河道和道路绿化、山区生态林补偿、农田水利设施建设和水源地生态保护。统筹部门资金20.8亿元，重点支持农村教育、卫生、社保、文化等事业发展，努力提高公共服务均等化水平。

四是进一步完善公共服务体系。加大教育、卫生、文化以及社会保障、就业再就业等重点事业投入。教育依法投入91.4亿元，比上年增长14.1%，增加义务教育投入，大力发展职业教育，提升高等教育质量，促进各级各类教育均衡发展。卫生依法投入23.8亿元，比上年增长12.8%，继续专项安排公共卫生投入4.0亿元和社区卫生设备配置专项资金4.0亿元，用于建设城乡一体的公共卫生服务体系，健全突发公共卫生事件应急机制，推动首都公共卫生事业发展。文化依法投入11.2亿元，比上年增长14.1%，重点用于基层文化设施改造、文艺精品创作等，支持公共文化服务体系建设和群众性精神文明创建活动。安排文物及历史文化保护区专项资金5.0亿元，推进老城区排险解危和文物保护工程，强化首都文化中心的功能。安排社会保障和就业资金 52.4 亿元，重点支持就业和再就业工作，建立包括养老、失业、医疗等社会保险、社会救助在内的多层次、广覆盖的社会保障网络。

五是加大奥运筹办以及城市交通、环境保护的重点投入。按照“节俭办奥运”的方针，安排奥运专项资金 10.0 亿元，加快奥运场馆、定点饭店及途经沿线的治理和建设，做好奥运交通、卫生和安全保障等准备工作。优先发展公共交通，安排公交补贴 41.5 亿元，对地面公交系统进行全面提升改造，努力缓解交通拥堵的问题。统筹养路费等城市交通资金 38.1 亿元，加快交通基础设施建设和维护。市级财筹资金 80.0 亿元，大力发展地铁等轨道交通建设，提升公共交通整体水平。环境整治专项资金 30.0 亿元，重点用于“2468”重点大街及重点地区整治，加快街道园林绿化改造项目的实施。大气污染治理及环保专项资金 12.6 亿元，主要用于燃煤锅炉改造，燃油燃气锅炉供热补助，公交、出租车更新补贴，努力改善首都大气生态环境质量。

各位代表，需要说明的是，经国务院同意，财政部要求从 2007 年起，中央与地方全面实行新的收支分类体系编制政府预算，这是一套既适合我国国情又符合国际通行做法、较为合理规范的政府收支分类体系，将更加完整、准确地反映财政收支和政府职能活动，提高政府理财水平和资金使用效益，提高预算透明度，有利于强化预算监督，对构建完善的公共财政体系具有重要意义。现提交市人民代表大会审议的预算草案，是按照《预算法》和《北京市预算监督条例》以及新的政府收支分类体系编制的，部门预算作为补充，请各位代表审阅。

三、积极发挥公共财政职能，构建和谐社会首善之区，努力完成 2007 年预算工作任务

2007 年是全面实现“新北京、新奥运”战略构想的关键一年。圆满完成全年预算任务，做好各项财政工作，对于保持首都经济社会协调发展，加快构建和谐社会首善之区具有极其重要的意义。因此，要立足科学发展，切实增强责任感、使命感和紧迫感，以公共化为取向，以均等化为主线，以规范化为原则，全面提高财政保障实力和公共服务水平，求真务实，努力工作，以优异的成绩迎接党的十七大召开。

（一）做大经济财政“蛋糕”，着力增强构建和谐社会的物质保障能力。

充分发挥财政职能，引导产业合理布局，发展循环经济，积极推进节能降耗，促进产业结构调整和增长方式转变。加强产学研结合，对高成长的自主创新企业给予重点扶持，提高科研机构的成果转化能力。完善高级人才吸引和奖励政策，营造有利于自主创新和科技成果产业化的良好环境。落实好促进首都金融产业发展的相关政策，积极吸引国内外金融机构在北京发展。用好中小企业发展专项资金，积极发挥中小企业担保体系作用，改善中小企业发展环境。发挥文化产业发展专项资金的引导作用，提供贷款贴息、项目补助、政府重点采购等多种方式，鼓励多种所有制企业发展有特色有优势的项目。设立体育产业发展专项资金，鼓励社会资本和外资投资体育产业，支持体育设施建设，促进体育产业健康发展。

认真落实国家规范收入分配秩序的各项政策，完善工资正常增长机制，健全最低工资制度，提高社会保障待遇标准，逐步缩小贫富差距。严格执行国家税收政策，加强税

收征管和有效调节，促进分配公平。做好内外资企业所得税两法合并的准备工作，加强国家财税政策调整对财政收入的影响和分析。完善非税收入管理政策和制度，将行政事业单位所有政府资产经营收入全部纳入财政非税收入管理并统筹安排，实行“收支两条线”管理。进一步提高财税部门的服务质量和工作效率，使经济发展的成果在财政收入中得到及时反映，努力做到应收尽收。

（二）坚持以人为本，着力提高惠及全民的公共服务能力。

进一步调整和优化财政支出结构，把更多的财政资金投向公共服务领域，大力支持发展教育、医疗卫生、文化、就业和社会保障、生态环境等与人民群众切身利益密切相关的社会公共服务事业。要继续加大对重点项目的保障力度，向农村倾斜，向社会事业发展的薄弱环节倾斜，向基层、向困难群体倾斜，满足人们的公共产品需求，让更广大的人民群众共享改革发展成果，同沐公共财政阳光。

合理配置教育资源，改善办学条件，提高教育质量，提升公共教育服务水平。大力支持高等教育学科专业结构调整，合理确定高校功能定位和办学规模，促进高等教育内涵式发展。完善九年义务教育经费保障机制，保障农民工子女接受义务教育，促进基础教育均衡发展。加快农村中高级实用性管理人才和技能型人才的培养，继续抓好职业教育实训基地建设，完善职业教育资助体系，努力提高职业教育的水平和质量。

按照面向基层、服务群众的要求，以农村和社区为重点，启动基层社区和农村文化设施功能标准化工程。重点加大文化资源向农村的倾斜，构筑以文化馆、图书馆、博物馆、文化广场为主体的公益性文化设施网络，升级改造广播电视“村村通”系统，增加全民健身工程设施，全面提升城乡群众文化、体育服务水平。

加大公共卫生投入，推进首都公共卫生体系建设。积极推进医疗卫生体制改革，加强卫生人才队伍建设和卫生科学研究，支持中医药事业发展。加强重大疾病防控和卫生监督执法，完善食品药品安全监控体系建设。做好社区卫生服务体系经费保障工作，建设覆盖城乡居民的基本卫生保健制度，努力实现人人享有基本卫生保健服务的目标。

增加财政性社会保障的投入，加快建设与首都经济发展相适应的社会保险、社会救助、社会福利、慈善事业相衔接的基本覆盖城乡居民的社会保障体系。健全社保基金内部管理制度和监督机制，确保基金安全完整、有效运行。完善农村社会养老保险财政补贴政策，提高补贴资金使用效益。落实资金，推进城镇在校学生、学龄前婴幼儿和城镇无保障老年人参加医疗保险试点工作。做好残疾人就业保障金的征缴和使用，促进残疾人事业发展。落实转移就业财税优惠政策，完善城乡就业管理服务制度，提高用人单位招用失业人员补助标准，将享受失业保险的农民工纳入政策范围，完善就业托底机制，重点加强困难群体就业工作。

（三）强化统筹兼顾，着力提高城乡协调发展的能力。

多方筹集资金，进一步加大对基础设施建设和环境保护的投入。大力支持交通重点工程建设，改善城市微循环系统，着力解决交通拥堵。依法推进“城中村”改造和排险解危工作，完善拆迁政策和拆迁困难群体的扶持政策，不断提高拆迁居民的住房保障水平。建立公共财政对低收入群众住房保障的支出制度，拓宽资金筹集渠道，加大廉租房资金投入的力度，努力解决城镇低收入家庭的住房困难。

用好大气污染治理资金，做好以空气质量为重点的大气污染治理工作。通过财政补助等方式，积极推广使用清洁能源和可再生能源，开展节水、节电等节能降耗活动，控制燃煤污染。对黄标车、老旧公交车、出租车更新淘汰给予财政补贴，努力控制机动车污染。加大工业污染源治理力度，加强扬尘污染控制。增加风沙源绿化、水资源保护及噪声污染治理的投入，进一步改善城乡环境质量。

认真落实区县功能定位，增加转移支付资金，继续加大对山区、南城的支持力度，统筹推进各功能区的协调发展。大力促进社会主义新农村建设，新增的教育、卫生、文化等事业经费主要用于农村，确保财政支农资金、社会事业经费用于农村的比例均高于财政经常性收入的增幅。深化农村综合改革，完善乡镇财政管理体制，从严控制乡镇新增债务。增加农村基础设施、生态保护和环境整治等方面投入，建立农村公共服务设施管理财政保障机制，创建环境优美乡镇和生态文明村。加强支农资金整合力度，支持农村产业化经营，促进现代农业建设。发展多种形式并存的农业保险制度，完善农村金融服务体系，增强农村经济活力。加强农民教育和职业技能培训，支持农民专业合作组织，完善对农民的综合直补政策，促进农村就业和农民增收。

进一步推进实施和完善新型农村合作医疗制度，不断提高农民的医疗保障水平。大力推进农村地区社区卫生服务机构建设，改善农村医疗卫生条件。加大农村水务基础设施建设力度，配套建设供排水和污水处理设施，保证农民饮水安全和农村水环境安全。解决好被征地农民的就业和社会保障问题，保障被征地农民的切身利益。积极研究，理顺体制票制方案；加大投入，大力发展农村客运，方便城乡居民出行。

（四）深化财政管理改革，着力提高科学理财的能力。

推动国库集中收付改革向纵深发展，延伸国库集中支付级次，市级国库集中支付改革扩大到所有基层预算单位，区县全面实行国库集中支付改革。进一步扩大市对区县补助专项资金集中支付范围，提高财政资金的安全性、规范性和有效性。加快非税收入改革步伐，使纳入集中收缴改革的非税收入达到市级非税收入总额的75％以上。规范国有土地使用权出让收支，纳入地方基金预算并实行收支两条线管理，优化土地出让金用途结构。

继续深化部门预算定额管理工作，逐步建立预算资金定额与实物资产相结合的定额标准体系，提高基本支出的科学性。全面加强专项支出项目库建设，强化可行性分析，严格实施项目评审考核制度，确保项目做细做实。加强部门预算一级单位财务管理，拓展绩效考评范围和领域，落实支出责任，逐步确立以“结果”及“追踪问效”为导向的支出管理模式。积极推动国有资本经营预算管理改革，认真做好国有资本收益收缴工作，明确支出范围，规范支出程序，支持劣势企业退出，健全国有资本预算管理体系。

在做好全市行政事业单位资产清查“摸清家底”的基础上，完善资产动态数据库，全面加强非经营性资产动态管理。启动罚没物品公物仓管理改革，借助网络信息化手段，规范对实物形态的国有资产管理。逐步打破部门所有界限，盘活用活存量资产，努力做到重大设施设备共享，防止重复建设，实现行政资源效益最大化。

进一步扩大政府采购规模和范围，凡属于政府采购目录或采购限额以上的支出项目，一律纳入政府采购。拓宽“一站式”办公服务范围，提高政府采购效率。健全非招标采购、协议供货、代理机构认定等方面的管理制度，严格政府采购监管，提高政府采购工作水平。

继续推进“金财工程”建设，加快财政

信息化建设步伐，增强部门间的互联和互通，促进资源共享，打造“透明财政”。完善市与区县共享的预算资金管理平台，实行动态管理，强化基础工作，保证数据的真实、完整、准确，为政府宏观决策提供科学依据。

严格执行《预算法》、《北京市预算监督条例》等法律法规，坚持依法理财。认真落实监督法，积极主动接受市人民代表大会及其常务委员会对预算的审查和监督，推进政府理财的法制化和规范化。加强财政监督与财政管理的互动，发挥财政监管在确保财政政策执行、提高财政资金使用效益、整顿和规范市场经济秩序等方面的积极作用。加强财政法制建设，建立健全财政执法责任制，严格行政处罚、行政许可、投诉处理等执法工作的行为规范。强化会计信息质量检查和注册会计师执业质量监管，积极开展会计诚信体系建设，提高财会人员的执业能力和职业道德水平。

各位代表，在实现“新北京、新奥运”战略构想、构建社会主义和谐社会首善之区的进程中，无论在改革、发展还是稳定方面，急需花钱的地方很多。在相当长的时期内，各方面需求与财政供给的可能性会有较大的差距，收支矛盾将长期存在。因此，政府部门要带头艰苦奋斗、勤俭节约，切实按照“两个务必”和建设节约型社会的要求，牢固树立过紧日子的思想，坚决反对和制止铺张浪费，对有限的财政资金，一定要倍加珍惜，稳妥使用。预算安排要按照公共财政的要求，精打细算、科学合理，改革完善公务活动接待制度，压缩政府部门经常性项目支出资金10％，重点控制会议费、差旅费等一般性支出，努力降低行政成本；预算执行要严格把关、追踪问效，实施规范有效的监督约束机制，切实提高财政资金的使用效益。

各位代表，2007年的预算任务十分艰巨，我们要在市委的领导下，在市人大、市政协的监督和支持下，贯彻落实科学发展观，在党和政府全面履行职能和加强宏观调控方面，充分发挥财政所承担的物质基础、政策手段和体制保障作用，开拓进取，扎实工作，努力完成会议确定的各项任务，为把北京构建成为和谐社会的首善之区作出更大的贡献！

北京市第十二届人民代表大会财政经济委员会关于北京市2006年预算执行情况和2007年预算草案的审查报告

（2007年1月29日北京市第十二届人民代表大会第五次会议主席团第五次会议通过）

北京市人大财政经济委员会主任委员　高佐之

大会主席团：

北京市第十二届人民代表大会财政经济委员会在对北京市2007年市级预算草案主要内容初步审查的基础上，根据本次大会代表的审议意见，审查了北京市2007年总预算和市级预算草案及《关于北京市2006年预算执行情况和2007年预算草案的报告》。现将审查结果报告如下：

一、北京市人民政府提出的2006年市级预算执行情况：全市地方财政收入完成1117.2亿元，比上年增长21.5%。市级地方财政收入634.1亿元，比上年增长21.7%，加上中央税收返还及补助、区县上解、专项政策性结转和上年结余等329.2亿元，收入总计963.3亿元；市级地方财政支出680.0亿元，比上年增长20.4%，加上中央追加、上解中央支出、区县税收返还、专项转移支付和结转下年使用等283.1亿元，支出总计963.1亿元。收支相抵，市级财政结余0.2亿元。

财政经济委员会认为，2006年预算执行情况是好的。市人民政府及其财政部门认真执行市十二届人大四次会议通过的2006年市级预算，财政收入保持稳定增长，支出结构进一步优化，各项改革继续向纵深推进，财政监督管理水平有新的提高，为促进首都经济社会各项事业发展作出了积极贡献。

财政经济委员会指出，在2006年市级预算执行中也存在一些值得注意的问题：公共财政制度建设有待进一步完善；预算约束力不够，部门预算执行不够严格，预算支出进度不够均衡；预算管理的基础工作需要进一步加强；部分财政资金使用效益不高；勤俭节约意识仍需增强等。对此，市人民政府要高度重视，采取措施，逐步加以解决。

二、市人民政府提出的2007年市级预算草案：全市地方财政收入安排1262.5亿元，比上年增长13.0%。市级地方财政收入安排723.1亿元，比上年增长14.0%，加上中央税收返还及补助、区县上解、专项政策性结转和上年结余等266.9亿元，收入总计990.0亿元；市级地方财政支出安排753.0亿元，比上年增长10.7%，加上上解中央支出、区县税收返还和转移支付等237.0亿元，支出总计990.0亿元。市级预算安排收支平衡。

财政经济委员会认为，2007年市级预算草案编制贯彻了中共十六届六中全会、中央经济工作会议和中共北京市委九届十二次、十三次全会精神，符合有关法律、法规的规定。财政收入的增幅略高于地区生产总值的增幅，组织收入措施得当。预算支出安排突出了公共财政和构建社会主义和谐社会的要求，加大了社会主义新农村建设的资金投入，进一步增加了社会保障支出，支持了自主创新，保证了法定支出依法增长，增强了对城市管理和政权建设的资金保障。按照国务院要求，进行了政府收支分类改革，实现了新旧科目的转换。总的来看，市级预算的安排体现了科学发展观的要求，符合本市实际情况，是稳妥可行的。

财政经济委员会建议本次大会批准北京市2007年市级预算草案及《关于北京市2006年预算执行情况和2007年预算草案的报告》。

三、为保证2007年预算的顺利实现，做好财政工作，财政经济委员会提出以下意见和建议：

（一）认真贯彻实施监督法，进一步提高依法理财水平。按照监督法和《北京市预算监督条例》的有关规定，将中央财政补助资金以及向区县转移支付资金的有关情况及时向市人大常委会汇报。在预决算批准以后，将市级预决算及各区县预决算汇总及时向市人大常委会备案。积极配合市人大常委会做好《北京市预算监督条例》的修改工作。

（二）强化支出管理，提高资金使用效益。逐步完善公共财政制度建设，加强对公共支出的管理，在注重投入的同时，更要注重资金投入的后续管理，做好绩效考评工作，充分发挥资金的使用效益。加强专项支出各个环节的监督管理，完善项目库建设，加大项目评审力度，组织好项目预算支出进度。继续加强对预算单位结余资金的管理，规范结余资金的使用。完善政府采购管理制度，增强政府采购活动的透明度，提高工作水平。

进一步增强勤俭节约意识，降低行政成本。

（三）加强财政监督管理，提高财政管理水平。强化预算约束，严格执行预算。按照国务院的要求，将国有土地使用权出让收支纳入地方政府基金预算。继续完善社保基金专户的管理，加强对社会保障基金管理及使用情况的审计监督，确保基金安全、有效运行。控制政府债务规模，加强监督管理，防范财政风险。创新行政事业单位资产管理机制，逐步打破部门所有界限，提高资产利用效率。

（四）培育新的经济增长点，组织好财政收入。充分发挥财政职能，促进产业结构调整和增长方式转变。严格执行国家税收政策，创造良好的纳税环境，提高财税部门的服务质量和工作效率。健全国有资本预算管理制度，认真做好国有资本收益收缴工作。根据内外资企业所得税两法合并等税收改革的有关情况，及时分析研究对我市财政收入带来的各种影响，保持财政收入稳定增长。

（五）用好奥运专项资金，全力支持奥运筹办工作。今年是奥运筹办工作的决战之年，要统筹安排奥运专项资金，加快城市基础设施和配套工程的建设，保障奥运交通、安全等方面准备工作的顺利进行。加强奥运专项资金的使用管理和审计监督，实现节俭办奥运、廉洁办奥运。

以上报告，请予审议。

北京市第十二届人民代表大会第五次会议关于北京市人民代表大会常务委员会工作报告的决议

（2007 年 1 月 31 日北京市第十二届人民代表大会第五次会议通过）

北京市第十二届人民代表大会第五次会议听取和审议了于均波主任受市人大常委会委托所作的工作报告，决定批准这个报告。会议要求，市人大常委会要以邓小平理论和“三个代表”重要思想为指导，认真贯彻党的十六大及十六大以来历次全会精神，全面落实科学发展观，把坚持党的领导、人民当家做主和依法治国有机统一起来，紧紧围绕实现“新北京、新奥运”战略构想，认真履行宪法和法律赋予的职责，开拓进取，扎实工作，为全面实施本市“十一五”规划，构建社会主义和谐社会首善之区，圆满完成奥运筹备任务，作出更大的贡献。

北京市人民代表大会常务委员会工作报告

——2007 年 1 月 28 日在北京市第十二届人民代表大会第五次会议上

北京市人大常委会主任　于均波

各位代表：

我受北京市第十二届人民代表大会常务委员会委托，向大会报告工作，请予审议。

2006 年的主要工作

2006 年是全面实施“十一五”规划纲要的第一年，是实现“新北京、新奥运”战略构想的重要一年，也是北京市人大常委会各项工作取得明显进展的一年。在中共北京市委领导下，在全体市人大代表的监督支持下，常委会以邓小平理论和“三个代表”重要思想为指导，认真贯彻党的十六大及十六大以来历次全会精神，全面落实科学发展观，努力构建社会主义和谐社会首善之区，坚持党的领导、人民当家做主和依法治国三者有机统一，贯彻执行市十二届人大四次会议决议，认真履行宪法和法律赋予的职责，在提高立法质量、增强监督实效、依法行使重大事项决定权和人事任免权、发挥代表作用等方面做了大量工作，为推进首都的经济建设、政治建设、文化建设和社会建设，发挥了重要作用。

一、坚持立法与改革发展稳定决策相结合，不断提高立法质量

常委会根据首都形势发展的需要，围绕中心，服务大局，制定和修订筹办奥运、促进社会和谐、加强社会管理与公共服务等方面急需的法规，注重突出首都特色和可操作性，立法质量有了新的提高。全年共审议法规 12 项，其中制定 6 项、修订 5 项、废止 1 项，为首都经济社会全面协调可持续发展，提供了法制保障。

加强首都城乡市容环境建设，是提升国家形象，维护人民群众根本利益，举办一届有特色、高水平奥运会的迫切需要。常委会及时修订了市容环境卫生条例，将适用范围扩大至农村地区，同时对违法建设、“小广告”等突出问题，强化了综合整治措施，对于做好奥运环境整治工作，创造整洁优美的城市环境，具有重要保障作用。为了贯彻落实北京城市总体规划，常委会对城乡规划条例进行了初审，就完善城乡规划体系、规范许可制度、健全监督管理、加强农村地区规划管理等重点问题，进行了审议。条例的制定，对充分发挥规划的统筹指导功能，合理规划产业和社会事业发展的空间布局，促进政府提高依法行政水平，将发挥重要作用。为了提高公民的精神健康水平，常委会制定了精神卫生条例，明确预防为主、防治结合的指导方针，规定政府部门、医疗机构、社区职责和家庭义务，规范精神疾病的诊断和治疗行为，有利于加快精神卫生事业发展，促进首都社会和谐稳定。随着改革开放的深化和社会利益格局的调整，由各种矛盾引发的信访问题突出，信访工作的地位和作用更加重要。常委会修订了信访条例，就进一步畅通信访渠道、完善工作机制、规范信访程

序、保障信访人的合法权益等作出规定，有利于加强和改进信访工作，化解社会矛盾，维护群众利益和首都社会稳定。针对破坏生态环境、安全事故时有发生、违法开采及矿业布局不合理等问题，常委会修订了矿产资源管理条例，严格许可审批权限，明确实行规划管理和动态监测制度，建立矿山生态环境恢复保证机制，为有效保护、合理利用矿产资源，实现矿业的可持续发展，提供了有力支持。

常委会制定的实施种子法办法，明确种子管理机构，设立种子专项基金，维护了种子生产者、经营者、使用者，尤其是农民的合法权益；制定的实施民办教育促进法办法，强调促进和规范并重的指导方针，走内涵式发展道路，适应需求，适度规模，优化结构，提高质量；制定的燃气管理条例，就燃气发展规划、市场秩序等作出明确规定，有利于保障燃气供应和安全使用；修订的宗教事务条例，体现了宗教与社会主义社会相适应的要求，有助于促进宗教事务与社会关系的进一步和谐。还对讨论决定重大事项的规定进行了一审，并开展了志愿服务条例等法规草案的调研论证工作，为今年提请审议做了扎实准备。

常委会继续推进民主立法、科学立法和规范立法。采取召开座谈会、专家论证会、专题研讨会等方式，广泛听取各方面意见，推行立法公示制度，对精神卫生条例等8项法规草案，通过市人大门户网站公开征集意见，扩大市民的有序参与。加强立法项目的可行性、针对性和可操作性论证，就立法工作中的重点难点问题，多次征求立法咨询专家、法制建设顾问的意见。深入贯彻实施16项立法工作规程，进一步提高立法工作水平。对照治安管理处罚法、义务教育法等法律，及时对地方性法规进行清理审查，有效维护了国家法制的统一和尊严。

二、抓住关系首都发展大局和群众利益的重大问题，加强监督工作

常委会按照围绕中心、突出重点、增强实效的思路，综合运用多种监督形式，加大监督力度，各项工作取得了明显成效。

（一）认真听取和审议专项工作报告

一年来，常委会听取审议了市政府关于新农村建设、职业教育发展，市高级人民法院关于执行工作，市人民检察院关于开展法律监督工作等8项专项工作报告。常委会高度关注新农村建设，认真听取和审议了市政府的专项工作报告，强调要加大对基础设施和社会公益事业资金投入力度，促进农业产业发展和农民就业增收，调动农民的积极性、创造性，切实解决与农民利益密切相关的实际问题。为促进职业教育发展，培养应用型人才，建设创新型城市，常委会听取和审议了本市职业教育发展情况的报告，提出要理顺管理体制，做好发展规划，加大财政投入，加强师资队伍建设，提高教学质量，加快改革创新，增强发展活力。为增强听取审议专项工作报告的针对性、实效性，常委会抓住群众反映比较强烈的问题，对大气污染和水污染防治、固定资产投资管理与改革、药品安全监督管理、市文化局文化体制改革、法院执行工作进行了专项评议。常委会加强组织领导，制定工作方案，深入开展调研，认真评议和审议，强化跟踪检查，取得了良好成效。听取和审议吉林副市长所做的大气污染和水污染防治专项工作报告，有针对性地提出了审议意见。市政府高度重视，及时制定落实审议意见的具体措施，加大了综合防治力度。通过对其他四个方面专项工作的评议和审议，市政府进一步提高了投资管理的科学化水平和资金的使用效益；规范了药品

零售人员资格准入制度，健全了药品安全监管机制；完善了文化体制改革的配套政策，加快了文化设施建设、人才培养和引进的步伐。同时，市高级人民法院进一步加强执行工作制度建设和队伍建设，促使全市法院妥善解决了一批久拖不执的案件。

（二）加强对计划和预算的监督

为推动本市“十一五”规划的实施，常委会着重开展了四个方面的工作：一是对2005年市级决算报告，2005年市级预算执行和其他财政收支的审计工作报告，2006年上半年计划、预算执行情况的报告进行深入审议。在审议中，组成人员就预算管理、政府投资、结余资金使用等重要问题，提出许多很好的意见和建议，促进了市级财政管理工作。二是加强对经济运行情况的监督。针对经济社会发展中的重点热点问题，定期听取政府有关报告，提出意见和建议，促进政府在建设节约型社会、调整产业结构、统筹城乡发展、调节房地产市场等方面，更好地发挥职能作用。三是对政府债务情况进行专项调研，推动政府建立债务监控体系，预防财政风险。四是深化对部门预算和项目预算执行情况的监督，督促有关部门制定和完善了工作程序。

（三）深入开展执法检查

去年，常委会检查了农业法、市容环境卫生条例等5项法律法规的实施情况；配合全国人大常委会检查了专利法、大气污染防治法、水污染防治法、固体废弃物污染防治法等法律在本市的实施情况。为加快资源节约型城市建设，常委会检查了节约能源法及本市实施办法的执行情况，促进市政府进一步转变经济增长方式，调整产业结构，加强节能改造和宣传教育，万元地区生产总值能耗同比明显下降；为进一步促进民族关系和谐，检查了少数民族权益保障条例的实施情况，推动政府把清真食品行业发展规划列入工作日程，更加重视少数民族乡村经济的发展。

（四）加大议案督办力度

市十二届人大四次会议主席团通过的关于加强村镇基础设施和公共事业建设与管理、大力发展职业教育、整治城乡市容环境卫生、加强流动人口管理与服务等5项议案，都是关系本市经济社会发展全局、人民群众普遍关注的重大问题。常委会高度重视议案督办工作，积极发挥代表、特别是领衔代表作用，加强与承办部门沟通协调，深入审议议案办理报告，提出审议意见并认真督促落实。市政府对每项议案的办理工作，都成立了由副市长负责、相关部门参加的工作组，加强领导，明确责任，议案办理质量有了新的提高：制定新农村建设的配套文件，将100多项工作分解到具体部门，使解决“三农”问题的措施落到实处；作出大力发展职业教育的决定，提高教育费附加用于职业教育的比例，建立了对贫困学生的资助制度；结合奥运环境建设，健全管理机制，加强环卫基础设施建设和综合整治，进一步改善了城乡环境面貌；加强流动人口、出租房屋管理制度和信息化建设，并从劳动就业、卫生防疫、社会救助、子女入学等方面改善工作，寓管理于服务之中，流动人口管理与服务工作取得初步成效。

常委会十分重视信访工作，全年共受理群众来信来电9000多件次，接待群众来访3000多人次。结合人大工作实际，加强信访信息工作，提高综合分析水平，完善协调机制，督促解决了一批关系群众切身利益的实际问题。

去年8月，全国人大常委会通过的监督法，对规范和加强各级人大的监督工作意义重大。常委会对此高度重视，深入学习，统一思想，提高认识；对照监督法的规定，及时对地方性法规进行清理审查；紧密结合本市人大工作实际，制定常委会机关贯彻实施监督法的具体意见；依据监督法的规定，确定2007年监督的各项工作。

三、围绕全市中心工作，依法行使重大事项决定权和人事任免权

按照宪法、地方组织法的规定，常委会认真行使重大事项决定权，依法作出了关于区县乡镇换届选举、区县人大常委会组成人员名额、召开市十二届人大五次会议等7项决议、决定。常委会作出的"五五"普法决议，明确开展法制宣传教育的指导思想、主要任务和工作方式，强调要突出普法的重点内容和对象，要求本市各级国家机关、各部门、各行业按照规划要求，共同推进法制宣传教育工作，为首都民主法制建设提供了重要保障。发展循环经济、建设节约型城市的决议，明确发展循环经济的本质要求、工作原则、战略目标和主要任务，提出激励性和约束性措施，规定政府、企业、公众的职责和义务，对进一步落实科学发展观，促进循环经济发展具有重要作用。常委会认真审议了北京市2005年市级决算的报告，认为市政府深化财政管理改革，优化财政支出结构，完善公共财政体制，实现了财政收入的稳定增长，市级预算执行总体情况良好，并依法作出了批准北京市2005年市级决算的决议。为贯彻落实国务院有关精神，常委会听取和审议了市政府关于调整本市"十一五"规划部分指标的报告，就降低万元地区生产总值能耗、减少主要污染物排放总量、降低亿元地区生产总值生产安全事故死亡率，以及耕地保有量等指标作出相应决定。此外，还听取了市政府关于安全生产、发展现代服务业、科技创新工作、奥运场馆及配套设施建设、首钢搬迁及新项目建设情况等7项重大事项的报告。

常委会依法行使人事任免权。一年来，共任免国家机关工作人员186人次，其中市人大常委会及专门委员会个别组成人员、常委会工作机构负责人21人次，市政府部门负责人12人次，人民法院、人民检察院工作人员153人次。接受范远谋辞去北京市人大常委会副主任，范伯元、张茅辞去北京市副市长职务的请求，报本次大会备案；决定任命赵凤桐、丁向阳、陈刚为北京市副市长，免去刘志华北京市副市长职务。

四、支持、规范和保证代表执行职务，充分发挥代表作用

常委会按照中共中央〔2005〕9号文件和中共北京市委第二次人大工作会议的要求，采取多种措施，创造有利条件，积极为代表依法履行职责和行使权力提供服务和保障，代表作用得到充分发挥。

（一）改进服务工作，保障代表依法履行职责

为保障代表知情权，常委会积极为代表参加视察和执法检查创造条件，并通过编发参阅资料和辅导书籍、组织专题调研、召开通报会等形式，向代表提供丰富翔实的信息资料，扩大代表的知情范围。为便于代表利用网络获得更多信息，加强与常委会的交流，举办了网络应用技能专项培训班，收到了良好效果。为更好地保障代表履行职责，修订了实施代表法办法，明确闭会期间代表活动的主要内容、组织形式和执行代表职务应遵循的原则，并对本市国家机关为代表服务提出新要求。

（二）全面加强代表建议督办工作，增强建议办理实效

常委会十分重视代表建议督办工作，督办检查改进了方式，扩大了范围，加大了力度。一是加强办中督察。组织部分委员和代

表，集中听取市交通委、规划委、发改委、公安局、教委、建委、劳动和社会保障局等单位的汇报，了解办理工作进展情况，督促加快办理进度，提高办理质量。二是加大常委会主任、副主任督办重点建议的力度。去年，常委会主任、各位副主任督办了8件重点建议，同代表一起，深入现场实地查看，对办理工作提出具体要求；对于一些难点问题，多次督促有关部门会商，采取具体措施，促进问题的解决。对于代表反映多年的高安屯垃圾场污染环境问题，朝阳区政府加强垃圾填埋场管理，加大资金投入力度，整治工作取得了较大成效。另外，“加强社区居家养老工作”、“借助奥运商机促进老字号发展”、“加强社区和农村卫生人才培养”、“解决门头沟区群众安全饮水和吃水难”、“启动马家堡三期危改工程”、“加快垃圾分选站建设”等重点建议办理工作，也都取得了明显实效。三是加强了办后检查和复查补办。组成由提建议代表和常委会组成人员参加的检查组，对市政管委、卫生局、民政局3个承办单位建议办理工作进行检查，促进办理工作水平的提高。对6件代表不同意办理结果的建议，交承办单位重新办理。同时，对承办单位答复“已经解决或基本解决”的建议进行抽查，并将抽查情况向市政府及有关部门反馈，促进问题的解决。经过各方面共同努力，市十二届人大四次会议收到的1505件代表建议全部办复，得到解决或列入计划逐步解决的达77%，比去年提高了3个百分点；代表同意、满意率达88%，比去年提高了2个百分点。闭会期间收到的330多件代表建议，246件已办复。

（三）密切与代表的联系，扩大代表对常委会工作的参与

常委会继续坚持组成人员联系代表，主任、副主任接待代表等制度。改进代表列席常委会会议工作，扩大邀请代表列席的范围。去年有110多名代表列席常委会会议，提出很多建设性的意见和建议。初步建立了全国人大北京团代表联系市和区县代表的制度；会同区县人大常委会，建立代表定期在社区接待群众制度，为更好地发挥代表作用搭建了平台。常委会在各项工作中，注重扩大代表参与，充分发挥代表作用。邀请代表参加实施代表法办法的修订工作，就信访条例等法规的制定修订进行专题调研，拓展代表参与立法工作的广度和深度。体育代表小组继续发挥专业优势，围绕筹办奥运会和实施全民健身条例，开展专题调研，提出了一些很好的意见和建议。

去年，常委会共组织代表活动100多次，参加代表3000多人次。代表们以对人民高度负责的精神，妥善处理好本职工作与执行代表职务的关系，认真履行职责。有些代表克服困难，带病参加活动；有些代表紧紧抓住人民群众反映的热点难点问题，锲而不舍，连续多年提出建议，促使问题得到解决；有些代表为了掌握真实情况，深入基层调查研究，提出许多质量较高的议案和建议，为推动首都各项事业的发展，作出了积极贡献。

五、加强常委会自身建设，不断提高工作水平和效能

常委会继续加强制度建设。定期举办组成人员学习班和专题讲座，增强了组成人员的责任感、使命感，提高了常委会审议水平。总结实践经验，规范代表大会、常委会会议、主任会议等工作程序，提高了常委会工作规范化水平。健全常委会工作机构，制定发挥专门委员会作用的意见，明确职责，理顺关系，为有效发挥专门委员会作用提供了保证。以巩固保持共产党员先进性教育成果为重点，注重加强机关思想建设，开展“八荣八耻”教育活动，增强机关干部的责任意识和服务

意识；推进干部人事制度改革，改进干部选拔、任用和培训工作；不断加强新闻宣传工作，积极改进和规范调查研究，注重发挥人大理论研究会作用；健全完善公民旁听制度，不断扩大群众有序参与；加强机关信息化建设，为常委会工作的开展创造有利条件。

去年下半年，区县、乡镇两级人民代表大会的同步换届选举，是全市人民政治生活中的一件大事。常委会认真贯彻中央和市委有关精神，加强工作指导，保证了换届选举依法有序进行。全市共选出新一届区县人大代表 4403 名，乡镇人大代表 9971 名，并顺利完成了区县、乡镇国家机关的换届选举。

常委会进一步加强对区县人大工作的联系和指导。一些重要工作，上下联动，取得了良好效果。加强了对乡镇人大和人大街工委工作的指导，密切了与兄弟省市人大的联系，加强了与外国地方议会的友好交往。

各位代表，在过去的一年里，常委会工作取得了较好成绩。这是中共北京市委正确领导，全体组成人员和人大代表共同努力的结果，是社会各方面和广大人民群众关心、支持、帮助的结果。在此，我代表市人大常委会，向各位代表和所有关心、支持人大工作的同志们、朋友们，表示崇高的敬意和衷心的感谢！

面对新形势新任务，我们也清醒地看到，常委会工作还有不少差距，还有许多新课题需要研究探讨：与人民群众利益密切相关的一些法规有待研究制定，有些立法项目的调研论证有待深入，立法工作部门之间的信息沟通需要加强，代表参与立法工作的广度和深度还应扩展；监督工作程序不够规范，有些检查和视察还不深入，督促法律法规执行的力度不够，对代表议案和常委会审议意见的跟踪督办力度仍需加大，备案审查工作需要完善；代表工作制度还应健全，督办代表建议的工作方式应继续创新，为代表履职服务工作仍需改进；常委会工作的规范化、制度化水平需要进一步提高；同时要积极探讨发挥专门委员会的职能作用，通过加强制度建设提高机关整体服务水平。

2007 年的主要任务

2007 年是加快构建社会主义和谐社会首善之区的重要一年，是完成奥运筹备任务的决战之年，也是贯彻实施监督法的第一年。在新的一年里，市人大常委会要在中共北京市委领导下，以邓小平理论和“三个代表”重要思想为指导，全面贯彻落实科学发展观，紧紧围绕实现“新北京、新奥运”战略构想，认真履行宪法和法律赋予的职责，与时俱进，开拓创新，努力把我市人大工作提高到一个新水平。

一、加强和改进立法工作，不断提高立法质量

今年，拟安排 15 项立法。其中在围绕中心、服务大局、完成奥运筹备任务、推动各项事业发展方面，拟制定志愿服务条例、信息化促进条例、食品安全条例、公路条例等法规；修订国防教育条例、实施渔业法办法等法规；对城乡规划条例进行二审。在贯彻实施监督法方面，拟修订预算监督条例、任免国家机关工作人员条例、常委会议事规则等法规，并抓紧制定实施监督法办法。在规范常委会工作方面，对讨论决定重大事项的规定进行二审，修订代表视察办法。还要就实施义务教育法办法、实施妇女权益保障法办法、清真食品条例等立法项目的制定修订进行调研论证。同时要认真总结本届立法工作经验，继续推进立法工作的科学化、民主化和规范化，进一步提高立法质量。

二、全面贯彻实施监督法，进一步增强监督实效

要依照监督法的规定，突出重点，改进方式，加大力度。今年，拟听取和审议 7 个专项工作报告，即市政府关于公共卫生体系建设议案办理三年目标实现情况、国有资产监督管理与改革、山区建设工作、义务教育均衡发展、促进依法行政等专项工作报告，市高级人民法院关于加强审判工作监督情况、市人民检察院关于规范执法行为情况的专项工作报告。在计划和预算监督方面，拟听取和审议 2006 年市级预算执行和其他财政收支的审计工作报告，2007 年上半年计划、预算执行情况的报告。组织 3 个方面的执法检查，即对食品卫生与安全法律法规、实施道路交通安全法办法、物业管理条例的实施情况进行检查；配合全国人大常委会检查义务教育法在本市的实施情况。同时，对去年开展的执法检查、听取审议专项工作报告、议案办理情况报告的审议意见落实情况，进行跟踪，务求实效。

三、根据本市经济社会发展需要，认真讨论决定重大事项

要围绕首都改革发展稳定大局和社会普遍关注的重大问题，认真行使重大事项决定权。为推进和谐社会首善之区建设，切实维护人民群众利益，拟听取和审议市政府关于食品卫生与安全、完善社会保障制度的报告。为保障奥运会、残奥会筹办、举办期间各项工作的顺利进行，拟作出授权市政府针对一些特殊事项，可采取相应行政管理措施的决定；同时拟听取和审议市政府关于城市环境整治工作的报告，听取市政府关于奥运场馆及配套设施建设情况的报告。继续加强对市级决算的审查工作，依法作出批准本市 2006 年决算的决议。听取市政府同外国缔结友好城市的报告，进一步提高对外交往水平。根据选举法和地方组织法的有关规定，今年适当时候，依法作出关于市十三届人民代表大会代表名额和选举时间的决定，以及召开市十三届人大一次会议的决定。

四、加强和改进代表工作，进一步发挥代表作用

要采取有效措施，保证代表知情权。对本届以来代表建议办理情况全面梳理，认真督办。改进代表活动方式，积极组织专题视察、调研等活动，完善代表列席常委会会议和专门委员会会议制度，扩大代表对常委会工作的参与。坚持常委会主任、副主任接待代表和组成人员联系代表制度，完善代表联系网络，密切各级人大代表之间的联系，密切代表与人民群众的联系，充分发挥代表作用。

五、加强和改进自身建设，不断提高常委会履职能力

全面总结本届工作经验，完善工作制度，健全工作机制，提高履职水平。坚持学习培训制度，狠抓各项工作制度的落实，加强干部队伍建设，努力提高干部素质和服务质量。

要加强对区县人大常委会工作的联系和指导，举办新任区县人大常委会主任、副主任培训班，做好新一届市人大代表的选举工作，密切与兄弟省市人大的联系，扩大对外交往，增进友谊。

各位代表，党的十六届六中全会作出了构建社会主义和谐社会的重大战略部署，首都现代化建设进入了一个新的发展阶段。市人大及其常委会作为地方国家权力机关，责

任重大，使命神圣。让我们紧密团结在以胡锦涛同志为总书记的党中央周围，奋发进取，扎实工作，为全面实施本市“十一五”规划，实现“新北京、新奥运”战略构想，构建社会主义和谐社会首善之区而努力奋斗，以优异的成绩迎接党的十七大胜利召开！

北京市第十二届人民代表大会第五次会议关于北京市高级人民法院工作报告的决议

（2007年1月31日北京市第十二届人民代表大会第五次会议通过）

北京市第十二届人民代表大会第五次会议听取和审议了北京市高级人民法院院长秦正安所作的《北京市高级人民法院工作报告》，决定批准这个报告。

北京市高级人民法院工作报告

——2007年1月28日在北京市第十二届人民代表大会第五次会议上

北京市高级人民法院院长　秦正安

各位代表：

现在，我代表北京市高级人民法院向大会报告工作，请予审议，并请各位政协委员提出意见。

2006年的主要工作

2006年，全市法院在中共北京市委的领导、市人大及其常委会的监督和最高人民法院的指导下，以邓小平理论和“三个代表”重要思想为指导，全面落实科学发展观，围绕构建社会主义和谐社会首善之区的大局，以化解社会矛盾为主线，充分发挥职能作用，全力促进社会和谐。全年共受理各类案件384513件，办结384271件，解决诉讼标的总金额782.41亿元，同比分别上升10%、9.2%和35.22%。以各项工作的新成效，为首都的稳定和发展作出了应有的努力。

一、强化刑事审判，全力维护首都稳定

维护稳定，是构建社会主义和谐社会的必然要求。刑事审判始终将维护稳定摆在突出位置，认真贯彻中央关于严厉打击严重刑事犯罪的指导方针，认真贯彻宽严相济的刑事政策，惩罚犯罪，保护人民，全力维护首都稳定。全年共审结刑事案件20355件，判处五年以上严重刑事罪犯3091人。一是坚决依法严惩危害国家安全的犯罪，对煽动颠覆国家政权、间谍和非法提供国家秘密、情报以及涉“法轮功”邪教组织等犯罪案件的审理，维护了首都安全。全年共审结此类案件55件。二是始终把打击的锋芒对准危害人民群众生命和财产安全的杀人、抢劫、盗窃等

犯罪，深入开展打黑除恶专项斗争，对胡亚东34人黑社会性质组织案等案件的审理，增强了人民群众的安全感。三是针对大要案增多的情况，认真审理贪污贿赂职务犯罪大要案，加大了反腐倡廉的力度；认真开展商业贿赂专项治理活动，整顿和规范了市场经济秩序。四是为确保今年1月1日最高人民法院统一行使死刑案件核准权后死刑案件的质量，对死刑二审案件全部实行开庭审理，对死刑案件关键证人出庭的范围、程序等进行了探索。五是在严惩严重犯罪的同时，坚持区别对待，预防和减少犯罪。认真贯彻“教育、感化、挽救”的方针，对未成年罪犯适当多适用一些缓刑；对因民事纠纷转化而来的轻微刑事案件，依法从轻处理；为保证减刑、假释工作的公开、公正，对拟减刑、假释的人员实行了到监管场所就地听证、公示制度，确保了减刑、假释案件的规范办理。

二、强化民事、行政审判，促进首都发展

民事、行政案件是人民内部矛盾在审判领域的体现。全市法院把化解矛盾作为促进社会和谐的职责，通过发挥审判职能，最大限度地增加和谐因素，最大限度地减少不和谐因素，努力为首都经济社会发展提供有力的司法保障。

（一）加强民事审判，努力促进社会关系和谐

2006年，民事审判继续呈现出案件数量持续增长、群体性纠纷居高不下、处理难度日益加大的特点。全年共审结民事案件249317件，同比上升5.21%。一是围绕构建和谐社区、和谐家庭、和谐人际关系，高度重视与百姓生计息息相关的商品房买卖、物业、下岗职工权益、人身损害赔偿、婚姻纠纷的处理。全年共审结此类案件73625件，努力实现案结事了。二是围绕社会主义新农村建设，公正审理农业承包、涉农村集体组织和拖欠农民工工资、不尽赡养抚养义务等案件，维护农村和谐的生产、生活秩序。全年共审结此类案件55128件。三是围绕服务首都发展，认真审理与首都发展紧密相关的案件。对保证保险、特许加盟经营、超市连锁等新型案件的及时处理，平复了大量矛盾；对名为贷款实为融资、风险理财等涉案人数多、标的额大的金融类案件的稳妥处理，为化解金融风险提供了司法保障；对公司、企业和涉外案件的妥善处置，促进了多种经济成分的发展，优化了首都投资的法制环境。四是围绕建立创新型城市，强化知识产权审判。为激发和保护创作主体的创作热情，公平处理了大量职务发明、职务作品等权属纠纷；从切实保护权利人合法权益出发，对制假、售假等严重侵权行为加大了处罚力度；为加强知识产权保护的力度，在部分基层法院增设了知识产权审判庭。全年共审结知识产权案件2687件，同比上升44.77%。

（二）加强行政审判，维护相对人的合法权益，促进依法行政

行政审判立足于妥善化解行政争议，既注重保护行政相对人的合法权益，又积极推进依法行政。一是妥善处理奥运环境整治、道路改造等引发的案件，注重纠纷处理的法律效果和社会效果，以确保重点工程、重点工作的顺利进行。二是认真审理退休及下岗人员要求补缴养老保险金、工伤认定等涉及群众身体健康和生命安全的案件，依法保护了当事人的合法权益。三是加大行政案件协调解决的力度，平稳解决了大量行政争议，密切了行政机关和群众的关系。全年共审结行政案件5414件，同比上升13.6%。其中，全部或部分撤销行政机关决定，以及因行政机关改变具体行政行为等原因原告申请撤诉的占9.28%，经协调纠纷得以平稳解决的占

27.33%，维持行政机关决定和裁定驳回起诉的占42.88%。

（三）强化调解工作，努力化解矛盾纠纷

全市法院高度重视调解在平复矛盾中的作用，进一步做好调解工作。一是将调解贯穿到诉前、审前、申诉、再审各个环节和民事、刑事、执行领域，尽最大可能化解纠纷。朝阳区法院通过实施法官助理庭前调解等制度，加强立案审查阶段的平复矛盾工作，全年化解了7000余件纠纷。二是从案结事了出发，创新调解机制。东城区法院实施商事审判“双主动工作模式”，通过法官的主动提示和指导，促使当事人主动接受调解或履行义务，取得了调解率、自动履行率上升，上诉率、上访率下降的成效。三是努力探索司法调解与多元化矛盾纠纷解决机制的衔接。一些法院在征得当事人同意的前提下，尝试将适宜调解的案件委托人民调解组织调解；一些法院与人民调解组织建立纠纷定期通报机制，有针对性地做好平复矛盾工作；一些法院主动与工会、行业协会等社会组织相衔接，共同调处纠纷。全年，通过调解，当事人达成协议和主动撤诉的案件已达全部民事案件结案总数的53.74%；法院调解和经法官做工作当事人和解而主动撤诉的案件，也已达全部刑事自诉和附带民事诉讼案件总数的55.15%。

三、坚持以人为本，践行司法为民

全市法院把维护群众的合法权益作为促进社会和谐的着力点，通过工作实效，践行司法为民。

（一）不断完善为民措施，切实方便群众诉讼

全市法院结合实际，不断完善和发展司法为民的新举措。一是继续改进和完善便民机制。为方便行动不便的残疾人、孤寡老人起诉，一些城区法院在居民区设立立案点、试行预约上门立案和网上立案；结合有的当事人诉讼知识欠缺的情况，全市法院对当事人进行适度的法律解释说明，提醒其注意诉讼和执行的有关事项，帮助其减少不必要的诉讼和执行风险。二是对当事人到庭诉讼不便的案件、群众关注的案件、对群众具有普遍教育意义的案件和涉及老年人权益保护的案件，加大巡回审判的力度，努力将矛盾平复在基层，化解在民间。全年共开展巡回审判1091次，一大批案件实现了“当地审、当场调、当庭结和当时执”。三是进一步加强司法领域的人权保障。准确适用法律，对11名不构成犯罪的被告人依法宣告无罪；完善对经济困难的当事人缓、减、免交诉讼费的标准，全年实施司法救助的案件已达22796件，同比上升100.42%；探索设立未成年犯资助基金，帮助其接受就业技能培训，为他们再次融入社会创造了条件。

（二）延伸审判职能，努力减少矛盾纠纷

为从根本上减少矛盾纠纷，全市法院立足审判，采取措施，帮助当事人依法理性处理利益冲突。一是引导群众以合法方式反映诉求。采取“送法下乡、下基层”和充分发挥庭审教育功能等方式，促进群众法律意识的提高。全年共进行法律咨询和法制宣传120次。二是许多法院主动与街、乡建立民事纠纷事前协调、沟通机制，分析纠纷的成因，采取措施预防纠纷，有效化解了大量矛盾。三是认真做好涉诉信访工作。着力从源头上减少涉诉信访，注重通过涉诉信访案件，发现审判、队伍建设、工作作风等方面的问题，以改进工作。同时，推进信访长效工作机制建设，院庭长预约接待、定期接待，督办例会等制度在畅通信访渠道、解决实际问题、维护当事人合法权益等方面发挥了积极作用。全年，高级法院群众来信、来访同比分别下降15.58%和21.01%。

（三）加大执行工作力度，努力实现当事人的合法权益

全市法院以落实中央政法委《关于切实解决人民法院执行难问题的通知》为契机，紧紧依靠党的领导和人大的监督，进一步加大了执行工作力度。全年共执结案件 109157 件，执结标的金额 380.16 亿元，同比上升 21.26%和 24%。一是深入开展以金融案件为重点的集中清理执行积案活动，有针对性地采取了发布限期执行公告、悬赏公告和限制出境等措施，促使当事人履行义务；着力执结了大批涉建设领域拖欠工程款、企业改制、奥运场馆建设拆迁等案件，及时实现了当事人的合法权益。二是积极推动国家执行威慑机制的建立，通过公开被执行人的不良信息，发布执行警示等，促使一大批被执行人主动履行了义务。三是探索对特困群体实行执行救助。高级法院与市民政局会签了《关于解决执行难案件中困难人员生活救助问题的意见》，对被执行人因服刑、经营困难等原因无力履行义务，致使申请执行人生活困难的案件，由法院协助申请执行人向民政局申请临时救助待遇或城乡低保待遇，为从机制上保障特困申请执行人的基本生活问题进行了有益的探索。

四、规范司法行为，促进司法公正

以规范司法行为为重点，全市法院深入开展“规范司法行为，促进司法公正”专项整改，切实改进工作，努力实现公平正义。

（一）提高案件质量，确保司法公正

全市法院从影响案件质量的环节入手，认真采取措施，提高案件质量。一是加大案件评查、抽查力度。许多法院建立案件质量网络分析平台，将评检结果在法院内部网上发布，供审判人员借鉴。高级法院加大了对案件中存在问题的指导力度，如商事审判庭在对全市法院改判、发回重审案件进行大检查的基础上，又随机抽取中级法院和基层法院的 800 件生效案件逐一检查，查摆问题，分析成因，提出解决对策。二是进一步提高裁判文书的质量，在明理释法上狠下工夫。通过出台优秀裁判文书标准、实行裁判文书网上月评制度等措施，增强裁判文书的说理性；有的法院尝试法官判后解读制度，既对裁判文书辨法析理，又给当事人做好服判息诉工作。三是依法接受民主监督和法律监督。加大人民陪审员陪审案件的力度，对 13712 件重大、疑难案件随机抽取人民陪审员陪审，以民主监督促进司法公正；认真接受检察机关的法律监督，高度重视抗诉案件的审理，全年共审结刑事、民事抗诉案件 84 件，依法改判 20 件。

（二）加强审判指导，确保司法统一

随着首都经济的发展，新型、重大、疑难案件不断增多，全市法院加大了审判指导的力度。一是继续完善案例指导制度。全年编发《北京法院指导案例》113 期，注重归纳法律适用的要点，以指导各法院就类似法律问题的适用。二是实行专业化审判。针对容易发生司法尺度不统一的劳动争议、汽车消费贷款等案件，成立专门的合议庭，实行专业化审理，注重法律适用，以统一掌握裁判尺度。三是加大调查研究的力度。全市法院围绕审判实践中急需解决的共性问题确定了 31 项重点课题，加强调研，通过调研成果的转化、应用，为确保司法统一发挥了积极作用。

（三）注重建章立制，规范司法行为

为规范司法行为，全市法院不断完善规章制度，使每一司法环节和行为都有章可循。去年制定的首都法院《审判工作规范》，全面涵盖当事人权利保护、司法行为的规范、促进文明司法等各领域，高级法院在将该《规范》下发全市所有审判人员认真执行的同时，

还向社会公开发行，以增强审判工作的透明度，主动接受监督。各法院还针对本院影响工作效率和对当事人权益保护的薄弱环节，制定具体规章制度，切实加以规范。如为了解决送达难的问题，有的法院出台送达细则，探索解决送达难的方法，初步缓解了因被送达人地址不详、故意规避送达而影响案件实体处理等问题。

五、加强队伍建设，提高司法水平

全市法院把社会主义法治理念教育作为队伍建设的主线，把端正审判人员司法工作的指导思想摆在队伍建设的突出位置，重点做了以下工作。一是集中开展社会主义法治理念教育。全市法院处级以上领导干部分期分批进行了集中培训；各法院领导以“如何树立社会主义法治理念”为主题，为审判人员讲课，引导审判人员领会社会主义法治理念的精神实质。同时，全市法院努力实现社会主义法治理念教育与弘扬争优创先的主旋律相结合、与社会主义荣辱观教育相结合、与廉政建设相结合，并探索建立适合法官职业特色的激励机制。经过教育，进一步增强了审判人员用社会主义法治理念指导工作的自觉性，有力地推动了工作的开展，涌现了一大批先进法院和个人。二是加大培训力度，努力提高法官的司法能力。去年，全市法院将培训重点放在基层法官上，基层法官参训率已达97%。通过培训，法官化解纠纷、平复矛盾的能力进一步增强。三是加强廉政建设。强化教育，引导审判人员在情与法、钱与法、权与法的较量中经受住考验。建立和完善法官自律机制，在部分法院开展法官廉政信用评价试点工作。为进一步强化监督制约，在公开确定鉴定、评估拍卖机构的基础上，又进一步改变了当事人协商选择鉴定、评估拍卖机构的做法，高级法院委托的2623件司法鉴定和拍卖项目，未发生任何廉政方面的投诉。认真解决群众反映强烈的问题，着重查处问题背后的违纪违法行为，共查处违纪违法案件7件9人。

六、自觉接受人大监督，不断改进法院工作

全市法院从坚持我国根本政治制度的高度，认真落实市委《关于进一步加强和改进人大工作的意见》，自觉接受人大监督，以促进公正司法。一是高级法院制定了进一步加强接受人大监督工作的意见，重在严明规范，认真接受监督。各级法院认真执行人大及其常委会的决议、决定，及时向人大及其常委会报告法院的重要工作部署；高度重视市人大常委会对法院首次进行的专项工作评议，认真报告全市法院执行工作的情况，并按照评议意见，提出整改措施，加强执行工作的制度建设和队伍建设，有力推动了工作的开展，妥善解决了一批重点案件。二是继续为人大代表监督法院工作创造条件。开通代表短信服务平台，把法院的工作重点、重要会议的内容及时传递给代表，增进了代表对法院工作的关注和了解；坚持邀请代表旁听案件庭审制度和座谈制度，并把每次旁听、座谈都看做是对法院工作的一次评议、一次监督。全年共邀请人大代表旁听、座谈900余人次。三是认真及时办理人大交办事宜。强化了交办事项的动态管理，明确了责任，对代表的建议、意见实行优先办理、限期办结。不能办结的，要及时向人大和代表报告进度情况。全年共办理人大代表建议、批评和意见224件。

2006年，面对日益繁重艰巨的任务，全市法院的工作取得了新的进步，这些成绩的取得，凝聚着全体审判人员的努力，更体现着市委、市人大、市政府、市政协及有关方

面的正确领导、有效监督和大力支持。各级人大及代表在加强对法院工作监督的同时，为推进法院建设，建言献策，有力地促进了法院各项工作的开展。在此，我代表全市法院，向多年来关心、理解和支持法院工作的有关部门、各位代表表示衷心的感谢！

客观地审视2006年的工作，全市法院工作中还存在以下问题和困难：一是有的法官没有牢固树立社会主义法治理念，辨法析理、息诉止争的能力不强，极少数法官办关系案、人情案，个别案件处理不公，损害了法院的形象。二是司法尺度有待进一步统一。有的法官受生活阅历、知识水平的限制，不能完全适应新形势下重大、疑难、新型案件审理的需要，个案审理中法律适用存有差异。三是司法环境有待改善。由于存在正确判决不能终审、"执行难"甚至暴力抗法等问题，如何通过加强法院自身工作，加大法制宣传力度，提高公民法律意识，树立法律权威，以实现当事人的合法权益，仍需我们进一步努力。四是法院提供的司法服务与群众日益增长的司法需求之间的矛盾仍然十分突出。如何营造有利于审判人员身心健康的工作环境，激发其工作热情和潜能，最大限度地满足群众对司法的需求，仍需我们进一步探索。上述问题，全市法院将加强研究，采取措施，逐步解决。

2007年的主要任务

2007年，是深入贯彻落实科学发展观，积极推进社会主义和谐社会建设的重要一年，也是完成奥运筹备任务的决战之年。全市法院要继续以邓小平理论和"三个代表"重要思想为指导，认真落实党的十六届六中全会和市委九届十三次会议精神，以科学发展观为统领，以促进社会和谐为目标，在市委、市人大和最高人民法院的领导、监督和指导下，全面推进法院建设，努力为实现"新北京、新奥运"战略构想创造公正、高效的法治环境。

一、充分发挥审判职能，促进首都社会和谐稳定

一是认真贯彻落实宽严相济的刑事政策，坚持"严打"方针，重点打击危害国家安全的犯罪、危害人民群众生命财产安全的犯罪和危害市场经济秩序的犯罪，特别要抓好大案、要案的审判；探索落实宽严相济刑事政策的措施，努力做到宽、严都要依法真正落实。二是妥善处理首都发展进程中出现的案件纠纷，及时消除不和谐因素，完善调解、协调机制，探索司法调解与多元化纠纷解决机制有效衔接的新途径，总结推广调处纠纷的成熟做法。三是强化执行工作，创新执行措施，改进执行方法，规范执行行为，努力解决"执行难"。

二、坚持司法为民，保障群众合法权益及时实现

进一步将解决好人民群众最关心、最直接、最现实的问题作为法院工作的根本出发点和落脚点，做好司法为民工作。积极探索建立健全保障当事人合法权益的机制，切实解决群众在诉讼中遇到的难题；加大对下岗职工、农村五保户、城镇低保人员的救助力度，彰显司法的人文关怀；围绕群众反映突出的问题和影响审判质量、效率的环节认真进行整改，通过公正、高效的司法，践行司法为民。

三、加强队伍建设，造就一支高素质的法官队伍

一是继续深入开展社会主义法治理念教育和社会主义荣辱观教育，确保审判工作指导思想始终符合构建社会主义和谐社会的要求，务求教育活动取得实效。二是创新人才培养机制，探索人员分类管理选拔机制，完善法官遴选、青年法官下基层交流锻炼等制度，努力为人才特别是基层急需人才的培养和脱颖而出创造条件。同时，进一步加大培训力度，努力提高审判人员专业素质，维护司法公正。三是高度重视廉政建设，进一步完善教育、制度、监督并重的惩治和预防腐败体系，对工作中容易出现问题的关键环节和重点部位，从制度上进行规范和监督，严肃查处滥用审判权、执行权的人和事，确保司法廉洁。

四、稳妥推进司法改革，努力实现公平正义

在中央和市委的领导下，按照《人民法院第二个五年改革纲要》的要求，不断推进审判工作机制的改革和创新。适应死刑案件核准权收归最高人民法院行使的需要，继续探索提高死刑案件质量的措施。探索设立审理未成年人刑事案件和涉未成年人权益保护民事、行政案件的综合审判机构，切实维护未成年人的合法权益。积极推进执行工作机制改革，探索完善执行体制和程序机制，促进执行公正。

五、坚持强基固本，大力加强基层基础建设

从构建社会主义和谐社会首善之区的高度，进一步加强基层法院和人民法庭工作。高级法院将继续探索在新的历史时期为基层服务的措施，着力解决基层法院和人民法庭遇到的问题和困难，确保基层法院和人民法庭服务辖区发展、维护辖区稳定作用的充分发挥。同时，努力提高审判质量和效率，进一步强化管理，切实改进工作作风，树立人民法官的良好形象。

六、自觉坚持党的领导，主动接受人大监督

认真贯彻落实中央《关于进一步加强人民法院、人民检察院工作的决定》及市委关于贯彻《决定》的意见，自觉接受党的领导，及时向党委报告工作中的重要情况和重大问题，确保党的路线、方针、政策在审判工作中得到正确执行。同时，进一步自觉接受人大监督，在认真接受市人大常委会对全市审判监督工作评议的同时，及时向市人大常委会报告执行工作评议的整改措施的落实情况，把自觉接受人大监督作为提高工作水平、促进公正司法的着力点，不断改进工作。

各位代表，在新的一年里，全市法院将在市委的坚强领导下，在市人大及其常委会的有力监督下，不断提高司法水平，切实维护群众根本利益，努力实现公平正义，为顺利实施“新北京、新奥运”战略构想和构建社会主义和谐社会首善之区作出新的贡献！

北京市第十二届人民代表大会第五次会议关于北京市人民检察院工作报告的决议

（2007 年 1 月 31 日北京市第十二届人民代表大会第五次会议通过）

北京市第十二届人民代表大会第五次会议听取和审议了北京市人民检察院检察长慕平所作的《北京市人民检察院工作报告》，决定批准这个报告。

北京市人民检察院工作报告

——2007 年 1 月 28 日在北京市第十二届人民代表大会第五次会议上

北京市人民检察院检察长 慕 平

各位代表：

现在，我代表北京市人民检察院向大会报告工作，请予审议，并请北京市政协各位委员提出意见。

2006 年的主要工作

2006 年，北京市人民检察院在中共北京市委、最高人民检察院的领导下，在市人大及其常委会的监督下，以邓小平理论和“三个代表”重要思想为指导，深入学习贯彻党的十六届五中、六中全会精神，认真落实科学发展观，紧紧围绕“强化法律监督，维护公平正义”的工作主题，全面履行法律监督职责，为建设和谐社会首善之区作出了积极贡献。

一、依法惩治刑事犯罪，努力维护首都和谐稳定

全市检察机关按照构建社会主义和谐社会的要求，着眼于“新北京、新奥运”战略构想的顺利推进，依法履行刑事检察职责，努力保障社会安定有序、人民群众安居乐业。

认真履行审查批捕和起诉职责，依法打击各类刑事犯罪。在刑事犯罪持续高发的情况下，全市检察机关通过履行批捕、起诉职责，严格审查犯罪事实，坚决打击危害国家安全、损害群众利益、影响首都稳定和正常经济秩序的刑事犯罪。共批准逮捕 22306 人，提起公诉 26581 人，同比分别上升 3.3％和 5.9％，为维护首都稳定发挥了职能作用。

努力提高办案质量，切实做到打击犯罪与保护人权并举。秉承公正、客观的原则，严把案件质量关，既依法指控犯罪，又切实维护当事人诉讼权利。案件质量进一步提高，已起诉案件有罪判决率达 99.99％，确保有罪的人依法受到惩处；同时，对不符合逮捕标准和起诉条件的，依法作出不批捕决定 3441 人，作出不起诉决定 522 人，切实保障犯罪嫌疑人合法权益。作出不批捕决定的案件中，

审查认定不构成犯罪的占35.9%，证据不足的占31.6%，无逮捕必要的占32.5%；作出不起诉决定的案件中，审查认定不构成犯罪的占11.5%，证据不足的占28.4%，因犯罪情节轻微不需要处罚的占60.1%。

正确运用宽严相济的刑事政策，努力实现法律效果和社会效果相统一。落实宽严相济的刑事政策就是对不同犯罪区别对待，依法做到该严则严、当宽则宽。一方面，与公安、法院等部门紧密配合，依法逮捕、起诉故意杀人、抢劫等严重破坏社会治安、危害人民群众生命、财产安全的重大恶性犯罪，特别是按照中央政法委统一部署，开展了“打黑除恶”专项斗争，批准逮捕涉黑涉恶犯罪嫌疑人513人，提起公诉426人，并依法查办为黑恶势力充当“保护伞”的国家机关工作人员10人，有力地震慑了犯罪。另一方面，对普通轻微刑事案件，依法做到从宽处理，努力减少社会对立面。对于犯罪情节轻微，依法能够不予批捕和起诉的，一般不予批捕和起诉；对初犯、偶犯、过失犯、未成年犯等，依法向法院提出从轻从宽处理的意见；积极做好对犯罪嫌疑人、被告人的教育、感化和挽救工作，努力化消极因素为积极因素。

二、坚决查办和积极预防职务犯罪，不断推动反腐败工作深入开展

依法惩治贪污、贿赂等职务犯罪对维护公平正义、促进社会和谐具有重要意义。全市检察机关按照中央和市委关于反腐败工作的总体部署，旗帜鲜明、毫不动摇地加强查办职务犯罪工作。

依法查办国家工作人员贪污、贿赂等犯罪。面对反腐败任务艰巨、查办案件难度加大的情况，全市各级检察机关积极拓宽案源，健全侦查一体化机制，加强办案的统一指挥协调，提高侦查破案能力。突出查办大案要案和损害群众切身利益的案件，共立案侦查贪污、贿赂案件321件363人，其中，涉及中央单位79人。集中力量查处了一批有影响有震动的案件，其中，百万元以上大案31件，县处级干部51人，厅局级24人，为国家挽回经济损失近3亿元。依法审查起诉了湖南省高级人民法院原院长吴振汉、中国建设银行原行长张恩照等省部级干部受贿案。在办案中，我们注重深挖群众反映强烈的职务犯罪，继2005年查处国家食品药品监督管理局医疗器械司原司长郝和平受贿案后，又侦破了该局药品注册司原司长曹文庄涉嫌受贿、巨额财产来源不明等一系列案件，受到中纪委和最高人民检察院的充分肯定；集中开展治理商业贿赂专项工作，严肃查办破坏市场经济秩序、阻碍社会诚信体系建立的商业贿赂犯罪，坚持“抓系统、系统抓”的有效策略，深入工程建设、产权交易、医药购销等行业和领域，依法查办国家工作人员商业贿赂犯罪案件169件179人。在医药购销领域查办48件52人，在图书销售领域查办32件38人，并深挖出近千件线索移交其他省市司法机关，现有400余件线索被立案侦查，对净化行业风气起到了积极的促进作用。另外，还协助其他省市查办职务犯罪969件，追逃抓捕犯罪嫌疑人41人，为国家反腐败大局作出了贡献。

依法查处渎职侵权犯罪案件。共立案侦查30件31人，其中，造成经济损失150万元以上的重特大渎职案件15件，县处级以上干部犯罪涉及9人。深入开展严肃查办国家机关工作人员破坏社会主义市场经济秩序的渎职犯罪专项活动，立案侦查25件22人，依法查处了农业部财务司原司长孙鹤龄涉嫌滥用职权、造成经济损失230万元等案件。围绕事关群众生命和国家财产安全问题，重点查处危害公共安全、造成重特大责任事故

的渎职侵权犯罪，积极介入调查30余起，立案侦查3件。严肃查处住房公积金、税务机关等领域国家工作人员的渎职犯罪，努力维护群众的切身利益和市场经济秩序。

深入开展职务犯罪预防工作。按照中央关于建立健全教育、制度、监督并重的惩治和预防腐败体系的要求，积极参与党委领导下检察机关发挥职能作用的社会化大预防网络建设。与纪检监察部门、工程建设方签署廉政协议，共同推进奥运“阳光工程”建设。结合我们近年来查处的典型案例，在市检察院业务楼设置教育警示展览，并被市纪委确定为北京市反腐倡廉法制教育基地，近3000名党员、干部参观了展览，有力促进了我市廉政文化建设。同时，不断深化个案预防、专项预防和系统预防，积极向社会提供行贿犯罪档案查询，深入企业、机关、学校，举办法制讲座80余次，提供法律咨询4000余人次，充分发挥了检察机关在预防职务犯罪、化解社会矛盾、促进社会和谐中的积极作用。

三、依法开展诉讼监督，切实维护司法公正

全市检察机关遵循公平正义的目标，围绕人民群众关注的问题，依法行使宪法赋予的法律监督职责，努力促进司法公正。

加强立案和侦查监督。普遍与工商、税务等部门建立移送刑事案件制度，采取召开联席会、重大案件提前介入等措施，依法监督纠正有案不立、有罪不究、以罚代刑等问题。共受理立案监督线索155件，要求侦查机关说明不立案理由110件，通知立案12件18人；对应当逮捕而未提请逮捕的，依法追捕21人，对应当起诉而未移送起诉的，依法追诉37人；对侦查过程中违反法定程序等行为，发出纠正违法意见书14件。

加强民事行政和刑事审判监督。针对大量民事纠纷进入司法领域，民事行政案件大幅上升，人民群众对公正高效裁判的呼声越来越高的实际情况，加大民事行政审判监督力度。认真办理侵犯知识产权等类案件，积极服务创新型城市建设。及时办结商品房买卖、劳动争议等民事行政申诉案件，有效回应群众对司法公正的诉求。共审查结案1604件，向人民法院提起抗诉71件，提请最高人民检察院抗诉8件，发出再审检察建议14件，法院现已改判11件。在刑事审判监督方面，对判决认定事实错误、量刑明显不当的案件，依法提起抗诉48件，现已改判9件。

加强对监管活动和刑罚执行的监督。进一步完善监督制度，会同市公安局联合下发《加强看守所法律监督工作的意见》，实现了对看守所的联网监控，防止超期羁押，保障在押人员的合法权益。开展对减刑、假释、保外就医及监外执行人员社区矫正工作的专项检察，加强对劳动教养工作的监督，对存在的问题及时发现和纠正。

四、立足检察职能，积极服务首都经济社会发展大局

全市检察机关认真落实科学发展观，坚持以人为本，围绕发展第一要务，主动服务首都工作大局。

发挥检察职能，积极服务社会主义新农村建设。按照中央和市委关于开展社会主义新农村建设的指示精神，全市检察机关主动开展了“服务社会主义新农村建设”专项工作。依法打击各种影响农村稳定、侵害农民权益、危害农业生产的犯罪活动；完善送法下乡机制，提高农村干部和村民的民主法制意识；针对公共财政大量投入农村基层建设的情况，帮助农村基层组织健全防范机制，12个区县检察院与93个乡镇建立联系制度，完善村务公开、土地专项资金使用、财务管

理等项工作；妥善处理“涉农”信访案件，积极化解矛盾纠纷，努力为新农村建设创造良好的法治环境。

坚持执法为民，不断深化便民维权工作。认真落实宪法人权保障原则，健全维护诉讼参与人合法权益机制，依法保障当事人的合法权益。开展讯问职务犯罪嫌疑人全程同步录音录像工作，防止刑讯逼供，促进文明执法；试行公开听证制度，有的检察院在案件作出处理决定前，根据具体情况，召集犯罪嫌疑人、被害人、代理人、社会代表参加公开听证，广泛听取各方意见；完善听取律师意见制度，保障律师在诉讼活动中的执业权利；探索轻伤害案件和解制度，积极调解因民事纠纷引发的轻微刑事案件；推行办案公示制和诉讼理由说明书制度，及时向诉讼当事人公示案件进展情况，依法保障当事人的知情权，确保办案过程公正透明；落实检察环节的司法人文关怀，推行未成年人犯罪案件专人办理制度，设置残疾人无障碍通道，设立申诉来访触摸屏，改善接待环境，把服务群众落到实处。

开展排查调处工作，努力化解矛盾纠纷。认真落实执法为民的要求，拓宽群众利益表达渠道，完善检察长接待日制度，各级院检察长接待群众2000余人次。深化控告申诉案件首办责任制，办理举报和控告申诉信访8255件，认真解决合理诉求。集中开展了处理涉检信访工作，不断完善涉检信访处理机制，建立涉检信访预警制、重点案件领导包案制、信访考评制和责任追究制，认真办理排查出的32件涉检上访重点案件，努力做到案结事了、息诉罢访。坚持实事求是、有错必纠的原则，对确有错误的案件，坚决予以纠正，对应该给予赔偿的，依法作出赔偿决定8件，维护了赔偿请求人的合法权利。同时，对人民法院作出的正确判决、裁定，耐心地向申诉人析法讲理，认真做好息诉服判工作，维护司法权威，促进社会和谐。

参与综合治理，积极服务平安奥运建设。按照举办奥运会对首都社会治安秩序的要求，充分发挥检察职能在社会治安防控体系建设中的作用。积极参与奥运安保防控体系建设，配合司法行政部门开展社区矫正工作，促进首都社会安全稳定；针对办案发现的问题，及时发出检察建议，督促整改，堵塞漏洞；通过媒体、检察开放日等多种途径，开展法制宣传教育，为实施“新北京、新奥运”战略构想营造良好的社会环境。

五、大力加强队伍建设，全面提高执法水平

坚持以公正执法为核心，以专业化建设为方向，全面提升检察队伍的执法素质和能力。

深入开展社会主义法治理念教育。按照中央政法委、最高人民检察院及市委政法委的部署，组织开展了以“依法治国、执法为民、公平正义、服务大局、党的领导”为主要内容的社会主义法治理念教育，通过采取集中培训、专家辅导、知识竞赛等多种形式，加强检察干警思想政治和职业道德教育，着力解决执法思想、执法观念、执法作风等方面存在的突出问题，不断增强大局意识、责任意识和服务意识，进一步统一了全体干警执法思想，改进了执法作风。

积极开展执法规范化建设。坚持边教育、边改进、边建设，制定完善了加强办案管理确保公诉案件质量等26项制度。开展审查逮捕工作、出庭公诉工作等专项检查，从群众反映突出的问题入手，认真进行整改，进一步完善了办案程序，统一了批捕、起诉工作标准，规范了职务犯罪侦查等行为。认真落实执法责任追究，通过开展错案倒查，追究了4名检察人员的执法责任。

努力提高队伍专业化素质。严把职业准入关，择优招录高校应届毕业生充实基层检察队伍。立足岗位要求，有针对性地开展专业培训，积极参与国际司法交流，加强检察实务与理论研究。深入推进队伍专业化管理，建立健全各类检察人员职位说明书，探索检察官遴选机制和分类管理模式，完善绩效考评体系，运用信息化手段，提升队伍管理水平。采取挂职锻炼、轮岗交流等措施，着力培养高素质检察队伍。去年，在全国检察机关的竞赛评比中，有 3 名检察官被评为“全国十佳公诉人”，2 名检察官分别被评为“全国十大杰出检察官”、“全国检察业务专家”，4 个基层检察院被评为全国检察机关先进集体，充分显示了首都检察队伍的素质和水平。

注重加强领导班子建设。以区县换届为契机，调整充实了区县检察院各级领导班子，进一步优化班子的年龄结构、知识结构，为首都检察工作创新发展注入了新的活力。狠抓班子思想政治教育，加强党风廉政建设，结合市院领导干部中发生的严重违纪问题，深入开展警示教育，落实党风廉政建设责任制，强化对领导干部行使权力的监督。加强和改进检察委员会的建设，进一步规范了检察委员会的学习、工作、业务研究制度，增强了检察委员会的议事决策能力。

六、自觉接受人大和社会各界监督，不断提升检察工作水平

全市检察机关牢固树立监督者要首先接受监督的意识，自觉把检察工作置于人大及其常委会的监督之下。认真落实人大的各项决议，向人大常委会作专题汇报，主动邀请人大代表视察工作 51 次，依法及时办结代表意见和建议。拓宽接受外部监督的渠道，组织特约监督员、特约检察员和专家咨询监督员活动 387 人次，深入开展检察开放日活动，增强工作透明度。深化人民监督员制度试点工作，人民监督员监督办理 43 件不服逮捕决定、拟撤销、拟不起诉的职务犯罪案件，促进了检察权规范、公正行使。

各位代表，全市检察工作的成绩，离不开各级党委的正确领导，离不开人大及其常委会的有力监督，离不开政府、政协以及社会各界的大力支持。在此，我代表北京市人民检察院向各级党政领导、人大代表、政协委员和社会各界表示衷心的感谢！

在总结成绩的同时，我们也清醒地认识到，全市检察工作与当前构建和谐社会的新形势、与党和人民的要求及首都的特殊地位相比，还存在不少差距。一是有些检察人员还没有牢固树立社会主义法治理念，大局意识、为民意识有待进一步增强；二是执法能力还需提高，一些检察机关存在就案办案、机械执法的倾向，做群众工作和化解矛盾的能力不强，影响了执法效果；三是队伍的专业素质还不能适应人民群众对司法公正的期望，影响了法律监督职能的充分发挥；四是违法违纪行为仍有发生，尤其是个别领导干部发生严重违纪问题，损害了检察机关的声誉，必须下更大力气抓好队伍的自身建设。对于以上问题，我们高度重视，将认真研究解决。我衷心期待，人大代表和社会各界更加关注、理解和支持首都检察工作，帮助我们更好地服务社会和人民。

2007 年的工作任务

2007 年是积极推进社会主义和谐社会建设的重要一年，也是实现“新北京、新奥运”战略构想的关键一年。全市检察机关要认真贯彻十六届六中全会精神，全面落实科学发展观，紧紧围绕首都工作大局，不断深化检察工作主题，为党的十七大顺利召开与构建和谐社会首善之区创造良好的法治环境。

一、认真履行检察职责，充分发挥检察机关在构建社会主义和谐社会中的职能作用

认真贯彻宽严相济的刑事政策，依法履行批捕起诉职能，严厉打击严重刑事犯罪和经济犯罪，促进社会安定有序与经济平稳发展。继续加大查办贪污、贿赂和渎职侵权犯罪案件的工作力度，坚持打防结合，促进党风廉政建设和反腐败斗争深入开展。切实强化诉讼监督，维护司法公正，提高在检察环节化解社会矛盾的能力，为和谐社会建设提供司法保障。

二、继续开展执法规范化建设，切实促进公正执法

按照中央政法委、最高人民检察院和市委政法委的统一部署，认真落实为期三年的“规范执法行为，促进执法公正”专项整改活动的总体要求，围绕人民群众关注的执法环节，全面加强执法规范化建设，健全完善执法责任、执法管理和执法监督三大体系，为公正高效执法提供保障。

三、坚持改革创新，努力提高法律监督能力

围绕影响和制约首都检察工作发展的重点问题，认真落实最高人民检察院关于检察改革的部署，积极稳妥地推进各项检察改革。深化人民监督员制度，不断拓展检务公开途径，积极改进未成年人犯罪案件办理方式，进一步健全诉讼活动监督机制，推动检察工作创新发展。

四、狠抓队伍建设，不断提升队伍的整体素质

继续深入开展社会主义法治理念教育，打牢检察工作的思想基础。加强领导班子建设，提高领导干部服务大局和廉洁自律的能力。狠抓队伍专业化建设，加强干部交流和人才培养，提高队伍的岗位实践能力。坚持从严治检，进一步抓好纪律作风建设，树立公正、文明、清廉的执法形象。

五、自觉接受党的领导和人大监督，确保检察权正确行使

认真贯彻落实《中共中央关于进一步加强人民法院、人民检察院工作的决定》及市委关于贯彻《决定》的意见，坚定地执行党的路线方针政策，紧紧围绕市委的中心任务，全面开展检察工作。深入学习贯彻《各级人民代表大会常务委员会监督法》，自觉接受人大监督，认真向人大常委会报告规范执法行为的情况，虚心听取人大代表的意见，拓宽接受监督的渠道，不断提升检察工作水平。

各位代表，新的一年里，我们将在市委和最高人民检察院的正确领导下，在人大及其常委会的有力监督下，认真落实本次大会决议，全面履行法律监督职责，忠诚捍卫法律尊严，努力维护公平正义，为构建和谐社会首善之区作出新的贡献！

北京市第十二届人民代表大会第五次会议议案审查委员会关于代表议案的审查报告

（2007 年 1 月 30 日北京市第十二届人民代表大会第五次会议主席团第六次会议通过）

北京市第十二届人大第五次会议议案审查委员会主任委员　赵凤山

大会主席团：

到大会主席团第一次会议决定的代表提出议案截止时间，共收到议案 353 件（其中代表团提出的议案 43 件，10 名以上代表联名提出的议案 310 件）。按照议案内容分类，属于北京市人大及其常委会制度建设方面的 3 件，财政经济方面的 65 件，农业、农村和农民方面的 42 件，城市建设和环境保护方面的 97 件，教育科技文化卫生体育方面的 71 件，内务司法方面的 60 件，民族宗教侨务方面的 6 件，其他方面的 9 件。

代表们以邓小平理论和“三个代表”重要思想为指导，全面贯彻落实科学发展观，认真履行宪法和法律赋予的职责，紧紧围绕构建社会主义和谐社会首善之区，实现“新北京、新奥运”战略构想，从多方面积极提出议案。

代表们在议案中，对于加大城市建设、管理和环境治理力度，提升市民文明素质和城市文明形象，做好奥运筹备工作；充分发挥人大代表作用，加强人大常委会制度建设；发展农村经济，增加农民收入，促进城乡统筹协调发展，推进社会主义新农村建设；加强山区生态建设，提升首都环境质量；做好人口发展规划，调控人口规模；发展文化创意产业，重视工业遗址保护与利用；促进自主科技创新，加快创新型城市建设，促进经济又好又快发展；完善交通设施建设，整治交通环境，优先发展公共交通，解决交通拥堵；加强物业管理，构建和谐社区；改革农村社会保障制度，提高城市居民社会保障水平，关注社会困难群体，完善社会保障体系；认真实施义务教育法，推进首都教育均衡发展；加强公共卫生体系建设，强化食品安全卫生工作，创新社区卫生服务模式，提升医疗卫生服务水平，以及人民群众普遍关心的其他问题，提出了许多重要意见和建议。

议案审查委员会按照《北京市人民代表大会议事规则》的有关规定，对议案进行了认真审查，提出了审查意见，现报告如下：

一、交市人民政府办理，由市人大常委会审议的 36 件，合并为四项议案（见议案目录）：

（一）坚持以人为本，完善社会保障制度（共 13 件：第 12、13、43、44、65、71、122、127、169、170、171、205、237 号）；

（二）规范物业管理，营造良好生活环境（共 6 件：第 75、104、114、231、352、353 号）；

（三）合理配置教育资源，推进义务教育均衡发展（共 9 件：第 16、18、72、143、212、239、263、275、293 号）；

（四）加强山区生态建设，提升首都环境质量（共 8 件：第 4、147、149、190、209、285、290、330 号）。

二、作为建议、批评和意见的317件，交市有关部门研究办理并负责答复提议案代表（见议案目录）。

以上审查意见，建议大会主席团予以批准。

附件：

北京市第十二届人民代表大会第五次会议议案目录

本次会议共收到代表提出的议案 353 件。其中代表团提出的议案 43 件，十名以上代表联名提出的议案 310 件。按照议案内容分类，属于人大及其常委会制度建设方面的 3 件，财政经济方面的 65 件，农业、农村和农民方面的 42 件，城市建设和环境保护方面的 97 件，教育、科技、文化、卫生和体育方面的 71 件，内务司法方面的 60 件，民族宗教侨务方面的 6 件，其他方面的 9 件。

经议案审查委员会审查，大会主席团决定，交市人民政府办理，由市人大常委会审议的 36 件，作为建议、批评和意见交有关部门研究办理的 317 件。具体目录如下：

一、交市人民政府办理，由市人大常委会审议（共 36 件，合并为四项议案）

（一）坚持以人为本，完善社会保障制度（共 13 件）

序号	案　　由	提议案人	审议号
1	加大对用工单位落实《劳动法》、劳动保障政策法规的监管力度	王　媛等 11 人	12
2	认真解决好 148 号令执行中农民社会保障工作反映的突出问题	高　扬等 18 人	13
3	北京市劳动保障局应全面核查企业为职工缴纳社保情况	沈梦培等 25 人	43
4	北京市第 148 号令《北京市建设征地补偿安置办法》执行中遇到的问题	沈梦培等 22 人	44
5	《北京市建设征地补偿安置办法》第 148 号令执行中遇到的问题和建议	马士起等 14 人	65
6	构建和谐社会，完善弱势群体保障机制，扩大就业工程	吕晓霖等 22 人	71
7	关注贫困阶层生活，防止贫富差距过大，构建和谐北京	李维平等 17 人	122
8	企业退休职工养老金待遇低，仍需要政府着力解决	包玉良等 29 人	127
9	加快城乡统筹发展步伐，加大力度建立农村社会保障体系	安丽娟等 14 人	169
10	加强劳动监察执法队伍力量，维护广大劳动者的合法权益	安丽娟等 14 人	170
11	将无生活来源的老人纳入参加医疗保险范围	安丽娟等 13 人	171
12	完善医保政策，为离休干部无工作配偶建立医保	王士良等 18 人	205

13	进一步完善居民社会保障体系，尽快解决无社保人群的养老、医疗问题	王景英等15人	237

（二）规范物业管理，营造良好生活环境（共6件）

序号	案　由	提议案人	审议号
1	严禁民宅商用，构建和谐社会	吕晓霖等21人	75
2	建立居委会、物业公司、业主委员会联动机制，促进和谐社区	刘小平等15人	104
3	规范小区物业管理	罗万梅等12人	114
4	加快解决拆迁安置用房产权办理以及公共维修基金筹集等历史与政策遗留问题	王功伟等10人	231
5	尽快出台《北京市物业管理办法》及相关配套设施使用管理办法，规范物业管理	刘月娥等10人	352
6	修改《北京市专项维修基金使用管理办法（试行）》的有关内容的意见和建议	郭宝东等10人	353

（三）合理配置教育资源，推进义务教育均衡发展（共9件）

序号	案　由	提议案人	审议号
1	认真落实义务教育法，实现首都教育优质均衡发展，促进教育公平	高　扬等18人	16
2	北京市应制定《实施〈中华人民共和国义务教育法〉办法》	吴守伦等19人	18
3	我市义务教育应均衡发展	吕晓霖等21人	72
4	着力推进均衡教育是实现素质教育的必由之路	晏懋洵等14人	143
5	均衡发展城乡教育，提高山区教育质量	李　泽等17人	212
6	认真宣传、贯彻落实《中华人民共和国义务教育法》，促进首都义务教育均衡发展	李卫红等11人	239
7	加强基础教育管理，政府办好义务基础教育，均衡北京教育资源，让广大青少年有良好的成长环境和公平的竞争环境，培养德智体全面发展的接班人	杨建思等22人	263
8	优化配置优质教育资源，真正实施九年义务教育	顾畹仪等19人	275
9	加强山区教育，推进城乡教育均衡发展	赵淑雅等13人	293

（四）加强山区生态建设，提升首都环境质量（共8件）

序号	案　由	提议案人	审议号
1	对首都重要水源涵养保护区生活垃圾无害化处理，增加资金扶持力度	怀柔区代表团	4

2	注重生态建设工作中的难点——“生态修复”问题	延庆县代表团	147
3	建立和完善远郊区县防洪减灾保障体系	延庆县代表团	149
4	建设资源节约型的新农村生态社区	金　莉等11人	190
5	加快永定河官厅山峡河道生态修复	李慷云等17人	209
6	进一步完善生态林补偿机制	郑玉民等13人	285
7	煤矿关闭后，加大产业结构调整支持力度	房山区代表团	290
8	解决平谷应急水源地向北京供水后，农村生产生活用水困难	平谷区代表团	330

二、作为建议、批评和意见交市人民政府研究办理（共310件）

（一）财政经济方面（共54件）

序号	案　　由	提议案人	审议号
1	工业遗产保护和再利用的问题	沈梦培等20人	26
2	加强正面宣传，促进电力事业发展	沈梦培等23人	36
3	再论实行政府采购，为民族企业创造市场	沈梦培等25人	40
4	尽快开展“北京市发展环境”综合调研	邓洪波等13人	58
5	合理调整上下班时间，解决交通拥堵压力	刘国祥等16人	64
6	重视食品安全卫生工作并尽快制定完善其法律法规	吕晓霖等25人	69
7	迎奥运，支持旅游事业，解决国内外旅游团队到王府井参观购物停车难问题	吕晓霖等18人	70
8	提高城镇登记失业人员、农村劳动力、低保对象等群体技能培训补贴标准	郑玉民等12人	78
9	妥善解决大安山地区产业转型期居民生活出路问题	刘永先等14人	79
10	放宽自谋职业和灵活就业年龄条件	刘启文等22人	80
11	实现考虑家庭人均年收入的个人所得税纳税方式改革	朱崇君等12人	85
12	请市政府出台支持太阳能产业政策，推动太阳能光伏应用	马士华等19人	88
13	提高餐饮业市场准入标准，加大处罚力度，取缔不合格小餐饮店，保障人民健康	赵岳嵩等15人	97
14	在我市发展电子环保	叶　捷等31人	100

15	制定《北京市电力设施保护条例》	金雅丽等 15 人	108
16	进一步加大食品安全监管工作	罗万梅等 12 人	110
17	北京市高速公路收费年限问题	赵　仑等 11 人	117
18	加强立法监督，抓好食品安全	邢焕楼等 11 人	120
19	加强食品安全监管体制，全方位提高食品的安全性	李　江等 15 人	121
20	规范商业零售企业促销行为，建设诚信社会	沈梦培等 18 人	129
21	加快北京城市配送物流供应链的建设和完善	王丽梅等 17 人	146
22	提高八达岭长城参观门票价格	延庆县代表团	150
23	搬迁中石化股份有限公司通州分公司	通州区代表团	162
24	完善农村劳动力就业扶持政策	通州区代表团	165
25	完善食品安全标准，全面建立食品安全追溯体系	王建华等 11 人	167
26	落实首钢涉钢产业搬迁调整方案，促进石景山区经济社会持续平稳发展	石景山区代表团	177
27	制定强制性法规，加快建立北京市电子垃圾回收体系，切实落实《电子信息产品污染控制管理办法》	周　群等 12 人	178
28	加强食品安全管理，构建社会主义和谐社会	李宗范等 14 人	183
29	尽快出台政策与办法，实现退休职工冬季取暖费的社会化支付	印红羽等 13 人	186
30	将城市绿化项目列入市发改委城市基础设施建设项目，促进城市协调发展	张　鸿等 14 人	196
31	优化北京市燃料配置，实现煤的清洁使用，支持有环境治理能力的单位以煤为燃料	叶晓明等 13 人	198
32	给予门城采空区改造政策和资金支持	伊欣欣等 13 人	206
33	对门头沟区煤矿关闭地区产业结构调整给予政策与资金支持	李慷云等 17 人	207
34	对门头沟区煤矿关闭地区群众生活给予政策与资金支持	李清云等 17 人	208
35	北京工业遗迹保护与活化	韩　永等 17 人	214
36	尽快解决通州区 15 个债权单位在北京投资公司还款问题	通州区代表团	227
37	北京焦化厂工业历史资源的抢救性保护	许　槟等 18 人	234
38	努力提高服务水平，充分利用奥运契机，全力推进经济发展	刘红艳等 12 人	251

39	改财政补贴公交企业为补贴消费者，实现公交良性循环、公交优先长效机制	史际春等 33 人	254
40	政府适时介入，规范市场主体的经营行为，避免不和谐因素，减少纷争——“分时度假”中的问题亟待解决	王玉梅等 23 人	261
41	加强再生物资回收行业依法审批和管理	王中华等 12 人	267
42	加快天竺临空经济功能区建设	顺义区代表团	271
43	支持设立北京空港综合保税港区	顺义区代表团	272
44	京周公路路灯建设应给予资金支持	张振江等 15 人	286
45	构建和谐社会，营造放心的食品消费环境	元晓梅等 16 人	305
46	加强对医疗设备的检测及监管力度	耿平安等 16 人	313
47	保护开发利用工业遗迹，给后人留下当代北京风貌	郭栖栗等 12 人	314
48	加强对垄断性企业监管	刘宪秋等 22 人	320
49	建立完善的电子废弃物回收体系，有效利用资源，建节约型社会	张　毅等 17 人	324
50	完善制度，加强监管，保障食品安全	李铁军等 14 人	335
51	扩充劳动岗位，吸纳待业人员，促进社会和谐	李铁军等 12 人	336
52	有关部门要尽快解决企业（机关）非营利性收费凭证（发票）问题	张　峰等 12 人	340
53	进一步节能降耗减排，建设节约型清洁城市，迎接 2008 年奥运会召开	刘学锋等 11 人	343
54	个人所得税税收均衡	王银成等 12 人	347

（二）农业、农村和农民方面（共 35 件）

序号	案　　由	提议案人	审议号
1	清理城乡分割文件，制定城乡统筹政策	怀柔区代表团	5
2	尽快完善绿隔地区保护农民权益的政策体系	高　扬等 21 人	14
3	改变二元结构，促进城市化进程	哈图卓日克等 28 人	20
4	加快取消城市化后农村两元结构，解决农民社会保障待遇与社会接轨	沈梦培等 22 人	29
5	改革创新，科学用水	沈梦培等 27 人	35
6	北京市应解决海淀四季青绿化隔离地区农民问题	沈梦培等 19 人	45

7	北京市在确定新农村规划建设试点村时，应酌情考虑少数民族和大、中、小村各占一定比例，以便起到以点带面的作用	仉锁忠等 14 人	50
8	推进农村城市化进程，加快城乡一体化	杨永安等 17 人	55
9	在北京市工业企业推广废水回用设备	金小军等 16 人	61
10	发展农村产业，壮大集体经济，增加农民收入，推进北京市新农村建设	高　扬等 18 人	62
11	房山区城关街道办事处前朱各庄等 9 个村整体转居、社会保障和旧村改造问题	张振江等 12 人	77
12	在整个京郊农村全面推广测土配方施肥技术，实现节本增效、增产增收和生态环境保护的目标	张福锁等 12 人	118
13	应该更加重视京郊耕地质量建设	张福锁等 12 人	119
14	在新农村建设中切实保护生物多样性	延庆县代表团	148
15	继续实行小城镇建设试点工作，实现依托城镇建设拉动全部新农村建设	延庆县代表团	154
16	加大新农村建设政策支持力度工作	通州区代表团	160
17	合理解决接纳密云水库移民有关问题	通州区代表团	166
18	推进新农村建设，使农村转为小城镇人员享受城市居民待遇	吴　恒等 11 人	185
19	加强农村基础设施建设，以推动新农村建设	金　莉等 11 人	193
20	政府应当解决 90 年代后“农转非”人员的权益保障问题	郑佳珍等 17 人	219
21	加大政府投入力度，建设都市型现代畜牧业	李淑媛等 11 人	235
22	建议政府对小型污水处理厂站日常运转提供经费支持	钟　和等 11 人	248
23	保障农民的利益	吴伟庆等 12 人	277
24	建议尽快制定《北京市排水管理办法》	哈图卓日克等 33 人	284
25	区县、乡镇农村经济经营管理部门纳入行政编制	刘瑞芳等 19 人	296
26	第一道绿化隔离地区新村建设和旧村改造资金压力大	赵增华等 11 人	300
27	绿化隔离地区产业发展政策亟待突破	赵增华等 11 人	301
28	加快制定绿化隔离地区整建制上楼农民的转居、转工和社会保障政策	赵增华等 11 人	302
29	落实产业发展与村庄建设规划，扎实推进新农村建设的进一步发展	李卫红等 11 人	303

30	杨庄水库向北京调水	平谷区代表团	329
31	认真落实代表建议，制定农业行政执法体制解决方案，理顺执法关系	平谷区代表团	331
32	加强农村田间道路建设	平谷区代表团	332
33	建立村级防疫队员队伍	平谷区代表团	333
34	加大南沙河环境污染整治力度	昌平区代表团	338
35	深化农村改革与支持支撑产业发展等政策	郭先英等 30 人	349

（三）城市建设和环境保护方面（共 90 件）

序号	案　由	提议案人	审议号
1	疏拥堵交通，迎北京奥运——改扩建光明铁路桥	崇文区代表团	1
2	中心城区公交总站严重影响城市环境面貌——将公交总站迁出中心市区	崇文区代表团	2
3	北京市政府应依法行政，京石高速公路北京段应停止收费	李淑媛等 17 人	7
4	要求对郊区县境内“黑出租车”规范管理	李淑媛等 17 人	9
5	建议市政府加大对房山世界地质公园建设给予支持	安江华等 11 人	10
6	加大北京房山世界地质公园环境保护力度以促进新农村建设	郝文书等 19 人	11
7	政府应为城管执法提供疏导渠道，以构建公平正义的和谐社会	石定果等 10 人	19
8	破除“人为垄断”，改革出租车行业	沈梦培等 29 人	21
9	不断改进和完善交通规划，方便北京市民出行	沈梦培等 28 人	23
10	北京市要按照国办发〔2005〕61 号文件精神发展小排量出租汽车	沈梦培等 26 人	25
11	加强城市管理，规范执法行为，迎接 2008 北京奥运	沈梦培等 29 人	27
12	在首钢搬迁之后	沈梦培等 21 人	28
13	开通中小学校车，缓解学校门前交通拥堵	沈梦培等 30 人	30
14	充分利用地铁车站毗邻空间进行立体化商业开发	沈梦培等 28 人	31
15	改变思路治理无照运营车	沈梦培等 29 人	33
16	新能源——地能热泵系统需要政策支持	沈梦培等 22 人	38
17	经济适用房应成为政府调控住房需求的手段	沈梦培等 28 人	42

18	改进窦店火车站北侧地下人行通道	仉锁忠等 13 人	47
19	把房山新城新型建材产业基地建设成为关闭煤矿及非煤矿山后失业农民就业基地	仉锁忠等 13 人	48
20	房山区长沟至琉璃河西段路已修完近一年，但至今仍未能与京石高速路接通，严重制约了房山区西部地区经济社会的建设与发展	仉锁忠等 14 人	53
21	迎奥运，加强环境治理保护，促进人与自然和谐，落实科学发展观	吕晓霖等 24 人	66
22	关注“公交一卡通”的押金	李淑媛等 17 人	83
23	公交新政为什么不能惠及郊区	李淑媛等 17 人	84
24	“城中村”整治项目土地合理利用，使城市环境整治能够可持续发展	孔　勇等 11 人	89
25	呼吁全社会都来支持公交优先战略，促进北京和谐交通	吕晓霖等 22 人	91
26	加快城区危旧房改造	东城区代表团	93
27	抓紧对北京站周边地区进行改建规划与整治	王俊杰等 15 人	98
28	市政府出台相关政策支持解决城市贫困居民的“合居”问题	毛铮铮等 17 人	102
29	加强对塑料袋生产使用管理和有偿回收，根治白色污染	毛铮铮等 18 人	106
30	落实绿色奥运，全面整顿市容环境，改善生态环境，提高城市建设服务管理水平，建设宜居城市	罗万梅等 11 人	112
31	渗水、透水的人行步道应禁止使用融雪剂，以免造成环境污染，建议修改《北京市融雪剂使用管理办法》	聂大华等 16 人	123
32	按“新北京、新奥运”的理念，修改《北京市城市道路管理办法》	聂大华等 18 人	124
33	北京绿地流失严重，必须以刚性手段加以保护	石定果等 11 人	125
34	京煤集团大安山煤矿深度开采造成地方村镇植被破坏、山体滑坡、耕地塌陷、水源被泄等经济损失赔偿和引发的系列化社会矛盾问题	刘增会等 17 人	131
35	对全市垃圾填埋场和垃圾焚烧厂实行严格的监管，保障首都的生态环境安全	金幼菊等 17 人	132
36	重新审视城管大队的执法范围，提高城市管理的科学性	金幼菊等 15 人	133
37	建立“城市设施备案制度”，加强城市公共安全管理	金幼菊等 17 人	134
38	以奥运为契机，着力推进垃圾分类，加快垃圾源头减量和资源化进程	金幼菊等 17 人	135

39	尽快开通京师洼里小区公交线路	葛剑平等 11 人	144
40	制定政策，整合管理资源，强化城市精准管理	葛剑平等 11 人	145
41	加大远郊区县公交车运营密度，解决山区群众出行困难	延庆县代表团	151
42	建设南城定向安置用房	李春英等 11 人	155
43	适当调整历史文化保护区土地供应方式	曹秀东等 13 人	156
44	乘北京举办奥运之机，充分发挥自行车在现代城市生活中的作用	张立华等 24 人	158
45	解决通州新城区交通拥堵	通州区代表团	159
46	修建采林路跨线桥	通州区代表团	163
47	完善农村公路管理养护体制	通州区代表团	164
48	在地铁站和交通枢纽附近增加机动车和非机动车停车位，以方便上述两种出行方式的人们换乘公共交通	穆丽杰等 13 人	168
49	为实现绿色奥运、人文奥运理念，北京市于 2007—2008 年认真解决塑料包装袋造成的白色污染问题	马润津等 18 人	176
50	大力发展北京市公共交通，加快制定《北京市步行和自行车交通规划》，保障行人和骑自行车人等交通弱势群体的合法路权	周　群等 12 人	179
51	妥善处置污泥，保护环境，真正实现“绿色奥运”	余晓辉等 12 人	182
52	严格本市装修用人造板准入制度	印红羽等 13 人	187
53	支持企业组织未享受过福利分房职工进行集资建房	张　鸿等 13 人	197
54	取消“封闭式管理”理念，整合宝贵的城市用地资源	赵　红等 13 人	199
55	着力建设奥运软环境，提高全市人民奥运素质	屠海令等 16 人	200
56	拓宽公安大学北门前小桥	王士良等 19 人	204
57	加快建设 109 国道门头沟段复线	李清云等 17 人	210
58	加快长安街西延工程建设	闫永喜等 17 人	211
59	尽快落实北新建材公司石膏板车间的搬迁	郑佳珍等 16 人	220
60	健全相关法律体系，完善城管执法环境	郑佳珍等 18 人	222

61	解决北京市交通拥堵问题	王功伟等 10 人	229
62	积极推进依法拆迁工作相关问题	王功伟等 10 人	230
63	落实《北京城市总体规划》，完善自行车交通	许　槟等 11 人	232
64	加强城市特色街区环境整治和规划建设	许　槟等 18 人	233
65	将燕山地区“城中村”改造纳入北京市“城中村”改造	史全富等 13 人	236
66	缓解交通拥堵难题，减少私车使用，增开优质优价公交车线路	刘红宇等 11 人	238
67	着力提升城市建设服务管理水平，进一步加强对于噪声污染的治理	金　莉等 12 人	245
68	宜居城市建设	潘卫翔等 11 人	249
69	增设“公交日”，培养公交优先、环境保护的公共意识	王玉梅等 22 人	257
70	广开廉租房房源，缓解低收入者住房困难	王玉梅等 23 人	258
71	加快 111 国道二期改造工程建设	怀柔区代表团	268
72	制定配套政策和资金支持方案，大力推进利用水泥窑处置污水厂污泥工程	李燕京等 18 人	269
73	加大重点新城和重点产业功能区土地供给	顺义区代表团	273
74	在中关村一桥建过街人行天桥	吴伟庆等 12 人	279
75	发展天然气用户时，优先解决多年遗留下来的问题	哈图卓日克等 33 人	283
76	请求市政府在调整市区公交线路时考虑郊区人民利益	房山区代表团	289
77	房山区享受北京市“城中村”有关政策	房山区代表团	291
78	为城管立法（地方性法规），应尽快排上日程	张礼栓等 16 人	304
79	为构建和谐社会首善之区，加紧建设一支合格、有效的城管执法队伍	刘宪秋等 16 人	306
80	深入推行“一卡通”，发挥智能价值	张　耘等 21 人	316
81	加强对公交一卡通的服务和监管	刘宪秋等 21 人	318
82	认真落实代表建议，按原计划实现 2007 年底京平高速路全线通车	平谷区代表团	325
83	认真落实代表建议，按原计划 2007 年底京平天然气管道建成投入使用	平谷区代表团	326
84	城市功能向远郊区县转移	平谷区代表团	327
85	在部分项目审批方面对远郊区县给予一些宽松政策	平谷区代表团	328

86	尽快制定公共交通城乡一体化政策	昌平区代表团	337
87	南口环岛八达岭高速路出口改道	张　峰等 12 人	339
88	协调各方面关系，整合南口镇资源，推动南口镇规划实施	张　峰等 12 人	341
89	进一步加强宣传教育，全面有效整治市容环境，迎接 2008 奥运会召开	刘学锋等 11 人	344
90	改革经济适用房现行办法的若干意见	张文华等 11 人	350

（四）教育、科技、文化、卫生和体育方面（共 62 件）

序号	案　由	提议案人	审议号
1	构建和谐社会，尽快落实独生子女父母奖励	李淑媛等 17 人	8
2	创新体制机制，落实政策资金，推动首都文化创意产业健康发展	高　扬等 24 人	15
3	2007 年市人大常委会应审议《北京市“十一五”时期人口发展规划》	吴守伦等 35 人	17
4	科学技术是第一生产力，2007 年北京市政府应该做什么	沈梦培等 25 人	24
5	支持“圆明园文物回家”	沈梦培等 28 人	32
6	修订《中关村科技园区条例》，推动自主创新科技创业	沈梦培等 27 人	37
7	寄宿学校和高校食堂社会化管理后，饭菜质量和营养很难有保障，不利于学生的生长发育和身心健康，政府部门应给予高度重视	仉锁忠等 13 人	49
8	加强对城乡网吧的管理，减少网吧对青少年的危害，是目前社会、家庭普遍关注的一大社会焦点问题	仉锁忠等 14 人	52
9	公共场所彻底无烟化是“人文奥运”理念的体现	石定果等 27 人	54
10	创办北京体育职业技术学院	张来芬等 21 人	56
11	农村医疗事业应加快发展，完善农村医疗保障体系，促进新农村建设	吕晓霖等 24 人	67
12	创新社区卫生服务模式，缓解看病难、看病贵	吕晓霖等 25 人	74
13	设立宣南文化园	宣武区代表团	87
14	提高市民文明素质，塑造良好奥运环境	东城区代表团	92
15	树立设计创新理念，展示设计创新成果，建设“首都设计创意博物馆”	马　可等 21 人	94
16	推动北京城市人文建设，适应城市发展，提升大众自然科学素质——扩建北京自然博物馆	叶　捷等 31 人	99

序号	案由	提出人	页码
17	解决群众看病难看病贵问题，推进和谐社会建设	罗万梅等 12 人	111
18	用奥运经济促进发展首都文化创意产业	罗万梅等 12 人	113
19	为迎接奥运提高市民整体素质和窗口行业服务水平，营造良好社会环境	罗万梅等 11 人	116
20	政府应该加强行政执行力度，避免政策缺失	郑佳珍等 18 人	128
21	公共场所禁烟，领导干部要带头	沈梦培等 18 人	130
22	建立知识产权预警和应急机制，设立知识产权风险管理基金，积极防御涉外知识产权侵权，主动应对涉外知识产权争议	王小兰等 15 人	136
23	远离烟草，实现绿色奥运——进一步加强北京市控烟工作	顾　晋等 14 人	137
24	尽快开展北京地区结直肠癌早期筛查，有效控制北京地区上升最快的恶性肿瘤	顾　晋等 15 人	138
25	大力发展公共图书馆事业，促进和谐社会建设	王建民等 14 人	139
26	解决在职国家高级公务员兼任学术职务	王建民等 15 人	140
27	建议北京市推动中秋节成为国家法定节日立法工作	王建民等 14 人	141
28	抓住最后机遇，加强北京的社会环境建设，确保“人文奥运”理念的实现	籍之伟等 37 人	142
29	加强农村医疗服务网络建设	延庆县代表团	153
30	市政府应该尽快成立奥运场馆管理机构，提前考虑奥运场馆赛后使用问题	张立华等 27 人	157
31	加强亚奥地区文化建设，实现“人文奥运”目标	戴广翠等 12 人	184
32	进一步加强对我市餐饮业就餐用纸卫生的监督检查，严格市场准入制度	金　莉等 13 人	189
33	进一步完善文化标识，全面实施人文奥运行动计划	金　莉等 13 人	191
34	进一步强化食品卫生监督	金　莉等 13 人	194
35	在全市开展“我为构建和谐社会首善之区做贡献”主题教育活动	张　鸿等 12 人	195
36	加大科技投入，增强首都自主创新能力	屠海令等 15 人	201
37	加强山区医疗卫生工作	邢惠芳等 18 人	213
38	呼吁减少教育行政会议次数，为学校教育松绑	郑佳珍等 18 人	215
39	非法办园情况严重，政府应尽快予以规范和取缔	郑佳珍等 18 人	216
40	政府应明确规定幼儿园执行寒暑假制度	郑佳珍等 18 人	224

（五）内务司法方面（共 54 件）

序号	案由	提议案人	审议号
1	建立交通文明，构建和谐交通秩序	李淑媛等 17 人	6
2	如何面对北京进入老龄化社会的种种问题	沈梦培等 27 人	39
3	用制度化和市场化手段来规范北京流动人口管理	沈梦培等 26 人	41
4	以人为本进行养犬管理	沈梦培等 28 人	46
5	加强农村基层民主法制建设，完善村民自治制度，大力开展农村普法教育，提高农民法律意识，构建和谐社会	仉锁忠等 14 人	51
6	开展外商投资与外国人在京居住管理地方立法专项调研	邓洪波等 12 人	59
7	对社区专职工作者进行等级评定，并随物价调整工资	刘国祥等 16 人	63
8	构建和谐社区，关心老年人文化健身工作	吕晓霖等 22 人	68
9	加强社会治安综合治理，增强人民群众安全感，构建和谐社会	吕晓霖等 22 人	73
10	改善交通信号灯系统，迎接奥运会到来	王涌天等 22 人	76
11	对道路红绿灯加强管理和整顿	刘启文等 14 人	81
12	提高城市管理水平，把狗管好	李淑媛等 17 人	82
13	以迎奥运为契机，研究部署加强和改进未成年人思想道德建设	朱崇君等 15 人	86
14	老年病医院向全市开放	马新云等 20 人	90
15	增加交通警力	费文勇等 18 人	95
16	规范交通标识，完善交通设施建设	毛铮铮等 18 人	103
17	关怀老年人精神健康	张国初等 15 人	109
18	迎奥运全民动员整治交通环境，缓解城市交通拥堵	罗万梅等 13 人	115
19	尽快出台农村骨灰安置管理办法	延庆县代表团	152
20	尽快制定《北京市流浪儿童救助保护条例》	尚秀云等 37 人	161
21	将低保边缘群体纳入临时救助范围	安丽娟等 14 人	172
22	政府应该加大村规民约的监管力度，切实保护农村妇女土地权益	吴秀萍等 13 人	174

23	加强未成年人社会主义荣辱观教育	吴秀萍等 18 人	175
24	加快将老年社会福利机构医务室纳入医保定点机构的进程，及时解决老年参保人员就近医疗问题	余晓辉等 13 人	180
25	以人为本，保障行人、自行车出行安全	余晓辉等 13 人	181
26	将路灯杆统一编号，提高城市管理定位效率，为奥运提供准确的城市定位系统	印红羽等 14 人	188
27	深入推进和谐社区建设，完善社区专职工作者管理机制	金　莉等 11 人	192
28	进一步加强残奥会“软环境”建设	吕争鸣等 15 人	202
29	尽快为国有民办养老机构出台扶持政策	王士良等 18 人	203
30	政府急需建立和完善儿童重大疾病救助体系	郑佳珍等 18 人	217
31	呼吁政府和社会对智力残疾人给予更多的关爱	郑佳珍等 18 人	218
32	修改《北京市养犬管理规定》	郑佳珍等 17 人	221
33	呼吁政府解决养老机构中老人的就医问题	郑佳珍等 18 人	223
34	加强对未成年人的思想道德教育，应当建立“家庭、学校、社会的联动机制”	尚秀云等 37 人	225
35	采取有效措施净化网络环境，为网络立法，保护未成年人健康成长	尚秀云等 37 人	226
36	保证女性高级知识分子平等工作权利	郑新蓉等 24 人	228
37	抓紧对全市老年人进行全面调研，制定相关政策法规，维护合法权益	安丽娟等 12 人	241
38	加大交通安全宣传教育力度，加强力量疏拥堵交通	安丽娟等 11 人	242
39	以奥运为契机，动员全市提升全民公德素质	安丽娟等 12 人	243
40	完善非司法调解制度，缓解司法压力，构建和谐社会	王玉梅等 24 人	260
41	清查非法网站，清洁网络内容，严厉打击不健康网络板块源头，还青少年一个干净的文化和科技空间	杨建思等 22 人	262
42	政府应为 70 岁以上的高龄老人制定更多的优惠政策	周　群等 11 人	265
43	促进人口资源环境协调发展，促进北京市经济社会的可持续发展	顾畹仪等 20 人	276
44	《北京市养犬管理规定》存在的问题	吴伟庆等 11 人	281
45	老年病医院向全市开放	陈兴波等 20 人	288

序号	案由	提议案人	审议号
46	宠物污染，建设洁净优美和谐北京城，为迎接奥运做贡献	刘红宇等14人	308
47	改善社区“居干”待遇偏低及建立相关激励机制	张洪仪等16人	310
48	完善社会养老机制，鼓励和吸引社会力量投资养老服务机构，迎接人口老龄化的巨大挑战	刘红宇等34人	312
49	确立社区居民主动清除宠物粪便日，建设洁净优美和谐北京城	刘红宇等22人	315
50	重视未成年人的身心健康，调整学生作息时间——事关民族发展、国家长治久安的大事	张　毅等16人	321
51	各级政府应加大街道、乡镇社保所的建设	张　军等11人	334
52	重视并提高首都消防人员职业待遇	刘学锋等11人	342
53	建立交通智能信息管理系统，缓解北京交通压力，迎接2008奥运会召开	刘学锋等11人	345
54	构建和谐社会，加强北京市老年社会问题的研究	孔　勇等12人	348

（六）民族、宗教、侨务方面（共6件）

序号	案由	提议案人	审议号
1	请市领导和市人大代表视察通教寺	思　智等13人	101
2	贯彻宗教和文物保护政策，保障通教寺的正常宗教活动	刘　黎等11人	173
3	应按房租增长比例，提高佛、道教房产经租费	思　智等12人	266
4	宗教场所用电收费应按民用电收费	吴伟庆等12人	278
5	北京市回民公墓面临的困难	吴伟庆等12人	280
6	更好地发挥回民公墓“窗口”作用，尽快解决院墙等问题	陈兴波等18人	287

（七）其他方面（共9件）

序号	案由	提议案人	审议号
1	加强对区县综合行政服务中心规范统筹管理	怀柔区代表团	3
2	以人为本，执政为民，努力构建社会主义和谐社会	沈梦培等25人	34
3	为加快北京社会主义和谐社会的建设，市政府应加强相关问题的改革措施	李　敬等18人	57
4	坚持以人为本，解决群众生活问题，促进构建社会主义和谐社会	任　强等15人	60
5	健全听证制度，提高决策的公信力，促进社会的和谐化	石定果等20人	126

序号	案由	提议案人	审议号
6	建立社会信用体系，为公务员建立个人信用档案	金　莉等 11 人	246
7	彻查、纠正“利益冲突”，从源头反腐败，从根本上保护干部	史际春等 37 人	256
8	建设节约型社会，从政府做起	李淑媛等 11 人	294
9	加快和完善公共服务体系的建设，扎实推进和谐社会首善之区建设	刘宪秋等 16 人	307

三、作为建议、批评和意见交市高级人民法院和市人民检察院研究办理（共 4 件）

序号	案　　由	提议案人	审议号
1	施工企业索要欠款无奈，导致民工讨要工资无门	周济谱等 16 人	96
2	政府、法院合力解决新型纠纷，避免金融风险，维护经济秩序	王玉梅等 22 人	259
3	法院工作要注重社会效果，实现真正的司法公正	王建华等 11 人	295
4	健全“伪证罪”认定机制，改善律师执业环境	刘红宇等 31 人	317

四、作为建议、批评和意见交市人大常委会办公厅研究办理（共 3 件）

序号	案　　由	提议案人	审议号
1	北京市人大常委会应该恢复“教科委员会”	沈梦培等 26 人	22
2	改进市人大代表议案、建议办理办法	刘小平等 12 人	105
3	创新人大代表工作方式，提高代表参政议政能力	张佩东等 13 人	107

北京市第十二届人民代表大会第五次会议关于接受于均波辞去北京市人民代表大会常务委员会主任职务请求的决定

（2007 年 1 月 29 日北京市第十二届人民代表大会第五次会议通过）

根据于均波同志的请求，按照《中华人民共和国地方各级人民代表大会和地方各级人民政府组织法》第二十七条的规定，北京市第十二届人民代表大会第五次会议决定：接受于均波辞去北京市第十二届人民代表大会常务委员会主任职务的请求。

附件：

关于辞去北京市第十二届人民代表大会常务委员会主任职务的请求

北京市第十二届人民代表大会：

我的年龄已经达到中共中央规定的任职界限，现依法提出辞去北京市第十二届人民代表大会常务委员会主任职务的请求。请予批准。

在我担任北京市人大常委会主任期间，得到了市人大常委会组成人员、市人大代表和全市人民的关心、支持和帮助。对此，我表示衷心的感谢！谨致

崇高的敬意！

于均波

2007 年 1 月 28 日

北京市第十二届人民代表大会第五次会议选举办法

（2007 年 1 月 29 日北京市第十二届人民代表大会第五次会议通过）

第一条　根据《中华人民共和国全国人民代表大会和地方各级人民代表大会选举法》、《中华人民共和国地方各级人民代表大会和地方各级人民政府组织法》的有关规定，结合北京市实际情况，制定本办法。

第二条　北京市第十二届人民代表大会第五次会议补选北京市出席第十届全国人民代表大会代表 1 人，补选北京市第十二届人民代表大会常务委员会主任 1 人、副主任 1 人、委员 3 人，实行等额选举。

第三条　全国人民代表大会代表候选人为 1 人，由北京市各政党、各人民团体联合推荐，或者由代表 10 人以上书面联名推荐。

北京市第十二届人民代表大会常务委员会主任候选人为 1 人、副主任候选人为 1 人、委员候选人为 3 人，由大会主席团或者代表 30 人以上书面联名提名。

如果推荐、提名的候选人人数符合前款规定的候选人人数，由大会主席团提交全体代表酝酿、讨论后，直接进行投票选举。如果某项推荐、提名的候选人人数超过前款规定的候选人人数，由大会主席团将该项候选人的全部名单提交各代表团酝酿、讨论后，采取分代表团投票、统一计票的办法进行预选，根据在预选中得票多少的顺序，按照前款规定的人数确定正式候选人名单，提请大会选举。

北京市第十二届人民代表大会常务委员会主任候选人、副主任候选人、委员候选人，必须从北京市第十二届人民代表大会代表中提名。

第四条　选举采用无记名投票方式。代表须亲自参加投票。

第五条　代表对于选票上所列的候选人，可以投赞成票，可以投反对票，可以另选他人，也可以弃权。表示反对的，可以另选他人；表示弃权的，不能另选他人。

第六条　代表对选票上所列的候选人，赞成的在其姓名左边的空格里画一个“○”；反对的在其姓名左边的空格里画一个“×”；在候选人左边的空格里既不画“○”又不画“×”的为弃权。

代表如果另选他人，在反对的候选人姓名左边的空格里画一个“×”，在其姓名右边的空格里写上另选人的姓名。

每张选票每项选举所选的人数，等于或者少于规定应选人数的有效；多于规定应选人数的无效。

第七条　填写选票应当用钢笔或者签字笔，符号要准确，字迹要清楚，书写模糊无法辨认的部分无效。

第八条　大会选举前，由大会主席团提名总监票人 2 人，每个代表团推荐监票人 1 人，经大会主席团提交大会通过后，在大会主席团领导下，对发票、投票和计票进行监督。

候选人不得担任监票人。

选举工作人员由大会秘书处指定。

第九条　投票结束后，由总监票人向大会报告清点选票结果。收回的选票张数等于或者少于发出的选票张数，选举有效；多于发出的选票张数，选举无效，应重新进行选举。

第十条 候选人获得全体代表过半数的赞成票，始得当选。

第十一条 计票完毕，由总监票人向大会主席团报告选举结果，由大会主席团依法确认选举结果是否有效，并由大会执行主席在大会上宣布。

第十二条 本办法由北京市第十二届人民代表大会第五次会议通过后施行。

关于《北京市第十二届人民代表大会第五次会议选举办法（草案）》的说明

——2007年1月28日在北京市第十二届人民代表大会第五次会议主席团第二次会议上

北京市第十二届人民代表大会第五次会议秘书长 索连生

根据《中华人民共和国全国人民代表大会和地方各级人民代表大会选举法》（以下简称《选举法》）、《中华人民共和国地方各级人民代表大会和地方各级人民政府组织法》（以下简称《地方组织法》）和本次会议的议程，结合北京市实际情况，大会秘书处草拟了《北京市第十二届人民代表大会第五次会议选举办法（草案）》（以下简称《选举办法（草案）》），现简要说明如下：

一、关于本次会议的选举事项和候选人人数

根据大会议程，本次会议的选举事项有四项：1. 根据工作需要，全国人大常委会最近同意调剂给我市一个十届全国人大代表名额，用于在本次会议上补选北京市出席第十届全国人民代表大会代表1人；2. 在本次会议决定接受于均波同志辞去北京市人民代表大会常务委员会主任职务的请求后，补选北京市第十二届人民代表大会常务委员会主任1人；3. 因北京市第十二届人民代表大会常务委员会副主任出缺1人，补选北京市第十二届人民代表大会常务委员会副主任1人；4. 因北京市第十二届人民代表大会常务委员会委员出缺3人，补选北京市第十二届人民代表大会常务委员会委员3人。《选举办法（草案）》第二条，对上述选举事项做了规定。

关于补选北京市出席第十届全国人民代表大会代表的候选人人数。根据《选举法》第五十一条第四款规定：补选代表时，“代表候选人的名额可以多于应选代表的名额，也可以同应选代表的名额相等”。我市历次补选全国人大代表都采取等额选举办法。因此，《选举办法（草案）》第二条规定，本次会议补选北京市出席第十届全国人民代表大会代表1人，实行等额选举；第三条第一款规定，全国人民代表大会代表候选人为1人。

关于补选北京市第十二届人民代表大会常务委员会主任、副主任和委员的候选人人数。根据《地方组织法》第二十五条的规定：补选人大常委会主任、副主任、委员时，“候选人数可以多于应选人数，也可以同应选人数相等，选举办法由本级人民代表大会决定”。我市历次人民代表大会进行补选时，都是采取等额选举的办法。因此，《选举办法

（草案）》第二条规定，本次会议补选北京市第十二届人民代表大会常务委员会主任1人、副主任1人、委员3人，实行等额选举；第三条第二款规定，北京市第十二届人民代表大会常务委员会主任候选人为1人、副主任候选人为1人、委员候选人为3人。

二、关于候选人的推荐、提名和确定

《选举法》第二十九条规定："各政党、各人民团体，可以联合或者单独推荐代表候选人。选民或者代表，十人以上联名，也可以推荐代表候选人。"根据上述规定和我市以往做法，《选举办法（草案）》第三条第一款规定了全国人大代表候选人，"由北京市各政党、各人民团体联合推荐，或者由代表10人以上书面联名推荐"。

《地方组织法》第二十一条规定：县级以上的地方各级人民代表大会常务委员会的组成人员的人选，由本级人民代表大会主席团或者代表依照本法规定联合提名；直辖市的人民代表大会代表三十人以上书面联名，可以提出本级人民代表大会常务委员会组成人员的候选人。根据上述规定，《选举办法（草案）》第三条第二款规定了主任、副主任和委员候选人"由大会主席团或者代表30人以上书面联名提名"。

关于补选全国人大代表和补选市人大常委会主任、副主任、委员候选人的确定，法律没有具体规定。根据《选举法》和《地方组织法》对差额选举的规定，《选举办法（草案）》第三条第三款规定："如果推荐、提名的候选人人数符合前款规定的候选人人数，由主席团提交全体代表酝酿、讨论后，直接进行投票选举。如果某项推荐、提名的候选人人数超过前款规定的候选人人数，由主席团将该项候选人的全部名单提交各代表团酝酿、讨论后，采取分代表团投票、统一计票的办法进行预选，根据在预选中得票多少的顺序，按照前款规定的人数确定正式候选人名单，提请大会选举。"

《选举办法（草案）》还依法对监票、投票、选举是否有效、选票的有效和无效、计票、候选人的当选、选举结果的确认和公布等，都作出了规定，这里就不一一说明了。

我就作以上说明。《选举办法（草案）》已经印发主席团，请审议。

中国共产党北京市委员会推荐书

北京市第十二届人民代表大会第五次会议主席团：

根据《党政领导干部选拔任用工作条例》和《中华人民共和国地方各级人民代表大会和地方各级人民政府组织法》的有关规定，经同北京市各民主党派、无党派代表人士和各人民团体民主协商，中共北京市委推荐杜德印为北京市第十二届人民代表大会常务委员会主任候选人；推荐刘晓晨为北京市第十二届人民代表大会常务委员会副主任候选人；推荐（按姓氏笔画排列）王子生、李先忠、张建民为北京市第十二届人民代表大会常务委员会委员候选人。

现提请大会主席团审议。

（名单及简历附后）

中国共产党北京市委员会

2007年1月29日

中共北京市委、北京市各民主党派、无党派代表人士和各人民团体关于北京市补选1名出席第十届全国人民代表大会代表候选人的联合推荐书

北京市第十二届人民代表大会第五次会议主席团：

根据《中华人民共和国全国人民代表大会和地方各级人民代表大会选举法》的有关规定，经中国共产党北京市委员会同北京市各民主党派、无党派代表人士和各人民团体共同协商，联合推荐杜德印为北京市补选的出席第十届全国人民代表大会代表候选人，请提交全体代表进行酝酿、讨论。

（名单及简历附后）

中国共产党北京市委员会
中国国民党革命委员会北京市委员会
中国民主同盟北京市委员会
中国民主建国会北京市委员会
中国民主促进会北京市委员会
中国农工民主党北京市委员会
中国致公党北京市委员会
九三学社北京市委员会
台湾民主自治同盟北京市委员会
无党派代表人士
北京市总工会
中国共产主义青年团北京市委员会
北京市妇女联合会
北京市青年联合会
北京市工商业联合会
北京市科学技术协会
北京市台湾同胞联谊会
北京市归国华侨联合会
北京市文学艺术界联合会
北京市社会科学界联合会

2007年1月19日

北京市第十二届人民代表大会第五次会议总监票人、监票人名单

（21人）

（2007年1月31日北京市第十二届人民代表大会第五次会议通过）

总监票人：王　火　燕　瑛（女）

监　票　人：（按姓氏笔画排列）

于雪鹰（女）王　媛（女）朱淑霞（女）
乔荣祥　刘瑞芳（女）

李　江（满族）　李劲挺　谷　卫　赵志萍（女）侯志光
李　泽（女）杨永安　杨保红（女）　静　云（女，满族）
吴春英（女，满族）　吴茜屏（女）　廖春迎（女，壮族）
佟　旋（女，满族）　余晓辉（女）

北京市第十二届人民代表大会第五次会议补选北京市出席第十届全国人民代表大会代表名单

（北京市第十二届人民代表大会第五次会议 2007 年 1 月 31 日选出）

北京市出席第十届全国人民代表大会代表　杜德印

北京市第十二届人民代表大会第五次会议补选北京市第十二届人民代表大会常务委员会主任名单

（北京市第十二届人民代表大会第五次会议 2007 年 1 月 31 日选出）

北京市第十二届人民代表大会常务委员会主任　杜德印

北京市第十二届人民代表大会第五次会议补选北京市第十二届人民代表大会常务委员会副主任名单

（北京市第十二届人民代表大会第五次会议 2007 年 1 月 31 日选出）

北京市第十二届人民代表大会常务委员会副主任　刘晓晨

北京市第十二届人民代表大会第五次会议补选北京市第十二届人民代表大会常务委员会委员名单

（北京市第十二届人民代表大会第五次会议2007年1月31日选出）

北京市第十二届人民代表大会常务委员会委员 （3名，按姓名笔画排列）

王子生　李先忠　张建民

附件：

北京市第十二届人民代表大会常务委员会主任简历

杜德印，男，汉族，1951年7月出生，北京市人，1974年7月加入中国共产党，1972年12月参加工作，在职研究生结业，高级政工师。先后任北京市通县西集公社政治组干部、团委副书记、党委副书记，中共北京市委农村工作部宣传处、办公室、研究室干事，中共北京市委办公厅秘书，中共延庆县委书记，中共北京市委农村工委副书记、副书记兼市委农村工委党校校长、书记，中共北京市委常务副秘书长，中共北京市委常委、秘书长、办公厅主任、市直机关工委书记，中共北京市委副书记、北京市委党校校长、北京行政学院院长。为中共十六届中央候补委员。

北京市第十二届人民代表大会常务委员会副主任简历

刘晓晨，男，汉族，1950年7月出生，河北衡水人，1973年8月加入中国共产党，1968年8月参加工作，中共北京市委党校研究生毕业。先后任北京市房山县南窖粮站售货员，北京市粮食局计划处干部，北京市政府财贸办公室业务一处干部、副处长，北京市商委业务一处副处长、办公室主任，北京市东城区副区长、区委副书记、代区长、区长，东城区委副书记、区长兼北京市王府井地区建设管理办公室主任、党组书记，北京市朝阳区委书记，北京市政府常务副秘书长，市政府党组成员、秘书长，市政府办公厅主任、党组书记。为中共九届北京市委委员。

北京市第十二届人民代表大会第五次会议主席团和秘书长名单

（2007 年 1 月 25 日北京市第十二届人民代表大会第五次会议预备会议通过）

主席团　（77人，按姓氏笔画排列）

于长隆　于均波　马志鹏
马述宽　马庚良　王力军（女）
王文京　王莒生（女）　王振林
王敏荣（女）　王维城　尤兰田（女）
文　喆　邓洪波　石进贤
叶　捷　田麦久　邢仲山
吉胜久　吕争鸣　吕锡文（女）
年福纯　朱善璐　任月征（女）
刘朋庆　刘冠军　刘　淇
安丽娟（女）　孙维林　孙毓敏（女）
阳安江　严晓燕（女）　杜国盛
杜瑞琴（女）　杜德印　李士祥
李先忠　李坤成　李昭玲（女）
李炳华　李福成　李福忠
李慷云　杨秀奇　杨德安
吴秀萍（女）　吴德增　汪其华
张文啟　张书领　张国玉
张建民　陈　军（女，高山族）
陈天立　范进卯　林文漪（女）
金生官　周来升　赵久合
赵凤山　赵玉民　赵家骐
赵淑君（女）　郝如玉　胡　军
柳纪纲　贺慧玲（女）　袁爱俊（女）
索连生（满族）　晏懋洵
郭先英（女）　曹凤国
蒋光兰（女，满族）　强　卫
蔡赴朝　薛天利（回族）
魏　刚

秘书长　索连生（满族）

北京市第十二届人民代表大会第五次会议议案审查委员会主任委员、副主任委员、委员名单

（31人）

（2007年1月25日北京市第十二届人民代表大会第五次会议预备会议通过）

主任委员 赵凤山

副主任委员 魏永德 崔凤鸣 晏懋洵 梁 平

委　　员 （按姓氏笔画排列）

马朝军（回族） 王江渝 王纪表 王嘉彦 仉锁忠（回族） 史炳忠 刘全喜 刘宝善 许祥源 李先忠 李海滨 李淑媛（女） 杨万里 吴世民 吴秀萍（女） 张建民 张 毅 陈兴波（回族） 周淑伶（女） 郑 刚 郑树森 宛素春（女） 钱 渊（女） 高佐之 高岩辉 虞 统

北京市第十二届人民代表大会第五次会议主席团常务主席名单

（11人）

（2007年1月25日北京市第十二届人民代表大会第五次会议主席团第一次会议推定）

刘 淇 于均波 强 卫 杜德印 金生官 赵久合 田麦久 索连生（满族） 王维城 林文漪（女） 赵凤山

北京市第十二届人民代表大会第五次会议
大会执行主席分组名单

（2007 年 1 月 30 日北京市第十二届人民代表大会第五次会议主席团第一次会议通过）

第一次全体会议

（2007 年 1 月 26 日上午）

刘　淇　于均波　阳安江　强　卫　杜德印
索连生　王维城　林文漪　赵凤山　金生官
赵久合　田麦久　叶　捷　年福纯　李坤成
李昭玲　杨德安　胡　军　晏懋洵　薛天利

第二次全体会议

（2007 年 1 月 28 日上午）

赵凤山　索连生　于长隆　马志鹏　马述宽
马庚良　王力军　王文京　王莒生　王振林
王敏荣　尤兰田　文　喆　邓洪波　石进贤
邢仲山　吉胜久　吕争鸣　吕锡文　朱善璐
任月征

第三次全体会议

（2007 年 1 月 29 日上午）

王维城　索连生　刘朋庆　刘冠军　安丽娟
孙维林　孙毓敏　严晓燕　杜国盛　杜瑞琴
李士祥　李先忠　李炳华　李福成　李福忠
李慷云　杨秀奇　吴秀萍　吴德增　汪其华
张文啟

第四次全体会议

（2007 年 1 月 31 日上午）

金生官　索连生　张书领　张国玉　张建民
陈天立　陈　军　范进卯　周来升　赵玉民
赵家骐　赵淑君　郝如玉　柳纪纲　贺慧玲
袁爱俊　郭先英　曹凤国　蒋光兰　蔡赴朝
魏　刚

第五次全体会议

（2007 年 1 月 31 日上午）

刘　淇　于均波　阳安江　强　卫　杜德印
索连生　王维城　林文漪　赵凤山　金生官
赵久合　田麦久

北京市第十二届人民代表大会第五次会议副秘书长名单

（11 人）

（2007 年 1 月 25 日北京市第十二届人民代表大会第五次会议主席团第一次会议决定）

柳纪纲　游广斌　王力丁　陈启刚　史绍洁　丁世伟
肖　培　赵传民　刘维林　唐　龙　户　全

北京市第十二届人民代表大会第五次会议新闻发言人名单

（2007 年 1 月 25 日北京市第十二届人民代表大会第五次会议主席团第一次会议决定）

刘维林

北京市第十二届人民代表大会第五次会议大事记

2007 年 1 月 25 日

中午 12 时前，出席北京市十二届人大五次会议的代表到北京会议中心、五洲大酒店驻地报到。本次会议应到代表 780 人，截止到 12 时，有 763 位代表报到。

代表报到后，阅读会议文件。

下午 2 时 30 分，在北京会议中心综合楼第 1 会议室召开了市十二届人大常委会第七十四次主任会议。会议听取了财经委员会关于对本市 2007 年市级预算草案主要内容、2006 年国民经济社会发展计划执行情况和 2007 年计划草案报告进行初步审查情况的汇报；会议根据市十二届人大常委会第三十四次会议的授权，审定了市人大常委会向市十二届人大五次会议的工作报告；会议听取了关于各代表团在分团活动时对市十二届人大五次会议主席团等各项名单草案讨论情况的通报，决定将这两项名单草案提请大会预备会议选举。

下午 4 时，在北京会议中心礼堂举行大

会预备会议。应到代表780人，实到代表539人。受市人大常委会的委托，于均波主任主持了会议，索连生、王维城、林文漪、赵凤山、金生官、赵久合、田麦久副主任和柳纪纲秘书长在主席台上就座。会议采取按表决器的方式，以535人赞成、1人弃权、3人未按表决器通过了市十二届人大五次会议议程；以523人赞成、7人反对、7人弃权、2人未按表决器选举产生了大会主席团和秘书长；以525人赞成、3人反对、7人弃权、4人未按表决器选举产生了议案审查委员会主任委员、副主任委员、委员。

预备会议后，在北京会议中心第20会议室举行了大会主席团第一次会议。主席团成员应出席77人，实到66人。按照市人民代表大会议事规则规定，会议由于均波主任主持。会议推选刘淇、于均波、强卫、杜德印、索连生、王维城、林文漪、赵凤山、金生官、赵久合、田麦久为主席团常务主席；通过了会议日程；通过了大会执行主席分组名单；决定柳纪纲、游广斌、王力丁、陈启刚、史绍洁、肖培、赵传民、刘维林、唐龙、卢全、丁世伟担任大会副秘书长；决定刘维林为大会新闻发言人；决定大会表决各项议案时均采用按表决器方式，如果表决器发生故障，改为举手表决方式；决定代表提出议案的截止时间为1月28日12时。

晚7时，在北京会议中心，大会秘书处组织市人大常委会各工作机构，市政府有关部门以及奥组委、市高级人民法院、市人民检察院等49个单位的负责人设点接受代表询问，共接待代表674人次，回答和解决了代表提出的504个问题。

2007年1月26日

上午9时，北京市第十二届人民代表大会第五次会议在北京会议中心礼堂隆重开幕。实到代表730人，全国人大常委会副委员长何鲁丽参加了会议。主席团常务主席于均波及19位大会执行主席主持会议。王岐山市长作政府工作报告。审查市人民政府关于北京市2006年国民经济和社会发展计划执行情况与2007年国民经济和社会发展计划草案的报告。审查市人民政府关于北京市2006年预算执行情况和2007年预算草案的报告。部分北京市选出的第十届全国人大代表，出席北京市政协十届五次会议的全体委员，曾经在北京市担任市级领导职务的老同志，全国人大常委会办公厅有关部门的负责人，中共北京市委、市人大常委会、市人民政府有关部门、市高级人民法院、市人民检察院、各人民团体的负责人，部分中央部委和北京市双管单位的负责人列席了会议。

下午各代表团分别审议了市人民政府工作报告。

下午2时，在北京会议中心第11会议室，金生官副主任与市政府相关委办局及市高法负责同志接听市民热线电话，共接听了14位市民打进的热线电话。市民电话中所反映的问题转有关部门研究处理。

2007年1月27日

全天各代表团审议市人民政府报告，审查北京市2006年国民经济和社会发展计划执行情况与2007年国民经济和社会发展计划草案的报告，审查北京市2006年预算执行情况和2007年预算草案的报告。

下午2时30分，在北京会议中心二层十一会议室，市十二届人大五次会议举行第一次新闻发布会，新闻发布会的主题是落实科学发展观，转变增长方式，调整产业结构，实现首都经济又好又快发展，市农委主任李进山、市发改委副主任王海平、市科委副主任杨伟光、市工业促进局副局长常青等同志到会回答了记者的提问。

晚上7时，在北京会议中心第14会议室召开了财政经济委员会第一次会议。会议审查了北京市2006年国民经济和社会发展计划执行情况与2007年国民经济社会发展计划草案的报告，北京市2006年预算执行情况和2007年预算草案的报告。

2007年1月28日

上午9时，在北京会议中心礼堂举行第二次全体会议。实到代表659人，主席团常务主席索连生及19位大会执行主席主持了会议。会议听取了市人大常委会主任于均波所作的北京市人大常委会工作报告；听取了市高级人民法院院长秦正安所作的北京市高级人民法院工作报告；听取了市人民检察院检察长慕平所作的北京市人民检察院工作报告。

大会结束后，在北京会议中心第20会议室举行了大会主席团第二次会议。主席团成员实到68人，主席团常务主席林文漪主持会议。会议听取了市委常委、组织部部长赵家琪就于均波同志辞去北京市第十二届人民代表大会主任职务的请求作的说明。大会秘书长索连生宣读了于均波同志的辞职书。会议通过了《关于接受于均波辞去北京市第十二届人民代表大会常务委员会主任职务请求的决定（草案）》，交各代表团审议。会议通过了《北京市第十二届人民代表大会第五次会议选举办法（草案）》。索连生就选举办法草案作了说明。草案交各代表团审议。

下午各代表团分别审议了市人民代表大会常务委员会工作报告、市高级人民法院工作报告、市人民检察院工作报告。审议了关于接受市人民代表大会常务委员会主任辞职请求的决定草案。审议了市十二届人民代表大会第五次会议选举办法草案。

下午2时30分，在北京会议中心二层十一会议室，市十二届人大五次会议举行第二次新闻发布会，新闻发布会的主题是构建和谐社会首善之区，东城区区长杨艺文、西城区区长张建东、宣武区区长王刚到会回答了记者的提问。

下午3时，在北京会议中心第14会议室召开了财政经济委员会第二次会议，审议通过了关于北京市2006年国民经济和社会发展计划执行情况及2007年计划草案的审查报告、关于北京市2006年财政预算执行情况和2007年预算草案的审查报告，并决定将以上两个报告提交主席团会议审议。

晚上7时，在北京会议中心第20会议室举行了大会主席团第三次会议。主席团成员实到66人，主席团常务主席赵久合主持会议。听取各代表团审议关于接受市人民代表大会常务委员会主任辞职请求的决定草案的情况汇报，通过决定表决稿，提请大会表决。会议听取了各代表团审议大会选举办法草案的情况汇报，通过选举办法表决稿，提请大会表决。会议听取了各代表团审议市人民政府工作报告情况的汇报及报告修改情况的汇报。会议审议了通过关于市人民政府工作报告决议草案，交各代表团审议。

2007年1月29日

上午8时30分，在北京会议中心礼堂举行第三次全体会议。实到代表609人，主席团常务主席王维城及19位大会执行主席主持了会议。会议以赞成573人，反对13人，弃权11人，12人未按表决器通过了关于接受于均波辞去北京市第十二届人民代表大会常务委员会主任职务请求的决定。会议以赞成588人，反对8人，弃权6人，7人未按表决器通过了北京市第十二届人民代表大会第五次会议选举办法。

全体会后，在北京会议中心第20会议室

举行了大会主席团第四次会议。主席团成员实到 70 人，主席团常务主席赵凤山主持会议。会议听取了市委常委、组织部部长赵家骥宣读的推荐书，并就推荐人选情况作说明。会议接受了中共北京市委、北京市各民主党派、无党派人士和各人民团体关于补选 1 名十届全国人大代表候选人的联合推荐书，交各代表团酝酿讨论。会议听取了市委常委、组织部部长赵家琪宣读的关于接受中共北京市委关于补选市十二届人大常委会主任、1 名副主任和 3 名委员候选人的推荐书，并就推荐人选情况作说明。会议接受了补选市十二届人大常委会主任、1 名副主任和 3 名委员候选人的推荐书，交各代表团酝酿讨论。会议决定推荐提名候选人的截止时间为 1 月 30 日 18 时。

全体会后及下午各代表团审议市人民政府工作报告决议草案，审议市人大常委会、市高级人民法院、市人民检察院工作报告；就各项候选人进行酝酿、讨论；推选监票人。

下午 2 时 30 分，在北京会议中心第 5 会议室召开了议案审查委员会会议，主任委员赵凤山主持了会议。截至 1 月 28 日 12 时，大会共收到代表团和代表 10 人以上联名提出的议案 353 件。会议对这些议案作了进一步审查，提出了处理意见，并通过了议案审查委员会关于代表议案的审查报告，决定提请主席团会议审议。

下午 2 时 30 分，在北京会议中心二层十一会议室，市十二届人大五次会议举行第三次新闻发布会，新闻发布会的主题是完善社会公共服务体系，构建社会主义和谐社会首善之区，市财政局副局长徐熙、市教委副主任线联平、市卫生局副局长邓小虹、市劳动保障局副局长宋丰景、市民政局副局长吴文彦等同志到会回答了记者的提问。

晚上 7 时，在北京会议中心第 20 会议室举行了大会主席团第五次会议。主席团成员实到 61 人，主席团常务主席王维城主持会议。会议听取各代表团审议市人民政府工作报告决议草案情况的汇报，通过市人民政府工作报告决议修改草案，交各代表团审议。会议听取市人大财政经济委员会关于 2006 年国民经济和社会发展计划执行情况与 2007 年国民经济和社会发展计划草案的审查报告，审议通过后印发全体代表。会议听取了关于 2006 年国民经济和社会发展计划执行情况与 2007 年国民经济和社会发展计划草案的报告修改情况的汇报。审议通过关于北京市 2006 年国民经济和社会发展计划执行情况与 2007 年国民经济和社会发展计划的决议草案，印发各代表团审议。会议听取了市人大财政经济委员会关于 2006 年预算执行情况和 2007 年预算草案的审查报告，审议通过后印发全体代表。会议听取了关于 2006 年预算执行情况和 2007 年预算草案报告修改情况的汇报，审议通过了关于北京市 2006 年预算执行情况和 2007 年预算的决议草案，交各代表团审议。会议听取了关于各代表团审议市人大常委会工作报告情况和市人大常委会工作报告修改情况的汇报。会议审议通过了关于市人大常委会工作报告决议草案，印发各代表团审议。会议听取了关于各代表团审议市高级人民法院工作报告情况和市高级人民法院工作报告修改情况的汇报。审议通过了关于市高级人民法院工作报告决议草案，印发各代表团审议。会议听取关于各代表团审议市人民检察院工作报告情况和市人民检察院工作报告修改情况的汇报。审议通过了关于市人民检察院工作报告决议草案，并将决议草案印发各代表团审议。

2007 年 1 月 30 日

全天各代表团继续审议大会各项决议草案或修改草案，继续酝酿各项候选人名单。

晚上7时，在北京会议中心第20会议室举行了大会主席团第六次会议。主席团成员实到66人，主席团常务主席田麦久主持会议。会议听取了大会议案审查委员会关于代表议案的审查报告。审议通过后将审查报告印发全体代表。会议听取了各代表团审议各项决议草案或修改草案情况的汇报，通过了大会各项决议表决稿，提请大会表决。会议听取了关于各项候选人酝酿讨论情况的汇报，提出确定正式候选人名单，交各代表团讨论后提请大会选举。会议提名总监票人，并通过总监票人、监票人名单草案。提请大会表决。

2008年1月31日

上午8时，各代表团讨论各项正式候选人名单。

上午9时30分，在北京会议中心礼堂举行第四次全体会议。实到代表720人，主席团常务主席金生官及19位大会执行主席主持了会议。会议采取按表决器的方式，以711人赞成，3人反对，1人弃权，5人未按表决器通过了总监票人、监票人名单草案。然后进行大会选举。补选北京市出席第十届全国人民代表大会代表，补选北京市第十二届人民代表大会常务委员会主任，副主任、委员。

上午11时15分，在北京会议中心第20会议室举行了大会主席团第七次会议。主席团成员实到70人，主席团常务主席索连生主持会议。会议听取了大会总监票人关于选举结果的汇报，确认选举结果有效，并决定将选举结果向大会宣布。

上午11时30分，在北京会议中心礼堂举行第五次全体会议。实到代表711人，主席团常务主席索连生及19位大会执行主席主持了会议。市政协副主席也参加了大会。会议采取按表决器的方式，表决了各项决议。会议以692人赞成，4人反对，6人弃权，9人未按表决器通过了北京市人民政府工作报告的决议。会议以681人赞成，8人反对，9人弃权，13人未按表决器，通过了北京市2006年国民经济和社会发展计划执行情况与2007年国民经济和社会发展计划的决议。以664人赞成，18人反对，14人弃权，15人未按表决器，通过了北京市2006年预算执行情况和2007年预算的决议。会议以680人赞成，9人反对，12人弃权，10人未按表决器，通过了北京市人民代表大会常务委员会工作报告的决议。会议以614人赞成，63人反对，22人弃权，12人未按表决器，通过了北京市高级人民法院工作报告的决议。会议以637人赞成，47人反对，11人弃权，16人未按表决器，通过了北京市人民检察院工作报告的决议。

然后宣布选举结果和当选名单。总监票人燕瑛汇报了选举结果。

本次大会补选1名北京市出席第十届全国人民代表大会代表，补选北京市第十二届人民代表大会常务委员会主任、1名副主任、3名委员，根据选举计票结果，杜德印当选为十届全国人大代表、市十二届人大常委会主任，刘晓晨当选为市十二届人大常委会副主任，王子生、李先忠、张建民当选为市十二届人大常委会委员。

新当选的北京市第十二届人民代表大会常务委员会主任杜德印，副主任刘晓晨在主席台上与全体代表见面。

在大会各项议程完毕后，中共北京市委书记刘淇同志作了重要讲话。

会议在雄壮的国歌声中胜利闭幕。

文献资料分类索引

一、政府工作报告

二、国民经济和社会发展、财政预算情况报告

三、国民经济和社会发展、财政预算情况审查报告

四、市人大常委会工作报告

五、市高级人民法院、市人民检察院工作报告

六、代表议案审查报告

七、会议决议、决定

八、计划纲要

九、选举办法、说明、推荐书

十、北京市出席全国人大代表和市人大代表名单

十一、北京市人大常委会主任、副主任、秘书长、委员名单

十二、北京市市长、副市长、法院院长、检察院检察长名单

十三、大会各项名单

十四、闭幕词

十五、会议议程

十六、大事记

图书在版编目(CIP)数据

北京市人民代表大会文献资料汇编. 2003—2008 / 北京市人大常委会办公厅编. —北京：北京出版社，2008.10

ISBN 978-7-200-07547-2

Ⅰ. 北… Ⅱ. 北… Ⅲ. 地方各级人民代表大会—文献—汇编—北京市—2003—2008 Ⅳ. D624.1

中国版本图书馆 CIP 数据核字(2008)第 163142 号

北京市人民代表大会文献资料汇编 2003—2008

BEIJINGSHI RENMIN DAIBIAO DAHUI WENXIAN ZILIAO HUIBIAN 2003—2008

北京市人大常委会办公厅 编

*

北 京 出 版 社 出 版

(北京北三环中路6号)

邮政编码:100120

网 址：www. bph. com. cn

北京出版社出版集团总发行

北京七色印务有限公司印刷

*

787×1092 16开本 35.75印张 850千字

2008年12月第1版 2008年12月第1次印刷

印数 1—2 000

ISBN 978-7-200-07547-2

D·473 定价:95.00元

质量监督电话：010-58572393